吴宇虹 著

古代两河流域的
历史与社会

History and *Society*
of the *Ancient*
Mesopotamia

贵州大学出版社
Guizhou University Press

教育部人文社会科学重点研究基地重大项目《西方古典文明与古代近东文明的交往与融合》（项目批准号：17JJD770002）结项成果

编者说明

　　吴宇虹先生是具有国际影响力的中国亚述学者，其从1982年至今，共发表中、英文学术论文120余篇。《古代两河流域的历史与社会》收录了吴宇虹先生公开发表在《历史研究》《世界历史》《东北师大学报》《古代文明》等期刊上的中文学术论文35篇、未刊的长篇学术论文1篇（"由王衔的变化看古代美索不达米亚由城邦到帝国的路程"），共计40余万字。其中独立作者23篇，第一作者3篇，第二作者10篇。这些论文涉及古代两河流域文明政治、经济、宗教、文化等各方面，另有关于古代两河流域文明与古代中国文明在制度、法律、天文学等方面的比较研究。吴宇虹先生治学始终坚持实证研究的科学方法，故其发表的学术论文多以原始楔形文献为基本史料证据。由于许多从前未发掘出土或是未公开的楔形文献陆续发布，吴宇虹先生对早年发表的一些论文进行了修改和数据更新，故而与原发表在相应期刊上的论文在表述上会有所变动。论文的页后注也统一为页下注。

吴宇虹同志留学英国（先后在牛津及伯明翰，取得硕士、博士学位），为国内目前数一数二的亚述学博士。早在 1986 年，在英国释读我国故宫博物院所藏马骨铭文，解决了当时国内对此铭文的争论（确定为居鲁士铭文），论文发表于英文版《世界古典文明史杂志》（JAC），是当时中国人的第一篇亚述学作品。今将自己多年积累的亚述学材料，写成《古巴比伦时期马瑞、埃什嫩那、亚述三国史》这一英文亚述学专著。

——林志纯

您的书（《古巴比伦时期马瑞、埃什嫩那、亚述三国史》）是一部巨著，它一定占用了极多的时间来编辑成书。……有一些您对事件的重建和您对这些事件的名年官定年是令人兴奋且值得采信的……您的著作将被我们许多人广泛地引用，由衷地感谢您！祝贺您！

——美国北卡罗来纳大学宗教研究、国际古巴比伦学者萨森（Jack Sasson）教授

1995 年 7 月 21 日信

长期以来，我一直饶有兴趣地阅读您在《亚述学短实用信息》（NABU）发表的文章，总是欣赏您看问题的方式，由衷地感谢您。

——法国亚述学家威杜朗（J. M. Durand）教授

1995 年 8 月 2 日

我一直追随马瑞领域的研究进程，发现您的研究把这么多的分散材料收集到一起成为一部合成的历史，这是非常有益的。即使法国学者将发表更多的宝藏（文献），它仍将有益于未来的工作。

——康奈尔大学近东研究系欧文（D. I. Owen）教授

1996 年 1 月 8 日

目 录

序

笔间时有长虹气，不拘一格看古今

拱玉书

  我于 1982 年认识吴宇虹。那年，我在东北师大英语系读完了本科，在历史系同学的指引下，懵懵懂懂地从外语系考取了本校历史系林志纯先生的硕士研究生。那时，吴宇虹已经拿到硕士学位，并考取了林先生的博士生。博士，在那个年代是个让人产生很多联想的词汇：高不可攀、无所不知、卓尔不群……那时的吴宇虹，头上顶着这样一个令学子羡慕的头衔，是我的偶像和奋斗的楷模。岁月如梭，三十六年来，和宇虹师兄一样，我也未曾片刻离开亚述学，同门出身，同行授业，留学经历亦类似，但宇虹师兄始终在学科一线领跑，我只能望其项背。如今，宇虹师兄刚刚退下一线，便将部分大作选编成集，以飨读者，以惠后学，这是其开拓精神的又一体现。

  宇虹教授勤奋、聪明、笔快，因而高产。他的著述分英文和中文两个部分，数量都非常可观，涉及的研究对象也非常广泛，在我国世界上古史研究领域属于罕见。由于常用英文发表论文，尤其后来又主编东北师大的西文杂志《世界古典文明史杂志》(*JAC*)，所以在国际同行中知名度较高。我 1997 年在德国慕尼黑大学访学时，德国教授问我："吴宇虹是男士还是女士？"我当时不解，心里反问这也会是个问题？后来意识到，如果楔文中出现"Yuhong"这样的名字，是阴是阳？还真是个问题。估计还有一些拿不准吴宇虹性别的西方学者，但他们知道中国有一个叫吴宇虹的亚述学家，而且是个不错的学者。

　　这本论文集收录了 39 篇论文，但这远不是吴宇虹教授三十余年学术生涯的全部成果，甚至不是吴宇虹教授科研成果中的最重要部分。像许多在世界上古史领域从事研究的学者一样，宇虹教授的重要成果都是用英文发表的。截至目前，吴宇虹教授撰写了百余篇论文，大致中英文各半。作为改革开放后林先生培养的第一位从事古代西亚文明研究的学生，宇虹教授在新一代研究西亚古代文明的学者中年龄最长，成就最大，代表了目前的中国亚述学水平。

　　宇虹教授的个人成长经历反映了改革开放后亚述学在中国起步、发展并不断缩短与国际同一研究领域之间距离的过程。如今，中国不但拥有一批从事西亚古代文明研究的学者，还有西文版的《世界古典文明史杂志》和中文版的《古代文明》。这两套高度专业化的杂志为从事世界古代文明研究的中国学者提供了一个展示学术成果的平台，开了一扇让国际同行了解中国学术的天窗。这两套杂志成就了中国的亚述学、埃及学、赫梯学和西方古典学，也成就了吴宇虹。宇虹教授多年担任《世界古典文明史杂志》主编，同时也是该杂志的主要撰稿人之一。这个杂志于 1986 年创刊，随后逐渐走向国际，如今已经成为国内外相关研究领域不可或缺的专业杂志。作为主编和撰稿人，宇虹教授对这个杂志产生的国际影响贡献很大，同时他也从中受益良多。

　　受益者不仅仅是宇虹教授，我们这一代都是受益者。我们首先受益于时代。没有上世纪八十年代的改革开放和随之而出现的激情迸发的学术春天，中国的亚述学、埃及学等世界古典文明研究领域就不会有目前这种充满活力、蓬勃发展的状态。除受益于时代外，我们这一代人还直接受益于一位具有伟大情怀、令人无限景仰、值得永远缅怀的伟人——林志纯先生。没有林先生，就没有中国亚述学的今天，就没有吴宇虹教授的今天，当然也包括我本人和许多其他人。每念起林先生，崇敬心和幸运感便油然而生。在林先生身上散发出来的那种发自肺腑的家国情怀、大爱无私的崇高品格、无欲而刚的开拓精神、中西贯通的远见学识……令人崇敬，同时也是一种无形的巨大能量，鞭策我们不断向前。有林先生，不仅是我们这些学生的幸运，也是中国世界古代文明诸学科的幸运，是东北师范大学的幸运，也是国家的幸运。宇虹教授对恩师是感恩的。林先生去世后，宇虹教授写了一篇纪念文章"林志纯先生和我的亚述学研究"。文中写道："林老师那种忘我和痴迷于学术、舍弃安逸和名利、不畏艰险和嘲讽、一心前进而百折不回和甘当后继者前进的铺路石的献身精神与高尚风范永远使我们这些学生和后学高山仰止，永远激励和鞭策我们在工作中不断提高自己。"这无疑表达了林先生所有学生的心声。他的这篇回忆文章情真意切，语言朴实，娓娓道来，让时光又回到了三十年前，让我这个经历过这一切的人回味无穷，感慨万千，无疑也能让年轻一代更多地了解林先生的伟大情怀和百折不挠的开拓精神，了解亚述学在中国的艰难创建历程。林先生的伟大不仅体现在学术贡献上，也不仅体现在林先生的爱国情怀和开拓精神上，还体现在日常生活的方方面面：林先生可能会对学生边拍桌子边大声"吼"，但没有一个学生因此而记恨不满；为了开拓学生的视野，林先生会带着学生拜见学术大家或把学术大家请进学校，利用假期开班授课；为了让学生获得出国学习的机会，林先生会带着学生直接到教育部的留学司争取名额；为了让学生学好外语，林先生会想尽办法聘请老师一对一地教，或破例地把学生送到语言培训机构学习外语（我本人在研究生学习期间被送到北京外国语大学出国留学培训部培训一年德语）；学生出国回国，林先生必亲自到首都机场送行或迎接；东北冬寒，学生的穿戴冷暖，林先生都要过问。林先生多年养成了早睡早起的习惯，清晨两三点钟就开始伏案工作，早六点可能就亲自来敲助教家的门了（上世纪八十年电话还不普及），或交代工作，或询问学生的学习生活情况。这样的生活细节还很多，三十多年过去仍记忆犹新。我相信，每个学生都会从自己的角度感受到林先生的伟大。这部论文集把纪念林先生的文章放在首位是非常合适的。

这本论文集收录了宇虹教授的一篇关于马骨头的文章，即"北京故宫博物院所藏居鲁士泥圆柱（第18—21行）马骨化石铭文抄本"，这篇文章的原作是发表在《世界古典文明史杂志》创刊号（1986年）上的"The Cuneiform Lines from the Cyrus Cylinder in a Bone in the Palace Museum，Beijing"。宇虹教授研究的马骨头曾是一位老中医珍藏多年的文物，上面刻有楔形文字铭文，上世纪八十年代以前，这两块马骨头上的铭文一直被误认为是早于殷商甲骨文的甲骨文。1985年，这位老中医将这两块马骨头捐赠给了故宫博物院。此前国家文物局就委托故宫博物院了解这两块马骨头的内容和价值。林先生是故宫博物院咨询的专家之一。于是，作为已经跟林先生读博士学位的吴宇虹便接触到了铭文拓片。留学英国后，在国外专家的帮助下，宇虹教授（那时还是刚刚在英国读硕士的学生）解读了其中一块马骨头上的铭文，并在国际亚述学年会上宣读了论文。林先生借这个契机创办了西文版的《世界古典文明史杂志》，在创刊号上发表了吴宇虹的论文，年纪轻轻的吴宇虹传奇般地亮相学术界，一下子成为学术新秀。三十余年后的今天，某些西方学者已发现可信证据，证明这块马骨铭文是19世纪某人为了谋利而根据已经发表的《居鲁士泥圆柱铭文》制作的伪文物，是赝品。马骨铭文本身因此失去了文物价值，但这丝毫不影响吴宇虹教授当年的学术贡献。

吴宇虹教授的另一学术贡献体现在他对乌尔第三王朝经济文献的研究方面。乌尔第三王朝的经济文献十分丰富，数量极其庞大。在亚述学领域，乌尔第三王朝经济文献的研究是个热门学问，在这个领域从事研究的西方学者很多。吴宇虹教授加入这个领域，大大壮大了这个领域的研究队伍，因为宇虹教授不是自己"加盟"，而是带了一个团队，而且在过去的十几年中，这个"加盟"的中国团队不断壮大。宇虹教授本人的许多研究成果和他指导的博士生、硕士生的研究成果，几乎都涉及这个领域。中国学者在研究资料方面没有优势，第一手资料都在西方，中国学者能利用的都是已经发表的资料。尽管如此，宇虹教授的团队划定研究范围，选取相关资料，从微小问题入手，把时间细化到某年某月某日，从而得出一些非常可靠和富有建设性的结论，为再现乌尔第三王朝的历史做出了贡献。由于宇虹教授在乌尔第三王朝经济文献研究方面成就突出，瑞典学生 M. Widell 慕名来到长春投奔吴宇虹，在宇虹教授的指导下，完成了题为"乌尔第三王朝时期乌尔城的公共和私人经济生活"的博士论文，不仅收获了中国的世界史博士学位，还收获了中国妻子。后来 Widell 先生到美国芝加哥大学任职，如今在英国的利物浦大学任职。在世界上古史研究领域，谁听说过欧洲学生到中国来投奔中国教授，还能拿到中国某大学授予的世界上古史博士学位？我孤陋寡闻，除知道吴宇虹培养过世界古代史的欧洲留学生外，未曾听说中国有第二例。这不能不说是吴宇虹的又一个传奇。

　　1986 年以解读马骨铭文的英文论文亮相学术界后，宇虹教授（当时还是留学英国的学生）便开始连续发表英文文章，除东北师大编辑出版的西文杂志外，大部分都投给了由法国学术机构出版的 *NABU*（*Nouvelles Assyriologiques Bréves et Utilitaires*）。顾名思义，这个杂志发表的都是小文章，具有交流信息的性质，但很重要，也很受学界重视。宇虹在这里发表的文章都非常简短，篇幅只一页半页而已，但像这个杂志发表的所有其他文章一样，每篇都有新见解，或新发现，或新材料，文章虽小，却能令人耳目一新，有所收获。除在 *JAC* 和 *NABU* 上持续发表英文论文外，宇虹教授还分别在英国学术机构编辑出版的《伊拉克》（*Iraq*）和美国东方学老牌杂志《美国东方学会会刊》（*Journal of the American Oriental Society*）发表了两篇长篇论文（见本书附录）。除英文论文外，宇虹教授在伯明翰大学撰写的博士论文于 1994 年作为《世界古典文明史杂志》增刊发表。六十余篇英文论文（其中许多是超短篇）和一部厚重的英文专著让"Yuhong Wu"这个名字走进了国际同行的视野。在我们这代人中，宇虹教授的国际知名度遥遥领先。

宇虹教授的学术贡献主要体现在这些英文论文和专著上，原因是不言而喻的。亚述学（包括埃及学、赫梯学、西方古典学以及印度学）是高度国际化的学科，一手资料、一流学术平台、一流研究机构和一流研究人员都不在中国。所以，外语是进入这些学科的入场券，而一个人最终修炼得如何，必须用国际标准来检验。因此，改革开放后的新一代中国学者基本都把自己的研究成果一分为二，即一部分用外文发表，一部分用中文发表。而这两部分又各具特色，总的说来，外文部分代表纯学术研究和最新研究成果，体现研究者的真实水平，而中文部分多为科普和华而不实的文章，抑或是人云亦云或不知所云的理论性文章（一些老一辈学者，由于历史原因，只用中文著述，他们的著述极其严肃认真，值得尊重）。在此，无须具体评价宇虹教授的具体贡献，六十余篇英文文章已经说明问题，只要看看题目，便知他研究的是什么问题，而作者对涉及的问题或有新观点，或有新材料，读之总会有所收获。这就是外文文章的魅力，不"新"，没人会发表你的文章，你自己也不敢发表，国际颜面还是丢不起的。发表六十余篇英文文章（虽然其中不少是超短篇），在我们这代学者中绝无仅有。如果让我对宇虹教授的中英文著述做个评价，我更推崇他的英文著述。

了解吴宇虹教授的人都会有体会，他性格直率，对不同的（他认为是错误的）观点，从来都针锋相对，据理力争，有时批评起来毫不留情，说话的方式也毫不掩饰。很多人对他的这种性格不以为然，我倒是很欣赏他这一点，觉得支撑他这种"霸气"的是他的才气和知识分子本应具备的"士"气。他的这个特点在这本论文集中也有体现。在"文字起源及象形文字、楔形文字、中国文字和字母文字之异同"一文中，他指名道姓地批驳不同观点，这其实很正常，但在中国这样做并非易事，这需要勇气、执着、学识以及对专业的挚爱。观点需要交锋，学术需要辩论，谬误需要纠正，关键是必须有人站出来说话。

吴宇虹教授就扮演了这样的角色。就宇虹教授的上述批判文章而言，被批判的观点不见得就那么荒谬，批判者的观点也不见得那么正确，但这种批判精神难能可贵，这种公开质疑的方式值得提倡。开诚布公地表明观点，知无不言，言无不尽，即使所言不见得完全正确，也胜于那种只在私下悄悄八卦，或知而不言，言而有忌的做法。不能不说吴宇虹教授在这方面再领风骚。

这部论文集还收录了另一篇纠错文章，即"国内古代两河流域文明研究若干问题商榷"。在这篇文章中，宇虹教授利用自己的专业知识对所批评的书中出现的史实错误或表述错误一一给予纠正。人非圣贤，孰能无过！书中有错是可以理解的。善意纠正，避免讹传，这是学者的责任。但说之易，做起来相当难，所以，我为宇虹教授再次点赞。目前中国的史学界缺乏论辩风气和争鸣精神。我相信，大家期待的不是纠错，而是争鸣。所谓争鸣就是问题不论大小，只要有不同意见和观点，就各显其能，从不同角度各抒己见，对事不对人，出于善意，不伤和气，犀利尖锐，同时又客观公正。我们期待并应努力营造这样的学术氛围。

既然争鸣值得提倡，我现在就践行这个理念，与宇虹教授商榷两个问题。第一，国王的排行问题。熟悉吴宇虹教授的人都知道，他坚决反对传统做法，即反对将楔文文献中出现的同名国王称为"某某一世"、"某某二世"，主张将这样的称呼改为"某某第一"或"某某第二"，理由是"一世"和"二世"之间不存在父子关系，而且"一世"和"二世"往往相隔几十年，甚至几百年。宇虹教授认为，用"某某第一"或"某某第二"表明一号某某或二号某某，就撇清了二者之间本不存在的亲缘关系。宇虹教授早就开始在公开发表的论著中实践他的这个主张。例如，在本论文集收录的"古代两河流域文明史年代学研究的历史与现状"一文中，有"提格拉特皮莱沙第二"、"提格拉特皮莱沙第三"以及"阿淑尔尼腊瑞第五"等。我并不赞同宇虹教授的这种做法，所以我一直没有跟进。据我所知，其他同行也都没有跟进，说明他们也不认可宇虹教授的做法。在此，我不为他人代言，只讲我不赞同的理由。我不赞同这种做法有两个理由。第一，这样做不符合习惯，听起来别扭。一世二世这样的叫法已经约定俗成，听得耳顺了，也就成了天经地义的了。人名＋序数词在西方的各种语言中本来就是某某第一和某某第二的意思，"查理Ⅰ"就是"查理第一"或"第一查理"，"拿破仑Ⅲ"就是"拿破仑第三"或"第三拿破仑"。不知从何时起，将西方语言中的人名＋序数词译为"某某一世"和"某某二世"（十以上有时加"世"，有时不加"世"，如"路易十四"）便成了定式，成了人人自觉遵守的规则。其实，某某一世或二世这样的翻译并无道理可言，如果当初某翻译大师将西方人的这种排序法翻译为某某第一或某某第二，那么，这种译法或许就是今天的标准翻译。然而假设是没有意义的。现实的"一世"和"第一"相比，"一世"的确更有文化，更有内涵，所以，一世二世这种译法被普遍接受，无人质疑，也是有道理的。诚然，宇虹教授不是要把"查理一世"或"拿破仑三世"改成"查理第一"或"拿破仑第三"，而是将"提格拉特皮莱沙二世"或"提格拉特皮莱沙三世"改为"提格拉特皮莱沙第二"或"提格拉特皮莱沙第三"，范围仅限于亚述学。有些编辑或出版社显然已经接受了这种做法，所以宇虹教授的"第一""第二"才能见书见报。依我拙见，在亚述学范围内使用"某某第一"和"某某第二"亦不妥。亚述学是历史学的一部分，除研究的对象与其他历史学科分支不同外，其他都没有什么不同，不宜另立学术规则，否则会造成不必要的混乱。此乃理由之一。还有第二个理由，而这个理由更重要：为统治者或名门望族的家长排序的做法发端于欧洲，即使在这些始作俑者的话语里，一世二世也并非一定意味着二者之间具有父子关系，甚至亲缘关系。一世二世这样的连续序列之间，有的是父子关系，有的是祖孙关系，有的是兄弟关系，有的根本没有亲缘关系。可见，一世二世这样的序列，只具有代号意义，二者的内在关系（父子、兄弟等）不是固有的，也不是固定的，更不是必须的。因此，宇虹教授不必纠结一世二世之间的关系，它们只是个序号，在实际运用中不会出现歧义。

统治者重名现象最早出现在苏美尔，乌尔楠舍王朝的卢伽尔班达（Lugalbanda，约公元前2370年）与乌鲁克第一王朝的卢伽尔班达（约公元前2900年）重名，这应该是最早的重名例。在后来的巴比伦统治者和亚述统治者中，重名者越来越多。因为他们之间都没有亲缘关系，往往又都是不同时代和不同国家的人，所以他们生前死后都不存在排序的问题。也就是说，排序问题不是古代问题，而是现代学者面临的问题。现代学者有时为了叙述方便，按年代顺序将他们标了序号，如Sargon（I）或Sargon（II），这两个统治者前后相差大约1600年。对西方人来说，以这种方式区分二者足矣，无需再做任何画蛇添足式处理。其实，我们也不必在这个问题上浪费时间。我建议，遇到这种情况，写萨尔贡（I）或萨尔贡（II）即可，至于括号里的罗马数字如何读，读作"一世""二世"，还是读作"第一""第二"，大可不必越俎代庖地为读者做选择。

与宇虹教授商榷的第二个问题是专有名词的翻译问题。这本论文集收录了宇虹教授的"国内两河流域文明研究若干问题商榷"一文，宇虹教授在文中提出了"关于人、地名音译的建议"，主张把"r"音译为"尔"，"l"音译为"勒"，"ga"译为"旮"，"ra"译为"腊"，"la"译为"拉"，等等。业内人士都知道，宇虹教授早就制作了一个《亚述学专有名词的中文音节对译标准化建议表》，有时也称为《古典所中西文专有名词对译字表》，他自己发表作品时自然按照自己制定的标准来翻译专有名词，学生写毕业论文和发表论文时也紧随其后。由于这支"东北军"人多势众，几年时间内就形成了东北风（格）。如果看到"吉勒旮美什"（Gilgameš）或"阿旮"（Aga）这样的译文，想都不用想，就知道此人出身东北师大，是"东北军"中的一员。就出身而

言，我也来自东北，对我的母校东北师范大学充满感恩之情。但在我
当学生的年代，宇虹师兄的羽翼尚未成熟，而林先生正当老骥伏枥志
在千里之年，一切由林先生指导，不存在是否将专有名词的翻译标准
化的问题。如果说翻译西文著作时有什么问题，亦非是某字对应某字
的问题，而是将专有名词翻译得不够优美的问题。记得林先生曾让我
们翻译 G. Roux 的《古代伊拉克》（*Ancient Iraq*），还组织我们翻译过
一本《古代排水系统》（英文名称和作者都记不清了），计划由著名历
史学家、林先生的好友吴于廑先生的夫人刘年慧教授校对后出版。因
为我们的翻译水平实在太差，这个小小的翻译工程便夭折了。上世纪
八十年代，学习英语的条件还很差，学生的英语水平普遍较低。林先
生常让学生翻译一些经典的英文著作，主要是为了提高学生的英语理
解能力。我们每天都接触英文，看不懂时就翻译，遇到精彩段落，林
先生也往往让我们翻译翻译，看看是否真的理解了。一次林先生谈到
专有名词的翻译，给我留下深刻印象。林先生说："'德意志'翻译得
真好！"林先生的那种由衷赞叹的表情和语气当时就令我回味了很
久。我当时并没有真正体会到林先生的这声感叹和赞美所包含的深意
和体现的心情。那时我已经学了点德语，知道"德意志"不是从英文
的"Germany"，而是从德文的"Deutsch（land）"音译的，谐音而已，
并未觉得"德意志"好在何处，以至于让林先生如此赞叹。看着我有
些迷茫的眼神，林先生又补充说："意大利、美利坚也都翻译得很好！"
我后来在很多场合都提到过林先生的这个说法，但从未认真地考虑过
林先生为什么要发这样的感慨。后来宇虹教授一再主张音节对应，甚
至制定了音节（包括字母）对译表，我恍然有所悟，觉得林先生的感
慨就是针对这种翻译直白化而发。当然，林先生针对的不是吴宇虹，
那时宇虹还年轻，不可能提出音节对译的问题，但音节对译和译文直
白化的问题已经普遍存在了。如今，面对宇虹教授制定的音节对译表，
我对林先生当年的话有新的感悟。我理解，林先生的话表达了三层意

思：第一，林先生在倡导一种翻译原则，即翻译专有名词时既要再现原文的发音，也要照顾到译文的字义和语意；第二，林先生反对只译音、不考虑译文的字义和语意的翻译原则（因为这个原则与上面第一条中讲的原则背道而驰）；第三，林先生认为"德意志"和"意大利"是他倡导的这种翻译原则的最好实例。

我们不妨将林先生倡导的这种翻译原则称为"德意志原则"。这种原则比较特殊，即不完全是音译原则，更不是意译，亦非音译与意译的结合，即音意译。虽然早有人在实践中按照这样的原则翻译专有名词，因此才有"德意志"、"意大利"、"美利坚"这样的优美译文，但到目前为止尚无人为这种原则定性命名。说这个翻译原则特殊，是因为它只适用于以汉字为媒介的翻译，大概只有以汉语为目标语的翻译才会用到这个翻译原则（那些曾经借用汉字书写自己的民族语言的民族或许也会遇到同样的问题）。说这个翻译原则不完全是音译，是因为遵循这个原则进行翻译时，目标语的发音不必严格与原文对应，同音当然可以，近音和谐音更为常见。用"德意志"翻译"Deutsch"，仅就发音而言，应该属于谐音。说这个翻译原则不属于音译与意译结合，是因为"德意志原则"不符合一般意义上的音译与意译（音意译）相结合的原则。音意译指译入语既能体现译出语的发音又能体现译出语的意义的翻译原则，如将法国的香水品牌"Chanel"翻译为"香奈儿"，将洗涤液"Tide"翻译为"汰渍"，将德国汽车品牌"Benz"翻译为"奔驰"等。"德意志"、"意大利"不具备这样的特点，虽然译文非常优美，但译文表达的意义与"Deutsch"和"Italy / Italia"没有任何内在联系，优美只是汉字使用者体会到的一种美感，一种由汉字带来的音与形或音与意结合之美，同时也是一种文化认同。就既表音又表意这样的特点而言，"德意志原则"也属于音意译，但与一般意义上音意译有所不同，所以，不妨另立名目，以示区别。

翻译专有名词时，采用什么方式，取决于译者，能否尽善尽美，取决于译者的水平。在多年的翻译实践中我一直遵循"德意志原则"翻译专有名词。但限于水平，未能将音译和意译完美结合。我在《升起来吧！像太阳一样——解析苏美尔史诗〈恩美卡与阿拉塔之王〉》（昆仑出版社，2006 年）一书中，将"ᵈNanibgal"译为"娜尼布伽尔"（第 350 页），将"ᵈNisaba"译为"妮撒巴"（第 351 页），便是践行"德意志原则"的结果。显然，我的译文并不完美，将"ᵈNanibgal"译为"娜妮布伽尔"显然更好，而将"ᵈNisaba"译为"妮撒芭"显然更合适。"娜妮布伽尔"和"妮撒芭"好就好在它们不仅大致再现了原文的读音，而且为读者提供了一个附加信息，即读者一看到这样的名字便知道名主一定是女性，而且还会产生一些联想：美丽、婀娜、端庄、高贵等等。这就是汉字的威力和汉字的魅力。汉字最基本的特征是集形音意为一字，在以形表音和以形表意的同时，形本身也会产生某种视觉效果，而这种视觉效果会转换为情感效果，进而影响对整个译文的理解。既然我们有幸成为汉字的继承者，就没有理由不在翻译其他任何非汉语的文本时把汉字的这种优势发挥到极致，使汉语译文在不失准确性（信）的同时，更加有趣，更加优美。

宇虹教授的音节对译原则应该非常适合计算机编码之类的精密科学，是理科思维产生的结果。理科思维的基本特点是寻求规律，固化，量化，是什么就是什么，只有一，没有二，只讲客观，不讲情感，崇尚绝对真理，轻视相对真理。理科思维对精密科学是绝对必要的，但对于人文科学，这种思维无异于思想的桎梏，个性的杀手。近十几年的中国大陆高校管理思维基本是理科思维，效果是不言而喻的，危害是不可估量的。中国历史上的"百家争鸣"拓宽了思想，成就了无数经典，为丰富中华文化做出了巨大贡献。为什么要"争鸣"，因为人文科学和社会科学追求的是相对真理，越争走得越远。诚然，人文科学和社会科学中的一些具体研究也需要精准，也具有绝对性和客观性，这个道理无须多言。需要大言特言的是人文科学和社会科学亦追求相对真理的这个特点，因为恰恰是这个特点被忽视了，有时甚至被蓄意抹杀了。中国的古代哲人曾言"橘生淮南则为橘，生于淮北则为枳"。对于这种说法，理科思维的人说，橘和枳是两种不同的植物，两者不能转化，晏子和楚王限于当时的知识水平，无法准确掌握植物的种属，犯了重大错误。而按照文科思维逻辑，这不过是一种比喻，用来说明同一种东西在一定的条件下可以转化，可以变通，可以因地制宜。晏子用一个形象的比喻把一个深刻的道理深入浅出地讲得如此明白，不愧是圣人。至于橘和枳是一种植物还是两种植物，这个问题在此并不重要，因为这里是用比喻来说明道理，并不是在讲科学。这句话作为经典流传千古，无人质疑其非科学性，只是在盛行理科思维的今天才有人提出了上述质疑。难道在两千余年的中国历史上竟然没有一个人晓得橘和枳的区别？我想不是！为什么当今有人对这句话横加指责？显然是理科思维在作祟。当今的时代是理科思维统领学术和教育的时代。然而，谁用这种思维阅读文化经典，谁就只能看到经典中的漏洞和瑕疵，而不能理解经典中蕴含的哲理、经验、传统和智慧，更不能欣赏到经典的深邃和优美，更谈不上受到经典的熏陶了。当今的中国人，虽然更多地掌握了科学，却没有了文化！

我认为，自然科学要标准化，人文科学要个性化。自然科学的评价标准是客观事实，人文科学的评价标准是社会认同，尤其是同行认同。所以，宇虹教授大可不必制定专有名词标准对译表，好与不好，不是哪个人说了算，这要由社会认同来决定。好的翻译会逐渐得到社会认同，得到认同的东西便会逐渐固化下来，成为定式，甚至成为经典。即使形成不了大家认可的经典译文，也无碍研究，比如梵文的"acharya"，可音译为阇梨、阿阇梨、阿舍梨、阿只利、阿遮利耶、阿查里雅等，亦可意译为轨范师、正行、悦众、应可行、应供养、教授、智贤、传授等，人人可依其所好，各取所需。这些译文无所谓高下优劣，都源自"acharya"，也都回归"acharya"。任何单词在运用中都有语境，只要有语境，一般就不会发生混淆或歧义。宇虹教授怕发生混淆，实为过虑了。

当年玄奘翻译佛经时，提出了"五不译"的翻译原则，其中之一是"顺古"，即对古人已译、且约定俗成的词语不再重新翻译，以免造成混乱。中国的翻译界一直认可和恪守这个原则。宇虹教授在推行自己制定的专有名词对译表时，常常超越这个原则。这再次体现了宇虹教授不拘一格、敢于挑战传统的无畏精神，但在具体操作上宇虹教授的做法是值得商榷的。就"吉尔伽美什"（Gilgameš）而言，这个中文译名早已约定俗成，凡涉及世界上古文明的论著和教科书无一不采用"吉尔伽美什"这种写法。林志纯先生早在上世纪六十年代出版的《世界通史资料选辑》（上古部分）也将苏美尔叙事诗 *Gilgameš and Aga* 翻译为《吉尔伽美什与阿伽》。而宇虹教授则按照自己的对译表将"Gilgameš"翻译为"吉勒旮美什"。我认为这样做有三不妥：第一，违背"顺古"的翻译原则，玄奘是翻译大家，他的"五不译"都是经验之谈，是有道理的；第二，人为地随意改变已经约定俗成的经典译文会给读者造成不必要的困惑；第三，宇虹的新译较之通行的旧译不但不更加优美，反而逊色很多。

仅就以上两个问题与宇虹教授商榷，个人陋见，求教于宇虹和其他同仁。

近年来宇虹教授略染微恙，处于休养状态，望早日康复，继续为中国的亚述学贡献力量。

（作者系北京大学外国语学院西亚系教授）

林志纯先生和我的亚述学研究 *

　　我在东北师大附中读书时极其喜爱人文学科，"文革"后期，先下乡务农，后被选拔进工厂当工人，高校招收工农兵学员，工人不能选择文科志愿，违心地进入吉林工业大学工业电子专业。1977 年毕业后到当时国内少有的计算机运用单位第一汽车制造厂财务处电子计算站做硬件技术员，业余时间仍然大量阅读历史书籍。1978 年，国家恢复研究生学制，我打算报考北京院校的计算机专业，但心里无底。一次偶然路过东北师大校园北门广告牌，看到历史系招收世界古代史专业两名研究生的通告，想到这个专业后面的希腊和罗马世界历史的传奇故事，立刻感到这就是我梦寐以求的学习专业。然而，作为一个没有历史系文凭的工科毕业生，如何通过艰难的考试？虽然我信心很足，别人却暗笑我不自量力，父亲说我只有百分之零点一的希望。考试的结果是我英文和世界史较好，总分第二，可是中国史 40 多分，要按现在每科都有录取平均线的标准，我可能就被淘汰，或只能破格录取了，好在当时是学校自主录取。复试前，通过工大的英语老师（林夫人的同事）介绍，我战战兢兢地拜访了林志纯先生那堆满图书的狭窄的住宅。老师给我的印象是和蔼可亲，要求严格，问了我的自然情况后，他让我翻译一段英文《北京周报》，我觉得老师比较满意我的英文，离

＊　吴宇虹:《林志存先生和我的亚述学研究》,《历史教学》2012 第 4 期。

开时信心增加了一些。复试后，林老师不但录取了我们前两名，还力争扩大名额，把郝际陶师妹和令狐师兄也录取了。我们这 4 名学生中有两名有历史本科文凭，一名英语本科文凭，我至今感谢林老师不拘一格录取了我这位工科文凭学生。

先生勇于开拓处女地，从轻车熟路的中国史改行到有外语壁垒的世界古代史，激励我从世界古代史领域进入未知的亚述学即楔形文字研究。

1950 年，林先生带着《史记》《汉书》《清史稿》和自编《秦汉史及魏晋南北朝史稿》远离南方的家乡到寒冷的长春应聘东北师大的中国史教师岗位。他自幼熟读国学经典，中国史研究功底深厚，陆续发表了一些有影响的成果。特别是在中国古代社会分期问题上，他是"三论"[1] 中的魏晋封建论的主要领军学者之一，并和郭沫若进行了讨论。他这方面的文章有：《与童书业先生论亚细亚生产方式》（1952 年）、《原始公社制度史的分期问题》（1952 年）、《从重农抑商的传统谈到汉代政权的本质——试答郭沫若先生的质问之一》（1957 年）、《汉代奴隶制应如何理解？》（1957 年）、《敬答范文澜先生"关于古史分期的争论"》（1957 年）和《中国古代史分期问题的关键何在？》（1957 年）。

来校后，由于历史系缺乏英语和俄语好的教师，已不惑之年的他服从学校安排，开始专业大转向，从中国史教学研究转为世界古代史及中西古典文明比较的教学研究工作。林先生在中年还有胆量转变科研方向，其动力是他炽热的爱国热情及献身史学的雄心和他在艰难求学经历中所磨炼的坚忍不拔的性格和不断开拓创新的品质。同时，他多年积累的古文和外文并重的深厚功底也使他具有开创新学科的能力

---

[1] 以吕振羽、范文澜、翦伯赞为代表的西周封建论；以郭沫若、吴大琨、白寿彝、林甘泉为代表的战国封建论（郭沫若在《奴隶制时代》发表后，改主战国封建说）；以尚钺、王仲荦、日知（林志纯）、何兹全为代表的魏晋封建论。以上三论，就是在中国古史分期问题讨论中所形成的三大主要学派。

和开阔视觉。林先生"转向"之时，我国世界上古史研究还是一片未被开垦的荒原。他以拓荒者的姿态，进行了多项奠基性的工作。为开展我国世界古代史教学与研究，先生努力从事翻译和著述，例如，他编译了苏联学者编写的《古代世界史》一书的原始社会、古代东方和古代希腊三编，还有《古代东方史教学大纲》（阿夫基耶夫著）、《古代奴隶制度下的商品生产问题——苏联社会主义经济问题学习笔记之一》和《古代东方史序论》（阿夫基耶夫）等十多本翻译、教材和专著。1964 年，他主编的《世界通史资料选辑·上古部分》是当时国内最权威的和收录文献最多的世界古代重要史料合辑。"文革"后，他主编的《世界上古史纲》（上、下）也是当时最新和最有影响的世界古代史专著。这两部书至今仍有很高的史料和理论价值。

和林先生转向世界史一样，入学后我面对的第一个难关是选择专业。开学第一天林老师告诉我们，他把世界古代史分为四个专业方向：两河流域、埃及、希腊和罗马，征求我们 4 位的选择意愿。西方的古代史研究都以研究希腊和罗马文明的古典学为正宗，研究两河流域文明和楔形文字的亚述学与研究埃及文明和象形文字的埃及学，与中国学、犹太学、阿拉伯学、印度学、波斯学一起，被算作"东方学"。受西方正统史学影响，同时也因为楔形文字和象形文字的艰涩难懂，国内学界有几位先生懂古典学，而且介绍古典学的书籍较多，介绍埃及文明也有几本，而除了教科书的概况介绍外，没有专门介绍或研究两河流域文明的中文书，研究楔形文字和象形文字文献的亚述学和埃及学更是空白。于是，我们这些新研究生都希望选择有亚历山大和凯撒这样家喻户晓历史故事的西方古代史或古典学专业。王乃新大师哥立即说他喜爱罗马史，随后际陶师妹连忙抢去了希腊史，令狐要走了剩下的两个东方学科中"较好"的有金字塔奇迹的古埃及史，给我留下的是教科书定义为"以血腥屠杀著名"的亚述国王们。我刚想说什么，林老师期待的目光阻止了我，从此我走上了亚述学研究这条艰难之旅。

现在我认为老师可能是把最难的语言和专业交给我，让我为祖国学术界攻克难关，至今我感谢老师对我的信任。

以后的事实证明，老师是最希望看到亚述学和埃及学两个空白学科在中国建立起来的。1981年毕业时，老师留我和际陶在东北师大任他的助教，后又招收我们两人为国内首批博士生，希望我的亚述学攻关任务继续进行。在我们之后，1981年唯一的硕士生拱玉书（因政治分低，未能成为出国生）被指定为亚述学专业，毕业后他同样被留校任职并读博士，后被老师派往德国慕尼黑大学，获得博士学位，现在北大任亚述学教授，成为林老师学生中的佼佼者。1982年唯一的学生沈志佳被老师推荐为赴美公费研究生学习亚述学，但她留美后放弃了亚述学。1986年以后，我校德语教师、林老师的硕士生黄瑞芳被公费派往德国学埃及学，学法语的柴晓颖公费派往法国学亚述学，她们都没有完成学位。林老师希望能研究巴比伦数学的由数学系考入历史的马丽自费去荷兰，后在瑞典获得了博士学位，留在哥德堡大学教授纯数学专业。古典所培养的北大本科生、北大东语系教师薛晓枚被派往美国约翰·霍普金斯大学学习亚述学，但也放弃了这一偏冷专业。上海外院阿拉伯语专业来古典所获亚述学的两位硕士赴美留学后回归了阿拉伯语专业，留在美国。这些例子表明，林老师千方百计选拔青年学子攻读国内空白的亚述学学科，希望攻克这一坚固的科学堡垒。虽然这些学生出于各种原因，没能攻下这一难关，老师对她们的培养和帮助是所有受过他谆谆教导的学子们永远感激的。许多人之所以不能坚持完成亚述学位的主要原因是她们实际上并不喜欢这一学科，之所以报考研究生是为了学位或为了出国或为了找到一个报酬好的工作。我的一个女硕士考GRE，在我推荐下，获得了芝加哥大学东方学院的全额奖学金，也不是真心喜爱亚述学，又要定居美国，于是就换了计算机专业，后在美国地铁工作。我由工科改文科，她由文科改工科，师生完成了一个圆满的循环。人各有志，不能人尽为学者，转向改行无可非议。可是，林老师那种忘我和痴迷于学术、舍弃安逸和名利、不畏艰险和嘲讽、一心前进而百折不回和甘当后继者前进的铺路石的献身精神与高尚风范永远使我们这些他的学生和后学诸生们高山仰止，永远激励和鞭策着我们在工作中不断提高自己。

先生刻苦学习多种外文并为研究生制定以英、法、德文为工具，以各学科的古代文字为基础的研究方法，激励我百折不挠学习苏美尔语和阿卡德语楔形文字，开拓中国的亚述学道路。

专业选定后，林老师千方百计地提高我们学术水平，争分夺秒地充实我们知识饥渴的大脑。我们学习的方法可以说是"拼命学习法"：学外语要到外语系英语本科当一年的旁听生，听所有的外语专业课，专请外语系黄龙教授给我们开英语课。每年暑假和寒假包括春节不能在家休息，记得有一个寒假和春节就是白天在北京社科院图书馆看书，晚上在世界史所的一个办公室听外国语学院的老师讲英语口语。一次暑假是在北京听北师大马香雪老师的法语课。外语是世界史的工具，除英文外，德文、法文也必须学。专业课则请国内一流学者来长春开课：通辽师院刘文鹏（林先生"文革"前的研究生）讲埃及史，辽宁大学崔连仲讲印度史，世界史所廖学盛讲古希腊文和拉丁文，访学时到杭州大学听毛昭晰讲原始社会或史前史。博士期间，在美国学习亚述学的杨炽回国休暑假，林老师安排我去北京到她家学阿卡德语。

我觉得林老师好像希望我们和学问结成终身伴侣，成为不食人间烟火的哲人（我在伯明翰大学的博士生导师兰伯特教授就是至今未婚，献身学术）。复试时，林老师问我结婚没，我说结了，他有点责怪地说：入学前说没结婚，怎么现在又结婚了，是不是骗我。我只得解释说：考试前的确没结婚，考完后结的婚。据说，拱玉书的结婚也被老师认为过早。为了不因家庭影响学习，除了假期去北京学习或外地查资料不回家外，6年硕士和博士学习期间，我基本上每周住在学校晚上看书，只有周六晚上回家休一日，有了孩子也没有时间照顾，三个月时送到个人家，长托喂养，三岁入幼儿园长托，基本没有在家照顾他。

1982 年以后，国家开始向国外派出留学生，林老师先后有两个推荐出国留学名额（沈志佳获得批准）。1981 年 8 月世界历史研究所的杨炽获美国奖学金，将自费去芝加哥大学攻读亚述学博士，林老师还在北京西餐厅请周老师、廖老师和我们学生为她送行。杨炽 1987 年成功地获得亚述学博士学位，林老师代表学校聘请她和她丈夫 David Jacobson 来东北师大工作，她本人任古典所常务副所长，她夫妻对古典所的发展，特别是亚述学起到了很大的推动作用。郝际陶 1983 年公费去希腊留学一年，林老师到机场送行、迎接。看到同届和晚届的同学都出了国，我心里很着急，听到 1984 年又有一个指标去希腊，便向林老师提出希望去希腊学习古典学的要求。林老师在家里和我恳谈了三个小时，教导我不能急功近利，为出国而出国，要坚持填补亚述学的重任，国家重视教育和科学，你一定有机会出国学习亚述学的。听了林老师的谆谆教导，心情豁然开朗。当他最后说：“如果你还想去，还可以去。”我的答案当然是否了，于是去希腊的名额给了教中世纪史的青年教师。正如他所说，1984 年我通过了教育部的英语考试，1985 年被派往英国牛津大学以进修生身份学习亚述学。

到了牛津后，由于我学习努力，我的导师同意，使馆批准我由进修生身份转为研究生并给予资助。对于这次转折，林先生帮了大忙并提醒我努力争取更高目标——攻读博士学位。

在牛津，除了上课，我每天都泡在图书馆里，午餐就是果酱涂两片面包，生活比较艰苦，但亚述学研究水平却突飞猛进。在英国学者的帮助下，我破译了故宫博物院多年没解决的马骨石居鲁士铭文抄件（残缺使翻译极为困难）。林先生给我写信鼓励我：“你到欧洲，参加巴黎的第 33 届亚述学会，这是好消息。马骨铭文，我们已以英文原文在 *JAC*（*Journal of Ancient Civilizations*）试刊号发表。”对于林先生为了发表我用英文写的论文而创办的 *JAC* 国际西文杂志，我于 1993 年回国后参加主持编辑工作，每年在其上发表一篇英文亚述学论文，至今已发表 22 篇，杂志保持了高水平和纯学术的特点，在国际上常被引用，没有辜负林老师的期望。

两年后，我获得亚述学的哲学硕士学位。之后，我向导师提出自费继续攻读博士的申请，她同意了，我也成功申请到资助博士的部分奖学金。然而，求学之路出现了一个挫折。这一年，牛津大学中断多年的亚述学终身教职获得资助得以恢复，在伊拉克英国考古学院的 J. Black 回来参加竞聘并在激烈的竞争中获得教职，而我的导师没有成功，继续作为临时教师。因此她通知东方学院取消了我的录取。收到东方学院院长的通知后，心里十分失望，但是我并不退却。我立刻给英国也是世界最著名亚述学家之一的伯明翰大学兰伯特教授写信要求去伯明翰在他指导下攻读博士，他读了我捎去的硕士论文后，同意接受我。国内方面，林老师收到我写给他和学校的延期回国并希望学校资助继续攻读博士学位的申请后，立即找学校请求批准，郝水校长同意从学校有限的经费中拨出一定的款项资助我完成博士学位。不久学校换届，新校长考虑到经费困难，希望我按时回国，因此学校的资助一度成了问题。后经林老师和各方面的努力，学校同意资助一年的生活费，再一次解决了难题。下面是我保留的林先生在这关键时刻的一段来信：

宇虹：

　　五月七日飞上海前数小时，校方告诉我，你的攻博学费物（应是学费事），校无钱，不能给。当即托杨（炽）函英方设法；五月十九日由福州与杨通话，五月廿一日由福州致函省教委，请求支援。六月十六日由福州返京，七月二日，在京读杨转来 Dalley（我的牛津硕士导师）给她的信，形势一变。前此，我只基于筹款，校无款，向省要，想向社科院要。现在主要不是这个问题了。

七月六日回长，不两天从朱（寰）处读你给朱、杨和我的信，事情比较清楚（信无日期，只有6月）。几度同杨商量你的事。她有信可能问你回来。我则认为：你在英还能读下去，就读，否则做回国的打算。昨（7月13日）晚约李科来了解家中对你的活动情况。从两个月的发展来看，我做如下的建议：

一、你自"文革"结束，读硕士生，1981年得MA学位后，这一生方向定了，搞亚述学，阿卡德语，苏美尔语，西亚古代史，历史语言一起来。1985年赴英，今年又得了一个MA，土硕士加洋硕士，总不能不是从无到有，学业有成的标识。你语文缺科班训练，伯明翰的翰也是一例，不能写罕吗？假如机械给分，就得扣分。在我看来，这是小事。取博士学位在许多大学还得考法语、德语。中国人，现在还不能都用英文答卷，这边好几位外国教师，也得如此，这也好，得到锻炼。首先是，你已走上亚述学者和西亚是研究者的道路，只要不变的走上去，一定能攀高峰。但是，路程是长的，不做抢名位的事！要真本领。

二、你已有了两个MA到手，PhD总能拿到。我认为，你可以自我检查一下，是否在阿卡德语、苏美尔语方面已有系统知识和独立能力？如果回答是肯定的，那就方便，回来写论文，答辩了就给。当然，手边如果还有生活费，多留在英国一些时日，尽量搜集复印，甚至可以久跑法、德，多集些原始材料。做个预算，做个计划，大约什么时候回国，让学校买飞机票，汇路费。

三、回国之后，可以在京教阿卡德语、苏美尔语（如果你自己认为可以教，就尝试教一教），同时写论文（当然，可以往来京、长之间）。国内这些门类一定要发展，英雄有用武之地，长春是一基地，北京是未来中心。

四、话说回来，如果英国还有机会拿博士（是可靠的话），那就拿到手再回来。

请给我信，告我国内要怎么安排！

旅安！

日知

1987.7.14

为了获得学校的支持，我乐观地计划在两年交学费注册时间内完成博士论文，然而林先生知道亚述学的道路没有捷径，求学一定要付出较长的时间，他在 1988 年 5 月 30 日的信中鼓励我说：

宇虹：

我不急于你立刻回来，经济问题有了着落，得到博士学位回来。李科告我，她已经在办手续出去，可以照顾你的生活，你们就好好安排，把学识系统地拿到手，有独立能力，能到处独当一面，符合国家需要。上次是到府上，你母亲说你明年可以回来，又校内筹款时都说你再有一年可以完成学业，所以有此说法。今后如有人问，我就回答确实归期还要看，回来方是回来，这样说好了。论文，基什是科研"七五"计划提及，这题目假如你能完成，就计划出版，否则可以换题目。你所说古巴比伦前期断代城邦史落实到什么程度？*JAC* 今年稿在集，在编，单篇可交杨炽，单本可交"七五"计划。柴晓颖地址：……。徐凡席（上海来的）将入 California，目前还在校内写论文。他搞亚述学；他的同事郭黎搞埃及学，将入耶鲁。论文已完，未答辩。

问好！

志纯

1988.5.30

先生提到的《基什城邦史》是我在牛津硕士论文的主要部分，然而，由于博士论文占用了我的全部时间和精力，一直没有时间译成中文，先生也是理解的。后在 1996 至 1998 年，我在先生牵头的《夏商周断代工程》子项目《国外古代文明年代学的历史和现状》中主攻"两河流域年代学的历史和现状"方向，高质量地完成了先生交给的任务（《历史研究》2002 年第 4 期）。这一论文中的两个核心文献也与先生有关。早在我念硕士的时候，林先生就指派我根据英文专著撰写介绍苏美尔文明年代学最重要的文献《苏美尔王表》的文章，于是我写出了我研究生涯中的处女作《苏美尔王表和图马勒铭文》，先生修改后用在他主编的《古史论丛》（三联书店 1981 年）。林先生不拘一格采用一个刚毕业硕士的文章，大大地鼓励了我读书研究的热情，并使我很早就建立了独立科研的自信心。1989 年初，先生开始主编《世界古典文明丛书普及本》时，又把郑殿华据拉丁化原文译和我加以校改的小书《苏美尔王表》作为系列的 001 号。《亚述王表》是研究巴比伦和亚述年代学的主要依据，1990 年，我在《纪念林志纯教授 80 岁论文集》的 JAC 第五卷上发表了英文论文《亚述王表是要证明沙姆西阿达德王的合法性吗？》。

在伯明翰，我一读就是 6 年，于是生活又成了一个大问题。依靠妻子打工和自己周末及夜间打工，我逐渐地克服了生活和经济困难。6 年中克服种种困难的主要力量来自我下定的不能辜负国家和林老师对我的期望的决心。1991 年下半年，杨炽因为种种原因，离开古典所和亚述学到北京工作，国内的亚述学再度空白，林老师写信问我是否可以早些归国，我回信说论文没有完，还需一两年，于是学习更加努力了。在 1993 年我终于完成了导师和考官都十分满意的 500 页的博士论文，成功地获得学位。想到国家交给自己填补空白的历史使命和林老师多次催我回校挑起重任，尽管当时多数学子毕业后滞留国外，我仍义无反顾地立即归国任教。

与林老师分离 8 年后重逢，又是校历史学科第一个归国的洋博士，林老师当然十分高兴，十分信任我，1993 至 1995 年中几乎每隔几天就打电话给我，叫我到他家讨论古典所的学科发展和建设问题。1995 至 1997 年，虽然拼命工作学习，我的成长又遇到了挫折。由于长期受到国外竞争意识的影响，回国后在升职为正教授的问题上，和所内国内所培养的博士展开了激烈竞争。然而，由于我出国时间长，副教授时间短，属于破格提拔，因此，连续三年申请提职，均不能通过，都输给了比自己岁数小的同事。同时，关于古典所学科结构和专业定位的问题在所里展开了大辩论，我由于坚决同意林老师提出的以古代文明领域各学科作为古典所的全部学科的重大提案，和一些不同意这一提案的同事产生了矛盾，人际关系十分紧张。这一时期，在双重打击下，心情十分暗淡，产生了离开东北师范大学的想法。也曾多次和林老师谈到提职失败和调离的问题，林老师总是说："这和学术事业比，都是小事。我在东北师大几十年，从来没要求过正教授，改革开放后，系里一定要我上，我只好上了。等几年，你会评上的。"我当时并不理解林老师的境界，但是想到如果离开古典所，就离开了林老师、杨炽和自己多少年努力创造下的中国最好的亚述学科基础，别的学校不会有东北师大这样好的亚述学基础了，而且学校王校长和周书记都表示学校要努力解决我的职称问题，于是，我决定在东北师大坚持下去。1997 年，所里全体教师都认识到继续摩擦没有好处，都同意了林老师提出的两个专业领域分家的建议，于是学校顺势做出了正确决定。同年底，我的教授职称也终于通过了。

　　1998 年，应费城的宾夕法尼亚大学邀请参加跨世纪的《苏美尔词典》工程编撰工作，在美国工作的两年大大开阔了我的苏美尔语学的视野，了解了更多的基本知识和新的研究成果，强化了苏美尔语楔形文字的研究功力。2000 年我回国后，学校和林老师聘任我担任所长，我理解这是他正式把手中的学术接力棒传给了我。我继续开展亚述学研究，至今已发表论文上百篇、专著多部，博士论文改成的专著成了被引用多次的研究古巴比伦时期历史的重要著作。同时，我以加倍的努力工作，公正地协调好三个学科的关系，并培养出一些有能力开展学科建设的优秀青年教师，没有辜负他老人家对我的教导和信任。如，我的博士瑞典留学生 Widell 现在是英国利物浦大学亚述学讲师，曲天夫、李海峰等几位博士在厦门大学、西南大学和陕西师大开始了亚述学课程和硕士培养。目前，北京大学和我校的亚述学研究在国际小有名望，国内的亚述学终于获得了国际承认，聊可告慰林先生的在天之灵。

在学术继承方面，对于林老师晚年反复强调的重大的突破性历史理论：中国历史发展的各阶段中，有原始社会、奴隶社会，但没有欧洲类型的封建社会，我给予了进一步发展，认为中国历史长期存在一个国民是皇权的奴隶、家人是父权的奴隶、女人是男权的奴隶、人人都可蓄奴的奴隶制、半奴隶制历史阶段［《从世界史角度看中国由奴隶制向半奴隶制社会的发展》,《东北师大学报（哲学社会科学版）》2005 年第 3 期;《古巴比伦法典与秦汉法典比较：私有奴隶制和国家公有奴隶制》,《东北师大学报（哲学社会科学版）》2006 年第 6 期］。

现在，林老师高寿离开了我们，大家都万分悲痛。不知为何，我心中常常浮现出他晚年常在的笑容，我想他老人家一定总是在为国家发达和学术繁荣而高兴，为自己终身奋斗的填补亚述学、埃及学空白和强化古典学的目标得到实现而自豪。小诗一首，送给老师——照亮我人生的指路明灯：

> 老师，当我是一匹瘦弱但有志向的马，您是伯乐大师，从平庸马群中选中了我，训练了我，然后，为我指出天边远古的亚洲有着如彩虹一样的美丽楔形文字宝藏，让我不畏艰险、不怕挫折，义无反顾地驰骋向千里之外的伟大目标。
>
> 老师，当我是一艘在大海中行驶的航船，您是照亮我前进方

向的灯塔，在黑暗中为我指明正确方向，在风浪中将我引导到平安的港湾。

　　老师，当我是一个迷惘在红尘中的俗人，您是智慧的高僧和哲人，教导我看淡名利、忘却恩怨，放弃小我世界，在读书写作中发现人生之快乐，在祖国的事业中寻求个人之价值。

亚述学在中国 *

　　以现代伊拉克和北叙利亚为中心的两河流域地区（古希腊人称为美索不达米亚）是人类文明的发祥地之一，从这一地区出土的数十万计的楔形文字文献是目前所知道的世界上最早出现的、数量最多的当时人类记载自己活动的文字材料。亚述学（Assyriology）正是一门研究两河流域及邻近地区出土文献，涉及古代西亚的政治制度、经济、历史、法律（世界最早出现的法典由此而来）、医学、数学、天文、文学、神话以及艺术等各方面的综合人文学科。它建立于上世纪中期的欧洲，是当时轰动世界的在两河流域北部——亚述地区考古发掘的直接产物。

　　亚述学由两河流域的古国亚述而获名。亚述位于两河流域北部，其南邻是著名的巴比伦古国（公元前 2000—前 539 年）。这两个两河流域文明古国在古波斯兴起之前是当时地中海地区最强大的国家，曾先后称霸于西亚。它们代表了这一地区最古老的文明之一的楔形文字文明（另一古文明是埃及的象形文字）的全盛时期。然而，在亚述学和西亚考古学创立之前，当今世界除了从旧约圣经和古希腊历史学家希罗多德等人的著作中可以找到一点支离破碎、神奇而走了样的信息外，对这两个威震西亚和北非的大帝国及文化一无所知。西亚考古发掘为

* 吴宇虹:《亚述学在中国》,《史学集刊》2003 第 3 期。

现代世界展示了它们的建筑和艺术，而亚述学则揭示了古代两河流域的民族迁移、王朝兴亡、军事征战、宗教仪式、发明创造、奴隶制度、粮银借贷、商业买卖、婚姻嫁娶、行政法律、国际关系、占卜天象、数学医药以及文学神话等各方面的奥秘。

由于历史和资金的原因，亚述学在欧美等发达国家有雄厚的基础：许多博物馆中有古两河流域文物以及大量尚未研究发表的泥板文书。伊拉克战争以前，两河流域平原上年年有考古队工作，从而不断发现新的有待研究的古文物和泥板文书；大学院校中有齐全的图书资料和学识渊博的专家、教授及研究生作为后继梯队。这些专家、学者不断穿梭于国际各大博物馆之间复制、阅读泥板文书，参加每年几次的国际学术会议，访问位于伊拉克、叙利亚、土耳其境内的考古现场，从而掌握了第一手的资料、丰富的参考书和最新的研究动态。其结果当然是高水平和权威性的著作和文章源源不断地出版、发表。两次世界大战以来，伊拉克和叙利亚逐渐摆脱外国控制。民族政府不再允许文物外流，但仍欢迎各国的考古队前来进行科学考古发掘及文物研究，条件是出土的文物只能留在本国的博物馆。尤其是每当幼发拉底河上欲修建水坝时，为了抢救将被淹没的文物，两国政府邀请欧美以及日本各国的考古队前来抢救发掘。出土的文物可以由发现它们的外国考古队研究，但不能带走，于本国有利无害。

目前在亚洲，日本亚述学发展最快。它常有考古队在伊拉克和叙利亚两国工作，而且发行了几本英文的亚述学和古代近东研究方向的杂志。虽然有个别在美国的移民出版了英、德文的亚述学专著，但尚未听说有韩国和香港地区的大学开设亚述学专业。我国的亚述学、埃及学和古典学科在国家的支持下发展很快，实力仅次于日本。早在20世纪50—60年代，在东北师范大学从事世界古代史教学的林志纯教授就开始了创建我国的亚述学、埃及学的准备工作。他坚信"只有像研究中国史那样深入细致地研究世界古代史，我国的世界古代史研究才能立足于世界史坛"。这就是说，中国学者要能够准确地掌握已经死亡了但已被国外学术界掌握了的两河流域、埃及和古典几大古代文明的语言文字，要能够自己而不是依靠英、德、法等国学者的翻译去阅读、理解和研究这些古代文明留下来的大量原始史料文献。从那时起，为了在我国创建这两门国际性新学科以及提高我国的西方古典学研究水平，他一直收集资料，发现人才，向有关部门大声疾呼，为培养高层次的人才创造条件。在国家教委、东北师大各级领导和各部门的大力支持配合下，如今我国的亚述学、埃及学研究已在东北师大古典文明史研究所、北京大学、内蒙古民族大学等建立起来并结下了硕果。目前，东北师大古典文明史研究所是我国唯一的亚述学、埃及学以及西方古典学研究中心，该所的图书资料已初具规模。由本国和外聘专家组成的高水平教师队伍负责博士、硕士以及本科三个层次的学生教学指导工作。1982 年在东北师大建立世界古典文明史研究所（最初称"西亚、北非、欧洲上古史研究室"），建立了亚洲不多的古代地中海世界诸文明史专业化的图书馆，每年聘请 3 到 4 名外国专家讲授亚述学、埃及学、西方古典学基础——楔形文字、象形文字和古典语言文字语法和文献。1986 年研究所创办了我国历史领域中唯一的英文国际年刊 *Journal of Ancient Civilizations*（*JAC*）《古代文明杂志》（注册名《世界古典文明史杂志》），向世界各国学术界发行，主要方向是古代近东研究（亚述学和埃及学）和西方古典学（希腊、罗马）。我国和外国学者在已出版的 17 期杂志上发表了有影响的科研成果。其中我国亚述学学者的文章和论文已被国外学者在论文和著作中引用。杂志每期的亚述学文章作者和题目都被国际亚述期刊（*Orentalia, Roma, and Archiv für Orientalis, Wien*）列入每年的世界亚述学论文、著作索引总目。1987—1992 年我国第一位留美亚述学博士（芝加哥大学）杨炽及其丈夫杨大悟曾回国在东北师范大学世界古典文明史研究所教授亚述学，并对学科建设做了许多开拓性工作。继她之后（1992 年离职），笔者在英国获得了亚述学博士学位并于 1993 年 9 月回国效力。

1994 年，由东北师范大学派到德国的拱玉书在慕尼黑大学获得了亚述学博士学位，回国在北京大学东方学系任教。拱玉书博士在德国以专著形式发表了其博士论文《关于楔形文字起源和构成和中国古文字的比较研究》(*Studien zur Bildung und Entwicklung der Keilschriftzeichen*, Verlag Dr. Kavac, Ham-burg, 1993)，回国后发表了德文专著《楔形文字符号名称研究》[*Die Namen der Keilschriftzeichen* (*AOAT* 268)，Ugaric-Verlag, Münster, 2000]，他的代表专著和论文如下:《苏美尔文明》(*The Sumerian Civilization*)，云南人民出版社，2001 年;《西亚考古史》，文物出版社，2002 年; "Ergativität und das Sumerische", *JAC* 2 (1987); "一个苏美尔城邦联盟—尼普尔联盟"，日知主编，《古代城邦史研究》，人民出版社，1989 年; "Kalakku-überlegungen zur Mannigfaltigkeiten der Darstellungsweisen desselben Begriffs in der Keilschrift", *JAC* 5 (1990); "Die mittelbabylonischen Namen der Keilschriftzeichen aus Hattuša und Emar", *Zeitschrift für Assyriologie* 85/1 (1995)，德国; "做格与苏美尔语"，《北京大学学报》外语语言文学专刊，1996 年; "楔形文字起源新论"，《世界历史》，1997 年第 4 期; "Fehlerhafte Schreibungen in den Namen der Keilschriftzeichen", *Die Welt des Orients* 28 (1997)，德国; "贝希斯敦铭文与《历史》"，叶奕良主编《伊朗学在中国论文集》第 2 集，1998 年; "楔形文字与六书"，《东方研究》(北京大学东方学系 1998 年百年校庆论文集); "泥板书屋" (The Tablet House)，《东方研究》，1999 年; "吉尔加美什与阿加"，《东方文学研究通讯》创刊号，2001 年; "A Homonymous List: IDU II (*CT* 11, 29-32, D. T. 40)", *JAC* 17 (2002); "楔形文字"，于维雅主编，《东方语言文字与文化》，北京大学出版社，2002 年。

遗憾的是由于历史、地理原因，我国只有两件楔形文物，现藏于故宫博物院。这两件铭文分别刻在两块石化马骨上。这是很少见的，因楔形铭文是写在泥板上的，一些王铭刻于石器、金属板和悬崖上，但尚未发现刻在圆形骨棒上的。笔者留英期间在 Gurney 教授帮助下，译出其中一块上的铭文（中文本见《故宫博物院院刊》1987 年，第 2 号）。该铭文是抄自波斯王居鲁士攻占巴比伦后用巴比伦楔文写的诏安天下书，原件写在一个泥鼓载体上，现存大英博物馆。但马骨抄件只抄其中的几行原文，而且丢失和写错的字符很多，造成了释读困难。马骨抄件明显是一个不太懂巴比伦楔文的人抄写的。其字体很像有的埃兰铭文上的字体（笔画的头呈"Y"形），或许是一个不太懂巴比伦楔文的埃兰人抄写的。林志纯教授为了发表这一英文论文，在长春创办了英文《古代文明杂志》（*JAC*）国际年刊创刊号。由于这是国内首次成功释读楔形铭文，该文于 1988 年获得吉林省首届社会科学优秀成果奖的佳作奖。笔者在英、法、美国的亚述学刊物《伊拉克》《亚述学短实用信息》和《美国东方学会杂志》上发表英文论文几十篇：对古苏美尔语王铭研究的"古地亚梦中的一个谜语"于 1989 年发表于法国巴黎《亚述学短实用信息》（*NABU*）；笔者和导师 S. Dalley 合作的论文 "Origins of the Manana Dynasty at Kish, and the Assyrian King List"（基什城邦马那那王朝的起源和亚述王表）发表在英国的《伊拉克》（*Iraq*）杂志 1990 年第 52 期；笔者硕士论文的一部分由牛津大学教授 Gurney 在 1987 年土耳其伊斯坦布尔举行的"第 34 届国际亚述学大会"上代为宣读（发表在"34 Rencontre Assyriologique Internationale"，《34 届国际亚述学大会文集》Tarih Kurumu, Turkey, 1998）。90 年代初，笔者在巴黎《亚述学短实用信息》（*NABU*）和长春《古代文明杂志》（*JAC*）上发表了一系列研究公元前两千纪上半叶古巴比伦时期亚述、埃什嫩那和马瑞王室楔形文字档案的论文："Kill a Donkey or a Dog for Making an Alliance, an Explanation according to the Practices in Ancient China"（*NABU*，1995/17），用古中国的实践解释了西方学者无法解释的古巴比伦时期亚述书信中提到的盟誓中的刑驴牲还是刑狗牲的争论。笔者发表的 "Did the Assyrian King List Attempt to Prove the Legitimacy of Shamshi-Adad？"（*JAC* 5, 1990）一文被日本学者多次引用。

1994 年，笔者发表了 80 万字的英文专著 *A Political History of Eshnunna, Mari and Assyria during the Early Old Babylonian Period from the Fall of Ur III to the Death of Shamshi-Adad*（344 pages, IHAC, Changchun）(《古巴比伦前期马瑞、埃什嫩那、亚述三国政治史》)，为中国出版的两本亚述学英文专著之一。该书广泛地引用前人研究的成果，详尽地收集了上千件当时的阿卡德语和苏美尔语楔形文件，翻译、编辑了国际上 50 年来分散发表的数百件古巴比伦时期有关三个国家的出土文件，用分析和比较古文件的方法发现当时的政治史材料和线索，综合归纳有用的事实，首次将这一时期这一地区历史写成专著。

1993 年，笔者研究、发表了一块民间私人收藏的古巴比伦不动产买卖楔文契约，开始对两河流域奴隶制经济产生兴趣（"Two Old Babylonian Tablets and the Sale Document Formula šám-til-la-ni-šè"，巴黎《亚述学短实用信息》，1993/79）。从 1995 年起，笔者的注意力转到大批出土的公元前三千纪末的乌尔第三王朝的王室苏美尔语经济档案，发表了一系列论文："High Ranking Scribes and Intellectual Governors during the Akkadian and Ur III Periods"（阿卡德王朝和乌尔第三王朝的高级书吏和文职总督），（*JAC* 10，1995）；"The Ewe without Lamb and the House of the é-uz-ga, the Private House of the kings"（无羔母羊牺牲和国王们的特殊宫室 é-uz-ga），（*JAC* 11，1996）；"How did they change from Mashda Calendar to Akiti Calendar from Shulgi 45-48 in Puzrish-Dagan？"（舒勒吉四十五年至四十八年间在普孜瑞什达干发生的年历变化）（*JAC* 15，2000）。

从 1994 年起，笔者开始发表介绍两河流域文明的中文文章，如："亚述和埃兰战争"，《外国问题研究》，1994 年第 2 期；"对古埃及蜣螂印和两片亚述楔文片段拓本的鉴定",《中国文物报》, 1996 年 11 月 10 日; "空中花园不在巴比伦而在尼尼微",《世界历史》, 1997 年第 1 期; "古代两河流域的长老会",《世界历史》, 1997 年第 2 期; "古代中国和两河流域的刑牲而盟",《东北师大学报（哲学社会科学版）》, 1997 年第 4 期; "古代两河流域文明",《古代西亚北非文明》（刘文鹏主编）, 中国社会科学出版社, 第 195—380 页, 1999 年; "生态环境的破坏和苏美尔文明的消亡",《世界历史》, 2001 年第 3 期。1996 至 1998 年, 笔者参加《夏商周断代工程》项目的课题《世界诸古代文明年代学研究的历史和现状》, 发表论文 "古代两河流域文明年代学研究的历史和现状"（《历史研究》, 2002 第 4 期）, 把两河流域三千年文明史的复杂而多样性的纪年方法、国际年代学研究成果的发展和演变以及个人的研究体会介绍给中国学术界, 对国内大学世界上古史教材的两河流域部分提出了一些批评和建议【"国内两河流域文明研究若干问题商榷",《东北师大学报（哲学社会科学版）》, 2000 年第 4 期】。

应《美国东方学社会杂志》亚述学编委的约稿, 笔者为这一国际权威杂志撰写了两篇有关埃什嫩那地区出土文献、文物的书评。1998 至 1999 年, 笔者赴美国费城宾夕法尼亚大学博物馆任客座研究员, 进行国际合作两年, 参加世界性跨世纪工程多卷集《苏美尔词典》工程的编撰工作。宾大的亚述学传统以苏美尔语文学研究著名, 在这一气氛中, 笔者写出 "Rabies and Rabid Dogs in Sumerian and Akkadian Literature"（苏美尔和阿卡德文献中的狂犬病和狂犬）, 发表在《美国东方学会杂志》121 卷（2001 年第 1 期, 第 32—43 页）, 全文载入国际期刊检索互联网。同时, 笔者对行文过于简洁、语言晦涩难懂的苏美尔史诗《吉勒旮美什和阿旮》进行研究【"The Earliest War for Water: Gilgamesh and Agga"（最早争夺水源的战争——吉勒旮美什和阿旮史诗）,《亚述学短实用信息》, 1998/ no 4, 103】, 对 50 年来国际亚述学界不能解释的史诗中乌鲁克王吉勒旮美什对长老和壮丁们说的有关水池和井的话的含义做出了合理的解释，笔者认为这段话中的关键的苏美尔语动词形式 til-til-le-dam 中的 til 意为"（水池）枯竭"。根据这一分析，笔者把这段话译为"（使节说：）（如果不是基什，你们的）一个水池将要枯竭，（你们）国土中所有的水池都要枯竭了，国土中所有的（用）水罐（取水）的水池都要枯竭了，所有的以绳索提（水）的深池都要枯竭了。（因此，你要向基什进贡。）"由此，两大城邦争霸的缘由被全新地理解为上游的基什控制了苏美尔的经济命脉——幼发拉底河的水利资源而要求下游的乌鲁克臣服。这一全新的解释在国际亚述学界引起反响。

1998 年，笔者开始从乌尔第三王朝的新苏美尔行省制王室经济文献研究转向更古老的古苏美尔城邦王室经济文献档案研究。前萨尔贡时期又称作古苏美尔（城邦争霸）时期（公元前 2800—前 2300 年）。以乌鲁克为代表的两河流域文明最早的楔形文字经济和行政档案（公元前 3000—前 2800 年）在这一时期有了迅速发展。苏美尔城邦出土的这些楔形文字档案是世界上为数不多的关于早期人类社会经济和行政行为的非常宝贵的文件。苏美尔城邦拉旮什的主要城市吉尔苏出土的经济文献数量为各城之最，覆盖时间最长。它包括了四个主要时期：苏美尔城邦时期（公元前 2400—前 2300 年）、阿卡德王朝（公元前 2291—前 2150 年）、乌尔第三王朝（公元前 2111—前 2004 年）和古巴比伦晚期（公元前 1894—前 1700 年）。苏美尔城邦时期的吉尔苏文献比同时期其他城市出土的文献更为经典的是，它是唯一带有国王在位和月序、可按前后日期进行系统分析的系统档案。多达 1600 多件泥板文书仅横跨拉旮什邦最后的三位公侯统治的连续 17 或 18 年时间：恩恩塔尔孜的最后 4、5 年时间，卢旮勒安达的 7 年和乌如卡吉那的前 6 年。年月如此清楚、数量如此巨大、时间早到公元前 2300 年的吉尔苏王室档案在世界各地区都是绝无仅有的。它所记载当时的经济、政治制度方面的信息是研究早期奴隶制社会经济最好的材料。笔者分析了吉尔苏出土文献所显示的苏美尔城邦的经济制度，并在耶鲁大学承办的第45届国际亚述学大会宣读了论文 "Lugalanda's Economic Reform in the House of Lady in Girsu"（卢旮勒安达在吉尔苏城夫人宫的经济改革），该文于2001年发表在《古代文明杂志》(*JAC*) 第16卷。文中用详细列举的档案统计数字表明了拉旮什王卢旮勒安达和妻子在吉尔苏王后庄园经济迅速发展过程中的革命性作用，同时用有力的文档证据推翻了国际亚述学界传统根据乌如卡吉那的王铭推测出的说法：拉旮什末王乌如卡吉那发动平民阶级革命，推翻了卢旮勒安达的统治，并进行了经济改革。证据表明乌如卡吉那是卢旮勒安达的合法继承人，他和妻子全面地继承和发展了卢旮勒安达夫妇扩大的奴隶制王室庄园"吉尔苏夫人宫"。

我国亚述学学者的论文曾多次被外国学者引用。我们先后参加了1986、1989、1992、1998、2002年国际亚述学大会（法国巴黎、比利时根特、德国海德堡、美国哈佛大学、荷兰莱登）并宣读了论文，使中国在国际亚述学界有了一定影响。我们从事的科研和教学工作，为我国填补了世界人文学科之中重要研究领域亚述学研究的空白，使我国加入了这一过去以世界发达国家为主讲人的学科论坛。

东北师范大学的一位年轻亚述学学者 Magnus Widell 博士曾在奥地利维也纳大学学习亚述学，1998年获得瑞典 Uppsala 大学硕士学位（1995—1998年）后远道来到我校攻读笔者指导的亚述学博士生课程，2001年获得学位后留校任教，并任《古代文明杂志》(*JAC*) 英文编辑。他的专项是乌尔第三王朝苏美尔语经济行政档案，博士论文是《乌尔第三王朝时期乌尔城中的公共和私人经济活动》。他用英文在国际亚述学专业杂志和《古代文明杂志》发表论文十余篇，参加了美国加利福尼亚大学洛杉矶分校的国际大型项目《楔形文字数字技术图书馆工程》，现在芝加哥大学参加亚述学国际项目。

总而言之，随着我国国际地位的不断提高和国际交流不断加强，我国的亚述学研究已取得了一定的成就。目前，我国老、中、青三代亚述学者们正在辛勤耕耘。也许在不久的将来，中华人民共和国的一支考古队能和欧、美、日各国的考古队一样出现在伊拉克或叙利亚的两河流域的一个古代废墟上，中国的亚述学学者会向全世界通报他们自己考古发现的泥板文献。中华文明历经五千年磨难而成为公元前三千纪开始的诸古文明中唯一一支流传至今的古老文明传统，中国学者有责任在拯救同样古老但不幸失传的人类近东文明的国际重任中做出较大的贡献。

由王衔的变化看古代美索不达米亚由城邦到帝国的路程 *

引言

王衔是表示国王或统治者权力的职称，国王的权力，国家政体和国家规模的变化，往往能在王衔的变化上得到反映。本文的目的就是企图以王衔的变化为标志，描绘出古代美索不达米亚由城邦发展到帝国的历史路程，并对古代西亚各种王衔的由来、发展及意义逐一加以探讨和分析。

本文共分三部分，第一部分为城邦历史时期。在这一部分，首先介绍了无文字记载的原始社会解体，国家形成时期的部落酋长。欧贝德文化（c.6000—4000 B. C.）中手拿权棒的男俑，乌鲁克文化（c.4000—3000 B. C.）中石刻和圆筒印上的祭司和军事首长模样的穿"网裙"、留长发的人物，似乎就是这类酋长。欧贝德文化和乌鲁克文化遗址中庙宇从小到大的发展，也表明当时社会的中心任务是祭祀。而对外战争的加剧，使祭司兼军事首长的权力不断增长，最后发展成城邦的首脑"恩西"和"卢加尔"（王）。古苏美尔文献"苏美尔王表"记载了一次洪水，洪水前有五个掌握王权的城市。这些"王"的统治，据说都长达万年。可见他们是口头流传下来的人物。由于埃利都是王

---

* 未刊稿。

表中第一个王城，我们可以推知，这些王正是欧贝德文化末和乌鲁克文化时的英雄。因为，埃利都已可确定为欧贝德文化的最早遗址，而且洪水的遗址也在苏路帕克和基什发现了。王表说苏路帕克和基什城正是洪水前后的王城。洪水前后的王城首先是在基什。虽然基什第一王朝大多数的"王"仍是传说人物，但最后两个王已经确定是历史人物了。恩米巴拉格西和阿加，都在历史文献"吐马尔铭文"中出现，而且前者本人的铭文也出现了。

随着这个基什王朝的结束，苏美尔进入了城邦历史时期。这一时期大量的铭文材料证明，苏美尔是城市国家或城邦。城邦的首脑有两种，"恩西"和"卢加尔"。恩西是由祭司演变而来的，卢加尔是由军事首长变来的。据"王表"，一个城邦，只有战败前一个王权城，才有权称"王"（卢加尔），因此，最初的卢加尔可能是城邦同盟的霸主。恩西和卢加尔不是专制君主，城邦中的公民大会和长老会是最高权力机关。巴比伦神话"创世纪"反映了卢加尔是由军事首长演变来的，神话说巴比伦城神马尔都克由于杀死了凶魔而被众神授予最高权力，成为"王"。

乌鲁克城和基什城是巴比伦尼亚南北两个中心城市。它们在苏美尔各城邦中常常称霸，征服各国。因此它们的王衔"乌鲁克之恩"和"基什之王"，成为霸主的称号。卢加尔札吉西统一了南方，号称"乌鲁克之恩"；阿卡德王萨尔贡统一了北方，号称"基什之王"。

在城邦时期，各城争霸战争的激烈，反映了王权的频繁转换。从基什第一王朝到阿卡德统一全国，王权共转换了15次，其中还不包括"苏美尔王表"中未记载的拉加什。在王表记载的各王中，阿达德王卢加尔安耐门都曾一度统一了全国，号称"四方之王"。对于史诗记载人物，乌鲁克之恩吉尔加美什，原来并不被许多人相信是历史人物。吐马尔铭文的发现，解决了这个问题。吐马尔铭文记载了从恩米巴拉格西到伊辛王伊什米埃拉的各王，在民族神恩利尔的祭祀中心建庙的事迹，它反映了虽然各个城邦相互战争，但全民族在风俗、语言、宗教各方面的统一性，必然导致统一国家的出现。

本文第二部分是城邦向帝国过渡时期。大约从萨尔贡统一全国到亚述王阿达德尼拉里创始新亚述帝国（2371—911 B. C.）。在这一时期，统一的国家建立起来。但最初是不巩固的城邦联盟国家。这时出现了新王衔"国土之王"。"国土之王"最初是乌鲁克王恩沙库山那的王衔，他是一个霸主。随后温马恩西卢加尔扎吉西战胜了拉加什，并成为乌鲁克王，他也使用了"国土之王"的王衔。他统一了全部苏美尔地区，但北方塞姆族占优势的阿卡德地区却在阿卡德城国王萨尔贡手中。萨尔贡统一了北方，自称"基什之王"。随后战胜了卢加尔札格西，统一了全国。他的国家类似我国的周王朝，是城邦联盟制国家。各地独立的"恩西"和"王"经常起兵反对阿卡德王朝的霸权。萨尔贡的儿子里木什和马尼什图苏镇压了各城的起义，他们初期虽然还用"基什王"衔，但后期用"威武王"（mighty king），"万邦之王"（king of universt）代替了仅表示苏美尔地区的"国土之王"。马尼什图苏的儿子纳拉姆辛开始了大规模对外地区的征服战争，建立了联邦制帝国。他的王衔是"（世界）四方之王"。但联邦制国家不稳定的弱点，使阿卡德又丧失了对各地的控制。山区游牧民族库提人乘机攻入美索不达米亚，掌握王权。乌鲁克王乌图赫加尔驱逐了北虏，又称"四方之王"。

乌尔总督乌尔那姆夺去了乌鲁克的王权，建立了乌尔第三王朝，他使各地的恩西成为王家的文职总督，并设置了军事总督"沙库那库"，这样开始建立起中央集权制统一国家。他的王衔是表达本地区地域的"苏美尔和阿卡德王"。他的儿子淑尔吉把乌尔王国扩展成一个帝国，采用了纳拉姆辛的帝国王衔"威武王，四方之王"。淑尔吉学习纳拉姆辛的做法，在自己的名字前加上"神的"定义符，成为"神淑尔吉"，以加强自己的个人权威。随后的各王以及伊辛、拉尔萨国的各王也都采取了这一做法。到巴比伦王朝以后的各王才把它废弃了。可能正是在这一时期，专制君主制形成了。

乌尔第三王朝后期，西方草原中的阿摩利人开始向美索不达米亚移居，这样就削弱了苏美尔人的乌尔王朝。不久，埃兰人攻入乌尔城，乌尔第三王朝灭亡了。继起的是伊辛、拉尔萨王朝。这时美索不达米亚被七个强国所掌握，许多小城邦都依附于它们。除了伊辛、拉尔萨以外是巴比伦、埃什努那、亚述、马里和埃兰。这些国家的强大的王，为了表示自己的作战能力，一般在王衔中都有"威武王"或"威武的战士"的称号。但亚述王沙马什阿达德一度成为最强者，他使用"万邦之王"的帝国王衔。伊辛和拉尔萨控制文明中心苏美尔和阿卡德的中部和南部，它们国王的王衔总要兼顾尼普尔、乌鲁克、乌尔和埃利都（有时还有拉加什）四个宗教中心，以表示他们有全国的王权。巴比伦是七个国家中最后兴起的，但是它的国王汉谟拉比力战群雄，统一了七国，成为"威武王、巴比伦王、四方之王"，"苏美尔和阿卡德各国的太阳"。帝国王衔"四方之王"和"苏美尔和阿卡德王"结合在一起了。他还首次使用"太阳"这一君主头衔。

从巴比伦第一王朝起，美索不达米亚南部地区巴比伦尼亚的王权始终在巴比伦城，直到亚历山大的马其顿帝国，共历时一千多年。这反映了巩固的统一国家已确立，城邦割据的局面在两河流域再也没有出现。但就在汉谟拉比死后，以拉尔萨王小里姆辛为首的各城又发生了叛乱。随后城邦国家就消亡了。汉谟拉比之后，东北地区的加喜特游牧民族开始强大，它攻入巴比伦，接替巴比伦第一王朝，统治全国。五百多年之久的加喜特王朝，是一个比较巩固的统一国家，但它除了与亚述争夺几次霸权外，并没有向外扩张而发展成帝国。他的基本王衔是地域性的"威武王，巴比伦王，苏美尔和阿卡德王，加喜特王，卡尔杜尼阿什（巴比伦尼亚）王"。

在伊辛－拉尔萨时期，北部美索不达米亚的阿淑尔城邦摆脱了南方统一王朝的约束发展成一个强大的城邦。"亚述王表"是研究古亚述的重要文献。古亚述在小亚设有商业殖民地，从殖民地卡尼什的商人给阿淑尔城邦的信中，我们知道阿淑尔城的首脑有三种衔。一是"伊沙库（*iššakku*）"，它是南方苏美尔语"恩西"的阿卡德语读法，表示"王"的祭司长身份。二是"鲁巴稳"（*rubaum*），可译作"王公"，表示"王"的贵族出身。三是"瓦克仑"（*waklum*），它可译作"执政官"，表示"王"是城市公民大会的主席或代理人。但这时却没有称"王"（*šarru*）的首脑。这一时期，是亚述城邦民主的繁荣阶段，政权由名年官轮流执掌。第一个称王的首脑是阿摩利出身的沙马什阿达德，他对外进行了扩张，建立了一个统一国家，号称"万邦之王"。可是他死后，亚述就衰落了，并臣服于汉谟拉比的巴比伦，但沙马什阿达德的雏形帝国，却扼杀了阿淑尔的城邦民主。

在古亚述城邦时期，与小亚的亚述殖民地相联系的有许多赫梯人的小城邦。库什沙城的王公阿尼塔征服了卡尼什和哈图沙等城，自称"伟大的王"，建立了赫梯人的联邦制统一国家，一般称作"赫梯古王国"。哈图西里什以哈图沙为中心，开始对外扩张，他统一了小亚半岛上各国，并进入叙利亚。他的孙子木尔西里什使古王国达到最强盛，他灭亡了叙利亚强国延哈德，攻占了巴比伦城，导致了巴比伦第一王朝的覆灭。他回国后，被夺位的贵族杀死，赫梯开始衰落。赫梯古王国的城邦王衔一般是："伟大的王，哈图沙城之王，库什沙城的战士"。这里没有表示地域的王衔。在加喜特巴比伦时期，近东地区存在几个强大的统一国家，即埃及、巴比伦、米坦尼、亚述和赫梯。在埃及阿马尔那出土的各种文字的信件中反映了各国之间的交往。赫梯的王衔"伟大的王"成为国际信件中平等的强国国王们相互的称呼。

公元前 14 世纪，赫梯复兴，进入了帝国时期，舒皮鲁流马一世再度统一了小亚，并越过套鲁斯山，进入米坦尼的势力范围叙利亚。随后他攻占了米坦尼的首都，大大打击了米坦尼的力量。木尔西里什二世镇压了各国的起义。木瓦塔里什在叙利亚的卡迭什击退了埃及法老拉美西斯二世的进攻。赫梯帝国的王衔是："太阳，伟大的王，哈梯国之王。"太阳，是从法老那里学来的，城邦王衔"哈图沙域之王"不见了，代替的是地域性王衔"哈梯国之王"。

在赫梯帝国兴起的同时，亚述开始兴起，赫梯对米坦尼打击使亚述获得解脱，亚述在阿淑尔乌巴里特的领导下开始形成了统一国家。他是沙马什阿达德之后第一个称王的亚述人。他的王衔是"万邦之王"。随后亚述开始统一整个北部美索不达米亚地区的战争。阿里克登伊鲁首称"威武王"；阿达德尼拉里首用"万邦之王，威武王，亚述王"三联王衔；沙尔马那萨尔一世又加上了"伟大的王"，成为"四联王衔"。这一王衔的使用标志着统一北部美索不达米亚的事业已经完成。亚述开始走上了对外扩张的道路。

由于亚述仍保持为一个统一的国家，在提格拉特皮拉萨一世时，亚述能再度对外进行扩张。他向西打击迁居美索不达米亚的阿拉美亚人，一直到了地中海岸边。叙利亚和腓尼基国家西顿等向他纳了贡。在南方，他攻入巴比伦城。在西北他击退了木什吉人的入侵，并征服了那意里。他的王衔较突出的一个是"王中王"。随后，在阿拉美亚人的冲击下，亚述再次消沉。

本文的第三部分是介绍新亚述帝国、新巴比伦帝国以及它们的继承人波斯帝国的王衔。这一时期亚述和巴比伦都已形成比较巩固的统一国家，它们先后建立起规模宏大的跨地区帝国。新亚述帝国的复起，是由阿达德尼拉里二世开始的。他在东方征服山区小国；在南方打败了巴比伦的攻势；在西方恢复了脱离亚述的哈尼加尔巴地区，臣服了一些阿拉美亚部落。他为亚述复兴奠定了基础，他的王衔是"伟大的王，威武的王，万邦之王，亚述之王"四联王衔，以后各个强大的帝国领导人都在采用这一王衔。

吐库提尼努尔塔二世征服了那意里和东方的山国，并对亚述南面和西面的苏胡等阿拉美亚部落进行了征服战争。

阿淑尔那西尔帕二世对外征服的规模是空前的，他扫荡了东方和北方的山区；镇压了哈布尔流域起义的阿拉美亚人；在两河源头地区设置了行省。然后向新的目标叙利亚前进，以阿拉美亚强国毕特阿底尼为首的北叙利亚各国都向他纳了贡；他一直前进到地中海岸边。随后又征服了套鲁斯山国库姆赫和札马尼，他的王衔除了"四联王衔"外还有"全部四方之王，各民族的太阳""王中王"等。这一国王在铭文中所宣传的对敌人的残酷无情，每每被学者们（主要是苏联学者）加以痛斥，很可能这些"血腥"的话是被夸大了的，因为亚述王在进行征服时常常对被征服人民进行恫吓，以心理战的方式警告他们不得起义；这些铭文常常是要在行省中被宣读的。如果由于亚述国王在铭文中直率地承认自己的镇压手法，就认为亚述人比别的国家的征服者残酷，这也是不公平的。

沙尔马那萨尔三世继续在西方进行征服，臣服了十多个国家。他的王衔和其父亲是一致的。

从沙尔马那萨尔四世开始，北方以凡湖为中心的乌拉尔图开始强大。它给亚述以很大的打击，帝国的版图又到了最小的情况。这一时期亚述王没有什么铭文，他们的王衔也可能短多了。

首都卡拉赫的起义导致了新的非王室将领掌握王权。提格拉特皮拉萨三世改革了帝国的行政，他缩小了各总督的辖区，加强了中央集权；对被征服人民采取大规模迁移他乡的措施；然后，征服了叙利亚和套鲁斯山各国，将其中许多地方置为行省；征服了巴比伦，兼任巴比伦王，终于建立起中央集权的行省制大帝国。他的王衔是"七联王衔"，"伟大的王，威武的王，万邦之王，亚述之王，巴比伦王，苏美尔王和阿卡德之王，四方之王"。

萨尔贡也是军队将领的身份夺取了王权，他继承提格拉特皮拉萨三世的行省制政治，继续把各征服国家置为行省。他与巴比伦的新兴力量迦勒底人再次交锋，夺回了巴比伦的王权。最后在与游牧民族西米连人的战斗中阵亡。他的早期王衔没有巴比伦王衔是"五联王衔"："伟大的王，威武的王，万邦之王，亚述之王，四方之王"，晚期的是"七联王衔"。

辛那赫里布主要是和越来越强大的迦勒底人和埃兰王国斗争。他六次与他们交战，最后才夺回巴比伦城，并破坏了这一城市，因此他的王衔中无巴比伦王衔，是五联的。

阿萨尔哈东征服了老牌帝国埃及；恢复了巴比伦城。他的王衔是"七联王衔"加上埃及王衔以及"王中王"。

阿淑尔巴尼帕再次征服埃及；消灭了巴比伦的分裂政权；三次攻入埃兰，消灭了这一国家。他的王衔没有巴比伦王衔，但也是七联的："伟大的王，威武的王，万邦之王，亚述之王，四方之王，王中王，无敌之王公。"他的晚年，亚述的力量在战争中耗尽了。巴比伦和米底人的联合军队攻陷了尼尼微，亚述帝国终结了。

但是奴隶制帝国的时代还没过去，巴比伦的迦勒底王朝继承了亚述的遗产，建立起新巴比伦帝国。新巴比伦的末王那波尼都斯全盘因袭了亚述王衔，他自称"伟大的王，威武的王，万邦之王，巴比伦王，四方之王"。

波斯王居鲁士征服巴比伦，将它作为自己帝国的一个行省，但他也不能轻视美索不达米亚帝国的高度文明。他放弃了"安山王"和"波斯王"等地域性王衔，而自称"万邦之王，伟大的王，威武的王，巴比伦王，苏美尔和阿卡德之王，四方之王"。这完全是一个美索不达米亚帝国的王衔。

岗比西斯征服了埃及，把波斯帝国建成一个包括各种不同文化的超级大国。他使用了新的王衔"各国之王"。大流士镇压了各地区的独立起义，并越过博斯普鲁斯海峡侵入欧洲，使波斯帝国的版图横跨欧亚非三洲，达到了帝国发展历史的顶峰。他创造了帝国的行省制度并创建了波斯帝国的"四联王衔":"伟大的王,王中王,说所有一切语言的各国之王,这一大而辽阔的国土之王。"前两个是继承亚述帝国的,后两个表明帝国复杂的种族成分和广阔疆土。

希腊民族的马其顿王亚历山大征服各城邦建立统一国家之后,开始向东扩张。他战胜了波斯,代替它成为这一大国的主人;并东征印度,建立了空前绝后的东方帝国。他也称"巴比伦王""伟大的王"衔。可是帝国在他死后就瓦解了。他在西亚的继承人建立了塞琉古帝国,这一帝国强大的王还是因袭了东方的帝国王衔。安条克一世自称"伟大的王,威武的王,万邦之王,巴比伦,各国之王"。后来,罗马具有"无限统帅权"的大将庞培征服了东方,这使他的"伟大的"这一帝国似的外号威名远扬。从此美索不达米亚结束了自己的帝国时期(911—62 B. C.)。

最后就两个问题提出自己的看法。首先,本文承认从民主城邦制到专制帝国是奴隶社会所有国家的发展规律,胜利的城邦成为帝国的首都,失败的城邦成为帝国的一个地区。历史材料证明,东、西方都经历了自己的城邦历史时期和帝国历史时期。因此所谓的"国家一出现就是专制帝国"的"东方专制主义"理论是站不住脚的。但是东、西方的城邦在走向统一国家或帝国的同一目标时,却走了不同的道路。如雅典和阿淑尔都存在着"王"(šarru; basileus),和名年官(limmu, aroboueponymos)。但雅典的"巴西勒斯"的军事权力后分给了"司令官"(polemarch)和名年执政官,形成了三头执政(埃兰也有三头执政),以"名年官"为最高级别。"名年(执政)官",巴西勒斯(王)和"司令官"的长期任期在公元前683年成为一年任期。"巴西勒斯"渐渐成了专职祭司长的头衔,"司令官"也演变成具有祭司和司法职能的官员。随后,名年官的大权又由于增加六个"司法(执政)官"而分散。公元前487年,九个"执政官都由抽签产生从而产生了高度发达的民主制度"[1]。雅典一度建立了城邦联盟的"海上帝国"——提洛同盟，但后被王政的马其顿征服。而阿淑尔的名年官最初也是平等于王权的（或与最高祭司"伊沙库"平等的）执政官，并由抽签产生。伊沙库和巴西勒斯一样是最高祭司，但是他的军事指挥权得以保留。在战争中，伊沙库的权力开始超过了名年官，而外族入主阿淑尔建立一个帝国，则彻底确立了伊沙库的军事指挥权，最高祭司权和司法权，成为真正的王（šarru）。名年官则降为荣誉称号。

而罗马走的是另一条道路，外族的军事首领兼祭司"勒克斯"（rex）被推翻，让位于贵族的集体领导（元老院）。因此在建立统一国家而向帝国过渡中，不像阿卡德和阿淑尔那样由王领导，而成为共和国。但是在帝国疆土形成后，只有个人专制才能维持住帝国。于是最初是军事将领荣誉称号的"元帅"（当将领大胜后，士兵称呼他是最初有一定宗教意义的"元帅"）[2]由苏拉首次正式作为自己的头衔，并实行独裁制度；随后庞培也几次被军队欢呼为"元帅"；凯撒开始建立了个人的专制权力，他是终身的"元帅"。屋大维完成了帝制，除了使用"元帅"这一军事意义皇帝衔外，他又创造了"元帅"（priceps）皇帝衔以表示他的行政司法最高权，并任"最高祭司"。于是军事、行政司法、最高祭司又像"勒克斯"一样集一人之身。罗马共和国从此让位于专制帝国。

而东方的发展确是不同的，卢加尔或恩西的权力没有削弱或被推翻。我们所知道的唯一的一次改革是拉加什城的乌鲁卡吉那改革。而他马上就被温马征服了。随后，阿卡德城建立起统一的联邦制国家。那拉姆辛通过神化手法巩固了王权。在城邦向帝国的发展过程中，国王逐渐演变成专制君主。古典作家在当时看不到早已逝去的东方的城

---

[1] 见 *OCD*, archontes。
[2] 见 *OCD*, imperator。

邦政治，由他们传播下来一种认为东方只有专制大帝国的看法。直到近代，考古的成果才解决这一问题。

通过对古代美索不达米亚王衔和政治史的研究，本文认为在城邦时期和大的跨地区专制帝国之间似乎存在一个过渡时期，在巴比伦尼亚是从阿卡德王国到汉谟拉比时期；在亚述是从沙马什阿达德一世到阿淑尔乌巴里特这一时期的国家是联邦制的。类似我国的商、周二代，因而很不巩固，很容易分裂成各邦割据局面。经过几次反复，城邦力量被彻底摧毁，中央集权制王国才得以建立。在中央集权制国家统一的财力人力支持下，统一国家才能发展成稳定的、中央集权的、跨地区的大帝国。

前言

自从人类社会中出现第一个首领以来，就产生了代表他权力的职称——我们一般叫作王衔的东西。从广义上讲，王衔并不专指称"王"的统治者的称号，如果我们用"王"来表示古代社会中国家的最高统治者，"王衔"随之也可泛指这些统治者的各种称号，例如我们可以把我国历史上的"帝""王""侯""伯"，乃至后起的"皇帝"，都称之为王衔。各种王衔所代表的王权的性质、国家制度和规模往往是不同的，尤其在古代社会中，国家是由小到大，由分散到集合，由联合到中央集权，不断地发展变化，因此各个时期的国王要用新的王衔来表示自己新的权力和国家新的领土规模。这样，国家制度的演变就在王衔上留下了证据，使我们可以用一定的"王衔"作为判断相应的国和王性质的标志，以此来阐明国家的政体和规模。根据考古发掘的材料，古代西亚国家和希腊、罗马一样，也是经历了从城邦到帝国的发展道路，本文的目的就是试图以王衔的变化为一条线索，来探讨古代美索不达米亚地区由苏美尔城邦扩展到包括整个西亚乃至北非、东南欧的波斯帝国的全部发展过程，从而弄清各种王衔所对应的国家发展阶段。也许这对理解古代社会和国家发展的普遍规律，特别是王权和国家的起源及它们的发展过程等问题，是会有些益处的。

第一部分　城邦历史时期（公元前 3000—前 2371 年）

一、传说中和古代遗物上的"王"
——原始社会解体、国家形成时期的祭司和军事首长

据"苏美尔王表"[1]，王权（nam lugal）最早是"由天而降到埃利都城的"。这一说法反映了美索不达米亚最早的文明地区（南部的苏美尔地区）的居民，已知道王权并不是一有人类就存在的，而是在人类社会发展到某一阶段的产物。但是他们不能理解这种高于社会的个人权力是怎样出现的，只好用"上天给的"即"神授"这一万能的概念来解释。有一苏美尔神话叙述了"王权"这一概念是怎样被乌鲁克城获得的：包括"王权""神权""长老权"在内的各种文明（伦理、制度方面较多）概念统统被苏美尔人称为"秘"（me 神法规）。"秘"是由埃利都城的主神、海神兼智慧之神恩齐执掌的神秘之物，乌鲁克的主神，爱与战争之女神伊南那，费尽心思，终于从她的父亲恩齐手中把"秘"骗到了乌鲁克城，使乌鲁克也和埃利都一样获得了"王权"等文明概念。这一故事可能反映了最早的王权所在城埃利都对其他苏美尔城邦的文化影响。[2]

---

[1]　Kramer（1963）第 328 页有英译本；Braton（1929）有英文和（音译）苏美尔对照本。

[2]　Kramer（1963），第 160—162 页。

　　"王权神授"理论在西亚古代史的作用是十分重要的，它和我国商周时的王"受命于天"的说法是类似的，但和古埃及的"王即神"的绝对专制理论却完全不相同。[1]根据"王权神授"的理论，任何人只要被神选中，就可为王，不论是否是贵族血统，是否是长子。"亚述王表"在叙述非贵族为王时，称他为"不是什么（贵）人的儿子"。因而从苏美尔城邦到亚述帝国所有的王都兼任神的各种祭司长职衔（本文将这种兼任衔称为副王衔），并声称自己的王权是神给的。为了报答神，各王都努力从事神庙的建设，并视之为自己为王事业中的第一大事。古代的这种对王权的理解和封建社会中王家血统的长子是当然的继位者，王权是从家族手中得到的宗法理论，是完全不同的。

　　"王表"记载埃利都"被（神）放弃了"，它的王权转给了拜德提比拉；随后拜德提比拉被放弃，王权转到拉拉克；然后又相继到了西巴尔和苏路帕克城；这时大洪水出现，并淹没了大地。洪水前的"王"仅八位，分属五个王权城，每人统治时间都在万年以上；同一城市的王彼此不是父子。显然，这是一些类似我国炎、黄、尧、舜、禹等传说中的"王"。王权从一个城转到另一城不是由于"被战败"，而是由于"被放弃"，这表明这五城的首脑可能是被和平推让或协商地选举出来就任为"王"的。考古发掘证明，埃利都确是苏美尔地区最早的中心定居地，它是欧贝德文化时期（约公元前 6000—前 4000 年）[2]的典型遗址，最早的神庙建于公元前 6000 年左右。同时，在乌尔、基什、苏路帕克等城又确实发现了洪水的遗迹。这些都证明王表所记载的五城的王和王权的转移有其历史的背景。欧贝德文化属于国家产生前夕原始农村公社向城市公社过渡的文化。所有洪水前的这些"王"可能属于军事民主制的氏族公社或部落的临时酋长。他们由于本部落的强

---

［1］　关于古代美索不达米亚和埃及王权的各自特点和差别详见 Franklont（1948）。
［2］　根据 CE A, P. 113 的"按树轮校正碳十四定期"的最新方法得出的年代。*CAH*（1971）I（1）的传统定期要晚得多：4300—3500 B. C.。

盛而被推为苏美尔中心部落联盟的大酋长，本城因而得到了"王权"。在埃利都出土的一个肩披装饰物、手执权棒的男俑，可能代表这类"王"。由于埃利都城当时的中心建筑物和乌鲁克时期（约4000—3000 B. C.）[1]、早王朝时期（3000—2371 B. C.）[2] 的神庙在同一地点又十分相似，可以推想，这一不断扩大的中心建筑是神庙，部落的仪式和会议在这里举行，"王"则是庙中的早期祭司。乌鲁克文化时期，城市公社开始形成。这一时期丰富的遗址表明城市的领导权是由祭司掌握的。许多圆筒印都是表示祭司供奉神的场面。例如，一个戴头巾（或是帽子）、留长胡子、长头发穿网裙的人用花朵在喂伊南那女神标志下的羊。同时，这一时期的庙宇有了显著的发展，十分宏大的表面镶嵌彩色花纹的圆柱大殿出现于乌鲁克。此时，军事首长模样的形象出现了，他和上述祭司的穿戴及形象是一样的。例如在乌鲁克的一个石碑上，刻有一个"穿网裙的男人"用长矛和弓箭与狮子搏斗；同样的人手持长矛监视打杀俘虏的场面也在乌鲁克发现。这一穿"网裙的人"也在苏萨（埃兰）和埃及出现，苏萨出土的一个圆筒印章绘有他正在神庙前射杀敌人，埃及出土的象牙石刀柄一面绘有他在与两头狮子搏斗，另一面绘有激烈的战争场面。[3] 这些图画都反映了军事首长作为"王"，在近东出现了。在乌鲁克的圆筒印和"石膏瓶"的图形中，在"穿网裙的"祭司长身旁出现了一批全裸剃发剃须的辅助人员，这可能是作为"王"的祭司长兼军事首长由于城邦政务（财产纠纷和战争开始频繁了）的繁忙而把寺庙的日常管理交给了专职的祭司阶层，他仅在名义上仍保持祭司长的称号并只参加重大的宗教仪式活动。通过对上述古代遗物的分析，我们可以看出乌鲁克时期苏美尔城邦雏形的"王"，似乎是一些军事首长和最高祭司。"苏美尔王表"是晚后的文献，它把

---

［1］ 根据 CE A, P. 116 的新年代，*CAH* I（1）的旧定期是：3500—3000 B. C. 。
［2］ 本文一般用英文缩写 B. C. 代替"公元前"。
［3］ 见《The Ancient Near East in pictures》Pritchard（ed），p.90, 290 图。

这些远古的无文字记载的首领也和后来的城邦首领一同对待，都称为
"王"，可是在乌鲁克的古物中发现了"恩（en）"的符号，表明乌鲁克
最早的首领不称"王"（lugal），而是"恩"（祭司），所以乌鲁克时期
和欧贝德时期以及与它们对应的洪水前五城的"王"治时期应叫作无
王衔或前王衔阶段。

　　我们再回到"苏美尔王表"，看看它对洪水后的王权是怎样记叙
的。洪水后，王权又"从天而降"在基什城。基什第一王朝共 23 个王，
每王统治从几百年到一千多年不等，可见他们还是带有传说色彩的原
始公社解体时期的人物，其中前十王仍是不传位于子，由民选而为
"王"的，后十三王开始传子，但仍有不传子的。其中第十三王埃塔那
显然是一个强大的军事领袖。王表称他是"上了天的牧羊人"，他平定
了所有的国家，统治 1500 年，他是这个王朝中统治时间最长的王，也
是苏美尔历史记载上第一个进行大的征服战争的人。[1]这一王朝最后两
个王恩米巴拉格西和他的儿子阿加是十分著名的人物，父亲"打败了
埃兰国的武器"，儿子曾要求乌鲁克城承认基什的霸权，因而与乌鲁克
的军事领袖吉尔美什发生冲突[2]。但"基什被打败，它的王权转埃安那
（乌鲁克）"。恩米巴拉格西的铭文已在 1959 年被发现，因而他是第一
个有铭文证据的王，由此我们可以断定，基什第一王朝虽有传说性质，
但这个王朝的王已是国家形成后的城邦首脑了。他们可能是早王朝早、
中期（3000—2700 B. C.）的人。这一时期，苏美尔城市国家刚刚形
成很不完善，因而文字材料很少，直到下一阶段早王朝晚期（2700—
2371 B. C.），苏美尔平原上数十个城邦才清楚地出现在历史铭文中。在
这时，各城之间的争霸战争开始爆发，而且越来越频繁。因此，原来
由选举产生的军事首长的权力越来越大，埃塔那和恩米巴拉格西就是

---

[1]　关于他上天的故事见 *ANET*，114—119 页 "Etana"。
[2]　见 *ANET*，第 44 页 "Gilgamesh and agga"。

他们中的突出人物。恩格斯谈到这一时期的'王'时说："如果说在希腊人中间，在父权制统治下，巴赛勒斯'王'的职位通常是传给儿子或儿子中的一个，那么这仅仅证明，儿子们在这里可能指望通过人民选举而获得继承权，但绝不是说不经过人民选举就承认合法。"[1] 从埃塔那开始，基什公社中的临时军事首长获得了更大的权力，他们可以控制公民大会，使自己的儿子当选为"王"（lugal）了。但是在苏美尔城邦中，城市公民大会和长老会议仍然在发挥作用[2]。这种"王"带有很浓的军事民主制的残余，他绝没有后来的统一帝国的王那样大的个人权力。

二、恩西与卢加尔——城市国家的首脑

在早王朝晚期，由于文字材料的增加，苏美尔城邦的历史和政治结构是比较清楚的。这一时期的历史特点类似我国春秋时期，就是各邦之间的战争十分频繁，其中最强大的城邦对于其他各城邦起着号令作用，等于我国的霸国。这一时期的城邦领袖主要有两种，恩西（ensi，最高祭司）和卢加尔（lugal，王）。恩西的意义侧重于宗教方面，它可能是由兼任公社领袖的早期祭司演变而成的，它比卢加尔用得广泛，除了几个城邦外，许多城邦的首脑都称过恩西，如尼普尔、苏路帕克、拉加什、温马、苏萨、马拉德（Marad）、阿达德等城。[3] 卢加尔直译为"大人"，一般译为王（king）。恩西和卢加尔权力的确切差别是很难说清楚的。基雅科诺夫曾根据"乌鲁卡吉那在开始他的改

---

[1] 中共中央马克思恩格斯列宁斯大林著作编译局编《马克思恩格斯选集（第四卷）》，人民出版社，1972，第 102 页。

[2] 关于古代西亚公民大会和长老会议的文章较多，例如: G. Evans, *Anoiont Mespotamian Assemblies*, *JOAS*（1958），p.1。

[3] 各城恩西的铭文见 Barton, pp. 6, 8, 10, 12, 92, 152, 154, 172, 302。

革和对温马和乌鲁克的战争时，改恩西为卢加尔"，认为"很可能恩西可以暂时被选为卢加尔"。但是许多拉加什的王都进行过大的战争，其中乌尔南什只称卢加尔，而安那吐姆和恩铁美那只称恩西，这些现象很难用城邦内部的选举不同权力的领袖来解释。根据"苏美尔王表"，王权只有一个，一个城邦只有击败保有王权的城邦才能夺得王权，这城邦首脑才有资格称卢加尔。因此，在政治概念上，卢加尔要比"恩西"的权力高，而且各城邦的首脑都称神为卢加尔，如恩利尔是"各国之王"（lugal kur-kur-ra），[1] 更证明了卢加尔的最高地位。基什、乌鲁克、乌尔三大城在洪水后最先夺得王权，因此它们的首脑在失去王权后，仍沿用"王"的衔，从不屈称"恩西"（Barton，第1页）（曾把某个"恩西"的铭文归于基什，但此文的关键字"基什"磨损成 K[ish] 可能属于基什，但不能确定）。有一些城邦可能是战胜王权城后，它的首脑由恩西上升到卢加尔。如阿达德有许多首脑称恩西，但卢加尔安耐门都夺得王权后，就称"阿达德卢加尔"了，温马恩西卢加尔札吉西获得王权后称"乌鲁克的卢加尔"。但是由于"恩西"的宗教意义又比卢加尔强烈，卢加尔（王）又是神的称号，所以某些城邦的首脑称王后，仍保留"恩西"衔，如卢加尔札吉西和萨尔贡。拉加什城邦的特殊现象可能就是因为宗教感情的原因。拉加什早期王卢加尔萨根古尔（约2600 B.C.）是基什王麦西里姆霸权下的恩西[2]，后来乌尔南什（约2500 B.C.）建立了拉加什的霸权，他便开始称王，奇怪的是第三王安那吐姆建立了霸业，获得了"基什王权"，却由王改称恩西[3]。随后的恩安那吐姆和恩铁美那也是较强的领袖，而且恩安那吐姆的部

---

[1] 基什（第5页），乌鲁克（第7页），拉加什（第57页），温马各王的铭文都提到这一称号，见 Barton。

[2] Barton, p. 2.

[3] 安那吐姆的大量铭文中，仅有一个称王，Barton, p. 31。

下已称王[1]，但他们也不称王。直到乌鲁卡吉那进行改革，拉加什的领袖全部只称恩西。但是他们在铭文中只称神为王，如海神恩奇是"埃利都王"，[2]因而，安那吐姆不称王的原因可能由于为了把这一较高级的称号让给神，而自己采用宗教意义强烈的"恩西"衔，更能表明自己的虔诚[3]。拉加什城的恩西对神的虔诚从他们留下的大量建庙铭文看是比其他城邦强烈一些。至于不但没有建立霸业，而且在自己手里丧失了拉加什的独立的乌鲁卡吉那（2378—2371 B. C.）反而由恩西上升到王的怪事可能有两个原因：一、由于他要进行改革，改革的对象又是"恩西"和其官员日益发展的特权，因此，他要树立自己的权威必须采用权力更大的卢加尔（王）衔。二、从个人感情上，他宁可用新的夸大的"王"衔，而不愿用他改革的对象"恩西"的旧称号。

由于恩西的宗教意义，苏美尔众神之王恩利尔神殿所在地尼普尔的恩西权似乎很重要，统一全国的乌鲁克王卢加尔札吉西和阿卡德王以及后来的马里王[4]都自称过"恩利尔的伟大恩西（ensi gal ᵈEnlil）"。

王权是如何产生的，我们从巴比伦神话"创世纪"[5]中能得到一些启发。神话说最初神的首脑是天神安（努）和他的化身儿子风神恩利尔，他们以众神之父的身份主持众神公民大会，原始神阿普苏（Apsu，淡水）要消灭诸神时，智慧的海神埃阿（苏美尔的恩奇）用计谋杀死了阿普苏，成为众神大会的操纵者。埃阿把自己的部分权力交给儿子巴比伦城神马尔杜克。但原始母神提阿玛特（Tiamat，咸水）使自己的丈夫金古（Kingu）成为众神大会的首脑并要消灭众神。这使以安的

---

［1］ Kramer（1963），p.313, 13.

［2］ Barton, p. 51, 6.

［3］ 拉尔萨王瓦拉德辛一直称王，但在一个铭文中却称月神南那为"他的国王"，自己是"乌图（拉尔萨）的恩西"，进一步证明了恩西的使用在于强调宗教含义（祭司长），见 Barton, 324, 8。

［4］ Barton, p.302.

［5］ *ANET*, pp. 61-72.

父亲安沙尔（Anshar，初期的天）为首的长老们慌了，他们命令埃阿用智慧去杀提阿玛特，但他这次面对提阿玛特的 11 种怪兽，无能为力了；又命令安用威严去说服提阿玛特，安也不敢面见这一凶魔。安沙尔于是召开众神大会，但无一人敢与提阿玛特作战。这时身强力壮、武艺高强的英雄马尔杜克出现了，他提出作战的条件是"如我灭了提阿玛特，你们要召开众神大会，宣布我的最高权力"，"让我的话代替你们主宰命运，我创造的物不可变，我说出的话既不能撤销，又不能改变。"众神同意了他的条件，举行宴饮。众神为马尔杜克设立了王座，并说："我们承认你对全部宇宙的王权，当你在公民大会的时候，你的话是最高权威。"随后马尔杜克的话有了应验的神奇效果，于是众神高呼"马尔杜克是卢加尔"，王权就这样产生了。马尔杜克果然在战斗中杀死了提阿玛特和金古，夺得了"命运之板"，俘虏大批反对他的神。他用提阿玛特的身体创造了世界，用金古的血创造了神的奴仆——人类。众神在马尔杜克凯旋后，为他在巴比伦修了最宏伟的宫殿——神庙（Esagila）。在庆功宴上，马尔杜克封了 50 个就座的大神，7 个决定命运的主神和 300 个小神。恩利尔代替过去的长老首领授予他放牧"黔首众生"（人类）的权力。这一神话是巴比伦第一王朝时的产物，因而编写者把阿摩利民族神马尔杜克作为主角"众神之王"，但以后亚述的泥板中，亚述民族神阿淑尔代替马尔杜克成为众神之王。恐怕故事的原稿中，苏美人还把自己的"各国之王"恩利尔作为主角。这一故事反映了王权的形成过程：氏族长老（安沙尔和安）—祭司（埃阿）—军事首长（马尔杜克）。但它也表明王的权力最初并不是绝对的，公民大会选举王还有一定的作用。随着文明的发展，当城邦发展成帝国时，公民大会的作用就被完全取消，王也就获得了高于一切的权力了。恩格斯曾对王权的产生作出科学的论证，他说："掠夺战争加强了最高军事首长以及下级军事首长的权力；习惯地由同一家庭选出他们的后继者的办法，特别是从父权制确立以来，就逐渐转变成世袭制，人们最初

是容忍，后来是要求，最后是僭取这种世袭制了；世袭王权和世袭贵族
的基础奠定下来了。"[1]

三、"乌鲁克的恩"和"基什之王"
——中心城邦的宗教首脑和各城邦联盟的霸主

乌鲁克和基什是苏美尔城邦中最强大的两个，如果加上乌尔可称
三强。它们在美索不达米亚地区城邦历史中的地位类似雅典、斯巴达
和底比斯在希腊城邦历史中的地位，是整个民族的中心城邦和地区城
邦联盟的霸主。乌鲁克是苏美尔地区文明出现最早的城市之一，考古
分期名词"乌鲁克文化"就以它为名。由于众神之父安和重要的女神
伊南那（金星）的塔庙在这里，它是全地区第二大宗教中心，地位仅
次于神王恩利尔的祭祀中心尼普尔。可是它在政治、经济、文化各方
面远远比尼普尔重要，是五次获得过王权的王权城（这在各邦中是最
多的了），而尼普尔却不是王权城。尼普尔类似希腊的特尔斐城，在
宗教上极其重要，在政治上毫无影响。乌尔第三王朝之后，乌鲁克
虽然不能再次统一全国但仍作为一个独立小国与列强并存，直到汉
谟拉比再次统一。可是由于它的特殊地位，乌鲁克城有"王"而没
有"恩西"，代替"恩西"的宗教王衔是"恩（en）"，原义是"高级僧
侣""主人"[2]，"乌鲁克之神伊南那之人间配偶"[3]等。最早出现在乌鲁
克的"恩"是上面提到过的雪花石膏瓶和圆筒印中的符号[4]和它所指示

---

[1]　中共中央马克思恩格斯列宁斯大林著作编译局编《马克思恩格斯选集（第四
　　　卷）》，人民出版社，1972，第160-161页。
[2]　en一词作为"主人""祭司"之意时，并不专指乌鲁克之王。如伊辛王伊丝米达
　　　干之子安那吐姆是乌尔城神月神南那（Nanna）的祭司长，他就自称为"南那的恩
　　　（en [d] Nanna）"。见 Barton，301页，2题。
[3]　Redman, p. 304.
[4]　5000 YAM 384页，17图2，19图的说明。

的穿长裙的乌鲁克时期的早期首脑——伊南那女神的祭司。在文字记载中，乌鲁克的第一批"恩"是乌鲁克王朝的神化的创始人物：首王，太阳神之子麦斯加卡舍，王表记载"他既是恩又是王"，[1]王可能是后人加给他的；第二王恩麦卡尔（Enmercar），《恩麦卡尔和阿拉塔（Aratta）的恩》等三首史诗称他和另一以伊南那为城神的远北城市阿拉塔的首脑为"恩"，[2]阿拉塔是唯一知道的又一个以"恩"为王的城市；第五王吉尔加美什，史诗《吉尔加美什和阿加》称他为"库拉波（乌鲁克城之一区）之恩（en-kulaba^{ki}）"。[3]早王朝晚期，乌鲁克的恩和另一重要城邦乌尔的王权结合在一起，成了有全国意义的王衔，如乌鲁克王兼乌尔王卢加尔吉金耐都（Lugalkiginnedudu）在铭文中自称恩利尔把恩权和王权一起给了他，"他在乌鲁克执行恩权，在乌尔行王权。"[4]这反映宗教的"恩权"和世俗之"王权"结合在一起了。同时，这个卢加尔吉金耐都和另一个卢加尔萨西（Lugalkisalsi）同时都做乌尔和乌鲁克的王[5]，这又反映了乌鲁克的恩和乌尔的王联合组成了二王统治的联邦。另一"乌鲁克的恩"恩沙库山那更明确表示了这一强大联邦的全国霸权，他自称"苏美尔之恩，国土之王"[6]。温马恩西卢加尔札吉西取得乌鲁克王权成为全国霸主之后，在一篇阿卡德语的铭文中自称"乌鲁克土地的恩［bēl erṣet Uruk^{ki}］"[7]，后来他用新的王衔"国土之王"代替了这两个城邦王衔，可见这两个城的恩权和王权有着代表全苏美尔统一王权之效力。随后的统一王朝的国王，如乌尔第三王朝的首王乌

［1］　Barton , p.314.

［2］　Kramer（1963），pp.209-274.

［3］　S. N. krramer, *Gilgamesh and Agga*, American Journal of Archaeology vol. 53（1949），p.7.

［4］　Kramer（1963），p.308, 2.

［5］　Barton, p. 95, 2.

［6］　Kramer（1963），p.308, 4.

［7］　Barton, p. 101.

尔那姆，伊辛王朝的伊丝米达干、李必特伊丝塔尔、乌尔尼努尔塔、布尔辛等五位国王都在自己的王衔中列入"乌鲁克的恩"的称号[1]。可见和"基什之王"一样，"乌鲁克的恩"也具有很强的全国意义，这些王在加强自己对全国的号召力时，利用乌鲁克城这一古老的神职王衔显然会卓有成效。然而"乌鲁克的恩"带有很强的苏美尔气味，北方的阿卡德族的霸主和统一领土的国王们如阿卡德王朝的国王们从没自任为"乌鲁克的恩"，这表明在政治意义上，它比"基什之王"要逊色得多。但汉谟拉比统一南北后，在他的包括二十多个城邦的王衔的最长的一个王衔中，"乌鲁克的恩"也没有被忘掉。

"乌鲁克的恩"在宗教意义上比其他各城的恩西的级别高，同样的，基什的王权比其他各城的王权要重要些。这可能是由于基什城是最早的霸国，而且是北方阿卡德地区最古老最重要的城市。基什城代表北方塞姆语的阿卡德民族的力量和苏美尔民族又和又争，这最早表现在苏美尔王表所记载的多数为苏美尔人的基什第一王朝的国王身上。从英雄的第十三王埃塔那之后，一连出现了七个塞姆名字的王，随后苏美尔另一英雄恩米巴拉格西又夺回了王权。

基什王的霸主身份表现在没有列入王表的一基什王麦西里姆（约 2600 B. C.）的事迹中。拉加什恩西恩铁美那（约 2450 B. C.）追述拉加什与温马领土之争时说："所有国家之王，众神之父恩利尔以他不可改变的话划分了宁吉尔苏（拉加什城神）和沙拉（温马城神）的疆界，基什之王麦西里姆按照沙塔兰（解决争吵之神）的话（神谕）测出边界，并在那儿立了碑。"[2] 我们看到一个霸主在仲裁两个盟国的纠纷。麦西里姆在拉加什向神奉献的权标头铭刻进一步证实了他和拉加什是盟主和盟员的关系。[3] 基什之王的霸主给后人留下的印象是这样的深，

---

[1] 详见后面各王的王衔。

[2] Kramer（1963），第 313 页，14 节。

[3] Barton，第 2 页，文中拉加什王只称"恩西"。

以致其他城邦欲称霸全国不得不借用这一称号，这一现象和我国春秋时的各新兴霸国要"尊王攘夷"，"挟天子以令诸侯"异曲同工。甚至在南方，基什之王的号召力也是很大的，这使乌尔王麦山尼帕达（约2600 B. C.）战胜基什而获得王权之后，在一个印章中自称"基什之王"而没称乌尔王[1]。又如拉加什恩西安那吐姆东击埃兰，北退基什和阿克沙克，西北败马里，南服乌鲁克、温马和乌尔（这些都是王表中的王权城），建立了宏大的霸权。他说："由于伊南那（基什女城神）爱安那吐姆，除了拉加什的恩西权，她又给了他'基什的王权'。"安那吐姆虽没称"基什之王"，但他用"基什王权"的获得来表达他霸业的成功。可能由于他不肯称"基什之王"，只称恩西的原因，苏美尔王表的作者否认了他的霸权，不把他的王朝放入王表中，温马恩西卢加尔札吉西不以温马王的身份而以乌鲁克王的身份进入王表，可能也和他不称"温马王"有关。

基什王衔的威力特别被北方阿卡德人所重视，征服全国的阿卡德王萨尔贡和他的儿子里木什、玛尼什吐苏都采用了"基什之王"的衔，但这一表示城邦王的衔对于庞大的阿卡德帝国实在是太小了，随后的纳拉姆辛放弃了这一王衔，随着历史的发展这一王衔失去了全国的意义，并在汉谟拉比之后完全消失。

四、王权的流动——城邦间的争霸和建立统一国家的试图

"苏美尔王表"记载了基什第一王朝到伊辛王朝期间王权的 20 次转换，但是我们不能和王表的作者（王表最早成于约公元前 21 世纪末）一样把统一国家阿卡德的王权和它之前的各城邦的霸权相提并论。一般把阿卡德之前的城邦争霸时期称为"早王朝后期"或"古苏美尔时

---

[1]　Kramer（1963），第 49 页。

期"（2700—2371 B. C.）。这一时期城邦间的战争激烈，反映在王权频繁地转换中。由于各邦的力量还不能统一全地区，所以王权不断地从一城邦转入另一城邦，形成了王权流动的局面。三百多年，王权五次易主[1]，王表所列的次序是：

基什—乌鲁克—乌尔—阿旺（埃兰城）—基什（第二王朝）—哈马吉（东北山区国家）—乌鲁克（第二王朝）—乌尔（第二王朝）—阿达勃—马里—基什（第三王朝）—阿克沙克—基什（第四王朝）—乌鲁克（第三王朝，实际是温马）—阿卡德。

共九个城邦，实际上还应加上拉加什，这种各邦轮流兴旺非常像我国春秋时各国交替称霸的情况，可惜这些霸主只有少数人有事迹和铭文保存下来。其中乌鲁克王吉尔加美什和阿达勃王卢加尔安耐门都都是比较著名的人物。吉尔加美什的史诗和他与阿加的争霸在古代美索不达米亚是家喻户晓的故事。但直到1962年"吐马尔铭文"的发现才使现代学者相信他确实是一个历史人物——早期乌鲁克的"恩"。

"吐马尔铭文"记载了从恩米巴拉格西到伊辛王伊什米埃拉各个控制全国的王在宗教中心尼普尔修建庙宇的"功绩"。其中就有吉尔加美什，这一铭文表明：虽然各邦之间进行战争，但全民族、全地区存在着统一的各种因素，除了语言、风俗之外，宗教是吸引民族团结的强大向心力。尽管各城自立为王，但它们都把最高民族神恩利尔敬奉为"各国之王"（lugal kur-kur-ra）。[2] 而生产力在这一阶段的发展更要求各独立的小城邦联合成较大的地区性王国，以利于通商贸易，原料进

---

[1] 王表对各城的夺得王权的王朝记载是有先后继承顺序的，似乎一个王朝结束后，另一王朝才兴起。但考古发掘和铭文证明，各个城的王朝是同时并存的，仅是时盛时衰，盛时夺得王权，衰时丧失王权。并不是统一王朝首尾相承的继承关系。城邦时期结束后，从阿卡德王朝开始，各王朝才是先后衔接的。

[2] 见 Barton，第5页（基什），第7页（乌鲁克），第57页（拉加什），第97页（温马），等等。

口，交换各地的生产技术，特别是创造了一个内部安定团结，结束内战，使外族不能入侵的良好生产环境。这种统一只能靠征服性战争来完成。这种战争不能简单地斥为"古代苏美尔王的血腥的、残酷的侵略战争"，[1]它有顺乎历史发展的进步意义。

历史的规律表明，当城邦混战到一定时期，必然有一个最强的城邦顺利征服全部广大的地区，成为整个地区的领导中心。阿达勃王卢加尔安耐门都的霸业几乎达到了这一伟大目标，他战胜了13个塞姆人的恩西的联军，还战胜了埃兰和库提人，第一次成"四方之王"。他的铭文[2]写道："他使所有的神修建了神庙，恢复了苏美尔往日的光荣，他执行整个世界的王权。"

我们看到卢加尔安耐门都击退了北方塞姆人的进攻，统一了全部苏美尔。王权已从只限于本城的恩西，经控制几个城市的卢加尔发展到对内间接控制、对外索取贡品的统一王权了。王权的这一发展使"卢加尔"王衔已不适应了，卢加尔安耐门都的"四方之王"反映了新的王权对外族的慑服，而对内的号召则有"国土之王（lugal kalama）"之衔来体现。虽然卢加尔安耐门都的统一是昙花一现，但国家的统一已是大势所趋，苏美尔和阿卡德最强的城邦们都在试图完成这一历史使命。

综上所述，由前王衔或无王衔而仅有祭司的原始社会解体、城市国家发生的时期发展到"恩西"和"卢加尔"并见的列国分立时期；再到"乌鲁克之恩"和"基什之王"南北两霸分别确立时期；最后到"四方之王"安内攘外，试图向统一国家过渡的时期；这就是以王衔演变为里程碑的南部美索不达米亚城邦连贯的政治发展道路。

---

[1] 见阿甫基耶夫，第38页。
[2] 他的铭文是近一千年后的复制品，但 Kramer 认为是可靠的，见 Kramer（1963），第51页。

第二部分　建立巩固的统一国家，向专制帝国过渡（公元前 2371—911 年，阿卡德的萨尔贡至中亚述）

五、"国土之王"——全地区城邦联盟制早期统一国家的建立

"国土之王"苏美尔文是 lugal kalam，即"苏美尔土地之王"的意思，kalam 最早的意思是"尼普尔的土地"，后来演变为苏美尔和阿卡德地区。

"国土之王"的出现，表明国家发展进入一个新的阶段。在铭文中最早采用这个王衔的城邦首脑是乌鲁克和乌尔两邦联盟的恩沙库山那。他战败基什和阿克沙克军队，活捉基什王恩比伊丝塔，可能结束了北方的基什第三、四王朝和阿克沙克王朝的联合霸权（基什第三王朝仅一女王，第四王朝首王是她的儿子，中间夹着阿克沙克王朝，[1]因而北方可能也和南方一样形成了两邦联盟）。他向尼普尔的恩利尔神庙奉献了基什和阿克沙克的战利品并放弃了"乌鲁克王"这一城邦王衔，而称"苏美尔的恩（即乌鲁克的恩）[2]，国土之王（即乌尔王）"[3]。因此，他可能是卢加尔安耐门都之后另一个试图统一全地区（"国土"）的霸主（可能属于乌鲁克第二王朝。由于王表破损，未能留下此王朝多数王的名字）。但这一头衔固定使用是由小邦温马的恩西卢加尔札吉西（2371—2347 B. C.）开始的。

卢加尔札吉西征服了温马的宿敌——邻邦拉加什，赶走了拉加什改革国政的王乌鲁卡吉那，国力日增。他征服乌鲁克—乌尔联盟后，

---

[1]　"Chronological Tablets From Nippur and Kish"记载基什第三、四王朝是一个王朝，本文根据"The oxford chronological prism"，分见 Barton，第 340 页和第 347 页。

[2]　与卢加尔札吉西的王衔"乌鲁克国土之恩，乌尔国土之王"相比较。见 Barton，第 101 页。

[3]　Kramer（1963），第 323 页，28 节。

迁到乌鲁克任乌鲁克的王、恩和乌尔王。随后拉尔萨、埃利都、尼普尔、札巴兰（Zabalam）和德尔等城都臣服于乌鲁克—乌尔同盟，王表将他列为乌鲁克第三王朝，他的王衔有：

阿卡德文："乌鲁克国土之恩（bēl erṣet Uruk^{ki}），乌尔国土之王（šar erṣet uri^{ki}）"。

苏美尔："乌鲁克之王（lugal Unug^{ki}-ga），国土之王，安的祭司长（isib an-na，天神安庙在乌鲁克），尼达芭女神的贵人（lu-mah ^{d}Nidaba，尼达芭是卢加尔札吉西的个人神[1]）……温马恩西（ensi Giš-hu^{ki}）……恩利尔的伟大恩西（ensi-gal ^{d}En-lil），恩齐授予智慧者，（月神）辛的最高使节（sukkal mah），（太阳神）乌图的总督（ug-uš=Šakkannak）"[2]。

其中包括三个方面的衔：

一、全国意思的王"国土之王"。二、霸主衔：乌鲁克王或恩和乌尔王（两邦同盟）。三、母邦首领：温马恩西。这些我们称为主主王衔或常用基本王衔，长短铭文都用。四、用来表示对其他城邦统治的宗教王衔，我们称之为副王衔，不常用，志在歌功颂德的长铭文开头出现过一次。如：乌尔（辛）的"最高使节"，埃利都（恩齐）的"受知识者"，尼普尔（恩利尔）的"伟大恩西"，拉尔萨（乌图）的"总督"。兼任四个主要城邦的王的做法反映了卢加尔札吉西建立的乌鲁克统一国家仅是一个城邦联盟，以后的联邦制国家伊辛和拉尔萨也采用这种副王衔表示自己的统治区域。

但是卢加尔札吉西的势力是空前的，"从下海（波斯湾）沿底格里斯河和幼发拉底河到上海（地中海）所有的人民都前来朝见，从东到西恩利尔使他没有敌手"，"所有的苏美尔首领（bar-bar ki-en-gi）和外国的恩西（ensi kur-kur-ra），根据臣服的'王公权'（nam-nun-su），来

---

[1] 是文字和智慧及账目之女神，也是学校的保护神。
[2] 原文见 Barton，98 页，英译文参见 Kramer（1963），第 323 页，28 节。

到乌鲁克在他的面前弯下了腰"[1]。

但卢加尔札吉西的统一并没全部完成，北方的阿卡德地区并不在他手中，强大的北方霸主"基什之王"正准备给南方的"乌鲁克之恩"以致命的打击。基什的苏美尔王手下的重要官员塞姆族的萨尔贡（2371—2316 B. C.）出身平民，靠战功被选为新兴小邦阿卡德之王。他首先统一全部北方塞姆族地区，取得了"基什之王"的伟大称号。然后战胜了来犯的卢加尔札吉西，活捉了他，献俘于尼普尔大庙。随后占领乌鲁克的同盟强国乌尔和卢加尔札吉西的母邦温马，臣服了拉加什。他先后又征服了外族的马里、雅木提（Iarmuti）、埃布拉（Ibla）、吐吐乐（全在西方）和埃兰（苏萨）、阿旺、（巴）瓦拉赫西（Warakhsi，Barton 作 Barakhsi）（全在东方）等强大城邦；恢复了基什（基什可能一度被外邦占领）。这样，萨尔贡先后共进行 34 次战斗，俘获了 50 个恩西，终于统一了全国。他的王衔是：

阿卡德文：阿卡德之王（*šar* a-ga-de^{ki}），伊丝塔尔神的总监（*rābiṣu* ^{d}Ištar），基什之王（*šar* kiš），安努的祭司长，国土之王（*šar mātim*），恩利尔的伊沙库（*išak* ^{d}EN-LIL）。

苏美尔文是与阿卡德文相对照写在同一块泥板上：lugal ag-ga-de^{ki},maskim ^{d}Inanna, lugal kiš , pa-ses an-na, lugal kalam-ma, ensi-gal ^{d}Enlil。

"伟大恩西"在阿卡德文中作"伊沙库"。我们看到萨尔贡的王衔和卢加尔札吉西是一致的，由四方面组成。主王衔：阿卡德王（母邦），基什之王（北方霸主），国土之王（全国之王）。副王衔：安努的祭司长（乌鲁克），恩利尔的伟大恩西（尼普尔）。比起卢加尔札吉西，萨尔贡只兼了两个宗教中心的神职，可能其他城市都是苏美尔人占多数，他

---

[1] 原文见 Barton，98 页；英译文参见 Kramer（1963），28 节。Barton 的英译是："在苏美尔各圣殿中（bar-bar ki-en-gi），他们任命他 [mu-na-gar（？）-e-ne] 为各国的恩西（ensi kur-kur-ra）；在乌鲁克，作为最高祭司（nam-nun-su）。

不愿承担太多的祭司责任。也可能是他的国家比乌鲁克王朝更统一而相对稳定，没有兼太多城邦职衔的必要了。

随着统一国家的出现，国王手下的各邦官员不光称恩西。在恩西和王之间还出现了阿卡德语的沙卡那库（šakkanaku，军事总督，副王）和苏卡尔马赫（sukkal mah）两种仅低于王的大总督衔，以及较低一点的苏卡尔（sukkal，使节）官衔。卢加尔札吉西曾用过沙卡那库和苏卡尔马赫作副王衔，自称"辛的最高使节，乌图的总督"。

在萨尔贡时代，苏美尔东南的埃兰（与苏美尔同属一个文化范畴）也形成了联邦制统一国家。在古埃兰（2400—1800 B. C.），"总督（šakkanak）""苏萨城的伊沙库（恩西）"和王形成了三头执政系统。国王是最高首脑，驻古城阿旺（Awan，后来是西马什吉王朝，驻西马什城，Simaški），最强的王称"阿旺的威武王"和"国土之王"。[1]总督是副王，率领全国军队，由王的弟弟担任，是王位的第一继承人。"苏萨的恩西"是国王的长子的头衔，驻政教中心苏萨城，是王位的候补继承人。但往往"苏萨的伊沙库"兼任总督，如在萨尔贡的铭文中，埃兰军队首脑萨南西木特（Sanam-Simut）一次被称为："埃兰的伊沙库"[2]，另一次被称为"埃兰的总督"[3]。此外，埃兰的一些总督称自己为"苏萨城的伊沙库，埃兰国的总督"。[4]恩西、"苏卡尔马赫"和"伊沙那库"在乌尔第三王朝时是很重要的地区官员。在汉谟拉比时代（公元前18世纪），苏卡尔马赫成了臣服于巴比伦的中埃兰（1800—1550 B. C.）王国的王衔[5]。但三头执政系统依然没变，只是头衔改了。国王的弟弟仍任副王，但原来的"埃兰的沙卡那库"改成了"埃兰和

［1］ W. Hinz（1971），第653页，阿旺王 Kutik-In-shushinak（约2240 B. C.）的王衔。

［2］ Barton，第115页，8节，原文是 ishak elamti^{ki}。

［3］ Barton，第116页，12节，原文是 shakanak elamti^{ki}。

［4］ Barton，第155页，2题，3题。

［5］ 该王朝第一王 Eparti 曾称"安山和苏萨之王"，以后埃兰衰落，统治者们就降级为"大公"了。见 W. Hinz（1973），260页。

西马什的苏卡尔（Sukkal）"衔。国王的长子原称"苏萨的伊沙库"，现叫"苏萨的苏卡尔"。三个首脑的王衔都有"苏卡尔"（苏美尔原意是"使节"，在埃兰转成"执政""王公"之意），形成了"苏卡尔"、苏卡尔马赫（大公）和"苏萨的苏卡尔"驻中心城苏萨，"埃兰和西马什的苏卡尔"驻母邦西马什。苏卡尔马赫死后，由副王（兄弟）继承，另一兄弟任副王"埃兰和西马什苏卡尔"。直到没有活着的兄弟了，才由原来的王的儿子"苏萨的苏卡尔"任副王，做王（叔叔）的继承人。这种兄弟之间传位的传统和我国的商代兄终弟及、鲁国的一生一及的做法十分相似。埃兰在"苏卡尔"政体之后，处于无铭文的"黑暗时代"。在最后的复兴时期新埃兰（1325—640 B. C.）王国中，基本王衔是"安山和苏萨之王"。

埃兰王位的继承带有浓厚的原始母权制的残余；王位先传弟后传子；传子、侄子同时又传"姐妹的儿子"（外甥）；国王的妻子有时还是他的姐妹；国王死后，继位的弟弟要娶他的"寡嫂——姐妹"。[1]除了为保持女继承人的地位实行族内婚外，这种传位于弟弟和姐妹的儿子的做法和印第安人易洛魁氏族选举酋长的制度近似[2]。在古代美索不达米亚，由于存在着氏族社会制度的残余，国王由弟弟和叔叔继承在各王朝中是很常见的。妇女的地位也较高，王家妇女常常担任高级祭司的职位，个别的还任恩西，甚至王。如基什王麦西里姆手下的阿达德恩西就是一个名叫吉萨西加尔的女祭司，[3]王表记载基什第二王朝女王库包出身酒店女老板，她建立了"基什的基础"。这里插入介绍了埃兰的王衔，现在再回到萨尔贡王朝。

萨尔贡统一全国后，用他的雄厚武力对外地区进行了远征，西方到达了"杉森林"（地中海东岸的阿曼山）和"银山"（套鲁斯山）；东

---

[1]　见 Hinz（1973），第259页。

[2]　恩格斯：《起源》，第81页。

[3]　Barton，第4页，2节。

方到达山区的安山；北方远征到小亚的赫梯城普鲁什罕达[1]；南方势力影响到提尔蒙（巴林岛）、马干（早期是波斯湾出口地区后期指埃及）和麦鲁哈（早期指印度，后期指埃塞俄比亚）[2]。他在铭文中说："神恩利尔给了他从下海到上海的全部领土，阿卡德人掌握了从下海到上海的全部恩西权。"面对这一庞大的国土，他将"国土之王"扩大为"大地各国之王"（*Šar māt ersetim*）[3]。虽然他把各城邦的恩西换上了本民族的阿卡德人，但他的统一国家是不巩固的，外国的臣国只是一时的征服，战争一停止就脱离阿卡德，本国的恩西也是暂时听命于他，一有机会就企图独立为政。在他的晚年，各国纷纷起义，联军将他围在阿卡德孤城，但他依靠他的五千四百人的常备军队终于渡过了难关。由于阿卡德王朝和我国的商、周、汉初以及罗马共和初期相类似，属于联邦制国家，因而属邦的叛乱成了每一个王继承的惯例。苏美尔各城邦已独立为政近千年，绝不肯轻易地并入统一国家。

萨尔贡的次子里木什（2315—2307 B.C.）登位时，乌尔城选举卡库为王，号召苏美尔各城邦脱离阿卡德。里木什率领大大增多了的常备军与各城邦进行了大规模的战争：与乌尔和他的同盟军 8,040 人战，俘乌尔王卡库以下 5,460 人；与卡札鲁城军 12,650 战，俘恩西阿沙里德以下 5,864 人；与阿卡德、哈拉布[4]、德尔和拉加什等城联军战，俘阿达勃恩西杜布吉加拉[5]、哈拉布恩西卢加尔乌顺加乐、他的弟弟和苏美尔卡（大臣）、德尔恩西和大臣、拉加什恩西吉库德和主大臣（gal

［1］ Gadd（1971），p.426，根据史诗 *King of the Battle*。

［2］ CEM p.214，312. 2 图画出提尔蒙、马干和麦鲁哈三地区形成苏美尔至印度的商路，Oppenheim（1963）指出麦鲁哈在公元前 2 世纪的铭文中指印度，在一千纪的铭文中马干和麦鲁哈指埃及和埃塞尔比亚。

［3］ Barton, p.107.

［4］ Barton p.121 作 Khallab，Gadd（1971）p.436 作 Zabalam，是现代 Ibzeikh。

［5］ Barton p.120 作 dub-ki-gal-la，Gadd（1971）作 Meskigala，此人在卢加尔札西手下就是阿达勃恩西，一直到里木什时没有改变，是阿卡德语联邦制国很清楚的证据。

sukkal）以及总督（Šakkanak），联军被俘虏竟达 14,576 人；与德尔和温马 8,900 人的联军战，俘德尔王与恩西以下 3,540 人，并将成百居民处以死刑；与外国的瓦（巴）拉赫西王阿巴加马什、埃及和扎哈拉（Zakhara）联军 17,271 人战，俘瓦拉赫西国的总督（副王）和札哈拉总督以下 4,216 人。[1]

里木什虽然镇压了各地的叛乱，但由于对苏美尔地区的控制大大减弱，早期他放弃了"国土之王"的称号，仅称"基什之王"，并承认他的对手是与之平等的"王"。可见他的地位不过是一个强大的霸王。他的一个标头发现在阿淑尔，自称"万邦之王"，[2]这一新衔说明在晚年，他恢复了帝国的全部疆域。

萨尔贡的长子马尼什图苏（2306—2292 B. C.）似乎比里木什的地位要稳固得多。虽然他继位时"没有一个人忠诚于"阿卡德，但他很顺利地平定了被里木什打击得很重的国内各邦，以主要精力对埃兰东南新兴的联盟"安山和西里山（Šri khum）"，可能是波斯湾东岸的国家，包括赫亚文明区（Yahya），因有一铭文用"麦鲁哈的城市"代替他。然而也有可能是印度河流域文明区，但无法想象阿卡德人能远征这么远[3]。马尼什图苏渡过波斯湾与"安山和西里山"王为首的 32 个伊朗城邦的国王作战，征服了他们，并收到来自这些王的贡品。由于自己的远征成功，他放弃了自己的城邦王衔"基什之王"，又创造了新的帝国式王衔"威武王"，并继承里木什的"万邦之王"，全称是：

"威武王"（[šarrum] [da-num]），万邦之王（[šar] [kiššati]），安努的祭司长（pašiš Anim），恩利尔的伊沙库，札巴巴（即尼努尔塔神）的

---

[1] 见 Barton，第 118—127 页的铭文。

[2] Lewy, p.734.

[3] 见 Gadd（1971），第 439 页。

总督（*Šakkanak a-ba*）"[1]。前两个是全国意义的王衔，后三个分别是乌鲁克、尼普尔和基什的神职。

马尼什图苏曾向自己霸权下的四个城邦购买而不是征收土地，这进一步反映了阿卡德王朝不是中央集权制国家。

六、"四方之王"——联邦制帝国（过渡性帝国）的出现

在萨尔贡王朝第四王纳拉姆辛的时候，阿卡德达到了极盛。在他刚继位时，"四方一起反叛"。北方的王城基什居然也不甘心屈居阿卡德城的"基什之王"之下了，它的公民推选了伊普胡尔基什为基什王，并率领北方城邦库塔、提瓦克（Awak）、狄尔巴德、西巴尔等十个城邦反叛阿卡德。南方没有受到里木什打击的旧霸主乌鲁克乘机起兵响应，苏美尔城温马和尼普尔的恩西立刻效法乌鲁克，僭越称王。苏美尔集团和基什同盟还联合了外地区的马里、阿皮沙尔（Apihal，在北叙利亚）和马干（波斯湾出口两岸地区，另一说埃及）等七个国王一起与纳拉姆辛作战。精力充沛的纳拉姆辛在一年内曾出征九次，终于平定了苏美尔和阿卡德地区；然后对干涉他国政的外族国家进行报复。他西征先克马里；然后征阿尔马奴（Armanum，可能是叙利亚的阿列颇城）和埃布拉，俘阿尔马奴王，毁埃布拉城；到达了地中海岸和"杉森林"——阿曼山；他北伐征灭阿皮沙尔，俘其王；他的石碑竖立在苏巴尔图的重镇尼尼微；在极南端，他俘马干王，有精美的埃及风格的石膏瓶为证[2]；在东北，他进入北札格罗斯山中的卢卢比，在高耸的危岩上留下了战胜敌人的俘雕；东南，他完全征服埃兰，在苏萨城建立了苏美尔的神庙。在对内统一战争中，阿卡德形成雄厚的军力，外国对内政

---

[1]　Bartoon，第130页第4节。

[2]　Gadd（11971）认为虽有石膏瓶，但不能证明马干是埃及，可能是马干的石膏瓶受埃及影响。因为波斯湾出口地区是对埃及贸易的海路，见第445页。

的干涉激起的报复心理，国王建立个人事业的野心，职业士兵和公民士兵对战利品的渴求，本国奴隶主对战俘奴隶的要求，商人和手工业者对本地区所缺乏的商品和原料的需要以及国家害怕好战的外族人入侵采用的事先征服的策略，这种种因素要求纳拉姆辛建立一个小帝国，幸运的是他做到了，而且每一个具有阿卡德这样雄厚实力的城邦在统一全国后，必定也要对外扩张，如果他成功了就形成一个帝国，失败了就成为别人帝国的一部分。这就是在古代社会特殊的社会、经济、政治和民族条件下，统一国家必然要对外扩张变成帝国的原因。在建立帝国的过程中，作为军队统帅和国家元首"王"的权利必然要不断增长，在帝国形成后就成了有绝对权利的君主。建立帝国的纳拉姆辛就采用神化自己的方式达到了这一君主的地位，在王衔上，他除了在名字前加用"神"字，还必须采用与自己身份和帝国领土相适应的概念。他的王衔中没有出现过马尼什图苏晚年已废止的"基什之王"，一是因为基什城因反叛已不是阿卡德的联盟，更主要是这一表示城邦首脑的古衔已不能代表帝国统治者的权利和威望。纳拉姆辛继承了"威武的王"或"威武的战士"[1]（*da-lum*），采用了新的"四方之王"帝国王衔，全称是：

"神纳拉姆辛，威武王，阿卡德王，四方之王，（*šar kibrātim arba'im*）……"，安努的祭司长，恩利尔的总督，札巴巴（尼努尔塔）的伊沙库"[2]。

　　母邦"阿卡德王"虽然在短铭文中被略去，但在正式全称中却不可少，因为帝国的基础是阿卡德城的力量。有趣的是马尼什图苏称"恩利尔的伊沙库，札巴巴的总督（*šakkanak*）"，纳拉姆辛却把"伊沙库"和"沙卡那库"的位置互换了，可现在有的时候，这两个词也是

---

[1]　这两个衔的分量似乎相等，因为一直到伊辛——拉尔萨时代，各王有时用"威武王"，有时用"威武战士"。

[2]　Barton, p.138, 9.

具有同等分量的。"四方之王"的"四方"指全世界四个方向的所有国家，这一王衔的概念类似我国周朝"普天之下，莫非王土"的概念。

但是纳拉姆辛也没有实施中央集权制，他分封他的儿子和大臣为各邦独立的恩西，如：一个儿子是马拉德的恩西，另一个是吐吐的恩西（即波尔西帕城的恩西，吐吐即那布神，是波尔西帕的城神）。因而他死后，帝国再一次瓦解了，各邦相继独立为政，东北山区的外族库提人开始向文明中心推进。纳拉姆辛之子沙尔卡卡里却不能像他的父辈一样重新征服反叛的各邦，因为对各邦的反复作战和对外征服大大消耗了阿卡德城的力量。但他还能维持住帝国的核心国土，虽然丧失了"四方之王"的资格，还能发挥"威武的战士，阿卡德王"[1]的霸主作用，使全国名义上还有一个"天子"。他死后，阿卡德处于混乱之中，乌鲁克第四王朝曾一度称霸。不久库提侵入中原，攻占了阿卡德，全国的王权落于库提人手中。但库提人也不能重新统一全国，各城的恩西在名义上服从于库提人，实际上仍保持自己的独立。美索不达米亚的城邦世界经历了它最后的繁荣时期，在恩西古地亚领导下的拉加什就是典型的例子。

古地亚在名义上臣服于库提，这样就避免了入侵者的破坏。他努力发展本城的生产，扩大与外界的贸易，用本地的农产品和手工业品从安那托里亚和埃及换来金，从套鲁斯山换来银，从埃塞俄比亚换来石榴石，从提尔蒙换来木材。他用这些本地缺乏的原料和从苏萨雇来的工匠为他的"国王"——神修建宏伟华丽的宇宙。古地亚时城邦的繁荣反映了虽然各城之间的战争连绵不断，外族人掌握着最高王权，但国际往来的商路一直没有断，生产还在发展。库提人的入侵给饱经战争的苏美尔和阿卡德人民带来更大的痛苦，人民盼望能有一个强有力的"四方之王"驱逐鞑虏，建立一个比较巩固的统一国家。

---

[1]　Barton，第145页，5题，1节等。

果然，"四方之王"出现了。乌鲁克可能一直没有臣服于库提，这一古老的中心城邦为苏美尔民族的最后繁荣再次做出了伟大功绩。乌鲁克王乌图赫加尔（2120—2114 B. C.）战胜了库提，将入侵者从苏美尔赶出去，统一了各国，使统一国家再次建立起来。乌图赫加尔骄傲地说：民族神恩利尔，"各国之王"，命令他夺回苏美尔的王权。他的王衔继承了阿卡德王朝的传统，是"威武的战士，乌鲁克王，四方之王"。[1]他所掌握的领土比阿卡德王朝全盛时要少，但比阿卡德王朝要稳定。这是因为战乱严重打击了各城邦的世袭贵族，使他们没有力量独树一帜了；各城的人民也感觉到只有臣服于一个强有力的中央政权，才能防止内乱外侵，保证国际商路的畅通和国内生活秩序的安定；何况库提人还在家门口，再遭蹂躏的危险还存在。这样，在库提人丧失王权后，全国出现了一股强烈的向心倾向。当乌图赫加尔的战友、乌鲁克城的老同盟乌尔的总督（gir-ir）乌尔那姆夺取了乌鲁克的王权，使乌尔城成为全国的王城时，全国保持平静，没有出现阿卡德王朝所特有的王位转换所引起的起义。当然，这和乌尔那姆最初采用的"乌鲁克—乌尔同盟"王衔，"乌鲁克的恩，乌尔之王"的安抚作用是不无关系的。如：他的一个铭文中的王衔是[2]：

"威武的战士（uš-lig-ga），乌鲁克的恩（en unug[ki]-ga），乌尔的王，苏美尔和阿卡德王（lugal ki-en-gi ki-uri-ge）"。

他也使用了纳拉姆辛和乌尔赫加尔的全国王衔"四方之王（an-ub-da-tab-ba-ge）[3]"。

---

[1]　Kamer（1963），p.325, 23.

[2]　Barton, p.270, Ur-Nammu 3.

[3]　Barton, p. 274, 13.

七、"苏美尔和阿卡德王"——全地区中央集权制统一国家的建立

那拉姆辛创建帝国的实践证明由城邦联盟统一国家发展成的帝国是不巩固的；没有巩固的领土国家做基础，任何对外扩张都只会带来灾难性的惩罚。新的王朝统治者接受了这一教训，乌尔那姆（2113—2096 B. C.）创建了乌尔第三王朝后，对城邦制度进行了彻底的改革。他废除了各城恩西的世袭权和选举权，改为由中央任命恩西，并去掉恩西的兵权，使之成为对国王个人负责的文职总督。他在中央和地方都设置了系列官僚机构，如在边远和重要城市，他设置了沙卡拉库（苏美尔作 šagina, *šakkanak* [1]）做军事总督，并任命更高的苏卡尔马赫（大公）做王家代理人监视各城的恩西。这样中央集权制官僚机构建立起来了。大量的乌尔王家国家行政管理档案从德莱海姆（Drehem）和其他城市出土。例如在第四王舒辛时，拉加什恩西阿拉德南那是"大公"，他还兼任四个恩西、六个城和地区总督（gir-ir）、埃利都城的祭司长（sangu^dEnki）[2]，又如阿淑尔城的恩西西札里昆是淑尔吉、阿马尔辛和舒辛三朝的元老，他曾任一种小官（nu—banda），后升任为苏萨的恩西，然后调任阿淑尔城的恩西，晚年又调到苏萨任恩西。在他在苏萨时，与军事总督（šakkanak）沙马什伊拉特（Šamaši-illat）共事。而沙马什伊拉特又是从王家"使节"（sukkal）升任上来 [3]。"使节"这一官衔这时开始广泛地应用于地方官员，以至影响到埃兰，成为后来臣属于巴比伦的埃兰王衔。

乌尔那姆成为国王后，面临着强大城邦拉加什的分裂力量和库提

［1］　Larsen, p,114.

［2］　Barton, p.269,14.

［3］　R.Kutscher, *A Note on the Early Careers of Zarigum and Šamaš-illa, RA*（1979）, pp.81-82; Luckenbill I, 20.

人的东山再起。他消灭了拉加什的古地亚王朝；积极打击库提人，并在与之战斗中阵亡。除了继续使用乌图赫加尔的"四方之王"外，他创造了一个新王衔"苏美尔和阿卡德王"，全称是：

"威武的战士，乌尔王，苏美尔和阿卡德王"[1]。

这一王衔比表示苏美尔地区的"国土之王"扩大了，他代表整个南部美索不达米亚。因此，他被波斯帝国之前的各统一巴比伦尼亚的国王们长期使用下去。但他是一个地域性王衔，而不是"四方之王"之类的帝国王衔。

在"苏美尔和阿卡德王"统治下，长期存在的独立城市国家逐渐演变成王国的城市和地区。但是，许多重要城市的自治权还保留着，如宗教中心尼普尔、乌鲁克和阿淑尔等城的公民大会和长老会一直长存到亚述帝国覆灭。但这些自治机构只能在中央委派的总督控制下活动，丧失了税收、选举首脑、调动军队、外交和战和决策等国家权利的职能，成为向国王和总督提出建议和呼吁的民意机构。但是，由于帝国政府是由城邦变来的，它的基础仍然是首都一邦，一旦首都的力量被摧毁，帝国就无后备力量了。因为帝国的其他城市都是自治性很强的单元，它们马上就会转而拥护新的王权获得者。从阿卡德王朝到亚述帝国所有的帝国都是在首都失去后马上就瓦解了。

八、王衔的神化——国王权利的增长

随着国家的扩大，国王个人的专制性也越来越强化。史诗"吉尔加美什和阿加"[2]曾叙述过城邦的公民大会和长老会的权利高于王权。随着王权的增长，公民的长老会的权利越来越小，最后完全依附于王

---

[1]　Barton, p. 270, 4, 5 , 9, 10, 11, 14, 15, 17.

[2]　中译文见林志纯主编《世界通史资料选辑》（上古），第 31 页。

权。但是，国王的专制不是无限的，"王权神授"的理论使国王的地位和威望并不稳定，因为神既可以挑一个人为王，也可以罢免他的王权。国王在继承等重大决策问题上往往因"神谕"而受制于祭司阶层。如亚述王阿萨尔哈东就说过他之所以能为王，是由于"沙马什和阿达德的神谕选中了他"，而不是选中他的哥哥们；他的父亲召开公民大会，宣布他为太子[1]。公众的意愿对王权的约束也可以通过神权来体现。因此，国王要达到丝毫不受制于他人的绝对专制地位，就必须使自己等同于神。我国奴隶制社会、封建社会的王称自己为"天子"也是此意。在近东地区，埃及法老正是自称为"拉神之子，荷鲁斯"才得到他无上的权利的。同样在美索不达米亚，阿卡德的"四方之王"那拉姆辛对外征服的巨大胜利使他也试图把自己提升到神的地位。对于各地野心勃勃的恩西的控制，必须使国王具有极高的威望。因此那拉姆辛在他晚年的铭文中在自己的名字前面加了神的定义符（*ilu*），并且在著名的"胜利石碑"上把自己刻成比一般人高大得多的形象，头戴神才能用的牛角盔，敌人在他面前惊慌失措，纷纷求饶，丧失了反抗能力[2]。这一雕刻手法是埃及法老在他们的雕刻壁画中表现自己是神而不是凡人的一贯做法。但在美索不达米亚，这一石碑是唯一的这类艺术品。

乌尔第三王朝的第二位国王淑尔吉（2094—2047 B. C.）在初期采用了其父乌尔那姆的王国衔"苏美尔和阿卡德王"的称号。但由于他的对外征服又把乌尔国家扩大成一个帝国，他放弃了这一王国衔而采用了纳拉姆辛的帝国王衔"威武王，四方之王"和他的神化国王的手法。他也在自己的名字前面加了神定义符。如有一个铭文是：

"神淑尔吉，他的国家之神（ᵈŠulgi　dinĝir kaiam-ma-na），乌尔王，四方之王。"[3]

---

[1]　Luckenbill, p. 500 .

[2]　5000 YAM，fig. 123 .

[3]　Barton, p. 282, 26.

他还把第七个月命名为"神淑尔吉之节日"。[1]他的继承者阿马尔辛（ᵈAmar-ᵈEN-zu, 2046—2038 B. C.）、舒辛（Šu-Sin, 2037—2030 B. C.）和伊比辛（Ibbi-Sin, 2029—2006 B. C.）也同样采取了神化自己的手法，他们的王衔都是"威武王（有时是威武战士），乌尔王，四方之王"。继承乌尔王朝的伊辛和拉尔萨王朝的一些王也效法他们在王衔前自己的名字前加上神定义符。可是这些王国的统治者无一人能够取得纳拉姆辛和淑尔吉这样的帝国"神王"所达到的"功绩"，这使他们对自己的神化成了无基础的自夸，未能给后来的王留下深刻的印象。因而无法继承他们的做法。[2]在舒辛为国王时发生了民族大迁移运动，阿摩利人、迦喜特人和迦勒底人先后进入巴比伦尼亚并随后相继掌握了王权。可是，由于他们兴起前处于原始社会解体、奴隶社会尚在开始的野蛮阶段末（虽然他们很快接受了苏美尔文明并进入了文明阶段），他们先前所遗留下的军事民主制的残余使他们很难接受在美索不达米亚也是刚开始而无基础的"国王即神"的理论，所以他们掌握王权后，放弃了神化自己的手法。在古代美索不达米亚地区"王权神化"的做法始终未像埃及那样成为传统，可能与此地区城邦争霸时期长，外族入侵频繁，一直无法形成一个长期稳定的统一国家有关。而埃及由于其特殊的闭塞的地理位置，很少受外来因素影响，所以法老的王权达到"神王"的专制高峰后，还能一直持续下去并成为传统。

---

[1]　Rogers, p. 57. 罗马的屋大维也以自己的姓和称号命名七、八月：July, August，东、西方的神化手法如出一辙。

[2]　伊辛和拉尔萨王称"神"的原因也可能是由于国王参加宗教仪式"圣诞节"，装扮了女神伊什塔尔的丈夫杜木兹。而巴比伦王朝废止了这一宗教仪式，因而放弃了神化手法。但这种宗教原因恐怕不是王权神化的实质。

九、"威武的王"们
——中等规模王国对统一王权的争夺，城邦的最后消亡

在乌尔第三王朝后期，西方塞姆语的阿摩利游牧民族开始向美索不达米亚文明地区移动，并与当地居民混居形成了城邦国家，最著名的有伊辛、拉尔萨和巴比伦。阿摩利人的入侵严重削弱了乌尔王朝的力量，伊辛城恩西伊什比埃拉（2017—1985 B. C.）首先脱离了乌尔王朝，他控制了苏美尔的中心城市尼普尔和乌鲁克，自称伊辛王，与乌尔国王伊比辛（Ibbi-sin，2029—2006 B. C.）分庭抗礼。这时东南的埃兰国开始复兴，他们攻入乌尔，掠走了它的最后一个王伊比辛，以乌尔城邦为基础的最后一个苏美尔人的王国乌尔王国覆灭了。随着它的瓦解，美索不达米亚出现了战国局面，七个强国先后形成，一些小城邦虽然又独立了，但不得不依附于七个强国，这七个强国是：巴比伦尼亚中部的伊辛城，南部苏美尔的拉尔萨城，北部阿卡德地区的新兴城邦巴比伦，东方古国埃兰，底格里斯河东岸的埃什努那，西方古城马里，亚述帝国的前身亚述地区古邦阿淑尔，除了埃兰外，其他城邦都是因为注入了阿摩利新生力量而强大起来的。乌尔王朝灭亡后，伊辛自然成了古老王权的当然继承者，但它的统治者不能统一全地区，更谈不上对外征服了。于是伊辛国王们放弃了淑尔吉以来的"四方之王"的帝国王衔，恢复了乌尔那姆所用的统一王国王衔"威武王，苏美尔和阿卡德王"。威武王（lugal lig-ga, *šarru dannu*）的英译法有两种，已故美国学者奥本海（A. L. Oppenheim）解释，阿卡德词 *dannu* 有两个意思，一个是表示"合法的，按次序的，正确的"，另一个是"有能力的，有威力的"，[1]他采用前者译成 legitimate king "合法的王"，一般

---

[1] ANET, p. 274, 2, note. See CAD, *dannu*.

人都采用后一意，译成mighty king"威武王"[1]。本文采用mighty king，但为了和"伟大的王"相区别，不译成"强大的王"而意译为"威武王"。此王衔最早见于阿卡德王马尼什吐苏，后被阿卡德王朝各王、乌图赫加尔和乌尔第三王朝的国王们采用，但他们常常仅称为"威武的战士"（uš lig-ga, *da-lum*）[2]，并不总称"威武王"。到了伊辛王朝，美索不达米亚的政治舞台扩大了，北方的亚述和西方阿摩利以及东方的埃兰人都卷入了本地区的争霸斗争，随着人口的增加，生产技术的发展，战争的规模和频度都加大了。国王们只有英勇善战才能战胜对手，保存自己的国家和个人地位，甚至进而统一各国，因此"威武的王"这一称号就固定下来了，并成为以后用武力统一全国、征服周围地区各邦的巴比伦和亚述以及其他企图继承乌尔王朝统一国家的强国的正式王衔。

伊辛王朝最先强大，它控制了苏美尔的四大圣城乌尔、乌鲁克、尼普尔和埃利都。因此在各邦中可算正统王朝。它的国王除了"威武王、苏美尔和阿卡德王"的全国王衔外，还采用四大圣城的副王衔。如第二王舒伊里舒（Šu-ilišu, 1984—1975 B. C.）完全自任为乌尔王朝的继承人，他不称伊辛王，而称："神舒伊里舒，威武的战士，乌尔王"[3]。

第四王伊什米达干（1953—1935 B. C.）的王衔较长，是：

"第四王伊什米达干，尼普尔的供养人（ua Enlil^{ki}），乌尔的头人（saĝ-uš Uru-um^{ki}-ma），给埃利都带来光明者（ud-da-tum Nun^{ki}-ga），乌鲁克的恩，威武王，伊辛王，苏美尔和阿卡德王。"[4]

我们看到对四大圣城神职的重视表现在于把它们放在主王衔之前。

---

[1]　Barton, Luckenbill, etc.

[2]　Barton, p. 128; p. 138; p. 144, 1; p. 360,7; etc.

[3]　Barton, p. 304, Shu – ilishu.

[4]　Barton, p. 304, Ishmi – Dagan l.

而以前的王，如卢加尔札吉西则把副王衔放在主王衔之后。第五王李必特伊丝塔尔（1934—1924 B.C.）的王衔也是同一模式，但有些词句上的变动：

"尼普尔恭顺的牧羊人（sib-bur-na ᵈEnlilᵏⁱ），乌尔忠实的农人（engar-zi（d）Uru-umᵏⁱ-ma），没有忽视埃利都者（muš-nu-tum-ma Nunᵏⁱ-ga），乌鲁克合法的恩（en-me-ta Unugᵏⁱ-ga），伊辛王，苏美尔和阿卡德王。"[1]

这时，南方城市拉尔萨第五王衮衮温（1932—1906 B.C.）战胜了伊辛，夺取了王城乌尔，也自任为乌尔第三王朝的正统统治者。他被称为"威武的战士，乌尔王"[2]，在另一铭文中则自称为："拉尔萨王（lugal Ararᵏⁱ-ma），苏美尔和阿卡德王。"[3]

第六王阿比萨尔（1905—1895 B.C.）也兼任"乌尔王"，他的王衔是"威武战士，乌尔王，拉尔萨王"[4]。拉尔萨王朝各王总是效法乌尔那姆不称"威武王"而称"威武战士"。可能是为了表示与总称"威武王"的伊辛王朝的不同，因为两家的"苏美尔和阿卡德王"称号是一样的。

伊辛城这一次并没被打垮，公民们又推出新的善战的统治者执政。新王乌尔尼努尔塔（1923—1896 B.C.）似乎从伊辛王阿比萨尔手中又夺回乌尔，因为他的副王衔仍包括有乌尔：

"尼普尔高贵的牧羊人（sib nig-nam-il Enlilᵏⁱ），乌尔的管理（羊群）者（na-lid Uru-umᵏⁱ-ma），保持埃利都的'秘'神圣的人（me šu-el Eridaᵏⁱ-ga），乌鲁克威严的恩，苏美尔和阿卡德王。"[5]

---

［1］　Barton, p. 306, 3 Libit-Ishtar 1. 2.

［2］　Barton, p. 310, 1 gungunn 2.

［3］　Barton, p. 310, 1 gungunn 1.

［4］　Barton, p. 310, 3 Abi-sare 1.

［5］　Barton, p. 306, 4 Ur-Ninurta 1.

乌尔尼努尔塔的继承人，第七王布尔辛（1895—1875 B. C.）同样保持了四大圣城，他的王衔是：

"神阿马尔辛（即布尔辛，^{d}Amar-^{d}En-zu），使尼普尔欢乐的牧羊人（Sib Saĝ-Enlil^{ki}），乌尔强健的农人（dug-dug engar lig-ga），恢复埃利都的土地者（^{gis}hur Erida^{ki} ki-bi-gi），实现乌鲁克神敕的恩（en me-a tum-ma Unug^{ki}-ma），伊辛王，苏美尔和阿卡德王。"[1]

随后，伊辛失去了霸权，乌鲁克脱离它独立为邦；乌尔被拉尔萨夺走并再没丢掉过。拉尔萨渐渐地获得了本地区的霸权，它的国王以乌尔王朝的正统者自居，王衔中总带有有关乌尔词句。如，第七王苏姆伊鲁（1894—1866 B. C.）可能从伊辛手中夺回乌尔，专任乌尔王。他仍称"威武战士，乌尔王，苏美尔和阿卡德王"；[2]第八王努尔阿达德（1965—1850 B. C.）进入埃利都，修建了恩齐庙，王衔是"神努尔阿达德，威武战士，乌尔的农人，拉尔萨王"。[3]他开始使用神定义符并不再正式称乌尔王，而把乌尔的神职作为副王衔。可能他被伊辛王朝"园丁"出身的王恩利尔巴尼击败，因为他没称"苏美尔和阿卡德王"，而伊辛王朝又使用了这一全国王衔。第九王辛伊丁那（1849—1843 B. C.）则夺回这一称号，又称"威武战士，乌尔的供养人，拉尔萨王，苏美尔和阿卡德王"，"他巩固了拉尔萨的王位，用武器征服了所有他的敌人"。[4]他还称"恢复乌尔和埃利都之王"，"尼普尔忠实的牧羊人"[5]。第十二王，旧王族的最后王西里阿达德（公元前1835年）仅统治一年就被埃兰埃木特巴尔（Emutbal）国的苦杜儿马布哥赶走，他在一个祭神王的铭文中没有称王，而谦称为恩西："尼普尔的供养者，

[1]　Barton, p. 308, 5. Bur-Sin 1.

[2]　Barton, p. 312, 4. Sumu-ilu, and p. 374, 17. 1.

[3]　Barton, p. 312, 5. Nur-Adad.

[4]　Barton, p. 313, 6. Sin-iddinam, 1-5.

[5]　Barton, p. 374, 18. 1. 4.

乌尔、拉尔萨、拉加什城和库塔拉国的恩西。"[1]

这说明拉尔萨的势力还很大，尼普尔以南都在它手中，但伊辛在北方仍与它平分秋色。

伊辛王朝第十王恩利尔巴尼（1861—1838 B. C.）是个著名人物，他最初是一个园丁，因国内有凶兆将要降灾（可能发生月蚀），伊辛王伊来伊米提（Irra-imitti）让此人做"代王"，以免自己遭灾。但原王在这一时期死了，恩利尔巴尼"坐在王位上不起来，因此他升为（真正的）王"[2]。这一故事反映在伊辛时代，由公民大会批准新王的城邦传统还有残余，恩利尔巴尼可能在做"代王"时博得全城公民和贵族的好感，因而弄假成真。他的王衔和23年的长期统治证明他是一个有能力的人。他的王衔是："尼普尔土地的牧羊人，威武王，伊辛王，苏美尔和阿卡德王。"[3]

伊辛王朝最后两个王也都控制了中部圣城尼普尔。第十四王辛马吉尔（1827—1817 B. C.）和第十五王达米克伊里舒（1816—1794 B. C.）都在巴比伦修了庙。可见巴比伦名义上还服从伊辛。他们在王衔中都用了神定义符，主王衔都是"威武王，伊辛王，苏美尔和阿卡德王"，副王衔一个是"供养恩利尔的牧羊人（sib u-a ᵈEnlil）"[4]，另一个是"尼普尔的头人（saĝ-uš Enlilᵏⁱ），安努喜爱的牧羊人……"[5]

纵观伊辛和拉尔萨两王朝各王的王衔，我们注意到这两个强国都企图统一全国，因而保持使用"苏美尔和阿卡德王"的王衔。为了证明自己的能力和虔诚，他们的副王衔提到了四个宗教中心和其他重要城市。后期，伊辛主要控制中部圣城尼普尔，拉尔萨主要控制南部

---

［1］　Barton, p. 376, 19.

［2］　"The margon chroniele", ANET, p. 267.

［3］　Barton, p. 390, 4. Enlil-bani.

［4］　Barton, p. 308, 6. Sin-magir.

［5］　Barton, p. 390, 5. Damiq-ilishu.

王城乌尔。各城的副王衔也有一定的规律，一般尼普尔是"牧羊人（sib）"和"王公（nun）"；乌尔是"农人（engar）"或"供养人（u-a）"；埃利都是与"秘"有关者；乌鲁克是"恩"。这种兼顾各城的情况反映了强大城邦统治者的注意力不像以前那样只注意本邦（如拉加什和乌尔第三王朝），而是扩大到整个地区。统一国家的概念已十分巩固，实现国家统一完全废止城邦的时机已到了。虽然这一时期，各小城邦还存在，但它们不得不追随自己附近的强邦。这种群邦围绕几个中心的局面反映在列强之一，马里王金里林（Zimri-Lim, 约 1792 年继位）的官员的一封信中：

"没有一个王强得能保持自己的独立，十个或十五个王追随巴比伦的汉谟拉比，同样数量的王追随拉尔萨的里姆辛，同样多的王追随埃什努那的伊巴乐皮（Ibalpiel II, C 1784-7），同样多的王追随卡特那（Qatna）的阿姆特皮乐，二十个王追随延哈德（Yamkhad=Aleppo）的雅邻林（Yarim-Lim）。"（卡特那和延哈德是新兴的叙利亚强国）[1]

在强国相争的混战中，苏美尔古城乌鲁克和阿卡德霸国基什曾一度图强自立。乌鲁克是在伊辛王朝衰弱时独立的，从叙利亚草原迁徙来的游牧族本雅明（Benjamintes）人给它增加了新的血液。他的三个王留下了铭文。辛卡西德（Singašid）自称为"威武战士，乌鲁克王，安那奴木（Amnanum, 本雅明人一部落）王"[2]。辛卡米尔（Singamil，又作 Anu-zunnam）修复了"加尔加美什的城墙"和"乌尔那姆和淑尔吉烧毁的庙宇"，成为"乌鲁克王"和"乌鲁克忠实的牧羊人"[3]。里姆阿努（Rim-Anu）与埃兰强国埃木特巴尔（Emutbal）同拉尔萨的联盟进行了激烈战斗，他的一个定年公式说他击退了埃木特巴尔以及伊辛、

［1］　Gadd（1973），pp. 181-182.

［2］　Barton, p.332, 1. Singashid, 2, 4.

［3］　Barton, p.334, 2. Singamil, 1, 3, 4, 5.

埃什努那和卡扎鲁各国军队的进犯。[1]

基什王阿什都尼埃林更有一段传奇故事，他自称"与（世界）四方的"强敌苦战了八年，一度全军只剩下三百人，但在神的保佑下，他在四十天之内征服了所有的对手，重建了基什城墙，保证了基什的独立，因而他也自称起"威武战士"来了。[2]

但这些插曲仅是城邦国家的回光返照，乌鲁克和基什称霸城邦的日子已过去了，这些小王们掀起的细浪很快淹没在强国兼并战争的狂涛中。

由西方（马尔图，Martu）迁入埃兰的塞姆族的一支在埃木特巴尔城建国，首脑称为"阿达（ad-da）"。"马尔图的阿达"苦杜儿马布克（Kudur-Mabuk）赶走了拉尔萨的王族，占据乌尔和拉尔萨，使自己的儿子瓦拉得辛（1834—1823 B. C.）成为"威武战士，乌尔的供养人，拉尔萨王，苏美尔和阿卡德王"[3]。瓦拉得辛还采用了旧王西里阿达德的副王衔"尼普尔的供养人，乌尔、拉尔萨、拉加什城和库塔拉国的恩西"，[4]还是"完成埃利都的'秘'者（me ^{giš}har Nun^{ki}-ga šu-du-du）"。[5]新力量的到来使拉尔萨如虎添翼，它一面与伊辛反复争夺尼普尔，一面兼并南方各邦，瓦拉得辛的弟弟里姆辛（1822—1763 B. C.）使拉尔萨达到了极盛，从伊辛手中夺回丢掉的尼普尔后，他向乌鲁克伸出了手。在位十四年，他战胜了乌鲁克、伊辛、巴比伦、苏图和拉皮库（Sutium and Rapiqum，西塞姆族在幼发拉底河和底格里斯中游建立的部落联盟）各国的联军，活捉乌鲁克王伊儿尼尼（Ir-ne-ne，或 Warad-urru）。在第 21 年，他战败乌鲁克王里姆阿努，兼并了乌鲁克。

---

［1］　Leemans, W. F "The Asiru", RA,（1961），pp.70-71.

［2］　Barton, p.336, Ashdunierim.

［3］　Barton, p.318, 8. Warad-sib, 2, 3, etc.

［4］　Barton, p.378, 4.

［5］　Barton, p.318, 3.

第 30 年，他终于消灭了拉尔萨的多年劲敌伊辛，取消了它的全国王权，他的主王衔与瓦拉得辛一样，副王衔有：

"尼普尔和全国的牧羊人，埃利都的'秘'的执行者，供养乌尔的农人……吉尔苏和拉加什的总监（saĝ-li-tar）"[1]，"乌图的恩西（拉尔萨）"[2]，"尼普尔高贵王公（nun ni-tug）"[3]等。

他还兼任"拉尔萨、乌鲁克和伊辛之王"，[4]控制了全部苏美尔地区。

美索不达米亚北部的阿淑尔城脱离乌尔王朝后，在伊鲁舒马（Ilushuma，约公元前 1940 年结束统治）[5]做伊沙库时开始强大。他曾"建立了阿卡德人和他们的儿子的自由，'洗了'他们的铜，从沼泽边际到乌尔、尼普尔、阿瓦乐（Awal）和吉斯马（Kišmar）、圣伊斯塔尔的德尔（Der）直到'城市'（阿淑尔），我建立了他们的自由"。丹麦学者 M. T 拉尔森认为这反映了阿淑尔城和南方的贸易往来，伊鲁舒马为了发展本邦的贸易经济，给予南方各城的商人们以贸易特权和自由，使他们愿意到阿淑尔来交易。这种分析似乎比另外一些学者所认为的伊鲁舒马曾对南方进行了军事入侵或扩张更合乎实际情况。[6]在阿摩利人沙马什阿达德入主阿淑尔后，这一城邦才真正扩张成一个领土国家，一度曾为各强国之首。但他死后，阿淑尔又下降到一个次等国家，最后臣服于巴比伦。

马里强国的奠基人也是阿摩利出身，名亚赫顿林（Iahdun-Lim，c. 1820 B. C.）。他战败了附近的许多小邦和入侵的游牧部落的王，使他们纳贡称臣，并远征到地中海，控制直到巴里赫河口的广大幼发拉

［1］　Barton, pp. 324-330, 9. Rim-Sin, 1 etc.

［2］　Barton, p. 325, 8.

［3］　Barton, p. 330, 6.

［4］　Barton, p. 386, 3.

［5］　Lareen, p. 70.

［6］　Larsen, pp.63-78 .

底河中游地区。这些成功使他有资格采用"威武王，马里王和哈那（Khana）国王"的王衔。[1]

马里的强大导致了与新兴亚述强国的冲突，亚赫顿林被仆人杀死后，亚述王沙马什阿达德兼并了这一地区。亚赫顿林之子金里林（Zimri-Lim）逃到叙利亚强国延哈德避难。沙马什阿达德死后，他依靠延哈德的力量恢复了马里强国。

埃什努那最初一直是一个恩西国，它最早有铭文的恩西伊乐舒伊里亚（Ilshu-ilia, c. 2020 B. C.）曾把女城神提什帕克称为"威武王，瓦林国之王，四方之王"，自己称为"她的恩西"。[2]纳拉姆辛是一个强大的王，他可能还做了阿淑尔城的伊沙库。亚述强大时，埃什努那的势力受到打击，丧失了在北方努吉（Nuzi，小札布南岸，Arrapkha 地区）地区的霸权。沙马什阿达德死后，它与埃兰结成同盟战胜了亚述的马里总督亚斯马阿达德（Iasmah-Adad），使金里林乘机复国。上面提过的"马里信件"将埃什努那王伊巴乐皮乐作为列强之一。

在列强中，巴比伦城是最后笑的，因而也笑得最好。统一全国的任务是由巴比伦的"威武王"汉谟拉比（1792—1750 B. C.）完成的。他之前的五个国王征服了附近的基什、西巴尔和库塔等城。使巴比伦由一个城邦变为一个强国，这样汉谟拉比的事业就有了一个稳定的基础。他继位后，曾名义上臣服于沙马什阿达德的亚述强国，在外交上采取了远交近攻的"合纵"战略，使各国无法形成反巴比伦同盟。继位第七年，他从拉尔萨的里姆辛手中夺取了伊辛城和乌鲁克城。第八年打败了里姆辛的母邦埃兰的埃木巴特尔，随后又与拉尔萨和好，并与马里和埃什努那一直保持良好的外交关系，双方的宫廷中都有对方

---

[1] Oppenheim（trans.），*The Dedication of the Šamaš Temple by Yahdun-Lim*，ANET, p. 556.

[2] Larsen, p. 129, note 75. 原文书 hi，苏美尔文，无英译，作者试图直译过来，可能有误。

的类似张仪、苏秦之类的使节。马里的金里林甚至常常提供军队与巴比伦合兵攻打别的国家。直到其他国家都无危险性之后，汉谟拉比才兼并了这一盟国。汉谟拉比和金里林的友谊不禁使人想起了秦王嬴政与楚怀王的友谊。在他的第 31 年，汉谟拉比联合马里击败了里姆辛，灭亡了他最强大的敌手埃木特巴尔和拉尔萨同盟，取消了拉尔萨的"苏美尔和阿卡德王权"。但为了平定人心，他兼任拉尔萨王[1]。第 30 和 32 年，他击退了才清醒过来的埃什努那、埃兰、亚述、库提和马乐吉的两次联合反击。第 33 年，他兼并了老盟友金里林的马里和马乐吉。现在汉谟拉比已统一了古老的文明中心苏美尔和阿卡德，征服北方的亚述和东北的埃什努那只是时间问题了。他完全有资格承担乌尔帝国的"四方之王"衔，他的王衔是"威武王，巴比伦王，四方之王，国土的奠基者"[2]，并骄傲地说，他从"混乱中重建了苏美尔和阿卡德"[3]。在他的第 35 年，他毁灭了企图复国的马里和马乐吉，拆毁了它们的城墙；第 37 年，再次击败亚述和吐鲁库（Turruku）后人卡克木（Kakmu）等山区部落的联合反攻；第 38 年，他灭埃什努那，用大水冲毁了它；第 39 年（1754 B. C.），他征服了最后一个敌手——亚述，"战胜了他所有的敌人"。对于自己完成统一大业之功绩，他在他的法典前言中用了 23 个城邦的王衔，其中包括尼普尔的"牧羊人"，乌鲁克的"恩"，基什的"众王之主"，阿达德的"王"和拉尔萨的"威武战士"等历史上显赫一时的古老王衔。在叙述完城邦王衔后，他把"四方之王"略作加工成为自己的最高王衔：

"威武王，光芒普照苏美尔和阿卡德各国的巴比伦之太阳，四方降服之王"[4]。

---

[1]　Barton, p. 354, 3. *The Years of Kings of Larsa.*

[2]　King（1898）, Text, p. 5.

[3]　*List of Date Formulae of the Reign Hammurabi, ANET*, p. 270.

[4]　T. J. Meek（trans.）, *The Code of Hammurabi , ANET*, pp. 163-165.

汉谟拉比之所以逐一强调自己对各邦的王权，说明他对这些由城邦而来的城市十分重视，给予一定的自治权和荣誉，使之不再独立，反抗中央。

自巴比伦第一王朝以后，"威武王"这一表示用武力统一全地区的王衔就成了本地区统一王国和帝国的正式王衔，附近受其影响的王国也采用了它。例如，北叙利亚小国阿拉拉赫王伊德里米（Idrimi, c. 1550 B. C.）就称其君主米坦尼王帕拉塔尔那（Parattarna）为"威武王，胡里安战士之王".[1]

十、巴比伦王兼苏美尔—阿卡德王
——王权的固定：全地区永久中心（首都）和巩固的统一国家的确立

自从阿卡德建立联邦制帝国和乌尔第三王朝创建中央集权制帝国以来，各城邦的独立倾向越来越弱了，特别是在伊辛——拉尔萨时期二百年的混战中，各强大城邦如乌鲁克、乌尔、基什等城的贵族力量遭到了毁灭性打击，以致他们再也不能自立为王了。更重要的是由于城市内部阶级分化的加剧，作为城邦力量的基础——本城公民的团结已经不存在了。广大城市、农村人民都深深感到在中央政府管理下享有一定的自治权有利于发展生产，抵御外敌，打击地方豪强，因此不愿为独占山头的地方统治者作战了。中央集权制对城镇官员的严密控制也使地方官员很难发展个人在本地的势力。这一切都使得巴比伦从第一王朝开始，巩固的统一国家建立起来了，今后国家的危险主要是外部的入侵而不是内部的分裂。而且随着历史的发展，国家的概念已不是城邦，而是以一个主要民族为中心的地区性王国或帝国了。这样，作为全国经济、政治、宗教和文化中心的特大城市首都出现了，这使

---

[1]　*The Story of Idrimi, King of Alalakh, ANET*, p. 557.

王权不再在各城流动，它只属于首都。虽然首都不一定永久在一个城市，而且也可能有两个，但在量和质两方面看，迁都绝不等于城邦时期的王权流动。外省强大的总督，野心勃勃的部族酋长，以及一切有能力在中央衰弱时成为王权的主人者，一旦成为王，也绝不固定在本地的穷山僻壤，而是进入首都——伟大的城市巴比伦，成为全国名正言顺的主人。这样自从汉谟拉比在公元前 18 世纪统一直到公元前 3 世纪塞琉古王国时，巴比伦由盛而衰共历时 15 个世纪，本城区的王权一直在巴比伦（即使在亚述、波斯和马其顿征服期间，它仍是本地区的中心，征服者常常兼巴比伦王）。这反映了奴隶制社会早期小国寡民的城邦经过反复统一和分裂终于成为巩固的统一国家了。从王权固定在巴比伦始，西亚才真正进入帝国时代。不稳定的阿卡德和乌尔帝国都是过渡阶段的产物，巴比伦之后，城市国家的历史才真正一去而不返。从王衔上看，"苏美尔和阿卡德王""威武王"和"四方之王"这类表示全地区的王衔将长期存在下去，而"乌尔城之王""乌鲁克城之恩""基什之王"和"拉加什的恩西"这类城邦王衔不再出现了。代替这些"王"在城市统治的是王家委任的总督头衔。但是城邦王衔也在统一王朝的王衔上留下了烙印，如巴比伦王和亚述王本来是指巴比伦城王和阿淑尔城王。因为这两个城的统治家族用战争统一各邦，建立以我为首都的帝国，于是他们保留了母邦王衔。逐渐地两个城名就演变成国家和地区名，这就是希腊语地区名称"巴比伦尼亚"（美索不达米亚南部）和亚西里亚（简称为亚述）的由来。亚述在楔形文字中本是 Aššur^{ki}（阿淑尔城），在公元前 14 世纪初，亚述王阿淑尔乌巴里特的铭文中，它才写成 māt Aššur（阿淑尔国），最后由希腊人的著作把它固定为亚述（Assyria）。

　　虽然巴比伦第一王朝的中央集权制已完全建立，但民族迁徙的浪潮还在进行，国内战争也没马上停止，汉谟拉比死后，由于外族的埃兰并没被征服，在他的儿子山苏伊鲁那（Samsuiluna, 1749—1712 B. C.）

的第九年，拉尔萨的贵族在埃兰埃木巴特尔国的支持下联合乌鲁克、伊辛、埃什努那等 26 个旧国拥护里姆辛同名的侄子进行叛乱。直到山苏伊鲁那的第 14 年，已占据基什的里姆辛二世才被消灭。第 15 年，伊辛被攻下，并沦为废墟。这时在南方靠海地区又兴起了苏美尔人的"海国"；马里地区兴起了哈那国。它们的分裂和东北山区加喜特的进攻使巴比伦第一王朝开始走下坡路了。由于历史已进入帝国时代，各地区的帝国必然要进行国际交往和发生互相冲突。在世界舞台上和巴比伦一起表演的有赫梯、米坦尼、埃及以及后来的亚述几个帝国。在公元前 1595 年，汉谟拉比的王朝由于强大的赫梯人袭占首都而告终。现在坐在巴比伦王座上的是游牧山民加喜特人。发达的文明同化了加喜特王朝，这反映在它们继续采用过去的王衔模式。第一个进入巴比伦的加喜特王阿古姆二世（第十王，c. 1550 B. C.）的王衔是：

"阿卡德和加喜特王，巴比伦广阔土地之王，巴丹和阿尔曼之王，库提之王，统治（世界）四方之王。"[1]

其中没有提到苏美尔，说明"海国"在南方实力仍很强。阿尔曼和巴丹以及库提之王都表明他对自己的在东北地区的家乡牢牢控制。

海国可能是在阿古姆进入巴比伦之前进入巴比伦的，并占据一段不长的时间，因为"巴比伦国王名表"将海国国王名单放在加喜特王朝之前。[2] 而且海国第六王古吉沙尔的一个赏赐土地碑（*kudurru*）在德尔发现，证明他来到北方并掌握了王权。[3]

加喜特第十三王乌兰布里阿什（Ulamburiaš, c. 1470 B. C.）征服了海国，自称为"海国之王"[4]，全国再次统一。

加喜特第十六王卡兰达什一世（Karaindash I, c. 1450 B. C.）的王

---

［1］ Rogers, p. 104.

［2］ Drower, p. 442.

［3］ *The Babylonian king List A*，ANET, p. 272.

［4］ Drower, M. S, p. 442.

衔十分标准化：

"威武王，巴比伦王，苏美尔和阿卡德王，加喜特王（Kassu），卡尔杜尼阿什（Karduniaš，加喜特对巴比伦的称呼）王。"[1]

其中前三个王衔完全是巴比伦第一王朝的，后两个一个表示母邦，一个是引入巴比伦尼亚新的地理名词。这些王衔成了加喜特王朝的标准王衔。第十七王库里加尔朱一世曾征服埃兰，占领苏萨（c. 1390 B. C.），他开始称宗教副王衔"恩利尔的总督（šakkanaku）"[2]。第二十三王库里加尔朱二世（Kurigalzu II, 1328—1298 B. C.）与埃及保持良好的关系，拒绝了迦南人反抗埃及的求援，并警告他们不得起事。他的王衔有帝国气派："苏美尔和阿卡德之王，（世界）四方之王，恩利尔的总督（šakkanak）。"[3] "总督"一衔成了巴比伦特有的副王衔。

加喜特王朝统治五百年期间，国内战争基本停止[4]。对外战争，尤其是与亚述的争霸战争愈演愈烈。这进一步反映了比较巩固的统一国家确立了。建立跨地区大帝国的野心现在正折磨着南北两大统一国家。

从阿古姆二世开始，巴比伦王每年要参加十分难堪的宗教仪式，在每年一度的"新年节"中，国王被带到马尔都克神像前，放下一切王权的标志，向神下跪并起誓保证自己没对城市和人民犯下罪行。然后由祭司拉他的耳朵、打脸，直到国王双眼落泪（可能是模仿主神马尔都克受苦的故事）。这才表明神满意他第二年继续担任国王。而没有参加这种仪式的任何实际国王，在法理上是不被承认的。[5] 这一仪式显然是由城邦时期每年选举国王的仪式演化而来的，在统一国家时期发展成为宗教仪式。它反映了再统一国家时期，王权虽然有了很大的专制性，

---

[1] Rogers, II, p. 114.

[2] Poebel, p. 5.

[3] Rogers, II, p. 118.

[4] 加喜特统治的前半处于缺乏史料的"黑暗时代"，不能十分肯定说没内战。

[5] Oppenheim（1964），p. 122.

但仍在某种程度上受到祭司阶层的牵制（有时也可能反映了城市人民的牵制）。神权仍大于王权，这是由"王权神授"理论所决定的。

加喜特人在巴比伦统治期间，巴比伦一直保持为一个地区性统一王国，未有力量进入更高的跨地区帝国阶段。这可能是由于本地人与文明比自己落后的外族统治者的矛盾，外部强大帝国赫梯的压力以及其他地理、历史因素所决定的。统一全部美索不达米亚，建立跨地区帝国的任务现在只能由遭受战乱较少，一直没有被外族武力攻占的城邦——阿淑尔来完成。

十一、"伊沙库""鲁巴温""瓦克仑"——亚述城邦的王衔

在叙述亚述帝国之前，我们必须追溯一下它的城邦时代。亚述地区离文明起源地苏美尔较远，在早期历史时期一直处于巴比伦尼亚的从属地位。前面提到它曾是阿卡德的属邦，乌尔第三王朝曾派恩西管理它。这样，它没有成为城邦争霸的战场和外族掠夺的目标，因而受到的战乱较少，城邦所具有的潜力也最大。它和罗马城一样由城邦一直发展到帝国，在本地区历史中一直处于中心地位。因此，叙述这一地区发展道路是单线索的，单中心的。似乎它没有苏美尔那样多的城邦，本地区大的城邦仅有阿淑尔和尼尼微，它们似乎结成了两邦同盟，但王权总在阿淑尔城。

和研究苏美尔早期史要依靠"苏美尔王表"一样，我们也有一个"亚述王表"。[1] 王表共分四组，头两组和洪水前及基什第一王朝的多数"王"一样也是一些传说中的人物，而且由于加入了阿摩利人的祖先显得更加混乱。

---

[1] 王表的译文和有关讨论文章见：A. Leo, Oppenheim（trans.）, *The Assyrian King Lis, ANET*, pp. 564-566. Larsen, pp. 34-40。

王表第一组被称为"十七个住在帐篷中的王",其中前十二个与汉谟拉比王朝的祖先相同[1]。因而我们能断定这是公元前 18 世纪初入主阿淑尔城的阿摩利出身的国王沙马什阿达德的祖先,他们只是原始社会解体时的游牧部落的酋长。第一组的另五个王似乎与阿摩利人毫无关系,其中的阿帕沙尔(Apiašal,第十七王)和乌什皮亚(Ušpija,第十六王)曾被后人称为修建阿淑尔神庙的人,可见他们才是阿淑尔城邦早期的祭司兼首领。这组的十七个王全都不传位于子,这说明他们是被公民大会推选的权力不大的"王"。

王表的第二组的王被称为"十个是祖先的王",[2]其中有一人与沙马什阿达德之父同名,这些王可能仍是他的阿摩利祖先。这十王都传位于子,王权的世袭化开始了。王表的前两组王混乱的原因可能是沙马什阿达德入主阿淑尔后,为了使自己的统治合法化,就把自己的祖先和阿淑尔本城的早期王混在一起做成表,从而流传下去。

第三组王被称为"六个在砖(铭文中提到的)王,但他们的名年官表(丢失了)"[3],因此,他们是历史人物了。其中后三个人的铭文已被发现,证明他们是乌尔第三王朝的恩西撤走后实行自治的伊沙库[4](即伟大的恩西,见萨尔贡的双文对照铭文)。最后一个伊鲁舒马的事迹上面已提过了。这一组王,王表上没有记载互为父子,但根据铭文,后三个人已肯定是父子相传了。他们都自称为"阿淑尔(神或城)的伊沙库",和苏美尔城邦的恩西一样,他们是以民族神最高祭司的身份做城邦领袖的。

王表中的第四组王一直到帝国时代,他们的名年官王表的作者知

---

[1] J. J. Fink Isein, *Genealogy of the Hammurabi's Dynasty, JCS*, 1966,pp.95-118.

[2] Larsen 的译法,Oppenheim 译成"祖先被知的王"。

[3] 多数人的译法,Rowton 译成"他们(居在)砖(房)",See: *Tuppu in the Assyrian King-list, JNES*, vol 18, 1959.

[4] Jacobsen 把它分析为"en-si-ak","租佃地的管理者",意"(神的)佃农"。

道了，因此，记录了他们的统治年数。这些表绝大多数有传世铭文，其中前四个是本城人。第五个纳拉姆辛被怀疑为埃什努那王纳拉姆辛，可能埃什努那征服了阿淑尔。第七个是从巴比伦尼亚来的阿摩利军事将领沙马什阿达德，在他的武力下，亚述才成为一个地区性的统一国家。

在前四王统治期间（c. 1940—1830 B. C.），阿淑尔城是一个工商业较发达的城邦，它在遥远的小亚半岛上设有商业殖民地。其中最重要的卡尼什城（Kanesh, Kultepe）已被发掘。这儿出土的大量泥板为研究阿淑尔城邦结构提供了大量的资料。当时古亚述的王衔有三种：一是伊沙库，如发现的萨尔贡一世（c. 1880—1850 B. C.）印章上有："萨尔贡，阿淑尔神的伊沙库，伊库奴（Ikunum, c. 1899—1880 B. C.），阿淑尔神的伊沙库之子。"[1]二是鲁巴温（rubā'um，王公），词的原意是"大人"，是小亚各城邦和阿淑尔的统治者不带宗教意义的头衔，它的苏美尔对应词是 nun，这词最早专指海神恩齐的称号（据"创世纪"，恩齐曾一度成为众神的首脑，但不是"王"），埃利都因此也被称为 nun[ki]（王公之城），可能这一衔和"恩"衔为乌鲁克专用一样，是埃利都的专用王衔。但世俗王用这一王衔现知最早的是乌尔王朝的伊比辛[2]，拉尔萨的里姆辛也称过"尼普尔的王公（nun）"。"鲁巴温"的另一词意是"贵族"，因此，它做王衔用侧重反映国王出身于氏族贵族。在卡尼什的信件中，它常作为世俗统治者的称呼出现，并和"城市（ālu）"连在一起提到。ālu 是阿淑尔城的公民的集合名词，类似希腊文，具体指公民大会。"城市"比"王公"有更大的权力。信件中常常提到"城市的命令（dīn ālim）"，没有提到过"王公的命令"。在誓言中有"以城市和王公的生命（誓）"，和"以城市的生命（誓）"，但没有单独

---

[1] J. Lewy, *Some Aspects of Commercial Life in Assyria and Asia Minor in the Nineveh*, *JAOS*（1958），p. 89.

[2] Larsen, pp. 121-129.

以"王公的生命"起誓的。这说明对背誓者的惩戒是由"城市"决定的。公民大会的机构称为 bīt ālim（城市的房）。第三个王衔是"瓦克伦（waklum，执政官，主席）"。它的起源更低，它的苏美尔对应词是 ugula（总管，公社总管），这一词在南方连贵族都不是，不过是王手下的官员。在亚述，它成为有特殊意义的王衔。在卡尼什信件中，"瓦克伦"是阿淑尔的王公在写给殖民地传达公民大会决议的信件中的自称，他使用这一表示官员的头衔的原因很可能是为了要表明他是代表"城市"行使权力的。如，有两封某"瓦克伦"写给卡尼什的信，开始是："城市给了一个命令（ālum dinam idinna）。"丹麦学者拉尔森给"瓦克伦"下的定义是："瓦克伦是传达公民大会命令的人，很可能担当公民大会的主席。"[1]瓦克伦萨尔贡一世曾写信给卡尼什的一个大商人，请他继续帮助王公收回老王公落在一个商人手中的财产。他尊敬称对方为父（长老），但对方则声称他很难进行这一工作。这很清楚地看到，在私人问题上，王公和公民是十分平等的。拉尔森对上述三种城邦王衔做了总结：

1.作为城邦的祭司长，神任命的代理人，他作为公社和它的神王之间的联系人叫伊沙库。

2.作为王族的首脑，他位于血缘结构的顶峰称鲁巴温或拜鲁（主人）。

3.作为城市公民大会的领导人和执行官员，他是城市的主要行政长官称瓦克伦。[2]

这样，我们对阿淑尔城邦的"王"，有了一个清楚的概念，绝不会把它与帝国或封建社会的专制君主混为一谈。马克思和恩格斯曾说过："欧洲的学者们大都是天生的宫廷奴才，他们把巴赛勒斯变成现代意义

---

[1]　Larsen, p. 132.

[2]　Larsen, p. 149.

上的君主。"[1]就是反对不分时代，把一切的"王"都混为一谈的当时的唯心主义倾向。

在阿淑尔城，日常行政权不属于"伊沙库"（当时，伊沙库也没有对他负责的官僚机构），而是由一个亚述特有的政治机构 *Bīt Limmu*（名年官厅）来执行。*Limmu*（名年官）和雅典的名年官一样是用自己名字给当年定名的高级执政官，每年一个，在贵族中（包括）抽签选出。[2]在卡尼什信件中可以看出，"名年官厅"掌握行政大权，例如，一个商人曾由"名年官厅"而不是由王批准，可以向外国出卖国家严控物资——制造青铜的原料锡。[3]可能城市的长老会议也是由名年官们组成的。和雅典的名年执政官权力逐渐增长相反，在亚述，随着王权的增长，名年官衔失去了它的作用，在帝国时期，它仅是国王手下高级军政大员的荣誉称号。

随着外来的强有力的军事首长埃什努那的纳拉姆辛，特别是阿摩利酋长沙马什阿达德（1813—1781 B. C.）入主阿淑尔，这个城邦逐渐强大起来，走向对外征服的帝国征程。沙马什阿达德是在汉谟拉比之前的一个威力人物，他刚进入阿淑尔时，还仅自称伊沙库[4]，随后在西方征服了自己过去的敌国马里，势力达到地中海岸边，在东方击退了埃什努那的扩张，收服了下札布河南岸的努吉地区各山区小国，统一了整个北部美索不达米亚，使阿淑尔成为一个地区性的强国。因而他采用了阿卡德帝国里木什和马尼什吐苏用过的帝国王衔——"万邦之王（*šar ššati*）"。[5]成为亚述第一个称"王（*šarru*=lugal）"的人。同南方一样，第一个统一国家总是试验性的。沙马什阿达德死后，帝国开始走

---

［1］ 中共中央马克思恩格斯列宁斯大林著作编译局编《马克思恩格斯选集（第四卷）》，人民出版社，1972，第117页。

［2］ Oppenheim (1963), p. 100.

［3］ See above J. Lewy.

［4］ Luckenbill, I 44.

［5］ Luckenbill, I43.

下坡路了，马里丢掉了；各征服的小邦或恢复独立，或臣服于巴比伦后又臣服于本地区新兴的胡里安人强国米坦尼。它的首脑放弃了"萨鲁（*šarru*）"的王衔，仅称自己为"阿淑尔城（或神）的伊什库"或 sangu（祭司长）。[1] 但是中心城市阿淑尔的力量保存下来，使亚述民族有了再次复兴的基础。

十二、"伟大的王"——早期联邦制跨地区帝国的出现

"伟大的王"（*šarru rabû*）一衔是小亚的赫梯人首用。从卡尼什铭文中知道，在公元前 19 世纪，小亚东部的卡帕多细亚出现了许多赫梯民族的小城邦。它们的首脑最初和亚述一样被称为王公（*rubā'um*）。赫梯古王国的奠基人阿尼塔（Anitta, c. 1790 B. C.）的父亲皮特哈那（Pitkhana）曾从库什沙尔（Kuššar）城征服了卡尼什（阿尼塔称为"尼沙"，Neša），成为卡尼什的"王公"，而阿尼塔成为"城堡的将军"。[2] 阿尼塔以尼沙为基城，开始对外征服，因而成了"伟大的王公"。[3] 随后，可能是一个新的库什沙尔赫梯王族代替了阿尼塔家族并以他毁灭的城邦哈图沙为首都创建了赫梯古王国。[4] 第五个"伟大的王"哈图西里什（c. 1650 B. C.）时，赫梯古王国的历史开始有了铭文基础。他继位后首先镇压了各邦的反抗；击退胡里安从东方的攻击；征服套鲁斯山区；然后南侵叙利亚；东跨幼发拉底河进入了胡里安人地区；建立了庞大的王国。他的王衔是："伟大的王，哈图沙城之王，库什沙尔城的战士。"[5]

这一王衔和阿卡德王朝的萨尔贡的王衔十分相似，由母邦衔（库

---

[1] Luckenbill, I47-57.

[2] Lewy（1971），p. 714.

[3] Gurney, p. 232.

[4] Gurney, pp. 232-234.

[5] Gurney（1973），p. 236.

什沙尔）、霸主城（哈图沙）和全国的王衔三部分组成。而且赫梯古王国和阿卡德王国一样都是不巩固的联邦制统一国家。只是赫梯年代较晚，这时战争的规模又增大了，因而赫梯的征服版图可能要比阿卡德大一些。哈图西里什的孙子木尔西里什一世（c. 1620 B. C.）使古王国的版图达到最大，他消灭了叙利亚强国延哈德，与加喜特人联合战败了巴比伦。他攻占巴比伦城使巴比伦第一王朝结束，导致加喜特人坐上巴比伦的王座。但他回国后被妹夫杀死，随后赫梯统治阶级内部经常发生争夺王位的流血斗争，关于这一长期的谋杀夺权时代的情况，著名的"铁列平（Telepinush，c. 1500 B. C.）铭文"做了详细的叙述。流血继位，反映了在城邦选举王的制度瓦解后，新的长子世袭制产生前的时期，贵族内部必然要发生暴力夺权，并迫使公民大会承认这样夺取的王位为合法。这种现象在古代西亚是很常见的。内部的仇杀，削弱了哈图沙城邦的力量，它失去了许多远方属邦，但仍然保持是一个联邦制国家。

铁列平所制定的长子继位法巩固了哈图沙城的内部团结，赫梯历史进入了"赫梯中王国"时代（c. 1500—1380 B. C.）。中赫梯处于巩固统一国家时期，偶有对外征服，但都没越出小亚半岛。第十八王吉坦塔什二世臣服了西里西亚的吉朱瓦德那（Kizzuwadna）国，在与它的国王订约的铭文中使用了一个新王衔"太阳"。[1] 中王国的王权特点是"王、后共治"，许多国王的命令都和王后共署，甚至还有王后单署名的情况。这无疑是母权制残余的反映，在古王国前的阿尼塔时代某城邦就有"女王公"。[2]

与赫梯古王国同时称"伟大的王"的还有其他联邦制国家，上面提到的西里西亚的吉朱瓦德那国在独立时就有"伟大的王"。[3] 叙利亚

---

［1］　Gurney（1973），p. 671.

［2］　Lewy（1971），p. 714, Alishar.

［3］　Gurney（1973），p. 664.

强国延哈德也是本地区的"伟大王权"国。延哈德在汉谟拉比时代就是影响美索不达米亚政治的一个强国，它曾扶植了马里王金里林。汉谟拉比统一巴比伦尼亚后，并没有触动它北叙利亚的霸主地位，但它却成为赫梯古王国对外扩张的障碍。为了保卫自己的首都阿列颇城，它与跨过套鲁斯山南侵的赫梯军队进行激烈的战斗，哈图西里什一世可能就是在对它作战时阵亡的。帝国时期的赫梯王木尔西里什（c. 1346—1320 B. C.）和阿列颇王塔米萨鲁马订立的条约写道：从前，阿列颇曾有过一个"伟大的王权"。赫梯国"伟大的王"哈图西里什对延哈德的战争取消了它的"伟大王权"。随后，他的孙子木尔西里什（一世）毁灭了阿列颇的王权和国家。[1]

在加喜特巴比伦时期，近东各地区的统一国家埃及、赫梯、米坦尼、亚述、埃兰已先后形成。原来由无数城邦做媒介的各地区的国际交往简化了，各大国的王开始了直接的外交信使往来。同时对于王衔，也有了国际上共同的理解概念。在埃及阿马尔那出土的国际信件中，赫梯的"伟大的王"的衔用来指这些互相平等的大国的王。例如，加喜特王布尔那布里阿（Barnaburiash II, c. 1375—1347 B. C.）写给埃及法老的信称对方为"伟大的王，埃及王"，自称"你的兄弟，伟大的王，卡尔杜尼阿什王"。[2] 同样，赫梯王哈图西里什三世写给巴比伦王卡达什曼恩利尔二世（1279—1265 B. C.）的信中自称"伟大的王，赫梯国之王，你的兄弟"，将对方称为"伟大的王，卡尔杜尼阿什王，我的兄弟"。[3]

公元前 14 世纪，赫梯复兴，进入了帝国时期。舒皮鲁流马一世（Shuppiluliumash, c. 1380—1346 B. C.）统一了小亚各国，与各国订立了臣服条约，成为它们的君主——伟大的王。然后，他越套鲁斯，攻

---

[1]　Kupper（1973），pp. 30-31.

[2]　Oppenheim（1967），p. 113.

[3]　Oppenheim（1967），p. 139.

入赫梯古王国时丢给米坦尼霸权的叙利亚，战胜法老的姻亲米坦尼王吐什拉它。这样，他就建立起跨地区的赫梯联邦制帝国。帝国的叙利亚领地现在和法老在巴勒斯坦的属国相邻接，这就使埃及和赫梯这两个最强大的帝国争夺世界霸权的战争成为必不可免。为了对付埃及与米坦尼的同盟，赫梯王娶了巴比伦王布尔那布里阿二世之女。随后，他攻占了米坦尼的首都，镇压了叙利亚各国的起义，并夺取了埃及在巴勒斯坦的几个属国。舒皮鲁流马任命两个儿子为卡尔舍美什和阿列颇的国王监视叙利亚各邦。帝国现在稳定了，他的帝国王衔是："太阳，伟大的王，哈梯国之王。"[1]

"太阳"是从埃及法老那儿学来的，法老都称自己为太阳神（Re）之子。"哈梯国之王"是一个新的王衔，它是表示全地区和民族的王衔，类似"苏美尔和阿卡德王"。

舒皮鲁流马死后，小亚各国爆发了反对哈图沙的起义。他的第二个继承者木尔西里什（c. 1346—1320 B. C.）镇压了各国，稳定了帝国，随后的木瓦塔里什（c. 1319—1294 B. C.）在叙利亚的卡迭什城击退了新兴十九王朝的法老拉美西斯二世的进攻。哈图西里什三世（1286—1265 B. C.）与拉美西斯订立了和平条约，并与巴比伦继续保持友好，挫败了新兴的亚述的扩张。上述三王都有"太阳，伟大的王，哈梯国之王"的王衔。但随后的吐德哈里阿四世（Tudkhaliaš Ⅳ）遇到了亚述王吐库提尼努尔塔的有力挑战。为了表明自己与亚述的平等权力，他采用了亚述的王衔"万邦之王"。这表明赫梯已经衰落，约公元前1200年，帝国首都被"海上民族"毁灭。但分封在叙利亚的各邦如卡尔凯美什，还保持了自己的独立，它们丧失了联合的中心力量，这就使以后亚述帝国能一个接着一个地兼并它们。

---

[1]　*ANET*, p. 318.

十三、"万邦之王"——亚述形成统一国家

亚述在公元前 14 世纪初还是米坦尼的属国，并向巴比伦称臣。当赫梯打垮米坦尼后，它从桎梏中解脱出来。阿淑尔那丁阿赫（Aššur-nadin-ahhe Ⅱ，1402—1393 B. C.）曾派使去埃及给法老送礼，并得到二十塔兰特黄金的回赠，而巴比伦的去使也得到同样数量的回赠，[1]这说明亚述开始作为强国被国际承认。阿淑尔乌巴里特（Aššur-uballit，1365—1330 B. C.）统一了全国并夺取了米坦尼的部分土地，在他最初给法老的信中，他首先使用了"亚述国之王"（šar māt Aššur）的称号，[2]放弃了"阿淑尔城伊沙库"的称呼。在他获得更大的成功后，他就和埃及法老平起平坐，自称"亚述王，伟大的王，你的兄弟"，[3]成为一个国际上"伟大的王"。但在国内自己的建庙铭文中，他仍对神王阿淑尔保持"伊沙库"和"山古（sangu）"等宗教头衔，[4]没有称王。可是他的大臣的铭文已称他为"万邦之王"（šar kiššati）。

šar kiššati 这一王衔最早是阿卡德王里木什晚期的王衔，在阿淑尔城出土的一个他的权标头刻有"里木什，万邦之王"。而有关下一个阿卡德王马尼什图苏的一个矛头也在阿淑尔出土，刻有"马尼什图苏，万邦之王"。可见古亚述地区各邦曾是阿卡德王朝的臣民（有证据的还有尼尼微和努吉），[5]而亚述民族和阿卡德民族无论是种族和语言都有着最密切的关系，因此也可以说亚述帝国是阿卡德帝国的继承。亚述王中有两个萨尔贡，一个纳拉姆辛，这反映了亚述人对阿卡德王朝的怀念。阿卡德和亚述人都十分崇拜塞姆民族的月神辛，辛和其他各城

---

［1］　Gadd（1975），p.24.

［2］　Larsen, p. 118.

［3］　Gadd（1975），p.24.

［4］　Luckenbill I, 59, 60, 61.

［5］　Lewy（1971），p.734.

的城神不同，它是一个有全世界意义的神。因而阿卡德王朝的国王企图建立一个包括世界所有国家的大帝国[1]，šar kiššati 的王衔正表明了他们的愿望。*kiššati* 的本意是：1. 全部被居住的世界；2. 所有，全部。[2]šar kiššati 英译还有译成"king of world"（世界之王）、king of universe"（宇宙之王）、"king of all"（全部之王）几种。为了和"（世界）四方之王"相区别，本文译成"万邦之王"。亚述人把阿淑尔的城神阿淑尔神称为"众神之王"[3]，把地上的统治者称为"万邦之王"，表示他代替"天上之王"统治全世界之意。如阿萨尔哈东曾说："无论谁忽视了众神之王阿淑尔，不听从万邦之王阿萨尔哈东的指挥……"[4]亚述人在王衔上也全盘接受了阿卡德王朝的王衔，如"伊沙库"是萨尔贡的副王衔。而沙马什阿达德统一亚述之后，没有先称"亚述王"就直接继承了"万邦之王"的帝国王衔。随后亚述衰弱只能屈称"伊沙库"，直到阿淑尔乌巴里特复起，"万邦之王"才又有成了亚述帝国的最基本的王衔。在国王仅有一个王衔的砖铭上，往往只称"万邦之王"。[5]阿卡德王朝的另两个全国意义王衔"威武的王"和"四方之王"随后也被亚述王使用了。

　　自阿淑尔乌巴里特之后，亚述越战越强，一步一步地接近了"万邦之王"的最终目标。恩利尔尼拉里（1329—1320 B. C.）击退了巴比伦的进攻。阿里克登伊鲁（Arik-den-ilu，1319—1308 B. C.）声称在东方征服了十几个小国，在西方打击了游牧民族阿拉美亚的阿赫拉姆部。他是沙马什阿达德之后五百年来第一个在铭文中称王的亚述首领。他的王衔是："真正的王公，威武王，亚述王"。

---

[1]　Lewy（1971），p.736.

[2]　据 *CAD*。

[3]　Luckenbill I, 491, 555, etc.

[4]　Luckenbill II, 594.

[5]　Luckenbill I, 90-99.

　　王公（*rubā'um*）一衔，我们在古亚述城邦遇到过，它在帝国时期仍作为副王衔被使用，以表示国王的古老出身。另外一些宗教副王衔如伊沙库、山古（祭司长）、牧羊人（*rē'û*）、主人（*bēl*）、沙卡那库（*šakkanaku*，总督）等等都被亚述国王长期使用，以表示对神的虔诚，对这些不主要的头衔本文一般不再引用了。亚述过去宗主国米坦尼和巴比伦所用的"威武王"这里第一次被用。

　　阿达德尼拉里一世（1307—1275 B. C.）继续扩大国土，他俘虏了从前的宗主国米坦尼的王沙图瓦拉（Šattuara I），释放后使之臣服亚述；还打击幼发拉底河中游的阿拉美亚部落。他在南方击败巴比伦，吞并了一些两国接壤的地区；在东方征服了库提和鲁鲁米人的山区各小国，夺取了几十个村镇。他模仿阿卡德王用了新的三联王衔："万邦之王，威武王，亚述王。"[1]副王衔有：光辉的王公（rubû）、统治者（*etillu*）、众神的总督（*šakkanaki ilāni*[pl]）、恩利尔的高贵祭司（*šangû siru sa* [d]Bēl）、阿淑尔的伊沙库等等。[2]最后，他镇压了米坦尼的起义，活捉了新王瓦萨沙塔（Wasašatta），使亚述领土向西扩到卡尔凯美什（Carchemeš）。但在国际交往中，他称"伟大的王"的做法却遭到了赫梯"伟大的王"哈图西里什三世的否认。赫梯王回信说："关于兄弟……难道我和你是一母所生吗？因为我的父亲和爷爷并没写信给亚述王称他们为兄弟，所以你必须别和我谈什么'兄弟身份'和'伟大王权'。"

　　不管赫梯承认与否，亚述确在向"伟大王权"进军，沙尔马那萨尔一世（Šalmanasar I，1274—1245 B. C.）继续发扬其父阿达德尼拉里的伟大武功，在北方征服了凡湖和乌尔米亚湖西南的那意里地区的八个城邦，占领五十一个村镇。随后，他镇压了再次起义的哈尼加尔巴（米坦尼）地区，战胜了赫梯与米坦尼联军，洗劫了一百八十个村镇，

---

[1]　Luckenbill I, 87.

[2]　Luckenbill I, 73, 81.

残酷地把 14400 名俘虏刺瞎为奴，将此地区合并于亚述，结束了历时三百年的米坦尼王国。亚述的胜利使赫梯放弃了染指此地区的期望。沙尔马那萨尔对哈尼加尔巴的亚述人民十分"仁慈"，他给他们发放了粮食。由几个城邦组成的亚述国获得了这一广阔的领土和它的人口后，如虎添翼，为它今后夺取世界霸权奠定了雄厚的基础。在东方，沙尔马那萨尔再次讨伐强悍的库提和鲁鲁米。对东方游牧山民的征讨对亚述的霸业是事关成败之战略方技，因为山民的机动性很大，潜力很深。阿卡德王国亡于库提之手，亚述各王记忆犹新；何况当时阿淑尔和尼尼微也被鲁鲁米人蹂躏过。因此，各王征服西方之前总要深入山区，镇住山民各部落，以保证后方的安全。在西北，沙尔马那萨尔征服了卡特姆赫（Katmukhi）地区。他现在完全有资格称"伟大的王"了，他的王衔除了"万邦之王，威武王，亚述王"，又发明四联衔：

"伟大的王，（*šarru rubi*），威武的王（*šarru danni*），万邦之王，亚述之王。"[1]

他还用这一四联王衔追称他的父亲和其祖父。他的副王衔基本和其父一样，但多了一个"各民族的牧羊人（*rē'û*）"。

沙尔马那萨尔对"伟大的王权"的获得，表明亚述已完成了统一全部北部美索不达米亚的任务，它开始走上了对外扩张的帝国道路。他的四联王衔后来成为新亚述帝国的基本王衔。

十四、"太阳"和"王中王"——中亚述创始跨地区帝国

在一浪强过一浪的对外征服中，沙尔马那萨尔之子吐库提尼努尔塔（Tukult-Ninurta I，1244—1208 B. C.）把亚述的扩张推到了高潮。他首先打击了库提地区，活捉一个国王，使之宣誓效忠亚述，放回原国，

---

[1]　Luckenbill I, 134, 130（三联衔）。

这样稳住了后方的贫穷山区。西北是亚述扩张的重点，他征服了底格里斯上游地区十个小国，打通通往小亚的商路，保证了亚述的金属来源。同时他又进入了更北的那意里，俘四个国王，到达"上海"（凡湖）。这时，巴比伦摆脱了埃兰的威胁，开始北上与亚述争霸。但老牌的巴比伦根本不堪新兴的亚述军队的一击，它搬起石头砸了自己的脚，国王卡什提里阿什被俘，亚述军攻占了巴比伦，洗劫了这一伟大城市，"苏美尔和阿卡德王权"第一次转到了亚述手中。亚述夺取了巴比伦的三十八个地区，西北面的幼发拉底河中游各国，东北面的阿拉普拉地区从此臣属于亚述。吐库提尼努尔塔自任巴比伦王，他的巴比伦王衔是"卡尔杜尼阿什王，苏美尔和阿卡德王，西巴尔和巴比伦王，提尔蒙（巴林）和麦鲁哈（埃塞俄比亚）之王"。[1]但亚述现在还没能力控制这一过大的帝国，在西方的扩张引起了赫梯王哈图西里什三世的敌对行动，对巴比伦的大规模作战消耗了以几个城邦为基础的亚述兵源。七年后，在赫梯的支持下，巴比伦又脱离了亚述，各被征服国又纷纷叛乱，吐库提尼努尔塔苦战二十年没能完全镇压下去，此时他已年老力衰，不能履行率军作战的国王职责。这就引起了贵族们的不满，他的儿子阿淑尔那丁巴尔废黜并谋杀了他，自己登上了王位。尽管吐库提尼努尔塔晚年的事业是失败的，但他毕竟是亚述历史上第一个试图创建跨地区大帝国的王，他的王衔除"万邦之王，威武王，亚述王"三联衔外，还有：

"万邦之王，亚述之王，四方之王，各民族的太阳，威武的王，卡尔杜尼阿什王，苏美尔和阿卡德王，上海和下海之王（凡湖至波斯湾），广阔草原之王，苏巴尔（北部美索不达米亚古城）和库提之王，全部那意里各国之王。"[2]"伟大的王。"[3]"王中王，主中主。""王公之

---

[1] Munn-Rawkin（1975），p. 287.
[2] Luckenbill I, 142; 185（三联衔）。
[3] Luckenbill I, 180.

王公。"[1]

其中第一次使用的王衔有阿卡德的纳拉姆辛开始的"四方之王"，巴比伦的两个王衔，表示征服领土的四个自己创造的王衔，埃及和赫梯的"太阳"以及自己新发明的帝国王衔"王中王"。

"太阳"作为埃及法老的王衔是表示他的"神之子"的绝对专制地位。在阿马尔那信件中，埃及各属国对法老的称呼是"国王，我的主人，我的神，我的太阳"或"各国的太阳"。[2]在赫梯帝国兴起后，赫梯各王也采用了这一称号。在美索不达米亚首先使用它做副王衔的是汉谟拉比。吐库提尼努尔塔可能把汉谟拉比作为自己的楷模，汉谟拉比的王衔"四方之王"和"太阳"是他首次引入亚述王衔，而且他还仿造汉谟拉比的"众王之统治者""众王之君主""众王之首"[3]的王衔，发明了"王中王""主中主""王公之王公"[4]等衔。这类王衔反映了亚述帝国的征服政策，即对附近易管理的小国派亚述人任总督直接管理；对偏远反抗性强的国家，征服后，保留原王或任命亲亚述的本地贵族为王，以每年收贡的方式间接地控制和掠夺。这一种统治是中亚述帝国的基本政策，在新亚述则采用了把各种国家一律变为总督统治下的行省的新政策。中亚述的这种统治方式是早期帝国的一般方式，阿卡德和赫梯都是这种联邦制国家。

虽然新的国王阿淑尔那丁巴尔（1207—1204 B. C.）取代了老王，但他仍不能挽回亚述衰落的势头。然而亚述却不可能再缩小为一个城邦，它仍保有本土各邦和哈尼加尔巴地区，仍然是一个较巩固的统一国家。新王除了"万邦之王"的基本王衔外，还保留了"各民族之

---

［1］　Luckenbill I, 155; 190.

［2］　Oppenheim（1967），p.119.

［3］　ANET, p. 165; p. 178.

［4］　Luckenbill I, 155; 190.

王""王中王"衔，[1]但比之吐库提尼努尔塔一世少多了。随后六个王基本没有什么铭文流传下来。

随着亚述霸权的倾覆和埃兰加入巴比伦与亚述之间的争霸角斗，美索不达米亚出现了三国鼎立的局面。在吐库提尼努尔塔初期，埃兰就曾侵入巴比伦，杀死巴比伦王阿达德顺伊丁那（Adad-Šuma-iddina，1224—1219 B. C.）。后来，在巴比伦与亚述争战时，埃兰王舒特鲁克那混特（Šutruk-Nahhunte，1180—? B. C.）统一了全国各邦，再次侵入巴比伦尼亚，占据了杜尔库里加尔朱、奥皮斯、埃什努那和西巴尔等北方重镇，并任命长子库提尔那混特（Kutir-Nahhunte）为北巴比伦尼亚的埃兰统治者。加喜特的军队和埃兰人在北方苦战了三年，终于被完全击溃。埃兰人攻入首都、尼普尔和乌鲁克等宗教中心，大肆抢掠，掳走巴比伦的马尔都克和乌鲁克的南那（月神，＝辛）神像以及加喜特的最后一个"苏美尔和阿卡德王"。[2]至此，加喜特王朝36王、576年的漫长统治结束了。

埃兰对圣城的暴行激怒了巴比伦人，他们绝不肯屈服渎神的人。乘埃兰在北方与亚述争夺底亚拉河谷，巴比伦人在中部古都伊辛建立了一个抵抗王朝，并赶走了埃兰人。伊辛王朝的创始人马尔都克卡比赫舒（Marduk-Kabit-ahhešu，1156—1139 B. C.）被其子称为"王中王，巴比伦的总督（šakkanaku），（伊辛王）"，[3]"王中王"这一最高称号也传入巴比伦。巴比伦又渐渐复兴起来，他与亚述进行边境战争，甚至干涉了亚述的王位。伊辛第二王朝的第四王尼布甲尼撒（1124—1103 B. C.）和五百年后他同名的后辈的事业使这一名字永垂青史。为了报复埃兰，夺回国宝——马尔都克金像，他向埃兰展开了攻势，终于攻入了埃兰首都苏萨，以盛大仪式将马尔都克神像送回巴比伦城。这一

---

[1] Gadd（1975），p. 450.

[2] Wiseman（1975），p. 446.

[3] Wiseman（1975），p. 446.

伟大功绩使他成了汉谟拉比以来最伟大的民族英雄。因而他也效法亚述的吐库提尼努尔塔使用"太阳"这一神化王衔，自称"初升的照耀国土的太阳"和"苏美尔和阿卡德王"。[1]他的王衔全称是：

"高贵和威严之王公（*rubû nâdu nasku*），巴比伦的子孙（sit Babill^ki），国王们的主人（*etil šarrāti*^pl），勇敢的伊沙库（*iššakku kardu*），埃利都城的总督（*šhakkanākku* ^alu Eridu），他的国土的太阳。"[2]

但是在亚述人面前，尼布甲尼撒一世却吃了败仗。这使他的伟大成为相对的，巴比伦真正的伟大要等下一个尼布甲尼撒的到来。此时在创始帝国的舞台上的中心人物不是这个巴比伦的"太阳"，而是亚述的"王中王"提格拉特皮拉萨（Tiglath-Pileser I，1115—1077 B. C.）。

亚述在吐库提尼努尔塔死后没有什么作为。阿淑尔尼拉里三世（Aššur-nirari III 1203—1198 B. C.）受到加喜特巴比伦所庇护的王子的争位威胁；恩利尔库杜里苏（Enlil-Kudnrri-usur，1197—1193 B. C.）被加喜特巴比伦王阿达德舒马乌苏（Adad-Šuma-usur，1218—1189 B. C.）战胜，在威望扫地的情况下被首都起义公民杀死，由巴比伦所庇护的王子尼努尔塔阿皮库（Ninurta-apil-Ekur，1192—1180 B. C.）回国继位，此人当然对巴比伦采取退让政策。随后的阿淑尔丹（Aššur-dan I，1179—1134 B. C.）进行了一些进取战役，夺取了埃兰控制的底亚拉河地区的札班、伊利亚（Zaban，Irria）等三个重镇，将一些亲亚述人民迁到此地定居。但是由于他的统治过长，衰老使他无法进行更大的征战。巴比伦加喜特王朝最后一个较强的王马尔都克阿帕伊丁（Marduk-apla-iddina I，1173—1161 B. C.）在阿淑尔丹的统治初期曾占了亚述的上风，因为这一加喜特王竟采用了亚述的帝国王衔，自称"万邦之王，苏美尔和阿卡德之王"，并尊其父麦里西帕（Melišipak，1188—1174

---

[1]　Wiseman（1975），p. 457.

[2]　King（1898），text, p. 3.

B. C.）为"巴比伦王，无敌之王（*šarri lā šanan*）"。阿淑尔丹的晚年，他的两个儿子先后和他共同执政，并进行了争位斗争。上述这些王几乎没有什么铭文传下来。提格拉特皮拉萨一世的一个铭文将其祖父木塔吉尔奴什库（与阿淑尔丹共同执政者）仅称为神选中的"牧羊人"。

当阿淑尔丹的孙子阿淑尔来西伊西（Aššur-reš-iši I, 1133—1116 B. C.）坐在王位上的时候，亚述又开始了复兴计划。他打败了西北来犯的阿拉美亚人阿赫拉母（Akhlamu）部。这时，铁开始应用到西亚各国的军队中，新的武器使战争变得更残酷，军队成为更有效率的机器，用精干的军队征服广阔领土成为完全可能的事。阿淑尔来西伊西为了对付武器精良的北方木什吉（Muškhi）人，将古城尼尼微建成亚述的另一个王城。以此为基地，征服了鲁鲁米和库提的一些山国，并击退了前来夺取两国交界的扎库城（Zaqqu）的巴比伦的"太阳"尼布甲尼撒，随后又在西方的伊杜（Idu，可能是 Hit，在幼发拉底河中下游）使这一国王遭到另一次失败。他的王衔恢复了传统的三联王衔，但把威武王放在了首位："威武王，万邦之王，亚述王"。[1]

提格拉特皮拉萨是继吐库提尼努尔塔之后又一伟大的王。他继位时，亚述的形势很危急，小亚的木什吉（可能是击破赫梯帝国的 Kaska 人的一支）的五个王率两万人翻越陶鲁斯山，沿底格里斯河而下，向尼尼微杀来。他在卡霞里山（Mts kashiari）以西的平原击退了来犯者并重新征服了西北的库特姆赫（Kutmuhi）。在他的第二个战役中，他平定了东北方各国。第三次战役中，他向北方挺进，越过幼发拉底河的源头，征服了吐库提尼努尔塔死后亚述失去的那意里地区各国的 23 个王（酋长），俘 120 辆战车，使 60 个部落向北方退却直到凡湖。获得这一地区的 1,200 匹马、2,000 头牛的年贡，将一个拒降的酋长解往亚述后又放掉。第四次战役征服了西方从苏胡到卡尔凯美什的阿拉美

---

[1] Luckenbill I, 209, 212.

亚各国，追击逃敌而越过幼发拉底河。第五次战役征服了西北的木斯里^[1]和库马尼（Musri and Kumani）各国，进一步控制了通往小亚的商路。此后的战役，他主要是打击不断从西方涌来的阿拉美亚民族阿赫拉姆部落和早期定居的苏胡和兴达奴等部落。在激烈的 14 年作战中，他 28 次越过幼发拉底河，最后征服了从地中海阿姆鲁（Amurru）到巴比伦的拉皮库（Rapiku）所有的阿拉美亚部落。他追击阿赫拉姆人直到地中海岸边，包括毕布勒斯、西顿等城邦在内的叙利亚各国纷纷向他表示臣服，甚至埃及法老也向他送了礼。他坐在大船上沿地中海岸航行了一段路程，途中捕获了一只鲸鱼（或海豚）。上岸后，他在黎巴嫩山砍伐了大量用于神庙修建的杉木，并令赫梯残留在北叙利亚的王国卡尔舍美什每年进贡这种木材。

亚述的胜利引起了巴比伦人的不安，伊辛王朝的巴比伦王马尔都克那丁赫（Marduk-nadin-ahi, 1098—1081 B. C.）攻进了离亚述首都不远的埃卡拉特城（Ekellate），掠走了神像。提格拉特在西方的连年战役使他十年后才能报复巴比伦，他长驱直入巴比伦尼亚，经奥皮斯（Opis）和西巴尔攻占了巴比伦城。但他没有力量征服巴比伦全国，抢掠这个城市后撤回本土。在击退和征服各个方面的 42 个国家的强敌之后，他满意地说，他"使他的人民有了好的生活条件，使他们住在和平的环境中"。他的王衔是：

"威武王，万邦之王，无敌者，亚述之王，四方之王，所有王公之王，所有主人之王，牧羊人，王中王……"^[2]

在提格拉特皮拉萨的晚年，阿拉美亚人的迁移运动规模越来越大。从幼发拉底河中游地区到底格里斯河东岸都有他们的定居部落。一个叫阿达德普拉伊丁那（Adad-apla-iddina, 1067—1046 B. C.）的酋长甚

---

[1]　Musri，有时指北方的一个山国，有时指埃及，见 *CAH* II 第 357 页注 1。

[2]　Luckenbill I, 218.

至夺取了巴比伦伊辛第二王朝的王位。此后巴比伦一直没能强大，常常遭到亚述军队的进攻；从公元前 8 世纪往后，它成为亚述的属国。亚述帝国灭亡后，它继承了亚述的遗产成为一个帝国，达到了它光辉历史的顶点。

提格拉特皮拉萨死后，国内发生了争位斗争。他的第二个为王的儿子阿淑尔拜尔卡拉（Aššur-bēl-Kala，1074—1057 B. C.）给予了阿拉美亚人的进犯以有力的回击，他的传统"三联王衔"表明他仍然控制着其父征服的部分领土。随后的埃利巴阿达德二世（Eriba-Adad Ⅱ，1056—1055 B. C.）虽然自诩为"伟大的王，四方之王"，[1]但第二年就被巴比伦所支持的提格拉特皮拉萨的第三个儿子沙马什阿达德四世（Šamaš-Adad，1054—1051 B. C.）[2]赶走。从埃利巴阿达德开始直到阿舒尔丹二世（934—912 B. C.）共九王、140 多年的历史中，亚述再次处于衰落。各王留下的只有几个建筑铭文。其中的第四个沙马什阿达德和阿舒尔丹二世保持了三联王衔"威武王，万邦之王，亚述王"；阿淑尔那西尔帕一世（1050—1032 B. C.）称"万邦之王，亚述王"二联王衔；沙马那萨尔二世（1031—1020 B. C.）称"伟大的王，万邦之王，亚述王"。[3]可能他们还保持着亚述的本土。这就为亚述东山再起，再创帝国保存了基础。

这一时期，亚述主要处于阿拉美亚人的压迫中，如在阿达德普拉伊丁那夺取巴比伦王位的同时，另一个阿拉美亚人吐库提麦尔（Tukltu-Mer）成为"马里和哈那之王"。他可能还夺取了亚述在哈尼加尔巴的部分领土，因为他还自称为"亚述王"。

---

[1] Luckenbill I, 344 B.

[2] Wiseman（1975）把此人写成 Ashshur-bol-kala 之子，见第 469 页。但 Luckenbill I，343 节和 Oppenheim 译的"亚述王表"的原文都指出它是提格拉特皮拉萨之子（见 ANET，第 566 页）。因而可能是 Wiseman 有误。

[3] Luckenbill I, 343; 345; 347.

第三部分　帝国历史时间（公元前 911—187 年，新亚述复起至安条克三世）

十五、"伟大的王、威武的王、万邦之王、亚述之王"
——新亚述完成跨地区帝国

从阿达德尼拉里二世（911—891 B. C.）开始，亚述开始了新亚述帝国时期，这是亚述第三次也是最成功的一次帝国时代。阿达德尼拉里按历届国王的作战步调，第一步先解除东部和北部山区部落的威胁。他从下札布河向北征服了鲁鲁米、吉尔希（Kirhi）、札姆瓦（Zamua）、那木里（Namri）和库马尼（Kumane）等五个与亚述相邻接的山区，然后攻入远北的乌拉尔图国，从那里转入西北征服库特姆赫。第二步，他打击强敌巴比伦，战胜了巴比伦王沙马什木达米克（Šamaš-mudammiq），夺回在过去衰落时被巴比伦占去的德尔、阿拉普哈和鲁勃达（Lubda）三个地区。最后他在西方沉重地打击了百年来一直压迫亚述的阿赫拉姆、苏胡等阿拉美亚部落，使它们向亚述称臣纳贡。这样解除了各方面对亚述的威胁后，他开始恢复亚述的重要地区哈尼加尔巴。此时，这一地区是被泰马尼（Temani）部落联盟所占据。阿达德尼拉里和它们的王努尔阿达德连续作战六年，才俘虏了这一国王，把他的部落移到尼尼微附近居住。他还战胜了巴比伦王那布顺伊什昆，使之不得不与亚述订立确认边界现状的条约。从他开始，我们知道亚述设立了行省，因为他的一个名年官是"阿淑尔省的总督"。[1]这位国王对帝国的复兴做出了贡献，他又恢复了长而堂皇的王衔："伟大的王，威武的王，万邦之王，亚述之王，（世界）四方之王，高贵的王

---

[1]　Luckenbill I, 367.

公。"[1]"各民族的统治者","所有民族的太阳"。[2]

其中恢复使用了吐库提尼努尔塔的"四方之王"和"太阳",和沙尔马那萨尔一世的"伟大的王,威武的王,万邦之王,亚述之王"的四联王衔,但又加上了"四方之王"使之成为五联王衔。这一四联或五联王衔后来成为新亚述帝国的基本王衔。

阿达德尼拉里的太子以吐库提尼努尔塔这一光辉名字为王名(890—884 B. C.),表明他的宏大野心。在七年不久的统治中,他以一个中年人旺盛的精力不断地进行战争。为了确保通往小亚的西北商路的畅通,他把首都设在北方古都尼尼微。然后以此为基地对那意里进行了四年的征服,迫使各国每年向他进贡军事上极为重要的战马。第五年,他镇压了东方行省吉鲁里(Kirure)的叛乱,并抢掠了邻近的拉达奴(Ladanu)和鲁鲁(米),确保了亚述在上、下札布河地区的统治。最后,他再次向亚述周围的(西方和南方、东南)阿拉美亚各部进行征服。他从南方的阿淑尔出发沿底格里斯河南下,首先蹂躏了乌图阿特部(Utu'ate),然后经西巴尔转向西面的幼发拉底东岸,苏胡和兴达奴各部都纳了贡;再沿河北上到哈布尔河地区,征服了拉齐(Laqi)、哈鲁皮(Halupe)各部;最后进入西北的木什吉人统治区进行劫掠,然后回国。吐库提尼努尔塔征服了亚述周围的各小国,为向外扩张打下了基础。他的铭文由于残缺,没有留下正式王衔,仅有砖铭上留下了最短王衔"万邦之王,亚述王"。[3]

阿淑尔那西尔帕二世(883—859 B. C.)继位后,亚述对外扩张达到了空前的状况。在这一国王的努力下,亚述走上了跨地区大帝国的征程。他仍然是以扫荡邻近的东方和北方山区为征服的起点,征服了

---

[1] Luckenbill I, 379.

[2] Luckenbill I, 356.

[3] Luckenbill I, 430.

吉鲁里、吉尔赞（Gilzani）、胡布什吉亚、吉尔希等地区，以严酷的惩罚威吓顽强反抗的山民；然后进入西北的库特姆赫和木什吉收纳以金属为主的贡品。第二年，这个精力无穷的国王镇压了卡霞里山脉中的尼尔布（Nirbu）部落的起义；然后北进两河源头征服了苏普里亚地区（Šupre）；在吐什罕（Tušhan）设立行省总督府后，进入那意里到凡湖岸边；这时尼尔布又叛，国王回师再次镇压了起义。第三年和第四年，他又回到东方札姆瓦作战，建立了总督府杜尔阿淑尔。第五年，他二进库特姆赫。第六年，从新的首都卡拉赫出发向西南打击与巴比伦结成同盟的苏胡人。第七年又征服了反叛的拉齐人，在幼发拉底两岸各建一个军事重镇以控制两河中游的阿拉美亚各部。这样，他基本上平定了亚述周围的反抗力量，能够向新的战略目标——西方的叙利亚挺进了。叙利亚门口阿拉美亚最强大的部落毕特阿底尼在亚述军队的多次沉重打击下只得暂时屈服。阿淑尔那西尔帕率大军向毕特阿底尼王阿胡尼等四个臣服王收了贡品后，浩浩荡荡越过幼发拉底河。昔日赫梯帝国在叙利亚的中心卡尔凯美什王国不得不向新的世界中心亚述低下了头，强占了一个城市做殖民地并劫掠了附近没进贡的一个小国。此时国王已进军到"阿姆鲁的海"（地中海）岸边，成为继提格拉特皮拉萨一世之后第二个获得这一伟大成就的王。他在岸边举行洗武器、祭神的盛大仪式。以推罗和西顿王为首的八个邦国的王献了贡品，并吻了亚述王的脚。从西方回国后，阿淑尔那西尔帕在他的第 18 年进行了最后一次战役，对库姆赫（Kummuhu，即原先的库特姆赫）和札马尼（Zamani）进行再次征服。他叙述他的辽阔帝国说："从底格里斯河东（区）到黎巴嫩山和大海的各国和全部拉齐、苏胡直到拉皮库（的阿拉美亚）都臣服在他的脚下，他亲手征服了从苏布那特（Subnat,Sebbenl Su）到乌拉尔图的全部领土。从吉鲁里到吉尔赞，从下札布河到札班国的提巴里（Til-bari）城，【都被】我加到我国的边界【之

内 】"。"我任命我的总督统治这些国家。"[1]他的王衔除了四联基本王衔外，[2]还有：

"无敌之王（*šar lā šanan*）[3]，全部四方之王（*šar kullāt kibrat arba'i*），各民族的太阳（ [ilu] *šamaš kiššat niši* [pl]）"[4]，"所有王公之公，主中主，牧羊人，王中王……"[5]。

这里可以看到中亚述的"太阳"和"王中王"还很被新亚述王喜爱。

这一国王在铭文中所宣传的残酷镇压手段，使不少学者每每痛斥为"血腥的兽行"。[6]认为他的特点是非常残暴。确实，亚述所进行的战争是残酷的，但是我们应注意亚述的铭文中许多词句是夸大的，为了恫吓被征服人民（许多王的报告要在各省宣读）不得反抗，这是一种心理战的手法。在当时游牧民族不断入侵文明地区的历史条件下，对外征服是保障国家安全的必不可少的条件。例如亚述对阿拉美亚、东方山区和乌拉尔图的战争就有这一性质。我们都知道马其顿贵族和罗马人在进行征服战争中对顽强反抗的居民也是相当残酷的。而亚述是历史上第一次创造行省大帝国的国家，它所遇到的反抗肯定比后来的帝国更顽强，而且由于它形成的年代早，镇压反叛的手法可能更原始些，它的国王们谈到这一问题时也更直率些。但因此把亚历山大和凯撒誉为"伟大的统帅"、"英明的政治家"，而把阿淑尔那西尔帕等亚述王斥为"惨无人性，血腥刽子手"是不公平的，不尊重历史事实和

---

[1] Luckenbill I, 488.

[2] Luckenbill I, 527; 537; 551 etc.

[3] 加喜特王马尔都克阿帕伊丁曾用过这一王衔。

[4] King（1898），text, p. 25.

[5] Luckenbill I, 437.

[6] 格拉德舍夫斯基：《古代东方史》，吉林师大历史系译，高等教育出版社，1959年，第251页。这种观点是苏联学者们的共同看法，阿甫基耶夫，《世界通史（第一卷）》都表示了对亚述国王极其痛恨的感情。最近黑龙江出版社出版的《世界古代史选读》也表示了同样的看法。

客观条件的。亚述王对待内部公民与亚历山大和凯撒一样是十分"仁慈"的，他们给大城市免税免役的自治权，向城市公民分发粮食和战利品。被斥为最残酷的阿淑尔那西尔帕曾举行盛大宴会，邀请各征服国的代表、亚述各地的代表和首都卡拉赫全城公民近七万人共同参加，这和凯撒为罗马公民举行各种文娱活动的性质是一样的。

沙尔马那萨尔三世（858—824 B. C.）的35年统治在其父亲的基础上又扩大了帝国版图。他的主要目标是富饶的西方，即经叙利亚到地中海岸贸易道路上的各国。他曾28次越过幼发拉底河，经过与大马士革为首的叙利亚十几国联军的反复较量，他终于兼并了毕特阿底尼，臣服了古尔古姆（Gurgum）、萨马尔（Sama' l, Zinjirli）、哈梯那、卡尔凯美什、阿尔帕得（Arpad）、库姆赫、推罗、西顿、毕布勒斯、温齐（Unqi）、塔巴尔等叙利亚、腓尼基、套鲁斯山地区的城邦和小国，多次到达地中海岸边。在南方他干涉了巴比伦的王位，战败了新兴的迦勒底部落。这样他有资格获得"四联王衔"，[1] 以及：

"所有各民族之王，王公，阿淑尔的伊沙库"，"全部四方之王，各民族的太阳，全部各国的统治者，神选中的王"，"各国之王"[2]。

他的王衔和其父基本一样，但用"所有各民族之王"代替了其父的"王中王"，并多了一个"各国之王"，此王衔后被波斯帝国稍加变化而采用。

沙尔马那萨尔三世的晚年，国内发生争位斗争，各行省纷纷支持他篡位的儿子。他的合法继承人沙马什阿达德五世（754—745 B. C.）经过苦战终于平定了全国。但他已无力进行大规模的扩张，仅对北方的那意里和东方的马太（Matai，米底）进行了几次征服，并进军到了地中海。在南方，他与巴比伦和埃兰、迦勒底、那姆里和阿姆鲁（叙

———————

[1]　Luckenbill I, 616; 689; 712, etc.

[2]　Luckenbill I, 556; 596.

利亚）的联军进行苦战而获得了胜利。他的王衔比起两个武功赫赫的前辈显然要少一些，仅称"威武的王，万邦之王"，"各国的统治者"。[1]

下一个王阿达德尼拉里三世（810—783 B. C.）对东北的米底和以凡湖为中心的新兴强国乌拉尔图进行了多次远征，最北甚至深入到"太阳升起的大海"（里海）。在西方，他也获得了新的胜利，从没向他的前任屈服的大马士革终于抵挡不住亚述军的猛攻，向他低头了，交纳了20塔兰特金、1000塔兰特银的巨额贡品。这使在沙马什阿达德时脱离亚述的西方各国又一次纳了贡。他的王衔恢复了四联衔：

"伟大的王，威武的王，万邦之王，亚述之王，无敌之王，杰出的牧羊人……"[2]

在第四个沙尔马那萨尔（782—772 B. C.）在位时，北方的乌拉尔图出现了一个有才干的王阿吉斯提一世（Argištis I）。阿吉斯提在全部边境对亚述展开了攻势，把亚述人从那意里赶走，并在乌尔米亚湖东征服了波苏瓦（Posua）和曼奈（Mannai）各部落。他的儿子鲁萨一世（Rusa I）采用了亚述式的帝国王衔：

"威武王，伟大的王（*šarru alsuini*），万邦之王（*šarru-ni mātu suraue*），毕亚伊那国之王（Biaina），王中王，吐什帕（Tushpa，凡城）城之主。"[3]

亚述这时却开始消沉，"名年官表"[4]表明沙尔马那萨尔连续与乌拉尔图苦战六年，但他没有任何向神报功的铭文留下。阿淑尔丹三世（772—755 B. C.）统治的第十年，古都阿淑尔和其他城市对国王的无能不满而酿成起义。六年后，起义才平息下去。

---

[1] Luckenbill I, 714. 但他的儿子阿达德尼拉里称他是四联王衔的王，见743。

[2] Luckenbill I, 733.

[3] M.De. Teeret Tseretheli, *Etudes ourarteennes*, RA（1950），p.172.

[4] Luckenbill I, p.434, *Eponym Lists*.

阿淑尔尼拉里五世（754—745 B. C.）在任期间仅出征两次，他留下唯一的铭文是与北叙利亚强国阿尔帕得王订立的君臣条约，文中他仅称"亚述王".[1] 而后来的阿萨尔哈东在与属国的条约中则自称"万邦之王".[2] 连续几个国王的无能引起国内各阶层普遍不满。745 年，首都卡拉赫发生了起义，各省纷纷响应。阿淑尔尼拉里被废黜，强有力的非王室出身的军事将领提格拉特皮拉萨三世（744—727 B. C.）成为新国王。从此，亚述帝国进入一个新阶段。

十六、"伟大的王，威武的王，万邦之王，亚述之王，四方之王"
——中央集权的行省制帝国的确立

从提格拉特皮拉萨三世开始，亚述帝国的最完善和最后阶段到来了。在这一阶段，各总督的辖区被缩小，这样减小了地方总督的权力；对征服的外地区，不再采用原先的索取贡品后仍保留本地人做国王的藩属政策，而是尽量变成由亚述总督管理的行省或由亚述王兼任国王（对巴比伦）；把反抗情绪大的国家的人民迁移到远离家乡的新的居地，这种做法被更大规模地执行了。这样中央政权和国王的权力更加稳定从而大大提高了国王的个人专制地位。各地的反叛和起义逐渐减少，一个稳定的行省制成熟的帝国形成了。提格拉特皮拉萨改革了帝国行政，整顿和调整了亚述的力量，使亚述焕发了青春。铁器在军队中的普遍装备，使亚述的军队如虎添翼，在各条战线上取得了全胜。他二次进入政局不稳的后院巴比伦，首先打败了阿拉美亚各部；第二次挫败了强大的迦勒底部落夺取中央政权的企图。亚述作为一个稳定的政治力量受到巴比伦各阶层的拥护，他击败迦勒底人后，顺利地就

---

［1］　Luckenbill I, 755.
［2］　D.J. Wiseman, *The vassal treaties of Esarhaddon*, Iraq, 1958.

任"苏美尔和阿卡德王"，这是自吐库提尼努尔塔之后 500 年来亚述第一个兼任这一王衔的王。他在对付主要敌人乌拉尔图的战斗中采取了肃清两侧、孤立中心的战略；首先征服与乌拉尔图结盟的东北方向的山地游牧民族米底和曼奈的部落，这次远征达到乌尔米亚湖东南、里海西北岸，然后，他转向西方攻打以阿尔帕得为中坚的北叙利亚六国同盟——乌拉尔图人在另一侧的同盟。他首次攻至阿尔帕得城下，转入库姆赫劫掠时与乌拉尔图主力和六国联军相遇并展开鏖战；获得俘敌七万人的大胜，追击乌拉尔图王萨杜里二世（Sardris Ⅱ，760—733 B. C.）直到阿米德（Amid）城附近的底格里斯源头。此战震动了整个西方，各国纷纷纳贡称臣。但阿尔帕得未降，它被围攻三年始下，此国沦为行省。同样的原因，奥龙特（Rorontes）河下游的温齐（Unqi）也沦为行省。然后，他恢复了那意里行省。但是，西方还想和亚述做最后的较量。以大马士革和以色列为首的十九国联军与亚述大战了两次，但都被提格拉特皮拉萨完全击溃了。这一胜利使北从套鲁斯山区的塔巴尔南到阿拉伯半岛的整个西方，全部屈服于亚述。为了进一步孤立乌拉尔图，他再次远征乌尔米亚湖东南的米底各部，并在次年把萨杜里二世围在凡城。在提格拉特皮拉萨的多次打击下，乌拉尔图的实力大大下降了。

随后，他在西方又获得了新的胜利，攻陷巴勒斯坦城邦加沙（Gaza）；包围以色列首都撒马利亚；更重要的是攻陷了叙利亚最强大的城市大马士革，并把它置为行省。随之，巴勒斯坦城邦阿什克龙（Aškelon）和以色列都纳贡称臣。这样，提格拉特皮拉萨不但恢复了从前的帝国最大领土，还把全部叙利亚和巴勒斯坦划入帝国版图。其中许多在沙尔马那萨尔三世前后征服的纳贡属国被降为行省，成为帝国的直辖部分。从他开始"伟大的王，威武的王，万邦之王，亚述之王"四联衔被扩展到加有"四方之王"的五联衔，而且在各种较长的铭文中一律首先称此王衔。[1]以前各王虽然也使用四联或五联王衔，但只是有时用，常是在长铭文中用其中几个再加上"太阳"之类的王衔。在提格拉特皮拉萨之后，这种不规则的现象没有了。另外这一时期由于巴比伦经常合并于亚述，巴比伦的二联王衔就常列入"四联王衔"之后，成为"六联王衔";如再加上"四方之王"，就形成"七联王衔"了。提格拉特皮拉萨的王衔就是七联的:

　　"伟大的王，威武的王，万邦之王，亚述之王，巴比伦王，苏美尔和阿卡德王，四方之王"，"战胜从日出（东）到日落（西）的（大地上）所有的敌人并保持他的统治;征服上（北）和下（南）人民，驱逐他们的统治者并安置自己官员的王。"[2]

　　提格拉特皮拉萨的继承人，第五个沙尔马那萨尔在位仅五年（726—722 B. C.），他基本上维持住帝国，并在西方围攻了以色列首都，他的王衔是兼巴比伦王的"六联衔"。

　　随后登上王位的是又一个非王族将领萨尔贡二世（721—705 B. C.），他和其后代虽然要对帝国的灭亡负责，但也给它带来最高光荣。萨尔贡继位时，世界局势发生了变化，各地区的分散小国逐渐形成了统一国家，而新的十分危险的游牧集团不断向帝国边境涌来，颇似罗马帝国后期的局势。南方，迦勒底势力越来越大，它西联阿拉伯、巴勒斯坦各国，东联再次强大的埃兰，成为亚述极可怕的敌人。西南，老牌的埃及王国为了保持它在巴勒斯坦和叙利亚的霸主地位和自身的安全，不可避免地要和亚述进行决斗。北方和西北，乌拉尔图仍不失为强国，小亚半岛上又出现了新的强国弗里吉亚和吕底亚，最可怕的是横扫一切拦路国家的游牧集团西米连人（Cimmerians）正席卷而来。东方，新出现的印欧语集团米底人越来越多，而且正在形成统一国家;

---

[1] 在砖铭和短铭刻中，因书写面积小，往往省去四联或五联衔的两三个。

[2] Luckenbill I, 781; 787, etc.

同时，中亚草原上的另一可怕的游牧集团西徐亚人正向西南移动。但萨尔贡家族一个接一个的精力充沛的国王凭借着改革后行省制帝国的稳定力量和尚未破裂的国内各阶级的暂时团结，居然以胜利者的姿态把它延续了一百年。这和阿卡德、乌尔第三和巴比伦第一王相比，不能不算作奴隶制帝国发展史上的一个奇迹，并给以后的波斯及罗马帝国留下了极宝贵的行省制度的经验。

萨尔贡在巴比伦先后两次征战才平定了迦勒底的巴比伦王米罗达巴拉丹二世（Merodaeh-baladan II, Marduk-apaliddin）的叛乱，而且只是在迦勒底人的强有力的盟军埃兰撤走后才完成了这一使命。为了安抚巴比伦人，他采用了"巴比伦总督（Šakkanaku）"的神职王衔；以表示他在马尔杜克神王面前的恭谦，这无疑对稳定巴比伦局势起了重要作用。

东方，他对米底和曼奈采取了攻势，扶植纳贡称臣的部落王公；打击与乌拉尔图勾结的王公；将最不驯服的部族移往西方。然后他大败乌拉尔图王鲁萨一世及其同盟；深入乌拉尔图境内，由东绕过凡湖北岸长征进入西岸的那意里；攻下乌拉尔图的宗教中心木萨吉尔（Musasir，主神哈乐迪亚的神庙城），获得仅黄金一项就有 34 塔兰特的巨额掳获。亚述的胜利使鲁萨气急而死（亚述人说是自杀，乌拉尔铭文否认）。

在西北，面对小亚的弗里吉亚（亚述也称为木什吉，Muški）和卡什卡（Kaškai）强国，萨尔贡把自己的王城由卡拉赫移到北方的新建城堡"杜尔萨鲁金"。他保留了一系列贡国作为缓冲国，但这些国先后与木什吉王米达（Mita，希腊神话中学点金术的米达斯）联盟叛变亚述，萨尔贡镇压了它们；在公元前 717 年，将卡尔凯美什变为行省；711 年将古尔古姆变为行省；708 年将库姆赫变为行省，这样北叙利亚和小亚东南套鲁斯山区全部并入亚述。萨尔贡依靠行省的军力对木什吉发动进攻，使米达王不得不进贡示好。由于西地中海各口岸都在亚述的手中，塞浦路斯岛也献上了贡品，很可能亚述驻军曾到过那里。[1]在西方，萨尔贡将叛变的以色列和哈马特两国变为行省，全部南叙利亚都成了亚述领土。随后，他与援助加沙起义的埃及军队发生了战斗，使埃及第一次在亚述人面前吃了败仗。他还向南征服了阿拉伯半岛的各部落，这使法老送来了礼品，其目的可能是为了使埃及在半岛上的贸易不被亚述禁止。他以镇压巴勒斯坦城邦阿什多德（Ašhdod）的起义，结束了西方战事。公元前 705 年，西北行省塔巴尔面临最强敌西米连人的入侵。萨尔贡率军与他们进行了极残酷的会战，敌人的威力使第一个亚述王丧身疆场，而亚述人表现出的顽强战斗力使西米连人离开亚述边境，转向易攻掠的吕底亚方面去了。亚述帝国从而躲过了一次灾难，继续存在一个世纪之久。

萨尔贡完成了提格拉特皮拉萨开创的行省制帝国，他的王衔"五联"（早期）、"六联"或"七联"的都有：

"伟大的王，威武的王，万邦之王，亚述之王，（巴比伦总督，苏美尔和阿卡德王）（四方之王）。"[2]"恩利尔的总督，阿淑尔的伊沙库"，"使（世界）这一端到另一端（的大地）服从他的统治并安置了他的总督之王。"[3]

萨尔贡的儿子辛那赫里布（704—681 B. C.）面临的主要敌手是埃兰和迦勒底同盟以及西方的最后一个强国犹太和埃及联盟，而南方和西方的敌人又建立了统一战线。他打败了埃及军队，平定了犹太率领的西方各国的反叛，并从犹太得到巨额贡品。但在南方，他遇到顽强敌手。他与埃兰、迦勒底及其同盟军交战六次，互有胜负；他的儿子被任命为巴比伦王之后，被埃兰人俘走。但他最后终于夺回了巴比伦王

---

[1]　亚述的铭文曾在那里多现，见 Smith（1954），p.56。

[2]　见 Luckenbill II, 53, 92, 96, 97, 99, 102（六联）；77, 181,（七联）；104, 107, 117, 137（五联）。

[3]　Luckenbill II, 110, 112, 114.

权，并毁坏了这个大城。这样他就丧失了巴比伦王衔，他的王衔基本上全是"五联"的："伟大的王，威武的王，万邦之王，亚述之王，四方之王，分布广阔的各民族的统治者。"[1]"无敌之王。"[2]

阿萨尔哈东（680—669 B. C.）最大的战绩是征服了埃及这一庞然大物。公元前671年，他攻陷了下埃及的首都孟斐斯，法老的家属被俘获，整个下埃及臣服于亚述。他在东方又征服了一些米底部落，击退了西叙利亚人的侵犯。但在西北，他丧失了塔巴尔省。他对埃及的征服是帝国发展史上的一个转折。因为以前的各帝国都是靠征服中、小国家建成的，而现在的亚述的行省制帝国显示出其巨大的能量——不仅能征服小国，而且还能征服巴比伦、埃及这样的国际性强国（从前的帝国）。阿萨尔哈东修复了被其父洗劫的巴比伦城，因此他兼有巴比伦和埃及的王衔：

"伟大的王，威武的王，万邦之王，亚述之王，巴比伦总督，苏美尔和阿卡德王，四方之王。"[3]"卡尔杜尼阿什之王，木苏尔（Musur，下埃及）、帕图里苏（Puturisu，上埃及）和库西（Kusi，埃塞俄比亚）众王中的王……王中王"[4]。

亚述帝国最后一个强大的王阿淑尔巴尼帕（668—627 B. C.），再次征服了埃及；而且在668年攻陷孟斐斯后，在663年又攻陷了上埃及首都底比斯。但亚述无法控制这一广阔领土，十年后埃及恢复独立。在阿萨尔哈东时脱离亚述的西北行省阿尔帕得、塔巴尔和希拉库（Khilakku，西里西亚）在亚述军的打击下又归顺了。甚至遥远的小亚半岛另一端遥远的吕底亚之王吉格（Gyges），为了抵抗西米连人，都派使者向阿淑尔巴尼帕朝贡。由亚述边界转走的游牧民族西米连人在

［1］ Luckenbill II, 344; 407; 435; 452; 456; 233, 418, 420, 481（四联）。

［2］ Luckenbill II, 256, 1165.

［3］ Luckenbill II, 500, 526（六联）；583（多联）。

［4］ Luckenbill II, 575，583.

攻陷吕底亚首都萨尔迪斯后，再次进犯亚述，但被击溃。北方的乌拉尔图由于西叙利亚的入侵和亚述释怨结好；亚述军战败了西叙利亚一部并击退了曼奈和米底人对亚述边境的蚕食。在南方，由于阿萨尔哈东将另一个儿子任命为巴比伦王的分裂政策，导致了在巴比伦的亚述集团与宗主国的冲突，于是巴比伦又和埃兰联合对抗亚述。阿淑尔巴尼帕首先打击强敌埃兰，公元前 655 年，亚述军攻入埃兰首都苏萨，埃兰王战死。一个在尼尼微避难的埃兰王子被亚述任命为埃兰王，但埃兰对亚述的仇恨是这样大，以至于这个亚述对之有恩的人居然和巴比伦王联合在一起反抗亚述。公元前 652 年，巴比伦、埃兰、阿拉美亚各部、埃及和阿拉伯人组成联军向亚述宣战。形势是这样的严重，一直不屑参加征战的学者阿淑尔巴尼帕不得不亲自率军迎击；联军被彻底击溃。几年后巴比伦被攻陷；随后亚述军再次攻入苏萨。但埃兰始终没有屈服，这就导致了亚述军第三次占领苏萨，大肆抢掠和破坏，迁走大批居民。此后，埃兰再无力量复兴了。现在亚述周围再没有什么古老的强国了：乌拉尔图衰落了；埃及和叙利亚、巴勒斯坦甚至阿拉伯都被征服了；巴比伦和埃兰都成了亚述的属国；亚述似乎是世界的唯一主人了。阿淑尔巴尼帕在巴比伦王位上放了一个傀儡，因而在自己的铭文中没有使用巴比伦王衔[1]。但他使用了"王中王"这一显赫王衔，并构成了自己的七联王衔：

"伟大的王，威武的王，万邦之王，亚述之王，四方之王，王中王，从上海到下海所有的统治者都拜倒在他脚下的无敌王公。"[2]

和罗马帝国灭亡的原因类似，亚述帝国的毁灭是由于内部矛盾的激化和外部游牧民族的入侵造成的。随着战争掠夺财富的不断增加，国内公民的贫富差别急剧扩大。贵族和商人越来越脱离平民，并过着

---

[1]　辛沙尔伊什昆曾称他为"苏美尔和阿卡德王"。见 Luckenbill II, 1153, 1156。

[2]　Luckenbill II, 953, 956, 961, 970, 975.

腐化的生活。例如，阿淑尔巴尼帕宫中一幅壁刻画着国王躺在床上，由王后伴陪饮酒作乐。这种轻松的场面在他之前的各尚武的国王的壁刻中从没出现过。贵族的腐化使平民再也不愿为贵族卖命了；奴隶们更是痛恨帝国政权和他们的主人们。而被征服的行省人民和贵族对于享有免税免役权的尼尼微、阿淑尔、卡拉赫、德尔、尼普尔、乌鲁克、哈兰等自治大城的特殊地位感到不满，也不愿为亚述政权而苦战了；更何况他们并没有忘记在亚述手中遭受的战灾；只要有新的力量出现，他们很容易放弃旧的主人。在阿淑尔巴尼帕的晚年，帝国又发生了争位内战，这使因过多的征服战争而大大削减了的大城市人口又进一步减少。以上这一切都使亚述失去创建帝国时期的元气。现在只要有一支掌握了亚述军队作战技术的精干部队来攻，庞大的帝国就会一触而倒。

经常与亚述军队作战的新兴力量米底人和虽经亚述打击而始终保有实力的迦勒底人在战斗中学会了亚述的军事技术，它们联合的力量打垮了善战的帝国军队。东方的米底各部落现在已在加克萨里（Cyaxares，巴比伦人称为 Umakištar）的号令下成为一个极强大的统一国家。公元前 626 年，年老无能的阿淑尔巴尼帕和他的巴比伦代理人同时死去。巴比伦王位被亚述的行省总督、迦勒底人那波帕拉萨尔（Nabopalassar，625—605 B. C.）夺去；他马上与米底王结成了反亚述同盟。公元前 614 年，强悍的米底军队单独攻陷了宗教中心阿淑尔，这个由小城邦发展成帝国的千年古城居然被米底人劫掠一空，沦为废墟。公元前 613 年，亚述王辛沙尔伊什昆（Sin-shar-ishkun，620—612 B. C.）企图联合西叙利亚人对抗米底，但西叙利亚人却倒戈加入敌方，与之同盟，这样亚述就彻底绝望了。公元前 612 年，巴比伦、米底和西叙利亚三支劲旅合围"世界之城"尼尼微。城破后，辛沙尔伊什昆自焚于宫殿中。巴比伦人、米底人和西叙利亚人的残酷性丝毫不比亚述差，全城被屠杀，洗劫，永远被沦为废墟。把一个数十万人口的大城从地图上抹掉，这在亚述的征战史上从来没有发生过。[1]辛沙尔伊什昆为了挽回帝国，徒劳地苦战八年，一度曾对巴比伦取得一些胜利，因而他还留下了铭文，赠与其父"六联"巴比伦和亚述联合王衔，自己则用四联基本帝国王衔。[2]公元前 611 年，哈尼加尔巴省府哈兰的亚述人拥立了与帝国创始人阿淑尔乌巴里特同名的最后一个国王。此人联合埃及最后战斗到公元前 606 年，"亚述王"这个由城邦而来的王衔终于在历史上消灭了。但亚述的各种帝国王衔都被帝国的继承人继承了。

直到公元前 614 年米底加入对亚述作战前，那波帕拉萨尔对亚述的战斗没有大的进展，由于苏美尔中心城市乌鲁克和尼普尔长期不能攻下，他最初没有采取"苏美尔和阿卡德王"的称号。一个巴比伦年代纪最初直呼其名，后来才承认他为阿卡德王。[3]他的儿子尼布甲尼撒二世（605—562 B. C.）战胜了埃及，接收了亚述在西方的全部遗产并把犹太国也变为行省，使巴比伦成为亚述帝国的继承人。由于对巴比伦祭司阶层的尊敬，他没有马上恢复使用帝国王衔，而用了一些早期的宗教王衔，他的王衔是："巴比伦王，高贵的王公（*rubâ'am nadim*），马尔都克威严的伊沙库，那布喜爱的不知疲倦的总督（*šakkanaku*）。"[4]

而末王那波尼都斯（Nabonidus，555—539 B. C.）的王衔除了首都名改变了之外，其他完全是亚述帝国"五联"王衔的翻版："伟大的王，威武的王，万邦之王，巴比伦王，四方之王。"[5]

在那波尼都斯统治时，南伊朗的波斯强大起来，他们在埃兰古国东南的安山成为王国。安山王居鲁士（550—528 B. C.）消灭了米底王国，统一了波斯民族，称波斯王。[6]然后率领大军西进小亚，消灭了强

---

[1]　巴比伦被辛那赫里布毁过，但马上又被阿萨尔哈东恢复了。

[2]　Luckenbill II, 1153, 1156.

[3]　Luckenbill II, 1167, 1168, 1169.

[4]　King（1898），text, p.91.

[5]　King（1898），text, p.95.

[6]　Gray（1953），p.5, p.8.

国吕底亚；征服了沿海的希腊城邦；再回师征服了西亚文明中心巴比伦；建立了近东历史上最大的奴隶制帝国——波斯帝国。他不但继承了巴比伦和亚述的文明和领土，也继承了帝国的王衔。居鲁士征服巴比伦后，在他的阿卡德语楔形铭文中将自己的三个父辈前任称为"伟大的王，安山王"，自己则废弃了小小的安山王和波斯王衔，自称：

"万邦之王，伟大的王，威武的王，巴比伦王，苏美尔和阿卡德王，四方之王。"[1]

这一王衔是地道的美索不达米亚帝国王衔，其中竟没有一丝一毫的波斯痕迹。但这种不保留母邦的做法却又是波斯帝国和巴比伦及亚述帝国的王衔的根本差别。巴比伦和亚述帝国都是由城邦发展而来的，因此帝国王衔上一定要打有城邦的印记。而波斯帝国是在前一帝国的基础上迅速形成的。在波斯帝国时期，帝国已完全成熟了，中央集权制度把各行省紧紧地结合在一起；国家的概念已与城邦或局部的地方格格不入。所以波斯帝国与它的前辈的王衔的差别仅仅在于它没有母邦（安山或波斯）的印记。居鲁士在他统治的后期任命他的儿子岗比西斯为巴比伦王，自己则采用新的王衔"各国之王"，但随后自己又称"巴比伦王，各国之王"。

十七、"各国之王"
——囊括各种文化地区的世界性古代超级大国的出现

曾任巴比伦王的居鲁士之子岗比西斯（Cambyses, 529—522 B. C.）完成了亚述帝国的未竟事业，征服了埃及，并对之建立了有效的行省直接统治。他开始用父亲的新的王衔"各国之王"（King of lands）。随后，帝国发生动乱，帝国各省爆发了争取独立的起义。但大流士

----

[1]　King（1898），text, p.107.

（521—486 B. C.）镇压了动乱，稳定了帝国政权。然后他西进欧洲，对于属于另一文化范畴的希腊人和其他民族进行征服，建立起一个横跨欧亚非三洲的超级大国。亚述帝国和这一帝国一比相形见绌。它的行省制度更加完善，国王的权威也更加绝对化。大流士在亚述帝国的王衔基础上创造了自己的四联王衔：

"伟大的王，王中王，说所有一切语言的各国之王（*šar mātāti ša naphar lišānāta gabbi*），这个广大而辽阔的土地之王（*šar ša kakkaru agāta rabītum ruktum*）。"[1]

其中"伟大的王，王中王"是亚述帝国王衔，后两个是波斯人的发明，十分准确地表达了庞大的波斯帝国人种多样化、土地广阔的特点[2]。随后的波斯王薛西斯（Xerxes, 485—465 B. C.）再次进攻希腊，他的王衔也是上述标准王衔[3]。马其顿王亚历山大战胜了波斯，又建立一个更大的世界帝国，但古老的东方奴隶制帝国已发展到最后阶段，马其顿帝国只是昙花一现。随后起点比东方晚因而终点也比东方晚的西方由城邦发展而成的罗马帝国创造了比马其顿帝国更宏大和更稳定的业绩，美索不达米亚此时附属于西方帝国了。

亚历山大（330—323 B. C.）继承波斯帝国后，定都巴比伦，也自称过"巴比伦王"和"伟大的王"，并神化了自己。他在西亚的继承者希腊化的塞琉古王朝继续采用东方帝国的王衔。此王朝的第二王安条克一世（Antiochus I, Soter, 281—260 B. C.）还留下了一块楔文铭文，在铭文中他自称：

"伟大的王，威武的王，万邦之王，巴比伦王，各国之王。"[4]

---

[1] King（1898），text, p.116.

[2] "各国之王"在阿萨尔哈东和阿淑尔巴尼帕时都被用过，但只是属国部下在信中对他们的称呼，没有上过正式铭文。见 Luckenbill I,618; Oppenheim（1967），p.170。

[3] *ANET*, p.316.

[4] King（1898），text, p.117.

前四联是亚述与巴比伦帝国王衔，后一个是波斯王衔。另外还发现一块楔文写的希腊化时代的巴比伦王表。其中仅把强大的塞琉古（305—281 B. C.）的安条克一世和二世（Antiochus Ⅱ Theos, 260—245 B. C.）称为"伟大的王"，以后的王都没有荣获这一称号[1]。但安条克三世（Antiochus Ⅲ Great，223—187 B. C.）东征印度获得成功，名字上被人加上东方的外号"伟大的"。随后，塞琉古帝国衰落，降为一个中等国家，无人能配称"伟大的"称号。罗马具有"无限统帅权"的大将庞培征服塞琉古王国（62 B. C.）后，他的"伟大的"称号才真正具有帝国的意味。随后，美索不达米亚成为罗马的行省，无人再利用它的古老王衔了。罗马帝国的专制君主根据自己的西方文化传统和自己从城邦到帝国的发展的特点发明另一套完全不同于东方的王衔，如"奥古斯都"（August），"皇帝"（Imperator, Emperor），"凯撒"（Caesar），元首（Princeps）。

和亚述帝国一样，罗马也葬身于后起的游牧民族的迁徙浪潮中，此后奴隶制社会已成为过去的历史阶段。在奴隶制帝国废墟上建立起来的封建王国和帝国开始了自己的发展道路。

结语

过去，由于史料的原因，人们对罗马城由城邦到帝国的发展比较熟悉，对东方奴隶制国家的发展道路却不太清楚。有人甚至武断地认为东方最早的国家就是统一的专制主义大国，它没有西方的城邦民主国家阶段，因此，"专制主义"是东方国家的特有产物。西方罗马帝国的产生是受到东方的"专制主义"影响的结果。这种看法不承认人类

---

[1]　*ANET*, p.567.

社会有普遍的发展规律，它为反动的"东方民族落后论"打下了理论
基础。然而近百年来对西亚古代遗址的挖掘得到了大批的第一手材料，
对这些材料研究的结果证明，古代东方最早的国家也是城邦。而在这
些城邦中，最初的政治结构，也同希腊、罗马一样，是由公民大会、
长老会议和军事首长组成的，最高权力属于公民大会。这一科学结论
给了"东方专制主义"理论以毁灭性的打击。当然，我们承认，各个
地区的国家，每个城邦或帝国，都有各自的特点。例如美索不达米亚
城邦的民主制没有发展到雅典那样发达的高度；它的贵族政治又不如
罗马那样有特色和持久。但从本质上讲，它们毕竟是一定社会历史上
相同阶段的产物，都是由原始民族社会的军事民主制演化而来的。和
斯巴达的国王（Basileus）、雅典的王或僭主（Tyrant）以及罗马的"勒
克斯"（Rex，国王）一样，苏美尔城邦有"恩""恩西"和"卢加尔"
（王）这样的祭司兼军事首长；而乌尔—乌鲁克联邦又和斯巴达一样，
存在过两王执政，但没有像后者那样形成制度。雅典和阿淑尔城邦又
都出现过"名年（执政）官"掌握行政权力的现象。这些绝不是偶然
的巧合，而是社会发展规律对东、西方同样作用的结果。所以这一切
城邦的首脑的权力都受公民大会或长老会议的限制，即都不是后来帝
国的专制君主。

　　但是东、西方的各个城邦在走向统一国家或帝国的同一目标时，
却走了不同的道路。雅典的"王"演变为专职祭司；"名年执政官"
（archon eponymos）的权力因一年的任期和其他同级官员（polemarch，
和 thesmothetai）的限制而分散。最后，九个"执政官"都由抽签产
生，从而产生了高度发达的民主制。然后和东方一样也建立了联邦制
国家——"海上帝国"，随后衰弱，被王政的马其顿征服。罗马推翻了
"勒克斯"，建立了轮换的两执政官政体，树立了元老院（贵族长老）
的绝对权力。在建立帝国过程中，由苏拉到凯撒一步一步加大了军事
将领的权力。在帝国疆土形成的时候，君主专制的"皇帝"（imperator）

政权也随之形成了。

　　而美索不达米亚的城邦的王权和马其顿的王权一样，在大规模地统一各邦和对外征服中巩固了自己的权力。在阿卡德王纳拉姆辛时，王权经过神化而达到最高权威，虽然以后神化的方法被放弃了，但国王的稳固地位确定了。这样，在城邦向帝国发展的过程中，国王也发展成为专制君主。古代西亚的文明比希腊、罗马出现得早，它的城邦时期延续得也不久，而它的统一国家和帝国阶段则延续近两千年之久。古典作家从希罗多德、亚里士多德到西塞禄等等，看不到古代美索不达米亚的城邦，所闻所见到的只是帝国。由他们传播下来一种以为东方只有专制帝国统治，不知道城邦特点的民主政治、贵族统治的观念。直到近代考古发掘的成果才逐渐把古代美索不达米亚的政治发展史弄清楚。

　　古代东、西方的文明虽各有特色，而国家的起源却都是从小国寡民的城邦开始，美索不达米亚南方的苏美尔城邦，北方古亚述城邦，希腊和罗马的城邦都是这种最初的国家。而奴隶制国家的结局又都由帝国而告终，概莫能外。对王衔演变过程的研究，也能作为一个侧面窥测出颇大的问题：由城邦之王衔发展到统一国家的具体地域的王衔（如苏美尔和阿卡德王，亚述国之王），最后到包括全世界地理概念的帝国王衔（伟大的王，万邦之王，四方之王，王中王等）。就古代美索不达米亚政治史本身来说，中央集权制帝国的真正形成，似乎要到巩固的统一国家建立之后（在巴比伦是汉谟拉比之后，在亚述是阿淑尔乌巴里特一世之后）。从阿卡德王国开始，有一个相当长的由城邦到中央集权制国家过渡的时期，联邦制国家（类似我国的商、周两代）经过几次反复彻底摧毁城邦力量，才成为巩固的统一国家——中央集权制国家。在中央集权制统一国家的财力人力条件下，统一国家才可能发展成稳定的、中央集权制的、跨地区的大帝国。

古代美索不达米亚王衔一览表

王衔	国和王名
恩西: ensi 或 pa.te.si （c.2700—2371 B. C.） （苏美尔城邦王衔）	尼普尔（Enlil^{ki}）、苏路帕克（Su-kur-ru^{ki}）、拉加什（Šir-rur-la^{ki}）、温马（Giš-hu^{ki}）、阿达德（Ud-nun^{ki}）、苏萨（Num^{ki}）、埃什努那（Aš-nun-na^{ki}）、马拉德（Amar-da^{ki}）。
卢加尔: lugal （c.2700—2371 B. C.） （苏美尔城邦霸主王衔）	基什（Kiš^{ki}）、乌鲁克（Unug^{ki}-ga）、乌尔（Ur^{ki}）、阿达德、拉加什、温马（有一王用Šar-diš城名）、马里（Mari^{ki}）、阿旺（Awan^{ki}）、哈马吉（Hamazi^{ki}）、阿克沙克（Akshak^{ki}, UHI^{ki}-KA）。
乌鲁克的恩: en Unug^{ki}-ga （c. 3000—1792 B. C.） 【早期王（祭司）和城邦霸主】	1. 麦斯加卡舍（Meakiaggašer，恩兼王）；2. 恩麦尔卡（Enmerkar）；3. 卢加尔班达（Lugalbanda）；4. 吉尔伽美什（Gilgameš）（1—4 王为根据史诗而来的早期王）。 5. 卢加尔吉金耐都（Lugalkiginedu，乌尔—乌鲁克王）；6. 恩沙库山那（Enshakušana，苏美尔的恩）；7. 卢加尔札吉西（Lugalzaggisi，温马恩西兼乌鲁克王）；8. 乌尔那姆（乌尔第三王朝首王，Ur-^{d}nam-mu）；9. 伊丝米达干（Išmi-Dagan）；10. 李必特伊丝塔尔（Libit-Ishtar）；11. 乌尔尼努尔塔（Ur-Ninurta）；12. 布尔辛（Bur-Sin，9—12 是伊辛王朝的王）；13. 汉谟拉比（Hammurabi, 巴比伦王）（5—13 王为有铭文的王）。
乌鲁克的恩（或王）兼乌尔王: en Unug^{ki}-ga, lugal uru-Ur^{ki}-ma （c.2500—2113 B. C.） （两邦同盟的霸主）	1. 卢加尔吉金耐都；2. 卢加尔吉萨乐西（Lugalkisalsi，与前者共同执政）；3. 恩沙库山那（苏美尔的恩，国土之王）；4. 卢加尔札吉西（温马恩西）；5. 乌尔那姆（乌尔第三王朝首王）。
基什之王: lugal kiš（šar kiš） （c.2600—2306 B. C.） （称霸城邦王衔）	（仅录霸主）1. 麦西里姆（Mesilim）；2. 麦山尼巴达（Mesannipadda，乌尔第一王朝首王）；3. 安那吐姆（Eannatum，拉加什恩西，执基什王权）；4. 萨尔贡；5. 里木什；6. 马尼什图苏（4—6 是阿卡德王）。

王衔	国和王名
国土之王: lugal kalam-ma 或万邦之王: *šar kiššati* （c.2400—2316 B. C.） （联邦制国家的王衔）	国土之王: 1. 恩沙库山那（乌尔—乌鲁克王）；2. 卢加尔札吉西（温马—乌鲁克—乌尔王）；3. 萨尔贡（阿卡德王）。 万邦之王: 4. 里木什；5. 马尼什图苏（4—5 王是阿卡德王）。
威武王（战士）、四方之王: lugal（uš-lig-ga），lugal an-ub-da-tab-tab-ba *šarru dannu（da-lum），* *šar kibratim arbim* （c.2291—2006 B. C.） （早期帝国王衔）	（卢加尔安耐门都，Lugalannemundu，城邦时期阿卡德王。）1. 纳拉姆辛（Naram-Sin，阿卡德王）；2. 乌尔那姆；3. 淑尔吉（^{d}Šulgi）；4. 阿玛尔辛（^{d}Amar-^{d}En-zu）；5. 舒辛（^{d}Šu-^{d}En-Zu）；6. 伊比辛（^{d}I-bi-^{d}En-Zu）（2—6 是乌尔第三王朝的王）。
威武王（伊辛）或威武战士（拉尔萨），苏美尔和阿卡德王: lugal ki-en-gi-ki-uri-ge （c.2113—1763 B. C.） （城邦兼并时，强国王衔）	（乌尔纳姆，乌尔王。）1. 伊什米达干；2. 李必特伊丝塔尔；3. 乌尔尼努尔塔（1—3 是伊辛王）；4. 衮衮温（Gungunum，拉尔萨王）；5. 布尔辛；6. 恩利尔巴尼（Enlil-bani）（5、6 是伊辛王）；7. 苏姆伊鲁（Sumuilu）；8. 辛伊丁那（Sih-iddinam）（7、8 是拉尔萨王）；9. 辛马吉尔（Sin-magir）；10. 达米克伊里舒（Damiq-illishu）（9、10 是伊辛王）；11. 瓦拉得辛（Warad-Sin）；12. 里姆辛（Rim-Sin）（11—12 是拉尔萨王）。
伊辛王，兼四大圣城的副王衔: 尼普尔的供养人（u-a）、牧羊人（sib）或头人（saĝ-uš）；乌尔的农人（engar）、头人或牧人（na-kid）；照顾埃利都者；乌鲁克的恩 （c.2017—1794 B. C.） （城邦联盟王衔）	1. 舒伊里舒（Shuilishu，只任乌尔王）；2. 伊什米达干（尼普尔供养人，乌尔头人，给埃利都光明者，乌鲁克恩）；3. 李必特伊丝塔尔（尼普尔牧羊人，乌尔农人，没有忽视埃利都者，恩）；4. 乌尔尼努尔塔（牧羊人，牧人，保持埃利都"秘"，恩）；5. 布尔辛（牧羊人，农人，埃利都，恩）；6. 恩利尔巴尼（牧羊人）；7. 辛马吉尔（牧羊人）；8. 达米克伊里舒（尼普尔的头人）。

王衔	国和王名
拉尔萨王兼乌尔王、农人、供养人或恩西；兼尼普尔牧羊人或王公（nun）；兼与埃利都"秘"有关者；兼拉加什恩西或总监（saĝ-li-tar）；兼乌鲁克和伊辛王（c.1932—1763 B. C.）（城邦联盟王衔）	1.衮衮温（乌尔王）；2.阿比萨尔（Abi-sare，乌尔王）；3.苏姆伊鲁（仅称乌尔王）；4.努尔阿达德（Nur-Adad，乌尔农人）；5.西里阿达德（Silli-Adad，乌尔、拉加什和库塔拉恩西）；6.瓦拉得辛（尼普尔牧羊人或王公，乌尔供养人或恩西，完成埃利都"秘"者，拉加什总监或恩西）；7.里姆辛（尼普尔的牧羊人或王公，乌尔的农人，执行埃利都"秘"者，拉加什的总监，乌鲁克和伊辛王）。
汉谟拉比统一前七强国的威武王（c.1813—1754 B. C.）	1.沙马什阿达德（Shamash-Adad I，阿淑尔）；2.苦杜儿马布克（Kudur-Mabuk，埃兰埃木特巴尔国，Emutbal，称"阿达"，Adda）；3.达米克伊里舒（伊辛）；4.里姆辛（拉尔萨）；5.亚赫顿林（Iakhdunlim）和金里林（Zimrilim，马里）；6.伊巴乐皮乐（Ibalpiel II，埃什努那）；7.汉谟拉比（巴比伦）。
巴比伦之王: *šar* Babili^ki 兼四方之王或苏美尔－阿卡德王 *šar mātu* Šumeri *u* Akkadi^ki（c.1754—1157 B. C.）（中央集权制统一国家王衔）	1.汉谟拉比（四方之王，苏美尔和阿卡德的太阳）；2.阿古姆二世（Agum II，阿卡德和加喜特王，四方之王）；3.卡兰达什一世（Karaindaš I，苏美尔和阿卡德王，加喜特王，卡尔杜尼阿什王）；4.库里加尔朱二世（Kurigalzu，苏美尔和阿卡德王，四方之王）；5.马尔杜克帕伊丁那（Marduk-apil-iddina I，万邦之王，苏美尔－阿卡德王）；6.恩利尔那丁阿赫（Enlil-nadiu-ahi，苏美尔－阿卡德王）（2—6是加喜特王朝的王）。
阿淑尔城或神的伊沙库: *isi'ak* Aššur^ki（c. 2047—1330 B. C.）（亚述城邦王衔）	（根据铭文）1.札里昆（Zariqum，乌尔第三王朝恩西）；2.普朱尔阿淑尔一世（Puzur-Aššur I）；3.沙林阿赫（Shalim-ahhe）；4.伊鲁舒马（Ilushma）；5.埃里舒（Erishum）；6.伊库努（Ikunum）；7.萨尔贡一世（Šarru-kinu I）；8.普朱尔阿淑尔二世；9.沙马什阿达德一世（首次建立统一国家）；10.伊什米达干二世（Ishme-Dagan II）；11.阿淑尔尼拉里一世（Aššur-nirari I）；13.阿淑尔尼拉里二世；14.阿淑尔拜尔尼舍苏（Aššur-bel-nešešu）；15.阿淑尔林尼舍苏（Aššur-rim-nešešu），16.阿淑尔那丁阿赫二世（Aššur-nadin-ahhe II）；17.埃利巴阿达德一世（Eriba-Adad I）；18.阿淑尔乌巴里特（Aššur-uballit）。

王衔	国和王名
伟大的王: *šarru rabu* 哈图沙城之王 （c.1790—1620 B. C.） （赫梯城邦联盟王衔）	1. 阿尼塔（Anitta，先称伟大王公，后称王）；2. 哈图西里什一世（Hattušiliš I），3. 木尔西里什一世（Muršiliš I）。
太阳: *šamaš* 伟大的王，哈梯国之王 （c.1380—1265 B. C.） （赫梯联邦制帝国王衔）	（吉坦塔什二世，Zidantaš II，中赫梯王 C.1450 B. C.）1. 舒皮鲁流马一世（Šuppiluliumaš I）；2. 木尔西里什二世；3. 木瓦塔里什（Mnwatališ II）；4. 哈图西里什三世。
万邦之王，威武的王，亚述国之王 *šar māt Aššur* （c.1365—745 B. C.） （亚述统一国家王衔）	（沙马什阿达德一世，仅称万邦之王）1. 阿淑尔乌巴里特（仅称万邦之王）；2. 阿里克登伊鲁（Arik-den-ilu，无万邦之王）；3. 阿达德尼拉里一世；4. 沙尔马那萨尔一世（多伟大的王）；5. 吐库提尼努尔塔一世；6. 阿淑尔来西伊西（Aššur-reš-iši，威武王放首位，下同）；7. 提格拉特皮拉萨一世；8. 阿淑尔邦尔卡拉（Aššur-bel-kala，万邦王放首位）；9. 埃利巴阿达德二世（伟大的王，四方之王）；10. 沙马什阿达德四世；11. 阿淑尔那西尔帕一世；12. 沙尔马那萨尔二世（伟大的王代替威武王）；13. 阿淑尔丹二世；14. 吐库提尼努尔塔二世；15. 阿达德尼拉里二世；16. 沙尔马那萨尔三世；17. 沙马什阿达德五世。
太阳，王中王 *šar šarrani*[pl] （c.1244—705 B. C.） （统一国家强大的王）	（汉谟拉比）1. 吐库提尼努尔塔一世（太阳、王中王）；2. 马尔都克卡比赫舒（Marduk-kabit-ahhešu，巴比伦伊辛第二王朝首王，王中王）；3. 尼布甲尼撒一世（Nebuchadnez-zar I，伊辛王朝，太阳）；4. 提格拉特皮拉萨一世（Tiglath-pilaser I，王中王）；5. 阿达德尼拉里二世（太阳）；6. 阿淑尔那西尔帕二世（太阳、王中王）；7. 沙尔马那萨尔三世（太阳各国之王）；8. 鲁萨一世（Rusa，乌拉尔图王，王中王）。
伟大的王，威武的王，万邦之王，亚述之王 （c.911—612 B. C.） （新亚述帝国王衔）	（沙尔马那萨尔一世）1. 阿达德尼拉里二世（多四方之王）；2. 阿淑尔那西尔帕二世；3. 沙尔马那萨尔三世；4. 沙马什阿达德五世；5. 阿达德尼拉里三世；6. 辛沙尔伊什昆（Sin-Šar-iškun）。

续表

王衔	国和王名
伟大的王，威武的王，万邦之王，四方之王，巴比伦（或亚述）王衔形成多联王衔（c.744—260 B. C.）（行省制大帝国王衔）	（阿达德尼拉里二世）1. 提格拉特皮拉萨三世（亚述加巴比伦七联衔）；2. 萨尔贡二世（七联衔）；3. 辛那赫里布（无巴比伦王衔）；4. 阿萨尔哈东（亚述、巴比伦、埃及多联衔）；5. 阿淑尔巴尼帕（无巴比伦但加上王中王，无敌之王公，形成七联衔）；6. 那波尼都斯（Nabonidus，巴比伦王）；7. 居鲁士二世（Cyrus II，巴比伦王）；8. 安条克一世（Antiochus I，巴比伦王，用各国之王代替四方之王）。
伟大的王，王中王，说所有一切语言的各国之王 *šar mātāti*[pl],*ša nap-har, lišanata gabbi* 这个广大而辽阔的土地之王 *šar ša kakkaru agata rabitum ruktum* （c.521—331 B. C.）（古代超级大国王衔）（波斯）	1. 居鲁士；2. 岗比西斯二世（Cambyses II）；3. 大流士一世（Darius I）；4. 薛西斯一世（Xerxes I）等（1、2只称各国之王）。
"伟大的"称号（c.330—62 B. C.）	1. 亚历山大（马其顿王）；2. 安条克三世（塞琉古国王）；3. 庞培（罗马元帅，imparator）。

参考文献缩写

ANET	*Ancient Near East Texts*, J.B.Pritchard（ed.）.
CAD	*The Assyrian Dictionary of the oriental Institute of the University of Chicago.*
CAH	*Cambridge Ancient History*, Cambridge Vol I（Ⅰ），1970,（2）1971. Vol Ⅱ（1），1973,（2）1973. Vol Ⅲ, 1954. Vol Ⅳ, 1953. Vol Ⅵ, 1953.
CEA	*The Cambridge Encyclopedia of Archaeology*, A. Sherratt（ed.），1980.

JAOS   *Journal of American Oriental* Society.

JCS   *Journal of Cuneiform Studies.*

JNES   *Journal of Near East Studies.*

OCD   *Oxford Classical Dictionary.*

RA   *Revue d'assyriologie et d'archeologie orientale.*

5000YAM   *5000 Year of the Art of Mesopotamia*, E. Strommencer and M.
              Hirmer, 1964.

参考书目

Barton, G. A   *The Royal Inscriptions of Sumer and Akkad*, New Hanven,
                  1929.

Burney, C   *Ancient Near Easten*, Ithaca, 1977.

Drower, M. S   "Syria c. 1550—1400 B.C", *CAH*. Ⅱ（1）, chap.10, 417-
                  525.

Frankfort, H   1948 Kingship and God.

                  1971 "The Last Predynastic Period in Babylonia" *CAH* Ⅰ（2）,
                  chap.12, 71-92.

Gadd, C.J   1971 "The Cities of Babylonia", *CAH* I（2）, chap.13, 93-
                  144.

                  1973 "Hammurabi and the End of His Dynasty" *CAH* Ⅱ（1）,
                  chap.5, 176-227.

                  1975 "Assyria and Babylonia c.1370—1300 B.C", *CAH* Ⅱ（2）,
                  chap.18, 21-48.

Goetze, A   "The Struggle for the Domination of Syria（1400—1300）",
                  CAH Ⅱ（2）, chap.17, 1-20.

Gray, G.B   "The Foundation and Extension of the Persian Empire", *CAH* Ⅳ
                  （2）, chap.1, 1-25.

Gurney, O.R   "Anatolia c.1750—1600 B.C."；*CAH* Ⅱ（1）, chap.6, 228-
                  255.

                  "Anatolia c.1600—1750 B.C."；*CAH* Ⅱ（1）, chap.15, 659-
                  682.

Hook, S.H	*Babylonian and Assrian Religion*, 1953.
Hinz, W	1971 "Persia c.2400—1800", *CAH* I（2）, chap.24, 644-680.
King, L.W	*First Steps in Assyrian*, London, 1898.
Kramer, S.W	*The Sumerians,* Chicago and London, 1963.
Kupper, J.R	"Northern Mesopetamia and Syria", *CAH* II（1）, chap.1, 1-41.
Labat, R	"Elam c.1600—1200B.C.", *CAH* II（2）, chap.29, 379-416.
	"Elam and Western Persia", chap.32, 482-506.
Larsen, M.T	*The Old Assyrian City – State and Its Colonies*, Copenbagen, 1976.
Lewy, H	"Anatolia in the Old Assyrian Period" ; *CAH* I（2）, chap.24（b）, 707-728.
	"Assyrian c.2600—1816 B.C." ;chap.25, 729-770.
Luckenbill, D.D	*Ancient Records of Assyria and Babylonia*, vol I,vol II, New York ,1926.
Mallowan, Sir Max	1970 "The Devolopment of Cities from Al-ʼUbaid to the End of Uruk 5" ; *CAH* I（2）, chap.8, 327-422.
	1971 "The Early Dynastic Period in Mesopotamia", *CAH* I（2）, chap.16, 238-314.
Mellaart, J	"Anatolia c.2300—1750 B. C." *CAH* I（2）, chap.24（a）, 681-703.
Munn-Rankin, J.M	"Assyrian Military Power 1300—1200B.C" ;*CAH* II（2）, chap.25, 274-306.
Oppenheim, A.L	1963 *Ancient Mesopotamia*, Chicago and London.
	1967 Letters from Mesopotamia, Chicago and London.
Poebel, A	*Miscellaneous Studies, Chicago.* Illinois,1947.
Redman, C.L	*The Rise of Civilizations*, San Francisco, 1978.
Rogers, R.M	*A History of Babylonia and Assyria*, vol I,vol II, New York, 1900.
Rowton, M	"Chronology", *CAH* I（1）, chap.6, 193-238.

Smith, S　　　　1928 *Eavly History of Assyria*, London, 1928.

　　　　　　　　1954 "The Foundation of the Assyrian Empire", "The Supremacy of Assyria", "Sennacherib and Esarhaddon", "Ashurbanipal and the Fall of Assyria", *CAH* Ⅲ（2）, chap.1-5, 1-131.

Wieeman, D.J　　"Assyria and Babylonia c.1200—1100 B. C.", *CAH* Ⅱ（2）, chap. 31, 443-481.

恩格斯,《家庭、私有制和国家的起源》, 人民出版社, 1972 年。

史纲编写组,《世界上古史纲》(上), 人民出版社, 1979 年。

林志纯编,《世界通史资料选辑（上古）》, 商务印书馆, 1962 年。

苏联科学院编,《世界通史》第一卷, 三联书店, 1959 年。

格拉德舍夫斯基著, 吉林师范大学译,《古代东方史》, 高等教育出版社, 1959 年。

塞尔格叶夫著, 缪灵珠译,《古希腊史》, 高等教育出版社, 1959 年。

阿庇安著, 谢德风译,《罗马史》二卷, 商务印书馆, 1979 年。

《苏美尔王表》和《吐马尔铭文》[*]

一、《苏美尔王表》

《苏美尔王表》是由 T. 雅各布森于 1939 年根据 S. 兰顿发表的"威尔德·布伦德尔存本"[1]原件编译成的。这是定本。[2]后来发现一些可供补充的断片[3]。其他英译本[4]基本是采用 T. 雅各布森的。下面译文依照 S.N. 克拉美尔的英译本。

---

[*] 北京大学，东北师范大学历史系古代史教研室编《世界古代史论丛》，三联出版社，1982，第 222—232 页。

[1] "威尔德·布伦德尔存本"（the Weld-Blundell Collection），见兰顿（S. Langdon）编，《牛津版楔文集》（*Oxford Editions of Cuneiform Texts* [*OECT*] 卷 II，1932 年，444 号，第 13 页以下。

[2] T. 雅各布森（Thorkild Jacobsen），《苏美尔王表》（The Sumerian King List），见芝加哥大学东方研究所《亚述学研究》（*Assyriological Studies*）第 II 号，1939 年。

[3] 克劳士（F.R. Kraus），《巴比伦尼亚古代王表》（Zur Liste der älteren könige von Babylonien），见《亚述学与前亚考古学杂志》（*Zeitschnift für Assyriologie und Vorderasiatische Archäologie*），第 50 号（1952），在 29 页以下。

[4] 如奥本海（A .Leo Oppenheim）的摘译（见《古代近东文献》[*Ancient Near Eastern Texts relating to Old Testament*]，1969 年版，第 265—266 页），克拉美尔（Samuel Noah Kramer）的全译（见《苏美人》[*The Sumerians*]，1963 年版，第 328—331 页）。

《苏美尔王表》

王权下降自天之后，埃利都成为王权的（所在地）。在埃利都，阿鲁林作为王，统治 28,800 年；阿拉尔加统治 36,000 年，——两王统治 64,800 年。埃利都被废弃，（而）它的王权被转移到巴德提比拉。

在巴德提比拉，恩门鲁安那统治 43,200 年；恩门加兰那统治 28,800 年；牧羊人杜木吉统治 36,000 年——三王统治 108,000 年。巴德提比拉被废弃，（而）它的王权被转移到拉拉克。

在拉拉克，恩西帕吉安那统治 28,800 年——一个王，统治 28,800 年。拉拉克被废弃，（而）它的王权被转移到西巴尔。

在西巴尔，恩美都兰那作为王，统治 21,000 年——一个王，统治 21,000 年。西巴尔被废弃，（而）它的王权被转移到苏路帕克。

在苏路帕克，乌巴图图作为王，统治 18,600 年——一个王，统治 18,600 年。

（总共）五城，八个王，统治 241,200 年。

然后洪水淹没了（大地）。洪水淹没（大地）以后，王权（再度）下降自天，基什成为王权的（所在地）。在基什，高尔作为王，统治 1,200 年；古拉·尼达巴·安那巴德统治 960 年；巴拉吉那丁统治 900 年；南基什里什马统治……年；巴希那统治……年；布阿努姆统治 840 年；卡里布姆统治 960 年；加卢木姆统治 840 年；朱卡吉布统治 900 年；阿塔布统治 600 年；马什达，阿塔布之子，统治 840 年；阿鲁里木，马什达之子，统治 720 年；埃塔那，牧人，他上升于天，他平定全部大地，作为王，统治 1,560 年；巴里赫，埃塔那之子，统治 900 年；巴沙尔努那，恩美嫩那之子，统治 1,200 年；麦斯扎木格，巴沙尔努那之子，统治 140 年；提斯卡尔，麦斯扎木格之子，统治 305 年；伊尔库统治 900 年；伊尔塔沙图姆统治 1,200 年；恩美巴拉格西，他打败了埃兰国的武力，作为王，统治 900 年；阿加，恩美巴拉格西之子，统治 625 年。（总共）二十三王，统治 24,510 年，3 个月，3 日。基什（在战斗中）被击败，（而）它的王权被转移到埃安那。

在埃安那，美斯基阿加舍，（日神）乌图之子，（兼）作为恩（和）王，统治 324 年——美斯基阿加舍进入于海，（并）上登于山；恩美尔卡尔，美斯基阿加舍之子，以力之王修建了以力城，作为王，统治 420 年；卢伽尔邦达，牧人，统治 1,200 年；杜木吉，渔夫，他的城库阿，统治 100 年；吉尔伽美什，其父为一游牧人（？），统治 126 年；乌尔卢伽尔，吉尔伽美什之子，统治 30 年；乌图尔卡兰马，乌尔卢伽尔之子，统治 15 年；拉巴舍尔统治 9 年；恩嫩达兰那统治 8 年；美舍得

苏美尔王表

"威尔得·布伦德尔棱柱"，黏土制，高 20 厘米，上记王名和统治年数，偶亦涉及一些事迹，包括洪水前诸王和洪水后最初十九个王朝诸王，至伊新王为止。可能属公元前 19 世纪拉尔沙之物（？）。原件藏英牛津阿什莫尼博物馆。（采自《剑桥古代史》第 I—II 卷图片集，1977 版，图版 3）。

统治 36 年；美拉曼那统治 6 年；卢伽尔基图尔统治 36 年。（总共）十二王，统治 2,310 年。以力（在战斗中）被击败，（而）它的王权被转移到乌尔。

在乌尔，麦山尼巴达作为王，统治 80 年；麦斯卡格努那，麦山尼巴达之子，作为王，统治 36 年；埃鲁鲁统治 25 年；巴鲁鲁统

治 36 年。（总共）四王，统治 177 年。乌尔（在战斗中）被击败，（而）它的王权被转移到阿旺。

（在阿旺，有三个王，统治 356 年，但他们的名字大部分已被毁坏；原文然后继续写道：）阿旺（在战斗中）被击败，（而）它的王权被转移到基什。

在基什，……（省略号，表示人名破损）作为王，统治 201 年（以上）；达达西统治……年；妈妈加尔统治 420 年；卡尔奔，妈妈加尔之子，统治 132 年；图格统治 360 年；门努木那统治 180 年；卢伽尔姆统治 420 年；伊比·埃阿统治 290（？）年。（总共）8 个王，统治 3,195 年。基什（在战斗中）被击败，（而）它的王权被转移到哈马西。

在哈马西，哈达尼什统治 360 年。（总共）一个王，统治 360 年。哈马西被击败，（而）它的王权被转移到以力。

在以力，……作为王，统治 60 年；卢伽尔乌尔统治 120 年；阿尔甘德阿统治 7 年。（总共）三个王，统治 187 年。以力被击败，（而）它的王权被转移到乌尔。

在乌尔（乌尔第二王朝统治者共四人，大概统治 116 年，他们的名字被毁）。乌尔被击败，（而）它的王权被转移到阿达布。

在阿达布，卢伽尔安耐门都，作为王，统治 90 年。（总共）一个王，统治 90 年。阿达布被击败，（而）它的王权被转移到马里。

在马里，伊尔舒作为王，统治 30 年；……伊尔舒之子，统治 17 年；……统治 30 年；……统治 20 年；……统治 30 年；……统治 9 年。（总共）六个王，统治 136 年。马里被击败，而它的王权被转移到基什。

在基什，库包，旅店主，她奠定基什的基础，作为"王"，统治 100 年。（总共）一个王，统治 100 年。基什被击败，（而）它的王权被转移到阿克沙克。

在阿克沙克，温吉作为王，统治 30 年；温达鲁鲁统治 12 年；乌尔乌尔（或可读为朱朱）统治 6 年；普朱尔·尼拉赫统治 20 年；伊舒·伊尔统治 24 年；苏新，伊舒·伊尔之子，统治 7 年。（总共）六个王，统治 99 年。阿克沙克被击败，（而）它的王权被转移到基什。

在基什，普朱尔·新，库包之子，作为王，统治 25 年；乌尔札巴巴，普朱尔·新之子，统治 400 年；西木达拉统治 30 年；乌西瓦塔尔，西木达拉之子，统治 7 年；伊什塔·木提统治 11 年；伊什美·沙马什统治 11 年；南尼亚，石匠，统治 7 年。（总共）七个王，统治 491 年。基什被击败，（而）它的王权被转移到以力。

在以力，卢伽尔札吉西作为王，统治 25 年。（总共）一个王，统治 25 年。以力被击败，（而）它的王权被转移到阿卡德。

在阿卡德，萨尔贡，其父（？）是一个园丁，（他自己）曾是乌尔札巴巴的一个持杯者，建成阿卡德，成为阿卡德之王，作为王，统治 56 年；里木什，萨尔贡之子，统治 9 年；玛尼什吐苏，里木什之长兄，萨尔贡之子，统治 15 年；纳拉姆新，玛尼什吐苏之子，统治 56 年；沙尔卡里沙里，纳拉姆新之子，统治 25 年。谁为王？谁非王？（这是说，正当无政府状态时期。）伊吉吉，为王；南努姆，为王；伊米，为王；埃鲁鲁，为王——他们四个为王，（但）统治（仅）3 年。杜木统治 21 年；舒图鲁尔，杜木之子，统治 15 年。（总共）十一个王，统治 197 年。阿卡德被击败，而它的王权被转移到以力。

在以力，乌尔尼金，作为王，统治 7 年；乌尔吉吉尔，乌尔尼金之子，统治 6 年；库达统治 6 年；普朱尔·伊里统治 5 年；乌尔·乌图统治 6 年。（总共）五个王，统治 30 年。以力被武力所打败，（而）它的王权被转移到库提牧群。

在库提牧群，（最初统治的是）一个无名之王；（而后）伊姆塔，作为王，统治 3 年；英基舒什统治 6 年；萨尔拉加布统治 6 年；

舒尔美统治 6 年；埃鲁鲁美什统治 6 年；伊尼姆巴克什统治 5 年；伊格沙乌什统治 6 年；亚尔拉加布统治 15 年；伊巴特统治 3 年；……统治 3 年；库鲁姆统治 1 年；……统治 3 年；……统治 2 年；伊拉鲁姆统治 2 年；伊布兰努姆统治 1 年；哈布鲁姆统治 2 年；普朱尔·新，哈布鲁姆之子，统治 7 年；亚拉甘达统治 7 年；……统治 7 年；……统治 40 天。（总共）21 个王，统治 91 年，40 天。库提牧群被击败，（而）他们的王权被转移到以力。

在以力，乌图赫加尔作为王，统治 7 年，6 个月，15 天。（总共）一个王，统治 7 年，6 个月，15 天。以力被武力打败，（而）它的王权被转移到乌尔。

在乌尔，乌尔纳姆作为王，统治 18 年；淑尔吉，乌尔纳姆之子，统治 48 年；阿马尔新，淑尔吉之子，统治 9 年；舒新，阿马尔新之子（这是一个错误，应为"淑尔吉之子"[1]），统治 9 年；伊比新，舒新之子，统治 24 年。（总共）五个王，统治 108 年。乌尔被击败，（而）它的王权被转移到伊新。

在伊新，伊什比·埃拉作为王，统治 33 年；绥里舒，伊什比·埃拉之子，统治 10 年；伊丁·达干，绥里舒之子，统治 21 年；伊什美·达干，伊丁·达干之子，统治 20 年；李必特·伊什塔尔，伊什美·达干之子，统治 11 年；乌尔·宁努塔统治 28 年；布尔·新，乌尔·宁努塔之子，统治 21 年；李必特·恩利尔，布尔·新之子，统治 5 年；埃拉伊米提统治 8 年；恩利尔巴尼，统治 24 年；扎木比亚统治 3 年；伊特皮沙统治 4 年；乌尔都库加统治 4 年；新马吉尔统治 11 年。（总共）十四个王，统治 203 年。

---

[1]　克拉美尔加的注。在《剑桥古代史》1970 年版第 1 卷，第 2 分册，第 22 章，第 608 页，盖德（C. J. Gadd）也指出了这一错误。

　　这里，短短的《苏美尔王表》把苏美尔史的轮廓，主要是公元前3000年的历史，勾划出来了。《王表》包括洪水前和洪水后的人物，但二者体例不相称。显然，洪水前的人物是后加的，是《王表》的"前言"（Preamble）。[1]《王表》的编写材料，大概有两个主要来源：一是来自城市国家出现之日开始产生的朴素的历史文献，如王名表、年名表之类；一是长远以来世代口头传诵，后来写成泥板的传说史诗。前一种材料绝大部分已经湮没无闻，[2]但《王表》作者在当时是易于掌握和利用的；后一类则有较多的存本，以及反复传抄的泥板，流传于世。[3]

　　《苏美尔王表》无疑"是最有价值的苏美尔历史文献的一部分"，[4]但其内容传说与史实并存，真伪互见。作为历史材料，需要一番考订功夫。

　　《苏美尔王表》是什么时候编成的？雅科布森于1939年在《苏美尔王表》一文中早已提出，认为这是在乌图赫加尔（乌鲁克第五王朝之王）之时；他后来于1957年在另一篇文中又重申此说。[5]其《巴比伦尼亚古代王表》中则认为要晚至乌尔·宁努塔（伊新之王）之时[6]。M. B.劳顿对此问题做了研究（1960），结论是："王表定年在乌尔第三王朝，

---

[1]　A.L 奥本海:《苏美尔王表》，载《古代近东文献》，1969，第265页。

[2]　如吉尔苏出土的基什之王蒙西里姆权标头铭文所反映的，以拉格什城恩西卢伽尔根古尔为年名之例（参阅《世界上古史纲》，1979，第137—138页）。

[3]　如基什之王埃塔那的传说史诗，有古巴比伦本，中亚述本，新亚述本，见《古代近东文献》1969年版，第114—118页；1959年又发表了中亚述补充8行，见同书第517页。

[4]　S. N. 克拉美尔语，见所著《苏美尔人》，1963，第35—36页。参阅同书29页，那里指出，由于欧贝德文化之发现，乌尔第一王朝之确立，对《王表》怀疑的态度亦得有所改变，而《王表》对于研究苏美尔政治史是极其重要的。

[5]　T. 雅各布森:《美索不达米亚早期政治之发展》（Early Political Developments in Mesopotamia），载《亚述学和前亚述考古学杂志》第52号（1957）（参阅《近东研究杂志》19卷，1960，第156页，注2）。

[6]　克劳士文见《亚述学和前亚述考古学杂志》第50号（1952）（参阅《近东研究杂志》19卷，1960，第156页）。

或与之十分相近之日。编成年代也可能早一点，早到乌图赫加尔之时；或者晚一点，晚到伊什比·埃拉（伊新王朝创立者）的时代。"作者认为，伊什比·埃拉时期，乌尔第三王朝中期的苏美尔语文还在讲和写。作者倾向于较早时日，因为《王表》是把拉格什除外。[1]

后来在《剑桥古代史》（卷1，第1分册，1970年版）"古代西亚年代学"章中，劳顿进一步肯定说："王表之起源大概可以定年在乌尔第三王朝初年前后，即约公元前2113年乌尔纳姆登极时，或略早些，或略晚些。更晚的年代也不排除在外，但不能晚于第三王朝结束后十年左右。"[2]

据劳顿的意见，《苏美尔王表》中"乌鲁克第四王朝"部分和"库提人王朝"部分，显然不在原有的王表之内，是伊新王朝时期乌尔·宁努塔统治之前某一时候穿插进去的。[3]

至于拉格什历史年代没有收进王表之内，除可能是有意排除在外之外，也有可能那里另有系统的自己的年表。

二、《吐马尔铭文》

《苏美尔王表》在年代学上有很大局限性，不准确，不实用。在年代学的意义上，它要靠其他铭文来补充，对照。在苏美尔，向神奉献或敬修庙宇是十分重要的事件，这些有关建庙的铭文就成了十分珍贵的历史文献。《吐马尔铭文》是苏美尔史上重要的建庙铭文之一。

---

［1］　劳顿（M. B. Rowton）：《苏美尔王表的定年》（The Date of the Sumerian King List），载《近东研究杂志》19卷（1960），第162页。
［2］《剑桥古代史》第1卷，第1分册（1970），第200页。
［3］《近东研究杂志》第19卷（1960），第162页；《剑桥古代史》第1卷，第1分册（1970），第200页。

吐马尔是尼普尔城守护神（苏美尔主神）恩利尔的妻子——女神宁利尔的神龛所在地，它是尼普尔城的一个区。《吐马尔铭文》除前10行外，第11—34行早在1914年已由苏美尔学者普伯尔（Aron Poebel）予以公布。[1]1955年至1961年间，前10行铭文也被发现了[2]。这样，《吐马尔铭文》已经可以全文介绍了。

《吐马尔铭文》
（根据克拉美尔的英译）

1. 恩美巴拉格西，王，

2. 就在本城（指尼普尔）建造了恩利尔之屋。

3. 阿加，恩美巴拉格西之子，

4. 使吐马尔繁荣，

5. 把宁利尔带来吐马尔。

6. 第一次，吐马尔沦为废墟，

7. 麦山尼巴达建造了恩利尔之屋"布尔苏苏阿"。

8. 麦斯卡格努那，麦山尼巴达之子，

9. 使吐马尔繁荣，

10. 把宁利尔带来吐马尔。

11. 第二次，吐马尔沦为废墟，

12. 吉尔伽美什建造了恩利尔之屋"努曼布拉"。

13. 乌尔卢伽尔，吉尔伽美什之子，

14. 使吐马尔繁荣，

15. 把宁利尔带来吐马尔。

16. 第三次，吐马尔沦为废墟，

---

[1]《历史文献》（*Historical Texto*），卷Ⅳ，第1号（"宾夕法尼亚大学博物馆巴比伦尼亚部分出版物"）。

[2] 克拉美尔:《苏美尔人》，1963，第48页。

17. 南那建造了恩利尔之屋"空中花园"。

18. 麦斯卡·南那，南那之子，

19. 使吐马尔繁荣，

20. 把宁利尔带来吐马尔。

21. 第四次，吐马尔沦为废墟，

22. 乌尔纳姆建造了埃库尔。

23. 淑尔吉，乌尔纳姆之子，

24. 使吐马尔繁荣，

25. 把宁利尔带来吐马尔。

26. 第五次，吐马尔沦为废墟，

27. 从阿马尔新之年，

28. 直到伊比新为王（之年），

29. 恩安加兰那，作为以力的伊南那的恩，

30. 当选了，

31. 宁利尔被带来吐马尔。

32. 按照恩利尔的"阿什加布·加布"卢伊南那的话，

33. 伊什比·埃拉建造了埃库尔伊吉加拉.

34. 恩利尔的仓库。

　　从《吐马尔铭文》全文来看，很清楚，这个铭文是在伊新第一王朝创立者伊什比·埃拉时制成的。这里，十分明确地把有关的王及其儿子排列成先后的次序。首先在尼普尔修庙的是基什第一王朝之王恩美巴拉格西和阿加父子；然后是乌尔第一王朝的麦山尼巴达和麦斯卡格努那父子；第三是乌尔第一王朝的吉尔伽美什和乌尔卢伽尔父子；第四是有可能属于乌尔第一王朝的南那（有人疑此王可能是乌尔王麦山尼巴达的儿子阿安尼巴达，亦叫阿南那）和麦斯卡·南那父子；第五是乌尔第三王朝的乌尔纳姆和淑尔吉父子；第六是在尼普尔统治的王们与第五

次为同一王朝，从阿马尔新到伊比新，历二代三王，然后就是接替乌尔第三王朝的伊新第一王朝第一王伊什比·埃拉。

《吐马尔铭文》基本上是一份真实的历史文件。它的译读为我们解决了苏美尔史上的两个重要问题：一是它证明了史诗英雄吉尔伽美什的历史性，他和有铭文依据的麦山尼巴达等王一样，也曾参加了向天神恩利尔奉献庙宇的国王队伍。这样，史诗《吉尔伽美什与阿加》作为一份历史文献来看待，完全不成问题了。二是《吐马尔铭文》不采用《苏美尔王表》的各王朝先后继承的编年次序，它排列的洪水后前三个王朝先后占领尼普尔的次序与王表的王朝次序是不同的。王表是基什—乌鲁克—乌尔；而它则是基什—乌尔—乌鲁克。这就是说，乌尔王朝并不是在乌鲁克王朝覆灭后才出现的，这三个王朝基本上是同时并存的。这一结论是很重要的，它指出苏美尔各邦是列国并立，而不是一个统一的国家。借助《吐马尔铭文》和类似的可信的实物材料，以校订《苏美尔王表》，将使苏美尔年表得到年代复原的科学基础。

北京故宫博物院所藏居鲁士泥圆柱（第18—21行）马骨化石铭文抄本 *

　　1983年，故宫博物院收到两块私人捐献的马腿骨化石，上面刻有符号，但无人能识。此后，这两块马骨及符号图片转到长春东北师范大学"古典文明史研究室"的林志纯教授手中。我和林教授看到图片后非常激动，因为我们辨认出这些符号属楔形文字，希望这些符号能为研究古代西亚提供新的、重要的线索。但是两年的翻译尝试令人失望。我们所能辨认出来的单词为数不多，这就根本不可能释读全文。与此同时，一位彝文研究者认为该马骨铭文是用彝文刻写而成，并将其译成中文。尽管我不同意他的看法，但是当时我仍不能释读出阿卡德语全文。

　　今年我有幸来到牛津大学进修学习，我请教了那里的亚述学专家。在专家的帮助下，解决了第一篇铭文（第一块马骨化石）（图版一1.和图版二1.）中的疑难问题。由于这篇抄本铭文出自一位不懂楔形文者之手，因此在抄刻过程中出现许多错误，尤其是遗漏现象甚多，致使抄本中出现许多不完整的单词。如果不是直接同原本对照，就根本不可能做出音译（transliteration）。正因为如此，到目前为止，我们仍无法将第二篇铭文（第二块马骨化石）（图版一2.和图版二2.3）译解出

---

*　　吴宇虹：《北京故宫博物院所藏居鲁士泥圆柱（第18-21行）马骨化石铭文抄本（初稿）》，《故宫博物院院刊》1987年2号。

来，我只好暂时放弃这项工作。

我非常感谢我的导师——牛津大学东方研究所的谢斯·戴雷博士（女），以及欧·仁·卡内教授，他们给了我很多帮助。戴雷博士是第一个识别出铭文第七行中居鲁士名字的（写作 ku-ra-aš），这为释解铭文提供了依据。显然，两篇铭文均由一位不懂楔形文者抄刻而来，这一观点也是由戴雷博士提出的。卡内教授发现铭文是居鲁士泥圆柱（第18—21行）手抄本，它描绘公元前539年居鲁士攻克巴比伦的情景，从而解决了全部疑难问题。我还要感谢芝加哥大学亚述学博士杨炽女士，她释读出 šumer(苏美尔)、šakkannakka(总督) 和 *kibrati erbetim*(四方)；感谢北京故宫博物院的施安昌先生，在我复制铭文抄本过程中，他为我提供了许多方便条件。最后，我还要感谢林教授，我在中国的导师。在我释读铭文期间，他为我提供了许多有益的建议。

居鲁士泥圆柱，长22.52厘米。1879年H.拉部姆在巴比伦发现此物，现保存在大英博物馆。Th. G.品克斯曾抄写过铭文的第一部分（见C.罗林生的（西亚楔形文铭文）第5卷，第35块，1884，伦敦；以及L. Abel 和 H.温克勒尔的《楔形文献教程）44页，1890，伦敦）。1880年，C.罗林生对泥圆柱做了音译和翻译（刊登在《皇家亚洲协会杂志》，1880，第12期，第70页以下）。继他之后，许多人对泥圆柱中的铭文做了翻译，例如：①斯拉德尔发表的《楔形文丛书）（Ⅲ 2卷，120—127页，1890，柏林）；② O. E.哈根发表的《论亚述学》（208—214页，1894,2）；③ F. H.威斯巴哈翻译的《阿谢美尼顿的楔形文字》（2—8页，1911）；④ L. W.金发表的《苏美尔语初探》（103—112页,1898，伦敦），书中附有楔形文的音译和翻译。在《古巴比伦和古代亚述指南）（第2版）一书中，印有泥圆柱的图片（属伦敦大英博物馆，第XL11块）。以后出版的有关铭文译本有 W·埃勒斯的《献给德国伊朗学者斯图加特》（156—166页，169页，1971），但该书仅仅是品克斯原本的再版，并无多大变动，书中附有片断图片（BIN Ⅱ 32）；以及 P. R·鲍革尔的

《亚述学杂志》（1975 年第 64 期，192—234 页）。

马骨铭文抄本的错误如下：

1. 符号错抄

第二行: ša，URI，ù（被抄为 ši+MES）；

第三行: šu，ik，ih（被抄为 ma，ik，ih）；

第五行: kul-ti-ša（被抄为 kul-ti-li）；

第六行: ar-ra pu-uš-qu ù（其中 Pu-uš 是正确的）；

第七行: na，ku，kiš，ki bu（原文无法辨认）；

第八行: di er，ka（被抄为 KAK，ka）；

第九行: GAL，URU（原文无法辨认）。

马骨铭文与居鲁士泥柱原文对照及其英译

2. 字的衔接有误

第一行: šu-me ;

第三行: LUGAL ;

第四行: tu- ;

第五行: ik- ;

第八行，ka-am-。

3. 串行

第五行: ta-bi-iš ik-（第六行）ar-ra！应该在第六行结尾处；

第七行: -bu-zi 应该在第八行结尾处，ka-am- 之后。

4. 符号遗漏

马骨铭文中的符号及其形状与大英博物馆的泥圆柱符号相同。这些符号不存在多种用法。

我没有接触过其他刻写在马骨上的古西亚文献。但我相信抄写铭文的人可能生活在古代时期，他曾发现居鲁士泥圆柱的副本，然后抄下其中一部分，其根据，至今尚未查清。但出于某种神奇的力量，这些奇怪的符号却保留下来。

以下音译和翻译亦是根据《亚述学杂志》（1975 年第 64 期第 192—234 页）。

马骨铭文译文

巴比伦的人民，全体人民，苏美尔和阿卡德的全境，诸王公和总督，向他（居鲁士）顿首，吻其双足。他们欢呼他的王权，他们面带着喜悦。主神（马尔都克）伸出援助之手，使濒临死亡的众神复活了，使他们度过了困境，脱离了危险。他们满怀感激之心，为他祝福，赞美他的名字。我，居鲁士，宇宙之王，伟大的王，万能的王，巴比伦之王，苏美尔和阿卡德之王，四方之王，是伟大的王，安山之王，干比斯之子，安山之王，大王，居鲁士之孙。

图版一

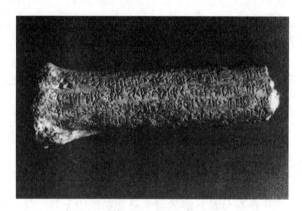

第一块马骨化石

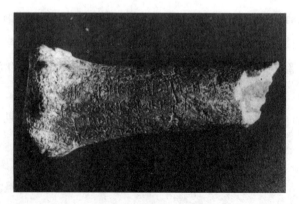

第二块马骨化石

图版二

第一块马骨化石铭文拓本

第二块马骨化石铭文拓本（之一）

第二块马骨化石铭文拓本（之二）

亚述和埃兰的战争 *

伊拉克和伊朗两国的边界战争以及其攻占科威特的战争的硝烟似乎已散尽了，但此地区的紧张局势并没完全缓解。两国的兵戎相见造成了这一地区的紧张局势和人民生活的痛苦。战争的起因不外乎是历史上遗留下的难题，如果交战的双方能够通过平等的谈判解决问题，无疑会大大造福于国家和人民，使窥视鹬蚌的第三者无机可乘，无利可图。伊拉克、伊朗两国所处地区历史悠久，古来就有无数鏖战在此演出，两河流域的无数黄土包之下不知埋有多少战火所摧毁的宫殿的断墙残垣；湍急的底里格斯河水不知冲刷过多少次战士的鲜血。本文仅向读者介绍一下公元前一千纪时，这一地区的两个著名古国亚述和埃兰之间的多次残酷战争。

亚述地处两河流域北部，在今伊拉克境内。公元前三千纪末，它仅是一个名叫阿淑尔的小城邦，随着历史的发展，它成为一个统一的地区性王国。在公元前 8 世纪，它已发展成为一个具有强大的军事能力，在古代地中海世界执掌牛耳的行省制大帝国。在国王萨尔贡二世在位时，西方的叙利亚、巴勒斯坦，西北托鲁斯山地区各小国，以及

---

* 吴宇虹:《亚述和埃兰的战争》,《外国问题研究》1994 年第 2 期。

[1] 本文所据史料根据亚述国王们的铭文，埃兰方面没有史料传世。参见: D.D. Luekenbill, *Aneient Reeordsof Assyria and Babylonia vol II*; 以及 "巴比伦编年纪", A.k. Grayson, *Assyrian and Babylonian Chronieles*。

南方的强国巴比伦都成了亚述的行省或属国。

埃兰地处今伊朗的西南，南濒波斯湾，其南部地区是卡伦河和凯尔哈河（古称乌拉伊和乌克奴河）平原，与两河流域南部相接。其北部是札格罗斯山脉。由于地理上的原因，埃兰与文明发源地的两河流域的历史紧紧地连在一起。埃兰人和现代印欧语系的伊朗人并没有血缘关系，它似乎是一个独立的民族。亚述人和现代住在伊拉克的阿拉伯人虽同属塞姆语系，但前者并不是后者的直系祖先。这两个古老民族亡国后，都在民族大融合的过程中消失了。埃兰早在公元前三千纪下半就出现在美索不达米亚（即两河流域）的文字记载中，它不断与两河流域的城市国家进行战争，一度成为这一地区各城邦的霸主。当两河流域形成统一国家巴比伦后，它也形成了联邦式的统一国家并继续与之争战。双方互有胜负，但谁也不能彻底打垮对方。

公元前721年[1]，巴比伦尼亚南部的迦勒底一部落的首领米罗达巴拉丹统一了五个分散的部落，并和埃兰建立了同盟。于是，埃兰和巴比伦从此释怨结好，共同对付强大的敌人亚述。在强大的埃兰军队的支持下，米罗达巴拉丹进入巴比伦城，夺取了亚述王所兼执的巴比伦王权，刚继位的亚述国王萨尔贡Ⅱ（公元前721—705年）听到迦勒底反叛的消息，准备率军进攻巴比伦。720年，埃兰王为支持巴比伦而对亚述宣战，在亚述和埃兰之间的德尔城外，埃兰军第一次与亚述军遭遇了。由于巴比伦军队的迟到，埃兰军失去了一个胜利的机会，而与亚述打了个平手。萨尔贡Ⅱ见埃兰的援军赶到后，只得主动撤离了战场，亚述军的这次败退，使米罗达巴拉丹安居巴比伦王位12年之久。717年，埃兰王混般尼卡什一世（742—717）去世，萨尔贡Ⅱ占领埃兰和巴比伦之间的干布鲁和普库杜等底格里斯河东岸阿拉美亚人地区并攻占了

---

[1]　以下年代均为公元前，不再另注。但注意本文中用的月份是阿卡德月历，近似于我国的农历月份。请读者不要理解为公历月份。

几个埃兰城市。埃兰新王舒特鲁克那混台二世（716—699）可能忙于国内的事情，而没有做出反应。710年，萨尔贡Ⅱ在没有遇到埃兰军的情况下顺利赶走了米罗达巴拉丹，自任为巴比伦总督与苏美尔和阿卡德王。米罗达巴拉丹向亚述王投降而得到宽恕，保留为本部落的首脑。他信守自己的诺言，对萨尔贡Ⅱ效忠直到亚述王死去。

米罗达巴拉丹在闻知萨尔贡Ⅱ死讯后再次得到了埃兰的支持，并于703年在8万埃兰军的保护下再次进入巴比伦，夺了王权。新任亚述王、萨尔贡Ⅱ之子辛那赫里布（704—681）当然不肯失去巴比伦这个最丰饶的属国。11月20日，他离开阿淑尔，率军攻打巴比伦。于是，亚述和埃兰再次进入战争状态。埃兰及其盟军在"图尔坦"（大将军）率领下驻守在巴比伦城东北屏障古城基什，并分兵一部驻守东南要地库塔城，如亚述军直扑巴比伦，驻基什的主力与之接仗，驻库塔军袭其后翼，南北合击必胜无疑。但老练的统帅辛那赫里布先派一支部队阻止基什的埃兰主力北上，自己则一鼓作气拿下了库塔，全歼守敌。然后火速南下增援正在苦战的阻击部队。丧师一部的埃兰和迦勒底军队终因稍逊一筹而败北。胜利的亚述军浩浩荡荡进入巴比伦，亚述王任命一个在其宫廷长大的像"小猎狗"一样忠顺的巴比伦贵族为巴比伦王。

700年，亚述在叙利亚作战，迦勒底人又叛。傀儡巴比伦王无法控制局势，辛那赫里布只好和长子阿淑尔那丁顺率军再入巴比伦尼亚。阿淑尔那丁顺深入迩勒底根据地海国，米罗达巴拉丹闻风率军民渡过波斯湾逃往埃兰沿海地区，不久死在埃兰。辛那赫里布回国前，任命阿淑尔那丁顺为巴比伦王，将无用的傀儡解往首都尼尼微。699年，埃兰王被其弟弟哈鲁舒（698—693）废黜。

694年，为了消灭迦勒底在埃兰的反抗根据地，辛那赫里布由水路（底格里斯和幼发拉底河）运兵到波斯湾沿岸，然后渡海进入埃兰沿海地区。亚述远征军攻陷了一些迦勒底殖民城和埃兰城镇，俘获甚大，仅武器就有三万五千副弓箭。但埃兰马上就进行了回敬。7月底埃兰王哈鲁舒奇袭巴比伦门户西帕尔到了城下，城内的反亚述分子乘机起事，阿淑尔那丁顺被逮捕，埃兰人被放进城。哈鲁舒镇压了亲亚述分子并任命亲埃兰贵族涅加尔乌什吉布（693）为巴比伦王，押着亚述王的儿子凯旋。693年，在南方，战争继续进行，巴比伦王攻掠了尼普尔。亚述军队则进入乌鲁克。随后巴比伦王率本部和埃兰驻军攻打乌鲁克并将乌鲁克神像和人民掠到埃兰。但他在亚述军反攻尼普尔时战败被俘，被押至尼尼微，置于城门处示众。一个叫木舍里布马尔都克的迦勒底人乘机抓住了巴比伦王权并对亲亚述分子进行了清洗。

埃兰军队在巴比伦尼亚南部的失利引起了政变。统治仅6年的哈鲁舒被杀，贵族苦杜尔那混提二世（693）夺得王权。埃兰由于实行"兄终弟及"，王族兄弟、叔侄之间争位内乱层出不穷。这与传位于子的亚述王制相比，不能不视为导致埃兰最后失败的一个原因。这年秋冬，亚述王乘机侵入埃兰，夺回几座失去的城市，破毁了34个埃兰村镇。由于天气寒冷，山区的风雪严寒和埃兰人的抵抗使亚述军没能扩大战果而收兵了。

埃兰方面的失利当然被归咎于统帅——国王，692年5月17日王弟混般米那奴（692—689）发动政变，杀死就职仅10个月的哥哥，登上王位。692年，当驻尼普尔等南方大城的亚述军对巴比伦王采取攻势时，他便携带大批金银来到埃兰，以此为礼品与埃兰王结成反亚述同盟。691年，埃兰王率领埃兰、巴比伦、阿拉美亚各部、迦勒底各部以及各属国组成的联军向亚述边境开来。辛那赫里布则率领亚述主力和各国辅助部队在底亚拉河北岸的哈鲁里城附近迎击来犯者。一场极其残酷的大战展开了。埃兰的进攻一度动摇了亚述的阵脚，但亚述王乘战车亲自上阵，鼓舞了士气。埃兰的进攻转为退却，其大将军阵亡。战场上尸横遍野，血流成河。事后亚述方面战报是伤亡敌人15万人，俘迦勒底统帅（米罗达巴拉丹之子）。但巴比伦编年纪却写道埃兰人"在哈鲁里作战并击退了亚述"。由于亚述军并没乘胜追击溃败的敌军，战斗的结果显然是两败俱伤。直到 689 年，辛那赫里布闻知埃兰王已于 1 月 15 日中风不能率军，才敢率兵南下。9 月 1 日他攻陷了巴比伦。巴比伦王木舍里布马尔都克被押到尼尼微，献俘神庙。亚述王自任巴比伦王，但为了报复巴比伦城出卖了他的爱子，他破坏了这一名城。12 月 7 日，埃兰王亡。混般哈勒塔什（688—681）任埃兰王八年后中风死去，其间无战事。他曾于 681 年 4 月 3 日将前王掠到埃兰的乌鲁克的神像送回乌鲁克，以示友好。681 年 7 月 23 日，其子混般哈勒塔什二世（680—676）继位。

681 年 10 月 20 日亚述王辛那赫里布被其子杀后，末子阿萨尔哈东平乱后于 12 月 18 日继位（680—669）并兼任巴比伦王。在他在位期间，巴比伦一直忠于亚述。因此，埃兰人无法插手巴比伦事务，也基本上与亚述保持和睦关系。680 年，一迦勒底首脑攻乌尔未遂逃往埃兰，埃兰王没有支持他，反而杀了他。678 年，迦勒底之毕特达库瑞部反未遂，酋长被送往亚述处死。675 年埃兰王抢掠了西帕尔。6 月 7 日，埃兰王混般哈勒塔什二世死，其弟乌尔塔库（674—665）继位。674 年 12 月 5 日至 10 日，阿卡德城神伊丝塔尔神像被埃兰送回以示友好。在埃兰因大旱受灾时，亚述王曾给乌尔塔库送去粮食救济受灾的人民。

669 年 9 月，阿萨尔哈东死后，亚述和巴比伦分别由他的两个儿子统治。巴比伦王沙马什顺乌金（668—648）是其兄亚述王阿淑尔巴尼帕的臣属。此时，亚述成为一个极强大的帝国，古老的帝国埃及也成了它的属国，在整个近东唯一可以与它匹敌的只有埃兰了。起初埃兰王乌尔塔库和阿淑尔巴尼帕继续保持着友好关系。当埃兰再次受旱灾，亚述王不仅送去了粮食，还把部分逃荒的饥民安置在亚述，在转年丰收后才送回埃兰。可能是由于仇恨亚述的迦勒底王公的煽动，乌尔塔库乘亚述军远在埃及作战，派兵侵入巴比伦的边界城镇。但埃兰入侵军遭到了亚述在巴比伦的驻军的反击，败回本国。埃兰还不是一个中央集权制国家，王位继承法和我国商朝类似：由哥哥传给弟弟，直到没有弟弟了，再传给长兄之子。由于王弟是当然的王位继承人，并握有军政大权，所以，王弟弑兄而立在埃兰历史上屡见不鲜，这就导致了埃兰的内政不稳。埃兰王乌尔塔库继长兄混殷哈勒塔什二世为王，他的弟弟丢曼握有大权，是他的继承人。665年，丢曼（664—655）见乌尔塔库被亚述人战败，贵族对国王的无能十分不满，于是杀了哥哥，自己登上王位。他为了使王位能传给自己的儿子们，便策划杀死长兄和二哥的儿子们。665年7月12日，乌尔塔库的儿子混巴尼加什见势不好，便领着两个弟弟和伯父的两个儿子等60个贵族逃到亚述。阿淑尔巴尼帕别有用心收留了他们，这就导致了两国关系的极度紧张。丢曼派出两名贵族为外交使节，强硬地要求亚述王引渡这些政治避难者。强大的亚述当然不理会埃兰的要求，阿淑尔巴尼帕因埃兰使节的傲慢而勃然大怒，反而扣留了埃兰使节为人质。这就导致了两国之间的争霸战争不可避免地再次爆发。

655年，阿淑尔巴尼帕在东部的阿尔白拉城的神庙获得女神批准这次战争的神谕后，率大军向埃兰杀去。这时丢曼所率埃兰大军已攻到亚述东南部重镇德尔城下，听到亚述王率军亲征后，又急忙退守首都苏萨。两军在苏萨城外乌拉伊河（卡伦河）岸展开了激烈交锋，身经百战、装备精良的亚述战士最后占了上风。鲜血染红的乌拉伊河水被尸体堵了三天，尸体布满了苏萨平原。丢曼在战斗中受了伤，愤怒地让其长子射杀了一个给亚述人带路的叛逃埃兰贵族。但这时亚述的士兵赶到了，将父子二人双双砍倒，割下首级，传给亚述国王报捷。丢曼的女婿也叫乌尔塔库，中箭倒在战场，他对亚述战士大叫："来，行行好吧，割下我的头，给你的主人国王送去。"一埃兰大将杀红了眼，以至于分不清谁是敌人，用自己剑乱砍自己的弓。胜利的亚述王进入首都苏萨，将在亚述避难的埃兰王子混巴尼加什二世（654—651）立为埃兰王，任命其弟塔马里图为埃兰属国希达鲁城王。回师的路上亚述军又攻占了背叛亚述投靠埃兰的干布鲁国（首都在底格里斯河心岛上），毁灭了其城。其国王脖悬埃兰王的首级被押到尼尼微割舌剥皮。埃兰王首级后挂在尼尼微城门上。被扣在尼尼微的两个埃兰使节，目睹其王首级和亚述酷刑，一个当场拔剑切腹自裁，一个发了疯。新埃兰王送来的迦勒底叛将和干布鲁首脑一起处死。亚述王又命两个俘虏在城门前压碎其父干布鲁贵族的尸骨。

　　但残酷的处罚和宽大的怀柔都不能停止埃兰贵族对亚述的仇恨，新王混巴尼加什为了坐稳王位，不得不转为亚述的敌人。652 年 12 月 27 日，巴比伦王起兵反抗其兄亚述王，两军战于底格里斯河岸的希瑞特，巴比伦王败北。当巴比伦王沙马什顺乌金送给埃兰重金以求结盟时，埃兰王派出丢曼之子率兵去巴比伦。651 年闰 6 月 9 日，巴比伦军攻占库塔。随后被围在巴比伦，西帕尔，波尔西帕和库塔。651 年，埃兰再次发生争位斗争。曾与其兄同在亚述避难的塔马里图（651—649）杀了其兄王及儿子，夺位为王，并继续与亚述为敌。但埃兰贵族并不喜欢这个亚述来的国王。649 年，其部将起兵夺得王权。塔马里图只得乘船渡过波斯湾，经巴比伦再次来到尼尼微避难。亚述王宽恕了这个袒胸吻王脚请罪的奴仆并任命他为自己的车夫。

　　649 年，巴比伦的反叛已近尾声，巴比伦人被围在几个大城中。巴比伦城内粮食断绝，人民吃皮革，甚至易子相食。648 年，巴比伦王自焚于宫中，各城全投降了。亚述王派使去见埃兰王要求引渡参加巴比伦起义的叛将迦勒底首领那布拜舒马提，埃兰王打算同意。这就引起了又一次政变，王族混般哈勒塔什三世（646—640）夺得王权，拒绝引渡，两国战事又起。646 年，亚述王率大军攻克埃兰门户毕特因比城，活捉其总督（埃兰王婿）。混般哈勒塔什弃其城马达克图退走山区。亚述军二进苏萨，将塔马里图安放在埃兰王位上。后此反复小人又图反叛，被亚述王派军抓回尼尼微。而顽强的混马哈达什在亚述军退走后，又恢复了各城。不久，亚述王派使到埃兰，要求归还 1635 年前被埃兰人抢到苏萨的乌鲁克女神娜娜神像，但遭到了拒绝。这使愤怒的阿淑尔巴尼帕率大军第三次攻入埃兰，埃兰王退守温达什堡，以伊底带河为天险对抗亚述军。此时，河水正值高峰，亚述战士不敢渡河。阿淑尔巴尼帕宣布他梦见女战神伊丝塔尔对他说："我要走在亚述王之前。"士兵们知有神佑，才渡了河。亚述军这次战役全面地摧毁了埃兰 12 个地区，14 座王城和无数村镇被焚，反抗者被屠杀，居民被迁往亚述。亚述军甚至深入到埃兰边境 120 小时路程的地区，最后开进不设防的圣城苏萨。亚述军打开神庙之金库，将无数财宝和 19 个埃兰神像运回亚述，夺回了阿淑尔巴尼帕所特别重视的那布神之妻娜娜神像。苏萨和其他埃兰城市被洗劫得这样干净，以至于亚述王夸口说："我把苏萨和各城的尘土都带回了亚述。""我让野驴、黄羊、各种野兽像住在家里一样自由自在地在这里生活。"埃兰这个勇悍而强盛的国家这次被彻底打垮了。

当亚述使节再次出现在荒芜的马达克图城中的埃兰宫廷索求叛将时，迦勒底首领米罗达巴拉丹的孙子那布拜舒马提见大势已去，便和其战车盾士互相用剑杀死。埃兰王将他们的尸首送到尼尼微。报复心极强的亚述王对他执行了第二次死刑，砍下他的首级，并挂在其弟（巴比伦俘将）的背上示众。

不久，埃兰又发生了内乱。640 年，混般哈勒塔什三世被驱走，一个名叫帕埃的人成了国王。但他不敢反抗亚述，亲自赶到尼尼微朝见亚述王。而大批埃兰游兵散勇都投效到亚述王的名下，成为了弓箭手。逃到山区的混般哈勒塔什也被亚述兵抓到，押到亚述首都。当阿淑尔巴尼帕去神庙祭告时，让三个埃兰国王（塔马里图、混般哈勒塔什和帕埃）以及一个阿拉伯国王拉着他的战车到庙门口，炫耀自己的胜利。

亚述虽然彻底战胜了埃兰，但年年的残酷战争耗尽了亚述的国力，各行省、属国和本土人民对国王穷兵黩武政策感到厌倦了。而亚述的死敌，多次挑起埃兰与亚述作战的迦勒底人仍在顽强地等待时机。在埃兰被打垮后不久，亚述东北的游牧民族米底各部联合成了一股强大的力量，向亚述展开了强大的攻势。巴比伦南部的迦勒底人乘机而起，虚弱的亚述帝国再不能抵抗住这南北两股新生力量的夹攻。614 年和612 年，千年古都阿淑尔和"狮穴"尼尼微相继陷落，曾不可一世的亚述帝国竟没做什么有效的抵抗而被灭亡了。继亚述人统治两河流域的迦勒底巴比伦王朝也未延续多久。539 年，在埃兰废墟上建国的波斯游牧民族在安山王居鲁士的率领下攻陷了巴比伦，整个西亚都处于强大的波斯王朝统治下。

对古埃及蜣螂印和两片亚述楔文片断拓本的鉴定 *

近日，李学勤先生寄来一个古埃及蜣螂印和两片楔文片断的拓片。承蒙先生看重，我根据东北师大古典文明史所埃及学专家们的建议，查找一些资料，对蜣螂印作叙述。同时根据自己研究楔形文献的经验，对楔文拓片作叙述。

一、古埃及蜣螂印或护符拓片

印纹中心是一王名环，内有三个符导，读为 "men-kheper-re"，这是古埃及新王国著名国王图特摩斯三世（Tuthmosis Ⅲ，公元前 1503—前 1450 年在位）的第四位王衔名。古埃及法老有五个王衔，每个王衔对应一个王名。五王衔为：1. 荷鲁斯（神鹰），2. 两夫人（神蛇），3. 金荷鲁斯，4. 上下埃及之王，5. 太阳神（Re）之子。其中只有第四和第五王衔之后才是国王自己真正的王名，而且这两个名字被放入王名环中书写。men-kheper-re 是第四王衔名，Tuthmosis 为该王的第五王衔名，第四王衔名仅在文物中出现。

埃及印章在古王国时受西亚两河流域文明影响使用滚筒印，即在

* 《中国文物报》1996 年 11 月 10 日。

柱形石的柱身曲面刻制印纹，使用时将其放倒，在泥面上滚动而印出连续不断的印纹，这种印的特点是印纹面积大并连续成图。中王国时（约公元前 2000—前 1780 年）滚筒印被直压印所取代。这些新的直压印章的外形是蜣螂，肚下平面即为印纹（呈椭圆形）。蜣螂（俗名"屎壳郎"）在古埃及为神虫，为太阳神化身之一。太阳神有三种形态：早为蜣螂，中午为鹰头太阳神 Re，晚上则变为人形神阿吞（Atum）。在古代埃及和其他地方一样，印章印在封泥上用来封死信件和文件卷的开口、木箱的开关处、麻袋和瓮罐的口以及库房的门闩，以防止非官方批准动用物资或阅读文件。

　　带有图特摩斯三世的第四王名环的蜣螂印在十八王朝灭亡后仍被大量制造。这时，这些蜣螂印章已不是官方印章而是个人的护身符了。伟大的法老已成为神并保护这些持有他王名印章的后代。据这里的埃及专家大卫·沃尔博顿（David Warbton）博士判断，拓片上的蜣螂形状有可能是十八王朝时的类型，所以该印章也可能属于图特摩斯手下的一位官员。否则，它则是后期的成千上万个蜣螂印护身符的一个。

二、两片亚述楔文片断拓片的鉴定

　　两片拓片由于拓得效果不好，字体的笔画不能分清，已无法释读。可以肯定的是文字均为晚期亚述楔形文字（约公元前 900—前 600 年）。大的一片第二行可以读出 an、gi 两个字符。第三行开头可能是 As、sui 二字，是阿淑尔城或神的名字（城、神同名）。小的一片应倒过来看，因楔文笔画"竖"笔尖向下。两断片由于过于残缺，即使能够辨认字符，每片所含不过十来个词，所含信息量很小。由于泥板文书笔道有粗有细，拓制的效果不理想，国外实践是临摹，易于辨认。值得说明的是，小的一片上的字符大小和常见泥板上的近似，大的一片上的字符则较大一点，但也可能是写在泥板上的，因为石板上的字更大。这种大一点字体不用在最常见的经济、法律方面（契约和案例）的泥板中，而用于书写短王铭。

跋

李学勤

清代晚年，中国已有学者和收藏家对古代埃及、西亚等地文物发生兴趣。端方使欧，即曾收集此类文物，可参看石印本《埃及五千年古刻》。其后零星藏品，如《北平孙氏雪园藏陶目》所列"埃及泥塑像"等，不乏其例。

东北师大古典文明史研究所吴宇虹先生曾撰有《北京故宫博物院所藏居鲁士泥圆柱（第18—21行）马骨化石铭文抄本》论文，以中、英文两种文字刊于《世界古典文明史杂志》第1卷（1986年）及《故宫博物院院刊》1987年第2期。今夏在长春，与吴先生谈及流传到国内的此类文物，于是想到过去得到的几张拓本，翻箱倒箧，终能检出，寄请吴先生研究。

拓本共三张，是50年代初北京图书馆金石部曾毅公先生赠送给我的。曾先生建国前在齐鲁大学工作，两张泥板残片拓本为当时所拓，有其题字云："古回教经文匋（陶）片，中央亚细亚出土，夔德义牧师藏。"关于文物性质和发现地点，当系该传教士的说法，现在看来并不准确，录此以备参考。

"空中花园"不在巴比伦城而在尼尼微城 *

　　"世界奇迹"的七大宏伟建筑中有五个是希腊人建成的：希腊半岛上的奥林匹亚山上的宙斯像、小亚半岛上的以弗所城中的阿尔泰米斯女神庙、哈利卡纳苏城的王陵、罗德斯岛上的太阳神巨像和埃及港口亚里山大里亚的灯塔。然而在这五大奇迹之前建成的埃及金字塔和"巴比伦城中的空中花园"却分属于早于希腊文化的古代埃及和两河流域文化。津津乐道巴比伦城中尼布甲尼撒王的空中花园的几位古希腊作者并没有到巴比伦城亲眼看过城中的这一奇迹。不久前牛津大学亚述学家戴蕾（Dalley）博士在伦敦出版的亚述学和西亚考古杂志《伊拉克》（1995）发表了她令人信服的考证——两河流域的王家空中花园不在南方巴比伦而在北方亚述帝国首都尼尼微城；而且这个花园的筑造者不是巴比伦帝国国王尼布甲尼撒二世，而是比他早100年的亚述帝国国王辛那赫瑞布。下面简略地介绍戴蕾博士提出的论据，并加以自己的补充。

　　一、许多到过或了解巴比伦城的古典作家并没有提到巴比伦城中曾有一个宏伟壮观的空中花园。"历史之父"希罗多德出生于波斯帝国统治下的小亚并在帝国各地旅游了17年，很可能到过帝国首都之一的巴比伦城。在他的著名《历史》一书中，他身临其境地谈到了埃及的

* 吴宇虹：《"空中花园"不在巴比伦城而在尼尼微城》，《世界历史》1997年第1期。

奇迹金字塔和巴比伦城的奇迹宏伟城墙，却没一字提到"空中花园"。色诺芬和希腊雇佣军受雇于波斯王的弟弟小居鲁士，曾远征到巴比伦城附近库纳克萨。同样，这位熟悉两河流域的历史家在谈到巴比伦城时，只描述它伟岸城墙而不提"空中花园"（《居鲁士的教育》）。罗马作家普利尼首次把这些世界著名建筑合提为七大奇迹。然而他在《自然史》第6卷第123节中同前两位作家一样只叙述巴比伦的城墙，又加上了邦勒主神庙，只字不提奇迹"空中花园"。亚历山大大帝定都巴比伦城并死于该城，而关于他在巴比伦城中的记载中只字未提"空中花园"。综上所述，这些熟悉巴比伦城的古典作家都认为巴比伦的城墙是一奇迹而不提其内有"空中花园"，这可以表明巴比伦城中并不存在无人不晓的奇迹"空中花园"。

二、提到巴比伦城中有"空中花园"的古典作家所据的都是转抄的第二手材料，他们常把巴比伦与尼尼微城弄混。狄奥多如·西库鲁[1]生活于距"空中花园"之后四五百年的公元前1世纪。他关于"空中花园"在巴比伦城的说法（《历史》II，10，1-6）是来自另一位作家克台西亚（Cte-sias）[2]。狄奥多如并不了解两河流域的地理和历史。他至少有两次把两河流域南方的首都巴比伦城和北方的首都尼尼微弄混。一次他把亚述王的首都（尼尼微城）说成位于幼发拉底河岸上（II，7-1），然而人们都知道亚述王的首都尼尼微在底格里斯河岸上而巴比伦才在幼发拉底河岸上。另一次他说，亚述王后在巴比伦城的建筑中装饰了国王猎狮情景的图画（II，8-4）。然而考古发掘证明在尼尼微王宫中有国王猎狮浮雕图，而巴比伦城中的装饰壁画从不使

---

［1］　Diodrus, SicuLus，凯撒和奥古斯都时代作家，写有一部《世界史》（约公元前60—30年）；第一部"埃及"，第二部"两河流域、印度、斯库提亚、阿拉伯"等等。书中基本是引用其他人的作品。该书由于引用不同的传统常引起混淆。参见《牛津古典辞书》，牛津1970年版，第284页。

［2］　Ctesias of Cnidos（小亚城）是公元前4世纪波斯宫廷的医生，他的23卷本的波斯史是很不可靠的，见《牛津古典辞书》，牛津1970年版，第300页。

用这类题材。另一位把"空中花园"放在巴比伦城的古典作家是约瑟夫[1]，他在其《犹太古代》（Ⅹ，220）书中自称他的叙述是引用巴比伦人贝柔嗖斯（公元前3世纪初）的著作，但考证表明他是从波力希斯托的改写本中引用的。约瑟夫首先提出"空中花园"是巴比伦王尼布甲尼撒为了取悦其米底来的妻子而修建的。斯特累波和拜占庭的腓隆[2]都提到"空中花园"是在拱顶之上栽种的奇树异林，而它的成功在于使用了螺旋泵器把流水提升到高处浇灌林苑。要知道尼布甲尼撒死后仅23年，波斯人于公元前539年攻占了巴比伦。在那一年或之后482年波斯人改变了幼发拉底河道，以后数世纪河水不流经尼布甲尼撒的宫殿。因而如果巴比伦城中有"空中花园"的话，它将因无水浇灌而枯死，无论是贝柔嗖斯或什么人都不会把无树可观的花园称为奇迹。结论是"空中花园"不在巴比伦而在另外一个城市。另一个提到巴比伦"空中花园"的是公元1世纪如付斯（《亚历山大史》第1卷，第35页。）[3]，但他明确指出"空中花园"是"一个统治巴比伦的亚述王"所建，从而否定了花园建于公元前6世纪的尼布甲尼撒时的说法。

　　三、古典和犹太文献常把亚述和巴比伦二国混为一谈，把亚述首都尼尼微和巴比伦尼亚的首都巴比伦混为一谈，从而导致了后来作家也弄不清"空中花园"是在巴比伦还是在尼尼微。这类混淆很多，不一一例举。两河流域北部称为亚述，南方称为巴比伦，先后有新亚述帝国和仅86年的新巴比伦帝国。由于两国文化和语言都一样，而且亚述又统治过巴比伦，以及有的人不知道巴比伦帝国，难免使在时间和

---

[1] Josephus，住在罗马的犹太祭司，用希腊文写作，他关于早期历史的材料主要来自旧约圣经。

[2] Philon，公元前2世纪初，拜占庭的一位机械学家。

[3] Rufus Quintus Curtius，克劳狄在位时的罗马修辞学和历史学家，发表了10卷《亚历山大（大帝）史》。他的风格是戏剧性的，带有情感的述描、栩栩如生的细节以及引用演说词。

空间都离他们很远的后代作家把两个帝国及两个首都弄混。

四、新巴比伦国王尼布甲尼撒的许多铭文都被发现和释读，他多次谈到他在巴比伦的建筑工程，但从没说过自己修过"空中花园"。而巴比伦的国王也没有修建花园的传统。

五、亚述国王辛那赫瑞布的许多铭文都提到他在尼尼微修建了花园并把流经尼尼微城中一条河的水引入花园。而且他是"一个统治巴比伦的亚述王"。尤其是他在铭文中提到向（空中）花园提水的螺旋片（铜 *alamittu* "棕榈干"）和引水的粗大的铜圆筒管（铜"大树干"）。这无疑和古典作者所说的向"空中花园"提水的螺旋泵器相符合。修建围猎园林是亚述国王的传统。例如阿淑尔那西尔帕二世在铭文中说他把山泉引入新首都卡拉赫的王家花园中并在花园中招待 6.9 万位宾客。辛那赫瑞布的孙子阿淑尔帕尼巴（公元前 668—前 631 年）经常在尼尼微的人造山形花园中打猎和围射由笼子里放到花园中的狮子和野驴。这种山丘似的花园被后人称为"空中花园"是合理的。

六、在尼尼微城的亚述王宫中发现了一块浮雕（现在大英博物馆）绘有尼尼微城中的"空中花园"，该花园确为种在拱顶上的园林。

七、德国考古队发掘巴比伦城遗址时很难找到一处和古典作家描述一致的"空中花园"遗址。于是他们只好假设尼布甲尼撒的花园是在王宫中的厚实的围墙之内，可能是用井水浇灌的。实际他们猜测为花园的建筑单元并不是花园，它和马瑞遗址发掘出的古巴比伦时期的作坊区域十分相似。这一新的指认可以解释为什么德国发掘者所谓的"巴比伦空中花园"建筑到处用沥青涂料防水并需求大量井水：洗涤车间和纺织、浇铸锻打车间都需用大量的水。

八、从尼尼微出土绘有"空中花园"的浮雕板显示除了泵用河水外，尼尼微的空中花园还使用从山区引来的、由拱式运水槽路引导的自流泉水。这一长久的非人力的供水方式可以解释为什么在尼尼微于公元前 612 年被米底攻陷后，"空中花园"仍被如付斯和其他希腊人所欣赏的原因。自然流水在尼尼微"空中花园"失去了转动水泵的人力的情况下继续向它供水，使它仍然郁郁葱葱。在几百年后，仍保持当年奇迹的遗貌。

古代两河流域的长老会 *

　　古代两河流域和欧洲古典世界以及古代中国一样，是由军事民主制进入城邦文明的。虽然这里保存下来的文献提到公民大会的不多，但是有关长老会的记载却是丰富的。证据表明两河流域的早期城邦是由军事首领"王"（苏美尔语 lugal、阿卡德语 šarrum）和各家族父长组成的长老会共同管理。然而，古代世界连绵不断争战使军事首领"王"的权力不断膨胀。尤其当某邦之王军功显赫、称霸甚至一统天下时，原邦的长老会只能把最高权力以及一些职能转让给王。国王在各城任命听命于他的总督，而长老会只能与总督共事或屈从总督。一般来说长老会的司法权常常保留到最后，尽管有争议时最后决定权属于国王。

　　伊辛、拉尔萨、古巴比伦时期（公元前 2000—前 1600 年）出土的文献与其前后相比最为丰富，且这一时期长老会的作用十分明显。所以本文的材料基本取于这一时期。其中又以作者最感兴趣的《马瑞王家档案》（Mari，旧译为马里，为与现代国名"马里"区分，本文新译如此）为主要文献来源。这时亚述地区存在一些小邦，或臣服于马瑞，或臣服于巴比伦，或与亚述结盟，纵横捭阖，政治形势错综复杂。在这些小国中，长老会往往起着突出的作用。在我们查阅古巴比伦时期有关长老会的文献之前，先让我们回溯一下在此之前最早关于长老会及

---

*　吴宇虹:《古代两河流域的长老会》,《世界历史》1997 年第 2 期。

公民大会的记载。

一、早王朝至乌尔第三王朝时的长老会（2700 B.C.—2000 B.C.）

有关两河流域早期苏美尔城邦政治制度的文献很少。然而著名的苏美尔史诗《吉勒旮美什和阿旮》[1]讲到乌鲁克城邦的战和大事是由宗教及军事首领库拉波地方的"恩"（en）吉勒旮美什与本城的长老会以及公民大会共同决定的。当苏美尔的霸主基什王阿旮派他的使节来到乌鲁克要求乌鲁克臣服于他时，吉勒旮美什对城市的父亲（长老）们提出此事说，为了能够完成和使用水利灌溉工程，我们应打败基什。基什可能控制乌鲁克上游的水源或者用武力阻止乌鲁克的挖井工程。该史诗的第一部分引译如下：

> 恩美巴腊格西之子阿旮的使团由基什到乌鲁克来见吉勒旮美什。吉勒旮美什面对他城邦的父亲们提出此事并请求建议说："为了（我们）能完成一口水井，为了能完成全国的水井，为了能完成全国的水池，为了能挖井，为了能完成提（土）的绳子，让我们不要向基什的公室低头！让我们用武器打击它！"他城市的父亲们集会后回答吉勒旮美什说："为了（我们）能完成一口水井……让我们向基什的公室低头！让我们不要用武器打击它！"库拉波地方的"恩"吉勒旮美什是信任伊南娜女神的人，他没把他城市

<hr/>

[1]　S.N. 克瑞默，《美国考古杂志》（Kramer, *AJA*）1949 年 53 卷，第 1—18 页。*AJA* 是 *American Journal of Archaeology* 的缩写。本文所用的文献都采用国际亚述学通用缩写，请读者参考 *CHICAGO ASSYPIAN DICTIONARY* 开头部分的缩写名单。该史诗英译中见林志纯主编《世界通史资料选辑上古》，商务印书馆 1962 年版，本文根据苏美尔原文重译。

父亲们的话放在心上。吉勒旮美什，库拉波的恩，重新把此事提到他城市的壮丁面前并请求建议说："为了完成一口水井，为了完成全国的水井……你们不要向基什的公室低头，让我们（版本H：你们）用武器打击（它）！"他城市的壮丁集合后回答吉勒旮美什的话说："（我们）这些站着的（战士），这些坐着的（长老），这些追随王子的（舍人），这些征收牲口税的（官吏），谁能有（像你这样的）精力！你们不要向基什的公室低头，让我们用武器打击它！乌鲁克出自诸神的工匠（之手）。埃安那是自天而降的宫殿，诸位大神做成它的结构。这耸立入云的高大城墙，这安奴（天神）竖起的伟岸宅邸已委托给你，你是它的王和勇士。他（阿旮）面对安奴神宠爱的王公将畏缩，他将多么害怕的他的兀起。他们的军队将会变小，不久将会散尽。这些人不敢与你相持。"那天，库拉波之恩吉勒旮美什的心情因（听了）他城邦壮丁们的话而欢欣，他的意气风发。

　　从以上引文可见乌鲁克存在两个集团的公民。城市的"父亲"们当然指各家族的家长者包括世子，他们组成长老会。苏美尔字 guruš 这里译作"壮丁"，是指成年男平民、战士兼劳力，其社会地位要低于长老们及工匠。在乌尔曾挖掘出一块专埋葬战士阶级的墓地。被挖掘出的96座坟中一律埋葬着男性，绝大多数带有铜短剑等武器。除武器外，每人只随葬两件陶器，有的戴有金银耳环等饰物。绝大多数拥有一具刻有雄狮扑杀牛羊图案的滚筒印。[1] 这滚筒印可能是每个战士生前领取口粮的信物。这种滚筒印也发现在有人殉的三座王墓中。这些战士可能就是苏美尔文献中的 guruš "古鲁什"阶级。他们葬在一个墓地，没

---

[1] 吴雷：《乌尔发掘》（L. Woolley, *Ur Excavations*）第4卷，1955，第38—39页和127的图表。

有家族墓地。

　　稍晚于吉勒旮美什时代的早王朝晚 III 期和阿卡德时期，我们发现"长老"仍是一个重要的职称和头衔。一块出自埃什努那的使用阿卡德王那拉姆辛年名的过嗣文书泥板记载了 15 个城市长老（JCS 28 230），他们中有主神的总管，神庙书吏，行政长官，三个书吏，一建筑人，一哀乐书吏，两个管牛人，一个歌手，还有一名妇女。在 15 人在场作证下，另一名妇女城市长老（可能是女祭司）把一名妇女带回家中，可能把她作为自己的女性继承人。由于在契约、法律文件中证人多由长老充当，所以"公证人"一词和"长老们"通用。也许上述 15 个证人中有少数不是城市长老，仅是附属的证人。在古巴比伦时期以后，"证人"和"长老"复数不一样，所以"证人们"和"长老们"一般可以区别了。

　　出土于阿达波城的萨尔贡时期的一泥板记载了高官的肉食品：国王或城神（城神也被称为"王"）享有羊一、鱼十篮，王后或城神后享有羊一、鱼五篮，各庙方丈享鱼两篮，两使节（sukkl）、一个城市长老、一个书吏、一个判官、一个夫人的兄弟各享鱼一篮。阿达波的一分发表单记录了木器分给阿达德神庙方丈和一位城市长老及下属人员。第三块泥板提到一个人的名字叫"城市长老是（我）的王"（lugal-ab-ba-uru）。[1]这些记载显示了在古阿卡德时期城市长老们在各城的重要作用。

　　I.J. 盖勒波讨论了古阿卡德时期（2371—2191 B. C.）及之前的城市长老和证人（直译"老人"）并列举了这一时期所有提到城市长老或长老会的文献。[2]在叙利亚的埃布拉（Ebla）城址出土的文献中提到本城的长老和马瑞城的长老（MEE I 1663）。出土于苏萨城和基什城的

---

[1]　杨炽:《阿达波城的萨尔贡时期文献（英文）》（PPACI），长春东北师大古典所，1987，泥板号 A662，A675，A753。

[2]　盖勒波，《近东研究杂志》卷 43（I. J. Gelb, JNES 43），芝加哥 1984 年版，第263 页。

文献中提到长老会下属有壮丁军尉（nu-band）和管事们（ugula）。阿淑尔东面的旮苏尔（Gasur）城出土的文件也提到几位长老（*HSS* 10 34 ii 及其他）。尼普尔城出土的文献提到长老们的俸禄田。"长老会的谷仓""埃兰的城市长老""某某城市长老"在埃什嫩那、阿达波以及其他城的泥板中多次被提到。长老会做城神的代理人反映在乌尔城中"月神辛的长老"（*UFT* I11）。拉旮什邦中的"南塞神的长老"（ab+aš igi-ᵈNanše）可能是著名乌鲁卡吉那改革铭文中提到的西腊冉（Siraran）城中的长老，因为南塞是西腊冉城的城女神。乌鲁卡基那在铭文中说他把西腊冉城的长老的份粮固定为（每天？）180 块面包和一桶啤酒。盖勒波指出"各种类型的寺庙、宫殿和家族的日常事务由长老会在内部进行管理"。在乌尔第三王朝时，行政官员"城市之管事（ugula-uru）"级别上低于城市长老（ab-ba uru）可以用尼普尔人卢旮勒阿吉达（Lugalazida）的事业为例：他在阿马尔辛第六年的文件中的身份是"尼普尔之城市管事"，而在第九年的文件中已升为"尼普尔城市长老"（Limet, *TSDU* 12: 2）。

在马瑞的早王朝地层发现了一个长老的石像，其名叫 Iti-Narim。他把自己的像置于阿什塔尔神庙中以王为首的各位显贵的像中，以求神佑（*FAOS* 7，8 页）。另一位长老的石像属于乌尔第三王朝末期（*FAOS* 7，页 365）。同时期的一位马瑞总督的石像（F*AOS* 7, 363）是献给"恩奇，大会的主"。海神恩奇是苏美尔主神之一。铭文显示了当时人认为，在众神的世界也存在地上世界的长老或公民大会，而智慧之神恩奇是大会主席之一。一件写于乌尔第三王朝舒勒吉三十七年（公元前 2058 年）的宁达腊神庙账目记录了该庙人员 292 人（*BM* 12232,*OPKF* 11 52）。其中主管人员 19 名被称为长老们和（他们的）助手（šeš-tab-ba）。他们包括方丈和其子、7 位武士、文秘及其助手、司土及其助手、仓吏、一官吏及其助手、一城市长老（"父亲"）及助手、牛犁书吏。城市长老可能是神庙中的一位长老代表该庙当选为该城长老会的一员。从官员印文发现，乌尔第三王朝基本行政官员"书吏"有的持有长老头衔（*Or.* 15,80）。一个乌鲁克长老发出的分配令（*TCS* 1 264）证实了这时的长老对城市粮食的分配权。该文仅有一句话："读给乌尔萨旮，让他把八石（kurru）的大麦交给达达！"该长老的印章盖在泥板上，读作：乌尔辛是乌鲁克和杜姆如城的总督，乌尔恩齐，城市之长老，是你的仆人。

二、古巴比伦时期的长老会

1. 长老会的司法权

阿卡德语"长老会"一词是由"老人"（*šību*）一词加上抽象名词复数词尾 *-ūtum* 构成的 *šībūtum*，而"老人"一词的复数是 *šību*，两词不会混淆。在古巴比伦时期"老人们"和"长老会"的苏美尔语意符也固定下来，叫作 šu-gi-^meš（"老人们"），不再统称为 ab-ba-^meš（"父亲们"）。"老人"另有一意是"证人"。

　　古巴比伦时期的文献证明，城市长老会的一个主要职能是执掌司法权。这一功能从《芝加哥亚述辞典》中 *šību* 这一词条看得很清楚。因此我们不详引文献，而是摘要该词条下收集的例句："某某对某某有民事要求，他们来到法官们和城市长老们所在处。""城市长老会拿走了我一半的田地并给予他人。让城市长老会取回他们剥夺的田地，让他们把地还给我！""让城市长老会和老公民站在城市徽标之下判定（此案真相）！""狄勒巴特城的长老们为他裁定田地。""某城长老会调查我的案情。""我为他召集了20个城市长老并把他的案子提交他们。""某某和狄勒巴特的长老判决他们的案子。"

　　《古巴比伦书信》（*AbB*）第九卷 268 号信是一封由法官们写给拉里亚城市长老们的信。法官们要求市长和长老会派人押送某人所控诉的涉及巫术罪的儿媳和岳母。该信说：原告去见了市长和城市长老会并在他们面前起诉了，被告当着市长和城市长老们的面回复了原告，原告上述法官。有些文件提到城市的市长和长老会共同处理司法和其他事务。例如："按照某某市长以及某某、某某等城市之长老们的决定，某地（被我）从某某手中买到。"

　　然而在汉谟拉比统一巴比伦后，王权不断增大。在强有力的王权直接统治下，各城长老会的作用越来越小。美国学者 R.哈瑞斯提到在汉谟拉比和其子沙姆苏伊鲁那统治时西帕尔的长老会有权出卖城内无主田地（*VS* 13,20）、重新分配士兵的份地（*CT* 6, 27 b）以及分发口粮给挖渠工人。以后阿比埃苏赫为王时，长老会这些职能转让给国王在西帕尔的代理机构"商人区（会）"（*karum, CT* 8, 27 b）。"商人区"原意为口岸，是各邦区划给外邦商人团体在本地的驻在地区。商人区由外邦商人组织自己管理，其管理议事会也称为"商人区（会）"[1]。他们与所在城邦的当局是合作互利的关系。西帕尔城"商人区"是指由巴比伦来的商人们所控制的商区。这些人一般都替巴比伦国王办理商务并逐渐转变为国王的代理人而插手所在城一些与商务无直接关系的行政及司法事务。

　　《卢浮宫楔形文泥板》（*TCL*）卷 7（Thurau-Dangin），40 号泥板是一封由汉谟拉比王（1792—1750 B. C.）写给拉尔萨城负责土地的行政长官沙马什哈兹尔的命令。国王说根据某人的上诉，沙马什哈兹尔、城市（＝城神）和长老会联席作出的剥夺其地产的判决是不正确的，应将地还给原主。如原判尚未执行，沙马什哈兹尔及其副手、城市和长老会应将城神的武器（标志）带到该争议的地中，在神面前正式宣布，

---

[1]　哈瑞斯：《古代西帕尔》（R. Harris, *Ancient Sippar*），1975，第 65 页。

该地产属于其原有的主人。"城市"是属于城神的，城神（在拉尔萨是太阳神）的标志是城市权威的象征。因此，这里联席会议中的"城市"一方可能是由祭司充任，他手持神的"武器"（这里可能是太阳神的标志：光芒四射的金圆盘）监视城市的行政长官和长老会公正执行司法职能。

TCL 18（Dossin）90 号文是一封由一官员（市长？）、"城市"和长老会共同写给一位拉尔萨官员的信。信中提到一个奴隶因犯罪被抓获。在"城市"审问他的时候，他供出一名同伙，否认另一人是嫌疑。城市和长老们请求该官员解除对无辜者的怀疑。

TCL 17 76 号泥板是国王山苏伊鲁那（1749—1712 B. C.）写给一位官员的信。国王在信中说他已下达了解负令，免去田地经营者（ENSI 农民）的欠税，打碎记载士兵们（redu 和 hairu）和苦力们（mushkinu）债务的泥板文件，在全国建立了公正德政。他告诫该官员说在他所管辖的区内，任何人不得到士兵和苦力们家中追索债款，并命令该官员和他辖区的全体长老到王宫来会见他，可能讨论执行解负令的问题。

《大英博物馆模文泥板》（*CT*）卷 6 第 27b 号泥板记载了长老会分配公民份地的职能。写信人从城市分到一份士兵份地并享用了 30 年。但当该人在古帕尔服役时，城市的长老会没收了他份田的一半并分给某一公民。写信人向收信人（可能是国王汉谟拉比）上诉，请求"这位马尔都克为实施公正而降生"的人（国王）向城市长老发令，收回已分给别人的那一半还给原主。

从以上这些例子可以清楚看出各城的司法权是掌握在长老会手中。

2. 长老会负责报选城邦的王

城邦的军事首领"王"和长老会处于互相合作和互相制约的关系。当然，当王在军事方面获取重大成功，他的权威就会自然增大，长老会对他的制约就会越来越小以至成为"橡皮图章"，只能作为王的咨询机构而存在。反之，长老会有权力调换王。在古巴比伦占卜文献中就提到长老会废除王的权力："如果……出现，城市长老会将废除王"；"……城市的长老会将把城市和它的主公交到敌人手中。"在古巴比伦时期经常把城市和长老会并提，从上下文分析，这个"城市"应指城神及其代表神庙和僧侣，也可能用于市长或王领导的全体行政、军事管理机构。尚未发现确切的证据指明"城市"是指城邦的全体公民。如同上边所分析的"尼普尔大会"不可能是公民大会同一理。

在一批出土于迪亚拉地区埃什嫩那控制的城市沙杜首姆的信件中，有三封是由一个负责征调部队的高级官员写给沙杜首姆城市及长老会的信（*Sumer*，14 18-22, no 2-4）。沙杜首姆三号信是该城的长老会写信邀请一位官员统治他们的城市后收到的回信。显然该城尚未有王或总督。该信要求长老会暂选一忠实之士任此城首脑，随后该官员将依靠宫廷出任此城职守。

当一座城邦遭到攻打或产生内乱而王被杀死时，长老会就会推举一位新王。一封亚述西部城邦塔勒哈俞的长老会写给马瑞国王告急文书请求他们的盟主金瑞林批准长老会推选的新王。信中说敌人一度攻入城中，杀死城王。长老们推选一位忠实马瑞的贵族为王，并派新王将这一长老会的信件前往马瑞面见霸主金瑞林请求批准新王的继位并派兵保护城市不再受侵。其他的文件证明，该长老会所推举的新王阿什狄耐赫姆（Asdi-Nehim）后来确实成为塔勒哈俞城王。信的前部翻译如下：[1]

请读给我们的主公！（我们，）你的奴仆们，塔勒哈俞城的长

---

[1]　J-M. 杜朗:《亚述学和东方考古杂志》(Durand, *RA*) 82 卷，巴黎 1988 年版，第98 页。

老会所说如下：

> 塔勒哈俞是你的城市。他们在城墙上挖开了一个缺口。在晚上他们背叛了这座同盟城市，你的城市。他（们）占据它。他们杀死了我们的主人。现在我们的主人（你）不应沉默了！请（我们的主公）派（X）百精锐部队进入塔勒哈俞城中从而城市不再担忧！让他们守卫城市直到我们主公来到！（如同那）胡（尔）城是你的城一样，这座（城）也是你的城。就像你曾派军进入那胡尔那样，现在请你派（军）进入塔勒哈俞城中！另外，我们派阿斯狄赫姆，一位我们主公的忠仆，前去见我们主公。现在请我们主公发号施令把（这一）土地交割于他手中！

3. 长老会决定城邦的外交政策

古代两河流域和我国春秋战国时期一样，各小邦要和强邦结成同盟以避免大邦猜疑并能借助强大盟主的武力抵抗外敌的入侵或并吞。公元前 1776 年，亚述霸主沙姆西阿达德死去，亚述地区各城邦纷纷脱离了亚述王室而独自为政，仅阿淑尔和埃卡拉图两城仍在亚述王朝的控制下。然而，这些城邦仍必须向本地区新的霸主马瑞王金瑞林以及其他大邦表示臣服并以盟誓的形式确定同盟关系。前面我们看到塔勒哈俞的长老向金瑞林请求援军并任命新王的事。下面我们发现这一地区伊达马腊兹（Idamaraṣ）的长老们代表各自的城邦与金瑞林的代表会盟的事件被记叙在一批涉及哈布尔上游地区诸邦之一的阿什南库王伊什美阿杜的马瑞王家书信中。[1] 其中的 2、5 和 7 号信提到几邦长老会。2 号信是关于金瑞林的部属哈那部民和伊达马腊兹人结盟之事，其中提

---

[1] D. 沙尔班，《马瑞多学科研究年刊》（Charpin, *MARI* 7）第 7 卷，巴黎 1993 年版，*ERC*，第 165 页。

到了阿什拉卡城（属伊达马腊兹地区）的长老会。5 号信提到本地区塔尔马奴城王写信给邻地区的乌尔吉斯城长老劝说长老会臣服金瑞林。该王说："和以前沙姆西阿达德（大王）领导我们一样。（让）金瑞林成为你们的领导吧！"该信还提及某城王（塔尔马奴城王？）宴请了乌尔吉斯城的长老会并亲自护送他们去见阿什拉卡城王、金瑞林的同盟伊什美阿杜，使该王和乌尔吉斯长老会结盟交好。7 号信是金瑞林在本地区的代表、哈那部民总监伊巴勒阿杜写给金瑞林的报告，信中说伊巴勒阿杜与阿什南库城（属伊达马腊兹）王伊什美阿杜、伊达马腊兹各城的长老们，以及乌尔吉斯、西那赫和胡腊三城的长老们以及亚坡图尔地方各城的长老们举行了盟誓会。会上刑驴驹为牺牲宣誓为盟。有趣的是在我国春秋战国以及其后盟誓会上往往刑白马为牺牲，与此时亚述地区杀驴驹作为盟誓用的牺牲习惯类似。

城邦的长老们不但决定是否应该同某外邦互结同盟而且还决定以哪种身份进入一个同盟：是以臣服的形式入盟还是以平等的身份结盟。实质上是长老会决定城邦对盟主是否完全依靠或臣服的外交大事。在古代近东，对上司或国王自称奴仆（臣）则表示完全听命于他。如果邦首脑称另一邦的首脑为其"父"而自称为其"儿"则表示双方结成同盟，称"父"的一方起领导作用。在中国，后晋石敬瑭对辽主先称"臣"后称"儿皇帝"而称辽主为"父皇帝"即是同义。第三种情况，结盟的双方互称兄弟表示双方平等相助的地位。下面引用的两封从亚述西部地区库尔达城寄给马瑞王金瑞林的信件，是关于库尔达国王是否应该对金瑞林称儿的事。[1] 第一封信的发信人说库尔达部民的头人们（sugāgū）和长老会开会制止其王西马赫伊拉耐对金瑞林称"儿"而要求他对马瑞王称"兄弟"。第二封提到库尔达的国人们要求国王只能对马瑞王称"兄弟"，不得称"儿"。不清楚第二封信中的国人们（阿卡

---

[1] B. 拉方，《马瑞文选卷二》（Lafant, *FM* 2），巴黎 1994 年版，第 209 页。

德语 *mātum* 即表示"邦、国"又表示全体"国人"之意）是指第一封信中所说的头人们和长老等国人代表，还是表示在头人们和长老们集会讨论后，库尔达全体国人又重新集会讨论是否应该对马瑞称儿。第一封信头 42 行翻译如下：

> 读给我主公:（我）伊什希马达尔，你的奴仆，所说如下：
>
> 我的主公（你）听从了臣仆们的话后，以"儿"自谓发书给汉谟拉比而使西马赫伊拉耐出其地（巴比伦）而归国。……另外，关于（西马赫伊拉耐）没有对我主公称儿而是对我主公以兄弟（相称）的事，奴马哈人民的头人们和长老们来到这里对西马赫伊拉耐说:"为什么你要对瑞林称儿！？按照（先王）阿什塔马尔阿杜一贯以兄弟身份给（马瑞先王）亚赫顿林写信的做法，你，继续对金瑞林以兄弟身份写信！"在奴马哈人民的头人们和长老们的命令下，西马赫伊拉耐（只能）以兄弟身份给我主公写信。请我们的主公千万不要因此对我们有怨恨之心！

《马瑞王室档案》26 卷 24 号信件提到了巴里赫河流域亚明部族（*Māru* Yamina）的头人和长老们来到哈兰城和扎尔马库地方的诸王们杀驴驹为盟反抗马瑞王金瑞林在此地区的霸权。

4. 长老会决定战争与和平、抵抗与投降

上一节，我们讨论了长老会在决定对外邦结盟的外交大事上起着主导作用，即使王也不得不听命于他们。不经长老们批准，库尔达的王不能擅自对大邦称"儿"而降低本邦的地位和独立。下面我们将看到一个被敌人包围的城邦腊扎马（Razama）的长老会有权决定向敌军交纳赎城贡银使敌撤围。腊扎马也是一个原属于沙姆西阿达德帝国的

城邦。沙姆西阿达德死后，它依靠金瑞林的马瑞邦获得独立。该城位于马瑞王国北方的辛夻尔（Jebel Singar）山麓，所以关于它被邻近的强国安达瑞格（Andarig）王阿塔姆如（Atamrum）率领的埃兰和埃什嫩那同盟军包围的消息是由马瑞上游重镇萨夻腊图的总督亚齐姆阿杜写给金瑞林的。这封信（A319+A472，*MARI* 7199）说阿塔姆如率兵将腊扎马城围了十天后，城内长老们出来见阿塔姆要求围城军后撤半个时辰的距离而他们可以交纳赎城银两。然而阿塔姆如认为这是长老会和城王策划的缓兵之计，因为腊扎马城王沙瑞亚（Šarrya）没有随长老们一起出来投降。

三、新亚述和巴比伦帝国时的城市长老会

《亚述国家档案》（*SAA*）卷1第77号泥板是阿淑尔城总督写给住在尼尼微的国王萨尔贡（716—704 B. C.）的一封信。信中提及按照国王的指示，总督将着手修复坏了的王宫仓库。在动工之前，总督向区长们、石匠们和长老会询问了如何布置工程。

《两河流域王铭·亚述卷》（*RIMA*）卷2的A.0.101王铭是亚述王阿淑尔那西帕（883—859 B. C.）刻在其首都卡拉赫中的宁乌尔塔神庙墙和地面装饰浮雕中的记功文。其中提到当他在哈布尔河上游地区镇压反叛时，舒如（Šuru）城邦中的贵族和长老们出城纳降，他活捉了该城的王，很可能是贵族和长老们献给他的，此例说明长老会决定战降的权力在某种情况下大于国王的权力。

TCl 3，第137号泥板是由一位新巴比伦王子写给一位官员的信。该王子要求该官员带领10位有权进入神庙的公民和没有事务的长老来见他议事。

《耶鲁大学东方系列·巴比伦文献》（*YOS*）卷3的6号泥板是一封

新巴比伦国王写的信。国王命令长老会说："对我的使节讲有礼之言，让 10 个或 15 个长老以及供奉祭司们来见我！"

　　新亚述时期及以后的文献常提到在巴比伦、库塔、狄尔巴特和乌尔各城中由公民议会判决法律案子（Frame, Babylonia 689—627, 231）。《乌尔发掘文字》（UET）卷 4200 记录了一件由一位高级官员以及巴比伦、波尔西帕以及乌尔的男公民在乌尔共同判决的案子。UET 4，第 201 号文提到公民会议是由"有建树的人"（māru banî）组成，这里暂译为"公民议员"，可能指富有公民或士绅世家。这些公民议员判决案子，强制交付款项以及决定土地的归属，然而，国王的权力高于各城的公民议会，不服的公民可以上诉国王。有特权的公民可以请求国王本人裁决他们的案子。

　　SAA 卷 10 第 112 号泥板是一巴比伦学者写给国王埃萨尔哈东（680—669 B. C.）的信。信中提到 4 名尼普尔城的长老，"议员"（māru banî），以恩利勒（主神）祭司的身份正在访问尼尼微的亚述王宫。他要求亚述国王责问他们为什么尼普尔的总督把尼普尔的一个古老的神座椅移走。可见，长老们也要对总督的事务负责。

四、结论

　　综合以上各章所给出的例证，我们可以肯定古代两河流域以及周边地区从文明产生初期的城邦时期到帝国形成以及文明衰亡时代都一直存在着不同程度及不同形式的长老会议事制度。古代两河流域的长老会议事制度以及国王执政制度和其他文明地区的政治制度一样都是脱胎于原始氏族社会的各家家长共同议事和一个军事首长指挥战争的政治模式和制度。起初各城邦都是小国寡民，征战不多，所以长老会的权力大于临时受命征战的王们。随着战争的频繁和规模不断扩大，肩负城邦危亡的王们的权力不断增大。当一邦的王成为其他城邦联盟的霸主时，该邦的长老会的许多权力就会让给这位强大的王。如果国王在战争中遭到失败或被杀，城市的长老会就会推选新的王或者废掉自己的王而臣服于外邦的国王，在许多小城邦和国家中，长老会和公民会对国王有很大制约能力，国王在外交政策上不得不听命于长老会。长老们经常代表国家参加盟会。不管国王的权力多大，各城市的司法审判权总是掌握在长老会手中。有时长老会成员就是法官，有时专职的法官和长老们共同商讨判决案例。城邦或城市的行政权一般也掌握在长老会手中。在地区性王国和帝国时期，市长或国王的总督及代表与长老会共同管理市政。当然，全国的最高法官、最高祭司和最高行政首长还是国王即军队的最高统帅。战争的不断胜利带来国家领土不断扩大和国家的财富不断增加，帝国的军事首脑"王"个人的权力也就不断增大而达到独裁的极点。于是在政治上，首都的长老会成员仅保有荣誉称号而成为国王权力的陪衬和咨询机构；经济上，过去属于城市和神庙的许多财产都转到国王名下。然而，在不属于国王直辖的大城市中，长老会还是总督的同事，仍保有较多的权力。古代两河的王权和长老会权力互相增减的情况和古代希腊、罗马世界的情况基本是同样的。可不可以说，古代以雅典为代表的希腊高度民主时期是古代世界政治制度中的特殊的、极端发展了的、短时期的偶然现象或异变。两河流域及其他文明地区包括中国的古代城邦的历史所展现的王和长老会共享权力，互相制约，随着战争的胜负，权力互有增减，最后在帝国形成的过程中，王最终获得了永久的、独裁的、专制的皇帝权力这一规律才是古代社会中的基本的、普遍的政治发展规律。

古代中国和两河流域的"刑牲而盟"*

"刑牲而盟"在中国先秦时期颇为大家所熟悉，而在其他各古代国家却比较罕见。笔者近日在阅读两河流域的古文献时，发现在美索不达米亚的古巴比伦时期存在着"刑牲而盟"的现象，虽然材料零星，但希望通过中外对比，引起人们的兴趣。

一、中国的"刑牲而盟"

盟，本字为囧[1]。《说文·囧部》释字说："'盟，杀牲歃血，朱盘玉敦，以立牛耳。'从囧，从血，篆文从朙；盟，古文从明。""各本下从血，今正。"《礼记·曲礼下》中载，"诸侯未及期相见曰遇，相见于卻地曰会；诸侯使大夫问于诸侯曰聘，约信曰誓，涖牲曰盟。"唐孔颖达疏曰："盟者，杀牲歃血，誓于神也。盟之为法，先凿地为方坎，杀牲于坎上，割牲左耳，盛以珠盘，又取血盛以玉敦，用血为盟书，成，乃歃血而读书。置牲坎中，加书于上而埋之，谓之'载书'也。"从"盟"的字义来看，"刑牲歃血"是古人在会盟中举行的基本仪式。《释

---

* 吴宇虹、曲天夫:《古代中国和两河流域的"刑牲而盟"》，《东北师大学报（哲学社会科学版）》1997 年第 4 期。
[1] 《正字通·皿部》对此字解释说："囧，盟本字。"

名·释言语》则曰："盟，明也，告其事于神明也。"从中不难看出，盟，是有一定仪式的外交活动。而且这种外交活动中的特定仪式能形成约束力，使结盟各方产生互助的特殊关系。

史书中关于"刑牲歃血"而盟的记载不绝如缕。最早记载"刑牲歃血"而盟的史籍是《左传》。《春秋》经文关于结盟的记载达 100 余次，但经文略记，未见其具体形式，而《左传》中，对此不乏描述。《左传·襄公七年》中载陈国与郑国结盟之事，"十二月，陈五父如郑，涖盟。壬申，及郑伯盟，歃如忘。"当时在场郑国大夫泄伯认为陈国大夫五父结盟时心不在焉，必将有杀身之祸。十年后，陈五父被蔡人所杀（《左传·桓公六年》）。《左传》中还经常出现一些用伪盟的手段达到某种政治、军事目的的事例。《左传·僖公二十五年》："秋，秦、晋伐鄀。楚斗克、屈御寇以申、息之师戍商密。秦人过析隈，入而系舆人以围商密。昏而傅焉。宵，坎血加书，伪与子仪、子边盟者，商密人惧，曰：'秦取析也！戍反矣！'乃降秦师。"此例讲到秦师绕过楚邑析城，捆绑自己人假为俘虏，包围商密城。在夜晚挖坑、歃血、放盟书，使人假扮作楚守将斗克和屈御寇与秦将盟誓。而商密人信以为真，以为楚守将已与秦盟即将离去，逐降秦。《左传·昭公六年》（公元前536年）：宋宦官柳伪造盟誓的坑、牲、书于北郭，诬告华合比欲纳入逃亡的族人，而与他们誓盟。宋公派人去看，果然有盟誓之坑，于是驱逐华合比。《左传·昭公十三年》（公元前529年）：蔡大夫朝吴与其属观从召楚亡公子子干（在晋），子晳（在郑），与蔡公（楚公子弃疾，后楚平王）盟，以图使二公子入楚为王并恢复蔡国。蔡公不敢盟，逃之。观从对蔡人说，蔡公已与二楚公子盟，并将送他们到楚国去。这样，观从通过伪盟的手段迫使公子弃疾和蔡人举义。从这些伪盟屡次成功的事例中，我们可以看出，古人对"刑牲歃血"这一仪式是十分信任的。《左传·襄公九年》中载，当郑卿子驷想背晋降楚，子孔和子蟜反对，提到郑和晋歃血而盟不久（"口血未干"），不应背之。而子驷、子展认为郑与晋的结盟虽已歃血，但是强迫而为，"背之，可也"，神不会谴责的。

到了近现代，在中国的原始部落、少数民族、黑帮或是非法组织中，仍存在着杀鸡为牲、饮血酒（＝歃血）而盟誓的习惯。在为大家所熟知的红军长征故事中，就有刘伯承率部经过彝族地区，按照彝族部落的结盟习惯和当地头人小叶丹喝鸡血酒结为兄弟的事例。

二、盟誓用牲的等级

"凡事以礼"，古代社会等级森严，祭祀用牲也有严格的等级限制，这在先秦时期尤为突出。

《大戴·礼记·曾子天圆》中说，"序五牲之先后贵贱，诸侯之祭牲，牛曰太牢；大夫之祭牲，羊曰少牢；士之祭牲，特豕曰馈食。"《礼记·曲礼下》中载，"天子以牺牛，诸侯以肥牛，大夫以索牛，士以羊豕，支子不祭，祭必告于宗子。"可见，天子与诸侯祭神时杀以牛为主牺牲，附以羊、猪（牛、羊、豕三牲全用太牢），而大夫献祭用羊或普通牛，平民献祭用羊或猪。同样，会盟时所用牺牲也分成等级。这可能与献祭用牲的等级有关系。

会盟时所用的牺牲有五种：马、牛、猪、犬（有时为羊）、鸡，而不同的等级用牲不同。唐孔颖达疏《礼记·曲礼下》"涖牲曰盟"、"盟牲所用，据韩诗云：天子、诸侯以牛豕；大夫以犬；庶人以鸡。又毛诗疏：君以豕；臣以犬；民以鸡。"《史记·卷七十六·平原君虞卿列传》载，毛遂力谏楚王而楚王同意结盟后，"谓楚王之左右曰：'取鸡、狗、马之血来。'毛遂奉铜盘而跪进之楚王曰：'王当歃血而定纵，次者吾君，次者遂。'遂定纵于殿上。毛遂左手持盘血而招十九人曰：'公相与歃此血于堂下……'"。唐司马贞在《史记》索隐中对此解释说："盟之所用牲贵贱不同，天子用牛及马，诸侯用犬及猳（公猪），大夫以下用鸡。"毛遂同楚王结盟之所以要三种牲，是因为毛遂为士（庶人）级别，盟誓只能用鸡；平原君为大夫，大夫以犬；楚王虽为诸侯，但他自认与天子同级，所以用马。虽然史料中记载具体用牲的内容略有出入，但我们从中可以窥其一斑，大体说来，一等牲为马、牛（后多用白马）；二等牲为猳或犬（有时用羊）；三等牲为犬、鸡。如细读史料，从中会发现等级不同而用牲有异的情况。

鲁哀公十七年（公元前 478 年），鲁（哀）公与齐（平）公盟于蒙。鲁卿孟武伯为傧相，问礼于鲁大夫子羔（高柴，孔子弟子）曰："诸侯盟，谁执牛耳？"季羔（子羔）曰："鄫衍之役，吴公子姑曹；发阳之役，卫（大夫）石魋。"从中可见，诸侯盟誓用的是牛牲[1]。《左传·哀公十五年》（公元前 480 年）所记卫庄公政变的故事中，卫太子蒯聩为夺位与其姐孔伯姬的情人浑良夫相盟誓。后，闰十二月一黄昏，两人蒙面装作女子，混入执政大夫孔悝（孔伯姬之子，蒯聩之甥）府中，"孔伯姬杖戈而先，太子与五人介，舆猳从之，迫孔悝于厕，强盟之。"因太子和孔悝都是大夫级别的人物，他们的盟誓只能杀一只猪，而马牛太大，犬鸡太小。孔悝盟誓后不得不立蒯聩为卫公（卫庄公）。《左传·哀公十六年》（公元前 479 年）接着记载的卫庄公时的一次宫廷斗争，"太子使五人舆猳从己，劫公而强盟之。"这次太子强迫卫公蒯聩与之盟以保其太子位及除去浑良夫。这次我们又看到太子的身位只能刑公猪为盟。《左传·隐公十一年》中载，郑、齐、晋三国攻许，郑将子都从后射死郑大将颖考叔。郑庄公为颖考叔伸冤。"郑伯使卒出猳，行出犬、鸡，以诅颖考叔。"春秋时期，300 家（《礼制·王制》）或 100 人（《国语·齐语》）为一卒，其卒长应为中等级的官员，盟誓时应用

---

[1] 杨伯峻在《春秋左传注》中说，"'盟主执牛耳之说'与《左传》不合，盟礼中，执牛耳的并非是盟主，而是傧相。然而，盟主首先从傧相手中接过盛牛耳之盘，从这个意义上讲，盟主是第一个献血领誓者。"

公猪；行为士兵，盟誓时刑犬鸡。《韩非子·内储说（下）》谈到郑国开国王姬友假造与邻良臣、敢士盟誓现场，以反间邻国君臣的故事。"郑桓公将欲袭邻，先问邻之豪杰、良臣，辨智、果敢士，尽与姓名，择邻之良田赂之，为官爵之名书之。因为设坛场郭门之外而埋之，畔之以鸡豭，若盟状。邻君以为内难也，而尽杀其良臣。桓公袭邻，遂取之。"从中可见，大夫和士的盟誓牺牲分别为公猪和鸡。

1965年，在山西侯马发现5000多份朱墨写于圭、璋形状的石片上的盟约。山西侯马曾是春秋时期晋的国都，这些盟约写于公元前497—前490年，是赵鞅同其属民所立[1]。当时赵鞅正同晋国的其他宗族发生争斗。在盟约中，每一个人都发誓要效忠其主人，反对敌人。从这些盟誓者名字中我们可得知，大多数的宣誓者都是地位较低的人。在30个埋有盟书的坎中，同盟书埋在一起的牺牲都是羊，仅仅有4个是马或牛，这4个很可能代表赵鞅的家臣所有。其中第49号坑埋有牛牲，参加盟誓的一人名为虎环，《侯马盟书》中推测，此人很有可能是赵鞅的一家臣虎会，如此的话，此人可能代替赵鞅参加盟誓。因此，考古学的证据有力地支持了史书中所载用牲分有等级的情况。

马，特别是白马，是一种专用于盟誓的比较特殊的牺牲，在一般的献祭牺牲中，我们很难发现以马做牺牲的例子。《战国策·赵策二》中载，"苏秦从燕之赵始合纵"，对赵文侯说："令天下之将相，相与会于洹水之上，通质刑白马以盟之。……诸侯有先背约者，五国共伐之。六国纵亲以摈秦……。如此则伯业成矣！"《战国策·魏策一》中载，张仪为秦连横游说魏王，抨击苏秦的合纵政策不适合于魏国，说："合纵者，一天下，约为兄弟，刑白马以盟于洹水之上，以相坚也。"《战国策·齐策三·孟尝君舍人》中载，孟尝君一舍人在卫国为官，得知卫国要攻打齐国，对卫王说："齐、卫先君，刑马压羊，盟曰：

---

[1]《侯马盟书》，文物出版社，1966年。

'齐、卫后世无相攻伐，有相攻伐者，令其命如此。'"春秋战国以后，白马不仅用于王侯将相的正式会盟中，特别是将相的反叛活动中经常使用。《史记·卷九·吕太后本纪》中载，汉刘邦与众将相曾"刑白马盟曰:'非刘氏而王天下共击之。'"《三国志·董二袁刘传第六》载，后建安十年一月，曹操破袁绍后进逼幽州，袁谭部将"焦触自号幽州刺史，驱率诸郡太守令长背袁向曹，陈兵数万，杀白马盟，令曰:'违命者斩!'众莫敢语，各以次歃"。唐代诗人杜甫在其诗《草堂》[1]中反映了唐代宗时期成都的徐知道之乱的状况，提到叛将在盟誓中杀一白马的事件诗曰:"大将赴朝廷，群小起异图。中宵斩白马，盟歃气已粗。"

此外，我们还发现以人为牲或歃人血为盟的例子。《史记·卷七十五·孟尝君列传》载当有人告孟尝君反叛时，曾被其舍人魏子免租米的一贤者"乃上书言孟尝君不作乱，请以身为盟，遂自刭宫门以明孟尝君"。《左传·定公四年》中载，"楚昭王割子期心以与随人盟。"用在胸前取血以示其心。《左传·庄公二十三年》中载，"孟任割臂以盟庄公。"从这些例子中，我们可以看出，在紧急时刻，来不及举行刑牲而盟的仪式时，可以歃用人血而盟誓。

然而，也并不是所有的会盟都杀牲、歃血、加书，有些以仁、信为宗旨的诸侯相会时，并没有"刑牲歃血"这类强制性行为。《谷梁传·庄公二十七年》中载，"信其信，仁其仁，衣裳之会十有一，未尝有歃血之盟也。"此外，《孟子·告子下》中还记载了"葵丘之会诸侯，束牲载书而不歃血"的事例。

---

[1]　清浦起龙编，《读杜心解》，中华书局，1961年，第112页。

三、两河流域的"刑牲而盟"

现在让我们从东亚转到公元前 18 世纪的西亚地区，来察看有关史料。公元前 2004 年，一度强盛的乌尔第三王朝被埃兰人灭亡；公元前 1755 年，汉谟拉比再次统一两河流域。在这近两个半世纪的时间里，列国纷争，其中比较强大的有这样八个国家：伊辛、拉尔萨、马瑞、巴比伦、亚述、埃什努那、伊朗的埃兰和叙利亚的延哈德。这些国家之间或战或和，或联盟或抗衡，其形势可以说是两河历史上的"战国时代"。《马瑞王家档案》是在古城马瑞发掘出土的一批楔形文字泥板文书，其中包括马瑞的统治者同自己的属下以及其他各国的君臣之间互相来往的信件。这些信件反映了公元前 19 世纪到前 18 世纪两河流域社会的政治、军事和经济状况。从这批信件中，我们得知，在两河流域北部地区（亚述）各国存在着以驴驹为牲进行盟誓的情况。

古城马瑞位于幼发拉底河中游，其国王金瑞林（Zimri-lim, 1775—1762 B. C.）曾经同邻国喀塔腊城（Qattara）的国王哈特奴腊比（Hatnu-rabi）刑驴驹而盟[1]。另一次，他与木提阿巴勒（Muti-abal）部落的首领那黑木（Nahimum）刑驴结盟[2]。马瑞的敌国哈兰（Harran）城邦的国王阿什迪塔基姆（Asdi-Takim）也曾与其邻国扎勒马库姆（Zalmaqum）地区的诸王以及雅明（Yamin）部落的众长老杀驴驹举行大盟誓而反对马瑞[3]。

然而，更为有趣的是，我们发现在两河流域"刑牲而盟"的仪式中也可能存在着用牲等级的区别，其中主要的证据来自北方哈布尔河上游三角形河网地区的几个城邦。

---

[1]《马瑞丘出土古巴比伦文献》一号文。S. Dalley and others, *Old Babylonian Texts from Tell al-Rimah*, no 1。

[2]《马瑞王家档案》第 26 卷，40 号文。Durand, *Archives Royales de Mari Vol.26*. no 40。

[3]《马瑞王家档案》第 26 卷，24 号文。Durand, *Archives Royales de Mari Vol.26*. no 24。

伊巴勒埃勒（Ibal-El）是马瑞王金瑞林在哈布尔三角形河网地区管理哈那（Hanau）半游牧民族的总督，在他写给马瑞城的三封信中提到此地区盟誓仪式中的牺牲不但有驴驹还有犬和羊。

在给国王信中[1]，伊巴勒埃勒告诉他的主人金瑞林："阿什南库姆（Ashnakkum）城的统治者伊什美阿杜（Ishme-Addu），伊达马腊兹（Idamaras）地区的长老们，乌尔基兹（Urgis）城的长老们，西那（Sinah）城、胡腊（Hurra）城和亚坡图尔（Yaptur）地区的长老们都来到马勒哈图（Malhatum）城见我。舒杜胡姆（Shuduhum）的统治者雅塔尔马里克（Yatar-malik）、阿什那库姆人（Ashnakkum）阿皮尔辛（Apil-Sin）以及乌尔基兹城的贵族带着他们来到这里，他们说：'让我们刑羊或幼犬来盟誓！'我不同意，说：'无论过去还是将来，我主金瑞林从不也永远不会刑羊或幼犬来盟誓。'于是，我就自己用银买了头驴驹，一只母驴的崽，【刑用】了它。……【我命令】他们说：'你们并没有努力，让你们的全部【士兵】来见我！'他们说：'我们一定都来。'现在【哈那】部落和伊达马腊兹地区之间的友好和同盟已经建立起来了。"

伊巴勒埃勒写给金瑞林的另一封信[2]以及同时写给马瑞的宫廷总管舒奴赫如哈鲁（Shunuhru-halu）的信[3]中提到另一次刑牲等级不同的盟誓。这两封信是报告哈那半游牧部落同伊达马腊兹地区的诸城邦另一次结盟情况的信。哈那部民本是金瑞林的属民，春、夏、秋三季在伊达马腊兹地区放牧牛羊。伊达马腊兹地区的盟主是阿什拉卡（Ashlakka）城的国王伊巴尔阿杜（Ibal-Addu）。这次盟誓是在哈那部民

---

[1]《马瑞多学科研究年刊》第七卷（1993年）第7号文。Charpin, *Mari Annales de Recherches Interdisciplinaires vol.7*, Text no 7, pp.165—191。

[2]《马瑞多学科研究年刊》第七卷（1993年）第8号文。Charpin, *Mari Annales de Recherches Interdisciplinaires vol.7*, Text no 8。

[3]《马瑞多学科研究年刊》第七卷（1993年）第9号文。Charpin, *Mari Annales de Recherches Interdisciplinaires vol.7*, Text no 9。

的总督伊巴勒埃勒和阿什拉卡城的国王伊巴尔阿杜之间进行的。伊巴勒埃勒被邀请去阿什拉卡城盟誓。在盟誓用牲的等级上，同样的事情又一次发生，阿什拉卡城的人带来一只小狗和一只羊以备双方盟誓刑牲之用，像上次对待伊什美阿杜一样，伊巴勒埃勒拒绝使用犬和羊为牺牲。他在写给舒奴赫如哈鲁的同一内容的信中说："我去了阿什拉卡城，但是他们带来了一幼犬和一羊用于代替驴驹来作为盟誓牺牲。为了我主之荣誉（阿卡德语：*i-na pu-lu-uh-ti be-li-ia*），我不能同意用犬或羊。在哈那人和伊达马腊兹人之间，我刑用了一头驴驹，一只母驴的崽。这样，我在哈那和伊达马腊兹人之间建立了同盟。全部的哈那部民都十分满意，在伊达马腊兹地区直到胡腊城的全部领土上，为你服役的士兵没有敌人。"

从以上两例中我们能看出，在美索不达米亚不但存在着"刑牲而盟"的现象，而且刑用牲的不同等级也同样存在。

在金瑞林的代表伊巴勒埃勒同伊什美阿杜和伊达马腊兹地区诸城邦（乌尔基兹城、西那赫、胡腊、雅坡图尔等）的长老们所行结盟仪式中，后者的盟誓牺牲是狗和羊，而前者坚持用驴。这可能是因为作为结盟一方的伊达马腊兹地区诸城邦的等级低于马瑞的大邦之王金瑞林的等级。伊达马腊兹地区诸城邦领导者是阿什那库姆城邦的国王伊什美阿杜。伊什美阿杜是埃兰和安达瑞克（Andirig）两国的臣属国王。而埃兰的"苏卡尔马（Sukkal-mah）"[1]和安达瑞克国王阿塔姆如赫（Atamrum）均称呼金瑞林为兄长，而不是父亲[2]，所以，他们和金瑞林一样，同属于当时美索不达米亚地区的最高等级的王。而伊什美阿杜和诸城邦的长老属于低等级的统治者。他们用狗和羊为牲的原因或许是他们知道在结盟仪式中驴是"霸主"等级国王所用的牺牲，而

---

[1]　埃兰王衔，直译为"大史""首吏"。

[2]　《马瑞王家档案》第 26 卷，第二册，404 号文。F. Jonnes, *Archives Royales de Mari Vol.26*, no 404。

狗和羊是符合他们等级的牺牲。伊巴勒埃勒是金瑞林的官员，应和伊什美阿杜同为"诸侯"等级。但是，伊巴勒埃勒认为他自己是"大王"（"霸主等级"）——金瑞林的代表，因此，他坚持在仪式中刑驴以代表天子。同样的情况在阿什拉卡城也发生，马瑞的伊巴勒埃勒又一次拒绝使用本地区的小王伊巴尔阿杜的狗和羊，而为他自己杀了一只驴驹代表"霸主"。

最近，在巴勒斯坦西奈地区的一遗址（Tell Haror）发现了喜克索斯（Hyksos）时期（1720—1580 B.C.）埋葬的牺牲，其中包括一头驴牲四周围绕着一圈狗牲[1]。这些牲很可能是一次盟誓中所用牺牲。这个考古发现可用来证实西亚地区存在的刑驴驹而盟的仪式。

以上列举的证据表明在古巴伦时期美索不达米亚北部地区存在"刑牲而盟"的情况，下面让我们再看一看美索不达米亚南部巴比伦尼亚的盟誓。文献中没有直接提到巴比伦尼亚地区存在"刑牲而盟"的情况，而是记载了巴比伦的汉谟拉比、亚述的沙姆西阿达德以及埃什努那的统治者结盟时面对对方使者以"触喉"的形式来表示接受对方条约的草案（称为"小泥板"）[2]。"触喉而盟"可能表达了背约者的喉咙将被割断的含义。这种结盟方式具体有以下的步骤：1. 面对对方使者以"触喉"的形式来表示接受"小泥板"；2. 双方互相"触喉"交换"小泥板"；3. 双方互相交换条约的最后定本（称为"大泥板"或"誓言泥板"）；4. 诵读刻有众神名的"大泥板"完成盟誓。我们不知道这些国王在履行"触喉"的盟誓仪式之前是否有一次会面来商定结盟事宜，在会面的时候是否刑牲，但是，亚述地区刑驴而盟的例子告诉我们，亚述和中国一样，"刑牲而盟"之前，是没有任何条约的草案或是定本被

[1]　笔者这里感谢北卡罗来纳大学文学院 J. Sasson 教授。在他最近写给笔者的信中告知这一考古新发现。
[2]　《马瑞王家档案》第 26 卷，第二册，404 号文。F. Jonnes, *Archives Royales de Mari Vol.26*, no 404。

交换的，条约的具体内容而是在刑牲会盟时由参加会盟的各方当场讨论和制定的。最后当双方达到一致意见时，刑牲起誓，正式建立同盟关系。

四、结语

总结上述，我们可知：古代中国和古代美索不达米亚都存在"刑牲而盟"的事实，中国这一现象存在的时间更长，直到近代民间还存在此风俗。在古代中国和美索不达米亚的盟誓中，盟誓所用牺牲却不同于一般的祭祀所用的牺牲，是比较特殊的牺牲。在中国盟誓中用马，特别是白马。在两河流域的盟誓中则刑用驴驹。马，不仅是中国古代非常重要的交通工具，而且也是战争的主要工具，《洪范五行传》所言的"马者，兵革之本"，便反映了这一事实。在古代美索不达米亚，在大量使用马以前（马在公元前二千纪初期由中亚引进，直到前15世纪才开始在这一地区广泛使用），驴一直充当着马的重要角色。在战争中，驴拉的战车是主要的作战工具；日常生活中，驴是主要的运载和交通工具。而更有意义的是，无论是在中国还是在两河流域盟誓用牲都分有等级。在中国，一等牲为马、牛（后多用白马）；二等牲为貑或犬（有时用羊）；三等牲为犬或鸡。在两河流域，虽然证据较少，但我们仍然能够看出，霸主一级盟誓时刑用驴驹，而小国国王、大臣和长老一级盟誓时刑牲用羊或犬。

结盟，从客观上讲，是政治或经济利益造成有共同利益的几方的联合。盟誓所言，对双方都存在着一种制约力，但是这种制约力是靠什么来加强的呢？"刑牲而盟"的仪式表明，人们所信仰的神明监察着结盟各方的行为，使其不敢背盟。如有背盟者，神明一定会给予最严厉的惩罚。《左传·僖公二十八年》中载，当晋侯与诸侯朝见周王时，周大臣"王子虎盟诸侯于王庭，要言曰：'皆奖王室，无相害也。有渝此盟，明神殛之！无克祚国，及而玄孙，无有老幼。'"。此言辞表明了古人盟誓时都知道背盟者要遭到神的惩罚，如同被杀的牺牲。

对古代中国和两河流域共有的"刑牲而盟"的现象的比较和分析，给我们提供了这样一个客观事实，虽然文明产生的地区和其特点不完全相同，但在人类发展的历史长河中各个地区毕竟存在着相同的发展阶段：由原始社会到奴隶社会，由奴隶社会到封建社会和资本主义社会。在文明早期的发展阶段奴隶社会时期，不同的文明地区存在着许多共同的特点：大到使用奴隶，小到"刑牲而盟"。

国内古代两河流域文明研究若干问题商榷 *

由刘家和、王敦书主编《世界史·古代史编》上卷（高教出版社，1994 年版）是国家教委规划组织编写、属 "八五" 国家重点书的六卷本《世界史》（吴于廑、齐世荣主编）的第一卷。该套《世界史》出版后，获得好评。然而作为一个专门研究两河流域文明的亚述学者，笔者觉得有责任对该书有关两河流域的章节在运用史料和描述史实的准确性方面进行几点探讨，并提出关于人、地名音译的建议，以促进学术界的探讨和争鸣精神。

一、乌鲁克第五王朝和乌尔第三王朝的关系，及中西文的人名、地名译音的标准化建议

在第二章第二节（易宁编写）四（乌尔第三王朝下，68 页），编者说："乌尔王乌尔纳木战胜了乌图赫伽尔，统一南部两河流域。" 根据乌尔出土的一块乌尔那穆（Ur-Nammu）的石碑（IIk 3c）[1]，乌尔那穆是乌鲁克王（乌图赫旮勒 [Utu-hé-gál]）手下的乌尔总督；如果残字的恢

---

* 吴宇虹、曲天夫：《古代中国和两河流域的 "刑牲而盟"》，《东北师大学报（哲学社会科学版）》2000 年第 4 期。

[1] E. Sollberger, J-R. Kupper. *Inscriptions Royales Sumeriennes et Akkadiennes*, Pairs，1971.

复"【他的兄】弟"不错的话，并很可能是他的弟弟。统一两河流域、驱除蛮族的英雄是乌鲁克的乌图赫旮勒而不是他的弟弟乌尔那穆，这从前者的铭文和王衔"四方之王"已看得十分清楚了。无论乌尔那穆是继承还是篡得王位，他没有和乌图赫旮勒同时为苏美尔王。他也没击败乌鲁克，统一南部两河流域。在乌尔那穆为王时，唯一和他为敌的是强邦拉旮什（Lagaš），他战胜并杀死拉旮什王朝最后一王。哈娄（Hallo）在《楔文研究杂志》20卷（1966）第137页提到几个著名的亚述学者建议乌尔那穆可能是乌图赫旮勒的儿子或他的其他亲属，其原因是乌尔第三王朝时乌鲁克的总督总是由王子充任[1]。乌尔那穆在自己两个早期铭文中称自己为"乌鲁克的恩，乌尔的王"，兼用乌鲁克城的王衔表明他对乌鲁克城的尊敬[2]。虽然《苏美尔王表》提到"乌鲁克（V王朝）被战败，它的王权转到乌尔（III王朝）"，然而，"某某城战败，它的王权转到某某"是王表中的套话，并不能作为可靠的历史依据。

在本文中，我们把西文词的 r 音译成"尔"，l 音译成"勒"，希图改变旧汉译西文人名时，r 和 l 不分的现象。另外，旧译把音节 ga 译为"伽"音，但它有三个读音：jia，ga，qie，而"旮"只有一个读音：ga。这是把 Utu-hé-gál 从"乌图赫伽尔"改译成"乌图赫旮勒"的原因。同样，出于希望西文的人和地名的音译法规范化的原因，我们建议 Ham-mu-ra-bi 对译为"汉穆腊比"，不译为"汉谟（mo）拉比"。原因是为了区别西文音节 -ra- 和 -la-："腊"对译"ra，而"拉"对译 la。音节 mu 最好统一译为"穆"，所以，Ham-mu-ra-bi 译为"汉穆腊比"，Ur-Nammu 译为"乌尔那穆"。为了区别音节 -ri- 和 -li-，我把 Ma-ri 译成"马瑞"不译为马里。许多教科书把 Ma-ri 译成"马里"，但是"马

---

[1]　Hallo W W, Simpson W K. *The Ancient Near East; a History*(Newyork: Harcourt Brace Jovanovich, 1971).

[2]　H. Steible . *Neu Sumerischen Bau und Weihinschriften, Ur-Nammu 10 and 34*, Stuttgart，1991。

里"是现代非洲国家 Mali 的名字。两河流域的苏美尔语文多是单音节
字，而阿卡德语文多用音节拼写塞姆语词。如果我们能够坚持尽可能
地把两河流域的人、地名中的音节和固定的中文的音节一对一化对译，
就可以尽可能地减少中译名不统一或一名多译的问题。用不同的汉字
代表不同的西文音节，像以"拉"代表 la，以"腊"代表 ra，以"尔"
表 -r，以"勒"表 -l，以"如"表 ru，以"鲁"表 lu，还可以使读者从
中文译名推出西文原名。

二、古巴比伦时期：各城之间的关系和天文学的问题

1. 巴比伦时期各城之间的关系

在该书第 70—71 页，编者写道："马里、埃什嫩那受控于强盛的亚
述，拉尔萨一度被埃兰人征服。"

马瑞（马里）曾被亚述王沙姆西阿达德的军队接管，其子就任总
督。但埃什嫩那曾是亚述的盟友，双方的地位平等。沙姆西阿达德曾
和埃什嫩那王达杜沙联军攻占两扎布河之间乌尔比伦国，亚述获得地
盘，埃什嫩那运走战利品。两国后曾有争夺。在沙姆西阿达德死后，
帝国分崩离析，其子伊什美达干一度臣服埃什嫩那。关于这一时期的
历史文献，见吴宇虹《古巴比伦前期的埃什嫩那、马瑞和亚述三国政
治史》（英文，东北师大古典文明所）。

拉尔萨从没被埃兰征服。公元前 1835 年，在拉尔萨国内的阿摩利
人亚穆特巴勒部落酋长库杜尔马布克（Kudur-Mabuk）领导该部夺得拉
尔萨王权，这只是一次篡位政变[1]。库杜尔马布克本人并没就任王位，

---

[1]《耶鲁巴比伦原文第五卷》，216 和 167 号文提到库杜尔马布克在拉尔萨王辛伊迪南
七年（公元前 1843 年）和辛伊齐山四年（公元前 1837）已经在拉尔萨王帐下服务。

他的两个儿子瓦腊德辛和瑞姆辛先后即王位，把拉尔萨推到最强国的地位。虽然库杜尔马布克和其父（新提西勒哈克 Simti-Šilhak）的名字是埃兰名字，但亚穆特巴勒（Yamut-bal）部落、瓦腊德辛和瑞姆辛（*Warad-Sin, Rim-Sin*）是地道的阿摩利和阿卡德名字。也许库杜尔马布克的父亲或本人曾一度依附过埃兰，所以给自己起了埃兰名字。由于他的部落是阿摩利人，库杜尔马布克才能够率部进入拉尔萨，为那儿的阿卡德或阿摩利王朝效力并篡位。

编者又说："他（汉穆腊比）先与拉尔萨结盟，灭亡伊辛。"

伊辛是在瑞姆辛第 29 年被拉尔萨攻陷（1794 B. C.）而亡国。其年，汉穆腊比尚未登上王位，也无法结盟于拉尔萨的瑞姆辛。公元前 1792 年才是汉穆腊比的元年。

编者说："他（汉穆腊比）又与马里结盟，帮助马里摆脱亚述的控制。"

马瑞（马里）是在金瑞林（Zimri-lim）领导下脱离亚述的。其成功的原因是沙姆西阿达德死去，帝国瓦解。在叙利亚强国延哈德避难的原马瑞王族成员金瑞林在延哈德王亚瑞姆林的帮助下，击败亚述新王伊什美达干，夺回马瑞为王。继位后，金瑞林立刻娶了延哈德的公主为王后，确保了该国对自己的支持。汉穆腊比一直是沙姆西阿达德和其子伊什美达干的盟友，他对马瑞和亚述的相争是坐山观虎斗，双方都不得罪。后见马瑞独立既成事实，才与金瑞林结盟。十四年后，汉穆腊比毁灭了马瑞，其王或杀或俘。

编者说："汉谟拉比在位时，除亚述和埃什嫩那未被最后征服外，基本统一了两河流域。"

汉穆腊比在他的法典前言中清楚说埃什嫩那（以城神提什帕克和宁阿祖为代表）、阿卡德、（亚述的）尼尼微和阿淑尔是他国中最重要的第 20—23 个城市。他的 32 年的年名告诉我们在其 31 年"汉穆腊比王击败了埃什嫩那、苏巴尔图和库体的乌合之众"。他的第 38 年的年名是："汉穆腊比用大水冲毁了埃什嫩那。"用巴比伦年名（叁苏伊鲁那

10 年至 26 年）定期的行政泥板在埃什嫩那附近的图图波城中发现。其中提到巴比伦军在该城、埃什嫩那和其他原埃什嫩那治下的城镇驻扎。这些证据无疑表明，汉穆腊比在其 31 年重挫埃什嫩那联军，在 37 年攻占了埃什嫩那。

根据他的 37 年的年名，在灭埃什嫩那的前一年（36 年），汉穆腊比派大兵北上击败了亚述地区的土如库、卡克穆及苏巴尔图（亚述）的联军。这些亚述联军很可能是埃什嫩那对抗巴比伦的盟军。在攻占埃什嫩那的次年（38 年），他以此为基地，再次沿底格里斯河进军上游，前去征服被叫作苏巴尔图的亚述地区。当时阿淑尔至尼尼微一线的底格里斯河谷地区的政治中心不在阿淑尔而在沙姆西阿达德王朝的首都埃卡拉图。当时，巴比伦人称埃卡拉图以及其东的图如库（Turukku）人和库提人控制的大、小札布河地区为"苏巴尔图"。亚述的西面是哈布尔上游地区，有布闰达（Brunda）国，再往西至巴里赫河和幼发拉底河地区有札勒马库各部。这一大亚述地区（两河流域北部）的臣服被汉穆腊比用作他 39 年的年名："年名：汉穆腊比王打垮了（直译：以棒击头）苏巴尔图国、埃卡拉图（城），布闰达和札勒马库国，从底格里斯河岸至幼发拉底河岸。"[1] 另外，一块记载古巴比伦军队行军路途的文件记载了巴比伦军队从拉尔萨出发，走过全部亚述地区到达幼发拉底河西岸上的埃马尔城。（《楔文研究杂志》18 期，第 57 页下）。这种从南到北、从东到西的通衢大道只有在大一统的巴比伦王国才可能出现。因此，汉穆腊比征服或绥靖了包括埃什嫩那和亚述地区的全部两河流域的史实应不容置疑。

在汉穆腊比的儿子叁苏伊鲁那继位第八年下半年，拉尔萨城和其旧属乌尔、乌鲁克等城发动反巴比伦统治的起义。此后，被汉穆腊比

---

[1]　M. Stol. *Studies on OB History*, Leiden, Istanbul Historical Institute of the Netherlands, 1976, pp.33-34.

征服的城市起义此起彼伏，到叁苏伊鲁那 14 年，南方的叛乱才全部平定。在 19 年，埃什嫩那在一个名叫安尼（或读为伊鲁尼）的人领导下起义反抗巴比伦，旋即被镇压。此人没有留下任何年名或铭文证据表明他在起义前是一个独立的王公。从埃什嫩那考古发掘来看，当它的最后一个统治者兹里辛（Cilli-Sin）被汉穆腊比或俘或杀后，埃什嫩那被毁成了一片废墟，没有任何新的本地统治者的地层被发现。甚至巴比伦的军队在本地区的中心也改设在其附近的图图波城（此城后改名为叁苏伊鲁那堡）[1]。

2. 古巴比伦人的天文知识

在第 79 页，编者说："他们（古巴比伦人）依黄道上各星座代表的地段而划出太阳在一年十二个月所处的位置，即黄道十二宫。古巴比伦时期的文献中还记载了对流星、彗星等星的变异象的观察。"古巴比伦时期是指公元前 2000 年至前 1595 年（广义，包括伊辛王朝）。这一时期没有任何天文泥板出土，我们唯一知道的是古巴比伦人曾系统地记录了金星出现的日期和方向，因为"金星泥板"传抄至新巴比伦时期。关于黄道十二宫，大英博物馆西亚馆司库沃克在《历史上的哈雷彗星》一书说："我们现在所熟悉的把黄道每隔 30 度划分成 12 个星座似乎是发生于约公元前 450 年。在那之前，定期于公元前 1000 年的巴比伦天文学纲要《犁星》记载了 18 个星座：（他们是）月神轨道上站立的诸神，月神每月经过他们的区位，并触及他们。"这些星座在公元前 8 世纪被晚期亚述天文学者作为行星观察的参照点。…… 把这些星座划分成平等的 30° 的拱形区大概是受到把一年在理论上划分为 12 个 30

[1]　S. Greengus. *OB Tablets from Ishchali and Vicinity*, Leiden, Istanbul Historical Institute of the Netherlands, 1979 , p.35.

天的月份的影响。这（一年有 12 个月 30 天的理论上划分）在古巴比伦时期（约公元前 1800 年）已经有了些证据。"[1] 由此看来，黄道十二宫出现很晚。最早在公元前 1000 年时，天空被划为 18 个星座。再往前溯 400 年的古巴比伦时期并没有任何划分天空的证据被知道。

同时，古巴比伦时关于彗星的记载也并不存在。沃克在同书中第 17 页说："在（巴比伦）天文日记中，最早的一个彗星记载定期到公元前 234 年 2 月。这一被记载的彗星很可能是中国文献中也记载了的同一彗星。"

三、古亚述时期和古巴比伦时期的亚述的沙姆西阿达德王朝

1. 亚述的地理环境

在第 99 页，第四章的第一节编者（周启迪）说："亚述地处两河流域北部（今伊拉克摩苏尔地区），是一个多山的地区，富有木材和矿产品。"

亚述的希腊文和英文是 Assyria，这是一个地区和国家的名字，大致对应幼发拉底河中游和底格里斯河中游之间的部分以及底格里斯河东岸地区，即两河流域北部。它的东面和北面的边缘连接札格罗斯山脉和小亚高原，境内只有捷别勒辛加和捷别勒阿基兹两座孤立的千米以下的小山，其绝大部分是海拔 200 米以下的平原和丘陵，从西到东：巴里赫河平原、哈布尔河平原，底格里斯河和大、小札布河平原。所以亚述只能称为东、北两面环山的河谷平原地区，不是多山地区。另外编者把亚述地区和阿淑尔城邦同译为"亚述"易引起混淆。阿淑尔的楔

---

[1]　F.R. Stephenson and C.B.F. Walker. *Halley's Comet in History*, London, the British Museum 1985, p.15.

文和西文为 Aššur/Ašur，是古阿淑尔城邦和阿淑尔城的名字。在摩苏尔附近的是阿淑尔最初的兄弟城邦尼尼微。后来，二城形成亚述王国的核心地区。

两河流域无论是南方还是北方都以缺乏矿产和木材闻名。不知编者提到的"亚述富有"指的是何种矿产和木材？沥青矿多在幼发拉底河中游（石油是近现代的产物），此外，别无其他矿产。木材在亚述河谷平原这样缺乏以至于远征到黎巴嫩山伐运雪松是每位亚述王的主要任务之一。南方虽产枣椰树，但它是果树，其木质不成材。

2."古亚述时期"和"沙姆西阿达德王朝（埃卡拉图王朝）时期"是两个不同的断代概念和范畴

编者在第四章第一节第一小标中把国际上通用的"古亚述时期"称作"早期亚述时期"。编者说："公元前 3000 年代末，阿卡德王国灭亡后，在亚述形成了以亚述城（阿淑尔城）为中心的国家，开始了早期亚述时期（约公元前 3000 年末至前 2000 年代中叶）。"在阿卡德王国和乌尔第三王朝统治南方时，阿淑尔城中除了四个酋长和总督的短铭文被发现，没有其他任何文字材料。由于此时阿淑尔在政治、文化和经济上都依附于南方的先进的阿卡德和乌尔王朝，这一时期亚述地区的历史断代属于阿卡德和乌尔第三王朝的范畴，所以国际学术界没有发明"早期亚述时期"这一固定的断代术语来描述阿卡德至乌尔第三王朝时的阿淑尔城。当然，我们可以把这两个时期的阿淑尔统称早期亚述时期，但应该与后面的古亚述区分开。在阿淑尔城出土的一些王铭和在小亚的卡尼什城发现的大量信件和经济文书表明在乌尔第三王朝瓦解后（不是 100 年前的阿卡德王国灭亡后）阿淑尔城形成独立的城邦国家。这一时期阿淑尔居民所使用的语言和楔文以及文化与其后的沙姆西阿达德的亚述以及南方的伊辛、拉尔萨、古巴比伦等国的古巴比伦文化不尽相同，一个以阿淑尔城为中心的亚述王朝管理这一城邦。学术界把这一特定的王朝时期称为"古亚述时期"；把这一时期的语言和文字称为"古亚述语文"，以和同时的其他地方用的古巴比伦语文相区别。古亚述时期大致从公元前 2000 年至前 1814 年。阿摩利人的埃卡拉图王沙姆西阿达德在公元前 1814 年入主阿淑尔城并建立了一个以其邻城埃卡拉图为政治中心的、亚述最早的地区性国家。这样，以阿淑尔和其殖民地为中心的古亚述城邦时期就结束了。阿摩利人的新王朝在语言、文字、部族和历法等许多方面都和古亚述王朝（阿卡德人的一支？）有差别，却和南方的阿摩利各王朝的古巴比伦文化相同，所以学术界称这百年时期为"古巴比伦时期"的沙姆西阿达德的亚述王朝和王国，即不称其为"古亚述"也不称其为"早期亚述"。后来，这一被古巴比伦人称为"埃卡拉图国"的国家被巴比伦的汉穆腊比所征服，亚述地区一度属于巴比伦王国。不久，当北方脱离巴比伦时，亚述本地贵族推翻了外来王朝，建立了中亚述王朝。古亚述王朝和外来的沙姆西阿达德王朝的关系，类似我国宋和元的关系，不能把两个时期混为一谈。

为了和古亚述王朝区别分明，法国的学者们称沙姆西阿达德的亚述国家为"北美索不达米亚王国"。

3. 亚述王表

编者在第 100 页说："早期亚述有一些王铭留传下来，但现在所知道的早期亚述的王表不很可靠，因而还不可能列出一个前后相续的王表。在较晚的亚述王表中，将沙姆西阿达德一世（公元前 1813—前 1783）称为古亚述时期。"

没有任何古亚述和古巴比伦时期编写的亚述王表出土，因而也谈不上它们是否可靠。虽然目前所知的、编于中亚述时的《亚述王表》

把沙姆西阿达德的阿摩利王世系和古亚述王朝的世系弄混了，现代亚述学研究已经列出一个前后相续的亚述王表，问题是一些古亚述王朝和古巴比伦时亚述国王的在位年由于泥板残缺而无法得知。"古亚述"是现代亚述学者对阿淑尔城邦最早所知道的王朝所做的断代和文化概念。古人编写的《亚述王表》把1400年间的100多个王都称为亚述王，并没有给出"古、中、新亚述"等现代分期，所以王表不可能称"某某王为某某时期"。关于亚述王表的讨论，请阅《世界诸古代文明年代学的历史和现状》（世界图书，1999）中的拙作"古代两河流域文明年代学的历史和现状"。

4. 古亚述的商业殖民点

编者又说（第100页）："但卡尼什商业公社在政治上并不隶属于亚述城。"

卡尼什城内的亚述商贸区是阿淑尔公民商人在小亚的落脚点，亚述语称为"港口"。它在政治、经济、文化上紧密地属于母邦阿淑尔城。它的官员由阿淑尔城邦的国王任命，它必须向阿淑尔城市缴税。它的商业资本中有王家和城市的份额。可以说在卡尼什"港口"中的每个亚述商人和官员都必须听命于来自阿淑尔的王家、城市和家族"公司"的指令。就是为什么大量由阿淑尔写给"港口"的泥板文书在卡尼什出土的原因。在小亚和其邻近地区，各亚述港口"开发区"在政治上不隶属卡尼什城和其他城市的本地王公，但他们必须缴纳类似"关税"之类的贡品和银两以结好当地政权。

为了使读者更准确理解和使用这本教科书，我们提出以上几点不同的看法。然而，我必须强调的是，虽然这本教材在两河文明方面的编写工作有些瑕疵，但瑕不掩瑜，绝大多数史料运用是正确的。白玉微瑕，目前，它仍是一本不可缺少的好书。

生态环境的破坏和苏美尔文明的灭亡 *

在今年的全国人大会议上，我国把开发中华文明发源地之一的大西北地区列为发展的战略目标。开发大西北的一个重要措施是保护土地的生态环境，减少不良农田，退田还林、还草、还湖。历史经验告诉我们，古代两河流域文明灭亡的一个重要原因是当地生态环境的变化，尤其是土地的盐碱化导致农业的失败。

起源于今伊拉克南部的两河流域文明和中国、埃及以及古希腊、罗马，并称古代世界四大文明。从新石器时代起，幼发拉底和底格里斯两条大河哺育了许多农业村落。约公元前3000年，从外部迁移到伊拉克南部干旱无雨地区的苏美尔人，利用河水灌溉农田并在生产中发明世界上最早的文字，从而创造出一批人类最早的城市国家和灿烂的苏美尔文明。在苏美尔人的影响下，两河流域本地说塞姆语的阿卡德人加入了历史舞台并先后和苏美尔人并肩建立了阿卡德和乌尔第三王朝两个帝国。虽然苏美尔文明不断向周围扩大发展成为巴比伦文明，并把北方亚述带入两河流域文明圈，但苏美尔人口却似乎在不断减少。在公元前2004年，乌尔第三王朝被伊辛和拉尔萨两王朝所取代。从这一时期开始，以拉咎什、温马为代表的一批苏美尔城市开始走向衰亡。许多城市荒无人烟，最后沦为废墟。新迁入两河流域的游牧部落王朝

---

* 吴宇虹:《生态环境的破坏和苏美尔文明的灭亡》,《世界历史》2001年第3期。

在巴格达附近的巴比伦城建立的古巴比伦王朝，战败南方的苏美尔地区的伊辛和拉尔萨王朝，一统天下。随着南方大批城市被逐渐放弃，苏美尔人完全消亡于巴比伦人之中了。在巴比伦人和亚述人把两河流域文明推到巅峰后，该地区被伊朗高原上的波斯人征服。公元前331年，代表希腊文明的征服者亚历山大征服了全部西亚。不久，像1000年前的许多苏美尔城市一样，许多古老的巴比伦和亚述的城市也被陆续放弃，两河流域文明不久便衰亡了。其遗物被埋在沙丘之下达2000年之久，直到19世纪下半叶经考古发掘才重见光明。3000年的两河流域文明灭绝的原因是复杂的。一方面，外部的新兴文明如希腊和伊斯兰文明的征服和取代是重要原因；另一方面，过度的农业开发恶化了先天不足的生态环境也是一个主要内因。1982年，美国著名亚述学家雅各布森在《古代的盐化地和灌溉农业》一书中论述了两河流域南部苏美尔地区灌溉农业和土地盐化的关系，并指出这是苏美尔人过早退出历史舞台的重要原因。

南伊拉克（苏美尔）的土地是肥沃的冲积黏土，宜于谷物种植，而气候干旱少雨，灌溉农业则是主要生产方式。然而，土地和河水中都含有可交换的钠离子和盐。通常，钠离子和盐被水带到地下水层中，只要地下水位与地表层保持一定的正常距离，含钠和盐的地下水就不能危害农田。古苏美尔人只知浇灌而不知土地中的盐分必须用充足的水加以过滤、输导并完全排泄出去，结果使当地的地下水层的盐分逐年加浓。当过度的地表积水渗入地下水时，含盐的地下水位就会上升，在土地毛细管作用的帮助下侵入地表层使土地盐碱化。从苏美尔城吉尔苏的遗址中，法国考古队发现了从苏美尔城邦争霸时期（约公元前2400年）到乌尔第三王朝末（公元前2004年）的大批农业泥板文书。这400年中的文献告诉我们，从文明一开始，随古代灌溉农业而来的土地盐化问题就一直困扰着苏美尔的农民和贵族，很可能这一恶性循环最后导致了在古巴比伦晚期（约公元前1700年）以吉尔苏为代表的大批苏美尔城市被永久放弃。文明的中心由苏美尔转向北方的巴比伦地区使两河流域文明的创造者苏美尔人及其国家过早地灭亡了。

一份写于拉旮什王乌如卡基那时的土地吏的文件列出两块地的盐化面积：258 公顷大麦地和约 2.8 公顷盐化地，盐地为 1%；110 公顷的大麦地和 39 公顷的盐化地，盐化面积为 35%[1]。另一份文件则记载了 3 块农田，其盐化面积分别为 20%、40% 和 100%[2]。一块名叫"老麦田"的农田在城邦时还是以小麦为主要作物的无盐地（小麦不耐盐），经过 300 年浇灌后，当它再次出现在乌尔第三王朝（约公元前 2111—前 2004 年）的文件里时[3]，已有 6% 的面积盐化了。写于伊比辛（公元前 2027 年）的一份文件告诉我们，库阿腊城的一块 259 公顷的农田竟带有 162 公顷的盐水池[4]。到了公元前 1000 年左右的中巴比伦时期，苏美尔故地土地盐碱化给国王留下极深的印象，以至于被认为是诸神对人类罪行最严厉的报复之一。在巴比伦王马尔杜克阿帕拉伊丁奖给大臣的石刻地契中，对背约者的诅咒是："愿阿达德，天地之渠长，使碱土围其田，令大麦饥渴，绿色永绝！"[5]另一王的石契碑的诅咒为："愿阿达德败其田，绝粒麦于垅上，生碱草替大麦，取碱土代清泉！"[6]。远在北方的亚述地区，雨水充足无需浇灌，农田盐碱化不甚严重。但

---

［1］ M. 尼考勒斯基：《古迦勒底簿记经济文件》第 1 集（M. Nikolskij. *Dokumentty chozjajstvnnoj otcenosti drevnei Chaldei*），彼得堡 1908 年版，第 31 号文。

［2］ A. 富耶：《前萨尔贡时期文件》下卷（Allotte de la Fuye. *Documents Pré-Sargoniques*），巴黎 1912 年版，第 573 号文。

［3］ M 哈斯塞：《哈佛塞姆博物馆中的楔文泥板》下卷（Mary Hussey. *Sumerian Tablets in the Harvad Semitic Museum*），哈佛大学出版社，1915，第 27 号文。

［4］ L. 莱格瑞因：《乌尔发掘文件》第 3 卷（Léon Legrain. *Ur Excavation Texts*, vol.3），大英博物馆，1937，第 1369 号文。

［5］ V. 塞勒：《波斯发掘备忘录》第 6 卷（Vincent Scheil. *Memoires de la Mission Archéologique de Perse*），巴黎 1905 年版，版图 11，第 9—11 行。

［6］ 莱奥那得·金：《大英博物馆中的巴比伦界碑和纪念泥板》（Leonard King. *Babylonian Boundary-stones and Memorial Tablets in British Museum*），伦敦 1912 年版，第 68—75、79 页（Nabu-Mukin-apli）。

亚述王知道盐碱地的可怕后果并以其为手段惩罚反叛的城市。阿达德尼腊瑞第一（公元前1307—前1275年）和其子沙勒马那沙尔第一（公元前1274—前1245年）都在铭文中声称："我征服并摧毁了（敌）城（Taidu 和 Arinu）后，把盐碱液播撒于其上。"[1] 600年后，阿淑尔巴尼帕（公元前648—前627年）在毁灭埃兰后，自夸道："我使埃兰各地荒无人烟，并散布盐和芥草于其上。"[2] 苏美尔地区农田盐碱化还反映在当地的作物品种和单位面积产量上。在文明刚出现的乌鲁克文化遗物中发现装小麦的容器（74）和装大麦的（43,39）差不多[3]。当土地开始盐化后，不耐盐的小麦开始逐年减少。在公元前2400年吉尔苏的几块地中，小麦占16%，其余则是大麦。在约100年后的阿卡德时，小麦降到3%。据一份乌尔第三王朝的文件，此时在吉尔苏的一块地中小麦仅占1.8%[4]。随后，在苏美尔地区人民几乎不能种植不耐盐的小麦了。尽管大麦比较耐盐，但土地的盐化会减少它的产量。吉尔苏出土文献表明：约公元前2400年，大麦每公顷收2537公升，到公元前2100年，降到1460公升。约公元前1600年，吉尔苏城已完全被弃，土地已经严重盐化了。此时，其邻近的拉尔萨城某一地区的大麦产量仅为每公顷897公升[5]。

直到近代，南部伊拉克的农民一直和土地盐碱化作斗争。他们长期的实践表明，每季的休耕种草可以减慢含盐的地下水位上升。当因多年的浇灌使地下水终于达到地表并使农田完全盐化时，他们就完全

[1] A.格瑞森:《亚述王铭》第1卷（Albert Grayson. *Assyrian Royal Inscriptions*），威士巴登1972年版，第393节，注528节（*Kudimmu*）。
[2] M.斯特来克:《阿淑尔巴尼帕和晚期亚述王》（Maximlian Streck. *Assurbanipal unddie letzten assyrischen Konige*），莱比锡1916年版，第56页79行、119页14行（*Tabtu*）。
[3] T.雅各布森:《古代的盐化地和农业灌溉》（Thorkild Jacobsen. *Salinity and Irrigation Agriculture in Antiquity*），马里布1982年版，第23页。
[4] T.雅各布森:《古代的盐化地和农业灌溉》，第26—30页。
[5] T.雅各布森:《古代的盐化地和农业灌溉》，第39—43页。

放弃了这些劣质农田。经过几十年，甚至几百年的干燥，当地下水位降到相当的深度时，后代农民会再次回到这些休养好的土地上。

前车之覆，后车之鉴。中华文明与两河流域同时崛起于古代世界，源远流长，自强不息，历尽磨难，长存凤凰之涅，以至今日。当今世界，西方物质文明如日中天、咄咄逼人。对比之下，第三世界人口爆炸，生态环境逐日恶化。中华文明的各族儿女将长期面临着这两大事关存亡之挑战。我们只有加强与西方文明的竞争意识，保护和治理好我们的生态环境，才能使古老的中华灿烂文明与世永存。

古代两河流域文明史年代学研究的历史与现状 *[1]

　　如果我们把文字的产生看作文明的起点，古代两河流域文明可以说是古代世界文明中最早发生的：楔形文字符号的最早雏形——古朴象形图符出现在公元前 3200 年左右的乌鲁克文化晚期。然而，和埃及文明一样，两河流域文明经过三千年的发展后，也很早退出了历史舞台。到公元 2 世纪，楔形文字在西亚被完全废弃并失传了。在以两河流域文明为研究对象的现代新学科西亚考古学和亚述学建立于 19 世纪中叶之前，当今世界对其由盛而衰的道路以及留给现代文明的丰富遗产了解甚少，更不用说建立一个系统的年代学从而全貌地了解这一伟大文明的纵向时空。19 世纪，英、法、德在两河流域考古发掘的巨大成功使千百计的写有楔文的碑雕以及成千上万片的泥板文书源源不断地涌向西方的博物馆和著名学府（现代考古学正是在 20 世纪初产生于在两河流域进行的发掘实践中）。对这种楔形笔画组成的神秘文字的研究破释成功标志着以两河流域文明出土文献为研究对象的新学科亚述学的建立。大量的原始文献为亚述学者们提供了前人所不知道的极其丰富的第一手信息。数十个王朝和首都、成百上千个国王的名字和三千年

＊　　吴雨虹:《古代两河流域文明史年代学研究的历史与现状》,《历史研究》2002 年第 4 期。
[1]　本文是《夏商周断代工程》课题《世界诸古代文明年代学的历史和现状》的研究成果之一。

的时空跨度迫切需要归纳成一个两河流域特有的年代体系。两河流域出土文献无《史记》类的史书，但有许多可以作为年代学依据的王表、名年官表、有日期的宫廷档案和商业契约。这些文献被亚述学者整理研究之后可建立一个封闭的相对年代体系。然而，今人要建立两河流域文明和周围的古文明以及现代文明的时空关系就必须把这一相对的年代体系转换成现代人应用的绝对年代体系——公元纪年。因此，建立一个以公元纪年为坐标的、一元时空概念的两河流域文明的年代学，自从亚述学成立以来就一直是个重要而迫切的研究课题。

一、两河流域文明所经历过的多种纪年方式：年名、名年官、在位年数和塞琉古纪元

两河流域由于地理、文化和政治的差异分为南北两大地区。从公元前二千纪始，南方称为巴比伦国，希腊人称为巴比伦尼亚；北方为阿淑尔国，希腊人称其所在地区为 Assyria，中文简译为亚述。纪年始于公元前 2500 年的文明摇篮地巴比伦尼亚，各城邦发明的纪年方法不相同：有用年名纪年的尼普尔；有用轮换的执政官（ensi）名字（名年官）纪年的舒路帕克；有以执政官在位的年数纪年的拉旮什和温马。阿卡德统一两河流域后，源于圣城尼普尔的年名纪年法成为王朝主要的纪年方式。随后的乌尔第三王朝和古巴比伦时期，年名成为除亚述地区外各地都使用的共同纪年法。"年名"和我国帝王用的二字年号不同，它是两河流域各国国王在年末用自己在当年的政治或宗教方面的业绩给下一年取的名字。正式的年名是由完整的一两句话构成，往往很长；在实际应用中，书吏们多用由两三个词构成的简化年名。例如统一两河流域的古巴比伦王汉谟拉比的第二年的简化名是"年名：国王汉谟拉比在全国建立了公正"。这一年名的历史信息是汉谟拉比在他统治的

第一年（年名的前一年）在全国废除了贫穷公民的债务。用年名纪年在两河流域使用了 700 多年，经历了青铜时代早期和中期（约公元前 2300—前 1600 年）。

亚述和巴比伦所使用的纪年系统是不同的。亚述国家不用年名而用名年官的人名纪年。每年选出一位名年官（亚述语 *limmu*，源于动词"轮换"），他的名字加上名年官职即为这一年的称呼："名年官：某某。"亚述地区的名年官纪年法和巴比伦的年名一样都属于不能明确表达历史时空概念的无序数纪年法。从亚述立邦到帝国灭亡，名年官纪年在亚述使用了约 1400 年（公元前 2000—前 600 年）。名年官的一年任期表明在古时部落执政长官的权限仅为一年。在王权形成后，名年官变为贵族们的荣誉称号。每年的名年官是用拈阄的方法选定。耶鲁大学巴比伦收藏馆有一个三厘米见方的小泥块，其四个面刻有楔文，铭文表明这一泥方是用于抓阄选名年官仪式的阄[1]。在帝国时期，名年官的选出实际上并不真正由抽签决定，国王和大将军、祭典长、宫廷传令长及太宰等五位首贵总是依次占据了第二至六王年的名年官职（第一年的名年官在前王的末年已定），帝国时期的名年官职 30 年一循环。但国王出任名年官也必须经抓阄仪式，亚述王沙勒马那沙尔在他的第 32 年再次就任名年官时说："在我的第 31 个在位年，我在阿淑尔和阿达德神面前第二次（从阄罐中）倒出了（名年官的）阄。"

用孤立的、单个的年名或名年官纪年的方法表明在文明发展的早期阶段人们对时空的阶段性和连续性不太敏感。其原因可能是小规模的城邦国家无法在较大的地域建立起共用的时空坐标，以及军事民主

---

[1] Alan Millard, *The Eponyms of the Assyrian Empire 910—612 BC, SAAS* II. Helsinki: Neo-Assyrian Test Corpus Project, 1994, p. 8:"这是亚哈里，亚述王沙勒马那沙尔（第三）的太宰兼基坡舒尼城、苦美尼、美赫腊尼、乌齐和雪松林等省的总督兼海关长的阄（puru）。（如）在他的名年任期中，即他的阄运中，亚述的收成既正常又丰好：在阿淑尔和阿达德面前，让他的阄出现！"

制瓦解不久后的国家中国王的权威和任期还未大到和长到可以用他的名字命名时空阶段的程度。在古巴比伦王朝灭亡后，加喜特人建立的巴比伦王朝采用了比年名纪年更先进的记录国王统治年数纪年法。王年的优点是它清楚地表示了数代王组成一"朝"和数年构成朝的一"代"的阶段性的、连续的时空概念：王名是每代的名称标志，数字年序号记录了单个年在一代阶段中的位置；缺点是时空阶段还较短，当王位更迭时，数字序列必须重新开始。这种纪年法和我国《春秋》《左传》中所用的纪年法是一致的。[1] 国王在位年数在巴比伦尼亚使用了1300 年后，在公元前 311 年，两河流域人又发明了更先进的"塞琉古纪元"王朝连续纪年法，纪年数字序列不再因王位更迭而重开，新王接着前王的末年序号继续纪年，时空阶段由一王扩大到多王。该纪元把马其顿将领塞琉古成为巴比伦尼亚统治者的那年算作塞琉古王朝纪元的元年，以后年序号中的王名虽然仍不断更换，但数字序号却一直延续下去。它产生的直接原因可能是国王塞琉古和王太子安条克因征战频繁需要共同执政：从塞琉古第 20 年开始，巴比伦尼亚的书吏在文件的纪年序号中并记两王的名字，如："第 30 年，塞琉古王和安条克（他的儿子）为王。"第 31 年中，开国王塞琉古死去，安条克成为正王，其子同样成为共同执政的副王。安条克的第一年的纪年排序仍从塞琉古元年算起，成为王朝纪元的第 32 年，但纪年中的双王名改记为安条克和塞留古（他的太子）。以后，纪年中有时记一王名，有时记两王名，但序号一直数到王朝灭亡的"塞琉古纪元"第 247 年。两河流域的"塞琉古纪元"是世界上使用最早的连续纪年法：后来出现的基督教纪元（公元纪元）和伊斯兰教纪元都晚于它很多。公元前 4 世纪的某些希腊古典年代学者使用的"奥林匹克运动会届数纪元"（四年一届，

---

[1] 中国从汉武帝至清朝所用的纪年和两河流域的王年略有不同：因人民不能直呼王名，各帝序列名称用两字年号代替了帝王的称谓，明清之前的诸帝王常有多个年号序列（在位中改元）。

追溯至公元前 776 年）并不是官方通用的正式纪年。公元 525 年狄奥尼修斯（Dionysius Exiguus）发明了公元纪年，而它的普遍使用却晚至 11 世纪。伊斯兰教纪元（hijrah/hegira）始于公元 622 年 9 月 20 日（先知逃离麦加日）。

二、亚述名年官表记载的一次日食（公元前 763 年）和公元前一千纪的年代学

古代文明年代学的建立是由文献较多的晚期向少的早期追溯，所以本文从两河流域文明的鼎盛及灭亡的公元前一千纪的年代学谈起。亚述地区年代学的主要文献是《亚述王表》和《亚述名年官表》。《亚述王表》记载了从亚述最早的城邦王朝到帝国所有的国王的名字和在位年数，可以推算出各王相对的时空位置和亚述历史的总年数。目前发现的《亚述王表》仅有 A、B、C 三个较全的版本[1]，分别结束于第 97 王提格拉特皮莱沙第二（前 967—前 935 年，A 本）、第 107 王阿淑尔尼腊瑞第五（前 754—前 745 年，写于其继承者提格拉特皮莱沙第三的第 7 年即前 738 年）、第 109 王沙勒马那沙尔第五（前 726—前 722 年）。没有对应的名年官表，亚述文献中出现的某名年官对系统外的人来说只是个人名，毫无时空概念。由于名年官年的无序表达，即使亚述人自己想知道某一过了较久的名年官在的序位，也必须查找官方提供的名年官序表。幸运的是在亚述帝国首都尼尼微出土的文献中发现了 20 多块帝国时期的《名年官表》泥板文书及残片。经过整理、对接残片和各版本相互补充，德国亚述学者温格纳德在 1938 年出版了《亚述学辞书·卷二》，发表了记载有亚述王表中第 99 王阿达德尼腊瑞第二

---

[1]　A. K. Grayson, *Konigslisten und Chroniken*. In D. Edzard（ed.）, *The Reallexikon der Assyriologie, vol. 6*, Walter de Gruyter, Berlin, 1980—1983, pp.102-135.

的第一年到第 113 王阿淑尔巴尼帕（倒数第三王）的第 21 年之间连续 264 年的《名年官表》[1]。《名年官表》的发现确定了亚述帝国晚期各王的次序和在位年数，并肯定了《亚述王表》的可靠性。有的名年官表的抄本还和我国的《竹书纪年》一样，不但给出名年官的名字和职位，还记载了每年国王的征伐、行止和其他政治大事件。这种名年官表记录了发生在第 106 王阿淑尔丹第三在位第 10 年的日蚀："在古札那省总督布尔萨咎勒为名年官期间，在阿淑尔城发生叛乱。在三月，日食发生。"[2]（*RLA* 2，430 页）根据现代天文学家提供的日食历史表，亚述学家参考包括公元 2 世纪亚里山大里亚著名希腊天文学家克劳狄·托勒密提供的晚期巴比伦王的次序和年数，排除了公元前 809 年 6 月 13 日的日蚀，将这次日蚀定为公元前 763 年 6 月 15 日的日食（两河流域的阴历三月为阳历的 5—6 月）。知道阿淑尔丹第三的第 10 年为公元前 763 年后，名年官表中的从阿淑尔尼腊瑞第二的元年（公元前 911 年）到阿淑尔巴尼帕的第 21 年（公年前 648 年）之间 264 个公历年便推算出来了。

公元 2 世纪亚里山大里亚的天文学家托勒密用希腊文写的《托勒密的国王经典》（Ptolemy's Royal Canon）一书[3]记载了从巴比伦王那布那萨尔（公元前 747 年继位）始，经亚述、波斯王朝至马其顿王亚历山大大帝（公元前 336—前 323 年）之间 30 个巴比伦统治者的在位年数（包括两个"无王期"）以及期间的重要天文现象。其中的七位是亚述王兼巴比伦王或亚述任命的王，从而也为这一时期的亚述王所

---

[1] Arthur Ungnad, Eponymen. In E. Ebeling and B. Meissner（eds.），*The Reallexikon der Assyriologie, vol.* 2, Walter de Gruyter, Berlin, 1938, pp.412-457. 最新英文编：Alan Millard, *The Eponyms of the Assyrian Empire 910—612 BC, SAAS* II. Helsinki:Neo-Assyrian Test Corpus Project, 1994.

[2] E.Ebeling and B.Meissner（eds），*The Reallexikon der Assyriologie*，*vol.2*，Berlin. 1938.

[3] 有关两河流域部分的最新的编辑见 L. Depuydt, *"More Valuable than all Gold:" Ptolemy's Royal Canon and Babylonian Chronology*, Journal of Cuneiform Studies, vol. 47（1995），pp. 97-118。

在的相对年数提供了数据。各王在位年数及期间的天象与两河流域史料中的记载以及现代天文推算相符合证明了他著作的可靠性。他还计算出每个王的末年到表中的第一王元年的总年数，从而建立了希腊天文学史学者所用的 424 年的巴比伦"那布那萨尔王朝纪年"。在"那布那萨尔纪年"之后，托勒密给出了从马其顿的亚历山大王朝继承人菲利普元年到埃及女王克里奥帕特腊末年共 291 年的希腊化埃及的"菲利普纪年"。从罗马年代学[1]得知，罗马皇帝奥古斯都在公元前 30 年灭亡该王朝，所以《托勒密的国王经典》中的各王都获得了公元年数。那布那萨尔以来的巴比伦各王和与其衔接的希腊化埃及王朝各王的公元年的建立帮助确定了公元前 763 年的亚述日食年和建立公元前 911 年以后的亚述帝国的公元纪年。从亚述王表中的公元前一千纪亚述各王上溯，可直到公元前 15 世纪的各王。这时，《亚述王表》出现了王的在位数残缺和缺少几个早期王的问题，我们无法利用王表精确地推出前面的亚述各王的年数。因此，年代学者试图通过其他途径去解决早于前 15 世纪的两河流域的年代问题。

三、公元前二千纪年代的建立

1.《巴比伦王表 A》和《亚述王表》的残断带来问题

根据托勒密的著作，巴比伦王那布那萨尔的元年定为公元前 747 年。出土的残缺泥板《巴比伦王表 A》是记载了全部八个巴比伦王朝各王在位年数的年代学重要文献。然而，《巴比伦王表 A》楔文泥板在

---

[1] 罗马的基督教学者 Dionysius Exiguus 应教皇圣约翰第一的要求在公元 525 年制定了基督教（公元）纪年。他计算出基督诞生于罗马建城后的第 753 年 12 月 25 日，即公元前 753 年。因此，罗马年代学中各事件的公元纪年很早就解决了。

那布那萨尔之前的部分出现了约 200 年（公元前 942—前 747 年）的残缺。我们只好跳过这 200 年去考虑在位年数保存在王表中的巴比伦各王的公元年序。幸好，亚述出土的《亚述和巴比伦同步编年史》和《同步王表》两部泥板经典提供了这一时期与巴比伦王同时在位的亚述王名。根据这两部文献和其他材料，我们知道图库提尼奴尔塔（公元前 1244—前 1208 年）等几位亚述王出任过巴比伦王。以这些兼任巴比伦王的亚述王的公元年为基点，我们可以推出在他们前后的、在位年数保存在《巴比伦王表 A》中的各巴比伦王的公元年序。这一方法把公元前 942 年到公元前 14 世纪下半期的巴比伦地区的年代建立起来了。这时，《巴比伦王表 A》在巴比伦王朝第三王朝——加喜特巴比伦的年代部分出现了残缺。虽然在王表中的加喜特王朝总计部分可以读出："576 年（另）九个月，（共）36 王"，但王朝的 36 王中，只有第 1—3 王以及第 22—36 王的年数保留下来。加喜特王朝早期的各王（第 9—17 王）时期留下的民间契约文书极少。卡达什曼哈尔北第一（第 16 王？）和库瑞旮勒朱第一（第 17 王？）以及卡达什曼恩利勒（第 18 王？）时各留下一件带有日期的契约泥板。这些泥板仍用年名不用国王在位年数说明新的国王年数纪年法是从布尔那布瑞阿什第二（19 王）才开始的。没有王朝的年名表，我们无法判断某个"年名"等于王在位年的第几年，也无法估计在位数。因此，这九位加喜特王朝国王的在位年数都无法可寻。王朝的第 18 和 19 两王在位年数可根据民间契约上的最高在位年数分别定为 14 年和 27 年。根据《同步编年史》，第 20、21 王都是刚继位就被推翻，他们的在位年被包括在第 19 王的最后一年中，为零年。1976 年，美国亚述学者波壬克曼利用亚述的两部"同步经典"和已知的亚述诸王在位的公元年序推算出和他们同时的加喜特王朝晚期各王的公元年序：公元前 1374—前 1155 年（第 18—36 王）[1]。

---

[1]　J.A. Brinkman, *Materials and Studies for Kassite History*. Chicago: Chicago University Press,1976, pp. 6-34.

但是，该王朝在巴比伦的实际统治时间只是王表中的总年数576年的大部分：共36王576年的加喜特王朝只是从第九王阿古姆·卡克瑞美（Agum-Kakrime）才开始继承被赫梯人灭亡的古巴比伦王朝，统治巴比伦地区的，他入主中原的时间应在前王朝灭亡后的一二十年之内。由于加喜特王朝的第一王到第八王与古巴比伦王朝后期是共存的，王朝的576年不能用来推算古巴比伦王朝的结束时间。没有前八王的在位年数，我们不知道第九王在巴比伦为王的时间，也无法推出古巴比伦王朝灭亡的时间。前面已提到《亚述王表》在公元前19—前15世纪的亚述早期王部分出现了残缺和误差，也没有发现这一时期的名年官表。另外，公元前12世纪以前的亚述年的长度也存在问题：因为这一时期的亚述年历没有闰月，使亚述年比太阳年每年短11天。因此，无论是巴比伦王表还是亚述王表都无法帮助我们推出加喜特王朝之前的古巴比伦王朝的准确年代。

古巴比伦王朝及其前的伊辛—拉尔萨王朝、乌尔第三王朝、乌鲁克第五王朝、库提王朝及阿卡德王朝、乌鲁克第三王朝的文献丰富，都有完整的王表发现。只要能推出古巴比伦王朝的公元年，公元前二千纪上半和之前的各朝的公元年代便可建立起来。亚述学家整理出的古巴比伦王朝的王表和基本完整的年名表表明古巴比伦王朝从第一王苏姆阿布姆到末王共11王统治300年，正好在各王中间的第六王汉谟拉比的雄才大略使王朝一统天下。因此，汉谟拉比的元年近似我国武王伐商、成汤灭夏成为二千纪年代学的焦点，攻克年代学难点的突破口可能从古巴比伦王朝的文献中发现。

2. 古巴比伦王阿米嚓杜喀时（1—8年间）的金星泥板传抄本和金星相位的多值性引出的"高""中""低"三套年代体系

从新巴比伦时期（公元前626—前539年）开始，两河流域出土文献中的天象占卜术的泥板开始增多。被亚述学者称为《当天神和恩利勒神》（为该系列的第一句话）是由 70 多块泥板组成的一部重要的天象经典。这是一部记录天象预兆国家祸福的天人感应的占星术书。它最后编纂的经典本是由塞琉古时代的巴比伦尼亚天象书吏们完成的。前 50 块泥板记录了日、月、气象等变化的预兆内容；后 20 多块泥板记载由行星和恒星运行变化而预示的国家兴亡。这部晚期的古代占星术著作令年代学者兴奋的是它的第 63 块泥板——"金星泥板"被发现实际是古巴比伦时期所记载的金星运行观测表的传世本。年代学者可以用现代天文学所提供的金星运行历史年表来对照"金星泥板"所记载的各个金星相位周期，从而可以选定古巴比伦时期出现的这些金星运行周期所在的公元年。这一泥板文献共记有 59 个天象及其预兆。其中预兆 1—21 和 34—37 被整理为 21 年中金星出没的记载。前 21 个天象又被分成两个系列：其中预兆 1—10 是记载了金星运行的一个八年周期，而预兆 11—21 是另一个八年金星周期。据天文学家平格瑞分析，第二个八年周期不是第一个八年周期的继续，而且预兆 11—21 中的数据错误较多。因此，整个泥板是抄自不同时期的有关金星的记载。然而，预兆 1—10 所记载的金星八年周期除了一个基本数据错误外，和现代天文计算完全吻合。幸运的是"预兆 10"并不是一个兆文，而是古巴比伦王朝第 10 王阿米嚓杜喀的第八年的年名。该预兆如下："在 12 月 25 日，宁西安那女神（金星）从东方天空消失，年名：'银金座椅'。"从古巴比伦时的年名表中，我们查到阿米嚓杜喀的第八个年名是："年名：他（国王）把远方送来的'银金座椅'和他的像献入（尼普尔的）生命之庙。""银金座椅"是该年常用的简写年名。可见传抄至晚期的"金星泥板"的预兆 1—10 原本来自一个记录着古巴比伦王阿米嚓杜喀第一至第八年的金星运行周期的泥板，由于一个传抄件在结尾处发生残断，导致最后抄本中的第 10 预兆并不完全，但宝贵的年名保留下来了。

　　"金星泥板"的研究成果首先被牛津大学亚述学者 S．郎敦（Langdon）和天文史学者 J. 珐得壬翰（Fotheringham）在 1928 年发表[1]。根据郎敦的翻译，利用肖赫的金星运行推算表，珐得壬翰找出五个年值可能为阿米嚓杜喀的元年：公元前 1976、1920、1850、1808、1800 年；他把第二高的数值"公元前 1920 年"定为最可能的年值[2]。按此推算，古巴比伦王朝结束年高达公元前 1868 年。1940 年，法国的西德尔斯基在"对汉谟拉比王年代学的新研究"[3]文中将阿米嚓杜喀元年从旧定的"公元前 1920 年"降至"公元前 1701 年"，从而把旧定的两河历史年代缩短了 220 年。

　　同在 1940 年，德国著名亚述学者温格那德也对"公元前 1920 年"这样高的年值提出挑战。他在《金星泥版和叁苏伊鲁那的第九年（公元前 1741 年）》[4]书中修正了郎敦的几处误读并建议阿米嚓杜喀的元年应在公元前 1659—前 1639 年之间，"公元前 1645 年"的可能性最大。这一研究把珐得壬翰 20 年前对古巴比伦年代过高的"公元前 1920"年值缩短了 285 年。同年，英国亚述学者西维勒在《阿拉拉赫和年代学》书中再次使用郎敦的译文和肖赫的计算表，也认为"公元前 1645 年"可能为阿米嚓杜喀元年，但"公元前 1920 年"也不能完全排除。1972 年，维尔在土耳其出版的《阿米嚓杜喀的金星泥板》书中同意温格那

---

［1］ 1975 年，美国亚述学者莱拉和天文史学者平格瑞在《"当天神和恩利勒神"系列泥板第 63：阿米嚓杜喀的金星泥板》一书中重编了这一泥板，加入新抄本，使抄本数由 7 个增至 15 个：E. Reiner with D. Pingree, *Enuma Anu Enlil Tablet 63: The Venus Tablet of Ammiṣaduqa*, Bibliotheca Mesopotamia, 2/1. Malibu: Undean Publications, 1975。

［2］ S. Langdon, J. K. Fotheringham and C. Schoch, *The Venus Tablets of Ammiṣaduga*. Oxford, 1928.

［3］ D. Sidersky, *Nouvelle édude sur la chronologie de la Dynastie Hammurapienne*. Revue D'Assyriologie, vol. 37（1940）, pp.45-54.

［4］ A. Ungnad, *Die Venustafeln und das Neunte Jahr Samsuilunas*（1741 v. Chr.）, Leipzig, 1940.

德的公元前 1645 年的观点。[1] 1942 年，考尔涅留发表了"贝柔嗖斯和古代东方年代"。他用了纽格鲍埃的推算表，认为"公元前 1581 年"为阿米嚓杜咯元年的可能最大。这一数值比温格那德的"公元前 1645年"又下降了 64 年。1948 年，荷兰天文学者凡得外登修正了郎敦和温格那德的数据并用了新的金星推算表。在检验了西德尔斯基的"公元前 1701 年"、温格那德的"公元前 1645 年"以及考尔涅留的"公元前1581 年"后，他认为最晚提出的"公元前 1581 年"作为阿米嚓杜咯元年最为合适 [2]。当然，光依靠金星数据来断定古巴比伦王朝的年代是不够的。著名古天文史家纽格鲍埃在 1929 年曾指出：所有这些由仅靠金星运行推算的数据都不可能获得绝对的肯定 [3]。

对于古巴比伦的年代研究有一个发展过程。早在亚述学建立的早期（1888 年），法国亚述学先驱奥波尔特（Oppert）提出汉谟拉比元年为"公元前 2394 年"。著名法国亚述学者丢柔当冉（Thureau-Dangin）在 1927 年曾把它降为"公元前 2003 年"。1920 年以后，各家根据"金星泥板"提出的阿米嚓杜咯元年有公元前 1920、前 1702、前 1646 和前 1582 年等四种。汉谟拉比的元年在阿米嚓杜咯元年之前 146 年，所以二、三千纪年代学的基准点汉谟拉比元年可能为公元前 2066 年，或公元前 1848 年，或公元前 1792 年，或公元前 1728 年。1940 年，英国亚述学者 S．史密斯通过对叙利亚遗址阿拉拉赫地层及文物的研究得出汉谟拉比年代应在公元前 19 或 18 世纪，因此，超高年代体系的"公元前 2066 年"的可能性被首先排除。剩下三个可能为汉谟拉比元年

［1］ J. W. Sewell in S. Smith ed, *Alalakh and Chronology*, London 1940, pp. 26-27, 50-52. J. D. Weir, *The Venus Tablets of Ammzaduga,* Istanbul, 1972.

［2］ B. L. van der Waerden, *On Babylonian Astronomy I, The Venus Tablet of Ammiṣaduqa*, Exorientlux vol. 10（1945—1948）, pp. 414-424; F. Cornelius, *Berossos und die Altorientalische Chronologie*, Klio vol. 35（1942）, pp. 1-16.

［3］ O. Neugebauer, *Zur Frage der Astronomischen Fixierung der Babylonischen Chronologie*, Orientalistische Literaturzeitung vol. 32（1929）, pp. 913-921.

的年值被亚述学术界不同的学者接受，并由此而产生出三套年代体系。法国学者西德尔斯基和丢柔当冉所支持的汉谟拉比元年定为"公元前1848 年"的系统被称为"高"或"长"年代体系。在这一系统中的古巴比伦王朝的公元年序比另两个年代体系早一些，因此其后的、结束年已固定的加喜特巴比伦王朝的统治年数就最长。美国学者奥波莱特（Albright）支持的"汉谟拉比元年为公元前 1728 年"的系统被称为"低"或"短"年代体系。这里的古巴比伦的公元年序最低，因而其后的加喜特王朝的历时被压到最短。史密斯提出的以公元前 1792 年为汉谟拉比元年的系统在两者之间，称为"中年代体系"。一个说明年代学研究发展的例子是英国著名历史哲学家汤因比。他在较早的《历史研究》第一至五卷引用麦耶（Eduard Meyer）的一种超高年代体系，即古巴比伦王朝的年代为公元前 2049—前 1750 年。在 1954 年的《历史研究》第十卷中，他对 40 年代出现的高、中、低三种年代体系做了专门研究，最后认为"中"和"低"年代系最为合适。由于不能确定这两种年代系哪个最优，在《历史研究》第七至十卷中叙述两河流域历史事件时，他只得同时给出"中"和"低"两组的年值。汤因比在《历史研究》中列出下表[1]：

高、中、低三年代体系一览表（附超低年系）

年代体系	提出和支持者	古巴比伦王朝（公元前）	汉谟拉比在位年（公元前）
高年代系	西德尔斯基、丢柔当冉（法）、郭次（美）	1950—1651	1848—1806
中年代系	温格那德（德）、史密斯（英）、尧吞（美）	1894—1595	1792—1750

---

[1] A. Toynbee, *A Study of Histotry, vol. 10*, Oxford University Press, 1954, p.172, p.212.

低年代系	奥波莱特（美）、考尔涅留、凡·瓦尔登（荷）	1830—1531	1728—1685
超低年代系	坡贝勒（Poebel，美）、别勒（Bohl）、达山（比）、舒柏特	1806—1507（300 年）	1704—1662（43 年）

要注意的是三个年代体系的差别不是十分大。高年代系和低年代系相差最多，也不过是 120 年，中年代系与另两者之间的差别就不过 60 年了。由于三个年代体系的主要差别是加喜特王朝的统治长度，因此无论采用三大系统中的哪一系统，对两河流域文明的宏观把握都不会有太大的影响。然而，科学精神要求精益求精。国际亚述学界对高、中、低三个年代体系哪个最接近于历史真实进行了长期的分析和争论，力求得到一个最佳的年代体系。1958 年，美国古代近东年代学家尧吞对三个年代体系进行细致讨论，得出了"中年代体系"是最可能符合历史事实的结论。以后，绝大多数亚述和考古学者接受或有保留接受了这一观点。

3. 对《亚述王表》残缺在位年的估算研究否定低年代体系支持中年代体系

尧吞在 1951 年还支持低年代体系。1958 年，他改变观点，在芝加哥大学的《近东研究杂志》发表"汉谟拉比的日期"一文[1]支持中年代体系。由于误差区较大（如 2 × 133 年）的碳 14 测定年值对于由"高"到"超低"最大差仅为 144 年的四个年代体系的选定作用有限，尧吞主要利用《亚述王表》及有关文献对这几个体系进行比较研究。《亚述王表》在第 66 王之后保存完整，第 48 王到第 66 王拜勒巴尼之间只有第

---

[1] M. B. Rowton, *Journal of Near East Studies, vol. 10*（1951）p.184; *The Date of Hammurabi, vol. 17,*（1958）. pp. 97-111.

65 和 66 王（阿淑尔腊比和阿淑尔那丁阿赫）的在位年残缺。据一千纪年代学，第 66 王传位于公元前 1433 年是确定的了。莞吞认为这二王在位年数最少不应少于 10 年。原因是从第 65 王至 71 王共有七王四代人，而已知第 67 王—71 王共五王在位 40 正年。四代人在位应不少于 50 年：X（第 65 王在位数）+Y（第 66 王在位数）+40≥50 年。如果按此二王在位共 10 年向上推算，亚述王表第 48 王（拜勒巴尼）则最晚于公元前 1671 年继位。王表中第 41—47 王为七个平民篡位者，共治仅 6 年，所以第 41 王继位最晚在公元前 1677 年。第 39 王和 40 王则为与汉谟拉比同时的著名亚述霸主沙姆西阿达德与其子伊什美达干。从另一版本的王表残片和其他文献我们得知在王表中的第 40 王伊什美达干和第 41 王篡位者之间还应有至少三个伊什美达干的后代（其子 Mut-ashkur，其孙？ Rim-x 和 Asinum）和推翻该王朝的普朱尔辛共四个王。《亚述王表》并没有记载此四王，显然是不知道他们的存在。正是此四王的在位给低年代系造成麻烦。按照"低"年代体系，死于汉谟拉比的第 17 年的沙姆西阿达德[1]在位为"公元前 1744—前 1712 年"[2]，而伊什美达干（第 40 王在位 40 年）为公元前 1712—前 1673 年，与上面我们据《亚述王表》推出的亚述王表中的第 41 王元年最晚是公元前 1676 年不符。它的这一数据不仅没为王表所不知道的四位亚述王留出空间，而且把伊什美达干的在位期由王表所提供的 40 年减为 37 年，这不符合《亚述王表》。而"中"年代系比"低"年代系高出 64 年，它给出的伊什美达干在位期为公元前 1775—前 1736 年，它使这四个被《亚述王表》遗忘的王获得了最多 59 年的在位期：前 1735—前 1677 年。在这四位被遗忘的亚述王外，很可能还有更多的《亚述王表》不知道的王（这一段是亚

---

[1]　D. Charpin and J-M. Durand, *La Prise de Pouvoir par Zimri-Lim in Mari, Annales de Recherches Interdisciplinaires, vol. 4*, Paris: ERC,（1982），pp.304-307.

[2]　他在位 33 年，莞吞在文中采用"沙姆西阿达德死于汉谟拉比的第 10 年"的旧说，把其元年定为低年代系的公元前 1750 年。

述历史政治混乱期），把最多 59 年的空间留给至少四位国王的中年代系看起来十分合理。更不要忘记我们为王表中的第 65 和 66 二王估了最少的 10 年数；如他们实际年数是 30 年，59 年的空间就成了 29 年。而这 29 年的时期对四个以上的王的统治来说应该是必不可少的了。

另从《巴比伦王表》提供的证据考虑，如王表提供的加喜特巴比伦王朝共 576 年不错的话，加喜特王朝的第一王在位约是公元前 1733—前 1713 年。如我们接受低年代系的汉谟拉比在位年（公元前 1728—前 1686），他应与加喜特首王同时。而汉谟拉比时期的《马瑞王室档案》提供了当时十分详细的政治格局，其中竟没提到加喜特的第一王和任何一个他的继承者，可见加喜特王朝的兴起要晚于汉谟拉比时期。中年代系比低年代系多的 64 年的空间则把加喜特第一王（约公元前 1733—前 1713）和汉谟拉比时期（公元前 1792—前 1750）相隔开 60 年，这样我们可以解释为什么《马瑞王室档案》中没有提及加喜特王朝。

4. 用统计学方法得出的七代最大在位年数估算残缺年数否定高年代体系、支持中年代体系

下面是尧吞对高年代系和中年代系的比较研究，结论仍然有利于中年代体系。一件晚期传抄的加喜特王朝第十王阿古姆第二（Agum II）的铭文[1] 提到在巴比伦主神马尔杜克金像被赫梯人掠走 24 年之后，阿古姆第二成功地将金像带回到巴比伦。我们知道神像是被入侵巴比伦、毁灭古巴比伦王朝的赫梯第三王穆尔西里什掠到赫梯的，因此，加喜特王朝第十王阿古姆第二是直接继承古巴比伦王朝、入主中原的第一

---

[１] H. Rawlinson（et al），*The Cuneiform Inscriptions of Western Asia*, no 33, London 1909.

位加喜特王。根据亚述出土文献《亚述和巴比伦同步编年纪》[1]和其他文献，我们知道亚述王表中第 61 王普朱尔阿淑尔第三和巴比伦的阿古姆第二的儿子布尔那布瑞阿什起誓确立了两国的边界线，他俩是同时期在位的两国的王。虽然亚述第 65 和 66 二王在位时间残缺，我们可以用第 73 王阿淑尔乌巴里特的在位年（公元前 1365—前 1330）来估算第 61 王普朱尔阿淑尔的继位年。因两者间隔共七代 13 王，茏吞用统计学方法从 34 组"古代近东的七代王在位年数"的数据中得出七代王在位最大年数应不超过 220 年的规律。七代之末的阿淑尔乌巴里特终于公元前 1330 年，根据这个规律，我们估计七代之首的普朱尔阿淑尔第三的继位不应早于公元前 1550 年之前（1330+220=1550 年）。我们先再检验一下"七代人不超过 220 年"的统计数值是否与巴比伦王布尔那布瑞阿什和亚述王普朱尔阿淑尔第三同时在位的结论相矛盾。我们知道加喜特王朝首王甘达什至布尔那布瑞阿什继位之前共有七代人。因为巴比伦王表给出加喜特王朝共 576 年的总数，首王甘达什继位年等于末王末年（公元前 1157 年）加上 576 等于公元前 1733 年。由于考虑有兄弟继位，我们赋予巴比伦和亚述的这两组七代王共在位 200 年的统计学估值（历史平均值是 185 年）：这样，布尔那布瑞阿什的继位年应约为公元前 1533 年（1733−200=1533）；而距亚述第 73 王阿淑尔乌巴里特七代之遥的第 61 王普朱尔阿淑尔第三的继位应在约公元前 1530 年（1330+200）。二王正是大约同时登上王位。

---

[1] A.K. Grayson, *Assyrian and Babylonian Chronicles*= *TCS 5*, New York: Augustin Publisher, 1975, Chronicle 21. 另一部晚期文献《亚述、巴比伦同步王表》：A. K. Grayson, *Konigslisten und Chroniken*. In D. Edzard（ed.），*The Reallexikon der Assyriologie, vol. 6*, Walter de Gruyter, Berlin, 1980—1983, pp.116-121，给出布尔那布瑞阿什早于亚述王普朱尔阿淑尔第三约 42 年（经过 Shamshi-Adad III 的 16 年和 Ashur-nirari 的 26 年），据此，普朱尔阿淑尔继位可在公元前 1538 年，这是有利于高年代系的。但这一文献的残缺状况和编辑时间使它关于早期的亚述王和巴比伦王的叙述很不可靠。

下面我们用"高年代体系"的"古巴比伦王朝亡于公元前 1651 年"来估算一下与亚述第 61 王普朱尔阿淑尔第三同时期的加喜特巴比伦王布尔那布瑞阿什的在位公元年。布尔那布瑞阿什之父阿古姆第二最晚在公元前 1631 年即赫梯人灭古巴比伦 20 年后进入巴比伦为王；我们再把父子的在位估为较长的 50 年，于是布尔那布瑞阿什死于约公元前 1580 年。虽然亚述王普朱尔阿淑尔第三可能晚于他的巴比伦同事继位，但至少应有 10 年是和布尔那布瑞阿什同时为王，因此他的继位最晚应在公元前 1590 年。如这一估计是正确的，普朱尔阿淑尔第三至阿淑尔乌巴里特共七代人在位则长达 260 年（1590-1330=260），每代平均 37 年，超过了统计学结论"古代近东 2000 年中七代人在位最久不能超过 220 年"达 40 年。据《亚述王表》，第 61—64 王和第 67—73 王共在位 152 年，这样除了"第 61—73 王七代在位 260 年"外，高年代系又迫使我们接受另一个不可能的数值："第 65 和 66 二王在位 108 年"（152+108=260）。然而，如果我们把比高年代系晚 56 年的中年代体系应用于这一估算，这七代亚述王在位年数则符合"七代人不过 220 年"的结论。在中年代系中，普朱尔阿淑尔第三继位大约在公元前 1534 年，而从他到阿淑尔乌巴里特的七代亚述王在位则为 205 年（1534-1330=205），符合"七代在位不过 220 年"，同时，第 65、66 二王在位 52 年也是十分合理。

考虑到高年代体系的支持者将反驳说"50 年对阿古姆和布尔那布瑞阿什二代的统治可能太少"，莪吞又把这二代王在位加至 90 年这一极限（我国五千年历史中，在位最长的二代皇帝是乾隆和嘉庆 85 年）。用这样可能性很小的值来推算，在高年代系中的这七代亚述王则共在位 220 年，刚好在统计数值内。即使这样，高年代系中仍然出现问题。在亚述第 61 王（普朱尔阿淑尔第三）至 73 王（阿淑尔乌巴里特）这 13 王共七代人中，第 65—68 王是由二代人组成：阿淑尔腊比和他的三个儿子阿淑尔那丁阿赫、恩利勒那次尔第二和阿淑尔尼腊瑞第二，其中头两个在位年缺损。由于第 69—73 王五代九王共在位 139 年，高年代系中的第 65 至 68 王二代四人统治 81 年（220-139=81）。这是一个很不常见的高数字，因为在古代近东 2000 年历史中，埃及仅有两对、两河流域有两对、波斯仅有一对王在位年数在 81 年至 87 年之间。这样，如果我们接受高年代体系，我们被迫接受两个极值：在约三百年中（公元前 1631—前 1330），在加喜特巴比伦出现了父与子在位约 90 年的奇迹，而在亚述出现了二代人统治 81 年的不寻常现象。高年代系只有要求在相对短的一段时间内在巴比伦和亚述同时出现超长统治才能符合统计学规律使其可靠性有了疑问。如应用中年代系，上述巴比伦二王在位仅需 50 年的常值而亚述二代四王在位也获得较正常的 66 年（205-139=66）。

由于赫梯王穆尔西里什结束了古巴比伦王朝，为比较中年代系和高年代系孰优孰劣，莞吞又调查了两河流域邻邦赫梯和埃及方面的材料。穆尔西里什是前王哈图西里什的孙子，年幼继位由摄政代他管理国家。因此从他继位到他亲政后毁灭两大强国叙利亚的延哈德（首都哈拉波）和古巴比伦应有 30 年的准备和战略扩展时期是合适的。为有利于对立面高年代系，我们将这段时间减为 20 年。按高年代系，古巴比伦王朝毁亡于公元前 1650 年，穆尔西里什则应在公元前 1670 年继位。穆尔西里什至新赫梯首王图德哈里亚什共 11 王七代人。图德哈里亚什从埃及手中夺取了对北叙利亚地区哈拉波的控制权并与哈拉波王订了盟约。此事必然发生在叙利亚的霸主、埃及的图特摩斯第三死后。不久，当哈拉波摆脱赫梯王的羁縻时，图德哈里亚什毁灭了该城。因图特摩斯第三在位从公元前 1504 年至前 1450 年，莞吞在文中将图德哈里亚什末年估为公元前 1440 年，后来研究表明他可能死于公元前 1420 年。按高年代系，赫梯从穆尔西里什开始的七代 11 王共在位 250 年（公元前 1670—前 1420 年），超过古代近东 2000 年统计数据的最高值（220 年）30 年，令人疑惑。唯一的类似例子是理论上可能为七代人的

图特摩斯第三至拉美西斯第二共 12 个古埃及法老。据《剑桥古代史》，
这七代人在位高达 255 年 [1]。很可能事实上这 12 位法老是八代或更多
代人。即使是七代人，也应视为统计数据中的例外，因为这是由一组
极特殊的数值：拉美西斯二世在位 67 年为世界历史之最，图特摩斯三
世在位 54 年也是不多见。而我们讨论的赫梯王从穆尔西里什至图德哈
里亚什七代 11 王却处于历史上最混乱的时期。由于赫梯王室妇女有较
大的权力，穆尔西里什的妹夫汉提里什谋害了他并夺得王位。穆尔西
里什的女婿兹单塔什（Zidantash）又谋害了汉提里什的诸子后继承了
王位。他又被自己的儿子安穆那什（Ammunash）谋杀。安穆那什被与
其无父子关系的胡兹亚什（Huzziyash）所继承。胡兹亚什因企图谋害
其妹夫铁列皮努什（Telepinush）而被后者废黜。在这七代 11 王中有三
王被谋杀或废黜，因此在位时间不会过久。他们在位年数应接近古代
近东 2000 年中七代人在位的平均值 185 年或更低。而高年代系要求这
样的七代人在位高达 250 年，这几乎是不可能的。如果运用中年代体
系，穆尔西里什继位约在公元前 1615 年（灭巴比伦的公元前 1595+20
年准备），而其后第七代王图德哈里亚什死于约公元前 1420 年，七代
人为王共 195 年，在统计极值 220 年之内，接近平均值 185 年。因此，
运用中年代体系来估算赫梯年代是十分符合统计学规律的，而运用高
年代系则带来种种矛盾。

5. 亚述王提格拉特皮莱沙第一的建庙史叙述支持中年代体系

亚述第 77 王沙勒马那沙尔第一（公元前 1274—前 1245 年）在一
个建庙铭中说：该庙年龄从古巴比伦时的沙姆西阿达德到他的统治是

---

[1] 　Edwards I E S,Gadd C J,Hammond N G L:The *Cambridge Ancient History*, third
　　　edition, vol. 2, part 2,(Cambridge University Press,1975),p. 1038.

580 年。然而，我们不知道 580 年的起点是沙姆西阿达德在位 33 年中的哪一年以及终点在沙勒马那沙尔在位 30 年间的哪一年。假设 580 年的起点和终点是沙姆西阿达德的元年和沙勒马那沙尔的第 20 年，我们可以算出沙姆西阿达德在位期为公元前 1834—前 1801 年：公元前 1254（沙勒马那沙尔第 20 年）+580=1834；假设起点是沙姆西阿达德的末年，他在位提前到公元前 1867—前 1834 年。沙姆西阿达德死于汉谟拉比 17 年，根据中年代系推算，他在位是公元前 1808—前 1776 年；而据高年代系，他在位是公元前 1864—前 1832 年。沙勒马那沙尔第一的说法有利于高年代系。然而，亚述第 112 王阿萨尔哈东（公元前 680—前 669 年）建庙铭却说沙姆西阿达德至沙勒马那沙尔是 434 年，并很可能包括沙姆西阿达德的 33 年。根据这一数值，沙姆西阿达德元年降到公元前 1708 年（1274+434）：这个结果比低年代系的公元前 1744 年要低 37 年，更大大低于中年代系的公元前 1808 年和高年代系的公元前 1864 年。因此，这一叙述对三个年代系都不支持。注意阿萨尔哈东在位比沙勒马那沙尔晚 594 年，其可靠性比后者小。580 年很像一个大约值，因为阿萨尔哈东说他本人和沙勒马那沙尔之间的时间也是这个数。

虽然公元前 13 世纪和公元前 7 世纪的两个亚述王给出两个矛盾的数值，但他们之间的亚述第 87 王提格拉特皮莱沙第一（公元前 1114—前 1076 年）的叙述可能给出一个正确答案：他说他修复安奴和阿达德共祀庙这年距沙姆西阿达德建该庙 701 年。因这个铭文写于他的第五年的战役之后，所以它很可能写于其第六年即公元前 1109 年。从公元前 1109 年向上数 701 年，沙姆西阿达德修建该神庙年应在"公元前 1809 年"，这可能是他的元年。这一数值与中年代系的"沙姆西阿达德在位为公元前 1808—1776 年"相差一年。由于提格拉特皮莱沙第一距沙姆西阿达德太久，他不可能知道先王在第几年修的庙，但建庙时他能找到沙姆西阿达德埋下的基石铭文。基石铭文一般仅记王名，不记名年；即使记有名年官，没有 700 年前的名年官表，无人能知道铭文中的名年官等于国王在位的第几年。然而，提格拉特皮莱沙一定有每王都必须传抄的亚述王表，因此他知道沙姆西阿达德的元年和末年。因为末年不大可能启动大工程（国王往往死于其末年中间），提格拉特皮莱沙应把先王的元年当作先王建庙的时间，并算出该年距自己建庙有 701 年。中年代体系的沙姆西阿达德的元年距提格拉特皮莱沙第一可能建庙的第六年（公元前 1109 年）为 700 年整（公元前 1808—前 1109 年），因此结论是："如果提格拉特皮莱沙第一的计算是可靠的，中年代体系则是比高和低年代体系可靠的年代系。"退一步，即使提格拉特皮莱沙说的 701 年是指沙姆西阿达德末年，那么沙姆西阿达德的元年就得再向前加 33 年：公元前 1809+33= 公元前 1842 年，比高年代体系的公元前 1864 年还是少 12 年。

按提格拉特皮莱沙铭文给的数值计算，沙姆西阿达德至沙勒马那沙尔为 536 年，如果这是正确的，沙勒马那沙尔和阿萨尔哈东的书吏们计算的 580 年和 434 年就都是不精确的。茕吞指出亚述书吏在铭文中提及两王之间的时间，有时给出一个大约数值。使用 60 进位制的沙勒马那沙尔的书吏可能估出 9×60=540 年数后，又觉得应把沙马什阿达德继承人伊什美达干的 40 年加上：540+40=580 年。阿萨尔哈东说：从第一个建庙的王埃瑞舒至重建该庙的沙姆西阿达德为 126 年，从沙姆西阿达德至第三次重建此庙的沙勒马那沙尔为 434 年，后者至第四次重建的他自己为 580 年，这些数加起来等于 1140 年，正是 19×60 年。对使用 60 进位制的两河流域人来说这是个大约的整数（等于"五千年历史"大约数的说法）。在茕吞于 1958 年专文对高、中、低三个年代体系用多种方法进行检验之后，公元前二三千年代的年代学的中年代体系在学术界占了主导地位。虽然所有的三个年代体系都尚未盖棺论定，但目前的证据对中年代系统最为有利，为避免多系统同时使用的混乱和不便，学术界一般都接受了较为合理的中年代体系。

四、公元前三千年纪年代学的建立

1. 乌尔第三王朝的年代（公元前 2110—前 2003 年）

当我们确定接受中年代系的古巴比伦王朝的公元年序后，利用各王朝的王表，就可以推算和追溯出早于古巴比伦王朝的伊辛和拉尔萨王朝及更早的各王朝的绝对年代。拉尔萨王朝末王瑞姆辛的最后一年（第 60 年）等于汉谟拉比的第 30 年：当年拉尔萨被巴比伦灭亡。同样伊辛王朝的最后一年等于瑞姆辛的 29 年，在那年伊辛王朝被拉尔萨灭亡；这一年也是汉谟拉比继位年的前一年（公元前 1794 年）。《苏美尔王表》记载伊辛王朝为 226 年（《乌尔—伊辛王表》有两年的差别：224年）。按中年代系（以后公元年序都指中年代系）推算，伊辛王朝第一王伊什比埃腊在公元前 2019 年（1794+225=2019；或 1794+223=2017）即乌尔第三王朝的伊比辛的某年脱离乌尔第三王朝独立，开始用自己的年名。而拉尔萨王朝的创始人阿摩利酋长那玻拉奴在公元前 2025 年就开始了自治（可能没有称王）。在伊辛独立后，乌尔第三王朝的末王伊比辛仍然在乌尔统治多年，直到乌尔被入侵的埃兰蛮族军队攻陷。随后，一直控制宗教中心尼普尔的伊什比埃腊驱走了埃兰军，进入首都乌尔成为乌尔王统的继承人。拉尔萨在第五王衮古奴时开始称王并和伊辛争霸中原。两家争夺多年，以拉尔萨的胜利而告终。不久后，并立五强之首的巴比伦把拉尔萨等四国一一歼灭，两河流域再次进入一统。乌尔第三王朝共五王，各王的在位数都在王表中。虽然第一王的 18 个年名中仅有四或五个被保存下来，其他四个王的 90 个年名（分别为 48、9、9、24 年）全部在出土文献中被发现。所以该王朝的 108 年统治已被当时文献确证。对于乌尔第三王朝年代学来说，关键的问题是找出伊什比埃腊的元年（公元前 2019 年）等于乌尔末王伊比辛的第几年。一旦伊比辛在位有了公元年数，乌尔王朝的全部公元年数就迎刃而解了。在乌尔出土了一个按序记录乌尔王朝末王伊比辛和伊辛首王伊什比埃腊及其继王年名的《乌尔和伊辛年名表残本》[1]；该文在伊比辛最后的、第 24 个年名之后写道"伊比辛被打败"，随后，又从年名"恩利勒和宁乌尔塔神的大标徽被制成"开始记载伊辛王朝第一王伊什比埃腊的年名。《乌尔和伊辛年名表残本》把伊什比埃腊看成伊比辛直接的继承者，因此在乌尔王朝尚存时仅编写乌尔年名略去伊什比埃腊的和乌尔年名平行的年。在伊比辛的末年之后，作者用"伊比辛被打败"这句话表示伊比辛的统治和年名都已结束。随后的伊什比埃腊的伊辛年名"恩利勒神和宁乌尔塔神的大徽章之年"表明从这年起伊辛的年名正式继承乌尔的年名成为全国年名，因此它的前一自然年是乌尔王朝灭亡年、伊比辛的第 24 年。然而，因为发现于哈尔马勒（Harmal）的记有 23 个年名的《伊什比埃腊的年名表残本》的开头和结尾部分是残缺的，学术界在用《伊什比埃腊的年名表残本》推断伊什比埃腊 33 个年名（包括"大标徽"年）的次序时，产生了两种稍微不同的结论。较早的以嗖勒柏格为代表的观点认为《伊什比埃腊年名表残本》开头缺少三年，残表中的第 12 个年名"恩利勒和宁乌尔塔的大标徽"是他的 15 年，因此伊什比埃腊的第 1—14 年和伊比辛的第 11—24 年重合，伊比辛的第 11 年等于伊什比埃腊第一年（11-24=1-14）。如采用《乌尔—伊辛王表》记载的伊辛王朝共 224 年 [2]，把伊什比埃腊的第一年定在公元前 2017 年，他的 14 年和乌尔灭亡是公元前 2004 年（2017-13=2004）。然而，1971 年的《剑桥古代史》的年表却无视《乌尔和伊辛年名表残本》所指示的"恩利勒和宁乌尔塔的大标徽"的前一年是伊比辛的末年，而是认为此年的前两年的"伊什比埃腊击败西马什基和埃兰的军队"年和伊比辛末年名为同一年，并估计《伊什比

---

[1]　C. J. Gadd, *Ur Excavation*, Texts no. 292, vol. 1, London 1928.

[2]　A. K. Grayson, *Konigslisten und Chroniken*. In D. Edzard（ed.）, *The Reallexikon der Assyriologie, vol. 6*, Walter de Gruyter, Berlin, 1980—1983, p.90.

埃腊无头年名表》开头仅缺少两年，因此残表中的第十个年名"伊什比埃腊击败西马什基和埃兰的军队"是伊什比埃腊的第 12 年。它把乌尔灭亡年定在公元前 2006 年（2017-11=2006）[1]。这一观点的理由可能是因为乌尔末王是被埃兰人俘虏的，所以伊辛王击败了埃兰军队应是在乌尔王被掠走的同年。然而这种估计是不可靠的，因为很可能埃兰人在对伊辛城的攻打受挫一年后，避开了伊辛而去攻打孤立无援的乌尔并掠走伊比辛。

目前更为精确的新观点则通过研究经济和行政泥板档案中的伊什比埃腊的各年名，认定《伊什比埃腊年名表残本》开始部分残缺了六个年名而不是三个年名：其中头三个年名在出土契约中发现，另三个年名没有被发现；残缺的年名表中残留的 23 个年名是伊什比埃腊的第 7—29 年，其中的第 12 个年名"恩利勒和宁乌尔塔的大徽章"应是伊什比埃腊的第 18 年而不是第 15 年[2]。我们这里接受这一观点并采用《苏美尔王表》提供的伊辛王朝在位共 226 年而把首王伊什比埃腊的元年定为公元前 2019 年（1794+225=2019），他的第 17 年即伊比辛的最后一年为公元前 2003 年（2019-16=2003）。因此，共 108 年的乌尔第三王朝的历时应是公元前 2110—前 2003 年。

[1]　E. Sollberger, *Sur la Chronologie des Rois d'Ur et Quelques Problemes Connexes*, Archiv für Orientforschung, vol. 17（1954—1956）, pp. 38-48; and B. Kienast, *Zu Einigen Datenformeln aus der Frühen Isinzeit, Journal of Cuneiform Studies, vol. 19*（1965）, pp. 45-55. *Cambridge Ancient History, vol. 1 part 2*, Cambridge 1971, p. 998, "年表".《伊什比埃腊年名表残本》见 Taha Baqir, *A date-list of Išbi-Erra*, Sumer, vol. 4（1948）, pp. 103-113。

[2]　M. Van de Mieroop, *Sumerian Administrative Documents from the Reigns of Išbi-Erra and Šu-ilišu*（BIN 10）, New Haven: Yale University Press, 1987, pp. 1-3; M. Sigrist, *Isin Year Names*, Berrien Springs: Andrew University Press, 1988, p. 4, 在 p. 37 列出的 Ur-dukuga 的 4 个年名证明了记载该王在位四年的《苏美尔王表》比记载他在位 3 年的《乌尔—伊辛王表》更可靠。

2.《苏美尔王表》的研究和初史时期的年代学

乌尔第三王朝是从乌鲁克第五王朝唯一的王乌图赫旮勒（Utu-hegal）手中获得王权的。乌图赫旮勒把占领苏美尔和阿卡德的山区野蛮民族库提人赶出了苏美尔，是苏美尔民族英雄。据《苏美尔王表》，乌图赫旮勒统治了 7 年 6 个月 15 天；没有任何其他文献可以肯定或否定这个数。我们相信《苏美尔王表》的数据是有根据的，因为王表中所提供的随后的乌尔第三王朝和伊辛王朝各王在位数经当时的年名表证实都是可靠的（各抄本之间有小的差别）。这样，我们得到在库提统治后、在乌尔第三王朝前的乌鲁克第五王朝的短暂年代：公元前 2118—前 2111 年。

乌尔第三王朝之前的时代是两河流域的城邦争霸时期，这一时期带有纪年的文献很少，所以这时期的年代学的主要依据是古巴比伦时期编纂的《苏美尔王表》。王表的多数抄本出自苏美尔宗教和文化中心尼普尔。其中三个抄本片断出自埃兰首都苏萨，另一个抄本于 20 世纪 80 年代出自亚述地区的莱兰丘（Tell Leilan，沙姆西阿达德的首都遗址），这一分布表明了王表传抄的广泛性。由于王表中的最后一个王朝是伊辛王朝，可以判断它是由伊辛王朝统治下的尼普尔神庙书吏编写的。苏美尔各城邦获得霸权后，每年都要到尼普尔向神王恩利勒献祭，因而，尼普尔大庙档案中一定存有诸王的每年献祭记录。很可能书吏们就是利用这些古老文献编成了从伊辛王朝上溯到有史记载最古老的城邦王朝的《苏美尔王表》。有的城邦和尼普尔联系较少，所以王表的作者就没有把它们列入王表，一个明显的例证是拉旮什。由于在拉旮什出土的早王朝的文献特别丰富，亚述学者可以根据文献编成一个大概的王表。在三千纪的年代学中，拉旮什的年代成为唯一不依据《苏美尔王表》的例外。然而，它的绝对年代还是要参考《苏美尔王表》记载的同时期的其他城邦。1939 年，美国亚述学者雅各布森发表了《苏美尔王表》一书，以一个残缺较少的四面泥棱柱文书（WB 本）为主，比较其他残本对王表进行了定编。此后发现的"莱兰残本"补充了一些残空，但没有重要的补充[1]。

据其他文献，我们知道《苏美尔王表》中的一些所谓"互相继承"的城邦王朝实际上是大致同时期的。编《苏美尔王表》的书吏很可能没有各城邦王朝之间横向关系的材料，或者王表的编辑形式无法表达先后两个城邦王朝的重叠部分：编者在列举部分重叠的两个王朝时，先给出第一个城邦王朝的各王的名、在位年数及王朝总年数，然后说"该城被打败，它的王权转到某城"，再给出下一个城邦王朝每个王名、统治年数及总年数。这种编辑形式很容易使人误认为王表中的各王朝全都是继承关系。因此，在考虑《苏美尔王表》中早期并列的城邦王朝的年代时，现代学者必须利用其他材料发现先后两个王朝之间相互重叠的年数，然后才能正确上溯。

3. 阿卡德帝国和其后的阿卡德邦、乌鲁克、库提、拉旮什等并存王朝

按《苏美尔王表》，阿卡德王朝（共 11 王）和乌尔第三王朝之间有三代：乌鲁克第四王朝、库提王朝和乌鲁克第五王朝。虽然王表把这五个王朝写作先后继承关系，其他文献表明库提蛮族入侵中原是在阿卡德王朝第五王沙尔卡里卡瑞死后，所以阿卡德王朝后六王的 39 年实际上是和库提王朝并存的。同样，王表中被库提王朝隔开的乌鲁克第四王朝和第五王朝应该是一个王朝，也与阿卡德后六王及入侵的库提王朝同时。分隔乌鲁克王朝的原因很可能是王表认为乌鲁克第五王朝

---

[1] T. Jacobsen, *Sumerian King List*（*AS 11*），Chicago: University of Chicago Press, 1939. C-A. Vincente, The Tall Leilan Recension of the Sumerian King List, *Zeitschrift für Assyriologie*, vol. 85（1995）pp. 234-270。它的伊辛部分发生残缺，但是 Erra-imitti 在位是 P5 版本的 7 年不是 WB 的 8 年。

的末王乌图赫旮勒的功绩不同于偏安的乌鲁克第四王朝：他驱走了库提王朝，统一了苏美尔，建立了新王朝。这样，共有六王 38 年、实为一王朝的乌鲁克四、五王朝与共 39 年的阿卡德第 6—11 王以及库提人在中原的统治几乎是同时期。由此，三千纪年代学的研究关键是把王表中看来似乎是先后继承的三个王朝理解为实际上是大致同期的。20 世纪 70 年代以前的几种主要观点都认为库提王朝和阿卡德王朝同期，但把乌鲁克第四王朝继承阿卡德王朝。例如，1939 年雅格布森在《苏美尔王表》书的年表中把乌鲁克第四、五王朝的 38 年放在阿卡德第 6—11 王的 39 年之后，因此，阿卡德第五王帝国后的这段并列时期定为 77 年（39+38=77）。嗖勒柏格同样认为在阿卡德王朝完全灭亡后乌鲁克第四、五王朝才开始，阿卡德第 6—11 王在位的 39 年加上乌鲁克第四王朝的 30 年、第五王朝的 10 年（！王表给 8 年）共 79 年[1]。

荛吞也讨论了乌鲁克第四和五王朝的年数[2]。由于合理地分析到阿卡德帝国在第五王时已瓦解，乌鲁克第四王朝在此时兴起，他没有像雅格布森和嗖勒柏格那样把乌鲁克第四王朝放在阿卡德王朝第十一王之后，而置其于阿卡德第五王之后。然而，在对《苏美尔王表》各版本的不同数据的筛选上，他又走了极端。他认为主抄本（WB）所记的乌鲁克第四王朝的五个王的各在位年仅限于 5、6、7 这三个较短的数，变化少不可靠。所以，他相信另两个苏萨出土抄本（Su1，Su 3+4，苏萨出土）所给的该王朝各王在位数，并从两抄本的第一、第二和第五王在位数的最大值中选出做这三王的实际在位数，把两抄本没有的第三和第四王在位估为 x+y，人为地把乌鲁克第四王朝的统治加长到约百年（30+15+x+y+25≈100 年）。这两个抄本中的年数互不相同，又

[1] E.Sollberger, Sur la Chronologie des Rois D'Ur Quelques Problemes Connexes, Archiv fur Orentforschung, vol.17, 1954—1956, p.45.

[2] M. B. Rowton, *The Date of the Sumerian King List*, Journal of Near Eastern Studies, vol. 19（1960）pp. 156-162.

不同于另两个系列的三个抄本所给的数值（WB: 30 年；S 和 P4 : 26
年）: 雅格布森已有力地说明这两个苏萨抄本的公用源本在这一部分有
破损, 所以两个书吏在恢复破损年数时根据各自的判断写入了不同的
年数, 他们的恢复不应作为可靠的原始数据。何况, 在 "两个不同的
年数中有意地挑出大的" 的选定方法显然不可取的。苏萨的 Su1 抄本
和 Su 3+4 抄本把王朝的五个王变为三个王共在位 52 年或 47 年（Su1 :
30+15+7=52 ; Su 3+4 : 15+7+25=47）。这两个年数和 WB 主抄本的 30
年, S 和 P4 抄本的 26 年, 相差不多, 而莠吞设想的该王朝的约百年历
史大大地超过了任何一个古代抄本。1971 年出版的《剑桥古代史》第
一卷下册的年表根据莠吞观点, 把阿卡德王朝第五王的末年定于 "公
元前 2230 年", 把乌尔第三王朝首王元年定为 "公元前 2113 年"（我
们的计算是公元前 2110 年, 见前节）。于是, 在两者之间的乌鲁克四、
五王朝获得长达 116 年（公元前 2229—前 2114 年）的年数, 它和《苏
美尔王表》所给的 38 年相差太多, 因而很不可靠。根据莠吞的计算法,
阿卡德的首王萨尔贡的第一年被定为 "公元前 2371 年"。虽然由于《剑
桥古代史》的影响, 这一较高的数字曾经被两河流域历史教科书和普
及书广为接受, 但是现在国际上许多学者已不再使用这一过高估计年
数。遗憾的是我国大学教科书和有关读物现在仍然采用这一系统[1]。嘤
勒柏格早在 1956 年文章中已列出了从阿卡德的萨尔贡至拉尔萨王朝末
王瑞姆辛之间的各王朝连续表。按中年代体系的计算, 萨尔贡元年是
公元年前 2334 年, 比莠吞的定年晚 37 年。他也把乌尔第三王朝初年
定为公元前 2113 年, 用该年加上乌鲁克第四、五王朝的 40 年, 再加上
阿卡德王朝全部 11 个王的统治 181 年, 他得出后来被许多人接受的萨
尔贡元年为公元前 2334 年的结论（2113+40+181=2334）: 例如发行量很

---

[1]　如: 刘家和、王敦书主编《世界史·古代史编·上卷》, 高教出版社, 1994, 第
66 页。

大的英文普及书《古代伊拉克》[1]（企鹅丛书）20 世纪 60 年代至 70 年代版本采用了莪吞的公元前 2371 年，80 年代以后的版本则采用了嗖勒伯格的降了 37 年的公元前 2334 年。

　　然而，这两种推算法都受到新的研究的挑战。美国耶鲁大学亚述学教授哈娄在 1971 年出版的《亚述学辞典》第三卷以及他的书中提出比嗖勒柏格更短的计算 [2]。在我个人看来，这一算法比上述两种推算更为合理，希望国内史学界接受这一新的观点。从出土文献中得知，在阿卡德第五王沙尔卡里沙瑞死后，苏美尔又回到列国争霸时代，仅我们所知道的就有四个并存王朝（北方阿卡德、南方乌鲁克、中部库提、东南拉旮什）。阿卡德王朝失去霸主地位后，仍在迪亚拉地区维持一个小朝廷，传了六王，共治 39 年。同时，《苏美尔王表》中取代阿卡德的乌鲁克第四王朝和驱逐库提的第五王朝应是一个王朝，共治 38 年。《苏美尔王表》虽然记载了战败乌鲁克第四王朝的库提王朝有 21 王，共治 91 年 40 天，由于没有文献表明库提王朝早期的王们进入了两河流域，这 91 年中的头几十年应是和阿卡德的第四、五王的统治是同时期。目前仅有三个库提王朝的王被证实于两河流域文献中：第 14 王 La-e-ra-ab（王表写作：[La-e]-ra-bu-um）的权标头被发现；第 19 王 Yarlagan（王表：Yarlaganda）和第 20 王 Si-u-um 的名字被两个温马王公的铭文分别提及。这两个铭文证明了温马是在库提的霸权之下。库提的第 12—18 王的名字是阿卡德语名字，这表明他们进入中原后受到两河流域文明的熏陶。如果我们假设库提王朝从第 10 王开始进入两河流域，据王表，第 10—21 王控制两河流域 38 年（和北方阿卡德王朝后六王和南方的乌鲁克第

［1］　G. Roux, *Ancient Iraq,* third edition, London: Penguin Books, 1992, Chronological Tables.

［2］　W. W. Hallo, Gutium. In E. Weidner and W. von Soden（ed.）, *The Reallexikon der Assyriologie,* vol. 3, Berlin: Walter de Gruyter, 1957—1971, pp.708-719. Hallo and W. K. Simpson, *The Ancient Near East, A History*, New York: H. B. Jovanovich, Inc. 1971, pp. 54-68.

四王朝共存）。这一数字和王表中乌鲁克第四、五王朝统治 38 年是一致的，它可能表明乌鲁克的乌图赫爸勒在其最后一年把库提人赶出两河流域。如果假设库提的第 11 王夺得了两河流域王权，库提统治则为 35 年，乌图赫爸勒则是在他的第五年击败库提末王提瑞干的。提到库提第 20 王 Sium 的温马王公卢爸勒安那图姆的铭文说"在温马被废弃 35 年后"，他重建了一个庙。据王表，库提第 20 王 Sium 在位 7 年，第 21 王仅在位 40 天，库提王朝就结束了。如果建庙是在 Sium 的第 7 年，而到这年库提人蹂躏和统治苏美尔已 35 年了，那么由此推算出库提王朝是在第 11 王时进入两河并征服温马的。如此铭写于 Sium 的第一年，库提人则是在第九王时进入两河流域的，共治 42 年（35+7）。写铭文的温马王公卢爸勒安那图姆和乌鲁克第四王朝第二王统治下的一个高级祭司的名字一致（见他的权标铭文）。如果他是被乌鲁克王朝派到温马的总督，南方的乌鲁克和北方的库提王朝并立近 40 年的时期可能得到进一步证明。

　　下面再检验一下拉爸什城邦的情况。大量文物表明在库提统治下的拉爸什城邦存在一个半独立的乌尔巴巴 / 古地亚王朝。噢勒柏格的文章统计了所知道的乌尔巴巴 / 古地亚王朝的年名，共 34 个（乌尔巴巴 7 个，古地亚 16 个，两个乌尔宁吉尔苏 5 个，皮瑞格美、乌尔爸尔和那马哈尼共 6 个）。如我们合理地估计有 15 个左右的年名可能没有保存下来，那么在阿卡德王朝衰弱后独立的古地亚王朝统治共约 48 年。史料表明该王朝最后三个王的统治和乌尔第三王朝首王乌尔那穆同期，我们估计约 10 年，因此拉爸什王朝在乌尔那穆元年之前统治了约 38 年。由于拉爸什王朝是在阿卡德衰落时建立的，对它的历史估算支持阿卡德王朝第五王和乌尔王朝之间 38 年的结论。

　　噢勒伯格同时还调查了乌尔城最高女祭司的在职大约年数。他注意到拉爸什王朝首王乌尔巴巴的女儿恩安耐帕达在北方库提王朝和南方乌鲁克王朝时是乌尔城中月神南那的最高女祭司（en）。直到乌尔那穆第五年，乌尔那穆的女儿才接替了她任乌尔的最高女祭司。按嗖勒柏格的估算，恩安耐帕达在乌尔的任职是从乌尔巴巴的 12 年（对应乌鲁克王朝的第 13 年）开始，经过乌鲁克第四王朝的 17 年，第五王朝的 10 年（应为 8 年）和乌尔第三王朝的 5 年，共约 33 年。这一数字也表明库提和乌鲁克王朝的共存很可能不会超过 40 年。同时，这一过渡期出土文物极少的现象也支持并立的库提和乌鲁克南北王朝历史较短的结论。

通过上面对文献的仔细分析，我们认为嗖勒柏格对这一时期估计基本是合理的，但他把南方的乌鲁克第四王朝放到北方的阿卡德邦的第十一王之后是不合适的。哈娄把阿卡德帝国的第五王沙尔卡里沙瑞死后的南北朝时期定为约 40 年是比较合理的。这样，这一时期年代学纵向主线的大约年数如下：（由后向前推）乌鲁克第五王朝 8 年（公元前 2118—前 2111 年）；乌鲁克第四王朝 30 年（公元前 2148—前 2119 年)；阿卡德王朝第 1—5 王共 142 年（公元前 2290—前 2149 年）。这一时期横向的支线有三条：迪亚拉地区的阿卡德王朝的第 6—11 王共 39 年，北方库提王朝的第 10 王至第 21 王共 38 年，东南拉旮什王朝的乌尔巴巴至那马哈尼共五王约 40 年，它们都和南方乌鲁克第四、五王朝同时期。拉旮什王朝在乌尔第三王朝的乌尔那穆继位后才结束，因此总年数略多出乌鲁克第四、五王朝的 38 年。有文献暗示乌尔那穆死于灭亡拉旮什王朝的战役，拉旮什王朝可能亡于他统治的末期（公元前 2094 年）。根据《苏美尔王表》WB 系列抄本给的阿卡德王朝前五王在位共 142 年（56，9，15，37，25）和其后的乌鲁克王朝共 38 年，以及上节我们计算出随后的乌尔第三王朝的始于公元前 2110 年，如需要一个精细的数值的话，这里我们认为萨尔贡元年应为公元前 2290 年，比旧的公元前 2371 年短 81 年。

4. 文明初史即城邦争霸时期的大约年代（约公元前 2900—前 2300 年）

在阿卡德的萨尔贡统一两河流域以前，温马城邦的公侯（"恩西"）卢昝勒扎给西（Lugal-zaggesi）进入乌鲁克建立了乌鲁克第三王朝；他战败了拉昝什和其他城邦，统一了南方的苏美尔各邦。据《苏美尔王表》，卢昝勒扎给西的乌鲁克王朝在称霸 25 年后被北方新兴的强邦阿卡德的国王萨尔贡灭亡，萨尔贡在位共 56 年。虽没有史料提及卢昝勒扎给西和苏美尔联盟败于萨尔贡的时间，但由于卢昝勒扎给西是在萨尔贡之前获得王权的，他的继位应早于萨尔贡 10 年左右，大约在公元前 2290—前 2266 年。

从远古洪水发生后到乌鲁克第三王朝，《苏美尔王表》给了 13 或 12 个"连续继承"的王朝（基什第三和第四是一个王朝）。年代学者把这些王朝分为两阶段：基什第一、乌鲁克第一、乌尔第一王朝同在第一阶段。其中基什第一王朝中的前 22 个王都是传说中神化了的酋长，他们"在位"从 140 年到 1200 年不等，不能算是真正的历史人物。最后两王恩米巴腊给西和其子阿昝虽被指给了 900 年和 625 年，但前者的铭文已在迪亚拉地区早王朝二期的考古地层发现。如果不是同名人的话，一个名叫阿昝的温马王的铭文表明基什的阿昝可能征服或宗主过温马。苏美尔史诗《吉勒昝美什和阿昝》告诉我们：基什王阿昝的霸权被乌鲁克王吉勒昝美什所结束。乌鲁克王朝的第一至第五王是在位百年至千年的"神人"，而后七王合理的在位年表明他们是历史人物。在位 126 年的第五王吉勒昝美什是两河流域史诗中著名的半人半神的英雄。如果估算吉勒昝美什在位约 60 年，乌鲁克第一王朝第 5 至 12 王共有 170 年。写于伊辛时期的作品《图马勒铭文》提到基什第一王朝的恩美巴腊给西父子，乌鲁克第一王朝的吉勒昝美什父子以及乌尔第一王朝首王美叁尼帕达父子曾先后到尼普尔建庙。这表明王表中的基什第一王朝的末两王和乌鲁克第一王朝中间的两王（第五、六王）以及乌尔第一王朝的头两王是大约同期的历史性人物。乌尔出土的该王朝三个王的铭文证实了《苏美尔王表》所记的乌尔第一王朝的可靠性。王表的乌尔第一王朝共四王，在位共177年（80，36，25，36）。其中首王在位80年虽然过高，但出土铭文表明80年可能是首王美斯·安耐帕达和他儿子阿·安耐帕达两代王的统治年：很可能由于父子名字十分相似，《苏美尔王表》在传抄中误把两王当作一王，把儿子的年算到父亲的统治年中。在基什、乌鲁克、乌尔等城邦先后称霸后，伊朗方面的蛮族阿完人入侵苏美尔，但《苏美尔王表》中的阿完王朝三王356年的时间是完全不可靠的。如果存在阿完王朝，从考古发掘看，这个没有留下任何文物的王朝只能有一二十年的统治。随后的基什第二王朝的八个王在位年3000年也无证可查，但其第三王"大船"（má-má-gal）出现在后来的预兆文中。随后，另一蛮族哈马兹（Hamasi）入侵，共一王治六年，似乎可信。总之，除去基什和乌鲁克王朝中的神王的统治年，属于考古地层早王期二期的乌鲁克第一及乌尔第一王朝在王表中有170—180年的历史，加上后来短暂的蛮族阿完王朝和不可信的基什第二王朝以及仅6年的哈马兹王朝，这一早期城邦时期200年左右，哈娄将这一时期定为公元前2700—前2500年。早王朝一期地层少有王铭出现，这时期乌鲁克、乌尔出土的仍处于象形阶段的古朴文字的经济文件以及"字表"表明它是文字的创造和发展时期（约公元前2900—前2700年）。两河流域文字产生于乌鲁克文化晚期和捷姆迭特那色文化层（约公元前3200—前2900年），有的学者将这一时期称为"原始文字时期"。史前和文字发明时期的记忆在《苏美尔王表》模糊地成为五个最早的王权城邦在"王权下降自天"后的先后崛起：王权在这五个城中和平地传递下来。五城、八个"王"共24万多年的统治表明这些人是被后代神化了的部落联盟大酋长们，类似我国伏羲、炎帝（神农氏）、黄帝、少昊、帝颛顼、帝喾、帝尧、舜等三皇五帝（我国《帝王世纪》记黄帝在位百年、颛顼在位 78 年，还没有过分夸大）。
五城之首的埃利都已被考古发掘证实建于约公元前 4300—前 3500 年
的欧贝德文化时期。正如以甲骨文为代表的象形特征的商代文字是汉
字的源头，在五城之末的苏路帕克出土的刚刚脱离象形阶段的早期楔
形文字（约公元前 2600 年）是后来不断简化的楔形字的源头。洪水前
五城的古帝应是在无史可查的情况下古巴比伦时的书吏依传说编撰的
历史。我们虽然不能否认其中可能有真实的影子，但不能用其为断代
和研究的根据。从考古发掘的证据来看，阿卡德统一之前的城邦争霸
时期被定为"早王朝时期"。许多遗址都有早王朝的地层。宗教中心
尼普尔的伊南娜女神庙的层积深 60 英尺，分九层：最底层（九层）是
早王朝 I 期的庙，其上的第八层为早王朝 II 期庙，第七层为早王朝 II/
III 期建的庙，第六和五层为早王朝 III 期的庙。从第七层开始庙址出土
了大批向女神奉献的刻有古朴体字的还愿石碗，其中提到尼普尔的公
侯（ensi）和其他官、民 [1]。《图马勒铭文》提到第一位历史人物、基什
的恩美巴腊格西首先在尼普尔建庙，祭祀神王恩利勒。尼普尔早王朝
II 期地层的庙可能建于约公元前 2900—前 2700 年基什古帝号令天下的
时期。

　　早王期 III 期约为公元前 2500—前 2300 年。据《苏美尔王表》，在
外族哈马兹王朝之后，有乌尔第二王朝、乌鲁克第二王朝、阿达波王
朝、马瑞王朝，基什第三、四王朝和阿克沙克王朝。这些城邦王朝应
是在早王朝 III 期时先后成为苏美尔的伯主的，在乌鲁克和乌尔、温马、
阿达波、尼普尔都有这一时期王铭出土，然而能证实这些王朝各王的
出土铭文却较少。其中仅一王治 90 年的阿达波王朝被多数亚述学者认
为是杜撰的。《图马勒铭文》提到乌尔第二王朝的头两个王父子在尼普

---

[1]　A. Goetze, *Early Dynastic Dedication Inscriptions*, Journal of Cuneiform Studies, vol.
　　23（1971），pp. 39-56.

尔建了庙，他们很可能是历史人物。马瑞是两河流域西部边缘地区有名的古城，有许多早王朝文物出土。《苏美尔王表》中的马瑞王朝的六个王名中，首王伊勒苏（Il-su）和他的女儿的铭文在乌尔出土，它证明了北叙利亚的马瑞古王朝和苏美尔的各古邦确有联系。王表说萨尔贡曾任基什第四王朝第二王乌尔札巴巴的持酒杯礼官，可见基什王是他在阿卡德崛起前的主人，而阿卡德前三王又自称基什王表明基什第四王朝是可信的。在《苏美尔王表》没提及的重要城邦拉旮什出土了大批早王朝 III 期的王铭和行政档案，它表明拉旮什是个强大的苏美尔城邦。根据拉旮什文献，从首王乌尔南筛（Ur-Nanshe）到末王乌鲁卡吉那共有八代十王。温马公侯卢旮勒扎给西征服前的拉旮什的最后三个王恩恩塔尔兹、卢旮勒安达和乌鲁卡吉那在位时期有开始使用在位年序纪年的行政文献出土，证实他们共在位 21 年（6，6，9）。这八代十王加上卢旮勒扎给西的 25 年的统治应不超过 200 年，所以年代学把早王朝 III 期定为约公元前 2500—前 2300 年。

结论

　　两河流域丰富的年代学的文献为重建这一文明的年代学提供了坚实的基础。亚述地区的《名年官表》和《亚述王表》以及希腊化时的《托勒密的国王经典》是公元前一千纪年代学的主要依据。托勒密所给的晚期巴比伦各王的在位年解决了公元前 747 年后的公元年问题。参照现代天文学提供的日食数据和文献材料，亚述名年官表记录的发生日食的阿淑尔丹第三的第十年被认为是公元前 763 年。以此为基准点，利用记有百多位国王的《亚述王表》，亚述历史年代可以直推至公元前 15 世纪。因《亚述王表》中的残缺和遗漏，我们不能依靠它获得公元前 15 世纪以前各王的准确的公元年数。《巴比伦王表 A》的残缺同样使我们不能准确地上推至古巴比伦王朝。幸好，一块传抄至晚期的天象预兆泥板提供了古巴比伦王朝第十王阿米嚓杜喀第一至第八年的金星运行记录。用这一记录参照现代天文学提供的金星运行史表，可以得出一组筛选古巴比伦王朝公元基点的年数。年代学者们出于对这组数据不同的估计和分析提出了"高年代体系"（汉谟拉比元年为公元前1848年）、"中年代系"（汉谟拉比六年为公元前1792年）和"低年代体系"（汉谟拉比六年为公元前1728年）等不同的体系。对三个系统的分析、推用的结果表明中年代体系与历史文献提供的相对数值最为贴近，因此它被用作常用年代体系。乌尔第三王朝以前的年代主要根据年代学重要古文献《苏美尔王表》来分析估算。由于对《苏美尔王表》中阿卡德王朝晚期和乌鲁克第四以及库提王朝是否重叠的理解不同，学界对于古阿卡德王朝的萨尔贡元年有不同的分析结果，我们认为公元前2290年比《剑桥古代史》的公元前2371年更合乎历史事实。对于阿卡德王朝统一前的初史时期，由于文献的缺少和文献中缺乏纪年（人类的纪年概念是从远古时逐渐发展完善起来的），年代学只能采用考古学的地层关系把公元前三千年纪上半的时期定义为"早王朝"，并分为三期，这一时期年值大都冠以"大约"一词。

从年代学发展的历史来看，由于对王表中重叠的王朝没有正确的理解，早期的计算往往形成较高的年数。新的材料出现和排除王朝重叠部分的工作使早期提出的古巴比伦王朝公元年序几次下降，达到目前所使用的中年代体系。我们还可以从古代金星天象而引起的多个年代体系产生的现象看到：由于日食、月食和其他天象的年值是循环多项的，我们只有准确地理解古代文献所记载的天象所在的历史环境和充分利用文献提供的相对年代数据，才能正确地筛选出一个不易质疑的年值。在我国，一个通过科学的运作而产生的"夏、商、周年代体系"尽管在将来会被学术界提出这样那样的批评，受到或高或低的新体系的挑战，但它可以经得住考验而被学术界和公众广泛地应用。它的建立将为古代文明世界几大支柱之一的中华文明的早期历史提供一个科学的、基本的时空框架，使我们可以更清楚地了解到源远流长的华夏早期文明在世界各古文明中的地位和作用。在我们正在全面地探讨和理解悠久的中华文明对世界文明的伟大贡献的今天，这一权威性的年代体系建立所产生的深远意义和巨大作用都是毋庸置疑的。

校后记：中年代系统的权威性仍在受到挑战——根据荷兰亚述学者 K.R. Veenhof，最近用树轮定年技术测出位于小亚的两处阿淑尔城邦商贸城遗址（Kanish and Acemhöyük）中的古亚述王朝和亚述王沙姆西阿达德时期使用的两座宫殿中的木制品的年代分别是公元前 1749 年和公元前 1752 年[1]。Acemhöyük 的宫殿中因为有沙姆西阿达德的印记而被确定为和他同时。在中年代系中沙姆西阿达德在位期为公元前 1808—前 1776 年，公元前 1752 年他已死去。同时，《马瑞名年官编年纪》记载的沙姆西阿达德出生后次年发生的日食已被一天文学者测定为公元前 1800 年之后，因为亚述王的寿命在 75 年以上，他应该死于公元前 1725 年之后。这些新的研究认为沙姆西阿达德的去世年比中年代系的公元前 1752 年晚 30—50 年，因而支持低年代系统。

---

[1] K.R. Veenhof, *Old Assyrian Chronology. Akkadica, vol. 119-120*, 2000, pp. 137-150.

记述争夺文明命脉——水利资源的远古篇章

——对世界文学遗产苏美尔史诗《吉勒旮美什和阿旮》的最新解释*

世界最早的文学作品苏美尔楔形文学史诗《吉勒旮美什和阿旮》因提到乌鲁克城邦中的长老会和公民大会而经常被研究苏美尔城邦争霸时期（公元前2800—前2300年）政治制度的作者引用。但由于行文过于简洁及古苏美尔楔形文字晦涩难懂，亚述学界对其的理解尚无定论。其故事大意如下：

　　苏美尔各邦的霸主、北方的基什城之王阿旮派使者到南方大邦乌鲁克来见乌鲁克之王吉勒旮美什。会见基什使者后，吉勒旮美什对乌鲁克的长老会讲了一段含义模糊、很难理解的有关"水池"的话。紧接着这段话，乌鲁克王对长老会说："让我们不要屈服于基什的公室，让我们和它作战！"长老会对他的回答是重复关于水池的话并建议他向基什屈服（版本C）。吉勒旮美什又把完全一样的话说给城邦的壮丁（士兵/平民）会议，他们赞颂国王和城市的伟大并建议他反抗基什的霸权。在壮丁们的鼓励下吉勒旮美什决心一战并开始备战反抗基什王。不久，基什王阿旮率大军兵临乌鲁克城下，引起了乌鲁克城内恐慌。吉勒旮美什派他的宦

*　　吴雨虹:《记述争夺文明命脉——水利资源的远古篇章——对世界文学遗产苏美尔诗〈吉勒旮美什和阿旮〉的最新解释》,《东北师大学报（哲学社会科学版）》2003年第5期。

官出使敌营，阿旮问他城墙上哪位是吉勒旮美什，宦官极力渲染他主人的天人之威武相貌和英雄之威慑力量。当吉勒旮美什一出现在城墙上，他的相貌和神力立刻吓垮了敌方的军队。结果是双方大战，基什王阿旮大船的船首被砍断。他战败被俘，不得不表示愿意臣服于吉勒旮美什，因而被释放。这样，乌鲁克城就取代了基什城成为号令苏美尔文明各邦的天子大邦。

苏美尔霸权这次从基什城转到乌鲁克在《苏美尔王表》中也得到印证。在王表中，洪水后第一个王城是基什，基什王朝最后一个王是阿旮；他统治的基什被乌鲁克打败，失去了号令全苏美尔的天授王权。王表也记载了吉勒旮美什是取代基什获得王权的乌鲁克王朝的第五位国王。

自从美国学者克睿默（S. Kramer）于 1949 年首次全文编译了这一当时无法完全读懂的史诗（*AJA* 53/1）以来，一些新的抄本残片又被发现。许多亚述学者对史诗进行了新的编译和探讨，使这一苏美尔史诗中的许多很难理解的句子被逐渐读懂。然而，直到今天，国际亚述学界中始终无人能给出令人信服的解释，为什么在基什使节到来后，吉勒旮美什对长老和壮丁们说了一段关于水池和井的话。五十年来，基什为什么要依靠"完成井和挖井"的方法迫使乌鲁克臣服于它以及两大邦战争的目的究竟是什么的诸多问题一直在困扰着每一个史诗的研究者和读者。克睿默对这段话的建议性、不确定的翻译的英译文可从我的硕士导师林志纯先生四十年前主编的《世界通史资料选辑》（商务印书馆，1962 年）32 页的英译汉中读到:（吉勒旮美什说）"完成诸井，完成境内所有的井，完成诸井和境内的小容器；挖掘诸井，完成那系紧的绳索，我们不要向基什的家族投降，我们要用武器打它。"注意由于对这段话理解困难，林先生对这一段话的汉译并没忠实克睿默的英译文的原文：他把克睿默原文中的不能作为谓语动词的、只能做句子状语的动词不定式词组 to complete wells，"为了 / 去完成诸井"译成做句子谓语的命令式"完成诸井"（complete wells）。其实，克睿默译文中没有把"完成"处理为动词命令式。克睿默由于不能理解苏美尔原文的真正意思而不得不用斜体字母表明他对这段话的翻译是暂时的处理，其真正的意思未定。

　　毫无疑问，这段话应和基什城使节的到来并要求乌鲁克臣服有关。我们首先可以排除这段话是关于基什对乌鲁克的物质要求，因为在古代世界天子对臣国的要求一般都是金、银、宝石和其他贡品。因此，吉勒旮美什所告诉城邦长老和士兵关于井的事显然是关于基什迫使乌鲁克臣服的手段，即如果不服从而将遭到的惩罚。吉勒旮美什最后提议"我们不低头，我们要战斗"可以无误地理解为他要用战斗使基什无法惩罚乌鲁克的不臣服，争取以胜利化解国家危机。过去国际亚述学界对基什使节到来而引起的关于"许多井"原话的解释是阿旮的使者可能召集乌鲁克人民前往服役，服役可能和劳役及农业有关，如掘井等（雅可布森）。这一解释很勉强，因为：一是这些井是乌鲁克境内（kalam "国土的，家乡的"）使用的井，不是基什城邦使用的井；二是仍未解释清楚为什么基什要乌鲁克用"完成所有的井"的形式来表示臣服。在两河流域，一般的劳役是挖渠和用提水杠杆提水浇地和果园，很少提到"挖井"。在我仔细推敲这一段话的苏美尔原文后，我发现克睿默对两个关键词的理解是错误的：

　　（1）文中第四句话中的 pú burud（=burù）-da 中不能理解为"挖掘井"，这儿并无动词: burud/burù 当动词时，是有"挖掘"的意义，但这儿 burud-da 的词形是形容词形，意为"深的，洞形的"（burud-da），用以修饰 pú，"水池 / 井"，与之构成"深井"一词组 。

　　（2）这四句话的动词都是同一个词根 til，根据《芝加哥亚述学词典》，til 这个动词和阿卡德语 gamāru 同义，til/gamāru 这个词做及物动词虽然有"完成"的意义，但更多的时候做不及物动词，意为"完全耗尽，被用光，完结，枯竭"。til 在各句中的语法形式是 til-le-dam 或 til-til-le-dam，以 -ed + am 结尾，和动词不定式的标记 ed-a 很近似，因此，克睿默把它们理解为动词不定式词组。然而，它在句子中的位置和语义表明在这里它不可能是动词不定式，因为动词不定式自己不能构成完整句子，它需要主句中的谓语动词，但这里并无主句。同时，动词不定式词尾一般是以 -ed 加上表示位置的后置词 -a 或表方向后置词 -e（e-da/e-de）结尾，而这里的词尾是 -ed 加上表示谓语的缀词 -am（e-dam）。另外，til 的动词不定式应为 til-le-da 一种形式，不应有 til-til 这一表示复数的形式，而这四句却有 til-le-dam（单数）和 til-til-le-dam（复数）两种形式。综上所述，我认为 til-le-dam 和 til-til-dam 是这四句的谓语动词，不是动词不定式词组。它的语法形式是和动词不定式相像的将来完成式（见 Thomsen《苏美尔语言》第 268 页）。在第一句中，til-le-dam 表示主语是单数，随后的三个句子中，词根 til 的重复形式 til-til-le-dam 表示主语是复数。各句子的主语是各种各样的"水池，井"。第一句"水池"为单数，随后的"全国的水池"当然是复数。同样时态的句子 su-su-dam"（贷款）将被偿还"，máš gá-gá-dam "利息将被加上"见于许多苏美尔经济文书[1]。

　　根据上述新的理解和语法分析，我对这段话的苏美尔原文进行了全新的释读，译文如下：

　　　5 行：pú til-le-dam pú-kalam-ma til-til-le-dam

　　　"（你们的）一个水池就要枯竭了。全国所有的水池都要枯竭了。"

　　　6 行：pú-níg-band-da-kalam-ma til-til-le-dam

　　　"全国所有的水罐取水池都要枯竭了。"

---

[1]　例如 *NATN* 318, egir-buru$_{14}$-šè su-su-dam，"到秋收后，（所借的 3 克银钱）将被偿还"，also *UET* 3 330 case, 364, 374, 742。

7 行: pú-burù（d）-és-lá til-til-le-dam

"（全国）所有的绳索提（水）的深池（即井）都要枯竭了。"

英国伯明翰大学著名亚述学家、我的博士导师 W. G. Lambert 在 "阿谷的威胁"一文中讨论这段话的含义时指出 pú-burù（d）是"深井"之意，不是"挖井"；til-til-le-dam 是"弄干、使枯竭"。但他仍然认为这里 til 是及物动词，其意为"掏、提干（井）水"，即乌鲁克人民将为基什做提水（浇地）的苦力 [1]。然而，如果真是这样，为什么史诗不用常用的表示法 a bal（阿卡德语 dalû）"提水（浇地）"，而用"使井枯竭"这一奇怪的表达法，可见这一词这里并不一定表示"提水浇地"的苦役。而且这些井是乌鲁克境内（kalam"国土的，家乡的"）使用的井，用它们浇的当然是乌鲁克的地，基什城邦得不到任何好处。

kalam 的意义是"（苏美尔人的）国土"，尤其指苏美尔最南部的乌鲁克和乌尔所在的地区。例如乌鲁克王恩沙库山那的王衔是"苏美尔之君（en），国土（kalam）之王"。另一统一苏美尔南部的乌鲁克王卢谷勒札给西的王衔是"乌鲁克之王，国土之王"，而在他的一个铭文中，他的王衔被称为"乌鲁克地方之君，乌尔地方之王"，可见"国土"大约对应"乌尔和乌鲁克地方"所在的两河流域的巴比伦尼亚的最南部。北方霸主基什城此时虽在苏美尔文化圈中，但它狭义上排除于"国土"和"苏美尔"地区之外，因为它位于巴比伦尼亚北部的阿卡德地区。没有发现基什王采用"国土之王"作为王衔的例子，"基什王"本身广义上就有"霸主，北方霸主"的含义。阿卡德人萨尔贡首先夺得基什王权，建立了包括基什在内的阿卡德城邦，称"基什王"；后击败了南方的"国土之王"卢谷勒札给西，统一南、北方后。他的天子王衔是由北方的"基什王"和"国土之王"两部分组成的："阿卡

---

[1] *Orientalia*（意大利《东方学杂志》）49（1980），第 339—340 页。

德王、伊丝塔尔的代理人，基什之王、安奴的祭司长、国土之王，恩利勒的公侯"。这里"安奴的祭司长"代表他在乌鲁克的王权（天神安奴的主庙在乌鲁克），"恩利勒的公侯（ensi）"代表他在圣城尼普尔的王权，"国土之王"代表他在乌尔—乌鲁克地区的王权。可见"国土"的原意仅指南部的苏美尔中心地区乌鲁克、乌尔地区，后扩大到所有苏美尔人所在的地区，类似我国历史上的"华夏""中国"。如果我们对 kalam 的理解是正确的，基什王阿旮的使节对吉勒旮美什的威胁就立刻清楚了。基什和乌鲁克都在幼发拉底河河网地区，完全依靠河水进行农业，双方的控制区相邻接。但北方的基什城位于乌鲁克、乌尔地区的上游地区，很容易在幼发拉底河或它的农业供水渠上筑坝截断下游地区的供水，从而控制了下游地区的水源。正是由于这一地理优势，它首先在苏美尔称霸，而霸主的一个主要功能可能是统一管理河水的使用和分配。考虑到基什对苏美尔水源的控制和管理特权，如果它要迫使南方下游的乌鲁克、乌尔地区的纳贡臣服的话，阿旮的使节一定会威胁吉勒旮美什说：如果不是基什的霸权对河水的管理，乌鲁克的各种用水就要枯竭，因此乌鲁克必须纳贡。言外之意是不服从的话，基什和它的盟友就要切断流入南方的幼发拉底河水或与其相连的供水渠道。苏美尔地区干旱少雨，越往下游降雨量越少。一旦幼发拉底河水被切断，乌鲁克城邦的农业立即陷于危境，大麦、小麦地和枣椰园将颗粒无收。面对如此严重的威胁，乌鲁克只有两种选择：或者战败上游的基什，夺取霸权，把水利资源的控制权掌握手中；或者臣服基什，承认其对水源控制，以进贡换取水源畅通。会见基什使节后，吉勒旮美什只能如实向长老会报告基什的索贡及不服将面临的断水威胁，并请他们支持他与基什决一死战，夺取水的控制权。在抄本 C 或 B 中，乌鲁克的长老会害怕战争会导致付出更大的代价，或选择了投降，或拿不定主意。他们很可能是怕战败后丧失水源。乌鲁克的年轻人因崇拜他们气盖河山的英雄国王吉勒旮美什和其英雄战友恩基杜的无敌力量，坚信战则必胜而选择了战斗。有趣的是关于长老会的回答，各个抄本并不一样：在一个抄本中（抄本 A），长老会一致同意国王的作战；而在另一个抄本（抄本 B）中，长老会不能决定是战还是和，反问国王是投降好还是战斗。

史诗中说道"他（吉勒旮美什）砍下了他的（阿旮）大船的船首，他俘获了基什王、在其军中央的阿旮"。阿旮及其军队是乘船来到乌鲁克城下的事实可能支持我们的"基什以霸主的身份控制幼发拉底河水，要求乌鲁克臣服"的分析。

根据以上的全新理解，下面我们将该史诗直接从苏美尔语译为汉语。苏美尔原文请见尧默（Romer）《苏美尔短史诗吉勒旮美什和阿旮》（*AOAT* 209 ／ 1，1980 年）一书，书中有 15 个抄本（多是残缺泥板）相互参照的苏美尔语拉丁化编辑。

　　1—2　恩美巴腊给西之子阿旮的使节们频频从基什城来到乌鲁克城面见吉勒旮美什。

　　3—4　吉勒旮美什把这一事由提到了他城市的父亲（们）的面前，开始征求（他们的）意见：

　　5—8　"（使节说：）'（如果不是基什，你们的）一个水池将要枯竭，（你们）国土中所有的水池都要枯竭了，国土中所有的（用）水罐（取水）的水池都要枯竭了，所有的以绳索提（水）的深池都要枯竭了。（因此，你要向基什进贡。）'（版本 A、C）让我们不向基什的公室低头，让我们一起用武器战斗！"（版本 B、D+I、E+J）我们（D+I：你们）是向基什的公室低头？还是我们一起用武器战斗？

　　9—10　在举行的会议上，他城市的父亲们中的一个开始回答吉勒旮美什：

　　11—14　"'一个水池将要枯竭了，国土中所有的水池都要枯竭了，国土中所有的水罐的取水池都要枯竭了，所有的用绳索提（水）的深池都要枯竭了。'（版本C：）让我们向基什的公室低头，让我们不要用武器作战！"（版本A："让我们不向基什公室低头，让我们用武器战斗！"版本B："我们是向基什公室低头？还是用武器战斗？"）

15—19 吉勒旮美什，库拉巴地方的君主，坚信伊南娜女神者，没有把他城市父亲（们）的话放在心上。吉勒旮美什再次把这件事提到他城市的壮丁们面前，开始征求（他们的）意见：

20—23 "'一个水池将要枯竭了，国土中所有的水池都要枯竭了，国土中所有的水罐取水池都要枯竭了，所有的用绳索提（水）的深池都要枯竭了。"（版本C）让我们不向基什的公室低头！让我们用武器战斗！（版本B，D+I，E+J：你们是向基什的公室低头，还是我们一起用武器战斗？"）

24 在他城市壮丁的集会上，一代表开始回答吉勒旮美什：

25—39 "常言道：这些站着的（壮丁们），这些坐着的（长老们），这些与王子并肩的（贵族们），这些驾驭驴腿的（战车将军们）当中，有谁能获得（不朽的）生命？"（版本B，D+I，E+J）（你问我们：）"'你们是向基什的公室低头，还是我们一起用武器战斗？'啊！乌鲁克城，诸神的工匠作坊！啊！埃安那，自天而降的庙宇！诸位大神制定了它的结构。在它高大城墙，高耸入云天的城墙里，在天神树立的雄伟的城区中，你冲在前头，你是国王和勇士，身强力壮的首脑，天神喜爱的王公！当他（阿旮）来到时，（对你的）恐惧会十分强大，以至于他们的（基什的）军队会变得藐小，随后会逃散。这些人们从来不敢对抗你（吉勒旮美什）！"

40—41 在那一天，吉勒旮美什，库拉巴的君主，由于他城市中壮丁的这番话，他心情愉快，精神焕发。

41—47　他对他的英雄恩基杜发出命令："现在，让长矛，战斗之臂，重新尖锐，让战斗的手锤重回你的身旁！让它们发出令人恐惧的神光！这样，当他（阿旮）来时，我巨大的威势将笼罩他们！让他的判断因此而混乱，他的智慧因此而丧失！"

48—58　在不到五天或不到十天的时间内，当恩美巴腊给西之子阿旮进军到乌鲁克的郊外后，在乌鲁克的城中，人们的判断出现了混乱。吉勒旮美什，库拉巴的君主对战士们发出命令："我的战士们应该怒视（敌人）。让一个有胆量的人站起来，我要派他去见阿旮。"埃拉格胡尔图腊（意为"小睾丸"），他的王室宦官，开口赞颂他的王："啊，我的王，让我去见阿旮，这样他的判断就会混乱，他的智慧就会消失！"

59—68　埃拉格胡尔图腊走出了城门。在埃拉格胡尔图腊出了城门后，（敌军）在城门口抓住了他。他们开始砸埃拉格胡尔图腊的头盔。他走到阿旮的面前并开始对阿旮说话。他的话尚未完，乌鲁克的执金官登上城头，他在城墙上伸出他的脖子，阿旮看见他，他对埃拉格胡尔图腊说：

69—81　"奴隶，那个人是你的王吗？""那个人不是我的王。但愿那个人是我的王，但愿那是他的愤怒的额头，但愿那是他野牛似的眼睛，但愿那是他蓝色闪光的胡须。但是，（不是，）因此，所有的人并没有倒下；大家并没有跳起来，大家并没有（因恐惧）在泥土中打滚。所有的夷狄并没有在他面前黯然失色。他并没有让全部蛮邦的嘴填满了泥土（跪在他面前）。他并没有把你大船的高耸的船首砍断。他并没有俘获在其军队核心中的基什王阿旮。"

82—92　他们开始殴打（埃拉格胡尔图腊），揍他，砸埃拉格胡尔图腊的头盔。在乌鲁克的执金官（登上城墙）之后，吉勒旮美什也登上了城墙。（他的）神光笼罩库拉巴的老老少少，他使乌鲁克的壮丁们的手拿起了战斗的武器；他使城门的门板在其轨道上移动（打开）。恩基杜冲出了城门，吉勒旮美什在城墙上伸出了他的脖子。在他随意张望的时候，阿旮停住了他的目光："奴隶，那个人是你的王吗？"（埃拉格胡尔图腊说）"那个人正是我的王！"

93—99　正如他所说的那样：所有的人全都倒下了，全体又都跳了起来，全体（因恐惧）在泥土中打滚。所有的夷狄（在他的威势前）黯然失色，他使蛮邦的嘴填满了泥土（跪在地上）。他砍下了他的（阿旮）大船的船首，他俘获了基什王、在其军中央的阿旮。

100—106　吉勒旮美什，库拉巴的君主，对阿旮说道：（版本C：征服了阿旮）"阿旮，当我的官吏！阿旮，当我的军尉！阿旮，当我的总督！阿旮，当我的将军！阿旮，当我的军队的将军！阿旮（因与你战斗），你给了我（真正的）人生，阿旮，你给了我（不朽的）活力！阿旮，（你是）离家出走的浪子，我要把你送回（母亲的）怀抱！阿旮，离群迷失的小鸟，我要用大麦填饱（你的肚子）！"

107—112　（阿旮回答：）"啊！乌鲁克城，诸神的工匠作坊！（啊！埃安那，自天而降的庙宇！诸位大神制定了它的结构。）在它高大城墙、高耸入云天的城墙里，在天神树立的雄伟的城区中，你冲在前头，你是国王和勇士，身强力壮的首脑，天神喜爱的王公！我在太阳神面前（发誓），我一定会报答你今日的恩惠！"

113　他把阿旮释放回基什城。

114—115　（本诗歌手的赞语）："啊，吉勒旮美什，库拉巴的君主，你的颂歌是美好的。"

（泥板结尾处有抄写者标记的题目：系列泥板《阿旮的使节……》。）

南方塞姆文明和北方印欧文明五千年的冲突与交融 *

世纪之交，美国为首的西方阵营和伊斯兰世界的极端派政权发生了三次大冲突。先有 1990 年美国和伊拉克的海湾战争，后有 2001 年 9 月 11 日伊斯兰恐怖分子袭击美国后的美英进攻阿富汗。目前，美、英和伊拉克之间的第二次战争正在激烈进行。前两次战争中，由于国际主流和除伊拉克及伊朗外的多数伊斯兰国家都站在美国一方，西方阵营都取得胜利。目前的战争，虽然在道义上美英不占上风，但是由于力量的悬殊对比，美、英联军的胜利之日屈指可数。然而，许多穆斯林民众并不赞成美国对阿富汗塔利班和萨达姆 · 侯赛因政权的武力进攻，一些组织和个人甚至提出"圣战"抗美的口号。除了国际政治和经济的原因外，以宗教为代表的意识形态的巨大差别也是交战双方相互仇恨的一个重要原因。从世界历史发展的宏观高度看这两场战争，我们可以说它们是亚洲伊斯兰文明和欧洲基督教文明长期冲突和交融历史的延续。目前，许多世界史学者都赞同不同文明相互作用是世界文明史发展的主线和动力的观点。由于地理、历史、种族、语言和文字的差别，欧洲、亚洲和非洲旧大陆可分为三大文明区域，回顾世界文明史，我们发现：东方的中华文明区长期处于独立发

* 吴雨虹:《南方塞姆文明与北方印欧文明五千年的冲突与交融》,《东北师大学报》2004 年第 2 期。

展状态，北方的欧洲文明和南方的西亚北非塞姆文明长期处于冲突和
交融的状态。在欧洲南方的近东地区，塞姆语系的阿拉伯人开创的中
世纪和现代伊斯兰文明是古代西亚北非塞姆语的亚述、巴比伦文明和
塞姆—含语的埃及文明的继续，按语言和地域分划，我们可以把它们
统称南方的塞姆语文明阵营。在近东文明北方的欧洲，印欧语系的
拉丁、日耳曼的欧洲各国的中世纪基督教和现代文明则是同语系的
希腊、罗马古典文明的继续，我们可以归纳它们为印欧语系文明阵
营。由于南方和北方民族的几次大迁移和互相交融的原因，两大文明
阵营你中有我，我中有你，很难截然区分。例如小亚地区的古代赫梯
文明和伊朗的古波斯文明的语言是印欧语系，但文字却是塞姆语系的
楔形文字。这非常类似现代地处欧亚之间的土耳其的宗教和语言属
于亚洲，但政治、经济方面却和欧洲联系紧密；西亚伊朗语族各国和
巴基斯坦的语言来自古印欧语系但宗教文化却属于亚非洲的伊斯兰
文化。

一、古代世界：南方塞姆文明的领先和北方印欧文明的后来居上（公元前 3000—公元 630 年）

公元前 3000—前 600 年，西亚的塞姆语的两河流域楔形文字文
明和北非的塞姆—含语（古埃及和柏柏尔人）的象形文字文明是地中
海古代世界最先进的文明。在公元前 1600 年，印欧语最古老的一支
赫梯人首先进入了小亚半岛，在先进的塞姆语的亚述、巴比伦文明的
影响下，采用了楔形文字书写印欧语言，创建了赫梯文明。赫梯大军
一度攻入巴比伦城，灭亡了古巴比伦王朝，但和后来入主两河流域的
印欧语的加喜特巴比伦王朝保持良好的关系。到公元前 1200 年，赫

梯帝国在叙利亚的霸权被新兴起的中亚述取代，并遭到新迁移的民族的致命打击而灭亡。这时，东欧和南俄草原处于野蛮阶段的印欧部落人民开始大批南下，先后进入伊朗、印度和希腊半岛，开始与先进的塞姆—含语文明相接触，学习他们的先进文化。这时塞姆—含语文明的楔形文字和象形文字已经开始向简单、方便的字母文字进化。约公元前 1000 年，地中海岸边的塞姆语的腓尼基人发明了字母文字，不久叙利亚和两河流域的塞姆语的阿拉美亚人发明了阿拉美亚字母文字。在西亚和埃及文明的影响下，希腊人很快地进入文明阶段。希腊文明在采用了塞姆语的腓尼基字母文字后有了飞跃式的迅速发展，创造了历史上第一个西方文明。公元前 6 世纪后半叶，印欧语的波斯人征服了两河流域和埃及并融入了先进的近东文明，横跨亚非的波斯帝国采用了楔形文字和阿拉美亚字母作为它的官方和日常文字。它的建立把塞姆—含语文明的精华推广到整个西亚、中亚和印度地区。西亚字母文字传入印度，印度的亚利安人才有了梵文字母，印度文明和佛教文明才能发扬光大。地处西亚北非的波斯帝国的统治贵族虽说是印欧人，但它统治地区的西部和南部是传统的塞姆—含语族文明的地区。从文明特征的角度分析，它代表的是古老的塞姆—含语和伊朗等西亚北非文明的融合和交汇。公元前 5—4 世纪，代表古老的西亚北非文明的波斯帝国和代表新兴的欧洲文明的希腊城邦联盟展开了争夺地中海世界霸权的长期对峙。5 世纪上半叶，波斯军两次攻入希腊半岛，但未能最后战胜希腊人。此后双方保持了百年和平。公元前 332 年，马其顿王亚历山大率领希腊联军入侵亚洲，打败波斯联军，地中海北岸的希腊人取代波斯人成了西亚北非塞姆语各民族的主人。西方史学界曾为印欧人民在古代世界后来居上而感到自豪。美国著名世界古代史和东方学家布瑞斯台德在其著作中总结这一段历史时说道[1]：

> （提要）印欧阵线和塞姆阵线的斗争：古代世界的历史很大程
> 度上是由发源于南方绿洲荒原的南方塞姆语阵线和出自北方草原、
> 前来挑战更古老的南方阵线的诸文明的北方印欧语阵线之间的斗
> 争构成的。……我们可以看到这两大种族集团像两支庞大的军队
> 从西亚向西伸展到大西洋，隔着地中海互相对立。波斯对迦勒底
> 的胜利是印欧人作用于塞姆人右翼的结果，而后来的罗马和迦太
> 基之间的几次战争同样代表了他们对塞姆人左翼的几次进展。印
> 欧阵线的欧洲端的大胜：长期冲突的结果是我们祖先们的大胜。他
> 们征服了中央和两翼。最后，以希腊人和罗马人为代表的我们
> 的祖先们获得了控制整个地中海世界的无可挑战的霸权。然而，
> 这次胜利还伴随着北方阵线自己成员中为最高权力而进行的长
> 期斗争。在他们之间，胜利从北方阵线的东端向西端移动：首
> 先是波斯人，然后是希腊人，最终是罗马人控制了地中海和东方
> 世界。

罗马人虽然在政治上统治了南方的塞姆语—含语地区，但在精神
文明方面，却落后于塞姆语人民。由犹太民族的一神教脱胎而来的基
督教势不可挡地发展成为欧洲大陆的各民族的官方宗教。作为西亚北
非各民族主人的罗马人和希腊人及继承其遗产的欧洲各民族最终被塞
姆人所建立的新的宗教所征服。罗马人胜利的波涛不会在历史的长河
中维持很久，南方的塞姆人正酝酿着一次新的崛起。

---

[1] J. Breasted. *Ancient Times, A History of the Early World*, 1944, Ginn, 波士顿，第 238—240 页。

二、中世纪早期：阿拉伯人代表南方塞姆语阵线的再次崛起，伊朗和北印度的印欧人、中亚突厥人融入南方伊斯兰文明阵线、欧洲十字军攻下耶路撒冷和最后失败（630—1258 年）[1]

在印欧语的波斯人、希腊人和罗马人陆续统治塞姆－含语系各民族约 1200 年后，古代的奴隶社会衰落了。宣布人类新世纪——中世纪开始的号角正是由被压迫多年但具有古老文明传统的塞姆人吹响的。长期在阿拉伯半岛绿洲中游牧的塞姆语阿拉伯人以塞姆人创建的犹太教和基督教为蓝本创建了可以和欧洲的基督教抗衡的新宗教——伊斯兰教。以伊斯兰为统一大旗的阿拉伯人在 7 世纪 30 年代吹起了反击印欧语的拜占庭和波斯人的进军号角。在 12 年的暂短时间内，阿拉伯人的对外征服所向披靡，他们推翻了东罗马、也称拜占庭帝国在传统的塞姆—含语地区叙利亚、埃及和全部北非柏柏尔人地区的统治，使其统治和征服方向转向北方的巴尔干半岛的斯拉夫语国家，而在小亚半岛处于守势。同时，阿拉伯的东征军攻陷了萨珊波斯帝国在两河流域的首都泰西封，灭亡了与希腊、罗马人长期争夺塞姆语地区的波斯帝国。古代文明最早的发源地巴比伦尼亚和亚述地区又回到了塞姆人手中。这时，在文化方面长期得益于两河流域塞姆文明的波斯民族不但在政治和经济上被塞姆人所征服，而且在文化上从此和阿拉伯人联系紧密，统属于伊斯兰文化，而和欧洲的基督教文化格格不入。1—7 世纪，佛教在中亚地区的贵霜帝国和其后的国家中占优势并传入中国。约 560 年，突厥人在中亚兴起并开始向东、西扩张。公元 658 年，当唐高宗的中国军队战败了西突厥王国的东进军队时，阿拉伯人也从波

---

[1]　本文主要史料来自以下：*Encyclopaedia Britannica*, vols. 1-24, London, 1966; H. Kinder and W. Hilgemann. *Atlas zur Welt-geschichte*, München:Piper Verlag, 1982; J. Bacharach. *A Near East Studies Handbook*, Seattle: University of Washington Press, 1976。

斯进入中亚并征服了那里的突厥人，用新兴的伊斯兰教取代了当地的佛教、摩尼教和基督教的景教派等宗教。从此，中亚的突厥人成为比阿拉伯人更虔诚的伊斯兰传教者。中国西域地区的突厥人也逐渐皈依了伊斯兰教。712 年，阿拉伯的军队一度攻入印度河流域的信德地区。9—10 世纪，中亚的佛教政权被伊斯兰政权取代，南方的阿拉伯人也退出中亚。阿拉伯的倭马亚王朝的北伐部队从北非攻入欧洲，到公元 750年，征服了西班牙全境。倭马亚王朝在那里统治了约 300 年（711—1031）后，分裂为许多小国。西班牙的基督教王朝又用了 200 年才完全消灭了这些穆斯林小国。百年之间，阿拉伯人在西亚和北非及西班牙的征伐成功形成了一个庞大的阿拉伯帝国。这时期塞姆人在西方世界的霸权正如 1500 年前刚征服了埃及和埃兰（伊朗西南）的亚述帝国的霸权一样如日中天，无人能敌。

9 世纪初，阿拉伯帝国开始瓦解：西部非洲在摩洛哥（788）、突尼斯（800）独立后，埃及的突厥奴隶出身的总督建立了独立的图伦王朝（868—905），其后，一个获得波斯王族尊称"伊赫希德"封号的突厥总督在弗斯塔特建立伊赫希德王朝（935—969）。东部伊朗和中亚先出现了塔希尔王朝（821—873）。撒法尔王朝（867—910）灭塔希尔王朝，并向南控制了印度的信德和旁遮普南部。起于中亚的萨曼王朝（819—1005）驱逐了撒法尔王朝，在 10 世纪，它被伽色尼王朝取代。以阿富汗为中心的伽色尼王朝（Ghazni，962—1186）和 12 世纪取代它的以赫拉特为首都的古尔王朝（1148—1215）先后南下征服了印度河流域。古尔王朝的总督在印度建立了德里苏丹国（1206—1526），伊斯兰文明开始在南亚次大陆扎下了根。10 世纪初，伊斯兰什叶派伊斯玛仪支在北非的柏柏尔人中壮大，908 年首先夺取塔赫尔特的政权（今阿尔及利亚），后推翻开拉万（突尼斯）的逊尼派王朝，推出什叶派的伊斯兰世界的政教领袖哈里发，在突尼斯的马赫迪亚建立了法蒂马王朝（909—1171，绿衣大食）与亚洲的阿拔斯王朝分庭抗礼；王朝强大的海军一度攻占意大利的热亚那；陆军灭亡摩洛哥的菲斯王朝（930），征服利比亚，攻入埃及，灭埃及的伊赫希德王朝（969），建都新城开罗（973），阿拉伯人、柏柏尔、希腊、突厥、库尔德、亚美尼亚、苏丹和黑人等亚、非、欧各种族在帝国中相互交融。此时，在亚洲巴格达的阿拉伯的阿拔斯王朝的哈里发被奴隶出身的突厥近卫军和外来的波斯、突厥军事将领们所控制，波斯总督艾哈迈德在西伊朗的伊斯法罕建立了伊斯兰什叶派的白益王朝（945—1055）并控制了巴格达。随后在伊朗和中亚出现了一些独立的波斯人和突厥人的穆斯林王朝，巴格达的教宗哈里发成为傀儡。11世纪中到12世纪末，中亚吉尔吉斯草原上的塞尔柱突厥人击败了伽色尼的军队，突格瑞勒（1038—1063）进入西伊朗和两河流域，于1055年推翻白益王朝，控制了巴格达的教宗哈里发，第一个被封为"苏丹"王号，建立西亚阿拔斯系列哈里发名义下的大塞尔柱人的阿拉伯帝国（1055—1194）。其中的一支在小亚半岛建立了罗姆塞尔柱苏丹国（1077—1307）并开始攻取基督教邻国拜占庭在小亚的部分。1157年后，塞尔柱帝国分成几个国家。1194年，中亚的花剌子模王台基什（1172—1200）把控制哈里发的塞尔族人从巴格达驱逐，成为一个新的短暂统治的苏丹。

在君士坦丁堡面临塞姆和突厥人的伊斯兰阵线的极大威胁时，东正教的拜占庭皇帝向罗马教皇发出求救信。此时阿拉伯人的力量在西班牙分裂成许多小国解除了欧洲大陆的基督教各国的后顾之忧，他们可以响应教皇的号召组织十字军进攻塞姆人的亚洲。1096—1099年，第一次十字军经由拜占庭南下攻下小亚伊斯兰教的罗姆苏丹国的首都伊兹尼克（1097），进入叙利亚地区并成功地占领了以三教圣城耶路撒冷为中心的地中海东岸地区。1128年，塞尔柱苏丹在摩苏尔的独立王公（atabeg）赞吉（1127—1146）和其子努尔丁（1146—1174）开始号召圣战并攻陷了阿列颇。1144年，赞吉攻下埃德萨，灭亡了欧洲入侵者新建的第一个拉丁国家。1149年，努尔丁在战斗中击毙了安条克公国的国王，严重地削弱了这一十字军国家。1153 年，耶路撒冷的拉丁国的国王攻占了阿斯卡龙，大马士革的穆斯林对联合基督教国家对抗努尔丁的本地政权的不满达到了高潮。第二年，他们打开城门把圣战者的军队迎入城内。在统一了叙利亚的伊斯兰政权后，努尔丁转向埃及。1163—1168 年，耶路撒冷国王多次入侵埃及，应法蒂马王朝请求，努尔丁派他的库尔德人将军什尔苦和其侄子萨拉丁进入埃及对抗拉丁人。1171 年，萨拉丁结束了什叶派伊斯马仪支在埃及的法蒂马王朝，建立了逊尼派阿尤布王朝（1171—1250），宣布埃及回归逊尼派的阿拔斯教宗，被封为苏丹。1174 年，努尔丁死后的摩苏尔政权衰弱，埃及的萨拉丁成为伊斯兰圣战的领袖并在 1186 年把大马士革、阿列颇和摩苏尔都置于自己的麾下。这样，统一了北非、阿拉伯、叙利亚和伊拉克的萨拉丁就可以和异教入侵者决一死战。1189 年，他在伽利利湖畔的哈庭击败耶路撒冷王国的 2 万军队，收复了圣城，结束了第一次十字军在这一地区的统治。三年后，英、法、德三国国王率领第三次十字军东征，攻陷了阿克城。英王狮心理查未能战胜萨拉丁的军队，与之签订和约而返，十字军仍占领沿海地区。1218 年，法国人组织的第五次十字军攻入埃及，次年占领达米耶塔，两年后埃及收复达米耶塔。1228—1229 年，德皇弗瑞德瑞希第二率领第六次十字军进入阿克，利用阿尤布王朝的分裂从苏丹手中得到了耶路撒冷、伯利恒、那撒瑞特。1244 年，突厥人伯巴尔斯统帅的埃及军队和请来的花剌子模的军队夺回耶路撒冷和阿什克伦（1247）。1248—1254 年，法王路易第九率第七次十字军攻占达米耶塔，在攻打曼苏腊（开罗）中被阿尤布王朝击败，法王被俘，重金赎身。1270 年，路易第九率领第八次十字军攻打突尼斯，因他死于征途无功而返。1250 年，埃及的突厥将领们建立了马穆鲁克（"奴仆"）王朝。1260 年，夺得巴格达的蒙古军西进，攻下阿列颇、大马士革、纳波鲁斯和加沙，逼近开罗，苏丹和多次战胜十字军的伯巴尔在大马士革南的埃因·札鲁特大败 5000 蒙古军，蒙将怯的不花（Kitbugha）阵亡，蒙古征服叙利亚和埃及的计划受阻。终生和十字军战斗的伯巴尔夺得苏丹王位（1260—1277），并把巴格达哈里发的后裔在埃及立为哈里发以团结伊斯兰世界。然后，他开始对地中海东岸的十字军控制区发动进攻，连下死海南岸的卡腊克（1263），纳波鲁斯西面、沿海的恺撒瑞亚（1265）和雅法（1266），并灭亡了占据叙利亚沿海拉塔基亚地区的安条克公国（1268）。马穆鲁克苏丹喀拉温（1279—1290）攻下马尔兮特（1285）和的黎波里城（1289），灭亡的黎波里伯国（黎巴嫩），并开始围攻阿克。其后的阿什腊夫（1290—1293）攻下阿克、推罗、西顿、贝鲁特和塔尔图斯，宣布了印欧语基督教国家企图用武力占领亚洲塞姆语文明这一重要地区的企图最后失败了。

三、中世纪中期：东北亚蒙古人和西亚伊斯兰文明阵线的冲突和融合（1219—1405）

13世纪初，来自中亚草原的钦察人花剌子模王朝击败了古尔王朝的军队，继承了塞尔柱王朝在伊朗和中亚的遗产。同时，东北亚蒙古草原上的成吉思汗（1206—1227年在位）利用南方中华文明的南宋王朝和辽、金王朝的激烈争斗统一了蒙古各部落，并采取了先西征、后南下的战略，攻入西南方伊斯兰文明地域。1219年，成吉思汗击败了刚刚兴起的、统治中亚和波斯的花剌子模王朝（1172—1231），占领中亚草原。1230—1234年，蒙古大汗窝阔台南侵灭亡北中国的金王朝，并派兵追击花剌子模苏丹札阑丁（1220—1231），征服了波斯。1236—1238年，拔都和速不台率大军西征俄罗斯和东欧，首先消灭了伏尔加河上的保加尔王国，攻陷了弗拉基米尔公国的梁赞和弗拉基米尔城；1239年底，攻下基辅；1241年4月，蒙古北路军攻入波兰，大败波兰、德国和条顿骑士团联军，未能攻入捷克，南下和在匈牙利的南路军会合。速不台率领两支军队大败匈牙利（马扎尔）国王，抢掠布达、佩斯等城。蒙古军听到窝阔台死亡的消息，停止攻掠东欧，放弃匈牙利，回军蒙古。1253—1256 年，成吉思汗的孙子旭烈兀开始平定伊朗，消灭穆拉伊宗教国。1243 年，蒙古军在西瓦斯战败塞尔柱人的罗姆苏丹国。1257 年，蒙古军进入伊拉克；1258 年 1 月，围攻阿拉伯的宗教首都巴格达，猛攻 6 日后于 2 月 16 日城陷，教宗哈里发出降，历时 500 年的阿拔斯王朝阿拉伯帝国最终灭亡。1260 年，旭烈兀西略叙利亚的蒙古军队攻陷大马士革，但被埃及的马穆鲁克王朝驱逐（1303 年再次攻下大马士革，再被驱除）。蒙古人在伊朗建立了伊利汗国（1256—1349），在南俄罗斯建立了钦察（金帐）汗国，在中亚建立了察合台汗国。蒙古人在全亚洲范围的扩张与征服及保护商路的政策客观上加强了西亚文明和遥远的、封闭的东亚文明的交流和融合。1261 年，俄罗斯的金帐汗别尔哥（拔都的弟弟）改信奉伊斯兰教并和伊斯兰在近东的主要政权——埃及的马穆鲁克王朝结成同盟。信奉佛教的伊利汗阿巴卡（旭烈兀之子，1265—1282）娶了拜占庭公主，并依靠基督教在近东的分支景教（聂斯托尔教派）和欧洲强国与金帐汗对抗。然而，当合赞（Ghazan，1295—1304）成为伊利汗时，伊朗的蒙古政权终于被伊斯兰文明同化了。14 世纪前半，中亚的察合台汗国分为东西两国，中亚的蒙古统治者也都皈依了伊斯兰文明并逐渐和突厥人同化。蒙古人占领西亚、中亚和南俄广阔土地百年后，全都融入伊斯兰文明。14 世纪后半叶，当亚洲各地的蒙古政权分化瓦解和衰亡时，蒙古化的突厥将军"瘸子"帖木儿（1336—1405）夺得了以撒马尔罕为首都的西察合台汗国的统治权后，开始了建立蒙古突厥大帝国的残酷征伐。1381—1396 年，他陆续攻占了赫拉特、大不里士、伊斯法罕和巴格达等城，征服了西方的阿富汗、波斯、两河流域、阿塞拜疆、亚美尼亚和格鲁吉亚的诸国，西北方向，他击败了金帐汗，到达伏尔加河。

1398 年，他攻入东南的印度，攻陷了德里城。1400 年，小亚的奥斯曼帝国在向东南的两河流域与向克泽尔河（希腊语：哈里斯河）上游的锡瓦斯发展时与向西扩张的帖木儿帝国发生了冲突，帖木儿攻陷锡瓦斯，活埋 4000 守军俘虏。同年帖木儿击败了埃及的马穆鲁克军队，攻下阿列颇和大马士革。1401 年，他洗劫了巴格达。1402 年，帖木儿在安卡拉附近和以欧洲骑兵为主力的奥斯曼帝国数十万军队展开了激烈大战，土耳其苏丹战败被俘，其四个儿子臣服。除了东方的明帝国（朱棣，1403—1424）外，帖木儿的蒙古帝国几乎控制了全部亚洲大陆。1404 年，他准备入侵中国和明朝作战的计划因病停止。次年他死去，靠武力维持的大帝国迅速瓦解了。13 世纪以成吉思汗在东亚和中亚的崛起而开始，14 世纪以帖木儿的中亚、西亚大帝国而结束，这是蒙古人震撼世界和融入伊斯兰文明的两个世纪。

四、中世纪晚期：14—17 世纪土耳其奥斯曼帝国在和拜占庭的斗争中崛起于小亚西部，征服东南欧基督教世界（1301—1683），16 世纪统一西亚北非塞姆语伊斯兰世界，和伊朗争夺两河流域

13 世纪蒙古人的西侵把许多突厥穆斯林从中亚驱逐到小亚半岛。迁移到小亚的突厥人首领奥斯曼（1290—1326 年在位）以圣战的名义不断夺取拜占庭帝国在亚洲的领地，其子乌尔汗（1326—1359）把拜占庭的势力赶出亚洲，建立了以小亚为本土的突厥人穆斯林国并从马尔马拉海南端的达达尼尔海峡进入欧洲，建立桥头堡格盖博卢。穆拉德艾米尔时期（1359—1389），帝国的首都设在君斯坦丁堡身后的亚德里亚诺堡，从东西两面包围了孤悬于博斯普鲁士海峡西岸的拜占庭，随后西北进，攻占了保加利亚的索菲亚（1385）和塞尔维亚的尼

什（1386），西南拿下了希腊的塞里斯（1383）和帖萨罗尼卡半岛的萨罗尼卡（1387）。1389 年，塞尔维亚国王拉扎尔率领本国、保加利亚、波斯尼亚、匈牙利和阿尔巴尼亚等东欧东正教国家联军与穆拉德统率的土耳其穆斯林力量在科索沃平原展开了殊死大战，双方的统帅都战死于沙场，穆斯林军队获得胜利。巴叶齐德（1389—1403）征服了保加利亚和阿尔巴尼亚以及色雷斯地区，从埃及的哈里发教宗获得苏丹王号。他在多瑙河畔的尼科堡大败欧洲基督教各国组织的十字军（1396），但他在统一小亚东部时，遇到了帖木儿的东进蒙古大军，战败被俘，奥斯曼帝国一度分裂。穆拉德第二时期（1421—1451），萨罗尼卡再次落入土耳其手中。1444 年，匈牙利国王弗拉迪斯拉夫率领欧洲十字军在黑海西岸的瓦尔纳（保加利亚）迎击奥斯曼军队，战败阵亡。1448 年，苏丹穆拉德第二在艾米尔穆拉德战死的科索沃平原和匈牙利王洪迪亚的军队展开了第二次科索沃战役，匈牙利王战败求和。1453 年，穆罕默德第二（1451—1481）攻陷了拜占庭帝国千年首都君士坦丁堡，土耳其在欧洲和亚洲的领土连成一片，成为横跨欧亚的帝国。无后顾之忧的他开始大举进攻东欧，连续攻占塞尔维亚（1459）、波斯尼亚（1463）、黑塞哥维亚（1465）和阿尔巴尼亚（1479）。在北方，他得到多瑙河北岸、黑海西岸的瓦拉几亚（今罗马尼亚）、摩尔达维亚以及黑海北岸的克里米亚半岛和亚速夫地区的宗主权，并攻占了意大利的热亚那邦在克里木半岛南端的殖民地卡发城（1475）。

　　1514—1515 年，奥斯曼帝国的谢里姆苏丹（1512—1520）东征战败伊朗，夺得两河流域地区的统治权。次年，武器先进的奥斯曼军队在北叙利亚的阿列颇大败埃及马穆鲁克王朝，埃及苏丹阵亡；1517 年，攻入埃及的土耳其军队再败马穆鲁克军队，灭亡了长达 260 年的这一埃及王朝（1250—1517）。土耳其苏丹控制了叙利亚、埃及、北非诸国和阿拉伯半岛的希贾兹地区，从被俘的埃及阿拔斯系的哈里发手中获得了哈里发教宗头衔，成为近东伊斯兰世界的宗教和政治最高统治者。

1521 年，苏里曼苏丹（1520—1566）在东欧继续北上，夺得匈牙利王国的贝尔格莱德。1522 年，他围困小亚海岸附近的罗德岛九个月，得到了这一基督教骑士团控制的战略大岛，骑士团迁往马耳他。1526 年，苏里曼和法国结盟对匈牙利宣战，在莫哈奇大败匈牙利王，攻占首都布达城。1529 年，再次进入布达城后，苏里曼北上第一次围攻奥地利首都维也纳，不能下。1540—1543 年，第三次攻入布达，并占领匈牙利的大半领土（南部，臣服东部的特兰斯瓦尼亚）。亚洲方面，土耳其于 1534—1554 年多次东进伊朗，把亚美尼亚和部分格鲁吉亚（1578）以及两河流域南部并入帝国，辽阔的黑海几乎成了帝国的内湖；亚丁（1547）、阿曼、马斯喀特（1551）与也门（1568）并入帝国。南方非洲方面，依靠击败西班牙和威尼斯联合舰队的帝国强大的海军，帝国增加了阿尔及利亚（1529）和的黎波里（利比亚，1551）行省。16 世纪后半和 17 世纪，奥斯曼帝国在欧洲和亚洲还保持了霸主地位，从威尼斯手中夺得塞浦路斯（1571）和突尼斯（1574）以后，又经 25 年的战争夺得克里特岛（1645—1669）。1638 年，从伊朗沙法维王朝手中夺回 15 年前丢失的巴格达。

五、近代: 17 世纪后半叶—19 世纪：奥地利和北方新兴的俄罗斯帝国使土耳其向南方节节败退，欧洲列强称霸世界，阿拉伯民族和欧洲英法强国联合摆脱了土耳其的统治; 20 世纪：阿拉伯人各地区摆脱英法控制，形成现代各个阿拉伯民族国家

17 世纪后半叶，中欧的奥地利和东北欧的俄罗斯的兴起标志着土耳其走向衰落。土耳其在对奥地利和法国（1663—1664）的战争中未能获得胜利，但击败了波兰（1672—1676），控制了坡多里亚。在东

方兴起的俄罗斯和土耳其进行了第一次战争（1677—1678），夺得了东乌克兰。1683 年，奥斯曼军队包围维也纳，奥地利皇帝逃走，但波兰王袭击土耳其军后方，使其败退。1684 年，罗马教皇领头结成欧洲反土神圣同盟，包括奥地利、波兰、威尼斯、佛罗伦萨（俄罗斯 1686 年加入），奥斯曼帝国开始节节败退。1686—1687 年，奥地利在匈牙利的森塔和莫哈奇两次大败土耳其军队，解放匈牙利，1688 年进入贝尔格莱德。奥地利和波兰等国联军在 1691 年和 1697 年的萨兰卡门和森塔的两次胜利使土耳其的反攻失效，双方订立和约，土耳其失去部分领地。

　　1711 年，土耳其再次和俄罗斯的彼得大帝（1682—1725 年在位）作战，夺回 1696 年丢失给沙皇的黑海北岸的亚速夫地区。1718 年，土耳其从威尼斯手中夺回希腊的莫雷亚（伯罗奔尼萨）半岛。1718 年结束奥—土战争（1716—1717）的条约使奥斯曼帝国失去贝尔格莱德、巴纳特地区（在塞尔维亚和匈牙利）以及部分瓦拉几亚（罗马尼亚）。1736—1739 年，土耳其和法国同盟因波兰王位问题与奥地利及俄罗斯同盟暴发战争。俄罗斯在宣战前，抢先占领了亚速夫、金布伦地区；奥地利攻入瓦拉几亚和波斯尼亚，占领塞尔维亚的尼什。土耳其军的反击大获成功，黑海方面夺回俄军攻占的金布伦和奥查科夫要塞，巴尔干半岛方面攻下 1717 年奥地利夺走的贝尔格莱德，并在那里订立和平条约。1764 年，野心勃勃的俄罗斯女皇叶卡特林娜第二（1762—1796）的情夫当选波兰国王引起土耳其苏丹的反对，而俄罗斯传教士挑动巴尔干的黑山、塞尔维亚、摩尔达维亚及格鲁吉亚脱离奥斯曼点燃了第三次俄土战争（1768—1774）的导火线。其间，俄罗斯、普鲁士和奥地利首次瓜分波兰（1772）。俄军攻占瓦拉几亚的布加勒斯特（1769），土军陆军在黑海方面、海军在地中海东部均遭败绩，舰队被焚烧。土耳其不得不订立丧权辱国的条约：俄帝国获得黑海要塞刻赤、耶尼卡拉和金布伦、高加索的大、小卡巴拉，舰队可以自由经达达尼尔海峡由黑海驶往地中海，克里木半岛和库班等鞑靼地区独立，摩尔达维亚和瓦拉几亚半独立，在伊斯坦布尔建立基督教堂，赔款 15,000 珀斯等等。1783 年，俄罗斯征服鞑靼人，吞并克里木和库班。1787—1792 年，第四次俄土战争又起，奥地利趁机攻入波斯尼亚和塞尔维亚。俄帝国夺得奥查科夫等黑海要塞，侵入摩尔达维亚和瓦拉几亚，土耳其和奥、俄分订和约（1791—1792），以德涅斯特河为新边界，放弃了黑海北岸全部领土。在 18 世纪，俄帝国逐步南进，获得了奥斯曼帝国在黑海北岸的全部领土。1798—1801 年，法国的拿破仑企图控制通往印度的道路，一度侵入土耳其宗主下的埃及和巴勒斯坦，被英国、俄国、土耳其同盟联合出兵驱逐，败退法国。

1800 年，俄罗斯越过高加索山脉占领格鲁吉亚。1804 和 1815 年，塞尔维亚爆发两次起义，获得了半独立的地位。1806—1812 年，俄、土因瓦拉几亚和摩尔达维亚政权进行了第五次战争。土耳其割让伯萨拉比亚（今摩尔多瓦）给俄国，两国以普鲁特河为界。俄土之间的第六次战争在 1828—1829 年间进行，格鲁吉亚和其他高加索山南的小国被俄罗斯并吞。希腊通过 10 年（1821—1830）的反土战争获得独立。1844 年，一心想获得奥斯曼帝国遗产的沙皇尼古拉第一次访问伦敦，建议平分土耳其帝国，英国没有同意。俄国进入多瑙河北岸的瓦拉几亚和摩尔达维亚的诸公国引起了 1853—1856 年的克里木战争。英国、法国和土耳其同盟进入黑海攻打克里木半岛，双方相持不下。1855 年，俄要塞塞巴斯托波尔被联军攻陷，而奥地利将加入土耳其方面，俄罗斯被迫订立和约，放弃它在土耳其的一些特权。1877 年，斯拉夫族国家塞尔维亚和黑山支持保加利亚起义被土耳其击败引起第七次俄土战争，俄军攻占土耳其欧洲部分的屏障亚德里诺堡，迫使土耳其订立丧权条约。英、奥、德的干涉召开了 1878 年的柏林和会，俄获得了较小的利益，土耳其承认罗马尼亚、塞尔维亚和黑山独立，保加利亚成立半独立的公国但领土大大缩小，波、黑两国由奥地利占领，俄国获得伯萨拉比亚，英国因保护土耳其而得到塞浦路斯。

1886年，奥地利和英国因保加利亚问题和俄国关系恶化。1897年，希腊因鼓动克里特起义和土耳其发生战争，在列强的保护下，战败的希腊和土耳其订立和约，克里特处于国际共管，希腊王子成为克里特总督。德国对土耳其的支持加强了两国关系，得到了欧洲到巴格达铁路的修建权。1908年，克里特岛被并入希腊；奥地利和俄罗斯外长会谈瓜分奥斯曼帝国欧洲部分，两周后，奥地利占领波斯尼亚和黑塞格维纳，保加利亚在俄国的保护下完全独立。1911—1912年，意大利战胜土耳其，夺得北非的利比亚。1912年，巴尔干战争爆发，黑山、希腊、塞尔维亚和保加利亚先后向土耳其宣战，土耳其战败，放弃米底亚到埃诺斯一线以西的所有领土，阿尔巴尼亚独立；1913年，土耳其加入塞尔维亚、黑山、希腊和罗马尼亚对保加利亚的第二次巴尔干战争，战后和约确定土耳其收回亚德里亚诺堡地区，放弃了马里查河以北、以西的在欧洲领土，形成了现代土耳其的边界；塞尔维亚得到马其顿的大部，希腊得到马其顿南部、色雷斯西部和克里特岛，罗马尼亚得到北多布罗加地区。因瓜分土耳其帝国遗产，欧洲列强形成两大集团：英法在埃及和摩洛哥的归属达成协约（1904）；英俄在阿富汗归英、波斯的南北分属两国的势力范围等问题取得了共识（1907）。德国反对法国获得摩洛哥，奥地利痛恨俄罗斯阻止它吞并巴尔干的斯拉夫国家，两国形成同盟。1914年，奥地利占领下的波斯尼亚希望脱离奥匈帝国加入塞尔维亚，塞尔维亚民族主义青年在萨拉热窝刺杀了帝国的皇太子。在得到德国的支持后，奥地利以此为由对塞尔维亚宣战，德国和奥匈帝国先后对塞尔维亚的同盟俄罗斯宣战，并对法国宣战，英国对德宣战，第一次世界大战爆发。土耳其由于依靠德国对抗宿敌俄罗斯、保加利亚（1915）由于第二次巴尔干战争丢失领地加入了德、奥同盟，形成地处欧洲中央一方同盟，由北到南为德、奥匈、保加利亚、土耳其，因此被称为轴心国。协约国则分为东西两线，夹击轴心国：英、法、意、塞尔维亚和希腊在西线，俄罗斯一国在东线。1916 年，在奥匈、保加利亚和俄罗斯之间的罗马尼亚加入协约国，但被轴心国占领，北方的德、奥和南方的保、土连成一片。1917 年，美国加入协约国。双方相持不下时，俄国发生革命，推翻沙皇政府，苏俄政府和德国讲和。1918 年，协约国开始获胜，保加利亚、土耳其和奥地利先后投降，奥皇退位；德国发生革命，德皇退位，新政府于 11 月 11 日正式投降。奥匈帝国的捷克斯洛伐克、匈牙利、南斯拉夫和波兰先后独立。土耳其在大战中的惨败使列强有机会瓜分它的基本领土，1919 年，英国支持的希腊在伊兹密尔登陆，发动了夺取土耳其领土的 4 年希、土战争，意大利在安那托里亚上岸，土耳其民族主义领袖穆斯塔法·凯末尔（1881—1938）在埃尔祖鲁姆建立国民大会。1920 年苏丹政府和协约国订立了瓜分祖国的条约：伊斯坦布尔地区成为国际共管，东色雷斯和伊兹密尔地区都归希腊，安那托里亚割让给意大利，邻近叙利亚的阿达纳、乌尔法和马拉提亚等地区归法国，亚美尼亚归俄国。在安卡拉的、以凯末尔为首的土耳其大国民会议和新国民政府不予承认，并成功地击退了希腊、英、法和俄属亚美尼亚在各个方向的进攻；1921 年，和苏俄订立友好条约并成功解决了边界争端，收复一些失地；同时和法国及意大利签订保持土耳其本土领土完整的条约。由于英法的矛盾，协约国在希腊和土耳其的战争保持中立，1922 年，土耳其大胜希腊入侵军，并向协约国占领的海峡地区挺进，协约国不得不在洛桑举行和会，承认土耳其在小亚地区的领土完整，东色雷斯及海峡地区和伊兹密尔地区归还土耳其，海峡地区非军事化。土耳其总统凯末尔先废除了苏丹制度，后又废除了哈里发制度，六百多年的政教合一的奥斯曼帝国制度结束了，土耳其共和国正式建立。

19 世纪初，阿拉伯各地区逐渐脱离土耳其。非洲方面，阿尔及利亚、的黎波里和突尼斯成为半独立的国家。1805 年，埃及在总督穆罕默德·阿里的统治下实际上获得了独立，但土耳其仍是名义上的宗主国。1832—1841 年，埃及占领叙利亚，在康亚大败土耳其军队，如果不是欧洲强国的干涉，他差一点取代了奥斯曼王朝。欧洲列强开始占领这些前土耳其的新国家。1807 年，英国占领埃及的亚历山大里亚，再占南也门（1839）。法国占领了阿尔及利亚（1830）和突尼斯（1881）。1912 年，意大利占领利比亚，法国和西班牙分享摩洛哥。1882 年，英国占领了埃及，阿曼（1891）成为被保护国。在第一次世界大战中（1914—1918），奥斯曼和德国同盟与英、法、俄国作战，英军占领塞浦路斯，埃及成为被保护，登陆两河流域。英间谍"阿拉伯的劳伦斯"在阿拉伯半岛鼓动起义，把土耳其的军队从伊拉克和叙利亚驱逐，法军登陆贝鲁特。第一次世界大战后，法国占领叙利亚（1920），伊拉克成为受英国托管的半独立国（1919—1932），约旦被建立了（1921），国际联盟批准英国托管巴勒斯坦、约旦和伊拉克，法国托管黎巴嫩和叙利亚（1922）。埃及获得了独立（1922）。1935 年，意大利入侵埃塞俄比亚。英、法、美军在第二次世界战争中（1939—1945）先后击败由利比亚攻入埃及的意大利和德军，1951 年，利比亚独立。大战中，叙利亚（1945）和黎巴嫩（1943）从法国手中获得独立。1956 年，法国和西班牙都承认摩洛哥的独立，突尼斯脱离法国独立。但阿尔及利亚晚到 1962 年。1946 年，阿塞拜疆一度宣布独立，在苏军的压力下失败了，直到 1991 年，苏联解体。在阿拉伯民族主义运动不断高涨的压力下，伊拉克于 1941 年从英国手中获得独立。1947 年，联合国决定在巴勒斯坦地区成立两个国家，1948 年英国托管结束，非伊斯兰国家以色列在巴勒斯坦建国引起阿拉伯诸国对以色列的多次战争。科威特 1939 年成为英国的保护国，1961 年独立。

六、结论：不同文明之间的冲突和融合创造了人类发展史，国际合作和尊重民族自决成为国际政治的主流，帝国主义和霸权政治走向衰落

纵贯世界五千年的文明冲突和融合的历史，我们发现各个大文明发展规律都是由城邦发展到帝国。一个新兴文明国家对于属于不同文明地区进行扩张和征服引发了不同文明之间的冲突和横跨文明地区的大帝国的建立，但是武力征服往往不能灭亡一个伟大文明，统治者和被统治者之间文明差别和冲突最终会导致帝国瓦解。客观上，帝国建立和瓦解过程加速了被地域相隔的不同文明间的融合速度。在前现代化世界中，由于不发达的教育和原始的交通工具，各文明之间无法克服不同文明中的语言、宗教、地域、种族和文化等方面的隔阂。因此，各文明之间的和平融合几乎是不可能的事情，而战争和征服成为不同文明融合的主要途径。阿卡德人征服了开创文明的苏美尔各城邦，历史上第一次建立了塞姆语的阿卡德帝国，但是苏美尔文明征服了阿卡德人，而苏美尔和阿卡德人都融入巴比伦人之中。巴比伦帝国和亚述帝国互相争夺塞姆语世界霸权的结果是先后都被后起的印欧语的米底人和波斯人征服。代表古代两河流域和埃及塞姆—含语文明的波斯帝国被希腊的马其顿帝国灭亡后，印欧语希腊文明和塞姆—含语的古代两河流域、埃及文明在希腊化的西亚、北非各帝国中相互交融。在拉丁语的罗马帝国取代希腊人成为世界的主人后，东西方文明的交融仍在延续。虽然罗马帝国中的印欧语民族统治西亚的塞姆语民族，但在文明的融合中，塞姆人创建的新宗教基督教却和平地征服了他们的印欧语主人。拉丁语的西罗马帝国被来自欧洲东北部的日耳曼语的哥特人和中亚、南俄草原上的突厥语的匈奴人、保加尔人、阿兰人等蛮族灭亡，但受到打击后的希腊语的东罗马帝国仍然继续统治南方的亚洲和非洲，塞姆语的阿拉伯人创建了为自己所用的新宗教伊斯兰教并

以此为精神武器赶走了印欧语的拜占庭帝国的主人们，建立起自己的阿拉伯帝国。公元 7—11 世纪，阿拉伯人用征服和交融的方法不但在古代塞姆语文明的故地两河流域、叙利亚、埃及及北非建立了阿拉伯伊斯兰文明区，而且把伊朗和北印度的印欧语人民和中亚的突厥语人们同化入伊斯兰文明。阿拉伯帝国衰落、分裂后，伊朗形成了自己独特的什叶派伊斯兰国家，来自中亚的突厥语部族穆斯林建立的国家以圣战的名义和拜占庭帝国争夺小亚半岛。欧洲基督教国家以支援东正教、消灭异教徒、恢复巴勒斯坦圣地的名义派遣十字军远征占领了这一地区约百年，后被埃及的伊斯兰王朝击败和消灭。13—14 世纪，东北亚的蒙古人铁骑一度征服中国、中亚、西亚和俄罗斯，随后融入到中华文明和伊斯兰文明之中。14—17 世纪，小亚的奥斯曼土耳其人统一了小亚，北进巴尔干灭亡了古老的拜占庭帝国，第一次把东南欧并入伊斯兰文明，并征服了西亚北非的阿拉伯各国。18—19 世纪，欧洲列强兴起，开始夺取伊斯兰文明的传统地区：英国控制埃及和阿拉伯半岛，法国、意大利、西班牙获得北非，俄罗斯夺得黑海北岸和东岸以及里海和中亚地区，并鼓动巴尔干和东欧的斯拉夫国家独立，奥地利控制了部分巴尔干国家。20 世纪，欧洲各帝国因争夺世界霸权和巴尔干半岛而发生了两次世界大战，大战后，帝国主义和霸权政治受到失败，伊斯兰世界和世界各地，各个民族主义国家纷纷独立，脱离欧、亚各帝国的控制，形成现代世界的新格局。回顾五千年的南方塞姆语文明和北方印欧文明长期的冲突和融合，我们发现这两大文明体系和东方的中华文明一样具有极大的生命力，几起几落——高潮和低潮跌宕起伏，凤凰涅槃——古文明在新文明中获得新生；国家冲突，贸易往来，打破地域隔阂；和平发展，民族融合，建立多民族文明；你中有我，我中有你，无论哪方都不能完全或者最后战胜对方。世纪之交，萨达姆·侯赛因对科威特的霸权主义占领和塔利班极端主义者在阿富汗的统治给伊拉克和伊斯兰世界带来极大的被动。然而，美国虽然打胜了他们在国外的几次战争，并长期在世界政治中处于领导和绝对优势地位，但它的霸权主义和单极政治做法却越来越不得人心。这次法、德等国对美国发动伊拉克战争的反对清楚地表明了这一点。目前，多国国际合作和磋商、尊重民族自决正在成为国际政治的主流，帝国主义和霸权政治逐渐走向衰落。现代世界高速的海陆空交通工具和通信设备、极方便的书信、电话和网络的国际交流方法以及政治、经济、文化的全球化发展正在逐步地融解各大文明、各个国家和各个民族之间的历史造成的隔阂和敌意，前所未有地增强着各个文明和国家的人民之间的理解和信任。因此，展望新世纪，我们相信东、西、南各大文明间的冲突将越来越少，融合将越来越快，人类所憧憬的不同种族、文化、地域的人群之间的永久和平不会太遥远。

浅谈古代西亚乌旮瑞特语 [*]

一、乌旮瑞特语文献的考古发现

乌旮瑞特语的名字是因叙利亚古城乌旮瑞特而得名，这个名字在出土的楔形字母文献中用 Ugrt 表示，在楔形音节文献中用 *U-ga-ri-it* 表示。乌旮瑞特城遗址在发掘一个阿拉伯语叫作 Ras-Šamra，意为"茴香之首"）的土丘时发现的。这个土丘离地中海东岸大约有一公里，在叙利亚北部城市 Lādiqīye 以北大约 10 公里处。绝大多数的乌旮瑞特语文献都是在 1929 年以来的对这个土丘的考古发掘中出土的。有一小部分文献是在始于 1977 年对 Ras-Shamra 以南五公里处的 Ras Ibn Hani 发掘过程中出土的。还有一部分使用乌旮瑞特字母楔文的文献在地中海东部沿岸地区发现：塞浦路斯、叙利亚、黎巴嫩、巴勒斯坦。

乌旮瑞特语至少在方圆 60 公里的乌旮瑞特王国的领域内广泛使用。乌旮瑞特王国的边界北部在 Mount Sapān 地区（现在的土耳其边境），东部至奥龙特河谷地区（Orontes River Valley）。在南方，希亚努（Siannu）和乌什那图（Ušnatu）两个小国曾在不同的时期内分别臣服于乌旮瑞特王国。

———————————

* 李海峰，吴宇虹：《浅谈古代西亚乌旮瑞特语》，《内蒙古民族大学学报（社会科学版）》，2004 年第 3 期。

根据考古学的标准，现存的乌旮瑞特语文献写成于公元前 14 世纪至公元前 13 世纪，处于当地的青铜器时代后期。大约公元前 1365 年，一场地震和大火基本上毁坏了整个乌旮瑞特城，后又有人居住。公元前 1200 年，该城再一次遭到摧毁后，被完全放弃了，大部分的古代文献是考古发掘工作在这两层废墟中发现的。

几乎所有的乌旮瑞特语文献都是由塞佛尔（C·Schaeffer）指导的法国考古队于 1929—1969 年期间在 Ras-Šamra 发掘中发现的。发掘工作曾被第二次世界大战和近东国家冲突打断，但有关考古发掘的报告和文献被马上发表出来。从 1971 年以后，又有少量的文献在 Ras-Šamra 出土。从 1977 年，叙利亚和法国联合考古队又在 Ras-Šamra 南部的 Ras Ibn Hani 发掘出了大约 100 块乌旮瑞特语的泥板。

二、乌旮瑞特语在塞姆语系中的地位

乌旮瑞特语属于西北塞姆语族，但是学术界对于它在这一语族中的地位还没有取得一致意见。根据语言学的标准和地理位置，塞姆语系通常被分为三个大分支语族：1. 东分支（或称东北分支），只有阿卡德语属于这一分支；2. 西北分支（或称北分支），这一分支通常分成两个小分支，迦南语和阿拉美米亚语；3. 西南分支（或称南分支），这一分支包括两个分支，北支以阿拉伯语为代表，南支包括埃塞俄比亚语和南部阿拉伯碑文语。

迦南语族这个术语被现在的塞姆语系语言学家用来表示一族语言，包括腓尼基语、希伯来语和一些没有完全被证实的语言。这个术语的用法并没有完全反映出古代的地理名词迦南的含义。这个古语在公元前 1 世纪通常表示腓尼基和巴勒斯坦，而乌旮瑞特坐落在它们的北部，从狭义上说它并不被认为是迦南的一部分。

迦南语族的一些特征在乌卟瑞特语中保存了下来：1. 原始塞姆语的 d 转变成 s；2. 在后期文献里，标准乌卟瑞特语把原始塞姆语的 š 变化成 t；3.*aw 转变成单元音 ō，*ay 转变成 ē；4.n 被紧跟其后的辅音所同化；5. 名词的双数和复数用 m 结尾。许多词汇的相互对应把乌卟瑞特语和其他迦南语（主要有圣经的希伯来语）联系了起来。

乌卟瑞特语的许多守旧的特点至少可以用它相对的古老性以及乌卟瑞特在迦南语地区北部边沿的地理位置给予解释。这些守旧的特点主要有以下几点：1. 保存了很丰富的辅音；2. 对第三人称代词的属格和宾格用特殊的形式；3. 用 š 作为役使动词的前缀；4. 缺乏定冠词。这些特点有时被用做例子来反对乌卟瑞特语属于迦南语的论点。乌卟瑞特语可以说是古代北部迦南语的一个典型方言。乌卟瑞特语的一些特点和当时甚至更古的那些其他的叙利亚、巴勒斯坦地区的古代西北塞姆语族的特点是非常相似的。在公元前 14 世纪上半叶的叙利亚、巴勒斯坦地区的一些君主对埃及国王用阿卡德语写的一些书信中，古迦南方言的特点被表现出来。

从叙利亚和美索不达米亚出土的一些文献中，在用楔形音节表示的成千上万个人名字中，阿摩利语被广泛应用。埃卟拉语从 1975 年被发现后，为世人所知晓。埃卟拉语是叙利亚中部城市埃卟拉在公元前第三千纪后期所使用的塞姆语文字。即使它的一些特征还没有得到确切的认定，但是一些和乌卟瑞特语相似的特征已经可以观察出来。

三、乌卟瑞特语发展的阶段和风格

因为有关乌卟瑞特语的文献除了个别的一小部分外大都局限在一个地区，所以在以一个地区为语言基础的情况下不同的方言不复存在。在现存的乌卟瑞特语文献所反映的两个世纪里，出现了许多显著的语言发展变化。这个发展阶段可能要比公元前 1400 年到公元前 1200 年这个时段更长。它的最老的文献保存了口头传播代表的、更古老阶段的语言，但是乌甘瑞特城毁灭前写成的最近的文献反映了日用语的更大发展。很多后期的文献刚刚写成于乌甘瑞特城毁灭前夕：有很多写有文字的尚没有被烧制的泥板在毁灭的烧窑里被发现。这些写有乌甘瑞特语文献的泥板居然在这些烧窑里等待烧制长达 3000 多年之久。

现存的最长的乌甘瑞特语文献是诗歌。这些诗歌显示出了高度公式化了的诗体语言，很显然是通过了几个世纪的口头语言而形成的。乌甘瑞特的诗体语言是在普通迦南语的诗体方言的基础上形成的，后来在这个基础上又形成了古代希伯来诗体语言。

在现存的乌甘瑞特的档案体和书信体语言文献中，国王和高级官吏之间互相交换的信件的语言特别接近文学文献：风格是限定的、用字是精确的。它和诗体语言的显著不同是：它用完成时和未完成时不是表示状态，而是表示时态的过去和未过去时。

非正式语言：一些晚期的文献显示出乌甘瑞特语日常用语的特点。一些没有受过教育的人和大概一些外来人写的文献显示出了实际的发音特点，而这些特点却被标准的正字法隐藏了起来。

四、乌甘瑞特语的文献资料

（一）非文学文献

在《乌甘瑞特字母楔形原文》[1]（*KTU*）所收集的 1341 块乌甘瑞

---

[1]　C. H. Gordon. *Ugaritic Textbook, Grammar, Texts in Transliteration, Cuneiform Selections, Glossary* [M]. Indices（*Anor* 38）, 1965; Supplement to Ugaritic Textbook, 1967.

特字母楔形泥板中，大多数是非文学文献。它们包括离婚文书、数据列表、合同契约、外交书信和私人信件等等。很多信件是十分有趣的，因为它们使用了一些文学的表达模式和措辞。信件和合同契约的语言通常使用一些固定的模式，这些模式大多是以阿卡德语的模式为基础的，很多经济文献如数字表格只包括很少的句子，有的甚至没有句子。

在有关宗教典礼的文献中，有很多关于神和祭祀物品的清单。还有一些文献是关于一些在特定的月份中或特定的日子里进行宗教仪式活动的指令。与各种预言占卜有关的一些文献也保存了下来。这些类型的宗教文献是非常模式化的，对它们的释读也是非常困难的。由于许多宗教仪式包含的一些段、节内容也出现在文学文献中，对这两种类型的特性很难划分。也是因为这个原因，文学文献和宗教文献都被划分在 KTU 1 同一组中。

（二）文学文献

到 1976 年为止，发表的乌旮瑞特文学文献不超过 50 篇。但是它们中的大多数泥板都是很大的（每一面上有三到四栏），并且都保存得相当完好。

五、乌旮瑞特语的楔形字母系统

乌旮瑞特是一个世界性的城市，在这个城市里使用着很多的语言和不同的文字书写系统。乌旮瑞特文献基本上使用楔形字母文字。少数乌旮瑞特语词汇，特别是人名和地名，出现在用楔形音节文字书写的文献中。乌旮瑞特字母文字对应于毕布勒斯和其他迦南城市出土的辅音字母系统，但字母符号系统是全新的。由于它的书写媒体是泥板，它的字母符号不能采用写在纸草和皮纸上的、有弯曲线形笔画的埃及或腓尼基符号，而只能发明类似两河流域楔形音节符号的 30 个楔形字母符号[1]。

乌旮瑞特楔形文字字母：

1. 乌旮瑞特楔形字母

乌旮瑞特楔形字母共有 30 个：27 个辅音符号，另加 3 个表示声门塞音和元音复合的元音符号。它们分别为：

abg ḥd hw zḥṭ ykš Im dnzs psqrt ǧtiu ś（=s+u）

2. 辅音符号

像西部塞姆语线形字母书写系统一样，乌旮瑞特楔形字母书写系统也是建立在一对一的关系上：一个符号表达了一个辅音音素；一个辅音音素只由一个书写符号来表示。原则上元音音素在这种书写系统中并不表示出来。像其他西部塞姆语一样，乌旮瑞特语里的每一个音节都以一辅音音素开始（c+v，或 c+v+c）。在一个以辅音结尾的音节里，元音不发音（cvc）。

3. 元音符号

乌旮瑞特书写系统在西方塞姆语严格的辅音系统的基础上又补充

[1] S. Segert. *A Basic Grammar of the Ugartic Language* [M]. Berkeley Los Angeles: University of California Press, 1984.

了3个和元音相关的符号，这3个符号表示3个元音a、i、u，和声门塞音 ⟩
的结合，在其他西方塞姆语字母表中用字母 ⟩alep 表示。在大多数情况
下，这3个 ⟩alep 符号表示声门塞音加元音，当然它们有时也表示元音
加声门塞音。如果在声门塞音之后没有元音，那么就用符号 i 表示。这
3个符号不同的元素是元音，其声门塞音是相同的。因此它们被简单地
翻译为 a，i，u。这3个符号仅仅用元音音素来区别是不够的，它们不
仅表示长元音、短元音，甚至还表示由原始双元音缩合而形成的相关
的元音，下面的例子可以清楚地表示出来：

符号	声门塞音 + 短元音	声门塞音 + 长元音	声门塞音 + 长双元音	短元音 + 声门塞音
a	⟩a	⟩ā		a⟩
u	⟩u	⟩ū	⟩ō < *⟩aw	u⟩
i	⟩i	⟩ī	⟩ē < *⟩ay	i⟩, u⟩, a⟩

古代两河流域和巴林的海上国际贸易[*]

——楔形文字文献和考古发现中的狄勒蒙

从古代两河流域的楔形文字文献中，我们知道，狄勒蒙（Dilmun 或 Tilmun）、马干（Magan）和麦鲁哈（Meluhha）是两河流域的三个重要海上贸易伙伴。1879 年一位欧洲船长在波斯湾中的巴林岛上发现一块提到因扎克神（Inzak）的碑文，文献告诉我们因扎克是狄勒蒙的保护神，狄勒蒙因此被确定为古代巴林[1]。麦鲁哈一度是一个谜一样的地方，许多学者试图断定其地理位置，曾经有古代埃塞俄比亚、古代阿曼与古代印度河流域三种说法[2]。但是，现在学者们通过研究其相对地理位置与物产，普遍认为麦鲁哈在公元前二千年代中期以前就是古代印度河流域[3]。在梵语中，Meleccha（即 Meluhha）指在雅利安人到

* 国洪更，吴宇虹：《古代两河流域和巴林的海上国际贸易——楔形文字文献和考古发现中的狄勒蒙》，《东北师大学报》，2004 年第 5 期。

[1] Bendt Alster, *Dilmun, Bahrain, and Alleged Paradise in Sumerian Myths and Literature*, Dilmun: New Studies in the Archaeology and Early History of Bahrain. Berlin : Dietrich Reimer Verlag, 1983, p. 39.

[2] W. F. Leemans, *Foreign Trade in the Old Babylonian Period*, Leiden: E J Brill,1960, p.159.

[3] J. N. Postgate, *Early Mesopotamia*, New York: Routledge, 1992, p. 217. 公元前二千年代中期以后，可能由于文明区的扩大，陆路贸易线逐渐开通，两河流域的海上贸易的重要性下降，马干和麦鲁哈不再是两河流域的贸易伙伴，以至于到新亚述时期人们对其地理位置都搞不清了。具有复古情结的新亚述诸王，便把埃及和埃塞俄比亚称为"马干"和"麦鲁哈"。有关公元前二千年代中期以后麦鲁哈的情况，参见：I.J.Gelb, *Makkan and Meluhha in the Early Mesopotamia Sources*,（转下页）

来之前古代印度河流域的土著蛮族，此可为"麦鲁哈"被确定为古代
印度河流域的语言学上的证据[1]。同样，根据其相对地理位置与物产，
马干被确定为古代阿曼[2]。在两河流域的这三个海外贸易伙伴中，狄勒
蒙是距离两河流域最近、最重要的贸易伙伴。本文试追溯古代两河流
域海上贸易以及古代巴林发展的历史，以考察狄勒蒙与两河流域海上
国际贸易的关系。

一

苏美尔神话《恩基与世界秩序》的一些片段，反映了古代两河流
域进行海上国际贸易的一些情况：

> 让狄勒蒙（人）与马干（人）抬头看我恩基！让码头上停泊
> 着狄勒蒙的船，让马干的船也进入我的视野，让麦鲁哈的马吉鲁
> 船（Má-gi-lu）运来金银进行交易！……他（恩基）来到麦鲁哈，
> 淡水之神恩基开始决定它（麦鲁哈）的命运："黑土地啊，愿你的
> 树木参天耸立，遍布大小山岗，愿他们（麦鲁哈人）的帝祚千秋
> 万代，愿你的芦苇高大挺拔……愿你的白银都变成黄金，愿你的
> 铜都变成锡和青铜，愿你的一切都成倍增加……"[3]

（接上页）Revue d'Assyriologie, 1970（64），p.7；此间，印度河流域被称为"新度"
（Sindu），参见：The Oriental Institute of Chicago University, *The Assyrian Dictionary
vol. 15 S*, Chicago: The University of Chicago Press. 1984, p.284。有关公元前二千
年代中期以后马干的情况，参见：W. Heimpel, *Magan, Reallexikon der Assyriologie,*
Walter de Gruyter ºBerlin ºNew York : Walter de Gruyter, 1988, p.196。

[1] T. Burrow. *The Sansk rit Language*, London: Farber and Farber,1965, p.1.

[2] W. Heimpel. *Magan*, Reallexikon der Assyriologie, Walter de Gruyter ºBerlin ºNew
York: Walter de Gruytetr, 1988, pp.195-196.

[3] S. N. Kramer. *The Sumerians: their History, Culture and Character*, London and New
York: the University of Chicago Press, 1963, pp.176-178.

　　这段文献表明，在苏美尔时期，狄勒蒙、马干和麦鲁哈是古代两河流域通过波斯湾直接进行海上贸易的三个海外贸易伙伴。由于两河流域缺乏木材和矿产资源，恩基祝愿麦鲁哈森林茂密、矿藏丰富，暗示着麦鲁哈是古代两河流域的木材与矿产品的重要输入地。

　　公元前三千年代早期，两河流域可能就通过波斯湾进行海上贸易[1]；到公元前三千年代中期，苏美尔城邦拉呇什与狄勒蒙的贸易已经十分频繁，两河流域向狄勒蒙输出了大麦、面粉、羊毛等农产品。从狄勒蒙输入了铜[2]。狄勒蒙（巴林）是一个海岛，本身并不产铜[3]，因此狄勒蒙输往两河流域的铜可能是从外地转运来的，狄勒蒙很早就扮演了两河流域海上贸易中介的角色。

　　根据著名的《阿卡德的诅咒》，阿卡德帝国（约公元前2288—前2147年）的首都阿卡德城的码头上停泊着狄勒蒙、马干与麦鲁哈的船舶[4]。阿卡德帝国晚期的一篇经济文献提到了"麦鲁哈的船长"（I^{u-z}-dab$_5$ ^{giš}má Me-luh-ha），一枚阿卡德帝国时期的印章上的铭文提到了"美鲁哈的翻译"（eme-bal Me-luh-ha^{ki}）[5]。上述文献表明，在阿卡德帝国时期，两河流域已与麦鲁哈建立了直接的海上贸易关系。阿卡德帝国时期，马干向两河流域输入了铜[6]，阿曼铜矿资源丰富[7]，马干向两河流域输出的铜可能就是在本土开采的，因此马干也与两河流域建立了直

［1］　H. W. Saggs. *The Greatness that was Babylonia*, London: Sidgwick and Jackson, 1962, p. 272.

［2］　B. Hrushka. *Dilmun, in Den Vorsargonischen Wirtscharftstexts aus Suruppak und Lagaš, Dilmun: New Studies in the Archaeology and Early History of Bahrain*[C]. Berlin: Dietrich Reimer Verlag 1983, p.83.

［3］　王永春，巴林:《中国大百科全书》，北京：大百科全书出版社，1990年，第68页。

［4］　The Jacobsen. *The Harps That Once...Sumerian Poetry in Translation* [M]. New Haven and London: Yale University Press, 1987, p. 360.

［5］　S. Parpola, A Parpola and R. H. Brunswig. *The Meluhha Village* [J]. Journal of the Economic and Social History of the Orient, 1977（20），pp.130-131.

［6］　W. Heimpel. *Das Untere Meer*[J]. Zeitschrift für Assyriolgie, 1987（77），p.75.

［7］　王亦娴，阿曼:《中国大百科全书》，大百科全书出版社，1990，第582页。

接的海上贸易关系。

阿卡德帝国的末期，库提人的入侵导致了古代两河流域统治秩序的混乱，海上贸易也遭到了破坏。在库提人统治时期，苏美尔城邦拉旮什复兴，国王古地亚恢复了海上贸易往来。"马干、麦鲁哈、古宾和狄勒蒙向他（古地亚）提供了木材，让他们海运到拉旮什。"[1]

乌尔第三王朝时期（约公元前 2111—前 2004 年），两河流域与狄勒蒙和马干的海上贸易十分频繁，乌尔第三王朝的商人代表月神南那神庙把衣服、羊毛和大麦等运往马干去交换铜和洋葱（*UET III* [2] 1689，1511，751），把羊毛运往狄勒蒙（*UET III* 1507）。但是，麦鲁哈（印度）却不再是两河流域的海外贸易伙伴了。尽管如此，明确指出原产地为麦鲁哈的商品却大量地出现在乌尔第三王朝的海外贸易的文献中，其中末代国王伊比辛（约公元前 2029—前 2004 年）时期的文献中最为集中。伊比辛二年的文献（*UET III* 8182）提到了麦鲁哈的乌木（^{giš}meš Me-luh-ha）；伊比辛四年的文献（*UET III* 3682）提到了麦鲁哈的铜（urudu Me-luh-ha）；伊比辛十一年的文献（*UET III* 6603，4302）提到了麦鲁哈的一种尚未确定其种属的木材（^{giš}（a）-ab-ba Me-luh-ha）；伊比辛十一年的文献（*UET III* 7575,7614，7644,7687,7708）提到了麦鲁哈的象牙（zú-am-si Me-luh-ha）。上述材料表明，乌尔第三王朝时期，两河流域与狄勒蒙和马干直接进行海上贸易，与麦鲁哈之间可能存在着以狄勒蒙与马干为中介的间接的海上贸易。

古巴比伦时期（约公元前 2000—前 1600 年），两河流域与马干的直接海上贸易关系也中断了，狄勒蒙成了两河流域唯一的海外贸易伙

[1]　D. O. Edard, *Gudea and His Dynasty*, (Toronto: University of Toronto Press1997), p.42.

[2]　UET III=L. Legrain, *Ur Excavations Texts vol. III: Business Documents of the Third Dynasty of Ur*, London: The Trustees of the Two Museums, 1937.

伴，它和两河流域北部的亚述建立了直接的贸易关系[1]。两河流域的商人依旧是把各种农产品输往狄勒蒙去换取矿产品和木材，其中不乏原产地为麦鲁哈和马干的商品。拉尔萨国王苏穆埃勒（约公元前1894—前1866年）的一份文献（*UET V*[2]）提到了麦鲁哈的一种石头（[na4]*muš-za* Me-luh-ha），还有马干的芦苇制品（*UET V* 678）。古巴比伦时期的词汇表开列了许多外来的物品及其原产地，其中就有麦鲁哈的木材、铜、桌子、象牙、红玉髓与石头以及马干的铜、木材和桌子[3]。考古证据表明，古巴比伦时期狄勒蒙形成了深受印度河流域影响的印章与计量体系，表明狄勒蒙与麦鲁哈之间的海路一直是畅通的。因此，古巴比伦时期，两河流域与马干和麦鲁哈之间可能存在着以狄勒蒙为中介的间接的海上贸易往来。

公元前二千年代中期，由于古代印度河流域文明的崩溃，两河流域与麦鲁哈的海上贸易突然中断了。可能由于文明区的扩大，陆路贸易线的开通，海上贸易的重要性下降了，狄勒蒙和马干不再出现在两河流域的经济文献中。

二

巴林是阿拉伯半岛东部的一个隆起的地质结构。起初，巴林与阿拉伯半岛连在一起，并不是一个岛屿。公元前5000—公元前4000年，

[1] Wu Yuhong. *A Political History of Eshnunna,Mari and Assyria*, *Journal of Ancient Civilizations*, 1994（Supplement 1）, p. 315.

[2] *UET V*=H. H. Figulla and W. J. Marlin. *Ur Excavation Texts vol. v: Letters and Documents of the Old Babylonian Period*, London: The Trustees of the Two Museums, 1953, p. 549.

[3] W. F. Leemans. *Foreign Trade in the Old Babylonian Period*[M]. Leiden: E. J. Brill 1960, pp. 9-10.

由于海平面的上升，海水把巴林与阿拉伯半岛隔开了，巴林才开始成为波斯湾中的一个岛屿。公元前 5000—公元前 3500 年，巴林岛上产生了与阿拉伯半岛上类似的新石器文化[1]。

从公元前三千年代起，巴林岛开始进入文明时期。此时，巴林岛北部巴尔巴尔村附近的神庙被改建为两河流域捷姆送特那色时期（约公元前 3100—前 2900 年）类型的庙。公元前三千年代中期，巴林岛与拉旮什等苏美尔城邦的贸易往来十分频繁；从巴林岛上坟墓增加的现象来看，巴林的人口有了明显的增加；巴林北部卡拉特出现的城市是这一时期文明进步的重要标志；具有桥状图案的陶器是这一时期最具有特色的器物；神庙被改建为哈法耶椭圆形的神庙。公元前三千年代后期，阿卡德帝国可能一度征服了巴林。根据一个传说，萨尔贡（约公元前 2291—前 2236 年）"三次包围沿海地带，征服了狄勒蒙"；萨尔贡的孙子那拉姆辛（约公元前 2212—前 2175 年）"杀死了狄勒蒙人"[2]。此时狄勒蒙仍然是两河流域的一个重要的贸易伙伴。

公元前三千年代末，即乌尔第三王朝时期，麦鲁哈不再出现在两河流域的文献中，狄勒蒙与马干成为古代两河流域在波斯湾附近两大海外贸易伙伴。公元前两千年代前期，即古巴比伦时期，狄勒蒙成了古代两河流域在波斯湾附近唯一的海外贸易伙伴，成了波斯湾地区的商品集散地。随着经济的繁荣，巴尔巴尔的神庙再次重建，卡拉特的城市建设有了很大的改观：城市占地达 40 余公顷，坚固的城墙内街道纵横，石房林立[3]。在经济发展的基础上，巴林的文化取得了引人注目

[1] D. T. Potts,Review:*Reflections on the History and Archaeology of Bahrain*, Journal of the American Oriental Society, 1985（105），p.681.

[2] B. R. Foster. *From Distant Days: Myths, Tales, and Poetry of Ancient Mesopotamia*, Mariland Bthesda, CDL press, 1995, pp.165-172.

[3] Bendt Alster. *Dilmun,Bahrain, and Alleged Paradise in Sumerian Myths and Literature. Dilmun: New Studies in the Archaeology and Early History of Bahrain*, Berlin:Dietrich Reimer Verlag.1983, p.40.

的成就，出现别具一格的"狄勒蒙印章"，并形成了"狄勒蒙计量体系"。

公元前二千年代中期以后，狄勒蒙沦为两河流域政权的附庸，它与两河流域的贸易继续进行，狄勒蒙的椰枣在两河流域很有名气[1]；而与印度河流域的海上贸易目前尚无证据可考。巴林岛北部的卡拉特发现了 50 多块定期为加喜特王朝国王阿古姆第三的泥板文书[2]，可见狄勒蒙已完全进入了两河流域文明圈。

公元前一千年代前期，狄勒蒙、马干和麦鲁哈频繁地出现在新亚述帝国的王室铭文中，不过，它们不再涉及海上贸易，况且在具有复古情结的亚述诸王那里，马干和麦鲁哈分别成了埃及和埃塞俄比亚的代名词。狄勒蒙国王乌佩瑞，慑于压力，向亚述帝国的国王萨尔贡第二（约公元前 721—前 705 年）送来礼物（*ABAR II* 41）。亚述国王辛那赫瑞布（约公元前 704—前 681 年）击败篡夺巴比伦王位的美罗达克巴拉丹后，狄勒蒙曾派人协助亚述人夷平巴比伦城（*ARAB II*[3] 438）。亚述国王阿萨尔哈东（约公元前 680—前 669 年）号称"狄勒蒙、马干与麦鲁哈之王"（*ARAB II* 668）。阿淑尔巴尼帕（约公元前 668—前 626 年）也拥有"狄勒蒙之王"的称号（*ARAB II* 770）。公元前一千年代前期，巴林已处在两河流域政权的控制下，巴林失去了昔日的作用。

三

狄勒蒙在古代两河流域海上国际贸易中的作用，可以用苏美尔神

［1］　A. I. Oppeheim.*The Seafaring Merchant of Ur, Journal of the American Oriental Socienty*, 1954（74），p.15.

［2］　N. Veldhuis. *Kassite Exercise: Literary and Lexical Extracts, Journad of Cuneiform Studies* 2000（52），p. 70.

［3］　D.D. Luckenbill. *Ancient Records of Assyria and Babylonia Vol. II*, New York: Greenwood Press, 1926（reprint 1968）.

话《恩基与宁胡尔萨格》中的一些片段来概括:

> 在狄勒豪,乌鸦没有哀号,野鸡没有达尔达尔地叫,狮子不
> 吃人,狼不吃羔羊,狗不吓唬小孩,猪不糟蹋大麦,天堂的鸟不
> 吃寡妇摊在房顶的麦芽,鸽子不吃种子……狄勒蒙的饮用水十分
> 丰富,她(女神宁西基拉)的苦水井变成了甜水井,耕地与草原
> 上长出了大麦,长出了大麦,她的城市真的成了"(海)洋边的家
> 原与国家的码头"[1]。

在这部神话中,巴林是个古朴的世外桃源。在这里,既没有弱肉
强食的生存争斗,又没有恐怖可怕的拦截袭击,一切都和平安宁。这
种和平安宁的环境对海上贸易非常有利。加之,巴林岛地质结构特殊,
淡水资源十分丰富,海上贸易的船只必需的淡水可以在此得到补给[2]。
对于往返于波斯湾从事直接海上贸易的船只,巴林是一个安全的避风
港;在进行间接的海上贸易时,巴林成了一个公平交易的商品集散地,
可以扮演海上贸易中介的角色。

巴林特殊的自然条件促进了古代两河流域海上贸易的发展,其自
身从海上国际贸易中受益匪浅。

考古与文献材料表明,公元前三千年代以前,古代巴林与外界的
贸易往来不多,巴林岛上的文化与附近的大陆上的文化没有多大区
别[3]。公元前三千年代早期是古代两河流域海上贸易的初期阶段,巴林

[1] S. N. Kramer. *Sumerian Myths and Epic Tales*, Ancient Near Eastern Texts Relating to the old Testament, Princeton: Princeton University Press, 1955, pp.38-39.

[2] C. E. Larsen. *The Early Environment and Hydrology of Ancient Bahrain* [A]. Dilmun: New Studies in the Archaeology and Early History of Bahrain, Berlin: Dietrich Reimer Verlag, 1983, p.12.

[3] J. Eidem and F. Hjlund. *Assyria and Dilmun*[A].Assyrien im Wandel der Zeiten, Heidelberger: Heidelberger Orientverlag, 1997, p. 28.

地方文明得到了较快的发展，公元前三千年代中期以后，两河流域与巴林、阿曼和印度河流域建立了直接海上贸易关系，巴林岛上的文化发展呈加速之势。公元前二千年代末与公元前二千年代前期，海上贸易达到鼎盛，巴林文化也趋于成熟，公元前二千年代中期以后，巴林附属于两河流域文明圈。由此可见，古代巴林的发展深深地依赖于海上贸易。

　　古代两河流域文化对古代巴林文化产生了深刻的影响，其中最明显的例子莫过于巴林岛北部的巴尔巴尔遗址的神庙。公元前三千年代早期，改建后的神庙具有两河流域捷姆迭特那色时期神庙的风格；公元前三千年代中期，再次改建的神庙则具有两河流域哈法椭圆庙的风格。两河流域最南端的费莱岛上出土了有关因扎克神庙的铭文，巴林岛上巴尔巴尔文化遗址的陶片上也出现了因扎克的名字[1]，神庙中供奉的可能是狄勒蒙的保护神因扎克。不过，另一种可能是苏美尔人的地下水之神恩基。根据苏美尔神话《恩基与宁胡尔萨格》，狄勒蒙是淡水之神恩基与其妻子宁胡尔萨格的休闲纳福之地；尽管它是个天堂一般的地方，但是，狄勒蒙的致命缺陷是缺乏淡水；后来，恩基命太阳神乌图为狄勒蒙引来了淡水，狄勒蒙于是繁荣起来[2]。根据这个神话，巴林岛上的人们为淡水之神恩基建造神庙应不算意外。加之，神庙中最引人注目的建筑是一口人们汲取淡水的方井，这也表明神庙可能是巴林岛上的居民祭祀淡水之神的场所，也许因扎克是恩基在波斯湾地区的称号。

　　古代印度河流域对古代巴林的影响也是十分明显的。首先，公元前二千年代前期，巴林的秤砣与古代印度河流域的秤砣非常相

[1]　K. Butz, *Zwei Kleine Inschriften zur Geschichte Dilmuns, Dilmun: New Studies in the Archaeology and Early History of Bahrain*[C]. Berlin: Dietrich Reimer Verlag, 1983, p.119.

[2]　S. N. Kramer. *Sumerian Myths and Epic Tales, Ancient Near Eastern Texts Relating to the Old Testament*, Princeton : Princeton University Press, 1955, p.36.

似。从形状上看，考古学家在巴林发现的七个秤砣中，三个为立方体，四个为球形；而在古代印度河流域，秤砣的最常见形状为立方体，其次为球形；从秤砣的比例上看，古代巴林的秤砣的比例大致为1:8:16:100:400:800；而古代印度河流域的秤砣的大致比例为1/2:1:2:4:8:16:32:80:100:160:320:800:1600:3200:4000:6400[1]。其次，公元前二千年代前期巴林的印章也深深地打上了古代印度河流域的烙印，考古学家在巴林岛、两河流域及印度河流域的一些地方发现了许多印章，这些印章既不同于古代两河流域的圆筒印，又不同于古代印度河流域的方形印章，人们称之为"狄勒蒙印章"。在狄勒蒙印章上不但刻有古代印度河流域的图画文字，而且刻有独角兽、公牛与大象等动物的图案[2]；而在古代印度河流域，多数文字符号刻在印章上，印章上的图案不外乎公牛、水牛和大象等动物的形象，独角兽也是流行的表现题材[3]。狄勒蒙计量体系和狄勒蒙印章是海上贸易发展的产物，反过来又促进了海上贸易的发展。

　　古代巴林的某些文化成就，不但可以找到古代两河流域的特征，而且可以发现古代印度河流域的痕迹。考古学家在神庙中发现了一尊铜像，一个高约11厘米的光头裸体男人站在高约5厘米的钟形底座上，双手交叉在胸前，眼睛注视前方。双手交叉在胸前，眼睛注视前方的光头铜像是苏美尔人献祭的铜像的显著特征，象征献祭人不断地向神灵献祭。不过，铜像的底座却与古代两河流域没有任何关系，铜像的底座上的铆孔和曲线的狭槽，表明铜像是固定在其他物品上的；把铜像倒过来，就可以发现铜像类似于印度河流域一座坟墓里出土的一面铜

[1]　M. Roaf. *Weights on the Dilmun Standard*, Iraq 1982（44）, p.140.

[2]　R. H. Brunswig, A Parpola and D T Potts. *New Indus Type and Related Seals from the Near East, Dilmun:New Studies in the Archaeology and Early Hisory of Bahrain*, Berlin: Dietrich Reimer Verlag, 1983, p.103.

[3]　Bridget and R Allechin. *The Rise of Civilization in India and Pakistan*, Cambridge: Cambridge University Press, 1982, pp. 209-212.

镜的人形镜柄[1]。由此可见，这尊具有古代两河流域铜像特征的铜像可能也是一个铜镜的镜柄，反映了古代巴林的铸造技术与风格受到古代两河流域和古代印度河流域的双重影响。

---

[1]　C. L. During Caspers. *Sumer and Kulli meet at Dilmun in the Arabian Gulf, Archiv für Orientforschung*, 1973（24），pp.128-132.

从世界史角度看古代中国由奴隶制向半奴隶制社会的发展 *

　　我的恩师林志纯先生多年来研究世界历史的轨迹是走了否定之否定的升华路线。他先研究了中国古代社会，希望能够发现和证实中国古代历史发展符合马克思主义的历史唯物主义发展规律：由原始社会到奴隶社会，再到西欧模式的封建社会，以后便是我们熟知的资本主义社会和努力实践的社会主义社会。然而，在改革开放前，中国历史中的封建社会阶段在学术上是一个有争论，但又不许争论的问题。在他被学校聘为世界古代史方面的教授后，他开始专门研究世界古代史，把对中国古代社会的兴趣暂时放到一边。在比较深刻地了解到古代东西方文明发展的共同处和差异之后，改革开放后活跃的学术氛围使他又回到了研究中国史和中西比较研究（"中西古典学"）的轨道上来，不过这一次他站在了世界史的高峰来鸟瞰中国历史。因此，在他发现了中西方历史发展的一些重大的相同规律和不同之处后，他坚持历史唯物史观，提出世界各国的历史都具有由原始社会村落到奴隶制城邦、由城邦到奴隶制帝国的共同发展规律；此后，东西方社会发展出现了不同步的现象：在欧洲出现了封建主义社会而中国没有欧洲式的封建主义。先生曾对我说过他没有公开发表的观点：他考虑秦汉晋隋唐为第一帝国

---

*　　吴宇虹：《从世界史角度看古代中国由奴隶制向半奴隶制社会的发展》，《东北师大学报》2005 年第 3 期。

时期，而宋元明清为第二帝国时期。多年来，先生的这一理论对我的影响是很大的。这里，我愿意以一个两河流域奴隶制城邦和帝国的研究者的身份，发表一点可能被视为班门弄斧的观点。

根据两河流域出土的楔形文献，恩格斯所总结的"在亚细亚古代和古典古代，阶级压迫的主要形式是奴隶制，即与其说是群众被剥夺了土地，不如说他们的人身被占有。"[1] 是千真万确的道理。和同属于古代亚洲的两河流域文明一样，中国古代社会也由城邦发展到奴隶制帝国阶段。在罗马和拜占庭帝国瓦解后，欧洲的奴隶制专制帝国再也没有建立起来，王国、公爵国、侯爵国、贵族领地、共和国等各种等级的有独立司法行政权的中小国家林立，封建主义的王权衰弱，地方封建领主对于王权相对独立，独立的宗教体系对王权有很大的牵制和监视作用。地方领主们对于国王是自由人之间的关系，靠发誓效忠维持从属关系，这种关系可以随时解体。领地农民对于领主虽然有一定的人身依附关系，但法律上也是发誓效忠的自由人下属，奴隶制基本消亡，封建制社会建立起来了。商人、手工业者和知识分子获得了一定的独立和自由的发展空间形成行会，成为封建领主和农民中的中间阶级，城市相对自治，城市土地逐渐从封建领主手中落入城市人手中，富裕工商市民发展成为上层人物。当市民各阶级联合的力量变得足够强大时，他们必然发动革命，战胜封建主义的王权，建立了新的资本主义社会制度。然而，在中国，奴隶制帝国在秦汉之后一个接一个的建立起来了。在历代帝国中，专制皇权坚不可摧，蓄奴制度根深叶茂，古老的贵贱等级思想天经地义。大一统帝国的高度中央集权制在政治、经济方面压制了各大城市和农村的自治发展及市民阶级的财富积累，压制了人们生产劳动的积极性和创造性。对于国家的主人皇

---

[1]　中共中央马克思恩格斯列宁斯大林著作编译局编《马克思恩格斯选集（第四卷）》，人民出版社，1972，第258—259页。

帝来说，包括王公贵族、大臣、地方官和豪强在内的一切社会阶级都是他的奴仆，他可以任意奴役、处罚。工商业主和手工业者以及知识分子等劳动生产阶级无法获得一定的独立和自由的发展空间形成中间阶级，城市无法自治。帝国时期的思想、宗教体系高度依附于皇权，而皇权又用提倡贵贱等级制度的孔孟礼教高度统一人民的思想，使其成为巩固专制皇权和维护贵贱等级奴隶制度最有效的思想武器和束缚社会平等、人性自由等新思想的坚固牢笼。历代帝国强大的政治、法律、伦理和思想体系共同对社会生产和思想观念进行严密统治和控制，使中国没有出现可以产生西欧模式的中古封建主义社会的政治体制和社会基础。我认为如果一个学者承认中国古代是由原始社会进入到奴隶制的城邦和帝国，但是没有由奴隶社会演变成西欧模式的封建社会，中国社会一定一直在奴隶制社会的轨道上缓慢地前进，直到鸦片战争期间，脱胎于封建社会的西欧资本主义文明所发明的优良远洋军舰和威力强大的枪炮震醒了这一漫长奴隶制帝国中的人民，中国才进入了社会制度和生产力革命的新时代。如果我们认为中国发展到了西欧似的封建社会，我们必须回答为什么中国的封建社会不能产生资本主义。答案只能是：中国的"封建社会"不是西欧式的。

自秦汉到近代两千年来，使用奴婢和农奴的大地主庄园和数量变化的小土地自耕农并存的生产方式一直是中华诸帝国的生产方式。各朝各代的蓄奴法律不断，如唐代的《奴法》、清代的《逃人律》，严惩逃奴和窝藏逃奴的人户。官方和民间的蓄奴生产方式在中国长盛不衰。这与城市兴起后，西欧封建主用货币租代替奴役人身关系，用货币购买各类商品的情况不同。史料证明秦汉隋唐以来中国的奴隶制度和古代两河流域的巴比伦、亚述、波斯等帝国的奴隶制度基本上是一样的。中国历史上，许多北方游牧民族接连不断地入主中国，他们处于由原始社会向奴隶社会过渡的阶段，因此每遇到他们入主中国，改朝换代，中国的奴隶制度都要有大的恢复和发展。如五胡入中华后建立的十六国，南北朝时的北朝各国，隋唐五代的胡人王朝、小国，辽、金、元和清朝前半的奴隶制都是十分发达的。

在伦理、宗教和思想方面，奴隶制帝国的专制和一统的政权极力扶植和发展尊崇奴隶制等级观念的孔孟儒教以及教诲人民厌世和自我修行世界观的佛教、道教，极力打击和排斥任何主张社会平等、人性自由的新的思想和世界观。礼教把蓄奴习俗融入"名分""纲纪"等思想观念中，宗法制度把奴役人们的"贵贱"观念写进各种家法和族规中，使主贵而奴婢为贱的等级制度成为思想中的天经地义。以维护贵贱等级制度的忠孝思想为核心的儒家伦理学说通过教育渗透到社会各个阶层。奴隶也不例外，儒家的观念让他们以"忠"为荣，信守"主奴如父子、君臣"的名分。在帝国大一统的强大的政治力量和思想桎梏的双重监视下，中华文明不可能像西欧各中小国家那样在中世纪中后期发生了宗教改革和文艺复兴，因而也无法产生和发展推动生产力革命的自然科学和人文科学。长期以来，中国人民为了帝国发展付出了个人自由和解放的巨大代价，但是，漫长的奴隶制帝国时期使中华文明成功地保持了自己的统一和独立，同化了周围不断入侵的刚进入奴隶制的蛮族，使源远流长的中华文明没有像同样古老的两河流域、古埃及和希腊罗马文明一样灭绝消亡，成为诸伟大古老文明中唯一延长至今的一支。多年来，国内中国史学者对于从秦汉到明清历代帝国的奴隶制度的研究取得了很多成果，这里仅把我所找到的一些论述和史料以飨读者。

一、秦汉晋奴隶制帝国

吴荣曾论述秦汉奴隶制说[1]："在商和西周、春秋时期，由于村社

---

[1]　吴荣曾：《论秦汉奴隶劳动与农业生产的关系》，载《先秦两汉史研究》，中华书局，1995，第210—222页。

制还未解体，农业劳动的主要承当者是村社成员，奴隶恐怕只起到次要作用。到战国时期，随着社会大变革，村社走向瓦解，社会上贫富分化加剧，长期居于统治地位的宗法贵族没落了，出现了新兴的富商和手工业者，还有数量很多的独立小农。社会结构发生了很大的变化，于是富者大量地利用奴隶去从事物资生产，贫者则因破产而沦落为奴。从这时起，奴隶制也获得了进一步的发展。"两河流域早期奴隶制城邦舒如帕克时代（公元前2600—前2400）的楔形文字契约表明田地和房产是可以出卖的，但没有发现奴隶买卖的文件。可见在西亚文明的城邦建立时期，公私家同样很少使用奴隶进行农牧业生产。战俘多被处死，而不是用作奴隶。随后，从拉咎什城邦时期（前2300—前2200）到亚述、巴比伦、波斯帝国时期（前330），奴隶生产制度和小农经济一直并存。

　　"近几十年由于秦简出土，大家对秦的奴隶制有了不少新的认识，如奴隶在当时是大量存在的，并不像有些人所说的仅是残余而已。从秦简得知，即使在百姓、士伍之类的平民家中，也拥有数量不等的臣妾，官吏、富人家中就更多。而且臣妾也并非仅从事于家务劳动。简文中明确表示，有的臣妾要从事于'田作'，若他们骄悍不从主命，还会受到国法的制裁。官府也有不少的奴隶，有部分奴隶和私家臣妾一样，也要从事农业劳动。上述情况，秦不仅有很多奴隶，而且其中有相当一部分是在田野上服役的。西汉继秦而起，在经济上和秦有很大的连续性，所以农业中也大量地使用奴隶劳动，而且有关的史料比秦更多。《史记·季布传》说到的'田事问此奴'，是西汉早期农业中使用奴隶的一条重要证据。实际上这种现象在当时非常普遍，特别是1975年左右湖北江陵凤凰山汉墓中所出的竹简，提供了有关这方面的一些具有说服力的材料。如第八、九、一六八号等座墓中所出的竹简，其中既有奴婢的名册，有的注明：'耕大奴四人'，或是：'田者男女各四人，大奴大婢各四人'，'小奴一人，持弃'，等等。有些竹简上还标明奴婢所从事的各种具体职务，有侍、养、谒者、御、牛仆、马仆、田

等，田当然是指种田，即《季布传》所说的'田事'。从事于田的奴婢
还有更细的分工。……简文中的这些田事奴婢，表明他（她）们和侍、
御等不同，乃是一批专职的种田奴隶。古代虽有男耕女织的传统，但
西汉时女奴也被驱使于田地之上，只是以往所不知的事实，因为在文
献中从未提到过。尽管女奴也和男奴一样用于耕作，但男女之间似乎
还有分工，如男奴一般是'操耒'，操锄者也有，并不多见。而女奴
都是操锄。凤凰山竹简中所记每家拥有生产奴婢人数不算多。这和当
时社会经济某些特点有很大关系。因为每家拥有奴隶的多少，主要由
占有土地多少所决定。从战国开始，虽然土地也渐渐变为一种能买卖
的商品，但并不普遍。土地兼并成为引起人们重视的问题应始于武帝
时。到西汉末东汉初，土地兼并比武帝时更严重。西汉晚期，张禹有
田四百余顷。同时的庶民阴子方，有田七百余顷。樊重也是平民，他
广开土田三百余顷。从王莽的'王田'到刘秀的'度田'，对抑制土
地兼并都无济于事，这也说明土地集中不断发展是客观经济规律的体
现。东汉时有关奴隶用于农业的记载并不多，但情况应和西汉时一
样，这里可以举下面的例子说之。《后汉书·第五伦传》说第五伦'免
归田里，身自耕。'《东观汉记》则说：'伦免官归田里，躬与奴共发棘
田种麦。尝与奴载盐，北至太原贩卖。'东汉民间大量使用奴隶劳力与
农耕，在地下出土的实物材料中也可看出，如四川东汉墓常出土持畚
和持锄的陶俑。东汉时农业生产的特点是大农庄式的多种经营。由于
土地更加集中，土地上的奴隶人数也会同步增长。像西汉末的樊重拥
有土地三百余顷，而垦殖这些田地的自然是奴隶：'课役僮隶，各得其
宜，而财利岁倍'。特别是从东汉起，随着私有权的进一步发展，拥有
田地之家析产别居的现象日益增多，于是奴婢也和田地一样为家产的
组成部分。张莹的《汉南记》中则以为'（明帝外戚）阴庆推居第、园
田、奴婢、钱悉分与（弟阴）员、（阴）丹。'东汉时关于田地和奴婢
并列在一起的史料，尚有1974年四川郫县所出的一块残碑：'（奴婢）

五人，直（价值）廿万（钱）；牛一头，直万五千。''王岑田【数顷】，直【数】万五千，奴田、奴生、奴多、奴白、奴鼠，并五人【直廿万钱】。''张王田三十【数】亩，质三万。奴俾、婢意、婢最、奴宜、婢营、奴调、奴利，并【七人，直廿万八千（钱）】'。""记述秦代奴隶买卖较具体的材料是云梦秦墓所出的《日书》：'收日可以入（买）人民、马牛、禾粟。闭日可以劈决池，入臣徒、马牛它牲。''离日不可以嫁女、娶妻及入（买）人民、畜生'。'毋以午（时）出入（卖买）臣妾、马牛，是谓并亡'；'毋以申（时）出入臣妾、马牛、货财'。《日书》中所提到的'人民'即指奴隶而言。'臣妾'是先秦时期人对奴隶最常用的称谓。据居延汉简，西汉时小奴一名值一万五千钱，大婢一名值两万。西汉后期，王褒的《僮约》说一名奴隶值一万五千。《风俗通》记东汉早期一名男奴值两万。东汉晚期，郏县所出残碑上所记奴婢价，每名四万钱，这比从西汉到东汉早期的价格为高。从战国到两汉，是古代商品经济较为发达的阶段。到西汉早期，奴隶劳动在手工业、矿冶方面比农业更突出。农业实用奴隶普遍，但不如后来那样集中，这和土地不集中有关。西汉末到东汉，工商业致富者减少，大富豪多为大农庄主，密集型的奴隶劳动和大土地结合。在魏晋时期，人数愈多，一家拥有僮奴往往是上千人或上万人。秦汉时农业中的奴隶劳动虽占很大比重，但同时也存在其他不同身份的劳动者。如有不少的小自耕农，还有没有土地、靠出卖劳力或佃种土地为生的一些贫民和雇佣劳动者。从世界史范围看，雇佣制在不少国家前资本主义社会中曾长期存在。在奴隶制阶段，它曾经长期和奴隶劳动并存，作为奴隶劳动的补充者。"在两河流域奴隶制社会中，雇佣制也是和奴隶制并存的。

范文澜[1]叙述说："汉武帝对外用兵，财用不足，需要更多的奴隶

[1] 范文澜：《中国通史》第二册，人民出版社，1963，第93—95，357—358，371，376，496，512—513，517—518，588，633 页。

供剥削。他对一般无市籍的地主，鼓励献出奴婢，按献出奴隶多少，给予终身免徭役或做郎官等待遇。公元前111年，汉武帝大规模地没收商贾的田宅、钱财和奴婢，获得数以万万计的钱财，成千上万的奴婢，田大县数百顷。被没收的奴婢，有些留在本地官田上耕作，有些分发到皇帝的苑囿里养狗马禽兽，并分给水衡、少府、太仆（养马、骡、骆驼）、大司农等各个官府供使用。当时奴婢数目一定是很大的，而且多数参加了生产。汉元帝时贡禹说，各官府有官奴婢十万余人，良民出租养活他们，每年费钱五六万万。封建皇帝同时也是占有十万以上奴婢的大奴隶主。皇帝占有大量公田河苑囿空地，使用奴隶远不能开发这些田地，有时用'假（借）'的形式让贫民垦种，作为皇帝的佃户。皇帝是地主、大工商业主、高利贷商人、奴隶主的总首领。有封地的贵族，收入也分公费和私费奉养两种。公费是收田租和户赋（每一民户每年纳千二百），供朝见皇帝、祭祀祖先等事的费用。私奉养是占有田地、奴婢及征收园池商市税，供贵族私用。（贵族）无限制地占有田地和奴婢到了西汉后期特别显出它的严重性，迫使某些感到危险的大官员要求朝廷限制田、限奴婢。前七年，丞相孔光等奏请国王、列侯、公主、官吏、人民占有田地不得超过三十顷。占有奴婢：国王二百人，列侯和公主一百人，关内侯、吏、民三十人。孔光那种略为限制的主张不得实行。"

"在三国和晋代，奴婢制度仍如秦汉，被称为'私属、私附'或'荫衣食客'。同时出现农奴，被称为'有荫佃客'或'部曲'。""东汉末大乱，人口遭受极严重的损耗。主要是死亡，其次是流散逃匿和豪强霸占户口，胁迫贫弱户当私属。晋武帝定制又发官奴婢、屯田奴婢配为夫妇，每一百人成立一屯。与限田制同时颁布的有荫佃客和荫衣食客（与奴相似的仆役）制。荫佃客制规定一品二品不得过五十户。三品十户，四品七户，五品五户，六品三户，七品二户，八品九品一户。荫衣食客制规定六品官以上得荫三人，七八品二人，九品及不入品的吏士一人。晋惠帝时，石崇做荆州刺史，家有水碓三十余区，奴八百余人。士族妇女同样腐朽。她们使用婢仆，自己什么事都不做。有的凶悍杀婢妾，没有人认为不应该。"东晋士族的特权之一是'私藏户口，以为私附'，山遐作余桃令，到县八十日，即查出私附一万人。从东晋到梁陈，有所谓估税，凡买卖奴婢、马牛、田宅，有文卷的大买卖每一万钱抽税钱四百。人民被迫或自断手足，避免重役，或投靠士族做附隶，称为属名。南朝士族多佣有奴婢。如晋陶侃有家僮千数，刁协家有奴婢数千人。宋谢混有奴僮千数百人，沈庆之有奴僮千人。普通士族家庭，也养奴婢当作重要财产，兄弟分家时分取奴婢。奴婢主要用在耕田、织布，所谓'耕当问奴，织当问婢'。有时也派奴到远方去经商，不会逃走。525年，梁将元法僧逼迫彭城兵将三千余人来建康，都印额为奴。足见奴隶额上印着字，无法逃走。齐时，刘寅使奴当伯上广州，经过七八年还是回来了。奴婢一人抵米六斗或值钱五千至七千。奴婢来源主要是破产农民。侯景作乱，奴隶成为侯景唯一的支持者。"奴婢价格比西汉时的一万五千到四万贱了不少。

　　在北方游牧民族入主中国，奴隶制度更为发达。"掳掠人口又为北魏武官致富的重要手段，最大的人口掳掠者就是魏皇帝。东晋安帝时，仇池公杨盛上表叙述魏国情形，说魏国妃妾都住瓦房，有婢女千余人，织绫锦，养猪羊，牧牛马，种蔬菜，贩卖牟利。以皇帝为首的统治集团下至一部分鲜卑士兵各占有多少不等的奴隶。"《魏书》及俘获，有些称男女或新民，有些称生口，前者指民户或隶户，后者指奴婢。将士私自俘获的人应是属于生口类。魏太武帝时俘获的生口数量更大，不仅班赐给出战的将士，而且还班赐给留台未出证的文武生口、缯帛、马牛各有差。魏国存在着大量的奴隶，从事生产来供养文官和鲜卑兵。"

　　同时，汉族人也奴役外族俘虏。匈奴人刘宣说："晋为无道，奴隶御我。"（《晋书》33卷）"一般匈奴人给晋地主作田客，有些地主役使

匈奴田客多至数千人。"为了防止被掠为奴隶，外族人愿为私人当田客
（种田农奴）。后赵王、羯人石勒曾是并州商人郭敬和地主宁驱的田客。
当他逃荒时，晋官吏想缚他卖为奴，由于宁驱的保护得免。他外出求
食，得到郭敬的施舍。他建议郭敬把饥寒交迫的羯人骗到冀州出卖为
奴，不至于饿死。并州刺史司马腾大捉胡人，两人一枷，押到冀州出
卖，石勒也被执卖给平县师欢家为耕奴。师欢怕他鼓动耕奴们反抗，
把他释放。他给人家当佣工，又被乱军捉获。为了不被卖为奴，他聚
八骑起义，后败杀晋新蔡王司马腾。"鲜卑慕容部人皮肤洁白，晋士族
多买慕容部妇女为婢妾。"

二、隋唐五代的奴隶和佃客农奴制度，大批数量的奴婢和农奴

　　唐代奴婢数量众多。唐高祖李渊曾赐给功臣大批奴婢，如给武则
天的父亲武士彟奴婢三百人，别食实封五百户。司农寺将"官户奴婢
有技能者配诸司，妇人入掖庭，以类相偶，行官监牧及赐王公、公主
皆取入。凡孳生鸡彘，以户奴隶课养。俘口则配轻使，始至给享食"
（《新唐书》志38，百官3）。"税法即行，京兆少尹韦桢、长安丞薛萃
搜督甚峻。然总京师豪人田宅奴婢之估，载得80万缗。"唐代佛教寺
庙的奴婢也甚多，平均每个僧尼有一个多奴婢："武宗继位，废浮图法，
天下毁寺庙4600、招提篮若四万；籍僧尼为民26万五千人，奴婢15
万人，田数千万顷。……中下田给寺家奴婢、丁壮者为两税户，人十
亩。"（《新唐书》志42，食货2）。北魏、北齐、隋、唐各朝的均田和
租调、徭役制度，都规定了奴隶课税或不课税。这表明奴隶是这一时
期的重要人力和财富资源。由于各家的奴隶数量多，北齐只能给一部
分奴婢受田，但即使是平民也多拥有六十个奴婢。京城"奴婢受田者，

亲王止三百人，嗣王止而二百人，八品以下至庶人限止六十人。"

由于奴婢在唐代属于不课口，我们可以从唐代的人口普查数中的不课口数中估计出当年的奴婢数量。"北齐均田法，普通民众一夫受露田80亩，一妇40亩，奴、婢与良人同。丁牛一头受田60亩，不得多于4头。每丁受永业田20亩种桑麻。齐制和魏制不同处在于齐制奴婢不受永业田。557年，齐文宣帝时，宋世良请分牛地给贫人，说富家利用奴婢牛受田的制度迫使贫人无立锥之地。周武帝遵行齐制，隋文帝也尊齐制。""581年，度支尚书苏威奏请减课役，得到隋文帝的允许。单丁和仆（部曲）隶（奴婢）半课。604年，隋炀帝继位，废除妇人、奴婢、部曲的课役。唐租庸调法采用隋炀帝的新制，不再取妇人课役。男丁（23—58岁）和受田中男（18—22岁）向国家纳租和调绢并服役。北周武帝数次释放奴隶和杂户，但允许北周贵族保留一些部曲和客女，人数不会太多。隋末平凉一带有所谓'奴贼'，首领出身奴隶，士兵自然不少出身奴隶。唐军中有奴隶应募作战，立功后得赏，经隋末战争，奴隶和部曲的人数更为减少。唐刑部属官有都官郎中，掌管奴隶。奴隶来源是俘虏和叛逆犯的家属。通年服役者称为官奴婢。免（朝廷下大赦）一次称为番户，每年服役三番，每番一个月。免两次称为'杂户'或官户，每两年服务五番。免三次成为良人。""唐代户分课户和不课户两类。无课口的户称为不课户：1.贵族和外戚的亲属；2.九品以上的官员；3.学生以及孝子顺孙、义夫节妇同户的人；4.老（60岁以上）、残废、重病人、寡妻妾、部曲、客女、奴婢及'视流内九品以上官'（当是流外九品），本人免课役，称为'不课口'；5.有勋的百姓（非勋官的有功者）；6.新附户暂免课役。据《通典》，755年（天宝14载），天下不课户345万户，课户534万。人口总数5291.9万，其中不课口4470万，课口820.8万。"如果不课口中的女自由人和未成年人为总人口的四分之三，为3352.5万，不课口中的男人加婢的数量则为1117.5万。贵族、九品上官员、学生、义夫节妇家属、老残、寡妇、有功者和新附户的数量不会超过不课口总数的一半，因此我们保守地估计当时奴婢和部曲的总数有 558.75 万人。而普通课税的平民男子才820.8 万，奴隶数量已近于平民。前一年（天宝 13），不课口为 4521.8万人，课口男丁为 766.2 万人（总人口 5288 万，《旧唐书》玄宗纪），奴婢和平民的比例更近似。当然，可能有些逃亡、隐藏的课户不在统计之中，可是他们只能依靠豪强生活，沦为新的奴婢、部曲或佃户。部曲和佃户的身份是不比奴婢强多少的农奴。"760 年（唐肃宗乾元三年），《通典》说，本年不课户 117 万户，课户 75 万户。总人口 1699 万，不课口 1461.9 万人，课口 237 万人。"五年内，平民减了三分之二，但奴婢、部曲、佃户数量减得少一些，不到一半。不课的妇女和未成年人约占人口的四分之三，则为 1274.25 万；这样，不课口中的男性中的自由人（贵族、官员、老残等）和奴婢为 187.65 万人。按一半除去不课口中的男性自由人，当年的奴婢则估计至少有 93.83 万人，接近平民男子 237 万的一半。唐代皇室、贵族和豪强的庄园遍布全国，由奴婢和佃户耕种。佃客的身份是庄主的私属。[1]

三、宋代的佃客农奴制度和区别于"贱口奴婢"的"雇佣奴婢"

宋代至清代，中国的佃客制度盛行。佃客比奴隶的地位要好一些，但低于有田地的良民（自由人），属于半自由人。古代两河流域有一种附属于王室和贵族的半自由人叫"臣服者"（苏美尔语 šub-lugal "王 / 主人的降服者"，阿卡德语 *muškenu* "跪伏者"），其社会和法律地位在

---

[1] 范文澜：《中国通史》第三册，人民出版社，1965，第 26—27，244—245，264—255，291—298，398—399 页。

自由人和奴婢之间，等于中国的部曲和佃客阶级。部曲和佃客制度比奴婢制度略为进步，是地主豪强奴役农民的农奴制度。蔡美彪等论述说："唐代中期以来，地主占有大片的田地，形成庄园。宋代地主的庄园，更加普遍地发展。所谓'浮客'的佃户也寄住在地主的庄上。佃农自己完全没有土地，租种地主的土地。一家大地主可有佃客几百户。两川一带的大地主可有数千户。佃农遭受着地主的地租和高利贷剥削，被紧紧地束缚在地主的土地上。""高利贷剥削——伴随着租佃制关系的发展，地主放高利贷成为重要的剥削手段。农民冬春借粮，指夏麦偿还。夏麦偿还了债，春秋再借粮，指冬禾偿还。收成还债甚至还不足，无法交租，再把欠租作为借债加利。这样，农民要年年借债，永远还不清。高利贷像是一副枷锁，把农民紧紧地束缚在土地上，世世代代无法挣脱。在宋代社会经济中，高利贷剥削日益成为极为突出、极为严重的问题。地主用地租和高利贷剥削、束缚着佃农，而且还可以用'换佃'的办法相威胁，加重盘剥。佃农却不能随意离开地主的土地。"

"宋朝建国前，南方各割据国里，地主和佃客的剥削关系发展程度不同。佃客的人身束缚，即所谓人身依附关系，各个地区也存在着一些形式上的差异。宋朝建国后，这种差异性仍然在不同的地区显现出来。总的来说，在南宋统治时期，随着土地兼并的发展，佃客的人身束缚在不断加深。仁宗时，颁布'皇祐法'，禁止夔州路施、黔二州的佃客逃移。1184年（孝宗淳熙十一年），南宋把'皇祐法'的通行范围扩大到忠、万、归等州，即扩大到整个夔州路，并规定：（一）凡在1181年（淳熙八年）以前逃移他乡三年以上者，承认既成事实；以后逃移及逃移不到三年者，包括家属，'一并追归旧主'。此后，严禁逃移。（二）地主不得'强般（搬）佃客'，即不准抢夺佃户。1205年（宁宗开禧元年），夔州路转运判官范荪说：'富豪之家争地客，诱说客户，或带领徒众，举世般徙。'可见地主之间招诱抢夺佃客的现象仍在发展。范莘校定后的'新法'是:(一)地主只能役使佃客本人,不得强迫佃客的家属充役。(二)典卖田宅的人不得向买主租种原有的土地充当客户。买主也不得强迫典卖田宅的人充当雇工或奴仆。(三)借贷钱物,只凭文约交还,债主不得强迫债户为地客。(四)客户身死,妻子愿意改嫁的,'听其自便',客户的女儿也可以'自行聘嫁'。范莘的'新法',从条文上看,似乎是企图对地主的权力稍加限制,但也从反面说明:当时夔州路的地主,可以强迫役使佃客家属,强迫典卖田地和欠债的人做佃客,以至于干预佃客妻女的婚嫁。这种佃客的人身束缚,当是夔州路普遍存在的现实。"[1]

　　最近戴建国讨论了宋代的奴婢制度,提出新出现的"雇佣奴婢"制度。"在宋文献中,经常出现'主仆名分''奴主之分'之说,用以指奴婢、佃客与雇主结成的关系。主仆关系是宗法家族主义在社会关系中的体现。雇佣奴婢以契约形式与雇主结成主仆关系,成为雇主家族中的卑幼之辈。在日常生活中,雇主以家长身份对奴婢进行监管。……奴婢在雇佣期间,犹如卖身于雇主,毫无自主权。雇佣期间,雇主可以占有女使的身体,女使没有性自主权。""这两部法律典籍中,都有《诸色犯奸》的类目。比较两者,可以发现前者使用的'奴婢''部曲''杂户'等法律称谓在后者已经不再使用。后者使用的是'人力''女使''佃客'称谓。我以为,随着南宋良贱制度的消亡,'奴婢'作为法律意义上的贱民之称谓,在国家新修撰的法典中已停止使用。社会生活中原先奴婢的角色由雇佣劳动者人力、女使来充当。因此在新修的法律里没有了'奴婢'这一特定的法律意义上的名词,代之以'人力''女使'。当然,在民间,由于历史的原因,人们仍然使用'奴婢'这一称谓。奴婢和人力、女使身份不同,前者特指贱口奴婢,后者指雇佣奴婢。在唐,奴婢如同财产可以买卖。至宋,奴婢

---

[1]　蔡美彪等:《中国通史》第五册,人民出版社,1978,第36—37,386—387页。

普遍以雇佣形式依附于雇主。南宋禁止掠人为奴婢，违者处死刑，似乎与宋初制定的《宋刑统》规定一样。我们在分析此问题时，应注意区分两个层面的不同点，即国家的法律规定和民间的实际状况。在国家法律规定层面上，南宋时已无良贱制度。然在民间，由于种种原因，还存在掠卖奴婢现象。这些人被掠卖后，'终身为贱'。柳田节子称之为'私贱民'，其与以往法律意义上的贱民事实上相同。但国家不承认这种贱民的合法性。故南宋法律严禁把良人强行抑制这种贱民性质的奴婢。"

"唐末五代以来，门阀士族彻底瓦解，良贱制受到强烈冲击，从而为贱口奴婢的解放开辟了一条大道。大量奴婢成为自由人。奴婢来源逐渐枯竭，导致奴婢市场萎缩。相反，雇佣市场却随之扩大。许多失去生产资料的贫困良人出卖劳动力，与雇主结成契约关系，从事原来贱民所从事的职业。但是奴婢制并没有立即随着门阀士族的消亡而立即消失。北宋时期，还存在有法律意义上的良贱制。良贱制度的消亡，确切地说，是在南宋时期。原先贱口奴婢所从事的家内服役者的职业仍然存在，由于良贱之别的观念不可能随着良贱制度的消失而立即消失，这一职业的后来承担者，在民间仍然被当作贱口奴婢看待。宋代奴婢的法律地位，在两宋不同的时期，因良贱制度的存亡而有所变化。宋代奴婢受其在日常生活中实际谋生方式的制约，具有职业身份的低贱性，因'主仆名分'的影响，依附于雇主，没有自主权，在司法上，与雇主发生法律纠纷时，以家族同居法处置，法律上与雇主仍处于不平等地位。在北宋，奴婢实际是由贱口奴婢和良口奴婢组成的混合体。作为贱口的奴婢，依然是律比畜产，被当作家庭财产与杂畜、货物同处一列，自由买卖。在贱口奴婢之外，普遍存在良口奴婢，他们来源于生活贫困的良人。他们以缔结契约的方式，与雇主结成雇佣关系。相对于唐代的奴婢，宋代奴婢地位的提高主要是由于其成分的变化所致，即良人奴婢化的结果。在良贱制受到冲击后，原来旧的针对贱口奴婢的法律无法适用于新的良口奴婢。天禧三年对雇主伤害良口奴婢的立法，是宋代地主阶级在新形势下首次做出的，这一立法正式将雇佣奴婢之法纳入家族同居法范围。""就唐宋之际的变化而言，虽然宋代社会已经显露出某些欧洲近代社会才有的现象，但其距真正意义上的近代社会还很遥远，远远没有达到英国学者梅因所论述的欧洲古代社会向近代社会运动过程中发生的'从身分到契约'的质的变化。换言之，并没有发生社会形态的根本变化。"正如中国学者所指出的，唐宋时期的变革与春秋、战国时期的社会形态的变革相比，"至多只能算是一个小变革"。日本学者宫泽知之在《战后日本的中国史论争》一书中论述道："在战后中国史研究中，唐宋变革研究与封建制问题密切相关。封建制问题占据了理解世界史基本法则的核心位置。……然而这一基本法则在唐宋变革研究中并未能成功地得到适用。"[1]

四、辽金元的奴隶制度、集体奴隶迁徙制度和佃户农奴制

辽、金、元等游牧民族建立的王朝都是由原始社会刚进入到奴隶社会，他们的奴隶制度是非常明显的。辽、金、元设置的"投下州县"是安置集体奴隶的地方。这和两河流域的亚述帝国、希腊的斯巴达奴隶城邦迫使大批的俘虏迁移到国内作为集体奴隶的做法是一致的。"辽阿保机南侵汉地，俘虏大批汉族居民做奴隶。在阿保机和辽太宗时代，先后建立了许多这样的奴隶州县。如阿保机破代北掳掠的汉民建龙化州，燕、蓟所俘建龙化县。以燕蓟的俘虏建临潢县，以渤海俘虏建长宁县。这样的州县有时仍然沿用俘户原属州县的名称，如以檀州的俘

---

[1]　戴建国:《主仆名分"与宋代奴婢的法律地位——唐宋变革时期阶级结构研究之一》，《历史研究》2004 年第 4 期。

户建檀州，俘三河县民建三河县。这些所谓县民户少则一千，多也只四五千，其实只是奴役外族的寨堡。俘户州县起初当是属于契丹最大的奴隶主阿保机。皇后另有自己的州县。契丹贵族也各自占有这样的寨堡，称'投下'或'头下'。辽朝境内分布着大小奴隶主所占有的大大小小的'投下'城堡，以奴役'团集'的俘掠奴隶。"辽朝中期，奴隶制开始变为农奴制。"圣宗时，辽朝普遍实行赋税制。俘掠奴隶设置的投下州城，分赋税二等，工商税中，市井之赋归投下，酒税缴纳给朝廷。投下俘奴由此变为输租于官、纳课于主的'二税户'。"

"按照金朝的授田制度，女真奴隶主依照占有奴隶和牲畜的多少，占有不同数量的耕地。凡占有耕牛一具（3 头），民口 25，即授田四顷零五亩。民口包括奴隶和女真部落的平民。占田不能超过四十具。一个大奴隶主，有牛 120 头，民口以千，就可占地一百六十多顷，'金朝奴隶主在灭辽的作战中，曾经掠回大批的契丹、汉人做奴隶。对降伏区的人民，采用强迫迁徙的办法迁到内地。如山西州县的居民被大批迁到上京以至浑河路。润、来、迁等 4 州的人民被迁徙到沈州。被迫卖身给女真人做奴隶。'1180 年，上京路女真人户出卖自己的奴婢，致使耕田者减少。金世宗下诏禁止。1181 年，又禁山东、大名等路猛安、谋克户出卖奴婢，将田地租佃。1183 年的统计数字表明，各地猛安、谋克户，每户平均占有奴婢不过二点一口。金世宗时，皇室贵族仍然占有大批奴隶。1183 年的统计，在京都的宗室的将军司有户 170，正口 983，占有奴婢 17,880 口，垦田 3,683 顷。"[1]

"成吉思汗'札撒'规定：军将在阵前俘获人口，即为私有奴隶。元朝建立后，蒙古军将俘掠奴隶的惯例并没有改易。阿里海牙在对宋作战中，即在湖广俘降民 3800 户为奴。蒙古贵族占有大量的奴隶，分

---

[1] 蔡美彪等:《中国通史》第六册，人民出版社，1979，第 45—46，64，263—264，314—315 页。

布在北方广大地区，成为'驱奴'。驱奴主要是外族，包括契丹、女真在内的北方汉人和部分须征迁来的色目人。武宗至大时，大批蒙古草原的贫民南逃，把子女卖作奴婢。有的蒙古奴隶被贩卖到西域或海南。奴隶制度推行于汉人地区后，北方破产的农民，往往因偿债典身或卖身为奴。江南地区也出现了变相的奴婢买卖。元初，奴隶有罪，主人可以专杀。以后，虽然规定要把有罪奴隶交由官府处治，但如奴隶打骂主人，主人打死奴隶无罪。主人无故杀死无罪奴婢，只是杖87；酒醉杀奴隶，减罪一等。元律规定，私宰牛马杖100，奴隶不如牛马。主人可以对奴隶枷锁禁锢，刺面割鼻。奴隶控告主人，即由官府处死。大都有马市、牛市，也有人市，买卖奴隶。良民打死别人的奴隶，只杖170，罚烧埋银50两。奴隶不能和良民通婚。奴婢所生子女，世代为奴，称为'怯怜口'（家生子）。奴隶逃亡，要由官府拘收，称为阑遗（不兰奚）奴婢。驱奴用以负担家内劳役，也用来从事农牧业生产或军前服役。官府或诸王役属工匠，多是奴隶。元朝一代，驱奴一直作为一个被压迫的阶级存在，人口众多。宋代农村，地主出租土地剥削佃户的租佃关系得到了普遍发展。金元之际约半个世纪的战乱中，北方的租佃制遭到了严重的破坏。一批佃户被俘掠做驱奴，一批佃户被迫投充豪门自保，大批农民逃往江南。元朝灭宋时，已在江南实行维持原有制度的方针，因而南宋农村的社会关系在元代未发生重大的变化。广大佃户主要分布在江南。江南富豪，一家可有佃户数千家，多至万家。大的寺庙可有佃户数万。佃客婚娶，田主勒索财物。如无力缴纳，不能成亲。佃客的子女也要供田主役使，田主可任意打骂佃户，甚至任情生杀。1302年的一件公文中说：亡宋以前主户生杀佃户，视若草芥。自归附以来，少革前弊。事实上，佃户只有略高于驱奴的卑贱待遇。元朝法律规定：诸地主殴死佃客者杖170，征烧埋银50两。地主打死佃户，不须偿命，和主人打死驱奴一样只受杖罚，只不过杖罚较重。在驱奴制盛行的元代，拥有良民身份的佃户，社会地位和法律地位实际上都近于驱奴。元代自耕农户大量减少，因为北方的自耕农在战乱中大量地被掠为驱奴，又有大量的农户沦为权豪的部曲（农奴）。幸存的自耕农和地主一起被列为'民户'，要负担繁重的丁税、地税和多种差役，往往被迫流亡。1283年，自北方内地流移到江南的农民已有15万。但是，随着土地兼并和租佃关系的发展，江南的自耕农也越来越多地沦为佃户。蒙古奴隶主在对外战争中对抵抗他们失败的敌人俘虏往往大批杀死，只留有手艺的工匠，大量的工匠被带回蒙古成为工奴。1217年，匠官史天倪所属土拉河上的工匠口粮断绝，十死七八。工奴的处境十分悲惨。蒙古灭金后，把各地的手工业者调集京师，分类置局，编为官匠户，属于与民户不同的匠籍。世代承袭为工匠，设官管领。1279年，籍人匠42万，立局院70余所，每岁定造币缟、弓矢、甲胄等物。1281年又在江南拨签的匠户30万中汰选10.9万余户，其余纵令为民户。官工匠有官府直接管理，子女世袭其业，婚姻不能自主。这种制度是由工奴演变而来。官工匠由官府按月支给口粮。散处在地方州县的特别是江南地方匠局的工匠，情况有所不同。他们多数是散居农村的小手工业者，被强征入局，所得衣粮多为官吏所中饱。一家生活常无着落。官府强征抄纸、作木、杂色等行业的工人去织造局，他们无法应役，只好出资雇人代替。不少人因此倾家荡产。"[1]

五、明清的工商奴隶制度和农奴制度，清朝农奴制和奴隶制的削弱

明清两代继承了元代的奴隶制度，"大家僮仆，多至万指。"（万历

---

[1]　蔡美彪等:《中国通史》第七册，人民出版社，1983，第175—183页。

《嘉定县志》卷 2 "疆域志·风俗"），"人奴众多，今吴中仕宦之家，有至一二千人者。"（【清】顾炎武《日知录》卷 13，"奴仆"）。明清时代被称作"贱"的人，以奴婢为中心，还包括了娼优隶卒、世仆、堕民等贱民集团，以及雇工人、轿夫、剃头匠、工、商等广泛的灰色地带。在与绅士对比时，一般良民也在贵贱之分下被归入"贱"的一群。（皇帝以外）所有的人都被纳入"对上服役、被下服役"的等级制中，其中专门服役于人成为"贱民"阶层，受到差别待遇；明代皇帝一直把臣下当作自己的奴隶们，任意侮辱。"上积疑其臣而蓄以奴隶，下积畏其君而视同秦越。"（《黄宗羲全集》第一册《子刘子学言》）。太祖朝即有大臣"镣足治事"（《明史》卷 139《茹太素传》）；明代皇帝对士人施之的奴役还体现于"厂卫""廷杖"和"诏狱"上。据《明史》刑法志，明代的廷杖之刑自太祖始；到正统时，"殿陛行杖"已"习为故事"。诏狱始于汉武帝，"明锦衣卫狱近之，幽系惨酷，害无甚于此者"。廷杖和诏狱是士人作为皇室奴隶的标记。成祖则在"巡幸"时，令"下诏狱者率舆以从，谓之随驾重囚"（《明史》卷 162《尹昌隆传》）；正德朝"杖毕"了公卿即"趣治事"（《明史》卷 95）。

中国佃客农奴制度在明朝继续发展。"明代皇室贵族的土地占有形式，大体上有三类：一类是皇室占的土地，称为'皇庄'或'宫庄'。皇庄的收入专供某宫后妃和未就藩的亲王的日常用度。从天顺八年（1464）到正德九年（1514），北京附近的皇庄有三十六处，占地 37595 顷多。另一类是'藩属庄田'。洪武时分封诸王就藩各地时就已建立。明中叶以后，各地藩王除兼并民田扩大藩府庄园外，还以子孙众多、生活困难为由，向皇帝乞讨附近的官地，来扩展自己的地产。第三类是'勋戚中官庄田'。'勋'指有爵位的功臣、世家，大部分是所谓的武臣。'戚'指后妃公主皇亲家族。'中官'即皇帝周围的宦官。以上三类庄田，皇庄和勋戚中官庄田，大部分集中在北直隶境内，尤以京畿为多。藩府庄田则遍于设有藩府的各地。除这三类庄田外，还有遍于全国的'寺观庄田'，占有的土地数也相当庞大。各类庄田的共同特点是，无论皇庄、藩府庄田或勋戚中官庄田乃至寺观庄田，所占的土地一律属官田性质，法律规定不得买卖。贵族利用皇帝赐田的机会，可以兼并比赐田大多少倍的民田，或者把民田诬指为无主荒地，借以圈占。武宗继位伊始，就增设皇庄七处，随后又增设苏家口皇庄 24 处，前后不足六年，共增设 31 处皇庄。如果按弘治五处皇庄共占地 12800 顷，每处皇庄平均占地 2560 顷的标准估计，则增设的 31 处皇庄占地就有 79300 顷之多。皇庄如此急剧扩展，大批民田很快被吞没，田地上的农民不是被赶走就是沦为皇庄的佃户。""勋戚贵族凭借特权兼并农民土地较皇庄有过之无不及。勋戚庄田在北直隶和京畿分布比皇庄为多，所以其兼并的规模也比皇庄为大。景泰二年（1451），贵戚汪泉霸占官民田地共达 3000 余顷。""一些有权势的贵族奏请土地外，还接受所谓'投献'来的土地。'投献'是指有些土地所有者为了逃避苛重的赋役，自愿把自己的土地献给贵族，而自己则充当贵族庄园的庄头或佃客，以求保护。一些人竟然把小户农民的土地强行投献给权贵豪强，自身充当管家。成化时，皇亲王源的庄园原有赐田 27 顷，但令其家奴别立四至，吞占民产，乃有 1220 顷有奇，可耕者 366 顷，中多贫民开垦成熟之地。""各地的藩府庄田地产，也在急剧膨胀。正统五年（1440）甘肃庆王家拥有土地一千顷，大部由占夺而来。万历时，福王在河南、湖广等地有土地二万顷。潞王在湖广等地有土地四万顷。皇庄、勋戚庄田、藩府庄田之外，各地的官僚乡绅对民田的兼并也十分严重。如江南华亭的乡绅董其昌占有膏腴万顷。""大约自成化以来，南直隶、浙江、江西、湖广、河南、广东、福建等地先后出现一种现象：许多地区的农民，由自耕农或佃农的地位下降为一种类似农奴的佃仆。所谓'佃仆'又称'僮仆'，与地主不只是主佃关系，还有'主仆名分'。他们虽然可以有妻子儿女和微薄家业，但社会地位犹如农奴。明代法律上禁止蓄奴。但许多官宦、豪富之家，多半蓄有男女奴婢。这种家奴大半用在家内使役，如被遣往庄田耕种，采用古代'免奴为客'的办法，便由奴认为佃，但与主人仍保持主奴关系，成为佃仆。"[1]

明清两代的工商奴隶制十分发达，毕道村论述说："马克思一再强调，只要工商业仍奠基于奴隶制、农奴制和原始公社之上，商品生产就决不会导致资本主义。"然而，中国封建工商业的主要基石恰恰是奴隶制度和农奴制度。已进入封建社会后期的明清两代，人们蓄奴之多令人咋舌。有名的如王锡爵、钱海山、徐阶、李钦、和珅；睢州的褚太初，宁陵的苗思顺，虞城的范良彦，无锡的大地主邹望，河南的褚、范、苗、曾，麻城的梅、刘、田、李等强宗右姓所占有的奴婢都在千人甚至数千人以上。蓄奴范围之广，乃至连一些中上层农民也占有不少的奴隶。清代法令规定各级贵族占有的生产奴隶的最高限额为：亲王950名、郡王270名、贝勒215名、贝子170名、宗室公90名，其他各级臣僚都可合法地拥有数十名不等的壮丁奴仆。其限额远高于西汉，而这还仅是指生产奴仆，不包括家内奴婢。明初，凉国公蓝玉令家奴贩云南私盐一万余引。永乐时，各都司卫所、布政司、按察和府州县官都收留大量的"军伴皂隶"，以"办纳钱财、买卖借贷"。宣德时，会昌伯孙忠以"家奴贷子钱于滨州"。景泰时，都指挥孙继宗、孙绍宗，指挥孙显宗及其侄子孙璘"起塌房"，"邀截客商，引盐发卖"，辽东巡抚都御史李纯放债催款，所用之人，全是家奴。彭城伯张瑾封王于江西，"道南京，令家人市货帛，载马船以归"。万历时，右都御史秦耀令家奴在无锡、苏州、常州开设典当十余铺，"每铺不啻二三十万金"。此外，著名官吏徐阶、朱国桢、徐显卿各以织布、缫丝、养蚕而闻名乡里，如其所述，这主要出于诸女仆之功。天顺时，常熟大户钱晔靠他的十三个奴仆发家致富。著名刻书商毛于晋，"家蓄奴婢二千

---

[1] 蔡美彪等:《中国通史》第八册，人民出版社，1993，第352—360，第406页。

指"，除用于耕种宅旁的二顷地外，主要用来刻书、校书。当时中国最大的几个商业集团，徽商、晋商、福建的海商，无一不是靠奴隶支撑其商业的。其中，徽商的资本最雄厚，而徽州同时也是中国奴隶最多、所受奴役最严酷的地区。各家大姓，都蓄有大量的奴仆用于"营运"。明代各类史籍中提及的工商业劳动力，特别是官吏、地主、大工商业主在工商业中的劳动力，很少不是奴隶。类似"勋戚之家纵令家人开设店肆"，"今豪势之家用仆开店"之类的奏疏实是举不胜举。明代的各类小说，如《儒林外史》、《醉醒石》、"三言"、"二拍"等，凡是叙及行此事的，几乎都是奴隶。如《警世通言》中所讲的宋金，《醉醒石》中所讲的陈篾，都养了几个至几十个家丁专做私商勾当。"直至清末，曲阜孔府还蓄有经营着数十种手工业的几百名农奴工匠。掌握了土地并垄断了重要工商业的地主、官吏豢养了大批充当鹰犬的奴仆，将大批农民沦为各色农奴。如东汉至隋唐的部曲、徒附，唐宋之际的地客、火佃，明清的佃仆、雇工人等等。因此，以奴隶为其生产、经营骨干的中国各类地主工商业也同时基于农奴制度之上。奴隶制和农奴制之间的相互补充、协同。付衣凌先生说：'在中国封建社会里，凡是商业发达的社区，奴仆也跟着盛行起来。明清商品经济最发达的江南、闽粤等省，同时也是蓄奴最多最严重的地区。'"[1]

　　清代后期对农奴和蓄奴制度进行打击和削弱。戴逸等论述道："清代的佃户一般可以离开土地，自由迁徙。佃户与地主的人身隶属关系，较之前代更为松弛。清律规定：佃户与地主无主仆名分。实际生活中，地主拥有不同程度的超经济特权，欺压凌辱佃户的行为，极为普遍。1727 年（雍正五年），河南巡抚田文镜鉴于地主视佃户为奴隶，私刑拷打，淫其妇女，地方官徇私助虐，请求朝廷立法禁止。吏部和刑

---

[1]　毕道村：《中国封建工商业的基石》，《学习与探索》1996 年第 4 期（中国经济史论坛于 2003 年 7 月 3 日发布）。

部议定例文：凡不法绅衿私置板棍，擅责佃户者，照违制律议处，衿监吏员革去衣顶职衔，杖八十。地方官失察，交部议处。如将妇女占为婢妾者，绞监候。清代法律中，低于凡人的还有雇工人和贱民。雇工人不是自由的人，他对雇主有一定的人身依附关系，其劳动带有一定的强制性质。随着经济的发展，不断修改'雇工人'的律例，使大批农业雇工向着自由的雇佣劳动者过渡。清代处于社会最底层的是'贱民'，'奴仆及娼优隶卒为贱'。贱民中最底层的是奴婢，清代社会奴隶制残余仍很浓重，蓄奴养婢之风极盛。'仕宦之家，童仆成林'。'奴婢贱人，律比畜产'。奴婢主要有四种：一是入关前后战争中所获得俘虏；二是入关后汉人投充为奴；三是有罪发遣为奴；四是贫民卖身为奴。清初，前两种占极大数量，后来典身卖身成为奴婢的主要来源。""清初，最大量的奴婢是皇庄和贵族庄园中的'壮丁'。他们被严格地束缚在土地上，从事极为繁重的农业劳动，备受虐待，毫无人身自由，地位实际是奴隶或农奴。壮丁不堪欺压，反抗和逃亡甚多。奴隶制关系难以维持，逐步趋于衰落。以1745年的畿辅皇庄为例，460余名庄头所辖16800余名壮丁，大部分不从事生产劳动，庄头能驱使年久有益农务的壮丁仅290余名。清廷只好允许将各地皇庄上的壮丁交地方官'载入民籍'。这是一次农奴解放，结果共16000名壮丁拨出为民，只留290余名保留农奴身份。到18世纪中叶，庄园上的壮丁已十分稀少。奴婢通过赎身可以购买人身自由，这意味着奴隶主权力的削弱和人身依附关系的日益松弛。从雍正元年到八年，一系列的'除贱为民'的谕旨废除了众多人的'贱籍'，尽管各地阳奉阴违，直到20世纪仍保留很少部分的贱民，但这对残存的蓄奴制是一次削弱和打击。"然而，官宦富豪家的奴隶制度在有清一代一直盛行。"乾隆时旗人阿克当阿任淮关监督十余年，僮仆以百计。司书籍之仆八人，装潢补订又另有人。湖南藩司郑源寿在署家属四百余人外，养戏班两班。道光时的闽浙总督颜伯焘罢职回乡，随帅兵役、抬夫、家属、舆马仆从三千名。'今（光绪时）之督抚司道灯官，买置田园，私蓄优人壮丁不下数百.''（州县地方官）多置僮仆以逞豪华，亲戚往来，仆从杂沓，一署之内，几至百人'.''[1]

结论

回顾人类世界的发展时空，独有古老中华文明的奴隶制大帝国长盛不衰，我们不能不承认这是一个最伟大的历史奇迹。然而，中古到近代以来，封建主义和资本主义社会生产制度先后产生于欧洲和日本，新兴的资本主义诸帝国几乎灭亡了农奴、奴隶制的清帝国和带有奴隶制残余的中华民国，中华民族到了最危险的时候，人民才认识到自己古老的社会制度已经无法使中华民族自立于世界民族之林，向欧洲、日本和俄国学习，推翻已经腐朽和落后的古老的社会制度，进行开创新的社会制度的革命斗争才是唯一拯救中华民族的方法。中华文明隔绝的地理环境和大一统的社会和政治发展特点虽然减慢了社会制度变革的速度，但也赋予了亿万人民为国献身的凝聚力量。在关系到中华民族和文明之生死存亡的近百年的动荡的革命年代中，中国人民为社会改革和文明进步付出了巨大的牺牲和代价，但是他们依赖祖先流传下来的深远的智慧和巨大的勇气历经万难，终于由奴隶和农奴制时代一下跳跃式地进入了资本主义和社会主义并行共存的现代社会，在世界发展的历史上写下了一个古老的民族历尽万难，终于经历住时间磨灭、外族的武力侵略和文化侵蚀的考验，成功地从一个停滞不前的古文明过渡到现代文明，完成了凤凰涅槃的伟大创举。

新中国成立后，中国共产党领导中国人民继续探索改革旧的社会

---

[1]　戴逸主编《简明清史》，人民出版社，1980，第6—12，373—374 页。

制度的道路，努力建立一个生产力发达、生产关系合理、分配制度公平、司法公正、政治民主、人民自由的社会主义制度。虽然国家和社会的发展道路曲折迂回，甚至出现暂时倒退，但近 30 年来改革开放的治国方针和解放思想、发展经济、科学和文化的生产实践极大地解放了生产力，使国家发展和社会进步取得了巨大的成功。五千年历史的古老中华民族与时俱进，再次成为世界上举足轻重的强大国家，昂首迈入公元后第二个千年。然而，认识到我国漫长的奴隶制和农奴制的历史，我们可以发现目前社会中的一些不良和丑恶现象实际上是古代奴隶社会的残余，例如买卖妇女儿童、包养婢妾、歧视妇女、使用童工、歧视体力劳动和体力劳动人民、种族或出身歧视、买卖婚姻、虐待妻子或子女、高利盘剥、好逸恶劳、铺张浪费、赌博吸毒、政府官员和公安机关无视公民的人身权利，自由移民限制、非法拘禁，行刑逼供、株连家属、长官个人意志行政，以权代法等等。从而使我们永远保持清醒的头脑，不断地和这些延续了两千年的古老而落后的观念作坚决的斗争，直到它们完全灭亡。

古代亚述奴孜地区土地所有权和收养问题研究 *

奴孜（nuzi）位于两河流域，靠近今伊拉克城市基尔库克（Kirkuk）。公元前 15 世纪，胡瑞安人（Hurrian）占领旮苏尔城（Casur）[1]，将其改称为奴孜，虽然其居民中混有胡瑞安人的名字，但本地塞姆语居民的语言和风俗习惯仍然保留下来[2]。在文字和语法方面，它与古阿卡德语大体相似[3]。公元前 1450—前 1350 年期间是奴孜地区历史发展的黄金时期，后臣服于亚述。1926—1931 年间，一支美国考古队发掘出了奴孜古城[4]，迄今已出土整理了 5000 余件楔形文字泥板[5]。

---

* 　霍文勇，吴宇虹：《古代亚述奴孜地区土地所有权和收养问题研究》，《历史教学》2005 年第 11 期。

[1] 　胡瑞安人属于印欧语人，大概来自伊朗高原西北部。约公元前 2799 年左右，形成米坦尼（Mitanni）王国，领土包括亚西里亚（以亚述为中心），东起扎格罗斯山，西至地中海的广大地区。约公元前 1360 年起，遭受赫梯打击开始衰落。

[2] 　Roux.G. *Ancient Iraq*, Penguin Books, 1964, pp. 211-212.

[3] 　Kupper J.R. *The Cambridge Anctent History 14: Northern Mesopotamia and Syria*, Cambridge：Cambridge University Press. 1966, p. 25.

[4] 　Saggs H.W.F. *The Might That Was Assyria*, London: Sidguick and Jackson Limited, 1984, p.321.

[5] 　由 M. A. Morrison, D. I.Owen. M. P. Maidman 等人主编的 "奴孜和胡瑞安人文明及文化研究" 系列丛书（*Studies on the Civilization and Clture of Nuzi and the Hirrrians*, SCCNH）对奴孜地区的原始文献进行了整理，从 1981 年出版第一期起，至 2003 年已出版 14 期。其中，国内有藏可供利用的期数如下：1981 年第 1 期，1987 年第 2 期，1989 年第 3 期，1994 年第 4 期，1994 年第 6 期，1998 年第 9 期，1999 年第 10 期，2003 年第 14 期。

这些泥板内容极为丰富，包括交换、誓约、收养、遗嘱、法律、财产目录、私人合同等广泛内容，"这些私人文献照亮了黑暗时代"[1]，给我们提供了得以窥见奴孜地区社会经济生活的机会。"历史的主要部分本就应是这些衣食住行、日常生活的记录和记述。之所以记录和载述，是为了保存经验，巩固群体，传授后人，'归根到底'，还是为了衣食住行。"[2]在这些文献中，有关收养问题的资料占有重要和特殊的地位，从中可以了解到收养本身的运作方式以及支配其运转的深层次动机与原因。

收养制度在父系氏族社会中就已经为习惯所确认，在阶级社会中它往往以成文法的形式固定下来。如罗马法将收养分为自权人收养和他权人收养[3]，后者又分为完全收养和不完全收养。盛行于欧洲中世纪初期的日耳曼习惯法认为，被收养是加入另一个血族团体的重要方法。从中世纪到近现代，世界各国立法中大多设有收养制度。对于收养关系产生的条件，从当代多数国家的立法成例来看，其中之一就是一人不得同时收养两人或多人为养子女。我国《收养法》规定，被收养人应该为具备特殊情况的不满十四周岁的未成年人，同时对收养人应具备的条件诸如要年满三十周岁等，以及收养人的资格都有详细的规定和限制。"在收养类型上，长期以来一直难以统一，既存在典型的完全收养，又存在不完全收养或简单收养（又称限制收养），还混杂有事实

[1] 由于公元前 2000 年代后半期从两河流域北部地区发掘出土的文献资料有限，限制了对其历史发展进程细节的认识和了解，故有的学者将这段时间称为西亚发展史中的"黑暗时代"。见 Falkenstein A. *The Near East: the Early Civilization*, New York: Delacorte Press, 1967, p.3。

[2] 李泽厚:《历史本体论》，生活·读书·新知三联书店，2002，第 24 页。

[3] 罗马法根据人们在家庭中的地位不同，把人分为自权人和他权人。自权人是指不受家长权、夫权或买主权支配的人，他权人则是要受到家长权、夫权或买主权支配的人。自权人拥有权利，一般来说，自权人就是自由人；他权人隶属于他人支配权之下，没有独立人格。

收养或习惯收养乃至寄养等类似于收养的形式。"[1]

"在历史科学中，专靠一些公式是办不了什么事的。"[2]存在于奴孜地区的收养在很大程度上不同于上述一般意义上的收养，其中最明显的例子就是被收养人一般都是成年人。收养的主要目的是经济利益。据文献记载，有一个人曾经被收养多达200次[3]。当然，在古代两河流域真正意义上的收养肯定是存在的[4]。同时也存在着奴隶被释放后被收养而成为养子的特殊情况[5]。但在奴孜地区，经济意义上的收养在数量和普遍性上十分突出。收养契约的形式、内容可分为三种类型：1.赠送土地所有权的收养；2.购买土地所有权的收养；3.涉及兵役份地条款的收养。这其中又包括对男子和对女子的收养，关于对后者进行收养的文献数量不多。从可利用的材料看，对女子的收养有几种情况：一是收养地位低的别人家的女儿；二是被收养人是富有、有地位的女子，并购买了收养人的土地；三是父亲在没有儿子（包括亲生的与收养的）的情况下，将其亲生的女儿收养为儿子，赋予其权利，目的在于避免父亲死后家族其他成员对他的财产进行侵吞[6]。下面只对男子被收养的情况进行具体分析。

[1] 蒋新苗、佘国华：《国际收养法走势的回顾和展望》，《中国法学》2001年第1期。
[2] 中共中央马克思恩格斯列宁斯大林著作编译局编《马克思恩格斯选集（第四卷）》，人民出版社，1958，第168页。
[3] Stone E.C, Owen D. I. *Adoption in Old Babylonian Nippur and the Archive of Mannum-medhu-lissur*, Indiana: Eisenbrauns, 1991, p.43.
[4] 例如，《汉穆拉比法典》第185条提到了收养初生婴儿为儿子的情况。
[5] Nemet Nejat K. R. *Daily Life in Ancient Mesopotamia*, Massachusetts: Hendrickson, Publishers.2002. p.131.
[6] Steele F. R. *Nuzi Real Estate Transaction* , Millwood: Kraus Reprint Co,1978, p.35.

一、赠送土地所有权的收养

在这种类型的"收养"文献中，一般而言，其内容大体是收养人首先给被收养者他的土地或房屋等不动产，然后根据收养人今后是否有亲生的儿子而决定被收养者对收养人的不动产的最终继承份额。为了保证收养人的不动产最终属于被收养人，规定收养人不得再收养别人。在享有土地所有权的同时，被收养者必须尽一定的义务，例如要赡养收养人，体面地为收养人举行葬礼等。契约最后还规定了对违约方进行的处罚。基于被收养者享有权利和承担义务这一点同通常意义上的收养有时能够一致，这种类型也被有些学者称为"真正的收养"（real adoption）。

必须明确的是，在奴孜地区绝大多数有关"收养"的文献中，被收养者都不是未成年人，而是在原先各自家庭中成长并具有经营能力的成年人，他们有能力为收养人供应衣食，有能力去提供谷物、金钱，并且还可以成婚。这一点不同于现代意义上的收养，即一般是在被收养人年龄很小时就被收养了。在奴孜地区这种收养成年人行为的动机可以概括几点。第一是宗教这一因素，即收养人试图通过收养一个儿子以便让被收养人在以后祭祀收养人，并继续祭祀家族的保护神，以及收养人死后被收养人可以为其举行体面的葬礼。第二是经济利益的驱使，当事者双方都有利可图，才得以推动这种收养方式的发展。当收养人还没有自己的亲生儿子时，为了延续其家族世系，保存祖先苦心经营而积累的家业，他不得不收养别人的儿子，让其成为继承人。但是，被收养者的唯一继承人的地位随时可能发生变化，因为收养者在收养了一个成年人之后，仍然可以再生育自己的儿子，从而其亲生子将代替被收养者成为其家庭的主要继承人。收养人因为契约的约束一般不会驱逐被收养者，只好将其降为第二继承人，在继承份额上是收养人亲生子的一半。例如：

阿尔塞尼之子那什瓦的收养泥板文书:[1]

　　他收养了布黑什尼之子乌鲁。只要那什瓦在世，乌鲁就要给他提供食物和衣服。当那什瓦死后，乌鲁将把他葬入土中。如果那什瓦以后自己生了儿子，他们将和乌鲁平分不动产，并且其子要持有那什瓦的保护神。如果那什瓦自己没有儿子，乌鲁就要持有那什瓦的神。乌鲁并且应当娶那什瓦的女儿奴胡亚为妻，如果乌鲁娶别人为妻，他就成为那什瓦的土地房屋财产的第三方。不遵守契约的任何一方要赔付一斤银子和一斤金子。（五个证人和书吏的名字。）

经过对众多赠送土地所有权文献的分析比较，我们能够发现其内容有如下的格式和特点：

1. 从属于 A 的收养文献；A 收养了 B。

2. B 从 A 的手中接受了土地、房屋等财产。

3. 如果 A 有自己的儿子，其子将成为第一继承人，并且将得到双倍于 B 的财产，同时 B 将降为第二继承人；如果 A 没有儿子，B 将成为主要继承人。

4. 只要 A 活着，B 就要供应其衣食。

5. 除 B 之外，A 不能再收养别人。

6. 违约的一方将赔偿给对方一斤银子和一斤金子（或别的罚金）。

7. 证人及书写人的名字，并画押，以及书写泥板的地点。

这种收养的格式在两河流域的其他地区也大同小异[2]。在奴孜地

---

[1] 选自 RA（Revue d'Assyriologe，亚述学杂志）23 卷，第 51 号文。

[2] 中巴比伦时期（公元前 1530—前 1000 年），收养文献一般是以陈述收养事实开始记述，然后大多包括被收养者要尊重收养人的条款，并要表明违背契约所应该接受的惩罚，包括诸如处置被收养人的财产以及剥夺他由收养人那儿所继承的权利等。

区，收养文献的标题大多是"A 收养了 B"，这种关系的形成只有 A 和 B 两个当事人。极少数的文献提及了被收养者的父亲把自己的儿子给了收养人，一共涉及三方当事人，还有一些契约是以誓约的形式写成。在有关财产的转让方面，也存在一些差异。收养人一般给被收养者一些土地、房屋，有的文献限定了财产的范围，如被收养者只接受收养人部分财产。也有的提及收养人给被收养者一个妾或可以与收养者的女儿成婚等等。另外，在少数契约中被收养者一开始并没有从收养人那儿获得财产，其原因可能是因为被收养人是穷人，而被别人收养是一条让其生活逐步好转的捷径，只好委曲求全，不计较目前的土地所有权。

被收养者的地位一般视收养人是否有亲生子而定。然而，也有部分文献没有写明这一条款，可能有些收养人在收养之后已决定不再生育自己的儿子，或者他们由于生理原因无法生育自己的儿子，或者被收养人要求收养人不得再生育。契约中也明确说明被收养者应尽的义务，譬如他必须尊重、服侍他的养父母等。另外，被收养者为了确保自己的利益，在文献中都写明收养人不得再收养别人，否则收养人将丧失掉他的土地、房屋等。依此条款可以看出被收养人在收养行为中有时会处于主动地位，更稳妥地确保其利益不受侵犯。对于违约方的惩罚，一般而言是被处以一斤银子和一斤金子的罚款。这是一个很大的数目，双方一般都无能力违约。

最后，双方的证人要签字画押，并写明签订契约的地点。这种方式由来已久，并且在不同地区都存在着。中国古代就有"官从政法，人从私契"的传统，为了确保契约能得以有效地执行，唐朝的法律明确规定了"嫁娶有媒，买卖有保"[1]。古罗马十二铜表法所规定的"严格交易"除了买、卖双方外，也要求必须有五个证人和管秤的人参与。

---

[1] 郭建:《五刑六典：刑罚与法制》，长春出版社，2004，第 162 页。

总之，在经济利益的驱使下，收养人需要延续家族，被收养者渴望获得财产，双方因此一拍即合，收养这一社会现象随即发生。但是，根据文献记载，因为被收养者都是成年人，所以不存在收养人"抚养"被收养者这一问题[1]。另外，通过分析文献，我们还可以发现当时的一些社会情况。例如，被收养者的家庭地位应当低于收养人的家庭地位，因为根据契约，被收养者必须承担义务，并且要搬到收养人的家里去住，他相应会失去一些自由，而对于富贵子弟，即使他们想从别人家庭获得财产，也不会采取这多少丧失自由的方式。最后，由于被收养人希望尽早获得全部财产，双方之间一定缺乏稳定的感情基础。

二、购买土地所有权的收养

"购买土地所有权的收养"又被学者们称为"虚构的收养"（fictive adoption）、"假收养"（false adoption）。这种收养形式是奴孜地区特有的制度，在其他地区并不多见。究其原因，这可能与奴孜的法令相关。"文明伊始以后，在各个私人所有的土地之外，也还有某些土地分别为各氏族、各胞族和各部落所公有。"[2]根据法令规定，公有土地、房屋等不动产不得出售、转让给本族之外的人。而当土地所有者为形势所迫，必须出售或转让土地时，他们就会另觅新途，以达到其目的。"在历史上的任何一个时期，只要有可能，就必有置任何伦理道德于不顾的残酷的获利行为。"[3]这样，为获得更大的经济收益，买卖土地的"收

［1］Stone E.C, Owen D. I. *Adoption in Old Babylonian Nippur and the Archive of Mannum-medhu-lissur*, p.28.

［2］路易斯·亨利·摩尔根编《古代社会（下册）》，杨东莼、马雍、马巨译，商务印书馆，1977，第 288 页。

［3］马克斯·韦伯编《新教伦理与资本主义精神》，于晓、陈维纲等译，生活·读书·新知三联书店，1987，第 40—41 页。

养"现象便出现了。作为转让不动产的一种方式，这种收养形式满足了新的社会需求。韦伯提出并论述了"邻里共同体"这个概念，它的形成是由于空间的接近和因此而赋予的久远或短暂的利害与共，是在困难情况时表现出来的理智的、经济上的"博爱"及其具体的后果[1]。具体而言，公有土地的所有者需要通过播种、投资以提高其土地的产量，因此，他急需金属货币与实物，他通过出售或转让其不动产的使用权而获得经济支持。很可能他出售的不动产只占其不动产总量的一部分。同时，社会上还有一批人，他们拥有金属货币、实物，但缺乏土地、房屋等不动产。他们希望通过投资土地等手段而获得收益。"在任何时候都具有重要意义的事实是，要以货币形式进行资本核算，无论是用现代的簿记方式，还是用其他不管多么原始和粗野的方式。总是，做任何事情都必须考虑收支问题。"[2]不动产的所有者与金属货币、实物的所有者为了经济利益走到了一起。"只有当或者双方都希望从中受惠，或者存在着一方由于经济实力或困顿所制约的窘迫处境，合理的交换才是可能的。"[3]为了逃避法律制裁，他们转而采用了"收养"这一方式。这样，名义上是"父亲"把土地转让给了自己的"儿子"，而实际上两者之间是赤裸裸的金钱关系，并且被收养者无须承担任何义务，无须入住收养人的家里。例如：

舒克瑞亚和舒如卡亚的收养泥板文书[4]：

他们收养了卡提瑞的儿子阿库亚。他们给了阿库亚位于卡提

---

[1]　马克斯·韦伯编《经济与社会（上卷）》，林荣远译，商务印书馆，1997，第403—406页。

[2]　马克斯·韦伯编《新教伦理与资本主义精神》，于晓、陈维纲等译，第9页。

[3]　马克斯·韦伯编《经济与社会（上卷）》，林荣远译，第95页。

[4]　选自 AASOR（*The Annual of the American Schools of Oriental Reseach*，美国学术界东方研究年鉴）第10卷，第10号文。

瑞地区的 6 阿维哈瑞面积的土地[1]。阿库亚给了舒克瑞亚和舒如卡亚 20 斤的铜以及 2 霍美尔的谷物[2]。任何破坏契约的一方要赔付 20 斤的金和 6 斤的银。（10 个证人；4 个人的印章。）

很明显，这种收养方式属于商业运作的范畴，而"商业则是求得他人权益符合自己适当权益的一种较为温和但较为确定的方法"[3]。在具体格式上，叙述了"从属于 A 的收养文献；A 收养了 B"之后，文献详细记叙了被收养人所获土地的精确面积及位置，以及被收养者给予收养人的"礼物"，这份"礼物"其实相当于那些不动产的价值，但由于为法令所禁，双方不能明价出售或转让，从而出于所谓的"孝敬"之意，"义子"送一份"礼物"给"养父"。"礼物"主要以金钱（银、铜、铅）、谷物为主，有时也有衣服等物品。这一条规定，在"赠送土地所有权的收养"里面是绝不会发生的。为了确保能稳妥地转让土地所有权，在将来如果有人主张出售该土地的所有权，收养人即出售者负责解决争端，然后再把土地所有权转让给被收养人。

三、涉及兵役份地条款的收养

在纯粹农业状态下，"土地是生活的唯一来源，是构成财富的唯一条件"[4]。在古代奴孜地区同样如此，土地是上至王室、下至平民最为重要的生活来源和生存支撑。一个家庭的土地所有权在奴孜地区很可能

---

[1] 阿维哈瑞（awihari）：古代两河流域奴孜地区的面积单位，约合 743 平方米。

[2] 霍美尔（homer）：古代两河流域容积单位，约合 80 升。

[3] 贡斯当编《古代人的自由与现代人的自由》，阎克文、刘满贵译，商务印书馆，1999，第 29 页。

[4] 亨利·皮朗编《中世纪欧洲经济社会史》，乐文译，上海世纪出版集团上海人民出版社，2001，第 6 页。

由两部分组成：一是由家族世系遗传而来的，由继承而取得的这部分财产属于私人财产，可能由所有者自由支配。二是国家给予每个公民的份地，其交换条件是公民必须服兵役或劳役，这种类型的土地在奴孜时期和古巴比伦时期又被称为"兵役份地"。"没有财产权，人类就不会进步，就会滞留在最原始、最野蛮的生存状态。"[1]对财产拥有权利是推动社会进步的重要的理性概念，而对财产权的争夺一直是历史发展中最为脉络清晰的动力。奴孜城的国家为了公民的正常生活，把土地分给每个公民，并确保土地所有权的稳定，防止国有土地的流失。法律规定这些兵役份地不能转让或出卖给没有服役义务的人。

在奴孜地区有关收养的文献中提及了转让兵役义务和权利的"收养"，这成为一种比较特殊的收养方式。在公民份地的制度下，一个需要土地的公民为了获得土地，只能通过取得服役义务的方式来获得名分。收养人之所以把兵役份地转让给被收养人的原因可能是他没有儿子继承他的兵役份地，而被收养人可能是无法继承父亲兵役份地的次子或更小的儿子，或者是为自己的后代谋得一份兵役份地的所有权，他因此采取购买被收养权获得兵役份地。例如：

阿什塔尔台舒坡的儿子们哈那卡和胡提坡台舒坡的收养泥板文书：[2]

我们收养了阿提拉穆的儿子尼赫瑞亚。我们把位于乌尔黑亚家产的西面、那鲁塔瑞家产的东南、乌昝杜人街北面的一块奴孜城中的不动产给予尼赫瑞亚，作为他的继承财产。尼赫瑞亚送给哈那卡和胡提坡台舒坡9霍美尔的谷物，40斤的铅，20斤的青铜，还有两件新衣服作为"礼物"。如果这份不动产存有争议，哈那卡和胡提坡台舒坡负责解决。如果这些不动产（面积）比估计的多，

---

[1]　贡斯当编《古代人的自由与现代人的自由》，阎克文、刘满贵译，第167页。

[2]　选自 *AASOR*（The *Annual of the American Schools of Oriental Reseach*，美国学术界东方研究年鉴）第10卷，第15号文。

他们不能缩减（剩余部分）；如果（面积）小，他们也不负责补加。哈那卡和胡提坡台舒坡将承担与这些不动产相关的兵役，尼赫瑞亚对此不负有责任。如果他们之间的任何未践约的一方发生反悔，他要支付 10 斤的金。

　　这块泥板签署于奴孜城门处。书吏是卡希的儿子那布那采尔。

　　（4 个证人的姓名。）这四个人是这些不动产的测量者和银子的（中间）交付者。（看门人及另外一个证人的姓名；9 个印章。）

　　以上涉及公民义务的收养契约一般包括四个部分。首先是提及收养人和被收养人，同时指明收养人给予被收养人的不动产的详细状况。其次是标明被收养人送给收养人的货币"礼物"，金属货币一般包括铜、银、铅等，实物一般是大麦、羊毛、动物等衣食品，并规定收养人有义务解决由不动产所引发的争议。第三是对未履行契约的当事人所进行的处罚。最后通常是证人名单，有时还列举出测量土地及转交货币的中间人。这些不动产的目前所有者仍然要继续服役直到其去世，否则这些"兵役份地"就可能被国家收回。

　　在亚勒侃台培（Yalghan Tepe）出土的"台黑坡提拉（Tehip-tilla）家族"的文献中也提到了这种涉及服役条款的收养，为认识和解释此种收养方式提供了另外一个不同的视角[1]。台黑坡提拉是奴孜地区的官员，负责掌管国家土地的分配。在文献中他经常被收养，达上百次之多。其中的原因之一可能是国家采取特殊的方式来控制公民份地的继承和转让。这位王室官员作为被收养人出现在公民份地的契约中，其意义在于公民身前不得私自把份地转让给其他以"养子"身份出现的人或自己的亲生儿子。这位官员可以以"儿子"的身份收回国家给予

---

[1] Lewy H. *The Nuzian Feudal System*, Or（NS），（Orientalia Nova Series），1942,11, pp.15-23.

公民的份地，然后把土地再分配给另一位无地公民，可以包括原死去公民的儿子。契约中还规定被收养的官员必须给予公民一定的报酬来换取对公民份地继承和转让权的控制。这些报酬大都是耕种土地的必需品，这也可以被看作是国家给予收养人用以耕种土地的王家赐物[1]。另一种可能性是此位负责分配土地的官员以权谋私，大量购买公民份地的所有权，并雇佣他人去服兵役。

四、总结

"个别兴趣和自私欲望满足的目的却是一切行动的最有势力的泉源。"[2]对于金钱与利益的追求支配着人们的思想和行动。但是，社会的发展和人类文明程度的提高又约束着人们欲望的肆意妄为，"文明之抑制冲动不仅是通过深谋远虑（那是一种加于自我的抑制），而且还通过法律、习惯与宗教"[3]。

发生于古代奴孜地区的收养就恰当地体现了上述社会演进过程中的显著特点。在法律允许的范围内，借"收养"之名，行获得土地所有权之实，不同情况下形成了不同的对策和规则。通过对奴孜地区"收养"制度这一极其复杂的社会现象的分析，得以窥见与之相联系的古代奴隶社会政治、经济、文化传统等方面的内容，并与再次认识到经济所起的主导作用的同时，也加深了对奴孜地区社会状况的了解。

---

[1]　《汉穆腊比法典》第34条，也提到了国王赐给"里都"（古巴比伦时期的一种士兵，名称起源于动词"驱赶""追随"）的赐物。

[2]　黑格尔编《历史哲学》，王造时译，上海世纪出版集团，2001，第20页。

[3]　罗素编《西方哲学史（上卷）》，何兆武、李约瑟译，商务印书馆，1963，第39页。

"乌如卡吉那改革"真实性质疑

——拉旮什城邦行政档案研究札记 [*]

　　国际古代近东研究学术界传统上用于研究两河流域三千年纪苏美尔城邦政治经济历史的材料是出土的国王铭文。然而，王铭一般来说是国王向神明或后代表功的一种自我宣传的材料。出于政治或宗教目的，王铭只能为自己评功摆好、报喜不报忧，甚至说谎。最近 30 年来，一些国际亚述学者陆续临摹、整理、音读或翻译发表了大批的出土的古苏美尔时期的行政管理文献。仔细研究这些数量繁多、看起来千篇一律、单调乏味的行政管理文件，我们可以从中发现一些王铭没有提到的新鲜而重要的信息，并根据这些信息对两河流域早期历史中一些重大而模糊的事件作出新的解释。虽然行政文档不像王铭那样特意和较为详细地告诉我们一些有关战争、政治事件、对外关系、经济、宗教和其他的重要事件，但它们提供的大量的人名、他们的职业、等级和领取物的用途、王室和百姓家的祭祀、生产和生活活动、地名和大事年名、节日等其他信息却无意地透露出城邦中发生的各种事件和间接地提供一些事件信息和线索。由于建立和使用行政文档的目的是提高行政管理和统计工作的效率和准确性，没有任何政治企图以及它的读者是数量有限的经济管理官吏，因而它所记载的有关社会、阶级人群、政治、经济和宗教活动、生产资料和生产实践的信息

---

* 吴宇虹：《"乌如卡吉那改革"——拉旮什城邦行政档案研究》，《东北师范大学学报》2005 年第 6 其。

也不存在任何出于宣传目的的夸大、歪曲和编造——它的内容无疑应是历史的真实画面。可以说行政文档是比国王铭文更可信的史料。它的优点还有：数量大而包含信息更多；多数文件记有年月和所属官邸，所以提供了比国王铭文更精确的时空背景。然而，由于它不完整和直接地陈诉政治、军事等方面的事件，研究者需要按时间顺序系统地整理、比较和研究大批的文件，从中寻找一点一滴的有用信息，将分散的信息点收集在一起合成一幅历史事件的画面，所以要投入较大的时间和精力。

约 2000 枚古苏美尔语文行政泥板文书出土于古代吉尔苏城的遗址泰罗（Tello）土丘，这批数量较大的出土档案是两河流域出土的行政档案中最早具有时空概念的文件——绝大多数文件在落款都记有统治者（公侯）的在位年次序，部分月供应文件记有月名和第几次供应（等于月次），但尚没有记录日子的概念。它们全部属于一个机构——苏美尔城邦拉旮什的王后管理的宫廷经济实体"夫人庄园"（é-munus 直译"女人的家产"）。根据文件的日期，我们知道这批文件仅覆盖先后三个头衔称为"公侯"（énsi）或者"王"（lugal）的统治者的 20 年统治：公侯恩恩塔尔孜的六年、公侯卢旮勒安达的六年和继位年称公侯、第一年改称王的乌如卡吉那的八年，后两个统治时期的文件组成档案的绝大多数。如果把吉尔苏城夫人庄园的行政管理文档比喻为一堆含金的沙堆，本文的目的则是试图从它提供的庞大信息中淘汰出黄金般宝贵的有关后两位城邦首脑之间关系的真实历史信息。从吉尔苏出土的"夫人庄园"的档案来看，他虽然把王室财产称为神的财产，但在政治、经济、宗教、法律以及财产的所有权和管理权等方面始终维持传统的制度，沿用前任的施政方针和政策，并没有进行任何重大的改革和变化。因此，我们认为所谓的拉旮什城邦中发生过的"乌如卡吉那改革"实际上很可能并不存在，或者他正常的施政被现代学者夸大。

一、乌如卡吉那王铭中提到的他前任的"弊政"和他的"改革"

乌如卡吉那在他的著名的"改革"王铭[1]中声称前任公侯的不公正:

　　他得到王权前,(官府的)船长掌握了(城邦的)船只,牧人长掌握了(车用的)驴和(衣食用的)羊,鱼税吏掌握了鱼塘。涂油祭司必须为(官府)粮仓吏量出大麦税;公室差官向牧羊人们规定了(进献)一头白色绵羊(或白羊毛?)贡的银两(以银顶替羊),向测地吏、哀歌手长、总管、酿酒匠等(神庙中级)管事们规定了(进献)一只羔羊贡的银两;诸神的牛耕种公侯的洋葱地,诸神的良田变成了公侯的洋葱地和黄瓜地;诸庙主持们的车组骏驴和犍牛被(公侯)驯用,公侯的军队分享了诸庙主持们的大麦;公侯差官向诸庙主持们收取献给宫廷的各种毛皮、羊毛织品、亚麻织品、青铜武器、皮革、面粉等贡品。

　　卸任公侯(énsi-gar)进入穷困的母亲的椰枣园砍树采果。

　　埋葬死者要花费大量财物;每对壮丁的报酬和工匠们的工资(被官府)拖欠。

　　公侯的房宅紧连着公侯的田地,夫人庄的房宅紧连着夫人庄的田地,王子的房宅紧连着王子的田地;从拉旮什的边界直到海边,到处都是公室差官。

　　(公室的)浇水盲奴掌握了"主人的部曲"(šub-lugal,半自由

---

[1]　楔形文献原文: E. Sollberger. *Corpus des Inscriptions Royal Presargoniques de Lagaš* = *CIRPL*, Ukg 4-5, 1, 6; 释读: M. Lambert, *Revue d'Assyriologie*, 1956, pp. 169-184。日知《资料选辑》根据1950年俄文的译文将此铭文介绍给中文读者, 本文直接把有关的楔文段落译为中文, 其中有新的理解。

人）在地头修建的水井和向田中输水的工具，不允许在工作的部曲饮水和饮驴。

乌如卡吉那在王铭中描述了他继任后的大变化：

　　船长离开了船只，牧长离开了驴和羊，鱼税吏离开了鱼塘，粮仓吏离开了涂油祭司的大麦税，公室差官们离开了牧羊人们（不再）征收（进献）白色绵羊贡银两和离开了测地吏等诸（神庙）管事们（不再）征收羔羊贡的银两，他们还离开了诸庙主持们（不再）收取进献的贡品；公侯的房宅和公侯的田地属于它们的主人宁吉尔苏神，夫人庄的房宅和夫人庄的田地属于它们的女主人巴巴神，王子的房宅和王子的田地属于它们的主人舒勒沙旮那神；从宁吉尔苏（拉旮什）的边界直到海边，公侯的差官不再对人发号施令了；

　　埋葬死者葬礼花费的财物比以前少了一半。

　　1个盲奴从事榨油（重体力）劳动时，每天夜间得到5个面饼，白天1个面饼，傍晚6个面饼；一个庙杂役奴（saĝ-bur）在有工作时，他（每月）得到60个面饼、1醰啤酒、18升大麦；拖欠的成对壮丁的报酬和工匠们的工资（被官府）在城门处补发了。

　　卸任公侯不再进入穷人的椰枣园砍树采果；

　　当一匹好驴出生于一个"主人的部曲"家而他的统领（ugula）说"我要买"，在交易时他说："称给我想要的好银价！"因而交易不成时，统领不再敢愤怒地打他了。

　　当一个主人的部曲的房子邻接到一个豪强（lú-gu-la）的房子因而豪强说"我要买"，在交易时他说："称给我想要的好银价，付给我房子的附加大麦价！"因此交易不成时，豪强不敢再愤怒地打这个部曲了。

　　新王命令扫除拉旮什公民中的高利贷、囤积居奇、饥饿、盗

窃、杀人和监禁，建立了他们的自由。乌如卡吉那向神宁吉尔苏
许诺豪强不得压迫孤儿和寡妇。

从上面的铭文我们发现，拉旮什城邦中的各阶层都在新王的新政
中得到益处：从盲奴、部曲（半自由人）、穷人和孤寡（弱势群体）、壮
丁和工匠（自由人下层）、测地吏、哀歌手长、总管、酿酒匠、牧羊人
等管事们（自由人中层）到庙主持们（高层）和诸神（庙）。因此，把
这些新政称为改革似乎有道理。

然而，当我们阅读吉尔苏的"夫人庄园"的档案时，我们很难发
现任何改革的印记——这一王室经济实体在乌如卡吉那时期与他的前
任卢旮勒安达时期一样，并无任何变化：新王的妻子萨格萨格仍然掌管
前任公侯妻子管理过的"夫人庄园"，来自各庙主持、官员和公民们的
贡税仍然源源不断地流入"夫人庄园"。前后两任统治时期表现在文献
中的唯一区分是萨格萨格执掌"夫人庄园"的时候，庄园的财产和人
员、奴隶在文件中被称为女神巴巴或巴巴庙的财产，而在卢旮勒安达
的妻子巴腊楠塔腊当政时，被说成是她自己或子女的财产。因为"夫
人庄园"是拉旮什王室在吉尔苏的产业而不是一个神庙（巴巴庙在拉
旮什城），我们可以认为，乌如卡吉那和萨格萨格仅是口头上称"夫人
庄园"和其儿女们执掌的产业属于巴巴神，实际上这一实体仍是王后执
掌的产业。举一反三，如果乌如卡吉那本人也执掌一处产业，我们可
推测它也要在名义上称做宁吉尔苏神的财产。实际上，他和他的前任
卢旮勒安达一样把这些城邦的产业掌握在自己和家人的手中，并没有
给予神庙中的祭司阶级。

需要注意的是，在两河流域历史中，包括拉旮什城邦，不只是乌
如卡吉那一个王的铭文告诉我们某王建立了社会公正，许多王铭中都
提到了国王建立了社会公正，例如古巴比伦时期的拉尔萨王瑞姆辛和
著名的巴比伦王汉穆腊比。在拉旮什，乌如卡吉那之前四位的公侯恩

美台门那在铭文中也自称在拉旮什建立了自由（*AWB*[1]，Ent 铭文 79，3-4 行），他让（被奴役）的母亲回到儿子身边，（被奴役）的儿子们回到母亲身边。他豁免了使自由人变为奴隶的大麦债务。他确立了乌鲁克、拉尔萨和巴德提比腊三城沦为奴隶的公民的自由并把沦为奴隶的人民送回乌鲁克等三城。所以，乌如卡吉那的铭文和许多其他国王的铭文一样是向神报告他们公正的统治的例行公事，只不过他的内容比别人更详细罢了。如果我们把乌如卡吉那铭文中的主持公正的措施看作是改革，那么我们就有太多的改革了。

二、行政管理文件中反映的乌如卡吉那和他的前任间的真实关系

在吉尔苏的夫人庄园的行政文献中，我们发现一位有着"部落长"（gal-un）之头衔的高级官员名叫乌如卡 Uru-ka。我们认为乌如卡这一名字是乌如卡吉那 Uru-ka-gi-na 的缩写。在吉尔苏文献中，较长的人名经常使用缩写形式，即仅写名字的前一部分，省去后一部分。例如，卢旮勒安达 Lugal-an-da 是卢旮勒安达奴混旮 Lugal-an-da-nu-hun-gá 的缩略式；一位执掌车驴的"佐行走"Gír-nun（缩略式）的全名是 Gír-nun-ki-du$_{10}$，司仪 En-lú-sag$_5$-ga 常写成 En-lú。公侯夫人迪姆图尔的发粮军尉 Šul-me-šár-ra-du 通常被写成 Šul-me，或甚至更短的 Šul。因此，部落长乌如卡就是乌如卡吉那名字的缩略式。注意：当乌如卡吉那继位后，可能由于地位显赫，他的名字总是写作全称，不再缩略了。

在夫人庄园的行政文档中的各种粮食发放表有一种是每年 12 月庆祝巴巴女神的节日时，负责口粮发放的军尉把小麦（有时加大

---

[1]　H. Steible, *Die altsumerischen Bau- und Weihinschriften*, *ABW= FAOS* 5. Stuttgart, Steiner Verlag, 1982.

麦）分发给"拉咁什王乌如卡吉那的夫人萨格萨格的太子产业的朋友们（＝部曲？）"（usar₃-nam-dumu~Šag₅-šag₅-dam~Urukagina-lugal~Lagaša-ka-me）。目前，我们找到了三件内容基本相同的"夫人的太子的朋友们巴巴节日发放表"。第二和第三件表格（*DP*[1]128, 129）的日期落款是乌如卡吉那王二年第 12 月和三年的 12 月，但是第一件表（*VS* 27[2], 33）的落款非常奇怪：没有日期，没有提及公侯的夫人的儿子，没有负责发粮的军尉，在这两个负责人的位置处是部落长乌如卡（še-ba ziz--ba usar₃-ne Uru-ka~ gal-un--ke₄ e-ne-ba），这一句子可以译成，"部落首领乌如卡向（那些后来被称为乌如卡吉那夫人太子的）朋友们发放了大麦和小麦"。由于第一件表中部落长乌如卡管理下的这些"朋友"（或是乌如卡之友）在乌如卡吉那第二和第三年都是太子的朋友，我们可以推论乌如卡是以拉格什城邦公侯太子的身份管理太子宫的这些人的。不是军尉而是他自己发粮给这些"朋友"的原因可能是乌如卡是成年人可以自己管理太子宫人员的口粮，而萨格萨格的太子还小，只能由军尉代这太子管理"朋友们"的粮食发放。这一表格只能产生于卢咁勒安达六年 12 月之后，因为一个月之后的七年 2 月，部落首领乌如卡已经成为拉咁什城邦的公侯，因此他的旧头衔"部落长"和他的缩写名"乌如卡"就无人敢使用了——他总是被叫作公侯或王乌如卡吉那。同样，这表的日期不能早于卢咁勒安达的第五年 12 月，因为在其统治的第五年，卢咁勒安达和妻子巴腊楠塔腊给了他们的儿子乌尔塔尔西尔西腊（Ur-tarsirsira）和儿媳宁埃尼沙（Nin-e-ni-šà）许多（结婚？）礼物（*DP* 75）：当卢咁勒安达自己的儿子活着时，他不可能收养乌如卡为太子。因此，乌如卡以王子的身份出现在某年终的巴巴女神节的事件只可能发生在

---

［1］ *DP*= M. F. Allotte de Ia Fuÿe, Documents présargoniques（DP）, Paris 1908-1920.

［2］ J. Marzahn，=*Vorderasiatische Schriftdenkmäler der（Königlichen）Museen zu Berlin* VS 27, Berlin 1907-1990.

卢旮勒安达的第六年的 12 月：很可能在几个月前，他被公侯选为太子。在卢旮勒安达七年 1 月，前公侯去世了，部落首领乌如卡变成拉旮什城邦的新公侯。然而，我们还没发现卢旮勒安达统治期的其他年间的"太子朋友"表格，因此人们可以质疑是否这种表格创始于其继承人时期。然而，我们发现了和"巴巴节的王子之友"表格平行的"巴巴节的王后之友"的发粮表格的确覆盖了卢旮勒安达第三年到乌如卡吉那第三年的八年时期：卢旮勒安达的王后巴腊楠塔腊的十七个朋友（*DP* 124，三年 12 月；*DP* 125，六年 12 月）也出现在乌如卡吉那一年到三年的每年 12 月的这类表格（*VS* 27, 75, *DP* 126, Amherst 2）中，成为新王后萨格萨格的夫人宫的"朋友们"。平行的"王后之友"表格的覆盖时期可以推断"王子之友"表格开始于卢旮勒安达时期。综上所述，乌如卡在"王子之友"账目中以王室人员身份出现的事实很可能揭示了在卢旮勒安达六年底之前，拉旮什的一位部落首领乌如卡被选为王太子，因此他在 12 月主持了巴巴节向太子的朋友们发放小麦和大麦工资或酬谢的工作。这些"朋友"可能是太子宫中的服务人员。他们在乌如卡吉那成为国王以后，同样为乌如卡吉那的太子服务。这些文件可以证实公侯卢旮勒安达本人选中了部落首领乌如卡吉作为他的继承人，后者并没有发动推翻前者的"革命"。乌如卡之所以能被选为王位继承人的主要原因应该是卢旮勒安达的儿子大约在 5—6 年间死去，而他本人深得公侯的喜爱。卢旮勒安达的儿子 Urtarsirsira 死于卢旮勒安达第五年底或第六年可以从他在乌如卡吉那王一年 11 月时已经入祀宗庙的记录得到证实。

　　我们所知道的最早提到部落首领乌如卡的文件是日期为卢旮勒安达第二年的面粉发放表（*Nik* [1] 125）：乌如卡在男人中列居第七，在

[1]　Nik =M.V. Nikol'skij, N.P. LiLhacheva, *Drevnosti Vostocnyja, III/2, Dokumenty . . .iz sobraniia, part 1*. =NikI St. Petersburg 1908; collations by M. Powell, *Acta Sum 3*, 125ff.; see G. Selz, FAOS 15/1, Stuttgart Steiner Verlag, 1989.

五名部落首领中位居第一。在卢旮勒安达第三年 12 月的记录贵族们向死去的公侯恩恩塔尔孜的供奉祭品的账目中（*DP* 59）；他在表中排名第五位，位于南筛女神庙主持、宁马尔基神庙主持、书吏长和另一位部落首领 Gisgal-si 之后。

在卢旮勒安达在位的最后一年（第六年），乌如卡表现出对卢旮勒安达的大女儿吉美南筛（Geme-Nanše）的殷勤好意。六年 4 月，他和南筛神庙的主持、宁马尔基神庙的主持、太子府的军尉、使节长、农夫长以及土地测量吏共 6 人每人送给公主一只羊（*Nik* 176），也许是一个节日的贺礼。在六年 6 月，他和发粮军尉 Eniggal（一年后调到夫人庄园）、白庙的主持、一位司仪以及宁马尔基神庙主持之妻每人送给吉美南筛（Geme-Nanše）一只羊（*VS* 14[1]，54）。当卢旮勒安达的儿子乌尔塔尔西尔西腊（Ur-tarsirsira）在卢旮勒安达第五或第六年时死后，也许，乌如卡为了成为王位的合法继承人，曾许诺卢旮勒安达娶他的女儿为妻，并因此被卢旮勒安达收为义子。然而，卢旮勒安达死后，乌如卡并没有娶前任的女儿为妻。

在吉尔苏王室每年 11 月和 12 月祭祀祖先所用牺牲的账目中，我们发现乌如卡吉那非常尊敬他的前任卢旮勒安达。一尊命名为 "Ningirsu-gír-nun-šà-nu-kuš" 的卢旮勒安达的雕像被放置在他的宫殿里（*DP* 66，四年 10 月）。这尊石像在一件可能是乌如卡吉那的砖铭残文中也被提到（*CIRPL* Ukg 9 = ABW Lug 15，或是卢旮勒安达的铭文）。乌如卡吉那的夫人萨格萨格于其丈夫继位后一年后的王一年 2 月（ezem-Lugal-Urub）首次出现在一件供奉祖先们祭品的文件（*Nik* 25）中：名单中接受第一等级供奉的祖先是神化了的"内城之王"（^dLugal-Urub）以及乌如卡吉那的两位直接前任公侯恩恩塔尔孜和卢旮勒安达。第二等级祭礼待遇

---

[1] W. Frtsch, *Altbaabylonische Wirtschaftstexte aus der Zeit Lugalan das und Vrukaginas* VS 14/I, Leipzig, 1916.

的祖先们是宁吉尔苏神庙的主持、现王朝的创建者杜杜（可能是恩恩塔尔孜之父）以及卢旮勒安达夭折的儿子 Ur-Tarsirsira。第三等级的祖先包括乌尔南筛之父、拉格什王朝的建立者古尼杜以及王和王后的五名家族成员（可能是乌如卡吉那家的，不是卢旮勒安达家的），即公侯的俗人父母乌尔乌图（Ur-Utu）和吉斯尔瑞（Gisri）、公侯的姐姐甘巴巴（Gan-Baba），以及夫人（即萨格萨格）的父母卢旮勒乌德迪（Lugal-ud-de）和甘吉瑞德（Gan-Girid）。

前夫人巴腊楠塔腊在乌如卡吉那王一年时仍然活着，在吉尔苏城的高官们献给乌如卡吉那的二女儿吉美塔尔西尔西腊（Geme-Tarsirsirra）的一份礼物单（*TSA* [1] 2）中，尽管她在 33 位官员中排在第 27 位，但她带来的礼物是最多的：1368 升大麦和 680 升小麦、总共 2048 升。和她列在一起的第 25 和 26 的两个无名官员被称为"前任神庙主持"（sanga-gar）和"太上公侯"（ensiz-gal），各自送上 700 升大麦，无小麦，这两个称号可能指恩恩塔尔孜和卢旮勒安达。然而，由于他们这时已不在人世并且送上的大麦又是粗粮，这两个位置上的送礼者可能是指恩恩塔尔孜（退休庙主持）和卢旮勒安达（太上公侯）的旧部，而不是他们本人。乌如卡吉那的妻子萨格萨格没有出现在乌如卡吉那继位年（公侯年）的 11 个月中和王一年 2 月之前的任何文件中，甚至王一年中，她也很少出面，至少没有主持粮食发放工作（二年 4 月开始）。这表明她在乌如卡吉那王一年初才进入了吉尔苏的夫人庄园而且并没有立刻接管全部权力。也许在这两年中，前王夫人巴腊楠塔腊仍然掌管一些权力，而新王夫人萨格萨格一时无法接管庄园。在乌如卡吉那的第二年初，巴腊楠塔腊死了：或许乌如卡吉那和妻子萨格萨格谋杀了她，或她被逼迫自杀。根据当年的萨格萨格向巴腊楠

---

［1］ *TSA* = H. de Genouillac, *Tablettes Sumeriennes Archaiques*（*TSA*），Paris: Lib. Geuthner, 1909.

塔腊的葬礼参加者发放食品口粮的账目，我们知道有 177 位女仆、92 位阉人挽歌手和吉尔苏的挽歌手长以及 48 名贵妇人，总共 318 人出席了葬礼（*VS* 14, 137）。另一个葬礼食品发放名单（*TSA* 9）记录了哀悼巴腊楠塔腊的人们还有：72 名阉人歌手、11 名贵妇、巴腊楠塔腊的 10 名兄弟、宁吉尔苏神 112 名女仆人、巴巴女神的 36 名女仆人，总共 241 人。在这年中，巴腊楠塔腊的像和萨格萨格的雕像一同得到了供品（*DP* 54）。这年 12 月，巴腊楠塔腊首次被列入祭祀名单：在一次祭祀公侯和夫人双方的父母和公侯的姐姐等 5 名亲属和 13 位前任夫人的内宫祭祀中（*VS* 14 172），她被放在 18 名神主之首并独自享用第一级的供品。在乌如卡吉那第三年 2 月份的"圣内城之王和圣外城之王的节日"（ezem-ᵈLugal-Urub, ezem-ᵈLugal-Uru-bar-ra）中，萨格萨格祭祀了王朝的祖先们（VS 27, 85），她把第一等级的牺牲，每人一只羊，献给王朝的大前任公侯恩恩塔尔孜（Enentarzi）、前任卢旮勒安达和夫人巴腊楠塔腊及他们死去的公子乌尔塔尔西尔西腊（Ur-tarsirsira），以及卢旮勒安达的祖父、大庙主持、王朝的创始人杜杜。注意巴腊楠塔腊在五人中排第三，是唯一享用一等牺牲的夫人。与巴腊楠塔腊的地位形成强烈对比的是，公侯恩恩塔尔孜的妻子迪姆图尔被列在其他九名前夫人之中，与她们共同分享一只羊。在以后的两件日期损毁的夫人系列祖先供奉单中（*DP* 57，223），巴腊楠塔腊仍然是享用最多的第一人，其后是杜杜、公侯和夫人的父母和姐共五人及九名其前任的夫人。注意，萨格萨格为第五任公侯恩美台门那（En-me-temen-na）和他的妻子宁希里苏德（Nin-hilisud）（*DP* 55）以及其子可能是第六任公侯恩安那吞第二（En-anna-túm）的妻子的美西腊腊（Me-Sirara）（*DP* 57）单独提供了供品。这或许表明或者乌如卡吉那出身于恩美台门那老王族的一系。如果真是如此，我们可以推测卢旮勒安达把王位传给乌如卡吉那的原因也许是他希望把王位还给恩美台门那家族。他的祖父杜杜和父亲恩恩塔尔孜在恩美台门那在位时先后是宁吉尔苏大庙的主持；其父是从大庙主持的位置上接替了老王族的末王恩美台门那第二上升为城邦的公侯。

在拉旮什城邦，从乌尔南筛（Ur-Nanše）到恩恩塔尔孜有七位国王，加上乌尔南筛的父亲和祖父古尼杜（Gu-ni-du）和古萨尔（Gur-sar）；卢旮勒安达和乌如卡吉那共有九名男性祖先和九位女性祖先。文献中有时提到宁吉尔苏大庙主持杜杜之妻，宁美孜达（Nin-me-zi-da）（DP 40；VS 14, 164），她不是公侯夫人，但可能是恩恩塔尔孜的母亲。注意：巴腊楠塔腊的供奉单（TSA 1，DP 53）提到了八个雕像被给予食油和椰枣，她们应该是巴腊楠塔腊之前九位夫人中的八位，这里应该少了恩安那吞第二的妻子美西腊腊（Me-Sirara）。但在萨格萨格的祭祀王朝祖先们的表中（VS 27, 85），Me-Sirara 被列在恩恩塔尔孜的妻子迪姆图尔之前，位于第八位夫人，因此她应该是大庙主持恩恩塔尔孜接管政权前的统治短暂的公侯恩安那吞第二之妻。然而，在萨格萨格的日期损毁的供奉巴腊楠塔腊等女性祖先的两个表中（DP 57, 223），第一至第八名夫人的灵位合为一组称为"八人居"（ki-8-ba--šà），但奇特的是这两个列表中的美西腊腊（Me-Sirara）处于一个独立的位置（ki-gú--šà）。这些现象也许表明：1. 恩恩塔尔孜家族从恩安那吞第二手中夺取王位，因此不愿祭祀他的妻子美西腊腊（Me-Sirara）；2. 萨格萨格或乌如卡吉那来自恩美台门那和恩安那吞家族，因此把恩安那吞第二的妻子放在特殊地位。

结论

吉尔苏城出土的文献基本全来自"夫人庄园"——公侯夫人的管理机构。这些文件详细地记载了最后的三位公侯夫人所管理的吉尔苏夫人庄园 20 年的经济信息。公侯夫人庄园房地产的开发和积累始于第七个公侯恩恩塔尔孜的夫人迪姆图尔（Dìm-tur），经过第八公侯卢旮勒安达夫人巴腊楠塔腊（Bara-nam-tar-ra）的发展，在最后一位称王的统治者乌如卡吉那的妻子萨格萨格管理下达到最大规模，但从他的第五年开始，庄园衰败了。乌如卡吉那在他的几个"改革"铭文中指责前任（卢旮勒安达）把宁吉尔苏神、其妻巴巴女神和其子舒勒沙旮那神的土地和耕牛变为公侯、夫人和公子的财产，并声称他把这些被王室侵占的生产资料又还给了三大神氏。然而，从他的"夫人庄园"的档案材料看，前王室的地产仍牢牢地控制在现王室成员的手中，仅在名义被称为"巴巴女神的财产"。从吉尔苏出土的土地和奴隶买卖的契约中看，这三位公侯和他们妻子都购进过土地和奴隶。公侯乌如卡吉那在就任公侯一年后，又重新称王（lugal），放弃宗教意味的"公侯"头衔（因城神被尊称为"王"）。从吉尔苏出土的"夫人庄园"的档案来看，乌如卡吉那是合法地从前任卢旮勒安达的手中继承王位，并不像某些学者猜测的那样，是通过"革命"推翻前任，夺取王位的[1]。乌如卡吉那的夫人萨格萨格十分尊敬前任夫人巴腊楠塔腊，而且和她一样主管"夫人庄园"的各种权力，扩大了生产，只不过她把自己管理的王室财产名义上称为"巴巴女神的财产"。根据乌如卡吉那的铭文，他可能的确减免了一些税收，扶贫抑富，主持了公正，但这些措施和其他的认真施政的新统治者上任后所采取的措施基本上是相同的。他虽然把王室财产称为神的财产，但在政治、经济、宗教、法律以及财产的所有权和管理权等方面始终维持传统的制度，沿用前任的施政方针和政策，并没有进行任何重大的改革和变化。因此，我们认为目前许多教科书和普及读物中叙述的所谓的拉旮什城邦中发生过的"乌如卡吉那改革"实际上很可能并不存在，或者他的正常的施政被现代学者夸大为改革。

---

[1]　林志纯主编《世界通史资料选辑》（上古部分），商务印书馆，1962，第37页。
　　刘家和主编《高等学校文科教材·世界上古史》第二版，吉林人民出版社，1984，第106页。

新亚述帝国时期民族政策研究[*]

　　"我们假如把一般世界历史翻开来，我们便看到了一幅巨大的图画，充满了变化和行动，以及在永无宁息的推移交替之中的形形色色的民族、国家、个人。"[1]古老的亚述民族就在这幅图画中占有一隅。约公元前 3000 年，亚述的历史开始从两河流域北部位于底格里斯河中游西岸的阿淑尔城（Aššur）展开，居民多为塞姆语系的亚述人，早期语言为东北塞姆语支的阿卡德语（Akkadian），晚期采用简单、明确的西北塞姆语支的阿拉美亚语（Aramaic）。全部亚述的历史可以分为古亚述、中亚述和新亚述时期，[2]历时两千余年，到公元前 7 世纪末灭亡。在其发展的前两个时期明显受制于周边各民族力量的消长，实力时强时弱，时分时合。公元前 10 世纪末，亚述在蜩螗沸羹的纷扰形势下重新崛起，开始进入新亚述时期。如果把整个新亚述时期看作一个独立的历史发展过程，这个时期又可以分为两个阶段，新亚前期（前 934—前 746 年）和新亚述后期（前 745—前 609 年）。学术界一般又把新亚

*　　霍文勇，吴宇虹：《新亚述帝国时期民族政策研究》，《中央民族大学学报》2006 年第 2 期。

[1]　黑格尔《历史哲学》，王造时译，上海世纪出版集团，2001，第 72 页。

[2]　关于对"早期亚述时期""古亚述时期""沙姆西阿达德王朝（埃卡拉图王朝）时期"等时间分期术语的界定与规范，请参见吴宇虹先生撰写之《国内古代两河流域文明研究若干问题商榷》一文，《东北师大学报（哲学社会科学版）》2000 年第 4 期第 4—5 页。

述后期称为新亚述帝国时期。[1]

在新亚述帝国时期，"铁制武器、训练有素的军队、有效的官僚机构和架置在车轮上的铁制的破城槌，使亚述人能稳步地扩展他们的统治"，[2]经过几代统治者不断地征服和兼并，[3]帝国版图达到空前规模：北起乌腊尔图（Urartu），[4]东南兼及埃兰（Elam），[5]西抵地中海沿岸（叙利亚、以色列），西南至埃及。亚述文明进入了史无前例的繁荣时期，前8—7世纪成为近东历史上"亚述的世纪"。虽然说"古往今来

---

[1] 在分期时间的界定上学术界分歧不大，但对于分期的称谓有些微的异议。《世界上古史纲》（上册）（第214—215页）把新亚述后期称为新亚述或新亚述帝国，而将其前的新亚述前期归入中亚述时期；Saggas教授在 The Might Was Assyria 一书中（P70）把整个新亚述时期称为新亚述帝国；《古代西亚北非文明》（第291，300页）把新亚述时期分为新亚述强国和新亚述帝国时期；《世界上古史》（第126页）简单地把新亚述时期称为亚述帝国；The Cambridge Ancient History, Volume III Part I（第239页）把前934—前609年称为新亚述时期，其中前934—前783年为新亚述前期，前744—前609年为新亚述后期，中间近40年时间是地方总督势力坐大，中央王权衰微。

[2] 斯塔夫里阿诺斯:《全球通史——1500年以前的世界》，吴象婴，梁赤民译，上海社会学院出版社，1999，第156页。

[3] 新亚述帝国时期诸王及在位年代如下：提格拉特帕拉萨尔三世（Tiglath-pileser III, 前745—前727），沙勒马那沙尔五世（Shalmaneser V, 前680—前669），萨尔贡二世（Sargon II, 前721—前705），辛那赫瑞布（Sennacherib, 前704—前681），阿萨尔哈东（Esarhaddon, 前680—前669），阿淑尔巴尼帕（Ashurbanipal, 前668—前627），阿淑尔埃提鲁伊里（Ashur-etillu-ili, 前672—前623），辛沙尔伊什昆（Sirr-shar-ishkun, 前622—前612）。最后两系阿淑尔巴尼帕之子，此时帝国已衰落。前612年尼尼微（Nineveh, 首都之一）陷落。前609年，亚述最后的有组织的抵抗失利，帝国崩溃。

[4] 乌腊尔图位于亚述帝国北部，今土耳其东部凡湖（Van Lake）地区。这一名称最早出现于前13世纪亚述的铭文记录中。其发展深受亚述先进文明的影响，前9世纪开始越过陶鲁斯（Taurus）山脉南下，与亚述长期抗衡。前6世纪初，臣服于米底。

[5] 埃兰居于巴比伦尼亚地区东南方，今伊朗境内西北部。其语言可能与东方印度河流域文明有关系，不属于塞姆语系。约前3000年，其原始公社制解体。埃兰文明的发展与推进同美索不达米亚地区紧密相连。政治体制中母权制残余浓厚，王位继承采兄终弟及之制。政治经济中心城市是苏萨（Susa）。前6世纪成为新兴的波斯人的一个行省。

每个民族都在某些方面优越于其他民族"，[1]可是"在世界历史上，只有形成了一个国家的那些民族，才能够引起我们的注意"，[2]作为横跨亚、非的大帝国，亚述就这样吸引着"历史"的注视。

　　新亚述帝国的辉煌是建立在不断的军事胜利和吞并基础上的，每一位国王都面临着繁多的敌对民族和内部起义，都在反复无休止的征服与被征服中演绎着历史的残酷。"一个阶级或一个民族的成员可以有共同的利益，但它却时常和别的阶级或别的民族的利益相冲突"，[3]这种根本性的差异与冲突决定着社会发展的规则。同时，在古代"狭小疆域的一个必然后果就是，这些共和国的精神是好战的。每个民族无休止地攻击其邻国或遭邻国攻击，这样，被彼此对抗的必要性所驱动，它们无休止地混战或彼此威胁"。[4]在这种关乎存亡的局势中，亚述成功地征服了周边的众多民族，成为进入铁器时代之后近东地区的第一个大帝国。总体来说，"征服国对待被征服国有下列四种方式：

　　（一）按照被征服国家原有的法律继续治理其国家，而征服国则仅仅行使政治及民事方面的统治权；

　　（二）在被征服国建立崭新的政治和民事的治理机构；

　　（三）毁灭这个社会而把它的成员分散到其他的社会里去；

　　（四）把它的公民全体灭绝"。[5]

　　在征服过后的治理中，新亚述帝国的统治者同样运用多种方略和措施以更好地维持政权的正常高速运转，在不同时间和地区多种民族政策被帝国有针对性地采用。其时，民族政策的实施是"一个在诸族

---

[1]　中共中央马克思恩格斯列宁斯大林著作编译局编译《马克思恩格斯全集（第四卷）》，人民出版社，1957，第194页。

[2]　黑格尔：《历史哲学》，王造时译，上海世纪出版集团，2001，第39页。

[3]　罗素：《西方哲学史（上卷）》，何兆武、李约瑟译，商务印书馆，1963，第146页。

[4]　贡斯当：《古代人的自由与现代人的自由》，阎克文、刘满贵译，商务印书馆，1999，第28页。

[5]　孟德斯鸠：《论法的精神》（上册），张雁深译，商务印书馆，1959，第165页。

体间进行价值分配的过程",[1]这其中的得失多少、理性与否要从长时间、特定角度来进行权衡,才可得出尽量客观的结论。

一、民族拓殖征服政策

在新亚述帝国时期的王室铭文(royal inscription)、国王年代记(chronicle)以及国王与其臣下的书信中,"我围困,我征服,我掠走,我烧掉,我洗劫"等词语经常被用来表述亚述王的纵横驰骋与战功卓著,同时也表露出亚述统治者对被征服民族的压制与残忍。随着冬天雨季的退去,当春天来临时亚述军队通常就要踏上征程,开赴四方去镇压起义或开辟新的疆土。"一座城市被占领之后,入侵者马上铲平它的城墙以消弭进一步的抵抗。"[2]"那些尚武的民族无不受到比真正实际的战争利益更为崇高的动因的激励………甚至那些在我们看来似乎专事掠夺和抢劫的国家,获取财富也绝不是主要的目标。"[3]亚述各王的好战与残暴从《圣经》及其西方人的印象中可见一斑。他们实行的恐怖的民族征服政策贯穿帝国始终。

前714年萨尔贡二世北上征战乌腊尔图,历经多次交锋,攻克乌腊尔图全部7个行省的430余座城市,洗劫其圣城穆萨西尔(Musasir),掠走圣城的神像,迫使乌腊尔图国王自杀,大量人、畜被带走,使乌

[1] 宁骚:《民族与国家——民族关系与民族政策的国际比较》,北京大学出版社,1995,前言第4页。

[2] Postgate J N. Early Mesopotamia:society and economy at the dawn of history[M]. London and New York: Routledge, 1992, p. 252.

[3] 贡斯当:《古代人的自由与现代人的自由》,阎克文、刘满贵译,商务印书馆,1999,第239页。

腊尔图遭到毁灭性打击。[1]

前 712 年萨尔贡二世进攻后赫梯（Hittite）[2]人的美里德（Melid）国，他"像击碎陶罐一样"轻松兼并这一地区，将其国王及臣民锁上铁镣押到了阿淑尔城。4 年后，另外两个位于叙利亚的赫梯国家库穆勒和萨马勒（Samalla）也被征服，成为亚述的行省。[3]

在阿淑尔巴尼帕统治期间，由于埃兰支持沙马什顺乌金（Šamaši-šum-ukin，亚述王的兄弟）在巴比伦城发动的反叛，阿淑尔巴尼帕其后几次进攻埃兰。在前 646 年的第三次进攻中，亚述军队全面摧毁了埃兰地区的 12 个行省、14 座王城和无数村镇，烧杀劫掠，甚至掠走了 19 座埃兰的神像。幸存者被带到亚述分给各城市中的贵族，苏萨城所遭到的破坏尤为严重。埃兰从此一蹶不振。阿淑尔巴尼帕炫耀自己的武略之所极："从此以后整个埃兰大地上将听不到人的哭喊声，因为这片土地又回到了原始的蛮荒之中。"[4]

民族征服政策是新亚述帝国重要的军事目的，并以此恐吓企图独立的民族、维持帝国的霸权。亚述军队兵锋所至都给被征服民族带来了无尽的苦难，上演了无数的人间悲剧。由好战精神培育出来的令人胆战心惊的军队不停地运转，帝国就如开启的战车无法停息狂奔的脚步。但是帝国实行的这种大屠杀的民族征服政策"除了人力物力破坏

---

[1] Luckenbi ll D. D. *Ancient Records of Assyria and Babylonia Volume II: Historical Records of Assyria from Sorgon to the End* [M]. New York: Greenwood Press, 1968, pp.73-99.

[2] 赫梯位于小亚细亚东部卡帕多西亚地区，在幼发拉底河（Euphrates）与哈里斯河（Halys River）、黑海与基里基亚（Cilicia）之间。前 2000 年代初期印欧语人进入该地，同化原始哈梯人（Hattians）。前 1595 年，灭亡古巴比伦王国。前 13 世纪末遭受"海上民族"入侵。前 8 世纪残存的赫梯小国被亚述所灭。

[3] Luckenbi ll D D. *Ancient Records of Assyria and Babylonia Volume II: Historical Records of Assyria from Sorgon to the End*, pp.11-12.

[4] Grayson A. K. *The Cambridge Ancient history, Volume III Part 2: the Assyrian and Babylonian Empires and others states of the Near East, from the Eighth to the Sixth Centuries B. C.*[M]. Cambridge: University press,1991, p.153.

和激起更强烈反抗之外，不能得到什么更多的东西"。[1]

二、民族线性迁移政策

在新亚述帝国时期最有特色、影响最大的民族政策是民族迁移政策。当亚述军队征服一个国家之后就把整个民族的居民迁徙，让他们在别处重新定居。在一封书信中就提及一次从基里基亚（Cilicia）[2] 放逐各类居民 977 人。[3] 这项政策的实施使被征服地区的居民同他们的本土传统习俗和宗教信仰相脱离，从而失去反抗的精神基础，逐渐成为亚述的臣民。亚述统治者频繁使用这一政策来处治境内各被征服民族，强迫他们离开"生于斯，长于斯"的熟悉的故土，从帝国时期的浮雕中也可以看到大量被征服居民携带包裹举家长途流徙、混合调配被遣往他乡的图景。提格拉特帕拉萨尔三世曾经把 3 万叙利亚人从哈马忒（Hamath）地区迁往东部的扎格罗斯山（Zagros）地区，把 1.8 万阿拉美亚人（Aramaeans）[4] 从底格里斯河（Tigris）东岸迁往北叙利亚。这种集体迁徙的做法被其后的亚述各国王所承袭，成为亚述对外征服的主要民族政策。

这种政策在中外历史的不同时期也屡见不鲜：秦始皇二十六年统一天下之后，即"徒天下豪富于咸阳十二万户"（《史记·秦始皇本

---

[1]《世界上古史纲》编写组编《世界上古史纲》（上册），人民出版社，1979，第216页。

[2] 基里基亚位于亚述西部，小亚细亚的东南部，陶鲁斯山脉与地中海之间。

[3] Fales F. M, Postgate J N. SAA（=Sate Archive of Assyria），Volume XI. *Imperial Administrative Records, Part II* [M], Helsinki:Helsinki University Press 1995, pp.104-105.

[4] 阿拉美亚人是塞姆人的一支，擅长于经商。居于幼发拉底河上游，前 13 世纪可能由于降水量的减少而被迫从叙利亚沙漠地带向南进入美索不达米亚地区。

经》）；[1] 19 世纪最后 30 年，苗人的彻底平定（1872 年）也是通过强制性的聚居，即将苗人集体迁徙到城市中居住的办法实现的；[2] 在罗马城初建之时，其中一个开拓建城的方法便是把邻近被征服民族的居民迁移到罗马城中。

"无以数计的历史条件，特别是纯粹政治的发展过程，不能归结为经济规律，也不能用任何一种经济原因所解释，它们必然共同发挥作用。"[3] 亚述统治者青睐民族迁移政策是多种因素共同作用的结果。民族征服政策在为亚述带来土地和财富的同时，也导致了各地持续不断的起义和暴动，为了避免被征服民族的起义以及控制、奴役他们，把他们从故土强制移到亚述国内是最有效的方法。同时由于统治集团内部的农业和工商业奴隶主从民族征服政策中获利较少，对这种一次性的掠夺政策也不满足。再加上当时铁器已经普遍使用，生产力水平有了很大提高，农业和工商业集团宁愿实行一种长期最大限度剥削被征服民的政策。"最迟从公元前 9 世纪开始，他们就认识到除了每年派遣大规模军队进驻被征服地区外，应该还有着一种更为妥善的治理方式"[4] 亚述国王最早就在前 13 世纪就实践过放逐迁移被征服民族的人民这一政策，但规模不大，并且主要是迁往亚述本土从事耕种和建筑等事宜。从提格拉特帕拉萨尔三世统治时期才开始大规模迁徙被征服地居民，系统地频繁交叉混合被征服民。

前 742 年提格拉特帕拉萨尔三世西征地中海沿岸各民族，把俘获

———————

［1］　郭沫若：《奴隶制时代》，人民出版社，1954，第 211 页。

［2］　马克斯·韦伯：《儒教与道教》，洪天富译，江苏人民出版社，1993，第 6 页。

［3］　马克斯·书伯：《新教伦理与资本主义精神》，于晓、陈维纲译，生活·读书·新知三联书店，1987，第 67 页。

［4］　Grayson A K.*The Cambridge Ancient History, Volume III part I: The Prehistory of the Balkans; and the Middle East and the Aegean World, tenth to eighth centuries B. C.* [M]. Cambridge: Cambridge University Press,1982, p.280.

的 30300 人迁离安置于别处，[1] 把 1223 人安置于乌鲁巴（Ulluba）[2]
地区。[3] 前 738 年他举兵征服图什哈（Tuškha），[4] 把其居民迁往乌鲁
巴，[5] 在与强劲的宿敌乌腊尔图之间建立起一条有效的缓冲带，确保帝
国北部和西部边陲局势的稳定。提格拉特帕拉萨尔三世从继位之初就
对散居于幼发拉底河和底格里斯河沿岸直至波斯湾的阿拉美亚人进行
征服，把他们安置在帝国的边境地带，并派遣帝国的官员担任管理他
们的总督，在南部地区他将在巴比伦尼亚俘获的阿拉美亚人安置于西
部行省叙利亚。有时，他甚至建造一座新城来安置被征服居民。对迦
勒底人（Chaldaeans）[6] 他实行了同样的大规模迁徙的政策。

　　南方的巴比伦尼亚趁沙勒马那沙尔五世（萨尔贡二世的前任）去
世带来的混乱又起事端。前 705 年，刚继位的萨尔贡二世兵锋直指巴
比伦城，击败叛乱之军，再一次粉碎了巴比伦尼亚从帝国独立出去的
企图。萨尔贡二世加冕自身为巴比伦尼亚王公，"他把一些阿拉美亚人
和迦勒底人放逐出巴比伦城，重新安置别的居民"。[7] 前 720 年萨尔贡
二世击败叙利亚各部组成的反亚述联盟，把大量的居民迁往亚述内地，
同时把其他地区的被征服民迁居于叙利亚。[8] 次年萨尔贡二世遣兵击败

［1］　此处目的地之名称在原始文献中残缺，只有"Ku-"的符号。依吴宇虹先生观
　　　点，此处宜复为库穆黑（kummuhi）。
［2］　乌鲁巴位于亚述首都尼尼微以北约 100 公里处。
［3］　Lckenbi ll D. D. *Ancient Record of Assyria and Babyonia Volume I: Historical
　　　Records of Assyria from the Earliest Times to Sargon*[M]. New York: Greenwood Press,
　　　1968, p.275.
［4］　具体位置不详。
［5］　Grayson A. K. *The Cambridge Ancient history, Volume III Part 2: the Assyrian and
　　　Babylonian Empires and others states of the Near East, from the Eighth to the Sixth
　　　Centuries B. C.*[M]. Cambidge: University press,1991, p.76.
［6］　迦勒底人是塞姆人的一支，居于靠近波斯湾的沿海地区。
［7］　Saggs H. W. F. *Babylonians*[M]. London: British Museum Press, 1995, p.155.
［8］　Grayson A. K. *The Cambridge Ancient history, Volume III Part 2: the Assyrian and
　　　Babylonian Empires and others states of the Near East, from the Eighth to the Sixth
　　　Centuries B. C.*[M]. Cambidge: University press,1991, p.89.

北部乌腊尔图属国的城镇，将其人口迁往西北部的行省赫梯。在帝国西南，前715年萨尔贡二世远征沙漠地带的阿拉伯人，把他们迁至撒马利亚。[1]

前703年，巴比伦城的迦勒底人美罗达巴拉丹（Merodach-Baladan）再次谋求独立，辛那赫瑞布出兵南下，洗劫了叛军的宫殿，迫使美罗达巴拉丹流亡于海上，亚述王将俘获的20.8万人迁往亚述。[2]前674年阿萨尔哈东出征埃及，顺利击败埃及和埃塞俄比亚之王塔哈尔卡，在其铭文中记载了战后的情况："我把所有的埃塞俄比亚人都迁移出了埃及，没留下一个人来朝拜我。"[3]前668年阿淑尔巴尼帕的军队征服了东底格里斯河地区的城市基尔毕图（Kirbitu），把其境内的居民远徙至刚刚被征服的埃及，而迁入其他民族定居基尔毕图。[4]前648年阿淑尔巴尼帕平定了其兄弟沙马什顺乌金在巴比伦的叛乱之后，把与巴比伦城结盟的阿卡德人、迦勒底人、阿腊穆人（Aramu）等民族放逐到帝国最边远的地区，派遣总督、官吏管理他们，并对他们课以重赋。

在整个新亚述帝国时期，民族迁移政策被各王作为治理征服地区的重要方略，将A地居民迁往B地，B地居民迁至C地，这种地域置换的线性民族迁移政策应用于帝国各个时期的大多数地区，仅在巴比伦尼亚地区从提格拉特帕拉萨尔三世到阿淑尔巴尼帕统治期间就有近50万人被重新安置于他处。[5]

"战争和移民本身虽然不是经济的（尽管正是在早期，主要是以经

［1］ Luckenbill D. D. *Ancient Records of Assyria and Babylonia Volume II: Historical Records of Assyria from Sorgon to the End [M]. New York: Greernwood Press*, 1968, p.7.

［2］ 刘文鹏:《古代西亚北非文明》，中国社会科学出版社，1999，第308页。

［3］ 刘文鹏:《古代西亚北非文明》，中国社会科学出版社，1999，第313页。

［4］ Grayson A. K. *The Cambridge Ancient history, Volume III Part 2: the Assyrian and Babylonian Empires and others states of the Near East, from the Eighth to the Sixth Centuries B. C.*[M]. Cambidge: University press,1991, p.155.

［5］ Saggs H. W. F. *Babylonians*, p.161.

济为取向的）事件，然而，在各个时代，直到当今，往往给经济带来激烈变化的结果"[1]。古老的新亚述帝国这种民族迁移政策不仅在政治上可以给帝国带来暂时的稳定，同时随着生产力水平的提高和铁器的使用，通过民族之间的交融与协作对经济发展也有所作用。例如，在农村地区他们可以开垦新耕地、增加粮食产出、促进经济繁荣；有些人被安置于人口锐减的地区可以平衡帝国的发展。亚述统治者不是盲目随意安置这些被征服民，他们大多是经过谨慎的考虑尽量将其安置在与他们的原居住地环境相似的地区。为了顺利让这些居民到达目的地，亚述当局周密安排行程，虽然说"他们既不会对被征服者表示同情，也不会对弱者表示尊重"，[2] 但我们从文献以及浮雕作品中看到他们给被放逐者提供基本的衣食，甚至给妇女和儿童提供手推车或者驴、马等交通用具。从文献和《圣经》中的记载看，一般都是整个氏族或部落一起迁徙，很少看到有部落被分割得支离破碎的现象。[3] "这一政策改变了近东地区长期以来由于地理条件的限制而导致的各民族之间独立分散、聚少离多的格局，对整个近东历史产生了根本性的影响"。[4]

三、民族文化同化政策

"并不是一个国家只实行一种民族政策，而是针对不同的民族情况

---

[1]　马克斯·韦伯:《经济与社会》（上卷），林荣远译，商务印书馆，1997，第 91 页。

[2]　贡斯当:《古代人的自由与现代人的自由》，阎克文、刘满贵，商务印书馆，1999，第 240 页。

[3]　Sagges H. W. F. *The Might That Was Assyria*[M]. London: Sidgwick and Jackson Limited, p.263.

[4]　Sagges H. W. F. *The Might That Was Assyria*, p.268.

来采取不同的民族政策。"[1]新亚述帝国在主要侧重实施民族征服和民族迁移政策的同时也间或灵活采用其他民族政策，其中民族同化政策就是比较明显的策略之一。由于受到帝国时期文献特征的制约，有关征战伐略、武功建树的记载较多，而对于其他主题的记载很少，但从这些点滴的相关叙述中，加以仔细分析，不难发现别的施政治理方措留下的清晰的历史痕迹。

民族同化作为民族演进发展历程中的重要方式，主要是指不同民族在交往、碰撞的历史过程中，文明程度低的民族失去很多原有的民族特征，而被吸收、合并于文明程度高的民族。"同化问题，即失去民族特点，变成另一个民族的问题。"[2]从操作的方式而言，民族同化可分为通过和平手段实现的自然同化与通过暴力压迫而实现的强制同化；从内容上讲，同化又可分为文化同化与体质同化。新亚述帝国时期发生的民族同化主要是强制同化前提下的文化同化。以色列地区的撒马利亚（Samaria）居民在文化风俗和体态上与遥远的埃兰人有相似之处，就是民族同化的结果，旧约《以斯拉书》（*Ezra*）提及前 640 年亚述王阿淑尔巴尼帕在击败埃兰之后，将其居民放逐到巴勒斯坦北部这一史实。[3]

前 8 世纪开始，阿拉美亚语在亚述被广泛地使用，并在词法和句法方面对阿卡德语产生了明显的影响。究其原因，这与前 9 世纪开始阿拉美亚人的数量在两河流域不断增加有关联，他们或主动南下或被大规模地迁移至亚述和巴比伦地区，人口数量的增加加速了民族融合同化的进程。他们从事的事务很多，成为建筑业中的劳动力与手工匠

［1］　宁骚:《民族与国家——民族关系与民族政策的国际比较》，北京大学出版社，1995，第 407 页。

［2］　中共中央马克思恩格斯列宁斯大林著作编译局编译《列宁全集（第二十四卷）》，人民出版社，1990，第 128 页。

［3］　Sagges H. W. F. *The Might That Was Assyria*[M]. London: Sidgwick and Jackson Limited, p.115.

人，成为军队中的士兵并且有些达到了上层行列，有的甚至出现于亚述国王的宫廷中。在亚述地区，阿拉美亚语逐步占据重要位置，至少说明了亚述人在语言文化方面有被同化的迹象。

前 722 年以色列人被亚述帝国征服后，被放逐到米底（Media）[1] 和哈布尔河地区，[2] 最终他们自身的民族特性消失很多，[3] "实际上，他们被当地文化完全同化了。" [4] 萨尔贡二世统治期间，帝国西部叙利亚地区的总督阿达哈提（Adda-hati）在写给国王的回信中提及了后者曾向他下达的命令：生活在山上的居民应当从山上出来，并且要建筑要塞。阿达哈回复说，他们已经出来了。他进一步请示国王：沙漠地区的这十个要塞的居民都要出来吗？最后，他表示双方的相处有时不很顺利，他会尽职尽守。[5] 这封信虽多少带有强制的色彩，但从侧面也反映出亚述统治者试图尽量采用一种非强制的手段来达到同化被征服民的目的，这似乎是介于自然同化与强制同化之间的一种中庸政策。民族同化政策或者说朝向民族同化方向所进行的努力，在潜移默化中促进了民族之间的交流和融合，为近东地区文化的整合做好了准备。

四、民族有限自治与和亲政策

"古代的征服者经常毁灭整个民族，可是当征服者并不毁灭这些民

---

[1] 米底位于伊朗高原西北部，埃兰以北、里海以南。属印欧语人。前 9 世纪中期始见于文献之中。后相继攻克亚述和吕底亚（位于小亚细亚）。前 6 世纪中叶为波斯所灭。

[2] 幼发拉底河上游支流。

[3] 《旧约·列王记下》中也提及此事。

[4] Sagges H. W. F. *The Might That Was Assyria*, p.268.

[5] Parpola S. *SAA*（=State Archives of Assyria），Volume I: *the Correspondence of Sargon II, Part I* [M]. Helsinki : Helsinki University Press 1987, p.138.

族时，它也不会触动人们最为依恋的对象：他们的生活方式、他们的律法、他们的风俗习惯、他们的神祇"。[1]征服者试图能找到一条有利于自己统治利益的途径，只要是精明的统治者都会为此付出努力，在不同地区、不同时间段运用相异的方式来达到自身利益的最大化，因此，民族政策才呈现出多样、多元、多角度的纷繁多姿。"民族自治"政策是在尊重或至少是不歧视的前提下，在一定程度上允许被征服地区和民族自行管理本区域的事务。"我们经常看到，俯首称臣的国家继续享有所有先前的管理形式和古老的法律。"[2]新亚述帝国的统治者有时只是满足于一般意义上的顺外，其并未企图深入被征服民的家庭或当地原本存在的关系与状态，被征服民通常会发现自己的生活一如既往：从祭祀活动到生活习惯，从经济交流到邻里往来都遵循着往昔的节奏与规则。

新亚述帝国实施的"民族自治"政策更多的在文化传统相近的巴比伦尼亚地区得以体现。亚述王阿萨尔哈东在位时治下的巴比伦尼亚地区获得了短暂的相对和平，为了避免其去世后亚述与巴比伦尼亚再次交恶遭受兵燹之灾，他在生前立其子阿淑尔巴尼帕为亚述王太子，另一子沙马什顺乌金为巴比伦的王太子，并让全国举行效忠王太子的盟誓。先王去世后，两人分别入主亚述和巴比伦：阿淑尔巴尼帕统治亚述本土及其各行省，沙马什顺乌金管辖巴比伦尼亚，其地位在前者之下，但在他的辖区内享有尽可能大的权力。

"也存在着不是暴力的强制手段，它们以相同的力量，或者在有些情况下以更强的力量，像暴力强制手段一样发挥着作用"。[3]新亚述帝国这次实行的民族自治政策基本上是成功的。巴比伦尼亚获得的自治

[1] 贡斯当：《古代人的自由与现代人的自由》，阎克文、刘满贵译，商务印书馆，1999，第 262 页。
[2] 贡斯当：《古代人的自由与现代人的自由》，阎克文、刘满贵译，第 261 页。
[3] 马克斯·韦伯：《经济与社会》（上卷），林荣远译，商务印书馆，1997，第 351 页。

给这一地区带来了稳定和发展，也使帝国免于南部区域事务的烦扰，集中精力攻陷底比斯、侵占埃及，多次击败宿故埃兰。直到阿淑尔巴尼帕统治的第 17 年（前 652 年），巴比伦城才举兵反叛。但是，与所有民族的自治一样巴比伦尼亚享有的自治权力也是不完全的，阿淑尔巴尼帕负责管辖巴比伦尼亚的防御工事和外交事务，他同时建立了独立于其兄弟的巴比伦情报系统，并任命直接向他汇报负责的巴比伦官员。[1] 新亚述帝国时期近东地区民族众多，持续不断的关乎生死存亡的兼并与臣服使征服者不敢轻易给被征服地区以自治，尤其是在好战传统的影响以及彼此之间不信任感存在的情况下，民族自治政策的进一步展开与推行受到了制约。即便如此，帝国在巴比伦尼亚所进行的民族自治方案的尝试也展示了亚述统治者的勇气和魄力，丰富了和巴比伦之间传统的历史关系。

从零星的记载中也能窥见民族和亲政策的踪迹。辛那赫瑞布的妻子、阿萨尔哈东的母亲那齐亚（Naqia）是巴比伦的阿拉美亚人。那齐亚是她的阿拉美亚语名字，她的亚述语名字是扎库医（Zakutu）。另外，阿萨尔哈东的妻子、沙马什顺乌金的母亲埃沙腊哈马特（Ešarra-khamat）也是来自南方的巴比伦尼亚人。[2] 这些婚姻都不可避免地有政治和亲的色彩。

阿萨尔哈东统治时，他注重同阿拉伯人建修友好关系，归还先王劫掠于他们土地上的神像，还娶了一位居于尼尼微的阿拉伯女人质为妃。

---

[1] Saggs H. W. F. *Babylonians*, p.160.

[2] Grayson A. K. T*he Cambridge Ancient history, Volume III Part 2: the Assyrian and Babylonian Empires and others states of the Near East, from the Eighth to the Sixth Centuries B. C.*[M]. Cambidge: University press,1991, pp.138-139.

　　同样是在阿萨尔哈东统治时期，西徐亚人（Scythian）[1]实力渐强，趁亚述危难之机提出和亲联姻的建议，要求阿萨尔哈东把其女儿嫁给西徐亚国王巴尔塔图瓦（Bartatua）。文献没有记载阿萨尔哈东是否满足了西徐亚人的要求，只是记录了他对由联姻所带来的"和平"表露出深深的忧虑和怀疑。但其后双方关系发展稳定，结成了牢固的战时联盟，前653年巴尔塔图瓦之子曾率军击败米底人对亚述的进攻，成功解除了后者对尼尼微的围困。由此进行推论，当时的联姻可能最终付诸实践。[2]

五、认知民族政策的理性因素

　　马克思依照生产方式存在内容及形式的不同把人类社会的征服分为三种类型，[3]也有学者依照征服载体的不同对征服行为进行过划分。[4]征服行为及其随之而制定的政策是动态恒变的概念，因时因地而迥乎不同，其共有的特征乃是所有征服行为及政策都体现着征服者追求利益最大化的心迹，并不断整合利益追求与被征服者之间的不平衡，或以武力相胁，或以经济示诱，或以意志暗控。悲喜欢合、得失荣辱

---

[1] 西徐亚位于黑海北部，是亚述属国之一，长期与亚述保持友好关系。据希罗多德所述，在亚述帝国行将灭亡之际，西徐亚最终与米底结盟反对亚述。前500年左右，其势力最盛，与波斯相抗衡。

[2] 《古代西亚北非文明》（p. 315）明确肯定了联姻的最终形成。*The Cambridge Ancient Histoey, Volume III Part 2*（pp. 564-565）对此未置可否。本文采前者之说。

[3] 一是征服民族把自己的生产方式强加于被征服民族；一是征服民族让旧生产方式维持下去，自己满足于征收贡赋；一是发生一种相互作用，产生一种新的、综合的东西。（马克思恩格斯选集第2卷.北京：人民出版社，1995年版，第15页）

[4] 一是由于武力的征服，使用警察权；一是精神上的激劝策励；一是经济上的协定，在分工合作条件下各人都趋利附实，即可囊括他们的私利观而为公众目的。（黄仁宇《放宽历史的视野》，北京，生活·读书·新知三联书店，2001年版，第258页）

都在利益这根魔棒下变化不定。

新亚述帝国时期实行的各种民族政策同样具有上述的个性与特征。亚述统治者依情况的不同采取了多种政策措施，从民族征服到民族迁移，从民族同化到民族自治，都是亚述各王在当时理性范围内做出的尝试与抉择。在对待同一民族时也往往会因时而采取相迥的政策。例如，辛那赫瑞布时期阿拉伯人已经开始卷入巴比伦尼亚地区的纷争并定居在比迦勒底部落更北的地区；而在阿淑尔巴尼帕当政时期，由于阿拉伯人作为联军支持过巴比伦城的叛乱并不断骚扰亚述西部地区，亚述王同阿拉伯人随后进行了艰苦的战争，使他们称臣纳贡。[1]

站在长远历史的高度来看，"压迫其他民族的民族是不能获得解放的。它用来压迫其他民族的力量，最后总是要反过来反对它自己的"，[2]新亚述帝国也难逃此厄运，前612年迦勒底人与米底人联合攻陷尼尼微，新亚述帝国瓦解。残存各地的亚述人力量不久后也归于消亡。判断任何"存在"的理性与否，必须站在特定的角度才能寻出勉强明确的答案，能够客观阐述清楚"存在"的存在，也许才能够接触到理性的跃动。新亚述帝国在近东地区130余年的辗转中，实行了各种民族政策，在为帝国带来财富与光荣、为被征服民族带来屈辱与悲伤的同时，也大大丰富了世界历史的图景。

---

[1] Saggs H W F. *Babylonians*, p.159.
[2] 中共中央马克思恩格斯列宁斯大林著作编译局编《马克思恩格斯选集（第三卷）》，人民出版社，1995，第242页。

古巴比伦法典与秦汉法典比较：私有奴隶制和国家公有奴隶制 [*]

古代文明留存下来的法律文书是现代人了解当时古代社会制度的重要证据。两河流域文明出土的著名的楔形文字法律文献是出现在公元前 2300 年到前 1700 年之间的《乌尔那穆法典》《里皮特伊斯塔尔法典》《埃什嫩那法典》和《汉穆腊比法典》。我国湖北云梦县睡地虎 11 号秦墓出土的《云梦竹简》中发现了法家执政后的秦帝国时期（公元前 361—前 206）的法典文件《秦律十八种》《秦律杂抄》《法律问答》（下简称"云梦秦简"）[1]，江陵张家山 247 号墓出土了西汉帝国（公元前 206—前 25）早期的法典《二年律令》竹简 [2]（吕后二年）。从发展阶段比较，两河流域文明的法典要比中华文明的法律文献的年代早 1500 年，或早一个时代。它的法律是人类奴隶社会早期的生产力和社会结构的意识形态产物。刚从苏美尔奴隶制城邦发展到初步统一两河流域南部的巴比伦王国处于奴隶制社会由城邦到帝国道路中的中间或过渡阶段——中等规模的王国或者局部地区统一国家时期，这一时期的国家或者王的权威尚未达到秦汉帝国那样至高无上的专制地位。秦汉法

---

* 吴宇虹：《古巴比伦法典与秦汉法典比较：私有奴隶制和国家公有奴隶制》，《东北师大学报》2006 年第 6 期。

[1] 睡地虎秦墓竹简小组：《睡地虎秦墓竹简》，下简称"云梦秦简"，北京，文物出版社，1978 年。

[2] 睡地张家山竹简小组：《张家山汉墓竹简（二四七号墓）》，文物出版社，2001 年。最近集释见朱红林《张家山汉简〈二年律令〉集释》，社会科学文献出版社，2005 年。

典则是奴隶社会发展鼎盛阶段奴隶制帝国中的阶级和社会关系总汇的反映。虽然两河流域的经典法典《汉穆腊比法典》（简称巴比伦法）[1]所反映的奴隶制社会发展阶段要比秦汉帝国所处的奴隶制社会阶段要原始一些，这两大文明的奴隶制法典的共同之处是把人类分为公民和奴隶两个大范畴：公民对国家尽义务，也享有国家授予的各种权利，奴隶只能为公民和国家尽义务但不能享有任何公民权，特别是人身自由权。从两个文明的奴隶制法典中，我们看到的是国家和法律对自由人和奴隶加以十分清楚的区别，并给予完全不同的对待。

《新唐书》刑法志在论当时的笞、杖、徒、流、死五刑时道："三曰：'徒'。徒者，奴也。"（第五册，第 1408 页）[2]通观秦汉法律的一个共同特点是，除了家庭拥有奴隶外，当一个触犯国家法律的公民所犯的罪行比罚金规定的可赎罪严重，但又不严重至处死时，国家的对罪人惩罚和对其他公民的威慑是对其施以徒刑即沦为劳作奴隶（隶臣、妾、城旦、舂）。因此我们可以把秦汉的徒刑奴隶制度定义为"国家或公有奴隶制"。与死刑相比，徒刑具有保存犯人生命的人道意义，同时又为国家获得了大批成本最低的劳动力。

一、巴比伦奴隶的记号：特殊长发型；秦汉奴隶记号：耐、髡（完）和黥

古代奴隶社会为了防止奴隶冒充公民或逃亡，迫使奴隶在身体上

---

[1] 最新原文及英文注译：M. Roth. *Law Collections from Mesopotamia and Asia Minor*, Scholar Press, Atlanta, 1997. 首次原文及中译：杨炽《汉穆拉比法典》，高等教育出版社，1989。本文汉译取自东北师大世界古典文明史研究所将出版的《古代两河流域楔形文字经典原文选：原文与汉译》，2006 年。

[2] 《新唐书》，中华书局，1975。

留有记号，使其在外表上很容易和公民区别开。这样在公众场合，一眼就可辨别一个人是否为奴隶，使抓捕逃奴变为易事。在两河流域，奴隶的记号是特殊的长发发型，其原因可能是由于本地的苏美尔和塞姆语族男人一般剪短发而外族如埃兰人、鲁鲁布人的发型为长发披肩或马尾辫[1]。为了区分奴隶和自由人，沦为奴隶的敌俘必须保留原来特有的长发型以示外族奴隶身份。后来，数量比外族少得多的本族奴隶也可能必须蓄留长发以示身份了。《汉穆腊比法典》规定，一个理发师不经奴隶的主人同意剃掉其奴隶的发型就是偷盗别人的奴隶：

> 226 条：如果一个理发师在奴隶主不知道的情况下剃掉了不属于他的奴隶的特殊发型标志（使奴隶获得自由），人们应该割掉那个理发师的手腕。
>
> 227 条：如果一个人欺骗了一个理发师，因此理发师剃掉了一个不属于他的奴隶的发型标志（释放了那个奴隶），人们应该处死那个人，然后挂在城门上示众，理发师应该发誓："（如果）我知道，我绝不会剃掉（他的奴隶发型）。"然后他应该被释放。

当一个公民犯了罚金不能赎而又不至于处死的较重的罪行后，秦汉国家要将其沦为不同级别的奴隶作为惩罚，并根据罪行轻重附加黥（面额刺字）、劓（割鼻）、刖（斩脚）、宫（割生殖器）等不同级别的伤残人身体的肉刑。秦汉法中在前额或脸部刺字的"黥刑"不减弱奴隶的劳动能力，它和"劓刑"的作用是为奴隶打上持久以至终身不掉的奴役记号或烙印。黥刑和劓刑即是奴隶的记号（象刑），又是伤残皮肉的肉刑。除了终身的身体烙印（黥或劓）外，和两河流域奴隶社

---

[1] Wu Yuhong. *The Slave Hairstyle: Elamite and Other Foreign Hairstyles in the 3rd and 2nd Millenia*, Journal Ancient Civilizations vol 13, 1998, pp.131-138.

会用发型来区分奴隶和自由人一样，商周秦汉以来的中华奴隶制社会对罪行较轻而沦为较高等级的奴隶的人也是用剃光发须做记号，被称为"髡刑"，其主要功能也是为了辨认和抓捕逃亡的奴隶。两河流域的女人和男奴隶蓄留长头发，因此髡刑记号仅用于女犯和诽谤罪：《汉穆腊比法典》第 127 条规定，指责女祭司或人妻的声誉但不能证实者应在法官们前被打并且被剃掉一半头发（髡耐刑）。除了传统的髡刑外，秦汉帝国还创造了第二种用头面部毛发区别奴隶和公民的方法："耐为隶臣妾"的耐刑，即剃去胡须或者剃去头顶的毛发。秦汉法律竹简中，髡刑作为私人奴隶的记号常被提到，但是髡刑没有像耐刑那样单独成为一个国家规定的罪罚级别的名称，这是因为不伤残肉体的"髡刑"在这一时期的公法中可能被改称为"完刑"。曹魏时的孟康解释"民年70 以上若（和）不满十岁有罪当刑者，皆完之"说："不加肉刑，髡剔也。"（《汉书》，第 88 页，惠帝纪）[1]

韩树峰说："秦汉律令中的'完'不是身体完好无损之意，恰恰相反，解释成'髡'或'耐'可能更符合立法者的原意。无论剃去头发的髡刑还是剃去鬓须的耐刑，在停止刑罚之后，均可以恢复原貌，相对于因肢体残伤而使形貌无法复原的肉刑而言，称为完刑是恰如其分的。"[2] 由于头毛发剃去后，还可以长出，不是终身的烙印，所以定为耐和完（髡）刑等级的奴隶都是有期徒刑。

秦汉的国家男奴隶的等级由低到高分为：黥城旦（臣，终身）、完城旦（臣，3—6 年）、鬼薪（臣）、隶臣、司寇等 5 个等级（秦法还有"候"）。女奴隶分为黥舂（谷妾）、完舂（谷妾）、白粲（妾）和隶妾四个等级。被奴役期较短的司寇、隶臣妾和鬼薪、白粲的奴隶记号是"耐"：耐为司寇、耐为隶臣妾、耐为鬼薪白粲。司寇是奴隶中地位最

---

[1]《汉书》，中华书局，1962。
[2] 韩树峰：《秦汉律中的完刑》，《中国史研究》2003 年第 4 期。

高的，他以奴隶身份管理城旦舂奴隶（管 20 个城旦舂，"云梦秦简"：简 212—213）。由于奴隶多由外族俘敌（寇）和犯法公民充任，"司寇"意为"管理敌俘、罪奴者"。

由于髡刑一词在《云梦秦简》和《二年律令》等法典中被同类的"完"刑代替，髡刑的提法只出现在对家内奴隶的私刑中，如秦法规定：有爵位的贵族或属国君髡其继承人为奴者要判罪（谳：初判上报），但普通公民髡其子或奴妾并不犯公法罪：

"擅杀、刑、髡其后子，谳之。""父母擅杀、刑、髡子及奴妾，不为公室告。"（"云梦秦简"：简 473）"主擅杀、刑、髡其子、臣妾，是谓非公室告，勿听。而行告，告者罪。"（"云梦秦简"：简 442、473—474，法律答问）。

汉高祖九年十二月，"（赵相）贯高等谋逆发觉，逮捕高等，并捕赵王敖下狱。（赵）郎中田叔、孟舒等十人自髡钳为王家奴，从王就狱。"（《汉书》第 67 页，高帝纪下）。汉高帝曾购求楚将季布千金，濮阳周氏为救他，将其髡卖为奴："乃髡钳季布，衣褐衣，之鲁朱家所卖之。"（《史记》第 2729 页，季布栾布列传）[1] 可见在秦朝和汉初，私家奴要被剃光头发和胡须（髡）并颈戴铁环（钳），着褐色奴衣，而公家奴则分为完（髡）刑和部分剃发须的耐刑两种。

私家奴隶犯罪后，也要受黥刑，但私家奴的面部记号和国家奴隶不一样，刺字于颧骨，被称为"黥颜頯"：

奴婢殴庶人以上，黥頯（kuí），畀主。

奴婢自讼不审，斩奴左止，黥婢頯，畀其主。（《二年律令》：简 30，贼律；简 135：告律）。

人奴妾治（笞）子，子以辜死，黥颜頯，畀主。（"云梦秦

---

[1]《史记》，中华书局，1959 年。

简"：简 74，法律答问）。

　　私家奴的黥頯是等同于司寇的耐同属轻刑：司寇、迁及黥颜頯罪，（减为）赎耐；赎耐罪，罚金四两（《二年律令》：简 129，告律）。

　　东汉许慎《说文解字》[1]（第 864 页，九下）释"髟"与"耐"："罪不至髡也。从而，从彡。或从寸。诸法度字从寸。"《史记集解》和《汉书》注释中都引用了东汉人应劭对此刑的更细的解释："轻罪不至于髡，完其耐鬓，故曰耐。古'髟'字从彡，发肤之意。"（《史记》，第 64 页；《汉书》，第 3092 页）他解释耐刑是剃去头上的毛发但（男奴）保留（完）面部的胡须（耐）和鬓（女奴保留鬓发）。此义和《汉语大词典·简编本》[2]（第 1290—1291 页）和《古代汉语词典》[3]（第 366,1102 页）解释"耐/髟"为"剃除颊须"不合。由于耐是臣或妾的奴隶记号，保留头发而仅仅剃除颊须显然无法区别男臣和 20 岁左右的无须的男青年自由人（庶人和爵士），也无法区别无须的妾奴和自由人的人女或人妻。因此，我们应该认为耐刑是髡刑的变革，是部分剃除头发，保留胡须（男）和鬓发（男女）。男女奴隶的耐发型可能类似"文革"期间红卫兵为所谓"罪人"剃的中间无发，两边留鬓发的"阴阳头式"。

　　罪行重、奴役期长的做城旦男奴和舂谷女奴隶分两个等级：1."完城旦舂"是中等的奴役刑罚，他们的奴隶记号应该是完全剃去头发和胡须的"髡"刑；2.面额刺字的"黥城旦舂"是对死刑以下的重罪犯的处罚。这类男奴"旦起行治城"（《汉书》惠帝纪，应劭注）及修筑城墙、搬运等类似苦役，女奴舂米为公粮。从黥面终生无法去掉分析，"黥城旦舂"奴隶为无期刑徒，除非国家大赦，他们一般将终身为奴隶。这类奴隶必须穿着特殊的红色衣服和红帽子，腿上有黑绳索绊。

---

［1］　李江恩、贾玉民：《说文解字译述》，中原农民出版社，2000。

［2］　《汉语大词典·简编本》，湖北／四川辞书出版社，1996。

［3］　《古代汉语词典》，商务印书馆，1998。

老城旦奴不被看守。城旦舂工作时，不许到集市和留舍集市门外，行应绕过集市。城旦舂毁坏瓦、铁、木器，折断大车轮，应该鞭笞之：物值 1 钱银，笞 10 下，值 20 钱以上，多笞之；如果不鞭笞，负责官员赔偿物价一半：

> 城旦舂衣赤衣，冒赤帽，拘椟欚杕之。仗城旦勿将司；其名将司者，将司之。舂、城旦出繇（徭）者，毋敢之市及留舍閬外；当行市中者，回，勿行。城旦舂毁折瓦器、铁器、木器，为大车折轅，辄治（笞）之：直（值）一钱，治（笞）十；直（值）廿钱以上，孰（熟）治（笞）之，出其器。弗辄治（笞），吏主者负其半。（"云梦秦简"：简 214—216 :《秦律十八种，司空》）

古代两河流域除了臣（wardu）和妾（amtu）是一般男女奴隶的名称外，在古苏美尔时期（公元前 2500—前 2300），还有一种强健的男奴隶被称为"盲者"（igi-nu-du$_8$），他们可能是外族敌国的俘虏，为了防止他们反抗和逃亡，眼睛被国家刺瞎。这些盲人一般分给椰枣园丁，可能用于推转提水机械浇灌椰枣树。女奴隶一般在毛纺作坊、磨坊、厨房、酿酒坊、洗染坊工作。一些成年女奴隶身边带有孩子，已离开奴隶母亲的男孩和女孩被称为"孤儿"。在古巴比伦及以后的时期，盲奴这一名词很少出现，可能已被废除。不过，中亚述国王沙勒马那沙尔（公元前 1273—前 1244）提到他曾把一万四千名米坦尼和赫梯俘虏刺瞎眼睛，可能是用为奴隶。中国甲骨文中的"臣"字的图形就是一只眼睛，而金文中出现的"民"字为利器刺左眼。"民"和"盲"古同音。可见夏商周时也把身强力壮的男俘虏刺瞎一只眼，用为男奴隶。后来，对奴隶的肉刑只留下割掉鼻子（劓）和膝盖（刖），黥面（墨）以及阉割奴隶作为宫内太监（腐）。两河流域法典中也有宫（腐）刑。古巴比伦宫中不能生育的男仆，应是最早的太监。亚述时期的宫内太监和我国的太监以及罗马皇帝的被释奴一样是国家元首的私人奴隶，他们有时握有国家大权，出任宫宰、元帅和行省总督。进入奴隶社会的两河流域同中华各朝代的奴隶社会一样，奴隶对主人绝对服从的阶级关系也进入到自由民的不同阶级中，相对的奴隶关系是自由的公民对其主人（神明、国王或上司、丈夫等）也必须自称和自认为是其主人的臣或妾。

二、秦汉以立功赎罪法免除国家奴隶身份；巴比伦以免除债务法解放债务奴

在人的等级决定人的权利的奴隶社会中，公民和奴隶都有等级差别，秦汉王朝把公民分为无功的庶人和有军功的爵士。爵士的地位共20个等级，最高的20—16级是彻侯、关内侯、大庶长、驷车庶长、大上造 / 大良造，最低的1—5级是公士、上造、簪袅、不更、大夫。庶人可以通过立功一级一级向上升成为贵族，爵士公民犯法后可以向下降爵位免除国家将他沦为奴隶的惩罚。

秦汉国家的军爵赎身法规定公民或普通奴隶（隶臣妾）可以通过为国家做贡献为亲属奴隶和自己赎身。秦"军爵律"就规定了二级爵位（上造）以上的公民降低自己的两级爵位变为庶人（最低公民）可免去自己的亲父母中一人的奴隶身份；以及第二等级的奴隶（隶臣）斩了足够敌首而连升两或三级成为公士（隶臣→（司寇）→庶人→公士）级公民；如果降爵位一级为庶人，他可免除自己妻妾一人的隶妾身份的；同理，一个隶臣身份的工匠斩一敌首，或他的亲属或朋友为其斩敌首，他可升为自由工匠，但身体受肉刑的奴工只能成为半自由的国家工匠：

欲归爵二级以免亲父母为隶臣妾（身份）者一人，及隶臣斩（敌）首（而成）为公士，谒归公士而免故妻隶妾一人者，许之，免以为庶人。工隶臣斩首及人为（其）斩首以免者，皆令为工（人）。其（身）不完者，以为隐官工。（"云梦秦简"：简222—223，《秦律十八种》）。

为了增加奴隶数量，秦汉法不但把敌国的俘虏沦为国家公有奴隶，还把被俘虏或失踪后逃回的公民沦为国家奴隶：

战死事不出（降），论（功）其后（人）。有（又）后察其不死，夺后爵，除伍人；不死者归，以为隶臣。寇降，以为隶臣（"云梦秦简"：简365—366，《秦律杂抄》）。

由于没有国家奴隶制只有债务奴隶制，巴比伦国家不用戴罪立功赎罪的方法来减少沦为奴隶的公民数量，而是禁止私人家庭把有期限的债务奴隶变成真正的终身奴隶。所有的债务奴隶在被奴役四年后都应获得自由。当一个国王继位后往往大赦全国的债务奴隶，其事在国王的年名中被称为"在全国建立了公正（或国民的自由），使人心舒畅"。巴比伦王萨比乌姆以及汉穆腊比和他的四个后代王：叁苏伊鲁那、阿比埃舒赫和按米迪塔那、按米嚓杜卡的年名都证实了他们在其元年发布解负令释放债奴婢的重大举措。和秦汉法把被俘的公民沦为国家奴隶不同，当被俘或失踪的巴比伦士兵回到祖国后，巴比伦法律仍然把他看为公民，把公民享有的份地还给他。当一个在敌国为奴的前公民被商人作为奴隶买回国时，法律要求他的自由不用赎金就立即被恢复：

巴比伦法27条：如果一个士兵或"渔夫"士兵在国王的要塞

中被"转走"（？失踪），在他（失踪）后，他们（官员）把他的土地和椰枣园交给了另一人，而且他执行了他的兵役。如果他回来了，并到达了他的城邑，他们（官员）应把他的土地和椰枣园还给他，他本人应（继续）履行他的兵役。

117条：如果一个人债务缠身，他或卖掉他的妻子、儿子或女儿，或（把他们作为）债务抵押，他们（人质）应该为他们的买主或债务奴主家服务三年，在第四年，他们的自由应被确立。

280条：如果一个人从敌国买了一个人的男奴隶或女奴隶，当他回到国内时，男奴隶或女奴隶的主人认出了他的男奴隶或女奴隶；如果这些（被认出的）男奴隶或女奴隶（曾）是这国家的人民（"儿子们"），不需要赎银，他们的自由应该被建立。

三、律令对比：巴比伦处死或肉刑重犯；秦汉沦其为国家奴隶

由于巴比伦国家没有大量地使用奴隶，巴比伦法一般把严重犯法者处死或施以肉刑。与其对比的是，需要大量的奴隶从事于帝国工程和服务于战争的秦汉帝国的法律并不把许多重犯人处以死刑而将其从公民下降到奴隶，除了公民私有的大批奴隶外，罪人成为国家奴隶的主要来源之一（战俘是另一主要来源）。秦汉帝国所使用国家奴隶数量是相当大的，可能超过百万：秦"始皇初继位，穿治郦山；及并天下，天下徒送诣七十余万人"（《史记》始皇本纪）。始皇二十八年南巡至湘山祠，遇大风，"大怒，使刑徒三千人皆伐湘山树，赭其山"，三十五年，"隐宫、徒刑者七十余万人，乃分作阿房宫，或作丽山"（《史记》第248、256、265页始皇本纪）。（周章）袭击秦，行、收兵至关，车千乘，卒数十万，至戏，军焉。秦少府章邯免郦山徒、人奴产子，悉

发以击楚大军，尽败之。(《史记》第 1955 页，陈涉世家，秦奴隶军比楚军多，应不少于 30 万)

为了增加奴隶的数量，当一个男公民犯法成为完城旦和鬼薪以上的国家奴隶时，他的家属也同时沦为国家奴隶。这就是中国奴隶制刑法中特有的"连坐"和"株连"法：

> 罪人完城旦、鬼薪以上、及坐(强)奸府(腐刑)者，皆收其妻、(未婚)子(女)、财、田宅。其子(女)有妻(或)夫，若为户、有爵、及年十七以上若(如)为人妻而(被)弃、寡(居)者，皆勿收(汉《二年律令》7 收律：简 174，收律)；
>
> 隶臣将城旦，亡之，完为城旦，收其外妻、子。子小未可(分)别，令从母为收。可(何)谓"从母为收"？人固(个)买(卖)，子小不可别，弗买(卖)子(之)母谓殹(也)("云梦秦简"：简 486，《秦法律答问》)。

古巴比伦国家尚没有发展到奴隶社会的高级阶段——国家奴隶制，还停留在家庭奴隶制阶段。因此，法律往往把较重的罪犯处死，而不是沦为奴隶。由于国家对奴隶的数量要求不大，因而没有株连法律。法律所注重的是奴隶和牛马一样是属于宫廷、家族和家庭的不可剥夺的私有财产，因此国家必须用法律保证他们对主人的服从和家庭主人对他们的所有权和统治权。成于公元前 14—前 11 世纪的《中亚述法典》比《汉穆腊比法典》晚几个世纪，其中的刑罚已包括为国王劳动 20 天或一个月[1](第 103—125 页，表一：第 7—10、14—15、18 条；表二：第 2 条；表三 3：第 19、21、40 条)，但是和秦汉法比照，罪犯被奴

---

[1] 林志纯主编《世界通史资料选辑》上古部分，商务印书馆，1962。英文见 Roth, Law Collection from Mesopotamia and Asia Minor, pp. 153—194。注意：林志纯的表一是 Roth 的泥板 B，表二＝泥板 C，表三＝泥板 A。

役时间非常短。

　　我们可以从以下列举的具体法律中发现两个文明的法律对同类罪行分别施以死刑和徒刑两种不同的惩罚方式。

1. 诬告人以死罪、伪证死罪：巴比伦法处死，秦汉法黥为城旦舂国家奴。

　　巴比伦法1：如果一个人控告另一个人，并把谋杀罪加于他而不能证实他（犯罪），控告他的人将被处死。

　　《二年律令》4告律：诬告人以死罪，黥为城旦舂，它各（诬告）反（坐）其（诬告的）罪。（简126）

　　巴比伦法3—4：如果一个人在一个诉讼中出庭作伪证，而不能证实他说的话，如果这个案子是个死刑案，那个人将被处死。如果他出（庭）做有关银钱和粮食（案）的证人，他应承担那个诉讼的全部的惩罚。

　　《二年律令》3具律：（作）证不言请（情）、以（放）出、（系）入罪人者，（事关）死罪，黥为城旦舂；它各以其所出入罪反罪之。狱未鞫而更言请者，除。吏谨先以辨告证。（简110）

　　巴比伦法5：如果一个法官审判了一个诉讼，给出了一个裁决，并通过了一个加印文件，后来他更改了其判决，人们要证实该法官更改了他做出的判决，因此他应交纳那个诉讼请求的12倍，同时人们将使他从公民集会中他的审判席离开，他永不能再回来，在诉讼中他不能再与法官们坐在一起。

　　《二年律令》3具律：鞫（鞫）狱故纵、不直，及诊、报（断）、辟故（意）弗穷审者，死罪（案），斩左止为城旦，它各以其罪论之。其当系城旦舂，作官府偿（赏）日者，罚岁金八两；不盈岁者，罚金四两。（简93—94）

2. 放纵或藏匿逃亡奴隶（罪人）：巴比伦法处死，秦汉法为国家奴隶。

巴比伦法 15—16：如果一个人把宫廷的男奴隶或宫廷的女奴隶或穆什根努（半自由人）的男奴隶或穆什根努的女奴隶送出城门，他应被处死。如果一个人在他家里窝藏属于宫廷或穆什根努的逃亡的男女奴隶，他不按照传令官的传唤送出（逃奴），那家的主人将被处死。

秦汉法对看守奴婢而丢失或遇路劫而放走奴婢者的处罚为剃发为隶臣妾（耐）；对放走城旦春和鬼薪白粲级别奴隶的纵奴者和藏匿死罪犯者刺面为城旦春奴隶：

《二年律令》3 具律：……及守将奴婢而亡之，篡遂纵之、及诸律令中曰"与同法、同罪"，其所与同当刑复城旦春及曰黥之若（或）鬼薪白粲当刑为城旦春、及刑畀主之罪也，皆如耐罪然。其纵之而令亡城旦春、鬼薪白粲也，纵者黥为城旦春。（简 107—109）

《二年律令》6 亡律：匿罪人，死罪，黥为城旦春，它各与同罪。（简 167）

3. 偷盗、拐卖人口：巴比伦法处死，秦汉法为国家奴隶。

巴比伦法 6—8：如果一个人偷了神或宫廷的财产，那个人应被处死；而从他手中接受赃物者也应被处死。如果一个人从人之子（公民）或人之奴隶的手中买了或者接管了银子、金子、男奴隶、女奴隶、牛、羊、驴或者任何其他东西，而没有证人或契约，那么，那个人是小偷，应被处死。如果一个人偷了牛、羊、驴、猪或船，如果它是属于神，如果它是属于王室，应赔给（神或王室）最多（所偷物）的 30 倍；如果它是属于穆什基努（依附民）的，他应偿还 10 倍；如果那个小偷没有东西可给，他应被处死。

巴比伦法 10：如果（辩护诉讼物是）买（非盗）者不能带来卖给他（该物）的卖者或在他们面前他买（东西）的证人们，但是失主带来了知道他失物的证人们，因此"买者"是小偷，应处死；而失主将拿回他的失物。

巴比伦法 14：如果一个人偷了另一个人的小孩，他应被处死。

《二年律令》2 盗律：盗臧直过六百六十钱，黥为城旦舂；六百六十到二百廿钱，完为城旦舂；不盈二百廿到百一十钱，耐为隶臣妾；不盈百一十到廿二钱，罚金四两；不盈廿二钱到一钱，罚金一两。（简 55—56）

知人略卖人而与贾，与同罪。不当卖而和为人卖、卖者皆黥为城旦舂，买者知其情，与同罪。（简 67）

4．入室盗、抢劫、趁火打劫：巴比伦法处死，秦汉法磔裂、沦其妻与子为国家奴隶。

巴比伦法 21—22、25：如果一个人挖入一个房屋，人们（官员）应在挖洞处之前处死他，并把他吊在那儿。如果一个人抢劫了东西并被抓住，那个人应被处死。如果在某人的房子里火灾发生，一个前去扑火的人看中了房主的家什并拿走了房主的家什，那个人应被投入那火中。

《二年律令》2 盗律：劫人、（或）谋劫人求钱财，虽未得若未劫（者），皆磔（裂）之。罪其妻、子，以为城旦舂。（如）其妻、子当坐者偏（佐）捕，若（或）告（其于）吏，吏捕得之，皆除坐者罪。（简 68—69）

5. 通奸、强奸抢妻、乱伦：巴比伦法处死，秦汉法罚为国家奴妾和阉割宫奴、肉刑奴隶。

巴比伦法129—130：如果一人妻与一男躺下时被抓住，人们应将他们捆住，投入水里，如果妻的主人希望留其妻生命，那么国王也可以留其男臣仆的生命。

如果一个人制服一个不"知"男人的、住在她父家中的人之（未婚）妻，并躺在她的下身上，但人们抓住了他，那人应被处死，那女应被释放。

《二年律令》7杂律：诸与人妻和奸（者）及其所与（者）皆完为城旦舂。其（为）吏也，以强奸论之。强与人奸者，府（腐刑）以为宫（廷的）隶臣。强略人以为妻及助（其）者，斩左止（趾）以为城旦。（简192—194）

巴比伦法155：如果一个人为他儿子选配了个儿媳，其子已经"知道"（性交了）她，当他本人躺在她的下身时，人们抓住了他，人们应该把他捆绑并把他投入水中。

《二年律令》复（取）兄弟、季父、伯父（之）妻（或）御婢，皆黥为城旦舂。复男弟兄子、季父、伯父（儿）子之妻（或）御婢，皆完为城旦。（简195）

6. 自由人伤自由人：巴比伦法同态肉刑，秦汉法为国家奴隶；自由人伤他人奴隶：巴比伦法罚银钱；父鞭子女或夫鞭妻（半奴隶）或上级骂下级：秦汉法无罪。

巴比伦法196—197、200：如果人弄瞎了自由人（人之子）的眼睛，人们应弄瞎他的眼睛。如果他折断了人的骨，人们应该折断他的骨。如果人打掉一个与他地位相同的人的齿，人们应该打掉他的齿。

　　巴比伦法 198—199、201：如果某人弄瞎了一个依附民穆什基奴的眼睛或折断了依附民穆什基奴的骨头，他应该称出银一斤（作为赔偿）。如果某人弄瞎了人的奴隶的眼睛或折断了人的奴隶的骨头，他应该称付他价格的一半（给奴隶的主人作为赔偿）。如果某（自由人）打掉了穆什基奴依附民的牙齿，他应该称出银三分之一斤。

　　《二年律令》1 贼律：斗而以铩（刃）及金铁锐、锤、椎伤人，皆完为城旦舂。其非用此物而伤人，折枳（肢）、齿、指，胅体（关节），断决鼻、耳者，耐。

　　《二年律令》1 贼律：殴兄姊及亲父母之同产，耐为隶臣妾。其会詢詈（诟骂）之，赎黥。（简 41）

　　巴比伦法 209—210：如果一个（自由）人打了自由女（直译：人之女），使她流掉了她的胎儿（直译：身中物），他应该称出银十钱作为她的胎儿（的赔偿）。如果那个女（自由）人因此死亡，人们应该处死他的（打人者）女儿。

　　《二年律令》1 贼律：斗殴变人，耐为隶臣妾。（怀）子而敢与人争斗：人虽殴变之（流产），罚为人变者金四两。（简 31）

　　父母殴笞子及奴婢，子及奴婢以殴笞辜（伤势）死，令赎死。（简 39）（案：打伤无罪，打死罚钱）

　　妻悍而夫殴笞之，非以兵刃也，虽伤之，毋罪。（简 32）
　　长吏以县官事詈少吏者，亦得毋用此律。（简 47）

7. 自由人打骂上级、妻子打丈夫：巴比伦法鞭笞，秦汉法为国家奴隶；打伤同级：巴比伦法、秦汉法均罚钱。

　　巴比伦法 202：如果一个人打了一个地位高于他的人的脸，

他应该当众被打六十牛皮鞭。

《二年律令》1 贼律：妻殴夫，耐为隶妾。（简 33）以县官事（职）殴若（或）詈（骂）吏，耐。所殴詈（者为）有秩以上，及吏以县官事殴詈五大夫（爵）以上，皆黥为城旦舂。（简 46—47）

巴比伦法 203：如果自由人（"人之子"）打了与他地位相同的一自由人的脸，他应该称出银一斤（作为赔偿）。

《二年律令》1 贼律：其毋伤也，殴同列以下，罚金二两；其有痏痛及瘢，罚金四两。（简 28）

8. 奴隶打奴隶：巴比伦法罚钱，秦汉法黥面；奴隶打自由人或子犯父母（不孝）：巴比伦法肉刑（割耳、手），秦汉法黥为国家奴隶。

巴比伦法 204：如果穆什基奴依附民打了另一个穆什基奴依附民的脸，他应该称银十锱（作为赔偿）。

巴比伦法 205：如果一个人的奴隶打了自由人（人之子）的脸，人们应该割掉他的耳朵。

巴比伦法 195：如果儿子打了他的父亲，人们应割掉他的手腕。

巴比伦法 282：如果（认出的）奴隶对他的主人说："你不是我的主人。"在他证实他是他的奴隶后，他的主人可以割掉他的耳朵。

《二年律令》1 贼律：鬼薪白粲殴庶人以上，黥以为城旦舂。（殴打）城旦舂也，黥之。奴婢殴庶人以上，黥頯（颧）畀主。（简 29—30）

教人不孝，黥为城旦舂。（简 34—37）

9. 自由人或官吏打死奴隶（秦汉法包括父打死子女）：巴比伦法罚钱，秦汉法罚钱。

巴比伦法 208：如果（死者）是半自由人（依附民穆什基奴之子），他应该称出银三分之一斤（作为赔偿）。

211—214：如果他打了一个半自由女（依附民穆什基奴之女）并使她流掉了她的胎儿，他应该称出银五锱（作为赔偿）。如果该半自由女死了，他应该称出银二分之一斤（作为赔偿）。如果他殴打人的女奴隶，使她流掉了她的胎儿，他应该称出银二锱（作为赔偿）。如果那个女奴死了，他应该称银三分之一斤。

《二年律令》1 贼律：父母殴笞子及奴婢，子及奴婢以殴笞辜（伤势）死，令赎死。（简 39）

诸吏以县官事笞城旦舂、鬼薪白粲，以辜死，令赎死。（简 48）

10.1）男奴娶民女生子：巴比伦宫奴子为自由人，秦汉奴子为奴隶；禁止男奴隶与女主或主人女通婚：违者，奴隶处死，女人为国家奴隶。2）女奴和男人生子：巴比伦法为自由人，秦汉法低等男自由人与女奴生子为自由人，但是男主人和他人的女奴有子为奴婢。

巴比伦法 175：如果一个官廷的奴隶或穆什根努依附民的奴隶娶了一个自由人之女，并生了儿子们，奴隶的主人不能要求自由人之女的儿子们为（其）奴。

《二年律令》8 杂律：民（女）为奴妻而有子，子畀奴主。主（和）婢奸，若为它家奴（之）妻，有子，子畀婢主，（母子）皆为奴婢。（简 188）

巴比伦法 171：如果父亲在世时没有对女奴为他生的儿子们

说:"（你们）是我的儿子们。"在父亲走向命运后，女奴的儿子们不能与正妻的儿子们一起分割父亲的家产；但是女奴和她的儿子们的自由应被确立；正妻的儿子们不能要求女奴的儿子们为奴隶。

《二年律令》8 杂律:（女）奴与庶人奸，有子，子为庶人。（男）奴取（娶女）主、主之母及（或）主妻、子以为妻，若与奸，弃市，而耐其女子以为隶妾。（简 189—190）

四、结论

综上所述，我们看到古巴比伦国家处于奴隶社会的早期阶段——家庭私有奴隶制阶段，其奴隶基本上来自外族和债务，由于国家对本族奴隶的数量要求不大，国家用法律往往把较重的罪犯处死，而不是沦为奴隶，也没有把罪犯亲属处死或沦为奴隶的株连法律。秦汉国家处于奴隶社会的高级阶段——国家公有奴隶制阶段:除了公民家庭使用私有奴隶外，奴隶制帝国还大量使用公有国家奴隶。国家奴隶的来源一部分出自外国战俘，更多的是帝国通过刑法将犯有不同程度罪行的公民沦为不同级别的国家奴隶，因此。秦汉帝国没有像早期奴隶制国家巴比伦那样大批处死罪人。为了防止奴隶逃亡，两河流域文明和中华文明奴隶社会都通过发型和肉刑给奴隶打上容易识别的记号。秦汉奴隶国家通过制定完善的严酷的奴隶制法律加强了帝国和领袖的权力，同时也获得了大量的最低成本的劳动力，从而可能开展大规模的国家水利和其他建设工程及征服战争。秦国的人民和奴婢共同建成了都江堰水利工程，把成都平原变成国家粮仓，建成了郑国渠，把关中平原变成粮仓。丰富的粮食、草料和大量的奴隶工匠、奴隶军事后勤人员使秦军数量庞大、武器精良、供给畅通。对国家的爵位、田宅、钱物的奖励的渴求、对国家奴隶制的有罪而被沦为奴隶的恐惧和对立功赎罪、解救沦为奴隶的家属的希望使公民将士遵守法纪、人人求战、个个奋勇。这样的战无不胜的公民军队使秦国战败六国，一举统一天下。由于皇帝或国王是国家的代表，国家奴隶实质上是国王或王朝的奴隶。这一制度的特点是，每个公民和家族都可以用货币购买或者战功分得奴隶作为自己的财产，但国家或者王朝可以不花钱，通过法律的惩罚把许多公民变成奴隶，成为国家奴隶制度最大的受益者："（秦王）怀贪鄙之心，行自奋之智，不信功臣，不亲士民，废王道，立私权，禁文书而酷刑法。"（《史记》第 282 页，贾谊）由于国家的强大可以保证公民的安全和温饱，作为国家奴隶制的牺牲品的全体公民在这个制度没有走向极端的同时也是这个制度的受益者，然而，当国家奴隶制度发展到极端，多数公民或沦为国家和贵族的奴隶或受到奴役制度的威胁时："繁刑严诛，吏治刻深，赏罚不当，赋敛无度，天下多事，吏弗能纪，百姓困穷而主弗收恤，然后，奸伪并起而上下相遁，蒙罪者众，行戮相望于道，而天下苦之"（《史记》第 284 页，贾谊），作为最大的奴隶主的王朝和皇帝就会被推翻。秦汉等国家奴隶制帝国灭亡的原因正是"专任刑罚"，至于"穷武极诈，士民不附，卒隶之徒，还为敌雠，猋起云合，果共轧之"，"赭衣（奴隶）塞路，囹圄成市，天下愁怨，溃而叛之"（《汉书》第 1089，1096 页，《汉书·刑法志》）。这就是历史发展的辩证性。陈胜、吴广的首发起义军多是奴隶、罪徒和贫民："陈涉，瓮（瓮）牖、绳枢之子，氓隶之人，而迁徙之徒"（《史记》第 281 页，贾谊）。由于大量地使用国家奴隶，中华帝国生产力的规模和技术水平远远超过古巴比伦和两河流域所有的朝代。强大而中央集权的奴隶制帝国制度使中华文明的时空规模大大超过了两河流域文明（公元前 3000—前 300 年），古代世界历史中可以与之媲美的只有战败波斯帝国、征服了古代两河流域和埃及文明的亚历山大的希腊奴隶制帝国和其继承人——罗马奴隶制帝国。然而，西方诸帝国的奴隶制度都不如中华帝国的奴隶制度稳定和强大，它们不久就先后被新兴的异族灭亡和瓦解了。世界上，只有伊斯兰文明的土耳其奴隶制帝国和中华奴隶制帝国一直延续到近代，它们只是在诸新兴的资本主义帝国的反复打击下才开始瓦解[1]。然后，这些历史上曾经辉煌的古老的民族通过社会变革和社会革命运动，从古老的半奴隶社会制度一下跳跃入新型的社会制度，从而获得了复兴、发展和进步的契机，得以再创辉煌。

---

[1]　吴宇虹:《从世界史角度看古代中国由奴隶制向半奴隶制社会的发展》,《东北师大学报（哲学社会科学版）》2005 年第 3 期。

文字起源及象形文字、楔形文字、中国文字和字母文字之异同[*]

王海利博士在《世界历史》2003 年第五期发文批评长期以来中国学术界把古埃及文字译为或统称为"象形文字"一词"错矣！"，其原因是"有的学者望文生义""以讹传讹"，建议我国学界的各类辞书把埃及古文字"象形文字"（英语单数 hieroglyph，复数 hieroglyphs）译为或称为"圣书文字"，请史学界"对这一问题亦需要提到议事日程上来，不要再以讹传讹，对古埃及文字的提法应进行修正"。笔者作为中国史学界的一员对此概念不敢苟同，因此对文字起源、造字基本方法、古文字命名和古埃及、两河流域和中国古文字表音兼表意的共同特征提出一些不同见解。

一、象形文字的概念和文字画（文字雏形）概念的区分

我们首先要区别两个概念是：一种符号一直保留象形特征具有真正语言表达功能的成熟文字可以称为"象形文字"，如埃及古文字和赫梯"象形"古文字，而一种符号象形但还不具有完全的语言表达功

---

* 　吴宇虹:《文字起源及象形文字、楔形文字、中国文字和字母文字之异同》,《上海师范大学学报》2006 年第 6 期。

能的符号集合只能被称为特殊图画（pictography, pictogram）——唐兰先生认为后者尚不能称为"文字"，将其译为"文字画"，没有像王博士那样译为图画文字。古埃及文字的符号虽然古朴象形，但它的语法功能和词类齐全，是一种和中国方块文字和两河流域楔形文字同样成熟的人类文字，所以我国前辈将这一文字体系称为"象形文字"应当是恰当的。王博士把象形文字或图画文字（hieroglyphs）和文字画（pictography、pictogram）的概念混淆了："故，象形者图画也。因此，我们似乎有道理将象形文字与 pictogram 对译。……显然，西方学者把 hieroglyphic 与图画文字界定开来，不承认而这是等同的。因此，我们把 hieroglyphic 对译为'象形文字'或'图画文字'都不妥当。"论述埃及象形文字的符号有表音作用，不是"图画文字"（＝文字画）后，他批判我国学术界说（55 页）："我国学界则存在不少的误解，把象形文字和图画文字硬行区分开来。笔者曾就此问题请教过几位文字学研究者，他们声称二者不是一回事。但要他们讲出个子丑寅卯来，则含糊其辞，显得力不从心。"可是，我国学术界并无人把古埃及和其他早期象形文字（hieroglyphs）和没有变为成熟文字的原始图画符集或文字画（王误译为"图画文字"）混合起来。唐兰先生早就把二者区分开来：他把文字前的图符称为"文字画"，而把符号由图画演变来的真正的文字称为图画文字，如：把成熟的文字象形文字称为图画文字。唐兰先生说："主张文字画的人，不知道象形字就是图画文字，从繁到简。从流动到比较固定。都是一种历史的过程，不能划分的。""把埃及古文字称为文字画，也是错的。因为文字画一个符号包括很多意义，也没有一定的读法，并不是可以分析做一个字跟一个字的，印第安土人是在这种阶段的。至于埃及文字，每个字都已可读，也应当是图画文字而不会是文字画了。"[1]王博士自己把符号象形的成熟的文字系统和原

---

[1]　唐兰:《中国文字学》，上海古籍出版社，2005，第 68—69 页。

始的、尚未发展到真正意义上的符号集合——图画符或广义的"文字"的概念混淆了。我们不应该把埃及的象形符号组成的成熟的文字和所有人类文字的原始雏形—— 文字图画混为一谈。在讨论各文明体系的造字方法时，我们常用象形字或象形符定义那些最基本的、被各文明文字发明者最早使用的那些文字符号。如果仅从狭义的造字方法出发，人类的每一种古文字的基础都是象形符，也都可以称为象形文字。

《大英百科全书》中对文字图画的解释是[1]：

"pictography（'文字'图画）：广义上包括所有的人类以图画方法进行的表达和沟通，不论图画是用绘、涂、划还是刻成的。它包括纯美学表达的原始企图、带有沟通目的的绘画——也许可以定类为文字的雏形以及利用图画做基本形式的充分的文字系统。狭义上，这一术语仅用于在岩石上的原始图画……本文讨论的是作为文字的原始雏形的、严格意义上的'文字图画'。（用图画作为符号的成熟的文字系统如埃及和赫梯文字经常被称为 hieroplyphic 象形文字，在象形文字等词条中另行讨论。）""所有文字的基础是图画。在原始人中，一幅图画可以粗糙地满足识字人们用文字完成的要求。时间流逝，图画向两个方向发展：1）向绘画艺术方向：图画独立于语言之外，继续或多或少地忠实地复制着周围世界的东西。2）向文字方向：在发展中，符号群可能仍然保持它们的图画特征，也可能不保持，但它们最终成为语言元素的象征符。""文字的雏形可分为几个层次。在原始层次中，把物品和存在物用表示这些物品和存在的图画代表。第二层次——联想层次：依靠意思联想的方法包括可以表达与图画相联系的概念的符号。用原始方式，一个太阳图仅表示太阳，而用联想方式，太阳图有'日子、光明的'等意。第三个方式——语音化或以图画表示词或音素的原则

---

[1]《大英百科全书》[Z]，芝加哥：美国不列颠百科全书出版公司，1966 年版，第18 卷，第 1053—1055 页。

在所有的成熟文字当中，如苏美尔文、埃及文和中文，起着最重要的作用，但几乎没有在任何文字的雏形中证实过。……文字图画在美洲的印第安人中被广泛地使用，印第安人在系统化和标准化方面达到了一个远远高出其他比较系统的水准。印第安人图画的一个奇怪的特性是在每个部落的系统中每个印第安人都非常精确地画同样的图。与此相反，在非洲尼格罗黑人的图画中，不同的本地风格可以很容易地识别出来。"

人类发明的所有文字（不包括借用的文字）都有它们的创始阶段——原始创造或画象形字阶段。当我们的祖先发现图画符号可以代表语言概念时，他们开始了文字创造的第一阶段——象形符号阶段：两河流域的楔形文字的源头是在乌鲁克、捷姆迭特那色和乌尔等地发现的两河流域古象形文字（公元前3100—前2700），这些具有图画特征的古象形字的圆笔画在舒如帕克字体阶段（公元前2600）才被楔形状的直笔画代替，开始不太象形，以后逐渐简化和变形，最后发展为完全不象形的亚述体楔形文字，因此被称为楔形文字。埃及象形文字的源头是埃及象形文字成熟前的古象形文字阶段，古文字的图画形状在已经使用表音字符的成熟的埃及文字中一直没变，被称为圣书体，因此埃及文字被称为象形文字。中华文明文字也有古象形字阶段，其图画特点很明显地保留在早期的甲骨文字和金文字的形状中，在发展到小篆体时，开始不太象形了，但笔画保留了弯曲、优美的图画特征，到秦汉时，隶书体的中国文字具有了方块文字的特征，已完全不象形了。

"文字"图画的特点是所有符号都只能表示与图形相似的具体的动词和名词概念，都是语义符（ideographs）。语义符不能表示语言句子中的代词、介词、助词、连词、感叹词等虚词的语音和概念，也不能表示动词和名词在语言规则变化中必不可少的语音变化。爱斯基摩人和美洲印第安人都有过这种不成熟的"文字"图画（也许古代克里特的图画符号也是），但没有发展成真正的文字。虽然图画符的集合体不能完整地、准确地表示人类语言的全部功能，然而它是所有的创始文字都必须经过的初级阶段。在部分字符得到了表音功能后，尽管符号形状仍然保留图画符的象形特点，人类的文字已经从初始的文字图画阶段进化到既能表意、又能表音从而能完全表达语言的成熟文字系统，如两河流域的楔形文字、中国的甲骨文、金文以及埃及的象形文字。为了提高书写效率，各古文明的文字系统都有过简化文字符号的形状和笔画的漫长过程。在简化过程中，两河流域的象形字体由于在泥板上刻画行笔的特点使笔画起点呈三角形，变成了"楔形"文字，中华文字在契刻的甲骨文和铸模金文中还是象形字，演变到毛笔蘸墨书写的隶书时，丧失图画形状，被称为"方块字"。只有埃及、赫梯、玛雅文字以及我国纳西族等少数文字的符号从始至终地保持了象形的特征，所以它们被国际学术界称为"象形文字"。我国学术界一直没有将表示不成熟文字的文字图画概念和表示古文字符号特征的"象形文字"概念相混淆，我国学术界的先人也没有用"象形文字"一词表达埃及、两河流域、赫梯、中国等人类古文字创始阶段的图画"文字"，而是用"象形文字"一词准确地表达了成熟的古埃及文字的形状特点。

二、"象形文字"一词符合古文字的命名法规律

当人们看见一种古文字而对其语言特性不甚了解时，只能根据其外部特征对其命名。由于文字符号的形状是一种文字最明显的特征，最先把一种古文字介绍给世界的学者总是自然而然地用文字形状为其命名，这一命名随后被人们约定俗成地接受和使用了。如两河流域古文字的各种笔画基本上都有一个三角形的起笔，因而笔画呈现木楔的形状，英文称作 cuneiform "楔形"。中国文字通用的楷体字都呈现方形，因而中国文字被称为"方块字"。埃及和赫梯古文字的符号因始终

保持其图形特点，被中外学术界称为"象形文字"。西方的拼音文字的字符是 abcd……英文称为 alphabet，意为"a（元音字符）和 b（辅音符）"，汉语称为"字母"（辅音和元音）。春秋战国时楚国、越国的文字符号带有鸟形或虫形装饰，被称为"鸟书、鸟篆、虫书"，大都用于兵器，鸟形和虫形的图案，往往错见。直到汉代的瓦当和印文中还常见。汉人不识战国时用漆写出的粗头细尾的古文符号，因其外形像蝌蚪，称其为"蝌蚪文"。可惜王博士不懂得学术界这种命名各种文字的一般规律，反而画蛇添足地建议什么"圣书文字"。他说："国外则不存在象形文字这一说法。"国外不用汉字，当然不用汉语的"象形文字"一词。但和中文同样，埃及文字在英文的概念中就是"象形文字"。英文词 hieroglyph 的希腊语词源虽是王博士所说的"神圣的刻画"，但这个英文词的本意已经脱离了"圣书文"的词源意义，被赋予了"象形字"之义，《牛津高阶英汉双解辞典》对它的定义是: picture or symbol of an object, representing a word, syllable or sound, as used in ancient Egyptian and other writing，"一个物品的图形或象征符号，表示一个词、音节或声音，用于古代埃及的和其他的文字中。"西方学界借用希腊词 hieroglyphs 去定义其符号为图形的各种古代文字和字符与中国学界用"象形文字"去定义同类文字同出一理，异曲同工。这一概念的译法表现了中国学者的智慧，并不是像王博士所贬低的（54 页）："我国学者望文生意，把它们称为古埃及象形文字。"王博士非要根据这个希腊词的词源意义"圣书文字"去扭曲该词的"象形文字"的本意，必然会词不达意，造成读者对象形文字理解的困难或混乱。按这种标准，是否所有的象形文字（hieroglyphs）：赫梯象形文字、玛雅象形文字、克里特象形文字、中国早期象形字（金文、甲骨文）和其他象形文字也要改称为"圣书文书"，它们的象形字也要改称为"圣书字"？注意西方塞姆语字母文字的早期字母符号也是"人头（reš）、牛（alfa）"等象形符号，但最后发展成为不象形的线形符号，是否要把它们的早期符号也改称为"圣书符号"？他之所以要废止汉语中已广泛使用的术语"象形文字、象形符"，可能是不理解外语翻译的准则是"信、达、雅"，不是翻译研究单词的词源意义。

三、象形文字、楔形文字和中国文字的灵魂都是表意符和声符并用文字

王博士文中向读者传递了许多文字学错误概念。他说（56 页）："将 hieroglyphic（！）对译为'象形文字'，错矣！其原因总结如下：第一，hieroglyphic 中的绝大多数图形符号失去了象形（即"以形表意"）之功能，它虽然始终保持着图形面貌，但业已失去图形本身所表示的意义，而转化为声符号，即"以形表音"，成为最原始的"字母"。……第三，古埃及文字体系的灵魂是拼音，该文字借用图形符号表音，即以形表音，是一种界于表意文字与表音文字之间的文字类型。"

中国学术界早就知道：象形文字"最常使用的符号大约共 700 个，到罗马时期增长到 5000 多个"，"埃及象形文字属于表意文字体系，但象形文字的重要特点是既属于表意文字体系，又有声符号。而声符号原本也是表意符号。"[1] 两河流域和埃及的表意兼表意古文字体系发展了一千多年后，以乌旮瑞特楔形字母文字、古波斯楔形文字、原始塞姆语字母文字、腓尼基文、希腊文和拉丁文等为代表的纯表音的字母文字才出现，他们仅有 22—40 个左右符号，是不再保留任何表意符号的拼音文字。埃及的单辅音符号看起来好像是不包括元音的辅音字母符号，但实际上它是一种省略了元音的音节字，因为读者在阅读需要时，必须自己加上元音 -e-，如：象形字"房子"写成 pr（音节写法 p

---

[1]　刘文鹏：《古代埃及史》，商务印书馆，2000，第 27 页。

（e）-（e）r），只能读为 per。埃及象形文字常用的声符号有 27 个字符作为单辅音音节（表示 24 个辅音和半元音），约 80 个表示一个或两个辅音的音节符和约 50 个表示三个辅音读音的符号。埃及文字可以用这 100 多个声符号拼写与符号本身意义无关的单词，但它的多达 5000 个符号都是不能用于拼写单词、只能以字形表示单词意义而被赋予了固定发音的表意符号（语义符）。王博士给我们指出的"绝大多数符号失去了图形本身的意义，转化为声符号"是哪些符号？难道 100 多个符号是 5000 多个埃及文字符号的绝大多数吗？即便是声符号，绝大多数并没失去表意功能。即使在 27 个最基本的单辅音（音节）符号中，大多数（约有 18 个符号）仍然保留了表意作用[1]，如符号"口"作为声符读为无意义的语音 r，但它还可以当作表意符 r（e）意为"口、嘴、话"；手形辅音符号 d 可以作为表意符 d（w）（动词不定式）"给、放、打"和名词"手"读为 deret；手臂符号一方面做辅音，另一方面用作表意符"手臂"；水池符号一方面做辅音 sh（e），同时也可以是表意符 shai "水池"；面包符号读作 t，也可以用作单词 t（e）"面包"，g 可以读作 nst 意为"容器座架"，h 符号可以表示"院子"，f 表示"角蛇"，s 表"门闩"，k 也可以表示 qma "芦苇"等等。其他音节符号也是如此：三道波纹可以读为一强一弱辅音音节 mû，也可以读作塞姆语义符 mû "水"。所有的埃及语词典和词汇表都给出 700 个常用的语义符（字）和与拼写单词固定搭配的定义符（偏旁部首）[2]，分为 25 大范畴：143 个不同男人形象的符号表示与人有关的语义概念、19 个像女人的语义和定义符、75 个表示男女神的符号、112 个表示与人体有关的语义符、68 个和动物有关、65 个是动物的身体部分、96 个和鸟类有联系的符号、

---

[1]　拽沃：《塞姆文字》，牛津大学出版社，1976，第 135 页、251 页。

[2]　布吉：《埃及象形文字词典》（E. A. W. Budge, *An Egyptian Hienglyphic Dictionary*），伦敦 1920 版。注意，本文给的符号数量包括异体字符，从而比正体字的数量大一点。

18 个鸟类的身体部分、40 个蛇和两栖类动物、18 个与鱼有关的符号、14 个表示昆虫的符号、110 个植物符号、86 个和天地以及自然界概念有关的符号、98 个和建筑概念有关的符号、22 种代表船的符号、62 个和家具有联系的、31 个有关祭祀用品、91 个由衣冠服饰引出的概念、47 个武器和军用品、63 个由工具引起的概念、47 个和编织有关的语义符、71 种容器和量具、16 个关于贡品和糕点的符号、13 个与文字有关的符号以及 20 个其他符号。可以说古埃及象形文字的语义符（字）不比汉字少多少！

我们都知道埃及文中大量使用表意的单词定义符（部首），王博士自己也承认象形文字的单词用音符拼写时仍然需要和表意的定义符（部首，他称为"限定符号"）配合使用（55 页上）："所谓限定符号就是在一个词的词尾加上一个纯表意的图形符号。其本身不发音，旨在表示该词的范畴或类别所属，引导读者正确地把握词意。"我们可以看出埃及文字中用音符和意符搭配构成单词的方法和汉字中的"左形右声"的构字法是异曲同工：定义符相当于一个位于汉字左面或其他部位的用以限定字意范畴的偏旁部首。

王博士认为："从内在机理层面上比较一下 hieroglyphic 与中国古代的象形文字，前者以形表音，整个文字体系的灵魂是拼音，后者则以形表意，字如其物，二者相去甚远，即'神离'。"从这段话中，我们发现王博士除了对表音和表意并重的埃及文字了解肤浅外，他对祖国的表音和表意共重的汉字的理解之粗糙也令人惊讶。明显不知道中文中，带声符的形声字占 80% 以上，还有许多"口"偏旁和无形旁的纯表音字，如：象声字"哗哗、扑哧"、同音字取代本字的通假字，以及特殊的表音字：甲乙丙丁、子丑寅卯等等。另外，所有的代词、介词和助词都是表音字，如：余、我、吾、尔、其、它、他、子、汝、你、朕、为、於、把、将、会、了、吗、吧、之、乎、者、也。中国学界前辈早就对中国字的表音用法做了深入细致的研究。唐兰将中国文字定义为象形、象意、形声（注音）文字，说："指摘中国文字的人，同时也往往指摘中国语言，像：单音节，没有语尾，没有形式变化等，认为是低级的语言，可是现在的语言学家大都已不这样想了。中国文字变为注音文字，而不变为拼音文字，显然和她的语言有关。一个字既然是一个音节，有 1000 多个声音符号（其中大部分就是意义符号），就可以把这个民族的语言统统写出来，又何须另外一套拼音的方式呢？"[1]

1934 年，朱起凤先生编撰出版了 300 万字的中国古文献中的表音字词典《辞通》[2]。胡适先生在该书序中总结道："朱氏认为假借有四例八用……假借的八用是：1. 同声通写：如气作氣、谊用義、率为帅。2. 讬名标帜：如戊葵。3. 单辞形况：如'率尔''幡然'。4. 重言行况：如'朱朱''关关'。5. 叠韵：'窈窕'（ao）、'蒙戎'（e/ong）。6. 双声连语：如'次且''丛脞'。7. 助语之词：如'能、为、於、焉'。8. 发声之词：如'乃、若'。右四例之中，叠韵、双声、合音都自然倾向于造成'连语'。八用之中，第七第八（助语与发声之词）都是有声无字其假借之字，也都是'讬名标帜'，故此二类实同于第二，而'讬名标帜'其实又只是'同声通写'，故此四类单字的假借其实只是一大类而已。其余四种用法都是'连语'。在方法上，朱骏声用假借（'依声讬字'为假借）的原则来解释连语为字典学上的一大进步。"钱玄同先生的序说："中国文字，在造字时虽用象形、指事、会意、形声之法，而在用字时，则全不管字中所表示的形与义，但把它看作标音的符号而已。凡同音的字，都可以作为某音的音符，凡读此音的，随便写这些同音字中的哪一个都可以。""但读古书者又当知道辞形歧异实在是中国文字上的弊病。你想，造字时既以形义为主，而用字时偏又抛却形义，专以音为主，凡同音之字皆可通用；既然以音为主，又不专制音标，分析

---

［1］　唐兰：《中国文字学》，第 8—9 页。

［2］　朱起凤：《辞通》，开明书店，1934。

音素，写成拼音文字，而把许多形义皆异而音同的字都认为此音的音符，以至一义一辞可以写成许多不同的字：这不是弊病吗？""古今字之变迁，有先造专字而后写同音假借字者，有先用假借字而后造专字者，更有先用假借字，后造专字，最后又写同音假借字者。"

由于象形文字和楔形文字文明产生于各种语言互相交融的近东地区，埃及人和苏美尔人必须用表意符的读音表示他们不理解的外族名字和词汇，这些拼写外国语言的表意符自然而然地演化成文字的声符。例如，苏美尔人必须用表意的楔形字符去书写与他们混居的阿卡德人和奴隶的名字以及阿卡德词汇；于是，一些固定指示阿卡德语音的原本为意符的字就获得了固定的声音值（假借功能），成为阿卡德语中的音节符或声符：ka"口"（意符）> ka（音节声符）。苏美尔楔形文字中的"定义符"和汉字中的形符（偏旁部首）功能一样，多数放在声符的左面（前面），少数放在声符的右边（后面）。唯一不同的是，古汉语词汇多是单音节，一个汉字只需要一个声符，因此可以和意符合体成为一个方块字，而苏美尔语中多音节的词汇有一些，阿卡德语的词汇几乎都是多音节，一个词需要两个以上的声符，无法成为合体的方块字，如：苏美尔词 giš+gu-za"座椅"中的 giš"木"为左形，gu-za=guza 为右声，和（中文）木＋奇 > 椅一样同出于形声造字原理。[id]Idigna"底格里斯河"的 íd= 水（左形）+Idigna（右声），和水＋工 >"江"同理。uz[mušen]=uz（左声）+ mušen"鸟"（右形），和甲＋鸟＝鸭的造字法一样。

阿卡德语楔形文字虽然把一批表意符变成较为固定的音节符，并用它们拼写语言，但是文字中仍然大量使用苏美尔意符和限定阿卡德词义范畴的苏美尔偏旁部首，成为既用音节符拼写语音，又用语义符指示语义的混用文字。有些像日文的假名中夹杂汉字，但日文有专门的、不表意的声符号（假名），而阿卡德语没有发明单纯表音的符号，被当作音节使用的苏美尔字符有时还用来做词符，表示与它们的本来意义对应的阿卡德单词。

　　汉字有三个原因没有产生两河流域和埃及文字中比较固定、规范地使用的、数量有限的音节符：一是中华文明没有和另一个高度发达的古代文明相交融，在本土内没有一个强大的外语民族借用汉字符去表达他们自己的语言，因而汉语在中国保留了古代表意文字的纯洁性。当日本人借用汉字后，我们发现如同象形文字和楔形文字发展出音节符一样，中国文字在日本也发展出统一的、规范的音节符：平假名和片假名，它们比古代的音节符更规范而且和意符完全区别开来了。另一个原因可能是象形文字和楔形文字是记录多数词都是三个音节和更多音节而且语法功能复杂的塞姆语—含语言的文字，而汉文字记录的汉语的特点是大多数词都是单音节词，被称为"连语"的双音节词是少数，三音节以上的词几乎没有，而且语法功能极其简单。因此，汉字似乎没有必要发明一些专用音节符去拼写多音节词。当然，最后一个原因可能和中国文明发展的相对封闭性有关。中国地理的自然封闭造成了中华文明脱离地中海的楔形文明、象形文明和古典文明而独立发展的历史现象，因而也造就了中华民族的保守和自大的民族特性——简单化和改革祖宗发明的神圣文字的大胆改革似乎不可能在这样的环境中发生。和象形文字及楔形文字逐渐减少常用字符数量、发明音节符拼写词汇、由复杂难学向简单化的发展趋势完全相反，汉字的发展方向是大量地创造和使用字符并保持文字的复杂性：埃及文字和两河流域文字的常用字符约 600—700 个，而汉字的常用符号多达 4000 个。当一个音节用许多不同的汉字表示而又不被保守的、特权的中国知识分子认为太复杂而必须进行减少同音字符的改革时，统一的、简单的、数量少的音节符号当然就不会在中国出现了。然而，和埃及单词文字用表音字符和定义符（＝偏旁）写成单词的基本原理一模一样，中文的双音节的连语词也是由两个声符加偏旁表意符共同组成，如"邋遢"中，"足"是表意符，其余是声符。但是中文的声符并不固定，林语堂先生在《辞通》序中举出 wei-yi 一词可有多种音符表示:逶迤（虫＋委－虫＋也）、威夷、逶夷、逶蛇、委蛇、委移、委它、委陀、委佗、逶迂、威纡、逶迟等共 74 种。虽然写法多样，但我们可以看出其中的主要两个音节符是"委"和"也／它"：如，"逶迤"是用委—也（它）作为 wei-yi 的音节符，每个音符都加"足"定义符（两个音符均有偏旁，但埃及多音节词中只加一个定义符），表示道路"弯弯曲曲"；而委－也／它（wei-yi）加"虫"定义符表示虫行"弯弯曲曲"。但 wei-yi 的多种写法中，也有不加定义符的"委它、威夷、委移、威纡"和只加一个定义符的"委蛇、委佗、委陀"。

综上所述，虽然埃及和两河流域文字在声符的减少、统一和规范化等方面的确比汉字向前多迈出了一步，为字母文字的出现提供了基础，但是它们和后期发展出的仅有 30—40 个左右符号的纯表音的腓尼基等字母文字相差较远。同是人类历史上创始文字的埃及文字、两河流域文字和中国文字的灵魂都是意符和声符同行共用，都属于严格意义上的表意文字体系。一个明确的概念是表意文字体系也使用声符，世界上不存在没有声符的成熟文字。日文和象形文字及楔形文字的符号体系非常相近，有非常规范、数量有限的音节符号，但由于大量使用汉字做表意符，也属于表意文字体系；现代朝鲜文字由于完全废除了做表意符的汉字，变成了拼音文字。王博士不知道所有的表意文字体系都大量地使用声符，不知道拼音文字体系和表意文字体系的差别不在有没有声符，而在于拼音文字体系完全地放弃了任何表意符号，他错误地定义埃及文字说："古埃及文字体系的灵魂是拼音……是一种界于表意文字与表音文字之间的文字类型，是世界拼音文字的滥觞。"

唐兰先生精辟地认为表意的两河流域和埃及古文字可以发展出的纯表音的字母文字，而同为表意文字的中国古文不可能向符号极少的字母文字发展的原因是语言特点的不同：

"腓尼基人创造的字母，显然也是借用别的民族（有人说是埃及）的文字来适应他们自己的语言。据说他们善于经营商业，所以能归纳出这样一个简单的系统。因为埃及人和属于闪族的腓尼基人的语言，都是辅音占优势，元音有些不定，并且好像粘属于辅音，所以他们的文字，往往只把辅音写出来。他们的语言，既是多音节的，又是复辅音的。复辅音的字，最容易分析，譬如英语的 Script 显然可以分成五个单位，假如把元音疏忽了，那就是五个字母。所以这种归纳出来的字母，本来就没有元音，到希腊人再借用这个系统来写她的语言时，把用不着的辅音字，改为元音字母，才成为包含元音辅音的一套字母。中国人对语音的感觉，是元音占优势，辅音比较疏忽，和含、闪语系正相反。一个中国字的声音，由中国人的说法，是声和韵的结合，声是辅音，可是有时带着介音，韵是元音后面带一个韵尾辅音。中国语的韵尾辅音，大体很微弱，只是一种声势，所以逐渐在消失。（有些字没有韵尾，但据学者们的推测，也是原来有尾而后来消失的。）声、韵虽然并列，韵的部分总占优势。我们可以看见：一、形声系统里，韵母大体相同，而声母不大固定。（如'同'从'凡'声，'唐'从'庚'声，'糸言糸'字在金文可读作'蠻'，也可读作'蠻'之类。）二、许多声母也常会消失到只剩元音，和韵尾辅音一样。中国文字既然一个字代表一个音节，而这种音节以元音为中心，辅音粘附在元音的前后，似乎是不可分的，那就无怪远在 3 世纪时最大发明的梵语，只能分析声、韵，而没有清晰的字母了。中国文字没有发展为拼音的，而只是注音的，在学习时虽然不如拼音的方便，但是它能代表古今南北无数的语言，这是拼音文字所做不到的。中国文字不仅是由古代图画文字变成近代文字的唯一的、仅存的重要材料，也是在拼音文字外另一种有价值的文字，是研究文字学的人所应当特别注意的。

"现在，各种文字，几乎都有专家在做研究，还没有人做综合比较的工作，但我相信将来总可以发展成为文字学，一门新兴的科学。有两千多年历史的中国文字学，在这种研究中是应该占最重要地位的。"[1]

我国亚述学者拱玉书在他的 1994 年的德文专著中把苏美尔楔形文字的和中国古文字共有的象形、象意和形声的构字方法第一次进行了比较研究，获得了人类原创诸古文字具有共同的造字方法的重要成果。如唐兰先生地下有知，也会欣慰。

四、塞姆语字母文字的独立起源 [2]

王博士大胆地说："（埃及文字）是世界拼音文字的滥觞。……是人类文字从表意向表音迈进的'敲门砖'。"然而，目前世界学术界公认埃及文字并不是拼音文字的开始，拼音文字开始于古迦南塞姆语字母文字。迦南字母文字是否是独立起源，学术界一直有争论，并没达成共识。1916—1917 年，埃及学家伽丁那尔和塞忒企图证明埃及文字即使不是字母文字的源头，也是它的模板 [3]。然而,90 多年过去了，这一观点始终是个假设。许多学者，尤其是亚述学者认为字母文字是独立起源，受到两河流域巴比伦和亚述塞姆语楔形文字的影响很大，也受到埃及文字的影响。主要根据是最早的字母文字如乌旮瑞特楔形字母文字（公元前 1400—前 1360）、原始塞姆文字、腓尼基文字、阿拉美亚文字都是塞姆语系文字，这些地方的文明都是在两河流域文明的直接影响下产生的，字母文字产生之前的公元前 15—14 世纪上半两河流域的塞姆语楔形文字是近东世界的通用语文：埃及王廷和腓尼基—巴

---

[1] 唐兰:《中国文字学》，第 8—9 页。

[2] 关于塞姆语字母独立起源的详细论证，见那维:《字母早期史》(J. Naveh, *Early History of the Alpbet*)，莱登 1982 年版。

[3] 哈里斯主编《埃及的遗产》，田明译，上海人民出版社，2006，第八章，171—175 页。

勒斯坦等地的各小国、亚洲强国叙利亚的米坦尼、小亚的赫梯、两河流域的巴比伦、亚述的国际书信来往中所使用的文字是塞姆语的楔形语文（如著名的"阿马尔那书信"），而不是埃及象形语文或其他的语文。虽然字母文字是由使用楔形文字的西方塞姆人独立发明的，但两河流域楔形文字是字母文字出现的基础。埃及象形文字符号难写并且非洲的埃及语言与亚洲塞姆语有一定距离，因而不太可能被字母文字的创造者西方塞姆人所采用。我们上面谈到过埃及文字和两河流域文字同样没有把元音和辅音分开，同属表意符加音节符的表意文字。字母文字的发明是处于两大文明之间的西方塞姆人（西奈半岛、巴勒斯坦、腓尼基）独立发明的。大约在公元前 17—前 14 世纪，当楔形文字正广泛地被西塞姆人使用时，一些城邦中的塞姆人开始试图创造新的简易文字代替复杂的楔形文字。毕布勒斯（Byblos=Gebal）出土了一种被命名为"伪象形文字"的奇特文字的石板和青铜板铭文，它拥有 70 个左右字符，有些字符像埃及的象形符号，有些字符和后来的字母文字一样是线形的。这种文字很快被西方塞姆人放弃了，所以铭文仅有 10 多件，目前无法破译，它可能是一种音节文字。另外，在摩布地区的巴鲁阿（Balu'ah）某部和约旦的戴尔—阿拉（Deir'Alla）也发现了无法破译的文字，后者可能与古塞浦路斯音节文字有关。最早的西方塞姆语字母文字大约草创于公元前 17—前 16 世纪的巴勒斯坦，在示剑（Shechem）、吉载尔（Gezer）和拉奇什（Lachish）等地发现了符号为象形符号的塞姆语字母符号：如"头"代表 r，"手"表示 k，随后，古巴勒斯坦文字符号逐渐变为线形符号，在一些地区使用到公元前 12 世纪。在西奈半岛也发现了定期为公元前 15 世纪的象形符号的早期塞姆语字母文字，这些称为"原始西奈文字"的符号的形状可能受了埃及象形符号的影响。由于西方塞姆人被称为"迦南人"，古巴勒斯坦铭文和原始西奈铭文被统称"原始迦南文献"，由于材料较少，这些原始迦南铭文的释读带有一定的猜测性。原始迦南文字在南方塞姆语地区的发展形成了原始阿拉伯字母符号（公元前 13—前 12 世纪）和南方阿拉伯字母文字（公元前 8—前 7 世纪）。在公元前 14—前 13 世纪，巴勒斯坦北方的腓尼基城邦乌咎瑞特城中的塞姆人在楔形文字的影响下发明了第一个系统使用的字母文字——楔形字母文字。共 30 个符号的楔形字母文字也在其他巴勒斯坦城市（Beth Shemesh, Ta'anach, Nahal Tavor）中被发现，但用于晚一点的前 13—前 12 世纪，被称为"巴勒斯坦楔形字母文献"，它和乌咎瑞特文献统称为"迦南楔形文献"。楔形符号的书写材料主要是黏土泥板、书写方法是刻划。由于西方塞姆语地区并不出产高质量的黏土，楔形字母注定要让步给使用墨水写在平滑介质上的线形字母。第一个广泛使用的、脱离了原始迦南象形符的线形塞姆语字母文字产生于约公元前 11 世纪中期的腓尼基地区；只有 22 个字母的腓尼基文字不仅在本地区使用，还流行于基里基亚、两河流域、巴勒斯坦、埃及、北非、塞浦路斯、克里特、马耳它、西西里、萨丁尼亚等地中海大岛以及南欧的希腊、意大利、法国和西班牙。希腊人可能是在公元前 10—前 9 世纪开始借用和改造塞姆语字母文字，由于早期希腊字母的形状没有像 8 世纪的塞姆字母那样弯曲，它们可能是借用了 12—11 世纪晚期原始迦南碑刻文的曲线较少的符号形状。腓尼基文字后来又发展出多种具有本地特征的塞姆字母语文：阿拉美亚、犹太语文等。

以腓尼基和希腊字母的字母 A、B 和 D 的起源为例，我们可以看到字母符号的发音是塞姆语发音而与埃及象形文字符号的音值毫无关联：楔形文字的"牛"字保留了正面牛头的形象（埃及文中的牛为全牛形象），读为 alap，"房子"读为 bith，"门"读为 dalat；腓尼基和希腊字母的 A 也是正面牛头，A、B、D 的名字分别读为 aleph/alpha、beth/beta、daleth/delta, 完全来自塞姆语的发音。

综上所述，只有 30 个符号的乌咎瑞特楔形字母和 22 个符号的腓尼基线形字母等西方塞姆语拼音文字是在西方塞姆人地区独立发展起来的。字母文字之所以产生于西方塞姆语地区的原因是与两河流域和埃及文明两大文明在这一地区的传播以及以多音节构成词汇的塞姆语言特点分不开的。

五、埃及文字的象形特征保持了 3000 年：碑铭象形书体和两种简化书体并用

王博士在列举"将 hieroglyphic 对译为'象形文字'，错矣"的原因（56 页）之二时说："第二，hieroglyphic 在向祭司体、世俗体的转变过程中，符号的外形发生了较大的改观，使得古埃及文字失去了象形之特征。"这里，他犯了一个以点带面的常识性错误！虽然象形文字写在莎草纸的两种字体不同程度地失去了它的一些象形特征，但用在官方铭文中的象形文字作为埃及国家正式的文体，其符号始终保持它原有的象形特征，一直作为庄重的埃及碑铭体字使用。最早的象形铭文出现在公元前 3100 年到前 2900 年的第一王朝，最晚的铭文发现在腓莱，定期为公元 394 年。和所有的古文字一样，象形文字在发展的过程中也发生了字体演化，产生了新的字体。由于象形字符的书写速度太慢，写在莎草纸上的字符先简化成为祭司体符号（hieratic），最后又简化成世俗体符号（demotic）。王博士介绍古埃及字体的叙述（52—53 页）几乎一字不差地雷同于刘文鹏的《古代埃及史》一书中的 28 页（但没有给出处）："由于象形文字（hieroglyphic）形体复杂，书写速度缓慢，所以那些经常使用该文字的僧侣们便在其使用过程中，将其外形简化，采用圆笔的形式，创造出了一种行书体，通常称之为'祭司体'（刘：僧侣体）。最早的祭司体（僧侣体）文字出现于古王国时期。那时，祭司文字与象形文字差别不大，在中王国和新王国时期两者差异越来越大。大约从新王国时代后期开始，到公元前 700 年左右（第

25 王朝），祭司体（僧侣体）又演变出一种新的书写体——'世俗体'。它是由祭司体（僧侣体）快速书写而形成的一种草书体。"

王博士在 53 页承认"hieroglyphic 并没有因祭司体和世俗体的出现而废弃，使用时间最为久远，几乎贯穿了古埃及的整个历史，因此，hieroglyphic 成了古埃及文字的代名词。……并没有因祭司体和世俗体出现而废弃，但其使用范围却越来越局限于纪念碑及雕像之上……"但在 56 页他又否定自己前面的结论："第二，hieroglyphic 在向祭司体、世俗体的转变过程中，符号的外形发生了较大的改观，使得古埃及文字失去了象形之特征。"

结论

希望王博士能认识到自己文中的概念混淆、逻辑混乱和论点自相矛盾，并且相信中国学界长期以来达成一致的结论：象形文字的使用贯穿了古埃及的整个历史，它的正规字体始终保持了象形的特征，"象形文字"是古埃及文字的代名词和对其最恰当的中文称呼。

我们认为虽然楔形文字和象形文字使用了一套较为固定的音节符号来拼写词汇，但是这两种古老文字都仍然使用大量的意符和形声符。因此从文字的基本特性看，它们和中国文字同属于既用意符又用声符的人类原创表意体系的古文字。

苏美尔早期地契研究[*]

在公元前3200年，苏美尔人发明了写在泥板上的最早的文字（"初始楔形文字"，笔画尚未变成楔形），两河流域南部形成了早期成邦，在地中海世界率先进入文明，这一文明的初始阶段被称为"初始文字时期"。初始文字文献主要出土于乌鲁克第4—3层和捷姆迭特那色等遗址，这时文字的特征是象形，文献内容除了记忆符号用的城市、官职、容器等各种类别字符表（古代字典）外，都是经济账目，我们因此可以确信文字产生的原因和动力主要是经济管理的迫切需要。捷姆迭特那色遗址（公元前3000—前2900年）出土的初始文字经济管理文档没有土地交易契约而有公有土地管理文档，表明当时的土地是属于原始公社或雏形城邦的。两河流域最早的土地买卖契约是一些用初始文字书写的苏美尔语石刻地契[1]。两河流域文明史上的城邦争霸时期在年代

*　　吴宇虹：《苏美尔早期地契研究》，《世界历史》2006年第6期。

[1]　1968年，德国亚述学者D. 埃德扎尔德首次把陆续分散发表的苏美尔土地买卖契约汇集于《公元前3000年代的苏美尔法律文书》（D. Edzard, *Sumerische Rechtsurkunden des III Jahrtausends*, München 1968），本文缩写为 *SRU*。1991年美国学者盖勒波和斯泰因凯勒合著出版了《近东最早的土地制度》（I. J. Gelb/P. Steinkeller, *The Earliest Land Tenure Systems in the Near East: Ancient Kudurrus*, OIP 104. Chicago, 1991），缩写为 *OIP* 104。这两部书是苏美尔土地契约研究方向中的划时代的、集大成形式的成果。该书对全部已知的370件苏美尔土地买卖地契（包括少量奴隶买卖）进行了编目和表格化，特别是对52件早期石刻地契进行了系统研究，包括古文原文照片、临摹件、介绍、字母化音译、部分英译和注释，但它并没有涉及初始文字时的泥板文书。本文引用了这两本书的一些文献，但作者研读了楔形文字原文并给出一些新的理解和中文翻译。

学中被统称为古苏美尔时期或前萨尔贡时期，可分为早期城邦（公元前 2700—前 2500）和经典城邦（前 2500—前 2300）两个阶段。舒如帕克是早期苏美尔城邦的中心之一，它的遗址法腊（Fara）出土的泥板文书的字体的形状刚由初始的象形字体演变成不太象形的楔形笔画字体，是目前所知最早的楔形文字字体。舒如帕克出土经济管理档案中，发现了一些早期土地交易的契约。苏美尔经典城邦时期的行政管理文献主要出土于吉尔苏城、阿达波城以及尼普尔城遗址，吉尔苏城文献是最早用王在位年和 12 个月次记时的档案。时间早到公元前 3000 年的苏美尔城邦经济档案是世界上非常宝贵的关于人类早期奴隶制社会的经济和行政行为的史料，其中丰富的土地买卖契约更是研究人类社会土地私有制度的形成、演化和发展阶段的最早的材料。由于时间跨度大和文献材料较多，本题目只研究初始文字时期的来自捷姆迭特那色的土地文件以及早期城邦时期的舒如帕克出土的土地交易契约。

一、初始文字时期：土地被城邦分给神庙或王管理（约公元前 3000—前 2700）

初始文字时期的图形文字出现在属乌鲁克文化末期的乌鲁克 IV—III 层和捷姆迭特那色。捷姆迭特那色在大邦基什附近，出土的初始文献经济档案多次提到的尼如（Ni-ru）城应是它的遗址。文献中没有发现土地交易但有 6 件记载土地分配的泥板文书[1]。这些泥板登记了尼

[1] R.Englund, J-P.Gregore, *Proto-Cuneiform Texts from Jemdet Nasr*（MSVOL），Berlin: 1991, n l-6; H. Nissen, P. Damerow, R. Englund. *Archaic Bookkeepping*, Chicago: University of Chicago Press, 1993, pp 56-57; R. Englund , *Text from the Late Uruk Period*, Freiburg, 1998, pp 206, 212. 四位官吏还出现于第 201 页的两件各种物资分配表中。

如城的重要人物"贾人"（šab-gal）、"牛群管吏"（ugula sakkan）、"仲裁官"（nám-silim）、"被除祭司"（išib）等四位男性官吏和酋长夫人（munus-en"女主人"）各自负责管理的土地。有五块泥板的格式是同样的：正面都记录这五个官吏各自负责的一块田地及附属田地的"外围树地"（可能是田边树地）的面积。田地的形状多是矩形的，长度大约是宽度的三倍，但有一块窄条地，长是宽的五倍。泥板的背面是正面记的两类土地的总计，分为左右两栏，代表两个层次的计算。右侧栏是第一层次的求和计算，分为三行，每行计算一类土地的总面积，第二行是五个官吏负责的五块田地的总面积，并把它总称作"被测量地"（或理解为"长地"），第三行是各田的"外围树地"的总计。奇怪的是总计第一行记录了一种正面没有的、被称为"主人田"（gán en）的大面积的新田地。有意义的是主人田的面积恰好是五官吏的田地的两倍。由于仅仅出现在总计栏的主人田没有具体的长度和宽度，又正好是全部实际田地的两倍，它应该是一种虚拟的田地。根据两河流域的土地轮种制度，也许"主人田"是指实际田地所需要的两块面积相同的轮种地。但是，"主人"也可能是城邦主神或酋长的称呼，把比所有官吏的土地多一倍的土地分配给神庙或部落酋长也是可能的。泥板背面左侧一栏是"主人田""测量地"和外围树地的总面积，在其上面和下面写有"尼如（Ni-ru 也可读为 ì-šub）的庙堂"和被测量的田地的名字。文中根据田地的长度和宽度计算的面积有时有小误差，但总体上达到了相当准确的程度。把这两件泥板中的田加到一起，酋长夫人的田最大：55+17=72 垧，被除祭司的田最小，是女酋长田的一半：30+6=36 垧（本文中的计算单位的译名均借用与其相近似的中国度量衡单位的名称），其他三位官吏的田地面积基本同样：65、62、62 垧。田地面积的大小很可能反映了官吏的级别高低。在乌鲁克出土的初始文字时期的《职官表甲》（lú-A）中，仲裁官（nám-silim）排在第三，庙堂被除祭司（išib-ès）排在十一位，贾人（šab-gal）排在二十五位。

　　第六块土地泥板也是记录尼如城五位官吏负责的田地，但格式是不同的：没有每块地的长度和宽度，也有三类土地，但名称完全不同了。第一种田可能理解为大麦田（igi-še-še），面积最大的一块属于仲裁官，超过 93 垧（夫人的各田面积数应最大，但数已毁损），其次是贾人和牛群管吏（72 和 63），被除祭司田的面积还是最小：15 垧。第二种地是一种边角地，被称为"硬、窄（地）"，面积 6 或 12 垧。第三种地被称为"水浇田地"（gán ki-a），面积较大，最大的一块面积应属于夫人（她和被除祭司的面积数已毁损），其次贾人，141 垧。这三类地在最后的汇总中也被称作"测量地，尼如庙堂耕种"，总面积要比前两块泥板中的大许多：1002 垧。这些原始土地分配记录可能表明在国家形成时期，公用土地由国家统一调配，分给负责领导公民耕种的各个部门的长官，不能被个人买卖。国家的代表是男酋长和夫人、法官、畜牧业官吏、贾人以及巫师或宗教职务（被除祭司）等等。

　　除了考古发掘出土的泥板文书外，约有 50 多件盗挖出土的公元前三千纪时的苏美尔石刻土地买卖契约由市场进入了各博物馆。和我国的青铜器和石刻铭文 [1] 记载土地所有权一样，苏美尔人把土地交易刻在石板上的目的也是使地契长存不毁，从而可以确保土地所有权不被他人主张。美国学者盖勒波（I. Gelb）和斯坦因格勒（P. Steinkeller）把 100 多年来分散发表的石刻地契汇编成一本专著《近东最早的土地使用制度》（简称 OIP 104），提供了最为完全的古石刻地契原文和研究。书中头 13 件石刻地契中的文字是最早的初始文字，可以定期为公元前 2800 年到前 2600 年。由于铭文字符生僻并且无动词，其内容很难完全读懂，可以确定的是铭文内容是由土地面积、接受或交易土地的人名以及实物货币组成的。最早的 8 个原始石刻地契中 7 个仅提到

---

[1]　如忽鼎记载匡季子先用五田、众一夫、三个臣奴，又附加了田二和一臣奴，共田七、田人五，三倍的价格，赔偿了忽邦被匡邦的 20 个农民和臣奴掠抢的 10 秭禾谷。

表格 1-3：捷姆迭特那色（尼如城）出土的世界最早的土地测量登记表

1. 尼如城邦（Egir-udu-nita）田地的分配（MSVO 1, no 2 = OECT 7, no 100）

1 ninda 丈 x 1 ninda = 1 sar 分，100 sar = 1 sar 分，6 iku=1 亩，6 iku=1 eše 亩=约 30 亩，1 bur 顷 =3 eše 亩

	第一块田	第二块田	第三块田	第四块田	第五块田	总计（泥板背面）
土地负责人	贾人 šab gal	牛群管吏 ugula sakkan	仲裁官 nám-silim	祓除祭司 išib	女主人 munus-en	尼如城邦的庙堂（ki-gid）（ès Ni-ru）
田（gán）的长和宽及面积	290（ninda）丈 ×100 丈 = 48 亩 田（实际是 29000 分 =（sar）/ 600 = 48 ⅓ 亩）	312 × 90 丈 =45 亩 田（实际是 28080 分 / 600 = 46.8 亩）	290 丈 ×93 丈 =45 亩 田（实际是 26980 分 /600 =44.98 亩）	290 丈 × 62 丈 = 30（减？）⅙₀ 亩 田（实际是 17980 分 / 600 分 =29.96 亩）	300 丈 × 110 丈 = 55 亩 田（正确，33000 分 / 600 分 = 55 亩）	测量地（ki-gid）：77 顷 =231 亩！（不准确：实际是 48⅓+ 46.8+ 44.98 + 29.96 +55 = 225.07 亩，多出 6 亩）
外围树地 giš-ki bar	2 亩	1 ⅔ + 7/60 = 1 ⅚ 亩	无	无	2 亩	5 ⅚ 亩（准确无误）
"主人田" en-gán	是全部部官吏田（en-gán）的两倍：231 亩 × 2 = 462					462 亩 =154 顷
尼如（城）的庙堂田地总计（ès Ni-ru）gán lagab	（田地名）"后面的羊田"（gan egir-udu-nitá/gukkal）"（231 +5 ⅚ + 462 =698）					696（232 顷 × 3）+ 2 ⅚ 亩 =698 ⅚ 亩

2. 尼如城田地（Ki-šagan）的分配（MSVO 1, no 3 = OECT 7, no 83）

土地负责人	第一块	第二块	第三块	第四块	第五块	总计（泥板背面）
	女主人／夫人	牛群管吏	贾人	裁牒祭司	仲裁官	
田面积（gán:gán-ki-šaggan）	102 丈 × 100 丈 = 17 垧田（准确无误: 102000 sar / 600 = 17 垧）	102 丈 × 100 丈 = 17 垧田（准确无误: 102000 sar / 600 = 17 垧）	102 丈 × 100 丈 = 17 垧田（准确: 102000 sar / 600 = 17 垧）	36 丈 × 100 丈 = 6 垧田（准确: 3600 sar / 600 sar = 6 垧）	102 丈 × 100 丈 = 17 垧田（准确: 102000 sar / 600 = 17 垧）	测量地（ki-gíd）: 74 垧（24 bur 2 垧）；（准确: 17 × 4 + 6 = 74 垧）
外围树地（giš-ki bar）	无	无	无	4/60 = ¹/₅ 垧	无	4/60 垧（准确）
"主人田"（en gán）	是全部官吏田的两倍（74 × 2 = 148）					148 垧（49 bur × 3 + 1 = 147+1 = 148）
尼如（城）田总计（ès Ni-ru lagab gán）	（74+148=222+¹/₅ 垧）（田地名）gan ki-šagan					74 bur × 3+ ¹/₅ = 222 ¹/₅ 垧

3. 尼如城耕种田地的分配（MSVO 1，no 1）

土地负责人	贾人	牛群管吏	仲裁官	尼如的袚除祭司	夫人	总计（泥板背面）
大麦田（igi-šè-šè gán）（面积）	72 ⅔ eše 畇田	63 ⅔ 畇田	93 ¹/₆ 畇田	15 eše 畇田	[60? 畇田]	测量地（ki-gíd）：[243 ⅚ + 60? 畇]
"硬、狭窄（地）"（kalag-sal）	6 畇	6 畇	12 畇	2+[2? bur]=12 畇	[12? 畇]	36+[12 ? 畇]
"水浇田地"（gán-ki-a）	141 畇	127 ⅚ 畇	115 ⅓ 畇	[70 ? 畇]	[140+? eše 畇]	612+ 畇
地名		尼如城的……测量地（ud-x-ki-gíd Ni-ru）				
测量地、田地总计（lagab gán ki-gíd）		尼如（城）的庙堂耕种（ès Ni-ru apin）				1002 ½ 畇

表格 4：最古的记录土地使用权的石地契（OIP 104，1–8 号，公元前 3000—前 2600 年）

OIP 104 契编号	第一块地	第二块地	第三块地	第四（或更多）块地		总计	可能的土地管理者
1 号	30 垧	45 垧	45 垧	45 垧		165 垧	月神南那庙的主持 sanga-ᵈNanna（乌尔？）
2 号	10 垧	"主人（？用）银子、羊毛、黑色油罐代替（？）10 垧田地" gi₆-šagan en gub kug siki 10 gángan				10 垧	神恩穆依（En-mu₂-nun）
3 号	6 垧	9 垧	9 垧	6 垧		30 垧	王公的儿子（dumu nun）
4 号	180 垧	135 垧				315 垧	乌鲁克神庙（é-Unug-a）
5 号	60 垧	15 垧				75 垧	神西尔西格库（Šir-sig-ku）
6 号	60 垧					无	夫人宁萨哈尔[某]沙杜格（Nin-sahar-x-ša-dug）
7 号	9 垧					无	神帕坡苏卡尔（ᵈPap-sukkal）
8 号	14+[2] 顷 = 48 垧	10+[15] 顷 =75 垧	15 垧	27 垧	21 垧	204 垧	乌鲁克的女祭司的宫廷（é-gal nin-diĝir Unug-a）
			6 垧	15 垧	6 垧		

土地，没有提到货币，可以断定它们和上面分析的尼如城的土地一样不是土地交易文件，而是早期农业公社或原始城邦的公用土地使用权分配记录。2 号地契也许是买卖。1—7 号碑均为方形石板，第 8 和第 9 号是羊和鸟形。1—8 号地契碑尺寸不大，两面刻写铭文；铭文字数很少，只有 2—4 竖行，涉及土地块数不多，一般 1—4 块土地，但面积都很大。从有关的人名的头衔看，它们可能记录了原始城邦分配给神庙或王室的土地。

二、最早的实物货币交易土地的记录（公元前 2800—前 2600）

OIP 104 中的 9—13 号古石刻地契比 1—8 号古地契进步的是在土地面积和人名之外增加了实物的名称和数量；虽然仍然没有有关买卖和付款的术语和句子，但它们可能是最早的用实物交易土地的文件。9 号古地契中记录了 15 垧地和许多实物，如面食、银子、羊、菜、石斧、皮革、苇子、啤酒、油罐、贝壳等等。

第 10 号（"布劳尖碑"）和第 11 号古石刻地契（"布劳半圆装饰石板"）分别是圭形和半圆形石板，刻有同类型的人物和相互关联的铭文，构成一对互相配合的信物。石圭状的 10 号地契一面刻有一个戴发带、穿裙袍、留络腮胡须、站立的酋长正在向（神）奉献一只羔羊，其下面的场景是一个裸体髡发的神庙奴隶手抱石杵正在臼中捣谷。另一面的铭文记载了一块面积 15 垧的田（名为 Nin-gír-u-sal-ku₆-rad）和人名、芦苇和河湾（田的位置）、石像（alan，石圭上的人像？）、圭形物（gír）、庙堂和耕种（ès apin）等等，可能表示这个酋长得到了 15 垧地。第 11 号半圆板地契的正面刻有石圭中的那个穿裙袍、络腮胡须的酋长和一个长发、穿裙袍的夫人相对站立，手中持有一个和"布劳尖碑"相像的石圭。背面刻有一个也面向酋长的、髽发、穿裙袍、双手合十祈祷的年轻男子，可能是夫人的儿子，以及3个蹲跪、手抱石杵在臼中捣谷、裸体髽发的庙奴。铭文主要刻在正面，和图相间（背面有一行），仅罗列了两个人名和两批实物货币，每批实物之后各自载了一个人的名字："甜苹果"（Hašhur-làl，女人名），和"大剑刃"（Ka-gír-gal，男子名），应该是刻在石板上的夫人和她的儿子的名字。通过对照分析，我们可以断定石圭记录了酋长所买到的15垧田，而半圆石板记录了夫人和儿子卖地所得的各种实物货币。"布劳半圆石板"记载的交换土地的实物货币如下：

2个铜锅（？）、2件亚麻布、2罐树木轧出的香精、2（斤）羊毛、1个男奴隶、2斤银、10头山羊、2斗面饼、10罐啤酒："甜苹果"（收到了）。

2个"野禽眼"（宝石）、2个"乌鸦眼"（宝石）、2个铜壶、30 en-šà（？不明何物），30 en-a（不明）："大剑刃"（收到了）。

古地契12（"乌顺旮勒石碑"）是4面棱柱体，共刻了6个人物。A和D面有两个形象高大的一男一女，从身上写的名字我们知道男酋长名叫乌顺旮勒（Ušum-gal），是沙腊神的官吏（"兄弟"pap-šeš ᵈŠara），他手中抱有一个柱形物，可能是我们研究的地契；女人叫沙腊伊吉孜阿坡苏筛阿（ᵈŠara-igi-zi-Apsu-šè-a），是乌顺旮勒的女儿，这对父女可能是土地的买主。沙腊是温马的主神，地契应出自温马城邦。另外4个人物的形象较小：在C面中的一个女子名叫伊吉如侬筛阿（Igi-ru-nun-šè-a），是王公庙（é-nun）的官吏（pap-šeš）美西（Me-si）的女儿；B面的3个男子中，两个是部落酋长（gal-ukkin）：留络腮胡的酋长叫南那，他上面的阿旮却无须发（祭司？），这一女和两男可能做官方公证人；和南那并肩的无胡须的第三个男子是传令官长（gal-nimgir）。从后来的地契中我们知道传令官是房地买卖的官方登记人：在石碑开始的 A 面，有关于建房的语句，可能和传令官有关。提到的土地和实物的铭文内容虽不能充分理解，但应该把石碑理解为酋长乌顺旮勒用大麦、羊牛驴等实物交换土地的契约。然而，也不能排除他把大麦用于种子和把牛、驴用于耕种的可能性。

13 号古地契是一个方石板，正面记载土地面积，三分之一部分破损，背面是牛、羊毛、食油、毛织品等买地实物货币及接受者名字，可能是一个国王或酋长买地的契约。正面中的无损文部分保留了七块大面积的田地：180 垧、150 垧、120 垧、30 垧、18 垧、150 垧、30 垧。买地的实物货币和收取货币的卖地人（名字和头衔很难区分）如下：

　　"阿达波城的【仆】人"（Ur-nám-UD.NUN 收到）：[1] 头牛、10 斤羊毛、1 坛油、1 ½ 件毛织品（túg-níg-lám）；"下士"（Sig-agà）和乌尔阿什【某】（Ur-Aš-x）（收到）：2 头牛、1½ 件毛织品；"拉旮什城（？）的王"（Lugal-Šir-BUR？-LA？-ki）（收到）：2（！或 20）头牛、1 坛油、1 ½ 件毛织品；"舒如帕克城"（收到）：1 头牛、1 坛油、30 斤羊毛、1 ½ 件毛织品；传令官（nimgir-sukkal）"宫之狗"（Ur-ugula）（收到）：1 头牛、1 ½ 件毛织品；"鸟房【使节】"（sukk[al] é-mušen）（收到）：30 斤羊毛、1 ½ 件毛织品；"果园"（kiri$_6$）（收到）：1 头牛、1 ½ 件毛织品；乌古拉【某】（Ugula-x）和丁吉穆德（Dingir-mud）（收到）：1 头牛、1 ½ 件毛织品。

三、最早的用银货币和实物货币交易土地的契约汇编碑（公元前 2600—前 2500）

　　OIP 104 书中的第 14 号和 15 号古石地契被称作"芝加哥（大学）

石地契"和"巴尔地摩石地契",分别记载了 16 和 17 次的土地交易,属于土地契约汇编文件。两者的尺寸(32 厘米长 × 25 厘米宽和 26 厘米长 × 25 厘米宽)、字体、格式、交易次数、土地价格、人名和田地名的相同或近似表明它们出自同一城邦。两件地契文中出现了"付给"等动词句子,因此,它们是可以确定的土地买卖契约汇编。这时期,银作为基本的交易货币"钱"出现了,但实物作为附加货币仍然不可缺少。由于这时的苏美尔语文还没有用主格尾和后置词来区别句子的主语和间接宾语,我们无法用语法来区分卖主或付银者和买主或受银者。然而,同时期的舒如帕克出土的单件土地交易泥板契约和晚一些的阿卡德王马尼什图苏一人购买多块大土地的石碑契约的格式为我们提供了买卖双方的线索:它们都是依次叙述土地、金属和实物货币及它们的接受者、土地书吏以及证人,而把土地购买者(lú-gán-šám)放在契约的最后。根据这种格式,我们认为这两件石刻地契中的每件交易的付款行文中也是只提卖者,不提买者,而把买主(一个大人物、可能是城邦的王)的名字放在文件的最后。芝加哥石地契结尾处的句子和格式并没有结束,而巴尔地摩地契的结尾也不像是系列文件的结尾,因此我们可以断定:或者这些土地的总买主的名字刻在三块以上石板组成的系列文件中的没发现的最后石板中,或者这两块石碑均有残缺而失去了刻在文件结束部分的总买主的名字。

芝加哥石契记载了 16 件土地交易,最后 3 件的卖主为同一个人。土地交易面积多为 1 埫、2 埫、3 埫、5 埫、6 埫,仅有 1 块土地大到 9 埫(交易 9),另有一块属于神庙主持的地是 18 埫(交易 6),可见出卖的土地多为公民的小块份地。土地的售价基本一致,为每埫 10 钱银。根据文献内容和风格,我们认为这两件土地契约汇编可能出自舒如帕克。由于舒如帕克出土泥板契约中的三种交易术语"田价(银或铜)"(šám-gán)、"附加货币"(níg-diri)和"礼品货币"(实物货币 níg-ba)都没有出现在我们的石刻契约中,我们可以判定石刻地契一定要早于舒如帕克出土泥板。但货币的使用有些令人奇怪：早一点的石地契全用银作为购买田地的基本货币，而晚一点的舒如帕克的土地交易地契中，一些使用铜货币，另一些用银货币，也有铜银共用的。初始时期铜货币和银货币曾同时被使用，后来铜货币由于使用不便而逐渐退出了流通，而银成为常用货币。地契汇编的作者也许把一些铜价折合成银钱。

大麦、羊毛、食油和面饼等实物附加货币仍是土地交易中不可缺少的部分，而且也有固定的价格：每垧地要付 4 斗大麦、2 升食油、2 斤羊毛和 10 个面饼。地契中的附加实物货币的接受者多是土地的出卖者（交易 2、7—10、12—16），但有时不明确表明接受者，应还是卖者，但有两次是身份不明的人（交易 11、13）。根据后来的舒如帕克和拉旮什城的契约，出卖家族土地的主人和他的亲属分别接受衣食品。因此，我们这时期卖主外的实物接受者可能同样是他的亲属。实物货币主要是食品和衣物：食品有大麦、食油和两种面饼，而羊毛是用来织衣料的。可见出卖土地的原因是缺衣少食。

芝加哥石地契中的绝大多数交易都有证人（前 11 次），交易 12 的证人可能忘写了。因为卖主的名字和他的儿子有时出现证人当中（交易 6），这些证人应是卖方证人。交易 9 和 11 的卖主是同一伙人。最后 4 笔交易（13—16）的卖主都是同一个人 Lugalda-gurra（也是巴尔地摩地契中最后的交易 17 的卖主）。这最后 4 次交易的证人应也是同一批人，根据上面已经谈到的交易 16 由于位于石板契约的结尾处未能写完，他们的名字可能写在系列契约文件的后续石板中。可能出于同种原因，巴尔地摩石刻地契汇编中最后 2 件交易的证人也没出现。Lugalda-gurra 可能曾经是个有权势的人，但已开始破产：根据两件地契汇编，他共卖掉 4 块总计为 9 垧的田地。

巴尔地摩石刻地契和芝加哥石刻地契的字体、格式、土地价格和田地名是一样的，可能出自同一城市，但它的格式比芝加哥地契要规整得多，银钱交付除了像后者一样被称为"称出"或"给予"外又加

表格 5：芝加哥大学收藏古苏美尔石刻地契汇编（OIP 104，no 14）

（表中的每垧银价价格和每垧实物货币是作者的计算，不在文献中）

交易系列	面积（垧 eše）	田块名	土地银价	每垧价格	卖田地人（收款人）	附加实物和接受者	每垧实物货币	（卖方）证人	财产主权转移术语（i-bi zag ag inim-bi é-ta b-è）	住在/依附田地的农民
第 1 件	1 垧	gán DUN（收猪田?）	10 镏银	10 镏银	被称给（an-na-lal）Sum-ti 和 Nin-dalla	1 容器羊油，2 斤羊毛，4 斛（1 ni-ga 大麦 is-gan）附加款，10 个啤酒面饼，3 餐桌面饼	1 容器羊油，2 斤羊毛，4 斛（大麦），10 个啤酒面饼，3 个餐桌面饼	5 名证人（lú-ki-inim-ma）	食油已被涂到（契约泥锥?）的表面，对它（田）的主张已脱离了（原属）家族。	无
第 2 件	1 ¹/6 垧	猪田	12 镏银	10 镏银	被付给 Lugal-geštúg-gíd, Isin-dùg, Engur-làl	同上，付给（an-na-sum）卖主	同上	3 名	同 上（i-bi zag ag inim-bi é-ta ab-è）	无
第 3 件	2 ½ 垧	Ursaǧ-a-me-nàd 之子的古格田	30 镏银	10 镏银	被称给 Á-kal-le	3 容器羊油，6 斤羊毛，10 斛（大麦）附加款，30 个啤酒面饼，4 餐桌面饼	羊油，羊毛，啤酒（大麦），面饼同上，2 个餐桌面饼	5 名	同上	无

件号	面积（垧）	田地名称	价格（锱银）	（锱银）	交易	附加款	礼物	证人数	证人	备注
第4件：两块地 共22垧	4⅓垧 / 5垧	gán-É-ad-kid（苇编匠家田） / gán-É-ì-la-lum（Ilaum家田）	43⅓ 锱银 / 50 锱银	10 锱银	被付给（an-na-sum）Ur-Gu-nu-si ra 和 Lu-barag-si	9 容器羊油、18斤羊毛、36斛（9 ni-ga 大麦）附加款、90个啤酒面饼	1 容器羊油、2 斤羊毛、4 斛（大麦）、10个啤酒面饼	5 名	无	En-Absu，É-zi 和 Gala 是住在边（地）的农民
第5件	3⅔垧	gán-É-ad-kid（苇编匠家的地）	36 锱银 称出	10 锱银	称给（an-na-lal）Nanna-na（和）某人之子 Ur-Dun	4 容器羊油、8 斤羊毛、16 斛（4 ni-ga 大麦）附加款	1 容器羊油、2 斤羊毛、4 斛（大麦）	2 名	同上面公式	无
第6件：两块地 共22垧	gán DUN 18垧 / gán É-udu-ninda-kú 4垧	庙主 Šeš-ušum-gal（的田） / gán É-udu-ninda-kú	275 锱银（21垧款、1垧误差）	12.5 锱银（21垧）	带给（an-na-tùm）Edin-ri（和）Šeš-ušum-gal 之麦子	21 容器羊油、42斤羊毛、84斛（21 ni-ga 大麦）附加款	1 容器羊油、2 斤羊毛、4 斛（大麦）	5名: Edin-rí（卖主）和2个儿子, Pab-da-mah、Edin-ri 的两个儿子, Ur-pa	他们（证人们?）住在交易田被地处
第7件	3½垧	gán É-udu-ninda-kú（喂羊家的田地）	35 锱银 称银 an-na-lal	10 锱银	付给（an-na-sum）Ur-Enlil 家和 Nanna 之子 Engur-ušum	7斤羊毛、4容器羊油、14斛（3 ni-ga 2 ul 大麦）附加款，付给了卖主，Lugal-gar-gag 之子 Nam-mah 把它付给 从（买主?）家中拿走	1 容器（＝2升）羊油、2 斤羊毛、4 斛（大麦）	2 名	食油已被涂到（泥锥?）的表面，对它的主张已脱离了（原）家族	无

第 8 件	6 ½ 垧	gán-dug-pap-ùš（杜格帕坡乌什田）	65 锱银	10 锱银	Mes-apsu	13 斤羊毛，7 容器羊油，26 斛（大麦）附加款，把（货币）从（买主）的家中拿走（é-ta íb-è）	1 容器羊油，2 斤羊毛，4 斛（1 ni-ga 大麦）	2 名	无	无
第 9 件	6½ 垧	gán-dug-pap-ùš（杜格帕坡乌什田）	65 锱银	10 锱银	Ri-ti, Ur-Enlil 和 Amar-aš-è	13 斤羊毛，7 容器羊油，26 斛（大麦）附加款，卖主从它（买主？）家中拿走	1 容器羊油，2 斤羊毛，4 斛（大麦）	无	无	无
第 10 件	6 ½ 垧	gán-dug-pap-ùš（杜格帕坡乌什田）	65 锱银	10 锱银	Ur-AN, Ur-gán-ga-igi	13 斤羊毛，7 容器羊油，26 斛（大麦）附加款，卖主把它（货币）从（买主？）的家中拿走	1 容器羊油，2 斤羊毛，4 斛（大麦）	无	无	无

第11件	9 坰	gán PAP-RÚM (帕坡国田)	90 锱银	10 锱银	Riti, Ur-Enlil 和 Amar-aš-è 把它 (银) 从家中拿走 (é-ta ib-è, 见交易9)	1 容器羊油, 2 斤羊毛, 4 斛 (1 ni-ga 大麦) 附加款: Ur-Girà-ra 之子 Ur-ugula 把它从家中拿走 (é-ta ib-è)。	1 容器 (= 2 升) 羊油, 2 斤羊毛, 4 斛 (大麦)	Lum-ma 等 6 人是 (卖方?) 证人, Ur-Gunura 等 12人 (是买方证人?)	Lugal-ki-ni 没有给附加物; Ur-dGu-nu-ra (农夫) 给了食油已被契约泥锥(?)涂到约泥锥(?)的表面	Har-tu, Mes-u-é, Ur-Gu-nu-ra, Lugal-i-nu-ra, En-mu, En-Absu 是住在地边的农民
第12件	3 ？坰	gán É-saĝ-ki-ti (工匠长家的田)	113 锱银 (10½ 坰地)	11 锱银	Lugal-maš-us 和 Lugal-kar-si	44 斛 (11 ni-ga) 大麦附加款, 22斤羊毛, 11 容器羊油被带给 (an-ne-túm) 卖主	4 斛 (大麦), 1 容器羊油, 2 斤羊毛	无	无	无
	3½	gán-DUN (猪田)								
	3⅔	gán-Mu-ni-gár (穆尼音尔田)								
第13件	2 坰	gán-Kug-dul-gál-ki ("丘有银" 地方之田)	20 锱银	10 锱银	称出给 (an-na-<lal>) Lugal-da-gur- (ra)	8 斛 (2 ni-ga) 大麦附加款, 4 斤羊毛被付给 (an-na-sum) Isinki-dùg 和 En-na-Il	同上	无	无	无

第14至第16件	2坷	gán-Ur-Gu-nu-ra（"古努腊之狗"田），engur-da氏族（im-ru）田	20锱银	10锱银	Lugalda-gurra	同上，付给（an-na-sum）卖主	同上	无	无	无
	1½坷	gán-DUN（猪田），Ur-saĝ-gur-ra的田	15锱银	10锱银	Lugalda-gurra	6斛（1 ni-ga 2 ul大麦）附加款、3斤羊毛、3升油付给卖主				
	2½坷	（gán）É-gud（牛房的田）	25锱银	10锱银	Lugalda-gurra	[10斛（大麦）附加款]、5升油、[5斤羊毛]、还给（an-gi4）卖主				

了"享用"。其他的术语和项目都很规则。石地契中最后一个交易的卖主是 Lugalda-gurra，此人是芝加哥石地契中交易 13—16 的卖主，因此我们可以判定它和芝加哥石地契处于同一城市和同一时期，是姐妹篇，很可能都出自舒如帕克。地契共记有 17 件交易，土地面积最大的为 5 垧，最小的是 1/4 垧，可见出卖的土地还都是小面积的公民份田。单位地价或是因官方规定或是受市场价格的制约而呈现固定值：每垧田地价值 10 钱银以及附加的 2 升油、2 斤羊毛、4 ul 斗大麦、10 个啤酒面饼、2 个餐桌面饼。

四、舒如帕克轮职官时期（早期城邦）公有井田制和私人家族土地买卖（约公元前 2550）[1]

意大利亚述学者 F. Pomponio 编辑研究了舒如帕克出土的记录公民享用土地的 46 件行政文书[2]。它们多数是记录城邦发给城邦公民份田的大麦种子的账目。这些账目告诉我们苏美尔城邦公民的份地面积是非常规则的井田，面积都是两种基本单位之一或它们的 2—4 倍。第一种基本单位是 2.5 iku 亩（1 iku≈5 市亩），加倍面积有 5、7.5 和 10 iku 亩。第二种基本份地单位是 3 iku 亩（=½ eše 垧，1 eše=6 iku≈30 市亩），2—4 倍的份地是 6、9、12 iku 亩（=1、1½、2 eše 垧）。书中的 68 号原文是一个汇总大文件，记录了分属 60 多种职业的 105 位公民的份地面积，最小的 2.5 iku 亩，最大的 12 iku 亩，总数是 672 iku 亩（112 eše 垧）。93 号原文记录了 10 位公民的椰枣份园，每份均为 1 iku 亩。但是，

［1］ J. Krecher. *Neue Sumerische Rechtsurkunden des 3. Jahrtausends*, *Zeitschrift für Assyriologie* vol 63, 1974, pp. 145-271, 编辑和分析了出版后新发表的同类古契约。

［2］ F. Pomponio/G. Visicato. *Early Dynastic Administrative Tablets of Šuruppak*, Istituto Universitario Orientale di Napoli, Napoli: 1994, pp. 215-300.

表格 6：舒如帕克城邦轮职官（bala）时期的田地买卖契约选列（约公元前 2550 年）

1 eše 绳（6 iku）≈30 亩，1 ul 或 bariga 丁＝36 升，1 gin 线＝0.8 克，1 gin＝1/60 斤，单位地价是作者的计算，不在文献中

文件	面积 eše	田的金属货币	每枸价格田的金属货币	附加货币	礼品（大麦/金属）	"享用货币者"/卖主接受的衣用品；多人	卖地人亲属（妻子或母亲、弟、儿子?）接受衣食品	公证人（人名略去）无礼品	田（籍）书更的税及食品	依附农夫 engar-ú's 兼卖方证人受礼	买地人	田名	轮职官和城区
SRU 1 (TSŠ33)	1 枸	12 斤铜	12 斤铜（1 斤铜＝1 斤＝½ 斛大麦）	14 斤铜	10 斛大麦	Ur-Šul, Ur-Sud, Ennam-azu-še, Adda 4 人：3 斤衣用羊毛，40 面饼，40 糕点（每人 10），10 锅（pap）肉汤，10 锅鱼汤，1 升油	Mes-pad：1 件织物，5 面饼，5 糕点，2 ⅔ 锅肉汤；Inim-Šud-da-zi 铜匠长：5 面饼，5 糕点，2 ⅔ 锅肉汤	1 牧人，3 苇编匠，4 铜匠，5~6 庙奴，8 牧庙奴，9 人，10 铜匠长，11 庙奴,12 书吏,13 钦差 Ur-Nim-Unug	ᵈSud-Anzu：1 缗银；5 个面饼，5 个糕点	Epae: 5 面饼，5 糕点，2 ⅔ 肉汤；没提可能职业农夫	Ur-Nin-Unug 是"买者"田者	Mar-Šir-bur-mušen	Mar-bala Inim-ni-zi 当时
ZA 63 no 4 = ArOr 39,15	⅔ 枸	[8 斤铜]	[12 斤铜]	4 斤铜	8 斛大麦 ＝16 斤铜	Ur-Enlil, Ama-ma（母）和某等 3 人：[x] 斤羊毛，1 件织物，20 面饼，20 糕点，3 锅（pap）肉汤，3 锅鱼汤，1 升油	Šeš-a-du-na：2 斗大麦，10 面饼，10 糕点，2 锅（? pap）肉汤，2 pap 鱼汤	10 人：6 农夫，7 传令官，9 祭司	书吏 A-bar! - iši！2 斗大麦，3 面饼，5 糕点，10 锅肉汤	依附农夫（无名）：½ 斗大麦，3 面饼，5 糕点，1¼ 锅肉汤	Šeš-ama-na 是"买者"	gán-A-gar-tur	gán-bala Inim-ni-zi

文件	面积 eše	田的金属货币	每垧价格	附加货币	礼品（大麦/金属）	"享用货币者"/卖主接受的衣食礼品；多人	卖地人亲属（妻子或母亲、弟、儿子?）接受食品的	公证人（人名略去）无礼品	田（籍）书更的税及食品	依附农夫 engar-ús 兼卖方证人受礼	买地人	田名	轮职官和城区
MVN 10[1] no 84	1⅓ 垧	22 斤铜	16.5 斤铜	16斤铜	8斗大麦=16斤铜=2倍地价	Amar-Apsu, Hé-Utu, Nin-šè-nu-sè（女）和 Lugal-é-ni-sè 等4人：1件手巾, 1件 me-gal织物, 40面饼, 60糕、点, 6锅肉汤, 6锅鱼汤, 1升油	（卖）主的弟（šeš-lú）Ur-né：2斗大麦, 10面饼, 15糕、点, 2锅肉, （锅）肉汤, 2锅鱼汤	14人：1城市长老, 7皮匠, 11, 14农夫, 13涂油祭司	书更 A-har-išu：1头山羊（=2斗大麦）, 20饼, 20糕, 点, 2锅肉汤, 2锅鱼汤	依附农夫：1斗大麦, 1斤羊毛, 1¼肉汤；Dingir-azu 是证明交易的农夫	Šeš-ama/zikun-na 是"买田者"	gán-Ki-sar-silà	bala Imim-ni-zi
MVN 10, no 86	½垧田（60分）	1 斤铜	10 斤铜	2斤铜；每垧20斤	6斤铜=3斗麦=6倍地价	Ur-en-sahar-ra, Ur-ni, Kug-pàd 共3人：10饼, 10糕, 2锅汤, 2锅鱼汤	面积太小无	11人：1师傅, 2书吏, 3门房, 5庙奴, 8祭酒, 10信使长	面积太小没有田籍书吏	无	宫廷侍卫1 Ur-Enlil 是"买田者"	x-tur	bala Nam-mah
ZA 63 no 2= Lambert Unger p 39	⅓垧	4 斤铜	12 斤铜	4斤铜, 2每垧12斤	52斤铜, 斗大麦	Di-Utu, Ur-^{d}E-lum1 共2人：2斤羊毛, <1>织物, 20饼, 20糕, 4锅汤, 1锅鱼汤	Nin-azu：1斗大麦；Ur-sag-ka-zi-da：⅓斗大麦, 10糕, 1汤, 1鱼汤	12人：1书吏, 3商人的渔夫, 6陶匠, 12书吏	Ig-ge-nu-gi_4（见 ZA63, 5）：1斤铜（⅓银）, 10饼, 10糕点, 1锅肉汤, 1锅鱼汤无农夫		宫廷侍卫（tiru）Ur-Enlil 是"买田者"	É-mu_6-sùb	bala Nam-mah

[1] J.格雷高雷:《楔形铭文和行政档案》（J.Gregoire, Znscriptions et Archives Administratives Cuneiformes），缩写为 MVN10，罗马 1981 年版。

文件	面积 eše	田的金属货币	每垧价格	附加货币	礼品（大麦/金属）	"享用货币者"/卖主接受的衣食礼品；多人	卖地人亲属（妻子或母亲、弟、儿子？）接受食品	公证人（人名略去）无礼品	田（籍）书吏接受的税及食品	依附农夫 engar-ú s 兼卖方证人受礼	买地人	田名	轮职官和城区
ZA 63, no 5 = ArOr 39, 14	⅔ 垧	10斤铜，=4 镏银	15 斤铜	6 石麦=24 斛=48 斤铜	无	Nita-tur 和其妻 Íd-hi-li-sud 的礼品：4 斤羊毛，1 aktum 织物，1 ib-dù 织物，2 升油，1 头等面饼，2 面饼	无	5 人	书吏：Ig-ge-nu-gi4（见 no 2）面积小，无税礼，税礼给公侯 2/3 镏银，1 升油	它的农夫：An-a-zu（无食品）	Ìr 和 Ur-dNin-Umugki	gán-tuš-sar-har ni	公 侯 Inim-ma-ni
SRU 4 (WF 36)	1 垧	12 斤铜	12 斤铜	7 斤铜发坐条，4 斤附加礼	无	Estamud 和 Sud-Anzu：4 斤用羊毛，20 面饼，20 糕点，6 锅肉汤，6 锅鱼汤，1 升油	Me-nun：1 织物，5 面饼，5 糕点，2 锅肉汤，2 锅鱼汤 Ag：5 面饼，5 糕，2 锅肉汤，2 锅鱼汤	9 人，第 4 人 a-ru 庙奴，第九人是书吏 Ag-ku6-a-gíd-du	Šul 是书吏并完成契约人：1 钱银，2 锅肉汤，2 锅鱼汤，无衣夫		庙奴长（ugula-a-ru）Nam-mah 是买田者	Sa-a	bala Absu-ki-dùg

文件	面积 eše	田的金属货币	每垧价格	附加货币	礼品（大麦/金属）	"享用货币者"/卖主接受的衣食礼品；多人	卖地人亲属（妻子或母亲、弟、儿子?）接受食品的衣食品	公证人（人名略去）无礼品	田（籍）书吏的税及食品	依附农夫 engar-ús 兼卖方证人受礼	买地人	田名	轮职官和城区
SRU 8 (RTC15)	⅓垧	[5?]锱纯银 kug-luh-ha	[15锱银?]	5锱银	2⅔斛大麦	3人：Mu-…, 医生 <Ur>-é-Še-nun-sè-bu, Ur-eš: 1件衣用 2斤羊毛, 1件织物, 20面饼, 20糕点, 5锅肉汤, 5锅鱼汤, 1升油	他的兄弟 Zamu: 2⅔斛大麦, 20面饼, 20糕点, 2锅肉汤, 2锅鱼汤	13 人：4 门房	Šeš-kur-ra: ⅓锱银; 20饼, 20糕, 5锅肉汤, 5锅鱼汤, 1升油	Utu-di: ⅓斛大麦（每垧1）, 10面饼, 10糕点, 1锅肉汤	Ur-Gibil之子Ur-Enki"买田者"	gán-Emah-x	bala Inim-ᵈSùd-da-zi
SRU 7 (RTC 14)	1⅓垧	20锱纯银 kug-luh-ha	15锱银	10锱银＝½地价	16斛ni-ga, 每垧12斛	2人：Ur-Enlil, Ur-Šaham-la: 12斤衣用羊毛, 4斤羊毛, 1件织物, 1⅓斛大麦, 60糕点, 10锅肉汤, 10锅鱼汤, 1升奶油	他的妹 Nin-tur: 2斛大麦, 20面饼, 20糕点, 2锅肉汤, 2锅鱼汤	11 人：2黑母羊牧, 10书吏, 11饲养员	En-Geštug: 1⅓锱银, ⅔斛大麦饼, 40糕点, 3锅肉汤, 3锅鱼汤	无名依附农夫: 1⅓斛大麦, 20面饼, 20糕点, 2锅肉汤, 2锅鱼汤	Gi-bil神的羊牧	Gán-é-nar"歌手"的田	bala Maš-ᵈSùd

公侯（énsi）作为城邦首脑却占有较大的田地。106 文仅仅记录了两块田：公侯的一块是 67 iku 亩（11 ⅙ eše 垧），钦差（maškim-DI）的一块是 54 iku 亩（9 eše 垧）。这些土地可能最初是不允许买卖的，但随着贫富差别扩大和阶级分化，为贫困生活所迫的公民不得已地出卖自己份地的现象不可避免地出现了。

　　舒如帕克早期城邦时的泥板契约的落款中没有月名和日序号，也没有阿卡德时期开始使用的年名，但多数泥板提到某位轮职官的任期（bala）：轮职官的名字成为两河流域最早的定期（年？）方法。苏美尔早期城邦的轮职官名字纪年体制使用时间不长，仅仅出现在公元前2550—前 2300 年间的舒如帕克和苏萨两地的文献中。然而，500 年后的北方阿淑尔城邦开始使用的亚述名年官纪年体制（公元前 2000—前600）属于同一体制：一些贵族首脑每年轮流就任特定的职位（名年官），并以他的名字命年。我们对舒如帕克的轮职官的管辖范围和任期长度不能确定，也可能和亚述名年官一样是一年一届。一位名为 Nam-mah 的轮职官和一位职位是庙奴长的买地人（SRU 4）同名，也可能为一人。注意，在一房产买卖契约（SRU 29）中，轮职官 Maš-Sud 被称作城邦公侯，很可能他以公侯的身份担任轮职官。在一件卖田契约中（ZA 63 no 5），定期落款没有轮职官名，而是提到公侯 Inimmani 的名字：他还收取了本应田籍书吏收取的每垧 1 钱的税银和食品一升油。一个名叫 A-har-igi 的田籍书吏出现在轮职官 Inimni-zi 和 Nam-mah 任职期间，这两个轮职官可能是最早的两位。由于公侯 Inimmani 的书吏 Iggenugi 也是轮职官 Nam-mah 的书吏，Nam-mah 的任期可以定在 Inimmani 执政时期。Mar-Šir-nur-mušen 地区的几块田地在轮职官 Inimni-zi、Nam-mah 和 Absu-kidug 任期时都曾被出售，这三人的任期很可能是衔接的。在轮职官 Nam-mah 和 Inim-Sudda-zi 任期时，一个名叫阿旮的人买了同一城区的两处房产，可见这两个任期相距不远。轮职官 Maš-Sud 也被称为公侯，由于他任期内货币为银，他的执政期可能晚于使用铜货币的公侯 Inimmani。街区传令官 Me-azu-Anda 出现在轮职官 Ur-Ešenunšebu 和 Maš-Sud 两个任期中的房产交易中，可见这两个任期也是衔接的。由于主货币的变换可能反映了各个轮职时期的前后次序，轮职官的次序可能分为三阶段，铜货币时期：1. Inimni-zi，2. Nam-mah；铜银混用时期：3. Absu-kidug，4. Inim-Suda-zi；银货币时期：5. Maš-da₅-tur，6. Ur-Ešenunšebu，7. Maš-Sud。如果每位任职一年，这些文件覆盖了 7 年时期。

　　虽然这些单件交易的泥板契约中的交易术语比石刻土地交易汇编增加了一些，但行文格式中完全省略了动词。例如行文不用"付给、称出"叙述货币和实物的给予行为（买卖），而是用名词句子叙述："多少银 / 铜（是）地价，田面积；多少银 / 铜（是）附加货币，多少大麦 / 铜金（是）礼品货币；多少羊毛、大麦、糕点、肉汤、鱼汤、食油（是）某某和某某（的），（他们是）地价享用者……"泥板地契这种完全用名词的文件格式不一定表明它们比石刻地契的语言更原始：为了提高书写效率，各时期的书吏们均用固定的名词句格式书写经济管理文件，很少使用动词。和现代行政管理及统计常用的无动词的表格文件同理，古代管理和统计文件也使用各种固定名词格式，经常少用动词或不用动词。

　　这时期土地出卖的总价由四部分组成：1.šám-gán 田价：金属货币；2.níg-diri 附加价：金属或大麦货币；3.níg-ba 礼品：金属或大麦货币；4.（礼品）衣食品。交易田地本身（田价）的货币多用铜金，也有用纯银（"洗净的银"）支付。田地价格一般是每垧 12 斤铜或 6 钱银（1 钱银 =1 斗大麦 =2 斤铜）。附加价和土地面积不成比例，最低是地价的一半，最高是地价的 4 倍。由于房屋买卖契约中提到附加价钱是付房地之上的建筑的钱，我们判定田地的附加价钱应是田地中生长的庄稼的价钱。附加价在阿卡德时期称为 níg-ki-gar-gán "恢复田地价"。前期轮职官 Inimni-zi 和 Nam-mah 的任职期间，买地的货币都是铜；稍后的 Absu-kidug 和 Inim-Sudda-zi 任职时，有用铜也有用银的；最后的 Ur-

Ešenunšebu 和 Maš-Sud 任职时期，货币是银。

这时期买地的付给卖地家族的粮食被单独称为"礼品"，主要是大麦。但在买地货币为铜的早期阶段，铜金常代替大麦或和大麦一起作为支付的礼品；在银取代铜金流通后，买地的礼品一律都是大麦。同时，生活中的基本衣食用品如羊毛、织物、面饼、糕点、肉汤、鱼汤和食油也是付给每个卖地家族家长和家庭成员们的一种代价，实际是礼品的第二部分，它们在后来的契约中也被称为礼品。然而，它们在这一时期的契约中却没有包括在"礼品"的概括之中，我们称之为"衣食礼品"。田籍书吏和依附农夫也得到一些食品作为他们参加交易工作的报酬。衣食礼品和土地面积大小不成正比例，但面积大的田地的卖主们往往得到较多的衣食礼品。在多数的面积由 ⅓ 垧到 3 垧不等的较大面积的田地交易中，衣食礼品也较多:女人得到一件织物、家族共享2—7 斤羊毛、10—60 个面饼和 10—60 个糕点、2—10 锅的肉汤和鱼汤制品和 1—2 升油。在一次小块田地的买卖中（十分之一垧，*MVN* 10 86），礼品就非常少：只有 10 个面饼、10 个糕点、2 锅肉汤和 2 锅鱼汤。在后来的阿卡德国王大批量、大面积买地的契约中，礼品不再用食品支付，而用贵重的车马、银、青铜制品和毛织品支付:他购买马尔达邦的基巴巴尔城市公侯后代的 390 垧地时送给卖地家族的族长一组骡子（4 匹）和战车、20 钱重的银花环、一青铜斧，同时给这一家族的 26 个分支家长每人一件织物。

城邦统治阶层在管理土地买卖事务中也获得了利益：城邦的田籍书吏（dub-sar-gán）在每次交易中征收买地人一定的银两或铜金，可能是官府的税钱，每垧税率 1 钱银或 3 斤铜。他们还收到食物礼品作为起草买卖契约的润笔费。值得注意的是当买地的货币是铜的时候，买地人交给田地书吏或公侯的税款一般还是银，只有五次交易中的税款是付铜金（*SRU* 2, *SRU* 9, *SRU* 6, *ZA* 63 no 2, *Or.* 44 436），其中 4 次地价是铜，一次地价为银。这一现象表明在早期铜和银都可以作为支付货币，但支付对象还是有点差别：大量支付的货币如田地价和附加价还得用铜金。其原因可能是早期时银金属的流通数量较小。有一次交易的税银是大麦（*ZA* 63 no 4），表明大麦也偶尔作为货币。根据税率计算，1 斤铜等于 ⅓ 钱银。在一次交易中，不是田籍书吏而是公侯本人收取了称为"礼品"的每垧 1 钱的税银和一升油，可见书吏所收的税和礼要上缴公侯官府。

卖地人一般是 2—4 人，可能互为兄弟姐妹，有时是夫妻，都是家庭的家长们。卖地人的亲属一般为 2—4 人，也获得买方给予的衣食生活用品。从亲属的名字判定，他们有男有女，女人应是买地人们的母亲或一卖主的妻子，男人应是买主的儿子们。由此可见，当时的家庭是由几个兄弟的家庭共同组成的大家庭。舒如帕克城邦中出售的田地均为小块土地，面积由 ⅓ 垧（一次 ⅒ 垧）到 3 垧不等，多数为一垧。因此，我们可以判断，和我国商周时期的井田制度的情况一样，当时城邦把部分土地平均地发给每个公民。最初，公民的土地是不允许出卖的。随着阶级的分化、财富的集中，王室、神庙和贵族希望拥有多数的土地，他们就允许贫穷的公民出售自己的份地了。

这一时期的契约的格式总是把买地人放到文件的最后部分，在田地名和轮职官之前，买主一般均是一人（*SRU* 9：一人和其四子）。舒如帕克地契中的多数买地人的身份没有标出，但轮职官 Nam-mah 时有 4 件交易（4 处地 1 处房，*ZA* 63, no 12）的买主是同一个人：宫廷侍卫（tiru）Ur-Enlil。在乌鲁克出土的初始文字时期的《职官表甲》（lú-A）中，宫廷侍卫（tiru）官职排在第 17。一个买地官吏 Sudda-di-mah 的头衔可以理解成"奴隶督察"（kinda-gal, *Or* 44），另一个买主的头衔是"庙奴监管"（ugula-a-ru, *SRU* 4）。因此，我们可以认定买主们是贵族或富人或王室和神庙的代理人。

除了土地买卖外，舒如帕克城中的房产也可以出卖。房产要比田地贵很多：面积一分多的房产价值三四钱的银子或 10 斤左右的铜金，等于一坰田地的价钱（1 eše 坰 =600 sar 分）。舒如帕克出土的 15 件房产买卖契约中被出售的房子的面积差别不大，一般都是 1-2 sar 分地大小。房价（šám-é）和地上建筑的附加货币（nig-diri é-dù）也是早期用铜，晚期用银支付。早期铜货币流通时，买房的主礼品（níg-ba）用铜和大麦支付，后来银货币流通时主礼品则只用大麦支付。卖主们最后收取的衣食礼品有 1 或 2 件羊毛织品、1—3 斤衣用羊毛，面饼和糕点每人 2.5—10 个、肉汤和鱼汤每人 1—3 锅不等。在一个契约中（SRU 27），一个女人收到 30 个面饼、30 糕点、5（锅? pap）肉汤、5 pap 鱼汤、1 升油，其原因可能是她出卖的房屋属于家庭共同出卖的房产，她名下的食品份额包括她的儿子们的份额。在房产契约中，轮职官或公侯的名字之后的最后部分一般记有一个地区名，它可能指示所交易房产所在的城区。由于田地交易契约中只有田名，没有城区名，我们可以认为这一时期农村和城镇已经分开了。

和田地买卖中城邦参与契约订立的田籍书吏对应，房产买卖中的官府代表是房产测量吏（lú-é-éš-gar）和街区或部落传令官（nimgir-sila）。对于一般面积是 1 分（sar）多的房产，房产测量吏向买主收取的金属货币税款一律是 1 斤铜；对面积小于一分的房可能收半斤铜。奇怪的现象是在 Inimni-zi 到 Inim-Sudda-zi 四位轮职官时期，当买房的货币是铜时，房产测量吏收取 1 斤铜，但在 Ur-Ešenunšebu 和 Maš-Sud 任职期间，买房货币已变成了银，房产测量吏仍然收取 1 斤铜，而不是 ⅓ 钱银。其原因也许房产测量吏需要铜做测量工具？街区传令官则在食品之外加收了 ⅙ 斗大麦，也许这笔大麦的名目是交付传令官的坐骑的草料费或其他费用。和田地买卖中的田籍书吏一样，房产交易中的房产测量吏和街区传令官也各自得到面饼、糕点、肉汤、鱼汤等食品作为个人在交易过程中的工作报酬。有时传令官长（nimgir-gal）代替街区传令官出现并收取 1 斤铜，但他们似乎不接受食品报酬。街区传令官 Ur-Éšenunšèbu 曾任过轮职官（MVN 10 85, SRU 28）。

结论

　　根据初始文字时期的来自捷姆迭特那色的土地文件，我们知道两河流域初始时期的土地属于公社所有，不能买卖，由公社官吏管理。从舒如帕克出土的土地交易契约中我们发现在随后的早期城邦时期，除了公室和神庙占有的大份额的土地外，土地已经分成许多小面积份地发给公民。随着贫富的分化，贫穷公民不得不把自己的份地出卖给官吏、贵族和富人以换取衣食等生活用品，土地私有制度开始形成。最初的土地交易可能使用衣食等生活用品做实物货币。随着贸易的发展，大麦、铜和银先后成为通用的买卖货币，但衣食实物货币仍以礼品的形式在土地交易中保存下来。根据这两个时期的文献都没有奴隶买卖契约而历史上首批奴隶买卖契约出现在其后的苏美尔经典城邦时期的现象，我们可以判定初始文字和早期城邦时期是两河流域由原始社会向奴隶社会过渡的阶段。在人类社会发展的漫长过程中，土地私有制先于奴隶制度产生；奴隶社会产生的根本动力正是土地私有制度的发展。由于土地经营规模的扩大和货币制度的产生，一方面，公室、贵族、神庙和富人等大土地所有者需要大量劳动力从事大规模的农业生产，他们雇用失去土地的公民作为雇农或把私有土地出租给他们，当失去土地的贫民的经济地位进一步恶化时，他们只能沦为地主的债务奴隶。另一方面，国家放弃了屠杀战俘的做法，把外族战俘作为奴隶分给公民从事农业生产。除了战俘外，外族奴隶还可以通过贸易从国外购买。当外族奴隶成为国家和公民土地上不可缺少的生产工具时，奴隶制社会就自然而然地产生了。

古代两河流域国家保护弱势公民群体的历史传统[*]

　　古代两河流域文明和埃及文明、中华文明在公元前 3—前 2 千纪并列为世界上有原创文字的最伟大的三大古文明。诞生于两河流域这片历经人类创业苦难而神圣的土地上的古老的苏美尔和阿卡德、巴比伦和亚述人创造的早期文明虽然早已消亡于后期的文明之中，但她给全人类留下的宝贵历史遗产对当代人的借鉴价值是巨大的，她孕育出的人类文明精神永垂不朽。其中最为显著的，甚至可以说是文明的核心精神和最高政治理念就是国家通过立法和行政管理保护贫穷弱势集团的利益，抑制富裕阶级和强力集团，防止他们以权力、暴力欺诈压迫贫弱者，通过刑罚缓和来解决阶级、家族和个人之间出现的一些不能调解的矛盾，树立国家权威高于各阶级之上的公正形象，尽可能建立一个公正和谐的（奴隶制）社会和国家，保证社会生产的持续发展和国家强大到足以抵御经常性的外族入侵。

　　古代两河流域遗址出土的诸法典中，只有三部法典保存了类似宪法的法典前言和结语部分。目前已知保留了前言的两部世界最古老的奴隶制成文法典是乌尔第三王朝建立者乌尔那穆颁布的苏美尔语的《乌尔那穆（Ur-Nammu）法典》（约公元前 2100 年）和伊辛王朝第五

---

*　　吴宇虹：《古代两河流域国家保护弱势群体公民群体的历史传统》，《东北师大学报（哲学社会科学版）》2007 第 6 期。

王里皮特伊什塔尔（Lipit-Ištar，前 1934—前 1924 年）颁布的法律范围
更广的《里皮特伊什塔尔法典》，而闻名世界的古代法律经典阿卡德语
的《汉穆腊比法典》（约前 1750 年）的前言和结语均完整保留下来。前
两部法典的抄本破损较多，我们无法知道法典真正的全貌，后者是至今
发现的保存最为完整、法律范畴和条文最系统化的两河流域法典，堪称
为三千年两河流域文明的立法理论和实践的最高成就[1]。分析这三部法典
前言中的立法指导思想和法律条文部分，我们发现，虽然相隔四百年、
使用两种不同的语言，从苏美尔城邦到古巴比伦强国的两河流域各朝代
的法律理念是一脉相承的：它们共同的核心思想是认为国家最重要的职
能是以法律维护社会公平和阶级和谐。这三部"宪法"以王权神授和
王权正义为基本原理，宣布国家立法的公正神圣不可侵犯性和保护人
民安全、自由、幸福的目标性。同时，我们在这些法典的法律条文中
看到社会公正和国家正义精神具体体现在保护弱势群体的利益和缓和
城邦公民内部的矛盾，即"正义等于公平"的理念。如果站在被压迫
的奴隶阶级的立场上，我们可以批判在汉穆腊比时代没有实现无阶级
歧视的更高层次的人类社会公正和公平，但是，考虑到人类社会发展进
步的历史阶段，我们还是可以说两河流域是人类公正精神的发源地之一。

一、历代苏美尔和古巴比伦国王铭文和法典前言中社会公正的理念及实践

　　《乌尔那穆法典》《里皮特伊什塔尔法典》《汉穆腊比法典》这些法

---

[1]　M Roth. *Law Collections from Mesopotamia and Asia Minor*[M] · Scholar Press,
　　 Atlanta, 1995. 中文见吴宇虹等：《古代两河流域楔形文字经典举要：汉穆腊比法典、
　　 马瑞王室档案第四卷信件、亚述王辛那赫瑞布八次战役铭记》，黑龙江人民出版
　　 社，2006 年。

典都在前言中宣称国家的代表——国王弘扬了社会正义，在人们中建立了公正：国王的公正形象如太阳"照临黔首、光耀大地"，国家制定法律的目的是"在国中彰明正义，消灭邪恶和罪行，使强不凌弱，公正对待孤女和寡妇"。到了古巴比伦时期，法律公正的理念在法典前言、结语以及法律条文中体现得更为详尽、系统、完整，可以说趋向完善。《汉穆腊比法典》282 条法律条文囊括了古巴比伦奴隶社会的各个方面，法律对同一类型案件的当事人按照自由人、半自由人、奴隶的阶级属性规定从轻到重不同的惩罚给这部法典打上了奴隶制法典标记。

法典都是以当时的国王的名义发布并且都在前言中讲述了王权神授的原理：立法者们诉诸不朽的、高于人类的自然界来强调国家制定法典和执行法律的权威性和神圣性，以自然不朽来阐明人类社会的正义思想是与自然界共存亡的永恒真理，是人类永远追求的梦想。《汉穆腊比法典》前言宣称：众神之父即自然和人类的创始者天神安和众神之王、天地之间的统治者恩利勒把人类的统治权交给了智慧之神恩齐（水神）之子巴比伦的城神马尔杜克（木星）。国王用马尔杜克在上界取代众神之王的地位这一上界革命事件为巴比伦城在下界统一天下的历史使命提供了神圣必然性和合理性。虽然第一部法典《乌尔那穆法典》诞生于公元前 2100 年的新苏美尔时期，公平和正义的法律思想在文明的黎明期就已深入人心，并源远流长形成了文明传统。例如，古苏美尔时期的拉旮什王朝多位国王如恩美台门那、乌如卡吉那和古迪亚在公元前 2400—前 2250 年的铭文中都提及他们建立了社会公正。在乌尔那穆之后，许多伊辛、拉尔萨和古巴比伦王朝的国王也在铭文中宣称他们废除陈债、减免苛捐杂税、解放债务奴、保护穷人、保护孤寡等弱势群体、平反冤案、平抑物价、公定度量衡、追求男女平等、保证和增加工匠及民工工资及奴隶口粮等公正政绩。从下面我们引用的历代苏美尔和巴比伦王铭文中宣布的社会公正的理念和实际措施中，我们看到《汉穆腊比法典》继承了之前的历代古王保护弱势公民、主张社会正义的国家司法和行政理念：神父和神王选中的人间统治者，必须依照天理在人间主持正义和扶弱抑强，执行他义不容辞的神圣责任。值得注意的是两河流域古代法典认为社会正义要体现在社会生活的全部方面，身体伤害和财产损失是同样重要的事件，因此古法中没有"刑法"和"民法"的概念区别。

《汉穆腊比法典》结语的宗旨是教喻后代统治者把社会公正的理念和实践作为宝贵的执政传统世世代代继承和发扬下去，认真理解宪法的公正精神，研究和应用他公布的碑刻法律条文。他用神明赞赏和保佑来鼓励正义传统的继承者，以神明的可怕惩罚警告抛弃正义统治理念和实践的后继者。

历代苏美尔和古巴比伦国王铭文和法典前言中的社会公正理念和实际措施
（前 2400—前 1750 年）

国王	文献中有关建立公正的原文及文献出处	公正内容
拉旮什王恩美台门那（约前 2400 年）	他在拉旮什建立了自由，他让（被奴役的）母亲回到儿子身边，（被奴役的）儿子们回到母亲身边。他豁免了使自由人变为奴隶的大麦债务。他确立了乌鲁克、拉尔萨和巴德提比腊三城沦为奴隶的公民的自由并把沦为奴隶的人民送回乌鲁克等三城。（FAOS 5, no 79iii-iv）	解放拉旮什、乌鲁克等城的债务奴。
拉旮什王乌如卡吉那（约前 2350 年）铭文	在他继任后，船长离开了船只，牧长离开了驴和羊，鱼税吏离开了塘，粮仓吏离开了涂油祭司的大麦税，公室的差官们离开了牧羊人们的被征收的白色绵羊贡银两，他们离开了测地吏等诸（神庙）管事们被征收羔羊贡的银两，他们还离开了诸庙主持们被收取的贡品。	他禁止官员暴敛贸易、羊驴饲养渔业税，禁止向祭司、牧人、各职业阶层及寺庙征敛欠税。

续表

国王	文献中有关建立公正的原文及文献出处	公正内容
拉旮什王乌如卡吉那（约前2350年）铭文	公侯的房宅和公侯的田地属于它们的主人宁吉尔苏神，夫人庄的房宅和夫人庄的田地属于它们的女主人巴巴神，王子的房宅和王子的田地属于它们的主人舒勒沙旮那神。从宁吉尔苏（拉旮什）的边界直到海边，公侯的差官不再困扰人民。（*CIRPL*,[1] no 4、5、6、1）	王、后和王子控制的田宅转给各寺庙，官吏不再向人民索取财力和人力。
拉旮什王乌如卡吉那（约前2350年）	埋葬死者葬礼花费的财物比以前少了一半。1个盲奴从事榨油（重体力）劳动时，每天夜间可得到5个面饼，白天一个面饼，傍晚6个面饼；一个庙杂役奴（sag-bur）在有工作时，他（每月）得到60个面饼、1啤酒、18升大麦。拖欠的每对壮丁（力工）的报酬和工匠们的工资（被官府）在城门处补发了。卸任公侯不再进入穷困（母亲）的椰枣园砍树采果。 当一匹好驴出生于一个"主人的部曲"家而他的队长（ugula）说"我要买"，在交易时，他（部曲）说："称给我想要的好银价！"当交易不成时，管吏不再敢愤怒地打他了。当一个主人的部曲的房子邻接到一个豪强（lú-gu-la）的房子因而豪强说"我要买"，在交易时他说："称给我想要的好银价，付给我房子的附加大麦价！"当交易不成时，豪强不敢再愤怒地打这个部曲了。新王命令扫除拉旮什公民中的高利贷、囤积居奇、饥饿、盗窃、杀人和监禁，建立了他们的自由。乌如卡吉那向神宁吉尔苏许诺豪强不得压迫孤儿和寡妇（*CIRPL*, no 4、5、6、1）。	减少埋葬费用；增加各种奴隶的口粮；补发力工和工匠的工资。公室亲属不得掠夺穷人或寡妇的田园。禁止强权交易。清除拉旮什公民中的高利贷、囤积、饥饿、盗窃、杀人和囚禁，建立了人民自由，向神许诺豪强不得压迫孤儿和寡妇[2]。

---

[1] E Sollberger. *Corpus des Inscriptions Royal Presargoniques de Lagash=CIRPL*, Ukg 4-5, 1, 6; M Lambert[M]·Revue d' Assyriologie 1956, pp.169-184.

[2] 吴宇虹，"'乌如卡吉那改革'真实性质疑——拉旮什城邦行政档案研究札记"[J].《东北师大学报（哲学社会科学版）》, 2005(6):5-10.

续表

国王	文献中有关建立公正的原文及文献出处	公正内容
拉旮什公侯古地亚（约前2250年）石像乙铭（RIME 3/1[1], 1. 1. 7. St B: iv 10-19, v 1-14, vii 26-46）	他使皮鞭不再抽打人，刺棒不再击打人。母亲不再打孩子。将军、军尉、监工、工头和任何有地位的人们如同梳理羊毛般（小心）执掌管理权。	官府和家长不得随意对人民和子女用刑。
	无人在城邦的墓地中埋葬（冤死者），无人运送（无辜者）尸体，无哀歌手弹奏竖琴，无人流出眼泪，哭丧妇不再说唱哀歌。拉旮什城邦边界内，诉讼人不再把（被告）人带到法庭（"发誓处"）。债权人不再进入（债务）人的家中（要债）。他的王宁吉尔苏神为他彰显了和谐之物。（RIME 3/1, 1. 1. 7. St B: iv 10-19, v 1-14, vii 26-46）	禁止草菅人命，禁止官府强行执行债务和债权人强行夺取债务人生活用品。
拉旮什公侯古地亚（约前2250年）：石像乙铭（RIME 3/1 1. 1. 7. St B: iv10-19, v 1-14, vii 26-46。）	当我（古地亚）为他（国神）建筑了他喜爱的庙"五十庙"后，我解除了（所有）债务，我举行了"洗手"仪式。在7天（的仪式）中，大麦不再被（舂米妾）舂磨，于是婢妾们等同了她们的女主人，隶臣和他们的男主人并肩站在了一起。我让一切不和谐的事回到它们的归处。我追求南筛女神和宁吉尔苏神确定的正义事业。我没有让孤儿屈服（gar）于富人，没有让寡妇屈服于豪强。在没有儿子的家庭，我使它的女儿进入成为继承人。（RIME 3/1 1. 1. 7. St B: iv10-19, v 1-14, vii 26-46。）	废除陈旧债务，解放男女债务奴隶，保护孤儿寡母、穷人不受富人和豪强的欺压，实现男女权利平等，追求正义事业。
乌尔王乌尔那穆（约前2100年）：《乌尔那穆法典》前言	在那时（过去），外族人获得了土地，船长有接管（人民）海上贸易的权力，牧长有接管（人民）牛、羊、驴的权力。【今天，我，乌尔那穆】强壮的勇士，乌尔城之王，【苏美尔】和阿卡德【之王】，借由我王南那月神的【力量】，按照太阳神乌图的命令，我在【国土上】建立了正义。	过去官员向人民暴敛贸易税和牛羊驴。按照神的旨意，王在国中重建正义。

[1]　D. Edzard, *Royal Inscriptions of Mesopotamia, Early Periods (RIME) Volume 3/1: Gudea and His Dynasty* [M]. University of Toronto Press, Toronto, 1997.

续表

国王	文献中有关建立公正的原文及文献出处	公正内容
乌尔王乌尔那穆（约前2100年）：《乌尔那穆法典》前言	我【把土地】归还【给】阿卡德（人）和外国人和苏美尔（人）。我使船长放弃海上贸易权，使牧长放弃接管牛、羊和驴的权力。	清除暴敛人民贸易所得、牛羊驴的官员。
	这时，温马城邦、马腊达城邦、舒布尔（阿淑尔）城邦、卡扎鲁城邦和它们的村落和邻里，一直为安山的贡品（"东西"）从事奴役工作，借助我王南那神的力量，我建立了它们的自由。	解放一些处于外国奴役中的城邦。
	我制成了一个铜的斛量容器，并把它确定为60升。我制造了一个铜斗量容器，把它确定为10升。我制造了一个铜的王家标准斗的容器，把它确定为5升。我确立了（称）从1锱到1斤的金属标准石秤砣。我制造了1个1升的（水）青铜的容器，把它确定为1斤重的（水的重量）。	确定量器、衡器的公平标准，禁止官府和富人在征收谷物和银钱时以及商业贸易中的欺诈行为。
	在此时，在底格里斯河的河岸，幼发拉底河的河岸，在所有的河渠岸上，我准备了劳动工资。我【…】中的【×××】【修建】了房子，我使椰枣园【种植了】，我使（枣园）的主人雇佣园丁。	公平的劳动工资。
	我使孤儿不再向富人屈服。我使寡妇不再向豪强低头。我使仅有一锱银钱的人不再向有1斤银钱的人屈服。我使（有）1头羊的人不再向（有）1头牛的人屈服。	保护孤儿、寡母、穷人不受富人和豪强的欺压。
	我把我的将军们、【父老们，】我的母亲们、我的兄弟们以及他们的家属们安置于合适的地方。我没有建立对于他们的（税收）指令。我没有把徭役施于他们。我消灭仇恨、暴力和冤屈。我把正义在国土中建立起来了。	免除国家对各个阶级的徭役。消灭暴力、冤屈和罪行，在国土中建立正义。

国王	文献中有关建立公正的原文及文献出处	公正内容
伊辛王里皮特伊什塔尔法典前言（前1934—前1924年）	当决定命运之二主——众神之父伟大天神安（和）各国之王恩利勒，为天神安之【女】宁伊辛那，建立了（诸神）对她的王公权的服从和对她被明智选中的拥护，并授予她由天神建立边界的伊辛城、美好的统治期和苏美尔和阿卡德之王权时，（我）神圣的里皮特伊什塔尔，睿智的牧羊人，被努楠尼尔（恩利勒）选中者——为了在国土中建立公正，为了消除呼喊（冤屈），为了驱逐仇恨、强权和战争（武器），为了苏美尔和阿卡德（人民）获得幸福，天神安和恩利勒选中（我）神圣的里皮特伊什塔尔为国家的君王。于是，我，神圣的里皮特伊什塔尔——尼普尔城顺从的牧羊人，乌尔城忠实的农夫，不停为埃瑞都城工作者，乌鲁克城合适的最高祭司，伊辛城之王，苏美尔和阿卡德之王，满足伊南那女神的心愿者——根据恩利勒的指示，在苏美尔和阿卡德地区建立了公正。于是，我使尼普尔城的儿女们、乌尔城的儿女们、伊辛城的儿女们，苏美尔和阿卡德的儿女们，【不】再从事奴役工作，我建立了他们的自由，让他们回到他们的家园。根据约定，我使每个父亲对他们的儿子们承担义务，我使每个儿子对他们的父亲【承担】（义务）。我使每个父亲和他们的儿子们站在一起，我使每个儿子和他们的父亲站在一起。我使父亲全家和兄弟们的全家，站在一起（同心协力）。我，神圣的里皮特伊什塔尔，恩利勒之子，使父亲的家庭和兄弟们的家庭，（每年）每家服役70天！我使壮丁之家（单身男子）每人每月服役10天。	王权神授予伊辛城女神和国王。国王替天行道，建立公正：消除冤屈，驱逐仇恨、强权和战争，为了苏美尔和阿卡德（人民）谋幸福。废除多年债务，解放沦为债务奴隶的各个城市以及全国的前公民。父抚养弱子，子敬养老，建立亲情，父子互相支持，团结一心。限定公民每家每年的徭役为70天，单身男子服徭役每月每人10天。

续表

国王	文献中有关建立公正的原文及文献出处	公正内容
伊辛王【恩利勒巴尼】（前1860—前1837）尼普尔泥板铭: RIME[1], 1.10.1001 v 11-vii	我在尼普尔城建立了公正，丕显了正义。像对待羊群一样，我寻找（人民）口食料，以喂养他们。我从他们的脖子上移走沉重的轭鞅，使他们居住在正义之地。我在尼普尔城建立的正义使人心愉快。在天神和恩利勒赠予伊辛女神的城市伊辛，我建立了正义和公正，我使国人心情愉快。过去是五分之一的大麦（收成）税，我让交纳十分之一。我让部曲们（半自由阶层）每月仅服务（王室）4天。过去王室的羊、驴【啃食穷人的】田地，人们悲呼公正之神，我将王室的羊、驴从田垄中驱逐。我使表示冤屈成为无人触及之物。我是热爱正义的判官，我消灭了敌意和强暴，是恢复公正和正义之人。（RIME[1], 1.10.1001, v 11-vii）	公正对待尼普尔和伊辛的公民：丰衣足食，减少一半的粮食税和徭役。解决人民的疾苦和冤屈，消灭敌意和强暴。
拉尔萨王努尔阿达德（前1865—前1850）：拉尔萨出土陶锥体铭（RIME 4, 2.8.7, ii 50-70）	我使我的人民食丰盛之餐，饮充沛之水。我消灭了其中的盗贼、坏人和仇恨者，我造福于低贱者、寡妇和灾毁者。	富裕百姓，消灭刑事犯罪，保护弱势。
	在我美好的统治期中，银1锚（1/60斤）买2钟大麦，或2斗（斗=1/30钟）油，或10斤羊毛，或10钟椰枣是我国的市场上的（公正）价钱。（RIME 4.2.8.7, ii 50-70）	固定农产品和银钱的价格，禁止商人囤积农产品，制造通货膨胀。
	在那时，我在圣洁地域建筑了如山一样的拉尔萨的高大城墙：每个人均接到3斗大麦、2升面饼、2升啤酒和2锚油作为每天工资。	国家国防工程创造就业，公正付给民工工资。

---

[1] D. Frayne. *Royal Inscriptions of Mesopotamia, Early Periods Volume 4 (RIME 4): Old Babylonian Period (2003-1595 B.C)*[M].University of Toronto Press, Toronto, 1990.

国王	文献中有关建立公正的原文及文献出处	公正内容
拉尔萨王辛伊丁楠（前1849—1843年）陶鼓铭：RIME4.2.9.2：51-70；和拉尔萨太阳神庙重建铭文（RIME 4, 2.9.6：42-69）	当疏浚大河底格里斯河时，每个人每天均收到大麦1钟、面饼2升、啤酒4升、油2锱作为工资，我不允许一个人被欠工资，或一个人多拿工资。依靠国家的力量，我完成了这一工程。依靠诸大神的命令，我恢复大河底格里斯河的原貌，因而永远地树立起我的名声。（RIME 4, 2.9.2：51-71）	国家水利工程创造就业，公正付给民工工资（比修城墙多）。
	【当我修建白庙神殿时，每个人】每天均收到【大麦1钟】、椰枣2升、奶酪2升、芝麻油2升、油2锱，另加羊圈中的（羊肉）食品，作为【工资】。在太阳神乌图授予我美好的统治期中，4钟（1钟=30斗）大麦，或12钟椰枣，或15斤羊毛，或3斗芝麻油，或5斗猪油，在乌尔、拉尔萨城和我国的市场上的价钱均可卖作银1锱（1/60斤）。（RIME 4, 2.9.6：42-69）	国家信仰工程创造就业，公正付给民工工资。固定农产品银价，禁止商人囤积农产品制造通货膨胀，物价比努尔阿卡德时下降。
拉尔萨王瓦腊德辛（前1834—1823年）（RIME4, 2.13.20：40-45; 21：98-102）	当我修建乌尔的城墙时，每个（工）人每天均收到大麦3斗、面饼2升、啤酒2升、油2锱作为工资（和努尔阿达德时修拉尔萨城墙同样）。我在我的国土中消灭了冤屈。（乌尔出土"陶锥和陶鼓建城墙铭"）（RIME 4, 2.13.20：40-45; 2.13 21：98-102）	国防工程创造就业，公正付给民工工资。
埃什嫩那法典（伊皮可阿达德，约前1815年）	第1—2条：1钟（300升）大麦价值1锱（1/60斤）银，3升优质食油价值1锱银，1斗2升（普通）食油价值1锱银，1斗5升猪油价值1锱银，4斗沥青价值1锱银，6斤羊毛价值1锱银，2钟盐价值1锱银，1钟碱价值1锱银，3斤铜价值1锱银，2斤纯铜价值1锱银。1升食油可换3斗大麦，1升猪油可换2斗5升大麦，1升沥青可换8升大麦。第4、7—11、14条：大车和牛及驭手的租金为10斗大麦，或	固定农产品和银钱的比价，固定物价（物价比拉尔萨王辛伊丁楠高2—4倍：1锱银买麦4钟、油3斗、毛15斤；比拉尔萨王努尔阿达德高0.5—1倍：1锱银买麦2

国王	文献中有关建立公正的原文及文献出处	公正内容
埃什嫩那法典（伊皮可阿达德，约前1815年）	1锱银，使用一整天；仓容量1钟的船的租金为2升大麦，船工的工资为每天【×】升。一个收麦工的工资是2斗大麦（每天），一个扬工的工资是1斗大麦（每天），一把镰刀的租金是1斗5升大麦，一头驴的租金是1斗大麦而驭手的工资是1斗大麦（每天），一个雇工的工资是1锱银，其口粮为6斗大麦工作一月，一个洗染工完成每件价值5锱银的衣服的工资是1锱银，价值10锱银的衣服的工资是2锱银。 第24条：如果债主没有债权于某半自由人但扣押了半自由民的妻或女，如在他家中致死人质，这是死罪，扣人质者必死。 第29条：如公民在出征或驱敌时被外敌俘走或拐走，他在外国居住时，另一人娶了其妻并且生了孩子，当他回国后，他可以带走其妻。 第38条：如一人因贫穷而卖掉其房宅，当买主卖出这房时，原房主可以赎回。	钟、油2斗、毛10斤）；固定雇工工资。禁止绑架半自由人的妻和子。因被俘在国外为奴后逃回的公民可要回嫁与别人的妻。被迫卖掉房产的穷人可以（原价）赎回其房产。
汉穆腊比法典前言（第21年，前1772年）	当众神之王尊贵天神安与天地之主决定国运之神恩利勒决定向恩基的长子马尔杜克神授予全人类的恩利勒（王）权，使他在神群中伟大，呼唤出巴比伦这尊贵名字，使它在万邦中拔萃，为了造福于人民之身心，天神安和恩利勒提名我——虔诚王公、敬神之王汉穆腊比——在国中彰明正义，消灭邪恶和罪行，使强不凌弱，像太阳一样出临黔首们并光耀国土。	王权神授，造福于人民，在国中彰明正义，消灭邪恶和罪行，使强不凌弱。

国王	文献中有关建立公正的原文及文献出处	公正内容
汉穆腊比法典后记	以上是精干之王汉穆腊比确定的正义法令，他以此使国家遵守正道和善行。我从未疏忽和怠慢神恩利勒赐予我的黔首们和马尔杜克神赠给我的放牧他们的权力。我为他们找到安全地方，解决了他们各种严重困难，使光辉照耀着他们。我赶走敌人，消灭了战争，使国家享受幸福，使人民安居乐业，不让他们有任何威胁者。为了审国之讼，为了定国之判，为了公正对待每个被压迫者，我把我宝贵话语写在我的石碑上，并在我的石像"公正之王"面前将其竖立。……根据天地之大法官神沙马什的命令，我让正义在国中发扬光大！……让有话要讲的受冤枉的人来到我的雕像"公正之王"面前，于是，他的心情就会舒畅，说："汉穆腊比天生是一个像亲生父亲一样对待人民的主人。……在将来，无论何时，让国土中出现的每个王将我刻写在我的石碑上的正义之言恪守！……"	国家守正道和善行，保护百姓，解决他们各种困难，使光辉照耀着他们。赶走敌人，消灭战争，使人民享受幸福，公正对待孤女和寡妇。为了公正对待被压迫者，公布法律于石碑上，为受冤枉人伸冤，后继国王要遵守石碑上的正义宪章和法，将道义和刑罚传于后世，世代统治者要恪守社会公正。神佑正义的统治者，其英名将永存。

二、从年名和敕令看废除苛捐杂税和高利债务、解放债奴实现社会公正的传统

在古代奴隶社会，奴隶是不能称为"人"的，他们的社会地位与自由人相比有天壤之别，他们对自由人主人只有服从、忠诚的义务，没有任何自由人的权利。在自由人中，弱势和贫穷公民最悲惨的遭遇就是完全丧失人身自由沦为债务奴隶。由于古代奴隶制国家的士兵全由下层男公民组成，当社会中有大批贫穷公民沦为债务奴隶时，国家

的兵员就要减少，从而大大削弱了国家的国防和公共工程的能力，甚至会导致国家覆灭。中国的秦帝国就是因为有大批公民成为罪奴隶而导致了帝国兵力虚弱，山东各国揭竿而起仅一年就灭亡了曾经势不可挡的秦帝国。古代社会中的穷人或弱势群体大批沦为债奴的一个重要原因就是高利息贷款和高比例捐税在当时是完全合法的。两河流域官方允许的银钱高利贷（年或半年）基本利率高达百分之二十，而谷物高达百分三十三[1]，农田产品税（miksu）是总收获量的十分之一[2]，如此高的贷款利息和捐税使很多穷人根本无法还清贷款和欠税，最终只能出卖妻儿甚至自身为奴以终身劳役顶债和欠税。因此，废除压在穷人头上无法还清的高利贷债务和欠税，解放债务奴隶成为国家是否能建立公正的一个重要标志。

两河流域法典除了所反映的保护弱势群体的指导思想和法律条文外，研读国王们宣称自己的各种公正政绩的铭文，还可以发现国家在追求公正理念的过程中实际采取的各种具体行政和法律措施，而查找两河流域纪年用的数百年名，我们知道国家致力于建立社会公正最重要的一个方法是国王们在执政的元年立即废除穷人们的欠债欠税、解放全国债务奴隶，并把这一重大事件作为第二年的年名通晓天下，标榜青史。

两河流域从乌尔第三王朝到古巴比伦王朝纪年的方法是在年末用当年（或年初）用上一年发生的政治、宗教和军事方面大事给新一年一个名字，称为年名。根据乌尔、伊辛、拉尔萨、巴比伦及其他王朝颁布的年名，我们知道许多国王统治的第一年在全国宣布废除高利债务和欠税，解放债务奴隶，并在下一年以此大事为当年即第二年的年

---

[1] Wu Yuhong. *The Nippur Bankers's Archives during the Ur Third Period*[J].Journal of Ancient Civilizations 18, 2003, pp.23-54.

[2] M. de Jellis. *Taxation in Ancient Mesopotamia: the History of the Term miksu*, Journal of. Cuneiform Studies, vol. 26/no 4, 1974, pp. 211-250, see p.247.

名，称为"在国内建立了公正之年"。[1]这一实现社会公正的传统做法
最早可能追溯到乌尔第三王朝的首王乌尔那穆（前 2112—前 2095 年），
他的一个可能为第二年的年名 c 是"乌尔那穆在国内建立了公正之年"，
另一年名 b 是"乌尔那穆王从下到上铺平（人民的）道路之年"。

　　乌尔王朝第二王舒勒吉时期（前 2094—前 2047 年）的第 21 年年
名（前 2073 年）可能是表述他在尼普尔城分配土地和废除债务及欠税
的政绩："当恩利勒的大公侯宁乌尔塔神宣布关于恩利勒和宁利勒庙区
的决定后，乌尔之王神圣舒勒吉在恩利勒和宁利勒庙区内公正解决了
土地和账目（债务？）之年。"

　　伊辛王伊什美达干（前 1956—前 1937 年）也在他的年名中提到
"宁乌尔塔神命他整理苏美尔和阿卡德的土地和账目之年"，这表示他
为了保证国家的兵源、防止公民因债务沦为奴隶，下达了分配土地和
废除旧债和欠税的解负令。

　　他的继任者李皮特伊什塔尔（前 1936—前 1926 年）的一个年名是
"王在苏美尔和阿卡德建立了公正之年"，这证实他统治的第一年（可
能是元年），他同样下达了解负令。他著名的保护平民利益的法典可能
也是在这一年公布的。

　　新王乌尔宁乌尔塔（前 1925—前 1898 年）的一个可能是第二年
的年名是"为了恩利勒神他永远地释放了（徭役中的）尼普尔城公民，
并豁免了他们肩负的欠税之年"。表明他发布了对尼普尔的解负令，免
去尼普尔公民的徭役和废除他们的欠债和欠税。

　　取代乌尔宁乌尔塔家族的新王埃腊伊米提（前 1870—前 1863 年）
试图有所作为。在其第二年，他在国内发布了解负令。

　　恩利勒巴尼成了正式国王（前 1862—前 1839 年）后，像其他国王

---

[1]　关于两河流域各王朝的各年名的原文和翻译，见 Data from the Marcel Sigrist/
　　Peter Damerow site: Mesopotamian Year Names in http://cdli.ucla.edu《加尼福尼亚大
　　学洛杉矶校楔形文献数字图书馆创始工程》。

一样在自己的第二年大赦天下，并宣称："王释放了（徭役中的）伊辛城公民团队，并豁免了伊辛公民团队的欠税之年。"

迪亚拉地区的一个城邦图图卜的一个名叫阿比马达尔（约前1860年）的王的两个年名证实了他在国内同样发布了解负令：阿比马达尔建立了"公正之年之后一年"。

迪亚拉地区的强国埃什嫩那王那腊姆辛（约前1810年）和其他国家的国王一样，维护平民阶级的利益，抑制豪强，以保证兵源。他在第七年曾在全国发布解负令，下令打碎写有高利债务的泥板文书，解除了贫民沦为债务奴的危险："神圣的那腊姆辛霸王打碎了所有的（债务）借据泥板之年。"

巴比伦王汉穆腊比（前1792—前1750年）的第二年年名证实了他在元年发布了解负令："汉穆腊比王建立了国家的公正之年"，也称作"他于国内建立了（沦为债奴的）国人们的自由（直译：'回到母亲处'）之年"。新王保护弱势公民的公正行为大大加强了国内各阶层人民的团结，使巴比伦公民军队战无不胜，一统天下。根据他的第22个年名，我们知道他在第21年主持社会公正的、刻有国王像和法律的"正义之王像碑"（汉穆腊比法典）被竖立在神庙中，"汉穆腊比的石像碑名为《正义之王》（被竖起）之年"。

其子叁苏伊鲁那（前1749—前1712年）在元年同样建立了社会公正："伟大诸神服从者叁苏伊鲁那王建立了（为债奴的）苏美尔和阿卡德人民的自由，使全国人心幸福，使公正事业发扬光大之年。"

其后的阿比埃舒赫（前1711—前1684年）也在元年发布了解负令：（第二年年名）"（天神和恩利勒神王真心瞩目的苏美尔和阿卡德的神佑牧羊人，阿比埃舒赫王铺平了人民的道路，在国中建立了安定和和谐事业，使真理和正义出现，使国人生活幸福之年。"其年名 w 表明他也竖立了一个法律石碑——《正义之碑》："阿比埃舒赫王为了王道制作了石碑像，名为《阿比埃舒赫奠定了正义》之年。"

遵守正义传统，阿米迪塔那王（前 1683—前 1647 年）在继位年和元年连续两年在全国废除债务，他的元年和第二年的年名是："阿米迪塔那王按照太阳神和马尔杜克神所说的伟大指示，（在他的国家建立公正）之年"和"太阳神、马尔杜克和风雨神虔诚服从的牧羊人（废除了他的人民的债务）之年"。他的第 21 年年名是："带来大事之主、马尔杜克神喜爱之人（阿米迪塔那）废除了加于他的国民之上的高利债务之年。"这表明在他的第 20 年（前 1663 年），他第二次在国内废除了债务和欠税。这可能是效仿汉穆腊比在 21 年再次建立公正，竖立法典碑。

约 20 年之后，第十王阿米嚓杜喀（前 1645—前 1626 年）在继位年和元年再次废除奴役债务和欠税，元年和二年的年名分别是："恩利勒伟大其主权和统治权之阿米嚓杜喀王像太阳一样朝着他的国人们正义地升起了，并在所有人民中建立了公正之年"；"天神和恩利勒神之谦卑的牧羊人（废除了）其国内存在的（高利债务和欠税）之年"。

巴比伦王朝最后的王叁苏迪塔那（前 1625—前 1595 年）在继位年就发布了解负令，释放沦为奴隶的各城公民，其元年和第二年的年名分别是："叁苏迪塔那王根据确定其王权统治期的马尔杜克神的崇高命令在国内建立公正之年"和"根据确定其王权统治期的马尔杜克神的崇高指示（国内公正被建立）之年后一年之年"。叁苏迪塔那的第 26 年年名表明在前一年他也竖立了一个法律石碑："他手握正义树枝的石碑像（被制成）之年。"

这一时期的两河流域国家建立公正废除欠税欠债和解放债务奴隶的许多公告文献中，唯一一个全文保留的是《巴比伦王阿米嚓杜喀的敕令》[1]，它揭示了国家"建立公正"的具体内容，例如：敢违抗王解负敕令，继续收取或伪造文件收取高利贷款者要被严惩，对抗者应被

---

[1] F. R. Kraus. *Ein Edikt des Königs Ammi-saduqa von Babylon*, Studia et Documenta 9, Leiden 1958.

处死；国家豁免了公民们因无法缴纳而欠下的各种苛捐杂税，但奴隶和外邦人不能享受公正，获得自由。

《巴比伦王阿米嚓杜喀的敕令》（节选）

3. 从前王"阿米迪塔那废除了他的国家中让人劳役的债务之年"（21年）到（20年后的新王）阿米嚓杜喀"恩利勒伟大其主权和统治权之阿米嚓杜喀王像太阳一样朝着他的国人们正义地升起了并（在）所有人民中建立了公正之年"（元年）的正月，因为（前）王对国民建立了公正，征税吏开始不向【穷人】喊叫索要。

4. 任何为了本金和高利息或利润而贷给阿卡德人或阿摩利人大麦或银钱并留有泥板借契，但因为国王对国民建立了公正而使他的借契泥板被打碎了之人，不得根据泥板文书的内容索要大麦或银钱。

5. 如果任何人从前王阿米迪塔那的37年最后一年闰13月（到现在）强行索要了（欠款），因为他在禁止索要（旧债）的期间内强行收取了（债款），他应当退还他索要和得到之钱物，任何敢不按照国王敕令退还者将被（处）死。

5'. 如果某人为高利息贷出大麦或银钱并留下了契约，在手中持有借契的同时，他（却对债务人）说："我没有为利息或利润放贷，我为购买，或为慈善，或为其他原因给出上述你的大麦或银钱。"那从放贷商人手中拿了大麦或银钱者应该带来他的证人们并在神面前证实该放贷者否认的契约的（真实）内容，由于他（高利贷商）变换了他的契约并否认事实，他应该缴纳（原数量）6倍罚款；如果他不能支付他的罚款，他应（被处）死。

6. 对于任何为了本金和利息或利润而贷给阿卡德人或阿摩利人大麦或银钱，但在他持有的加印文契中做了更改，使（借契）写成了（假的）买卖或保管（文件），以此（逃避解负令）继续得到利息的（债权人），人民应该带来他的证人们并控诉他，他的借契应该被打碎；该债权人不可以到他放债给的阿卡德人或阿摩利人的家门叫喊索债，敢叫喊索债者应该（被处）死。

6'. 对于一个（真正）为了买卖，或为旅行，或为合伙，或为慈善而（借）拿了（别人）大麦或银钱的阿卡德人或阿摩利人，他的契约泥板不能被打碎，他应该按照他的契约内容还给（买主或债主价钱或无息本金）。

7.（如果）任何一个为了买卖，或为旅行，或为合伙，或为慈善而交给一阿卡德人或阿摩利人大麦或银钱并留有契约的高利贷商人让人在他持有的借契中写上：如此限期已过，他将获得的利息银，或他订了另一个（收息）契约，（合伙者）可以不按该（高利）契约还款而只还他拿走的大麦或银钱（本金），该契约对阿卡德人或阿摩利人无效。

9. 如果一个以王室佃户欠（王室的）租税顶替他从王室中拿走的商品的方式（经商），并留给王室一份（欠款）文契的零售王室商品的商人只拿到了一份王室佃户的欠契（无实物），结果是王室没有将他的文契条款中的（王室）商品给他，他也没从佃户拿到任何（代替实物），由于国王豁免了佃户的欠租税，（他持有的欠契无效，）这一商人应该以神前的誓言澄清自己："我没有从该佃户拿到这个欠契条款中的任何东西。"在他澄清自己后，他应该带来佃户的欠契，他们（王室）应该计算数量，并为该商人从该商人留给王室的文契条款中的商品数中减去和豁免佃户留给商人的欠契条款中的全部数量。

10'. 每个（为王室服务的）从王室的牛牧、绵羊牧及母山羊牧的手中收取（死牲畜税）的国家屠宰剥皮商（平时）应该付给王室（他收取的税费）：对每头死亡母牛，交一张鞣熟好的皮，对每头死母绵羊，交 1/6 张鞣制皮和 1.75 斤羊毛，对每头死母山羊，交【八】分之一鞣制皮和【×】斤山羊毛，然而，如果国王对国民建立了公正，他们（牧人们）的欠税额不能被收取，国家屠宰剥皮商可以不缴纳【这些豁免的欠税】。

11'. 每个纳税人过去在征税过程中向征税吏缴纳的税款的欠额已被豁免，不得被征收。

12. 农产品税（征收）的大麦（实物税）欠额和苏胡（沼泽）地区的土地（税）欠大麦额，因为国王对国民建立了公正，已被豁免，不得被征收，也不得到苏胡人各家索要。

13. 王室佃户、王室部曲长官、公士（战斗兵）、捉俘士兵（"渔夫"）和在巴比伦及周围地区服兵役的外国人被征收的大麦、芝麻和其他小作物（豆类）等田地的产量管理提成费（十分之一），因为国王对国民建立了公正，已被豁免，不得被提成；用于买卖和牟利的大麦可以按照旧的提成费提成。

14. 对于周围地区的女酒商本应称付给王室的酒商大麦（收购）税银，因为国王对国民建立了公正，征税吏不得索要她们的欠额。

19'. 如果一个努姆哈公民的、或埃穆特巴勒公民的、或伊达马腊施公民（等阿摩利人）的、或乌鲁克公民的、或伊辛公民的、或基苏腊公民的、或马勒古公民的、或【某城公民】（等阿卡德人）的家生女奴或男奴隶，或被卖为银钱，或被出租为租赁奴隶，或被留给（债主）为抵押物，他（她）的自由不得被建立。

20'. 任何一个强行地给予公士（战斗兵）和"渔夫"（捉俘兵）的家庭以（不公平量的）大麦、银钱和衣用羊毛（雇佣他们为自己）做收割或耕种劳役的城市长官或地区将军将被处死；而（被强行雇佣的）该公士（战斗兵）或"渔夫"（捉俘兵）可以合法拿走他（上司）给予的任何（雇佣金）。

古代两河流域社会公正的理念应该起源于人类社会形成时的原始

社会阶段：当人们发现不同个体的能力差别和不同的社会分工必然产生个体之间和各阶层人们之间的矛盾和利益冲突时，他们自然定出约定俗成的规则和制度来约束矛盾双方以防止冲突激化，于是社会就陆续产生了许多不成文的法律观念和原始的法律仲裁和执行机构。当阶级社会产生后，动物界弱肉强食的自然规律开始破坏人类社会的团结、和谐和健康发展，从此，希望国家成为扶弱抑强的超阶级仲裁机构成为下层公民和有识之士世世代代所追求的最高理想。纵观上下五千年人类历史，由于人类社会发展的需要，弘扬正义的道德观念和公平、公正的法律思想成为人类思想的精华和最高的人生价值之一，无数先贤智圣、仁人志士、王侯英雄、贫民百姓为之奋斗甚至献身。探索两河流域文明史，我们发现，随着社会的发展，以统治者为化身的两河流域各代国家高举法律之剑，扶弱抑强，惩恶扬善，致力建设一个公正的社会。他们不断汇集并公布各种成文和不成文的公正法律，制定法典使社会公正有章可循，能够承传后代，成为正义统治的永恒宪章。到古巴比伦时期，主持社会公正的行政和法律传统因《汉穆腊比法典》的公布而达到顶峰，它成为两河流域留给人类后世的一部国家保护弱势公民群体、主持社会公正的传世经典。

　　了解古代两河流域法典和国王铭文表现出的正义精神对当今世界和中国都有深刻的借鉴作用。古代两河流域统治者出于巩固国家统一、防御外敌、稳定社会和促进经济发展的目的，宣传公正法理和制定保护弱势公民的法律，并以此减少公民因贫困、重税和债务沦为奴隶、维护奴隶社会中自由民即公民兵的数量，缓和公民之间的矛盾，达到富国强兵的鼎盛时期，乌尔第三王朝、伊辛王朝和巴比伦王朝都因此而一统天下，达到盛世。目前，中华民族和文明正在繁荣复兴的大道上阔步前进，然而，市场经济的发展会导致贫富分化加快，加剧社会矛盾。如果国家不及时以社会正义、相对公平、人民和谐和共同富裕的理念团结全国人民，以公正公平公开的法律打击为富不仁和各种犯罪行为、惩治和防范官员腐化，以各种政策、制度的方式和手段扶贫救弱，保护弱势公民群体的利益，我们振兴中华民族理想的实现就可能遇到挫折和失败。古代世界的社会公正是不包括奴隶阶级的，而我们追求的社会公正是包括全人类的每一分子，所以它的价值观念是远远高于历史上任何时期的公正观念，建立人类历史上最公正的社会是每个共产主义者和理想主义者的最高理想和实践目标。

古巴比伦债务奴隶买卖研究 *

古巴比伦时期（公元前 1894—前 1595）两河流域地区在汉穆腊比统治下走向了统一，建立了前所未有的强大王朝，政治管理体制、经济体系、宗教文化等都有了长足的进步。其中，奴隶的数量和作用较长期王朝有了显著提高和变化，奴隶制社会的性质得到进一步的完善与发展。"任何人都不是没有主人的（是人或者是神），这一点在古代已由希罗多德指出过，又被马克思重新提出来，任何人都是某人的奴隶。"[1] 作为当时社会发展中占统治地位的生产形式，奴隶制的产生与演进适应了社会发展的要求，"人类与其说是从奴隶制度下解放出来，不如说是经过了奴隶制度才得到解放"[2]。古代两河流域拥有奴隶可以追溯到公元前三千年代的早期，也有的学者认为在公元前四千年代的后半期这一情况已有迹可循。他们是以来自乌鲁克（Uruk）的文献为依据，认为文献中提及了数以百计的男、女奴隶；但是由于古代乌鲁克的文献大多是由猜测而形成的，可信度不高[3]。随着古巴比伦时期社会经济的

* 吴红宇、霍文勇：《古巴比伦债务奴隶买卖研究》，《历史教学（高校版）》2008 年第 4 期。

[1] M. Diakonoff. *Slave-Labor vs. Non-Slave Labor: The Problem of Definition Labor in the Ancient Near East*, Marvin A. Powell, *Labor in the Ancient Near East*, AOS 68[C]. New Haven, Connecticut, 1987, p. 2.

[2] 黑格尔编《历史哲学》，王造时译，上海世纪出版集团，2001，第 403 页。

[3] H. W. F. Saggs, *Babylonians*. London: British Museum Press, 1995, pp. 55-56.

发展与繁荣，有关奴隶买卖的商业活动也空前活跃起来，奴隶买卖契约所涉及的内容与范围也丰富了许多，奴隶制成为当时社会的主导经济体制，两河流域地区进入典型的奴隶制社会发展时期。

　　同古代其他社会一样，古巴比伦时期奴隶的来源也主要是集中在战俘、债务人、家生奴隶等几个方面。通过对分布在两河流域地区北部和南部一些主要城市的七十二条奴隶买卖文献进行释读研究[1]，发现由于债务原因而沦为奴隶的相关文献有八条，可见，因债务危机而落魄的本国破产阶层是这一时期奴隶来源的重要途径之一。另外，西帕尔 60% 男性奴隶的名字也被用于自由人身上，其原因可能是他们先前是自由人，而后来由于债务原因被迫卖掉自己；或者未成年的自由人为了偿还债务而被其父亲卖为奴隶[2]。研究债务奴隶买卖交易得以形成、展开及其背后的商业动机，可以进一步全面把握认识古巴比伦时期的社会经济状况及运作模式。

一、来自南部乌尔城的债务奴隶买卖文献

　　公元前三千年代末期、两千年代初期位于两河流域地区南部的乌尔城几经易手，从作为乌尔第三王朝的首都到归属于伊什比埃腊建立的伊辛王朝，其后拉尔萨国王衮古农建立了拉尔萨王朝的霸权，又将乌尔城纳入自己的势力范围之中。拉尔萨王朝苏穆埃勒、瓦腊德辛、瑞穆辛三个国王的统治时期属于古巴比伦时期的早期阶段。此时对自由民阶层的保护不够完善，还没有像古巴比伦王朝中后期那样颁行"解负令"以保护自由民的利益，稳定自由民阶层，从而确保国家

[1] 以圣城尼普尔为中心将两河流域地区划分为南、北两部。
[2] Rivkah Harris, *Notes on the Slave Names of Old Babylonian Sippar. JCS*, 1979, 29, pp.46-51.

税收、兵役等有稳定的来源。在乌尔、拉尔萨等南部地区，经常发生饥荒，这并不是因为气候因素，而是由于脆弱的农耕政体带来的政治统治的分崩离析所致。大型公共机构以及土地持有者们在不断恶化的社会境况下完全可以从容地安身立命，从而导致富者愈富，贫者愈贫，社会出现严重的两极分化。最终，户主被置于无法通过合法途径解决问题的境地之中，在政府允许的前提下，他只有将他的土地卖给债权人，毫无疑问，土地的出售价格是极其低的，到了最后，他不得已还要卖掉他自己以及自己的家人以偿还债务[1]。"'债'是法律用以把人或集体的人结合在一起的'束缚'或'锁链'，作为某种自愿行为的后果。"[2]通过对释读的文献进行分析比较，古巴比伦时期早期，南部城市的债务奴隶要比其他任何时期都普遍，例如，一篇涉及收养内涵的债务奴隶买卖文献详细记叙了交易的内容：

UET[3] 5，no 190（苏穆埃勒第 9 年，公元前 1886 年）：

> 名叫阿布尼的奴隶，是阿珲马的儿子，为了偿还债务，根据他自己的话（自愿地），他把自己卖掉。乌巴尔辛的儿子筛什伊帕德从他的母亲旮腊吞手中买了他（阿布尼）。他的全部身价 8½ "锱"（1 "锱"约合 8.4 克）银子被称出。从他的银子当中收到了 1+[4] "锱"银子。在【…】阿比亚手中。从他的母亲旮腊吞手中收到了【x】"锱"银子。将来，阿布尼不得下定决心对筛什伊帕德说："啊，（主）人，我要说，我不是奴隶，我的主人没有把我卖掉，他没有完成一项买卖交易。"他们以南那与安的名义起

［1］ J. N. Postgate, *Early Mesopotamia: society and economy at the dawn of history*[M]. London and New York: outledge Press, 1992, p.194.

［2］ 梅因编《古代法》，沈景一译，商务印书馆，1997，第 183 页。

［3］ UET=Ur Excavation Texts（乌尔城出土文献）。

［4］ 此处楔形文字符号不全，依据上下文的含义，推断出提及了多于 1 "锱"的银子，此处加号表示大于。

誓。（证人略）日期：苏穆埃勒第 9 年，"红小麦月"（11 月）（年名翻译略）。

印章：阿珲马的妻子旮腊吞，她的儿子是阿布尼。

在这条买卖债务奴隶文献中，一个女人的"儿子"由于要偿还债务而将自身卖为奴隶。"只有当或者双方都希望从中受惠，或者存在着一方由于经济实力或困顿所制约的窘迫处境，合理的交换才是可能的。"[1] 因此，"儿子"可能是由于自身欠债或者自己家庭负债而被迫自卖。文献中首先提到这个人是某个人的儿子，而接下来却是由其"母亲"来出面处理卖他为奴之事，因此，此处两个人的关系似乎并非是真正的母子关系，应该具有收养的因素在里面。先前，"母亲"已经将其收养到自己家中，离开了自己的亲生父亲，并且"母亲"已拥有再次处置他的权力，将其亲生父亲排除在监护人的身份之外。从而，"奴隶作为用品（财产）而言，则这一笔财产，应该完全属于运用他的人"[2]。

二、对奴隶主巴勒穆楠希买卖、出租奴隶商业活动的分析

位于两河流域南部地区的拉尔萨城在古巴比伦时期经历了拉尔萨王朝和古巴比伦王朝两个政权的统治。其中，以公元前 1763 年汉穆腊比打败拉尔萨国王瑞穆辛为转折点，拉尔萨城开始归属于古巴比伦王朝的管辖之下，在整个古巴比伦时期都臣服于巴比伦城的统治之下。拉尔萨城出土的有关奴隶买卖的文献共收集到 27 条，选自《耶鲁东

---

[1] 马克斯·韦伯编《经济与社会（上卷）》，林荣远译，商务印书馆，1997，第 95 页。
[2] 亚里士多德编《政治学》，吴寿彭译，商务印书馆，1983，第 13 页。

方系列丛书》（YOS）第八卷[1]、第十二卷[2]和《卢浮宫楔形文字泥板》（TCL）第十卷，主要是在拉尔萨王朝国王瑞穆辛和此后古巴比伦王朝国王叁苏伊鲁那的统治年代。相比较而言，有关拉尔萨城的奴隶买卖文献数量要多于其他城市，这一方面与考古出土的工作有关，另一方面也多少反映出古巴比伦时期拉尔萨城奴隶经济较为繁荣。因为涉及奴隶的文献不仅仅只是局限于对其进行买卖的方面，还同时兼涉奴隶的出租、收养、司法审判等各个领域。

　　有关拉尔萨城奴隶买卖的文献有 15 条属于国王瑞穆辛统治时期，其中有 7 条文献都和一个叫巴勒穆楠希的人有关联，他可能是和宫廷或神庙有关联的人："古巴比伦时期，宫廷官员似乎获得了更多的独立性与开创精神，因为反映他们各方面活动的文献明显地增加了。"[3]这些文献的时间跨度从瑞穆辛的第 9 年一直延伸到瑞穆辛的第 22 年，达 14 年之久。从内容上来看，他所涉及的这 7 条文献包括三方面：两条文献是关于一般意义上购买奴隶的，一条文献是关于出租自己的奴隶的，另外的 4 条文献是关于他作为买主买入自卖自身奴隶的。自卖为奴现象的出现关涉到债务的因素，与几十年前乌尔城的债务奴隶文献相比较，此时的债务奴隶要比以前有所增多，这和社会经济的发展及其带来的社会阶层的分化有密切联系，再加上政府不加以遏止与限制自由民沦为债务奴隶，促成了债务奴隶在拉尔萨王朝的兴盛。

［1］　David Earl Faust, *Yale Oriental Series Babylonian Texts Volume viii: Contracts from Larsa, Dated in the Reign of Rim-sin*[M]. New Haven Yale University Press, 1941.

［2］　Samuel I. Feigin, *Yale Oriental Series Babylonian Texts Volume XII: Legal and Administrative Texts of the Reign of Samsu-iluna*[M]. New Haven and London, Yale University Press,1979.

［3］　N. V. Kozyreva, *Economics and Administration in the Old Babylonian Period-Reflections on N. Yoffee, The Economic Role of the Crown in the Old Babylonian Period*[J]. *JCS*,1984, 36, p.81.

（一）自卖为奴的文献

自卖自身的契约内容和形式都比较简单，其格式与一般奴隶交易的格式相比较少了对事后情况的预防，即由谁来负责引发的争议，还少了双方都不得反悔的规定，以及双方以神或国王的名义进行起誓的内容和格式。因此，这也进一步证明了这种奴隶买卖与普通的奴隶买卖的不同与差异。债务人迫不得已将自己卖掉以偿还自己或自己家庭所欠的债务，这其中本来就不会产生进一步的责任和争议，所涉及的双方都很清楚自己的地位和责任，因此，此类的交易文献很明显地要比普通的奴隶交易文献简单明了。有的文献不提及被卖者的父母，直接记录某人将自己卖掉，然后是买主和交易的价格。

1.YOS 8, no 17（瑞穆辛第 15 年，公元前 1808 年）：

> 伊里马亚比自己卖掉他自己，巴勒穆楠希买了他，他的全部身价 20(？)[1]"锱"银子被称出。（证人略）日期:瑞穆辛第 15 年，"收割大麦月"（12 月）（年名翻译略）。

2.YOS 8, no 31（瑞穆辛第 21 年，公元前 1802 年）：

> 名字是古尔如杜姆的（奴隶），名字是努瓦吞的（奴隶），是哈巴那吞的兄弟阿比库比舒之子。他们自己卖了自己。巴勒穆楠希买了他们。为偿还债务，他们全部的身价 20 "锱" 银子被称出。对他们如果有争议，60 "锱" 银子将被称出。（证人略）日期：瑞穆辛第 21 年，"开窗月"（10 月）（年名翻译略）。

---

[1] 原文献此处不清，或为 ⅓ "斤"，或为 ⅔ "斤"，根据对其他文献的分析，恢复为 20 "锱" 为宜。

上述文献中，兄弟二人一起自卖为奴，可能是由于他们欠债较多的缘故，但是他们由此而卖得的身价却并不是很高，平均的价格只有10"锱"银子，低于普通奴隶买卖的平均价格。

3.YOS 8，no 40（瑞穆辛第22年4月，公元前1801年）：

> 名叫里勒马提勒的（奴隶），自己卖了自己。巴勒穆楠希买了他。他的全部身价12"锱"银子被称出。（证人略）加盖了印章。日期：瑞穆辛第22年，"手播种月"（4月）28日（年名翻译略）。印章：辛旮米勒（第一个证人）的印章，他是阿比布姆的儿子，是恩齐神的仆人。

4.YOS 8，no 36（瑞穆辛第22年11月，公元前1801年）：

> 名叫辛马吉尔的（奴隶），自己卖了自己。巴勒穆楠希买了他。他的全部身价10"锱"银子被称出。（证人略）加盖了印章。日期：瑞穆辛第22年，"红小麦月"（11月）16日（年名翻译略）。印章：里比特马尔图（最后一个证人）的印章，他是瓦腊德恩里勒之子，是马尔图的仆人；伊提埃亚米勒基（第一个证人）的印章，他是恩齐和达姆旮勒嫩那的仆人。

（二）出租债务奴隶的文献

购买奴隶之后的目的以及动机如何是奴隶交易契约完成以后需要进一步研究的重要问题，从下面这条文献中就可以清晰地发现奴隶的用途之一，即用于出租。多次作为买主的巴勒穆楠希这次成了出租奴隶的出租方，他将自己先前购得的奴隶辛马吉尔出租给了别人，出租的价格是30"锱"银子，与购买奴隶的平均价格13.5"锱"银子相比较会发现巴勒穆楠希从中可以赚取一半以上的银子。随着社会的发展与经济体制的不断演进，"也并不是说市场经济占据着公元前 2000 或 3000 年代两河流域地区的经济过程，但有充分的理由可以相信市场经济在整个经济蓝图中是一个重要的因素"[1]。除了将买来的奴隶供自己或自己的家庭来使用以外，有利可图成为奴隶交易不断发展的潜在的重要原因。出租契约的格式比较简单，只是对奴隶逃跑予以了规定性惩罚。

TCL 10，no 47（瑞穆辛第 17 年，前 1806 年）：

> 一个奴隶，他的名字是辛马吉尔，他是巴勒穆楠希的奴隶。努尔卡卜塔（雇主）从他的主人巴勒穆楠希手中得到了他。（如果）辛马吉尔逃跑了。努尔卡卜塔将称出 30 "锱" 银子。（证人略）加盖了印章。日期:瑞穆辛第 17 年，"女神配种月"（6 月）16 日（年名翻译略）。

与上述文献 YOS 8，no 36 中自卖为奴的奴隶名字相同，同样是一个名叫辛马吉尔的奴隶被出租给别人。按照商业活动发展的时间顺序来推断，应该是他先将自己自卖给巴勒穆楠希，然后才是被巴勒穆楠希以高于购买的价格出租了别人。但是两条文献的时间先后顺序恰好相反，因此，应该是两个人重名，都叫辛马吉尔。尽管他们不是同一个人，但其中所涉及的交易价格也为比较分析买入和出租这两种经济活动提供了重要的依据。

（三）不涉及债务的奴隶买卖文献

下面的两条文献没有涉及债务奴隶的买卖，但由于交易中的买主

---

[1] Marvin A. Powell, *Sumerian Merchant and the Problem of Profit*[J]. Iraq, 39, 1977, p.29.

仍然是巴勒穆楠希，为了便于从整体来认识和把握债务奴隶的全面情况，故将这两条文献置于此处。第一条文献是买主巴勒穆楠希从一对夫妻手中买了他们的儿子，其价格20"锱"银子的标准明显高于拉尔萨城奴隶13.5"锱"银子的平均价格。因此，这个奴隶的先天条件或者技能手艺方面应该优于平常交易的奴隶。第二条文献是奴隶的主人转手出售其女奴的契约。

1.YOS 8, no 8（瑞穆辛第9年，公元前1814年）：

（奴隶的）名字是哈采润。巴勒穆楠希从他的父亲辛穆沙里姆和他的母亲旮米勒吞手中买了他。他的全部身价20"锱"银子被称出。将来，辛穆沙里姆和他的母亲旮米勒吞都不得反悔。他们以国王的名义起誓。（证人略）他们加盖了印章。日期：瑞穆辛第9年，"树立神殿座位台月"（1月）（年名翻译略）。印章：伊提埃亚米勒基（第一个证人）的印章，吉什廷的仆人。

2.YOS 8, no 30（瑞穆辛第16年，前1807年）：

（一个女奴）她的名字是【...】阿吞，是辛伊齐沙姆的（女奴）。巴勒穆楠希从她的主人辛伊齐沙姆手中买了她。她的全部身价【...】"锱"银子被称出。（证人略）日期：瑞穆辛第16年，"树立神殿座位台月"（1月）21日（年名翻译略）。

综合分析涉及巴勒穆楠希购置男女奴隶的上述7条文献，可以发现在交易的价格方面，自卖为奴文献中奴隶的平均价格为12.4"锱"银子，明显低于巴勒穆楠希作为买主在YOS 8, no 8文献中购买奴隶的价格。因此，可以推断，瑞穆辛时期自卖为奴的奴隶价格由于牵涉到所欠的债务，自卖为奴的债务人迫不得已将自己卖给债权人，使自己在交易中处于不利地位之中，从而无法讨还价以提高自己身价的交易价格，结果造成了交易的价格低于奴隶买卖的平均价格。另外，除了这条内容不甚明了的文献 YOS 8, no 30 之外，可以清晰地发现关于欠债而自卖为奴的文献所涉及的都是男性，这也进一步说明在古代两河流域地区只有男性自由民才有权利将自己卖为奴隶，或者进一步可以说，他们也可以将自己的妻、子卖为奴隶。

巴勒穆楠希作为买主在大量购入债务奴隶之后，他不应该是纯粹为了自己的使用，TCL 10, no 47 文献内容可以表明他所从事的商业活动的一个目的和用途，出租奴隶是依靠奴隶本身来赚取利益的途径之一。"在东方……奴隶制时而是家庭的奴隶制，时而如同在巴比伦、波斯和雅典一样，是一种生利息的财富的投入形式。"[1] 至于此人的身份，应该是与宫廷或神庙有关联的代理人，还可能是神庙或宫廷里面的工作人员。因此，把相关的文献归于一类来进行分析比较，可以对文献发生、形成以及最后的发展进行系统全面的认识。

三、结论

延至古巴比伦王朝后期，两河流域地区社会内部矛盾激化，贵族和富豪大肆收买公民份地，"土地的出售会自动导致在公社中公民权的丧失，出售土地之人将被迫成为奴隶或在神庙中服务，也就是说，他实际上丧失了他的自由人的地位"[2]。失去份地的平民或依附于豪强或沦为债奴，债务奴隶制得到了进一步的发展。随着土地所有权与公民身

---

[1] 马克斯·韦伯编《经济与社会（下卷）》，林荣远译，北京商务印书馆，1997，第49页。

[2] Larisa V. Bobrova, Sergej G. Koshurnikov, *On Some New Work in the Social History of the Old Babylonian Period* [J]. *AOF*, 1989, 16, p. 52.

份的丧失，债务奴隶的产生是古代两河流域地区社会经济演进的必然结果，涉及男女奴隶以及一个家庭中的多个成员。通过对相关联文献的综合分析，得以窥见与债务奴隶制相联系的出租等其他商业目的与经济行为，从而对古巴比伦时期奴隶社会的政治管理结构与经济运作模式等多方面的内容有了清晰的认识，在加深了解古巴比伦时期社会状况的同时，更为深入地认识了古代两河流域地区奴隶制社会的发展与演进。

乌尔第三王朝时期的尼普尔银贷业商人
档案研究（上）*

在 D. 欧文的《出自尼普尔的新苏美尔档案原文》（缩写 NATN）和 M·齐希与 H·基齐尔亚伊的《尼普尔出土新苏美尔法律和管理文件》（*Neusumerische Rechts-und Verwaltungs-Urkunden aus Nippur*，缩写 NRVN）两本两河流域经济楔形文献集中，我们发现了属于乌尔第三王朝时期（约公元前 2100—前 2000 年）宗教中心尼普尔城中的一些高利贷商人的档案。其中放贷文件最多的七个商人是乌尔奴斯库（Ur-Nusku）、阿达亚（Addaya）、鲁劼勒阿孜达（Lugal-azida）、乌尔舒勒帕埃（Ur-Šulpae）、阿孜达（Azida）、乌尔舒马赫（Ur-Šumah）和乌尔辛（Ur-Sin）。我们知道在两河流域经济档案中，买卖商品和发贷银钱与大麦的专门职业人员的苏美尔名称是"dam-gàr"，我们通常翻译为"商人"。正像古代和现代社会中所有的商人一样，这些商人（dam-gàr）皆为了营利往来于各地间，进行奴隶和商品买卖以获取利润。在中古和现代，发放高利贷业务一般不由普通的贸易商人来做，而是由高利贷商人专门做，后来发展为现代银行业。在两河流域文明时期，贸易商人和高利贷商人的分工没有确立。在尼普尔和其他城市的乌尔第三王朝档案中，我们已经发现确凿的商人们的高利借贷银钱与大麦的档案，

* 吴宇虹、吕冰:《乌尔第三王朝的尼普尔银贷业商人档案研究》,《古代文明》2008 年第 2 期。

但尚未发现他们海外贸易的档案。为了便于理解这些放贷商人的金融货币借贷谋利职能，本文中我们称他们为高利贷商人。

从乌尔第三王朝几个重要遗址出土的档案的年代见于在位 48 年的舒勒吉王（Šulgi，公元前 2094—前 2047 年）统治的第 20 年至 48 年的 28 年中（公元前 2074—前 2047 年），阿马尔辛王的全部 9 年（Amar-Sin，公元前 2046—前 2038 年），舒辛王的全部 9 年（Šu-Sin，公元前 2037—前 2029 年）；伊比辛王的 25 年（Ibbi-Sin，公元前 2028—前 2004 年）统治的前 7 年。随后，乌尔王朝遇到政治军事危机，除乌尔城外，尼普尔城和其他城市很少有文件出土。本文分上、下两部分研究这些借贷泥板文书。上部分介绍档案概况和解决一些规律的问题。下部分重建 7 个商人的收据档案，为感兴趣的读者提供原始文献数据。

一、档案概况

大部分出自尼普尔的文件都属于晚期的伊比辛 1 至 4 年。目前知道的早期的舒勒吉和阿马尔辛王统治时期的借贷档案有：从舒勒吉 40 年到舒辛 8 年共 26 年期间的商人乌尔奴斯库的 27 个贷款契约，从舒勒吉 40 年到舒辛 8 年的阿达亚的 13 个文件，从阿马尔辛 6 年到伊比辛 3 年共 7 年的乌尔尼旮尔的 5 个契约。

有两个法庭记录是关于借贷人鲁辛偿还乌尔奴斯库贷给他的期限已 7 年的 6 斤（每斤=60 锚）银贷款的争诉。日期为阿马尔辛 7 年 7 月 1 日的第一个文件写道：乌尔奴斯库在 10 个长老面前起誓宣称，7 年中，他已收了两次利息，分别是 50 锚银和 40 锚银，现在，鲁辛应该偿还本金和利息共 108 钟（每钟 =30 斗）大麦。3 年 4 个月后的舒辛 1 年 11 月 27 日的第二个法庭记录中，鲁辛（可能已死）的妻子宁鲁旮勒否认了乌尔奴斯库的要求，发誓称她丈夫已经偿还他 6 斤银，现在仅欠他 1 斤银（利息？）。由于本金单位的不同，我们很难确定这两个案件是否是关于同一次贷款。

比较大的档案是较晚几位商人的档案：他们是乌尔舒勒帕埃，鲁旮勒阿孜达，阿孜达，乌尔舒马赫和乌尔辛。乌尔舒勒帕埃档案最大。鲁旮勒阿孜达的档案数量次于他但持续时间最长：从阿马尔辛 4 年到伊比辛 3 年共 18 年 38 个契约。与鲁旮勒阿孜达名字相似的阿孜达档案稍晚，从舒辛 5 年到伊比辛 3 年共 8 年的 18 个契约和伊比辛 6 年的一个契约。与他同期的还有乌尔舒马赫：他的档案目前包括 16 个文件，写于舒辛 5 年到伊比辛 4 年期间（9 年）。乌尔辛的档案似乎同鲁旮勒阿孜达的同期：从阿马尔辛 3 年到伊比辛 3 年的 18 个文件。

最大的档案是乌尔舒勒帕埃[1]的，从舒辛 1 年到伊比辛 4 年共 13 年有 64 个契约。早于这期间，一个名叫乌尔舒勒帕埃的人在舒勒吉 47 年初和阿马尔辛 3 年曾向商人乌尔奴斯库借入 10 钟大麦和 14.5 锚银，这可能是这位高利贷商人较早的活动。他的档案最主要的特征是大多数贷款契约是非正式的，例如没有证人和以国王的名义起誓，并且从舒辛 9 年开始，他的大部分贷款契约上除了年月之外还有日序号——乌尔第三王朝的许多借贷文件仅有月和年而没有日序号。在 45 个大麦利率为 33.3%、银钱利率为 20% 的借贷契约中，没有证人们的名字。另有 4 个免息贷款（舒辛 1 年 3 月某日，舒辛 2 年 10 月 13 日—3 月 13 日（有证人），伊比辛 2 年 8 月和伊比辛 4 年 12 月—3 月）。有 4 个文件没有标明利息，所以它们也许不是贷款契约。

这位商人的贷款一般发生在收获月前的 7—11 月：舒辛 2 年始于 7 月，舒辛 6 年从 9 月和 10 月，舒辛 7 年从 10 月和 11 月开始，舒辛 8 年从 11 月和 12 月开始，舒辛 9 年始于 8 月、9 月和 11 月 30 日，伊比

---

[1]　注意：在尼普尔档案中有另一个乌尔舒勒帕埃，他是阿图之子、啤酒麦芽生产者（munu₄-mú, dumu A-tu）。

辛 1 年从 8 月 10 日和 9 月 1 日开始，伊比辛 2 年始于 5 月，10 月 6 日，11 月 3 日到 30 日开始。乌尔舒勒帕埃档案保存最完好的部分是从伊比辛 2 年 9 月到伊比辛 3 年 11 月 10 日:伊比辛 2 年 9 月 15 日、10 月 6 日、11 月 3 日、11 月 30 日，伊比辛 3 年 4 月 6 日、4 月 20 日、6 月 30 日、8 月 14 日—19 日、9 月、10 月 7 日、11 月 5 日—10 日。乌尔舒勒帕埃最忙的日子是伊比辛 3 年 11 月 5 日—10 日:他在 11 月 5 日受理了一个贷款，在 11 月 6 日受理了 7 个，在 11 月 7 日受理了 1 个，在 11 月 8 日受理了 4 个，在 11 月 10 日受理了 1 个。伊比辛 3 年 8 月 14 日、17 日和 19 日，他贷出了利率为 33.3% 的 51 钟大麦（分别是 22、10、17、2），在 11 月 5 日到 10 日他贷出 76.7 钟大麦（0.5、9、13、9、3、3、9、4、4、2、1.2、3、6、10）。这些大麦贷款的大部分没有提到偿还日期，但一些银钱贷款提到偿还日期：舒辛 7 年 10 月至（舒辛 8 年）10 月，舒辛 9 年 3 月至 9 月，伊比辛 1 年 1 月至 3 月，伊比辛 3 年 6 月 30 日到 4 年 3 月，伊比辛 4 年 1 月至 4 月两次，1 月至 3 月，12 月至 3 月。我们认为许多大麦契约和某些银钱契约之所以不提偿还日期的原因是每年有一个公认的收获月份用于偿还收获前的贷款，在尼普尔它是第三个月（统计数据见下面）。每年的第 12 个月月名是"大麦收获月"，其后第一和第二个月应该是打谷、扬场、晒谷和入仓的月份。第三个月，借贷人就可以用晒干的大麦偿还去年青黄不接季节时（6—11 月）他从高利贷商人处借的债务了。

　　另一主要商人是鲁旮勒阿孜达[1]。他曾向商人乌尔舒勒帕埃的妻子宁扎吉借了为期 3 个月（伊比辛 4 年 1 月至 4 月，*NATN* 205）的 74 锚银，借据盖有他的印文：鲁阿勒杜格旮（Lú-al-dùg-ga）之子鲁旮勒阿孜达，商人。在鲁旮勒阿孜达的档案中，有 14 个文件不是借贷契约。这些非

---

[1] 这些借据中另有一个鲁旮勒阿孜达是杜穆孜神庙的书吏，不是高利贷商人，其印文为：书吏鲁旮勒阿孜达（Lugal-á-zi-da）为乌尔杜库格旮之子，是杜穆孜神庙的管吏（ugula）（*NATN* 258，伊比辛 2 年 5 月）。

借贷文件是食品收据：面粉，豆，小麦，牛油，芝麻油和猪油，由鲁旮勒阿孜达发放给需要者。最大的一次发放是在舒辛 6 年 5 月，包括 1 斗 "精制面粉"，5 升优质麦片（ba-ba），5 升碾压面粉（zíd-kum）和 465 斗（15 钟 2 斛 3 升）大麦，需要者是国王舒辛的书吏乌尔旮吉阿。他还两次向贵族达达（国家挽歌队长的名字）的侍从发放食物：舒辛 7 年 4 月 10 日发放 136 斗大麦面粉和 68 斗大麦（共 204 斗），6 月 30 日发放 222 斗大麦面粉。鲁旮勒阿孜达的一个客户同事叫筛什卡勒拉，是织布工总监鲁旮勒卡吉那的书吏，他在舒辛 8 年 2 月 22 日拿走了半升黄油和半升芝麻油，在舒辛 9 年 10 月 10 日拿走 15 锱黄油。伊比辛 1 年 12 月 12 日一个皮革加工者从鲁旮勒卡瑞那里拿走半升芝麻油，其价等于 1 斗大麦。12 月 5 日，鲁旮勒阿孜达付给某人 2 锱银的房租。

　　鲁旮勒阿孜达两次向书吏鲁旮勒卡瑞（贝里塔卜之子）放贷过小麦。舒辛 9 年 5 月，鲁旮勒卡瑞拿走了 30 斗小麦，契约没有归还日期，但在伊比辛 1 年 1 月，他借贷为期三个月的 60 斗小麦，偿还期是 4 月。伊比辛 1 年 7 月，鲁旮勒卡瑞以戴尔城将军（šaggina）布舒伊林的代理人身份在尼普尔从鲁旮勒阿孜达那里借贷了 6 锱银，没有提及利率，但双方都应知道国家规定的银钱的高利是 20%，另有 72 斗大麦无利息贷款。这两次贷款的偿还日期没有指明，我们知道尼普尔的大部分贷款偿还都在收获月（12 月）后的 1—4 月。在同年 13 月，戴尔将军布舒伊林的代理人鲁旮勒卡瑞又一次从高利贷商人处收到 2 升芝麻油、1 升优质芝麻油和 3 升猪油，可能是用于将军从尼普尔到戴尔的长旅途[1]。

　　鲁旮勒阿孜达同乌尔吞马勒也有特殊关系，这个人在伊比辛 3 年 1

---

[1]　注：在伊比辛 3 年的 *NATN* 第 612 号文的印文中，戴尔城将军已换成恩伊里之子马比恩里勒。

月取走了 1 锱银以及 3 斗芝麻油、3 斗猪油和 1 锱银（*NATN* 121）。到 3 月，乌尔吞马勒应该偿还银钱和油品的等价大麦是 45 斗（1 钟 2 斛 3 斗）[1]，没有提到利率："它（1 锱银贷款）的大麦 45 斗被确立。"这里，贷期 2 个月的每锱银应该偿还 45 斗大麦，每月 22.5 斗的本息远远高于阿孜达的一个契约（*NATN* 312）中的贷期 8 个月的 1 锱银应该偿还 60 斗大麦（每月 7.5 斗），这也许表明没有单独提的贷款的利息已被加到偿还的大麦中了。

综上所述，我们可以判断鲁呇勒阿孜达是乌尔第三王朝在尼普尔的一个官方商人，他向官方发放商品，同时也放贷银钱和粮食去为王室获得利润[2]。

在第三个商人阿孜达的档案中（这个名字是否是鲁呇勒阿孜达的缩写还不敢肯定），一些定期在舒辛 9 年到伊比辛 1 年的契约没有用尼普尔的月名，而是使用了乌尔城即普兹瑞什达干司（the Ur/Puzriš-Dagan）的苏美尔月份名称（*NATN* 336，326，335，343），一次还用了阿卡德语的埃什嫩那／西帕尔（Ešnunna/Sippar）的月名（*NATN* 266，舒辛 5 年 2 月）。商人乌尔舒马赫的档案也有乌尔的月名（*NATN* 257，261，328），以及一个埃什嫩那／西帕尔的月名（316，伊比辛 1 年到 3 年）。不同城邦年历系统的月名的使用，表明这两个高利贷商人常从尼普尔城到乌尔、西帕尔、埃什嫩那和其他城市做生意。一个阿孜达（鲁呇勒呇巴之子）在阿马尔辛 2 年用 10 锱银买了一个男奴隶（*NATN* 255），在伊比辛 3 年用 3.5 锱银买了一个阿卡德名字的女奴隶（*NATN* 265）。最近新发现的乌尔第三王朝时期的阿卡德商人图冉伊里（*Turam-*

---

[1] 1 钟 =5 斛，1 斛 =6 斗 =60 升，钟、斛、斗、升均为古代两河流域容积单位的意译。
[2] 第三个鲁呇勒阿孜达是乌尔舒勒帕埃之子、书吏（见 *NATN* 43 文的印文），他可能不是我们讨论的这位商人。

ili）的档案[1]使用一种独特的阿卡德语年历和月名系统，因此可以判断他的商号在北巴比伦一个阿卡德人的城市（或许是乌如姆？）。我们在尼普尔发现一个图冉伊里在 6 个契约中作为阿孜达的贷款契约证人（*NATN* 311，315，266，336，335，*JSC* 54 no 38）。如果此人不是著名的图冉伊里的同名另人，他可能是尼普尔商人阿孜达的生意搭档。在阿孜达的 18 个契约中，10 个是银钱贷款，其中几个有偿还的日期：舒辛 5 年 2 月至 8 月，伊比辛 2 年 7 月至 3 月两次，伊比辛 6 年 12 月 10 日至 1 月 10 日。

在伊比辛 3 年 11 月，其印文证实身份为书吏、父名是鲁旮勒卡吉那的乌尔舒马赫收到来自鲁旮勒阿孜达的油（*NATN* 615）。40 年前的舒勒吉第 28 年 5 月，一件写于尼普尔的埃萨格达那库房（É-saĝ-da-na）的大麦收据中（用普朱尔达干司的年历，*NATN* 230）记录，261 斗（25.1.5 钟）大麦从温阿尼其转给官吏鲁旮勒卡吉那。后者可能是我们这位乌尔舒马赫的父亲。乌尔舒马赫的档案中，大麦贷款多于银钱贷款，比例为 11:3。

高利贷商人乌尔辛（dam-gàr，*NATN* 554）的档案，由 18 个文件组成，大部分是银钱贷款（11 个），其中一些写有偿还日期：舒辛 1 年 1 月至 3 月，伊比辛 1 年 1 月至 3 月，伊比辛 2 年 4 月至（伊比辛 3 年）3 月。

众神和神庙也发放高利贷款：如果月神的名字"南那"不会用作人名，一个著名的债权人就是月神南那（*NATN* 818，826），另一个债权人是医药神宁阿朱（Nin-azu，*NATN* 861）。也许我们所讨论的这些高利

---

[1] 对图腊姆伊里档案的编辑介绍：见 JCS（《楔形文字研究杂志》）第 54 期 2002 年，第 25—27 页；对图冉伊里档案的编辑介绍见："Editorial Preface to the Turam-ili Tablets", *Journal of Cuneiform Studies*, Vol.54（2002），pp.25—27; Steven J. Garfinkle "Turam-ili and the Community of Merchants in the Ur III Period", *Journal of Couneiform Studies*, Vol.54（2002），pp.29—48; Rudolf H.Mayr, "The Seals of the Turam-ili Archive", *Journal of Cuneiform Studies*, Vol 54.（2002），pp.49—65.

贷商人中的一些作为代理人服务于某些神庙。

我们发现放贷的商人全部是苏美尔人的名字，而在借贷人当中，约百分之 60% 至 70% 的人名是阿卡德人名，这也许表明在苏美尔人统治的乌尔第三王朝中，下层贫困人民多是阿卡德人，上层富人多是苏美尔人。

二、银钱和大麦贷款的不同固定利率以及贷款放和收的一般周期

在乌尔第三王朝时期，利率一定是由宫廷即国家规定的，因为几乎所有的放贷契约中的利率都是一样的：对于银钱贷款，每 5 锱银的利息是 1 锱银，即本金的 20%（二成利）；大麦贷款，每 30 斗大麦的利息是 10 斗，利率是 33.3%（三成三的利）。按现代的标准，这是地道的高利贷。有少数的例外是银钱贷款利率是 33.33% 和 13.33%（*NATN* 311，343）而大麦贷款是 20%（*NATN* 102，346）。处于奴隶社会的古人认为这种高利率是合理的，这两种固定高利率可以追溯到更早的古苏美尔城邦时代，至少延续到古巴比伦时代。著名的《汉穆腊比法典》（公元前 1792—前 1750 年）第 73+ 条至 75+ 条（法典碑中破损，用 + 表示缺的条文）是国家规定的利率法[1]：

> 第 73 + 条：如果一个商人把（他的）大麦或银钱给（某人）做有息贷款，对于每"钟"（=30 斗）大麦，他应该拿取 10 斗麦的利息（33%）；如果他给银钱做有息贷款，对于每锱（180 粒）银钱，

---

[1] 吴宇虹等：《两河流域楔形文字经典举要》，黑龙江人民出版社，2006，第 83—84 页。

他应该拿取 36 粒的利息（20%）。【下缺 2 行】

　　第 74＋条：如果一个获得有息贷款的人没有用于偿还的银钱但有大麦抵他的【银债】，他（商人）应该根据国王的法规以每钟大麦加 6 斗大麦的利率（20%）拿走等于他的银价的大麦。

　　第 75＋条：如果商人使他的【贷款】高过每钟利 10 斗（33.3%）大麦，【或】高过【每镏加利 20% 的银】，并拿走了【（高）利息】，他应放弃他贷出的全部本金。

　　大麦贷款的利率比银钱贷款的高可能是因为偿还时的大麦是新收获的谷物，比储存了半年多的贷出的干大麦含的水分多。每年从 3 月到 8 月，新大麦被运输并储存在谷仓中，人们开始吃新大麦，陈大麦（še-šumun）通常作为猪饲料（*NATN* 279，但有时迟至 11 月仍见关于陈大麦的记录，见 *NATN* 282）。

　　古代贷款契约中令现代人十分奇怪的现象是所有的契约都没有说明利率的期限，除了一个阿马尔辛 2 年的文件提到 20% 的利率为一年期间的利率（máš 5-gín l-gín--ta-àm mu-l-a-kam *NATN* 168）。所以我们不清楚 20% 和 33.33% 的利率是针对一个月还是一年，还是贷款的整个时期。因为一些契约上说如果在未来几个月内，贷款不能被偿还，债务人要付利息（*NATN* 319，266，98），我们可以推测设想契约中的利率是指贷款的整个时期，从两个月到 12 个月，时间长短不同，但利率一致。可能古人没有长期（多年期）和短期（一周）资本周转获利不同概念，所有贷款都在一年之内到期结账。

　　有超过一半的贷款契约中有两个日期：一个是契约的落款日期：当天的年和月名，或有日序号或没有日序号；另一个是文中写明的偿还日期。然而，其余的契约中只写有契约落款日期，而不写明贷款偿还的日期。一些契约只有年和月而没有日序号的原因可能是这类契约的发贷日从本月第一日算起，还贷日口头约定为还贷月的 30 日，或者是债权人只要求在规定的月份之内任意日（1—30 日）偿还债务，并不在意是否早几天或是晚几天偿还。

　　为什么许多契约不说明偿还日期呢？我们认为在古代两河流域的借贷实践中一定曾有过一个不用强调的约定俗成的日期，债务者通常在这个季节偿还他们的贷款。在阿孜达和乌尔舒马赫的档案中，偿还日期经常写成："收割季节后它被偿还。"（buru$_{14}$-šè su-su/gi$_4$-gi$_4$-dam，*NATN* 266，336，342，315，264，261，320，318，328）而不写月日。根据那些明确提到偿还月份的契约，我们可以推断"收割季节后"一般是指第 3 月即尼普尔月名"（打）砖坯月"（iti-sig$_4$-ga），也可能宽松地包括 4 月或 5 月。我们知道尼普尔年历中的第 12 月是收获农作物的月份（月名："大麦收割月"）。收割完的庄稼要在 1 至 2 月期间被运送到场院上脱粒、扬场吹去灰尘和杂物并且晾晒去掉谷粒水分，一般直到 3 月，农民才能完成场院里的脱粒和晾晒工作，将粮食全部储存入仓，然后，才能交租税、还贷款或卖出。因此这个月是贷款者用刚刚得到一年的收入偿还贷款的最早可能时期。大多数贷款开始在后半年，一般从 7 月到 9 月期间，少数是 10 至 11 月期间。很可能是 1—6 月期间，刚收割的新大麦足够满足贫穷农民家庭的消费，但在后半年，一些穷人家吃完了自己的大麦，饥饿迫使他们向高利贷商人贷大麦做食物，或贷银钱去购买大麦或其他食物。当然，我们不能忘记有一些借贷用处是与农民的季节性借贷不相同的，如小本商人借贷银钱和大麦作为贸易的本金去获取利润，以及其他人也可以为不同的目的去借贷款，这些不同目的的贷款可以发生在一年中的任何一个月中，见表一。

　　借贷契约不记偿还日期的另一种可能原因是一些贷款是整一年期限的：从借贷当年的某一月份到下一年的这一月份。例如，一个契约中（*NATN* 203）的 30 锱银足可以使小生产者作为本金运转一年，所以它的日期 11 月 30 日可能意味着还期是第二年的同月日。另一契约（*NATN*

212）中的 4 钟即 120 斗大麦（利息 33.3%）也可以是一年贷款，落款的 4 月表示到下一年 4 月还款。然而，由于我们只有很少的契约可能是一年的贷款，如：舒辛 7 年 10 月到（下年）10 月（*NATN* 267），而多数贷款契约是 10 个月到 3 个月的不同期限，如果一个契约仅有开始的日期没有偿还日期，我们不能确定它是否暗指在一年后偿还，还是在下一次收割后（3 月）还。

表一：贷款的一般期限（一般在 3 月期间还贷）统计表

借贷期				借贷期			
原始契约（文件号）	起始期月/日	终止月份（月/日）	贷款种类	原始契约（文件号）	起始月份（月/日）	终止月份（月/日）	贷款种类
NATN 940	6	3（10 个月）	大麦	NRVN 41	12/7	3	大麦
NATN 250	6/30	3	银钱	NATN 65	12/9	3	银钱和大麦
NATN 344	7	3（9 个月）	银钱	NATN 135	12/20	3	银钱和大麦
NATN 312	7	3	银钱	NRVN 50	12	3	银钱
NATN 88	8/11	3（8 个月）	银钱	NRVN 174	（12？）	3	大麦
NATN 335	8	（3？）	银钱	NRVN 103	（12？）	3	银钱
NATN 319	[？]	2/30	银钱	NRVN 103	（12？）	3	银钱
NRVN 199	8/25	3	银钱	NRVN 101	13	3	银钱
NATN 82	9	3（7 个月）	银钱	NRVN 168	13	3（4 个月）	大麦
NRVN 97	9/26	3	银钱	NATN 249	1	4	银钱
NATN 314	9/27	（3？）	银钱	NATN 876	1	3（3 个月）	大麦
NRVN 97	9	4（8 个月）	银钱	NRVN 95	1	3	银钱

借贷期				借贷期			
原始契约（文件号）	起始期月/日	终止月份（月/日）	贷款种类	原始契约（文件号）	起始月份（月/日）	终止月份（月/日）	贷款种类
NATN 336	9	收割后（3）	大麦	NATN 121	1	3	银钱
NATN 342	9	收割后（3）	大麦	NATN 442	1	3	银钱
NATN 666	9/（1）	2月（底）	银钱	NATN 331	（？）	3	银钱
NATN 163	（9？）	2	银钱	NATN 642	（？）	3	银钱
NATN 202	9	（3？）	银钱	NATN 316	（？）	3	银钱
NATN 206	9/1	（3？）	大麦	NATN 324	（？）	2	大麦
NRVN 173	[9？]	3	大麦	NATN 922	6/2	（2？）	大麦
NATN 346	（？）	3	大麦	NATN 257	10	2（5个月）	大麦
NATN 435	10/2	3（6个月）	大麦	NATN 205	1	4（4个月）	银钱
NATN 326	10	3	大麦	NATN 251	（？9）	8（一年？）	银钱
NATN 341	10	3	大麦	NATN 310	（？）	4/30	银钱
NRVN 175	10	3	大麦	NATN 211	8/14	（2？）	大麦
NATN 537	12	3（4个月）	大麦	NATN 208	8/17	（2？）	大麦
NRVN 98	11	3（5个月）	银	NATN 216/248	11/6	（3？）	大麦
NRVN 160	11	3	大麦	NATN 256	11/7	（3？）	大麦
NRVN 177a	11	3	大麦	NATN 214	11/8	（3？）	大麦
NATN 363	11	3（5个月）	铜	NATN 246	11/10	（3？）	大麦
NRVN 50	12	3（4个月）	银钱	NATN 164	12温马	4	银钱
NRVN 159	12	3	大麦	NATN 310	（12？）	4/30	银钱

借贷期				借贷期			
原始契约 （文件号）	起始期 月/日	终止月份 （月/日）	贷款 种类	原始契约 （文件号）	起始月份 （月/日）	终止月份 （月/日）	贷款 种类
NATN 321	12	3	大麦	NATN 249	1	4	大麦
NATN 118	12	3	大麦	NATN 310	（12？）	4	银钱
NATN 134	12	3	大麦	NATN 117	（12？）	4	大麦

三、免利息贷款和逾期利息贷款

两河流域金融体系中也有一种"免利息"的贷款（máš nu-tuku）。根据两个较早的契约（*NATN* 319，阿马尔辛[7年1月30日？]至2月30日，和 *NRVN* 104，阿马尔辛7年9月16日至3月16日），如果免利息贷款逾期未还，借贷人就要付给过期利息或罚款：前者要求每锱银付20%的正常利息，后者对2锱银贷款逾期不还则给予100%利息或加倍的惩罚。一些契约没有特意注明"免利息"短语（máš nu-tuku），但事实上它们也是免利息贷款，带有逾期的利息或罚金。一个贷银1锱1月的契约（*NATN* 102，舒辛5年4月30日到5月30日）标明如果5月30日债务人没有偿还银钱，他将付36斗大麦作为本金，其中可能带高利息，因为1锱银通常相当于150至20斗大麦。在一个用温马名的契约（*NATN* 164）中，如果贷款（12月至4月）不能在4月份还，8锱银要双倍偿还，这也是100%的利率或罚金。商人阿孜达的一个半年（2—8月）的免息贷款（*NATN* 266）的条件是，如果贷款不能如期偿还，在收获季后要增加60斗大麦作为25锱银本金的利息。收获季后是下一年的1至3月，因此，逾期不还会使这6个月的无息贷款变成12个月的有息贷款。

一个伊比辛1年12月的契约（*NATN* 758），同时记录了有息贷款和无息贷款: 610 斗大麦带 33.33% 利息，另有 15 斗大麦免利息；还有 10⅓ 锱银带 20% 利息，但另有几厘银的免利息款，这表明免利息的贷款的数量一般不大。鲁旮勒阿孜达的一个 3 个月的契约（*NATN* 135），也有两种贷款: 20 锱 15 厘银带 20% 利息的有息贷款和 4 斗大麦免利息小量的贷款。另一件鲁旮勒阿孜达的 1 锱银和 48 斗大麦限期 3 个月的契约也是免利息的贷款（*NATN* 65）。乌尔辛档案中的一个免利息的贷款限期仅两个月（*NATN* 442），而在乌尔舒马赫档案中，一个 4 钟大麦的无息贷款限期 3 个月（*NATN* 321）。

在接下来的 26 个免利息贷款中，仅有一个是全年贷款，6 个是半年贷款，但 17 个贷款是两个月到 5 个月的限期。因此，我们可以得出如下结论: 通常半年以下的较短期的、一般款项不大的贷款，可以因某种不表明的原因被给予免利息的特惠。特惠的原因可能是由于这些短期的无息贷款被慈善性地提供给穷人用以解决其生存的需要，而一般的有息贷款可能包括银行业贷给一些大小商贩用来谋取商业利润的经商资本。

商人或富人预付租用穷人的奴隶或家人一年的租金或工资可以看作是贷给穷人的一年免利息贷款，奴隶或家人给贷款人或债权人的每天的劳动算作每天的小额还款。如果抵债的劳动发生中断，贷款方就要借贷人支付本金的利息。在商人鲁旮勒阿孜达的一个契约中（*NATN* 98），3 锱银被贷给一个妇女作为她的儿子为债主劳动一年的预付佣金，条件是如果这个男孩有一天停工，债主将会从这个女人那征收本金的利息。相似的以奴隶劳动还债的例子还有帕乌（Pa'u）把价值 10 锱银的大麦作为佣金贷给乌尔杜库格（Ur-du$_6$-kug），后者将成为前者的奴隶一年整，以服务偿还佣金，如果他停止工作，每天他将支付他的债主 3 斗大麦作为他的贷款利息（*NATN* 262）。这种贷款的偿还物是债务人的劳役，贷款的利息事实上是对减少还债工作日的罚金。

表二：免利息（máš nu-tuku）贷款契约统计表

1 钟 =5 斛 =30 斗，1 斤 =60 锱

日期	文件号	贷款数额	期限	逾期利息	债权人
阿马尔辛 7 年 9 月 16 日—3 月 16 日	NRVN 104	2 锱银（gín），作为贷款（ur5-<ra>--šè），免利息（máš nu-tuku）	6 月	100%	鲁伊南那（Lú-^{d}Inanna）
阿马尔辛 [7 年? 1 月?]—2 月 30 日	NATN 319	1 锱银，免利息	2 ?	20%	鲁旮勒库格朱（Lugal-kug-zu）
阿马尔辛 9 年 [?] 月 10 日	NRVN 102	2 锱银，免利息	?	0	乌尔尼旮尔（Ur-ni9-gar）
舒辛 1 年（12 月? ）—3 月	NRVN 173	90 斗（3 钟）大麦，免利息	3 ?	0	乌尔舒勒帕埃（Ur-^{d}Šul-pa-è）
舒辛 2 年 10 月 13 日—3 月 13 日	NRVN 175	60 斗（2 钟）大麦，免利息	5	0	乌尔舒勒帕埃（Ur-^{d}Šul-pa-è）
舒辛 3 年 1 月—3 月	NATN 876	45 斗大麦，免利息	2	0	乌尔舒勒（Ur-Šul）
舒辛 5 年 2 月—8 月	NATN 266	25 锱银，如 8 月未还，他将在收割后（3 月）支付 60 斗（2 钟）大麦	6	33.3 ?	阿孜达（Á-zi-da）
舒辛 7 年 [1 月—3 月?]	NRVN 99	½ 锱银，免利息	?		哈巴鲁吉（Ha-ba-lu5-ge）
舒辛 7 年 9 月—2 月	NATN 666	2 锱银，免利息	6	0	某某（x-qa-gi-ne）
舒辛 8 年（12 月? ）—3 月	NRVN 103	4 锱银，免利息	3 ?	0	恩里拉阿勒萨格 ^{d}En-líl-lá-al-sag5
舒辛 9 年 10 月—（1 月? ）	NATN 326	30 斗（1 钟）大麦，免利息	3 ?	0	阿孜达（Á-zi-da）
舒辛 9 年 12 月—6 月	NATN 528	½ 锱银，免利息	6	0	乌尔伊什库尔（Ur-^{d}Iškur）
伊比辛 1 年 1 月—3 月	NATN 442	5/6 锱银，免利息	2	0	乌尔辛（Ur-^{d}Sîn）

续表

日期	文件号	贷款数额	期限	逾期利息	债权人
伊比辛 1 年 12 月 20 日—3 月	NATN 135	4 斗大麦，免利息	3	0	鲁杂勒阿孜达（Lugal-á-zi-da）
伊比辛 1 年 12 月—3 月	NATN 321	120 斗（4 钟 ）大麦，免利息	3	0	乌尔舒马赫（Ur-ᵈŠu-mah）
伊比辛 1 年 12 月—（3 月?）	NATN 758	610 斗大麦，每钟 10 斗利息，16 斗大麦免利息；10 ⅓ 锱银，每 5 锱付 1 锱利，[x]+2 厘银，免利息	3 ?	0	某某
伊比辛 2 年 4 月—3 年 3 月	NRVN 124	3 锱银，免利，账目余额	12	0	乌尔辛（Ur-ᵈSîn）
伊比辛 2 年普朱尔达干司 6 月到收获后（1—3 月）	NATN 614	100 斗（3 钟 1 斛 4 斗）大麦，免利息	7—9 个月	0	马巴（Ma-ba）
伊比辛 2 年 8 月至（收获?）	NRVN 100	1 锱银，免利息	5 —7 ?	0	乌尔舒勒帕埃（Ur-ᵈŠul-pa-è）
伊比辛 2 年 12 月 9 日—3 月	NATN 65	1 ⅙ 锱银和 48 斗大麦，免利息	3	0	鲁杂勒阿孜达（Lugal-á-zi-da）
伊比辛 4 年 12 月—3 月	NRVN 101	1 锱银，免利息	3	0	乌尔舒勒帕埃（Ur-ᵈŠul-pa-è）
伊比辛 3 年 12—3 月（温马）	NATN 134	18 斗大麦，免利息	3	0	鲁吉尔吉鲁（Lú-gir/peš-gi₄-lu）
伊比辛 3 年 12 月—4 月	NATN 164	8 锱银，如果不能在 4 月份还，要双倍偿还	4	100	阿德达卡勒腊（Ad-da-kal-la）
伊比辛 3 年 4 月—?	NATN 531	1½锱银，免利息	3 ?	0	乌尔萨格杏（Ur-sag₅-ga）
（1 月?）—4 月	NATN 117	60 斗（2 王钟）大麦，免利息	3 ?	0	乌图迪（ᵈUtu-ᵈI-dè）
（12 月?）—3 月	NRVN 174	10 斗（1 斛 4 斗）大麦，免利息	3 ?	0	鲁杂勒阿孜达（Lugal-á-zi-da）

四、以大麦偿还银钱或其他贷出物公式"它的大麦定为（še-bi ab-ši-ĝar）"和两河流域的物价

在一些没有写明利率（máš–bi）的契约中，贷出的银钱或者其他商品被转换成的大麦，称为"它的大麦被定为多少量"（še-bi x.x.x gur ab-ši-ĝar），这表示到期后可以用大麦偿还银钱。这一公式有两种类型：a）在一些契约中，每单位贷银款对应的大麦的数量完全相同，术语是"定为每钟（30斗）大麦为40斗"（1.1.4 še gur-ta ab-ši-ĝar）；b）在另一些契约中，贷银款对应的大麦数量是不同的，术语是"它（银）的大麦定为多少钟"（še-bi x gur ab-ši-ĝar）。对于第一种公式，我们有4个用大麦偿还银钱的贷款（NATN 17，202，349，602；NRVN 120），尽管在这4个贷款中银的数量完全不同，分别是2.5、10、1和22锱银，但在这些贷款中，大麦的均称为"每钟（30斗）被定为40斗大麦"，这意味着这三个贷款的大麦利息相同。我们知道大麦贷款的基本利率规定是每钟（30斗）大麦付10斗利息，即33.33%利率，我们可以推断在这些案例中，"每钟定为1.1.4钟（=40斗）大麦"的公式是指33.33%的大麦利率[1]。因此，我们把这类贷款理解为契约中银钱贷款（可能从商人处赊借食物或种子大麦的价钱）可以以大麦偿还，所以账面数量是银钱而利率是大麦的利率33%，不是银钱的利率20%。然而，我们不明白的是为何这类契约中不提偿还时的大麦价格和偿还贷银或赊欠商品的大麦数量。也许，在还款时，国王将公布大麦的固定银价，因此借方和贷方将不会因大麦价格而发生争议。

另一类也普通的贷出或赊欠银钱或油品而偿还大麦的借贷比较好

---

[1] Steinkeller 在 Westbrook/ Jasnow ed . Security for Debt in Ancient Near Eastern Law, Brill 2001, p 56 中表达了他对这一准则的正确理解。

理解。其术语是"它（银或油）的大麦定为多少钟"。在这些赊欠或借贷契约中，有一件是贷出油而用芦苇偿还的特例。我们发现，在这些契约中，借方偿还借贷的银钱的大麦的价格比正常的大麦的市场银价高很多。这使我们推定这些契约中写下的应该偿还的大麦数量一定包括本金和利息。在不是贷款的一些文件中，我们算出 1 锱银大约等于15 斗大麦，但在以大麦还银钱的契约中，1 锱银等于 40 斗或 50 斗或60 斗大麦，是正常价格的 3—4 倍。我们不知道为什么这些契约中的大麦利率如此高，也许这是对于不能到期偿还的借贷者的惩罚。

我们发现在乌尔第三王朝之后的古巴比伦王朝时期（公元前1900—前 1500 年）官方物价要比我们私人契约中的实际市场价低许多。各时各地的官方物价不同，每锱银可以买大麦 30—60 斗，特殊时可达120 斗。拉尔萨王努尔阿达德（公元前 1865—前 1850）宣布的官方物价为（拉尔萨出土陶锥体铭，*RIME* 4 2.8.7, ii 50-70）：

> 在我美好的统治期中，银一锱（1/60 斤）买 2 钟（= 60 斗）大麦，或 2 斗（斗 = 1/30 钟）油，或 10 斤羊毛，或 10 钟椰枣是我国市场上的（公正）价钱。

拉尔萨王辛伊丁楠（公元前 1849—前 1843 年）宣布的官方物价（陶鼓铭：*RIME* 4 2.9.2:51-70）[1] 中大麦价压得太低，1 锱银可买 120 斗大麦：

> 在太阳神乌图授予我的我美好的统治期中，4 钟（=120 斗）大麦，或 12 钟椰枣，或 15 斤羊毛，或 3 斗芝麻油，或 5 斗猪油，

---

[1] D. Frayne, *Royal Inscriptions of Mesopotamia, Early Periods* Volume 4（RIME 4）: *Old Babylonian Period (2003—1595 B.C)*, Toronto: University of Toronto Press, 1990.

在乌尔、拉尔萨城和我国市场上的价钱均可卖作银一锱。

埃什嫩那地区的法典（伊皮可阿达德，约公元前 1815 年）中规定的官方物价比较接近乌尔时期的市场价，一锱银买 30 斗大麦，

　　第 1—2 条：1 钟（30 斗）大麦价值 1 锱（1/60 斤）银，3 升优质食油价值 1 锱银，1 斗 2 升（普通）食油价值 1 锱银，1 斗 5 升猪油价值 1 锱银，4 斗沥青价值 1 锱银，6 斤羊毛价值 1 锱银，2 钟盐价值 1 锱银，1 钟碱价值 1 锱银，3 斤铜价值 1 锱银，2 斤纯铜价值 1 锱银。1 升食油可换 3 斗大麦，1 升猪油可换 2 斗 5 升大麦，1 升沥青可换 8 升大麦。

表三：以大麦折算（ab-ši-gar）银钱或油的借贷契约

日期	文件号	贷款条款中的两种商品的等价	换算率	放贷商人	借贷人
舒辛 1 年 3 月 [？日] 至 4 月，一个月	NRVN 120	1 斤银，在 4 月中还贷，如果 [不能偿还]，就按每锱银（利息转为）每钟（30 斗）大麦定为（还）41（误，应为 40）斗（33%）。	逾期：（利息）每钟加 10 斗大麦，33%	乌尔奴斯库（Ur-^{d}Nusku）	乌尔苷吉阿（Ur-gá-gi$_4$-[a]），Ur-^{d}Nin-[...]，卡兰萨苷（Kalam-sag$_5$-[ga]），乌尔杜穆兹达（Ur-^{d}Dumu-zi-da），鲁卡勒拉（Lú-kal-la），乌尔杜库苷，鲁苷勒帕埃
舒辛 3 年 12 月—（3 月？）	NATN 554	1½ 锱银：它的大麦定为 60 斗（2 钟）。	1 锱银 =40 斗大麦	乌尔辛（Ur-^{d}sin）高利贷商人	乌尔乌库格苷（Ur-ú-kug-ga）之子乌尔辛（Ur-^{d}Sîn）

续表

日期	文件号	贷款条款中的两种商品的等价	换算率	放贷商人	借贷人
伊比辛1年12月12日到（3月或12月？）	NATN 111	½升（silà）芝麻油，它的大麦定为1斗。	1升油=20升大麦	鲁呇勒阿孜达	卡兰达呇（Kalam-da-ga），皮革加工者（ašgab）阿图（A-tu）之子
伊比辛2年1月到？	NATN 165	3升芝麻（giš-i）是150捆新芦苇（sagi-gibil）换算价格。	1升芝麻油=150捆新苇	乌尔尼呇尔（Ur-ni₉-gar）	乌尔伊什塔蓝（Ur-^{d}Ištaran）。无证人
伊比辛2年乌尔1月收获到（明年12月？）	NRVN 602	⅓斤2锱银（22锱），（利息）每（--ta）钟定为40斗大麦。	（每锱）银=40斗麦	乌尔辛（Ur-^{d}Sîn）	鲁呇勒美斯（Lugal-mes）。证人:鲁萨格呇（Lú-sag₅-ga），古卜巴尼（Gub-ba-ni）
伊比辛2年1月22日到2月	NRVN 202	10锱银，（利息）每钟定为40斗大麦（33%）。以王名义宣誓。	（每锱）=40斗	鲁辛（Lú-^{d}Sîn）	阿孜达（Á-zi-da）和筛什达达（Šeš-da-[da]），印文:筛什达达，思利勒拉某（^{d}En-líl-lá-zi-x）之子。证人：某某（Ur-x-[...]）和某某（É-x-[...]）
伊比辛4年3月到8月，共6个月	NATN 17	2½锱银:每（--ta）钟定为40斗大麦，在打谷场量出。乌尔古卜让伊里腊比耕种某人的田（还贷）。	每锱=16斗	从乌尔古卜（Ur-gúb）	伊里腊比（*Ili-ra-bí*）收到。证人:乌尔鲁呇勒（Ur-lugal），鲁呇勒马古尔端（Lugal-má-gur₈-re）、鲁萨格呇（Lú-sag₅-ga）
伊比辛4年从1月到4月，共4个月	NATN 349	1锱银:（利息）每钟定为40斗大麦。	1锱银=40斗	乌尔舒勒帕埃（Ur-^{d}Šul-pa-è）	鲁穆（Lú-mu），印文:鲁穆，乌尔苏卡勒之子。证人：乌尔恩里拉、筛什卡拉、卢其某（Lú-x-x,x-ib-gál）

续表

日期	文件号	贷款条款中的两种商品的等价	换算率	放贷商人	借贷人
伊比辛2年7月到（3月），共8个月	NATN 312	1锚银：它的大麦定为60斗。	1锚银=60斗大麦	阿孜达（Á-zi-da）	商人鲁旮勒卡瑞（dam-gàr）。证人：阿阿布穆（A-ab-bu-mu），乌尔舒勒帕埃，筛埃卜（Še-le-eb）
伊比辛3年从1月到3月，共两个月	NATN 121	1锚银：它的大麦定为123钟（45斗）。	1锚银=45斗大麦	鲁旮勒阿孜达	乌尔图姆阿勒（Ur-Tum-al），鲁旮勒达旮（Lugal-da-ga）之子。无证人
伊比辛3年从1月到（3月？），共两个月	NATN 128	3斗芝麻油、3斗猪油和1锚银：它的大麦定为8.1.4钟（250斗）。	如1斗油=1锚银，1锚银=35.7斗大麦	鲁旮勒阿孜达（Lugal-á-zi-da）	乌尔图姆阿勒（Ur-Tum-al），鲁旮勒达旮（Lugal-da-ga）之子。无证人
无年名，从（3月？）到3月，共一年？	NATN 642	2件铜斧的价格是1锚银：定为1.2.3钟（45斗）大麦。	1锚银=450升大麦	未标明	（印文）书吏乌尔杜库格旮，乌尔美美之子。证人：鲁丁吉尔腊，马按古乌勒筛什古拉

表四：银钱和大麦的通用贸易汇率（1锚=120-23斗）

大麦量	它的银价（kug–bi）	每锚银与大麦的比价	文件号和年月
2钟大麦=60斗	5锚银	1锚银=12斗大麦	NATN 266（舒辛5年2—8月）
2钟大麦=60斗	4锚银	1锚银=15斗大麦	NATN 605（伊比辛？年12月20日）
1钟大麦	1⅚锚银	1锚银≈15斗=15斗大麦	NATN 605（伊比辛？年12月20日）

0.2.3 钟 =15 斗	1 锚银	1 锚银 =15 斗大麦	NATN 605（伊比辛？年 12 月 20 日）
0.2.3 钟 =15 斗	1 锚银	1 锚银 =15 斗大麦	NATN 605（伊比辛？年 12 月 20 日）
2 钟大麦	4 锚银	1 锚银 =15 斗升大麦	NATN 631（伊比辛 1 年 8 月）
7.3.0 钟 =228 斗大麦	10 锚银	1 锚银 =22.8 斗升大麦	NATN 381（舒勒吉 40 年 11 月）
1 钟大麦：本金加利息	1 锚银 =60 锚铜	4 个月后本利 1 锚银 =30 斗麦	NATN 363（舒勒吉 48 年 11 月—3 月）
144 钟大麦：本金加利息	60 锚	4 个月后 1 锚银 =64 斗大麦	NATN 379（舒辛 3 年 4 月—8 月）
36 斗大麦：本金加利息	1 锚银	1 个月后 1 锚银 =36 斗大麦	NATN 102（舒辛 5 年 4 月 30 日—5 月 30 日）

五、余论：国家定期废除高利贷的行政措施

由上文研究可知，包括乌尔第三王朝时期在内，在自古苏美尔城邦时代至古巴比伦时代的漫长历史时期中，两河流域的贷款利率均由宫廷即国家规定，几乎所有的放贷契约中的利率都为本金的 20%，而大麦贷款利率则高达 33.3%，是地道的高利贷。但古代两河流域国家有着悠久的保护弱势公民群体的历史传统[1]，因此，从流传下来的古代文献中仍可看到不少国家免除公民债务的记载。

根据乌尔、伊辛、拉尔萨、巴比伦和其他王朝颁布的纪年用的年名，我们知道许多国王在统治的第一年要在全国宣布废除高利债务和欠税以解放债务奴隶（"解负令"），并在下一年以此大事为当年即第二

---

[1] 吴宇虹：《古代两河流域国家保护弱势公民群体主持社会公正的历史传统》，《东北师大学报（哲学社会科学版）》2007 年第 6 期。

年的年名，称为"在国内建立了公正之年"[1]。这一实现社会公正的传统做法最早可能追溯到乌尔第三王朝的首王乌尔那穆（公元前2112—前2095年），他的可能为第二年的年名 c 是"乌尔那穆在国内建立了公正之年"，另一年名 b 是"乌尔那穆王从下到上铺平（人民的）道路之年"。其后的各王朝也保持了同样的废债命令。例如，伊辛王乌尔宁乌尔塔（公元前1925—前1898年）的一个可能是第二年的年名"为了恩利勒神他永远地释放了（徭役中的）尼普尔城公民，并豁免了他们肩负的欠税之年"表明他发布了对尼普尔的解负令，免去尼普尔公民的徭役，废除他们的欠债和欠税。取代乌尔宁乌尔塔家族的伊辛新王埃腊伊米提（公元前1870—前1863年）也在其第二年发布了解负令。伊辛王恩利勒巴尼（公元前1862—前1839年）像其他王一样在自己的第二年大赦天下："王释放了（徭役中的）伊辛城公民团队，并豁免了伊辛公民团队的欠税之年。"

　　迪亚拉地区的强国埃什嫩那王那腊姆辛（约公元前1810年）和其他国家国王一样，维护平民阶级的利益，抑制豪强，以保证兵源。他在第七年曾在全国发布解负令，下令打碎写有高利债务的泥板文书，解除了贫民沦为债务奴的危险："神圣的那腊姆辛霸王打碎了所有的（债务）借据泥板之年。"

　　巴比伦王汉穆腊比（公元前1792—前1750年）的第二年年名证实了他在元年发布了解负令：汉穆腊比王建立了国家的公正之年，也称作：他在国内建立了（沦为债奴的）国人们的自由（直译："回到母亲处"）之年。新国王保护弱势公民的公正行为大大加强了国内各阶层人民的团结，使巴比伦公民军队战无不胜，一统天下。其子叁苏伊鲁那王（公元前1749—前1712年）在元年同样建立了社会公正："伟大诸神

---

[1]　关于古代两河流域各王朝的历年年名的原文与译文，参见 Data from the Marcel Sigrist / Peter Damerowsite: Mesopotamia Year Names（http://cdli.vcla.edu / tools / year names / yn—index.html）。

服从者叁苏伊鲁那王建立了（为债奴的）苏美尔和阿卡德人民的自由，使全国人心幸福，使公正事业发扬光大。巴比伦王阿米迪塔那王（公元前 1683—前 1647 年）在继位年和元年连续两年在全国废除债务，他的元年和第二年的年名是："阿米嚓杜咨王按照太阳神和马尔杜克神所说的伟大指示，（在他的国家建立公正）之年"和"太阳神、马尔杜克和风雨神虔诚服从的牧羊人（废除了他的人民的债务）之年"。他的第 21 年年名是："带来大事之主、马尔杜克神喜爱之人（阿米迪塔那）废除了加于他的国民之上的高利债务"。

　　此外，从古代两河流域国家的法律文件与行政文件中，也可见国王保护债务人的法规和措施。《汉穆腊比法典》中有一条法律即禁止强行以债务人的粮食抵债，而另一条规定债务奴隶在被奴役 3 年整后必须获得自由。[1] 全文存世的《巴比伦王阿米嚓杜喀的敕令》（公元前 1646—前 1626 年），列举了国家"建立公正"的具体内容，例如：敢违抗王的解负敕令，继续收取或伪造文件收取高利贷款者要被严惩，对抗者应被处死；国家豁免了公民们因无法缴纳而欠下的各种苛捐杂税，但奴隶和外邦人不能享受公正，获得自由[2]。

---

［1］　吴宇虹等:《古代两河流域楔形文字经典举要》，黑龙江人民出版社，2006，第 98—98 页。

［2］　F.R.kraus, *Ein Edikt des Königs Ammi-saduqa von Babylon, Studieset Documenta ad Iura Orientis Antiqui Pertinentia 5.* Leiden: E.J.Brill, 1958.

乌尔第三王朝时期的尼普尔银贷业商人档案研究（下）：档案重建 *

　　乌尔第三王朝（约公元前 2100—前 2000 年），又称新苏美尔时期，是苏美尔人作为两河流域文明主体的最后阶段，随后两河流域文明进入以塞姆人为主体的巴比伦和亚述阶段。该时期是苏美尔国家由城邦进入帝国的全盛时期，国家的政治和经济管理开始中央集权化，首都和各个行省的经济管理机制分工明细，呈现出高效率与档案化的显著特征。帝国灭亡后，首都乌尔、贡牲中心普兹瑞什达干司、宗教中心尼普尔、行省吉尔苏和温马逐渐破败成为丘墟。然而，幸运的是，近现代的考古学家在这些废墟中发掘出 86000 块已埋藏 4000 年之久的泥板文书。

　　目前所知道的、出土于苏美尔宗教中心尼普尔的泥板文书总数高达 5 万余块。其中 3 万余块由美国宾夕法尼亚大学亚述学教授希尔普·雷希特（H. V. Hilprecht，原籍德国）指导的考古队于 1889—1890 年（出土 10000 块泥板文书）和 1899 年（出土 23000 块泥板）发现。另有 21000 块由考古队摄影师海涅斯（J. H. Hannes）独自于 1893 年 4 月至 1896 年 2 月发掘出土。这些泥板现分别收藏于美国、土耳其及德国的 3 处博物馆。其中收藏于宾夕法尼亚大学的泥板成为该校亚述学研究的基础，有学者称"从选择了尼普尔那天起，美国人

---

*　吴宇虹、吕冰:《档案重建》,《古代文明》2008 年第 3 期。

就抱了一块金砖"。[1] 而乌尔第三王朝时期经济档案的发表前后历时72 年，分别收入 4 本文献集。美国宾夕法尼亚大学博物馆的尼普尔档案泥板文书的一部分早在 1910 年即由米尔曼（D. M. Myhrman）摹写 发 表（*Sumerian Administrative Documents Dated to the Reigns of the Kings of the Second Dynasty of Ur from the Temple Archives of Nippur*, Philadelphia, 1910，缩写 BE 3-1）。1937 年德国耶纳大学希尔普雷希特博物馆所藏档案泥板则由波尔（A. Pohl）整理出版（*Rechts-und Verwaltungsurkunden der III. Dynastie von Ur, Texe und Materialien der Frau Professor Hilprecht Collection of Babylonian Antiquities in Eigentum der Universitat Jena*, nene Folge ½, Leipzig，缩 写 TMH NF 1-2）。1965 年，土耳其伊斯坦布尔博物馆收藏的尼普尔档案才由齐希（M. Cig）与基齐尔亚伊（H. Kizilyay）整理为《尼普尔出土新苏美尔法律和管理文件》（*Neusumerische Rechts-und Verwaltungs–Urkunder aus Nippur*，缩写 NRVN）。1982 年，宾夕法尼亚大学博物馆的尼普尔档案泥板文书的剩余部分亦由欧文（D. Owen）发表于《出自尼普尔的新苏美尔档案原文》（*Neo-Sumerian Achival Texts Primarily from Nippur, Winona Lake*，缩写 NATN）之中。至此，尼普尔出土的乌尔第三王朝时期经济和行政管理档案文书全部公开出版。目前，这些泥板文书的摹本与拉丁化均可在美国加利福尼亚大学洛杉矶分校的"楔形文字数字图书馆工程"网站（The Cuneiform Digital Library Initiative，缩写 CDLI, http://cdli.ucla.edu/）及西班牙马德里的高等科学研究院语言研究所的"新苏美尔原文数据库"网站（Database of Neo-Sumerian Texts，缩写 BDTNS, http://bdts.filol.csic.es/）中找到。在这些楔形文献集中，笔者发现了一些乌尔第三王朝时期的文件，它们属于宗教中心尼普尔城的一些高利贷商人。其中放贷文件最多的七个商人是乌尔奴斯库（Ur-Nusku）、阿达亚

---

[1]　拱玉书：《西亚考古史 1842—1939》，文物出版社，2002，第 99—102 页。

（Addaya）、卢旮勒阿孜达（Lugal-azida）、乌尔舒勒帕埃（Ur-Šulpae）、阿孜达（Azida）、乌尔舒马赫（Ur-Šumah）和乌尔辛（Ur-Sin）。在本刊 2008 年第二期中，笔者介绍了高利贷商人档案并进行了相关数据的分析，但未能提供档案原文。此次则将散见于各文献集的诸商人账目文件按照时间顺序进行整理，恢复原本次序并予以翻译解释。需要向读者表示歉意的是由于时间的关系，前文分析的数据未及 BE 3-1 与 TMH NF 1/2 这两本文献集中相关的文件。为了弥补这一遗憾，本文全面调查了全部的 4 本文献集，基本完整地将文献所反映的这些尼普尔商人在 4000 年前的借贷活动呈现在读者面前。

一、档案释读举例

商人乌尔苏卡勒贷给鲁乌图的银钱借贷泥板文书契约
（舒辛 8 年 3 月借，次年 4 月底还）

文献集 BE 3-1:013= 洛杉矶数字图书馆 P105567	原文拉丁化	中译文
	1.1 ma-na 10 gín kug-babbar	1 斤 10 锱银。
	2. *si-ì-tum* niĝ-ka₉~ ak	为账目中的存款。
	3. ki~ Ur-sukkal-ta	从乌尔苏卡勒处。
	4. Lú-^{d}Utu-ke₄ šu~ ba-ti	卢乌图收到了。
	5. iti-šu-numun ud-7 zal-la-a	当"播种月"（4 月）第 7 日过去时。
	6. [sum]-mu-da	他将还给（银）。
	7. mu lugal in-pàd	——他以王名发誓承诺。
	8. tukum-bi	如果，他不还给，他将加倍（欠款）——他以王名发誓。
	rev. 1. nu-na-an-sum	
	2　íb-tab-be₆-a mu lugal in-pàd	
	3. igi Lugal-kug-zu	在卢旮勒库格朱面前。
	4. igi Lugal-iti-da	卢旮勒伊提达面前。
	5. igi Al-huš-a	阿勒胡沙面前。

续表

文献集 BE 3-1:013= 洛杉矶数字图书馆 P105567	原文拉丁化	中译文
	6. igi Ur-dMa-mi	和 乌尔妈米面前（他订约）。
	7. iti-sig4-ù-šub-ba~ĝar 8. mu dŠu-dSuen~lugal-Uri5ki-ke4 má-gur8-mah (left edge) dEn-líl dNin-líl--ra mu-ne-dím Seal : d Šu-d Suen lugal kalag-ga lugal Uri5ki-ma lugal an-ub-da limmú-ba Lú-dUtu dumu Ur-d aš Aš7-gi4 ensí Adabki arád-zu	用砖模制砖月（温马3月），乌尔王神舒辛（泥板左边）为恩利勒和宁利勒建造了宏大仪式船之年（舒辛第8年）。泥板封套上印文：神舒辛，强大的王，乌尔之王，四方之王：阿达卜总督乌尔阿什吉之子卢乌图是你的仆人。

商人乌尔舒勒帕埃的大麦借贷契约：伊比辛第 3 年 8 月
（BE 3-1 023 =P105576）

	1. 3 še gur ur5--[šè]	3 钟大麦为借款，
	2. máš 1-gur 0.1（barig）.4（bán）--ta	利息每钟付 10 斗（33%），
	3. ki~ Ur-dŠul-pa-è--ta	从乌尔舒勒帕埃处，
	4. Iš-me-ili/diĝir	伊什美伊里
	5. šu ba-ti	收到了。
	rev. 1.）iti-apin-du8-a	掌犁月（8月）
	2. ud-19 ba-zal	19 日过去了，
	3. mu Si-mu-ru-umki ba-hul	席慕容被毁之年（伊比辛 3 年）

二、尼普尔城各个高利贷商人的档案根据日期重建表

　档案 1：早期高利贷商人乌尔奴斯库、阿达亚和其他人的档案：舒勒吉 40 年至伊比辛 3 年共 30 年

借和还款期限	文件号	贷款	利息（免）	利率	放贷商人	债务人和证人
舒勒吉 40 年 2 月到? 月	NATN 543	2½ 斤 2½ 镭银 =152.5 镭	有利息	(20%?)	卡塔尔（Ka-tar）	乌尔尼格杜格（Úr-níg-dùg）和其合伙人（lú-tab-ba）埃什耐尼。证人：古尔杜（Gar-du）、乌古拉旮古之子乌尔尼旮苏尔、伊尼姆萨旮之子鲁旮勒巴腊格、其弟希萨格（Hé-sag）
舒勒吉 40 年 6 月 1 日到?	NATN 184	⅓ 斤 6 镭银 =26 镭为有息贷款	利息：每 5 镭付 1 镭	(20%?)	阿达亚（Ad-da-<a>）	安筛尼（Anše-ni）之子乌尔达穆（Ur-dDa-mu），书吏。无证人。
舒勒吉 40 年 11 月	NATN 271	1 斤 =60 镭银	未标明	?	乌尔奴斯库（Ur-dNusku）	乌尔恩里勒之子阿巴恩里勒邓（A-ba-dEn-líl-dím）书吏。无证人。
舒勒吉 40 年 11 月至（3 月？）	NATN 381	4 钟 =120 斗大麦，它的量钟有缺口，实为 108 斗：其银 10 镭	未标明	(?)	乌尔奴斯库（Ur-dNusku）	（乌尔恩里勒之子）阿巴恩里勒邓书吏。无证人。
舒勒吉 41 年 12 月一（3 月？）	NATN 515	1.1.0 钟 =36 斗大麦有息贷款	未标明	?	鲁旮勒乌萨尔（Lugal-usar）	乌尔巴巴（Ur-Ba-ba）之子乌尔南那（Lú-dInanna）。无证人。
舒勒吉 42 年乌尔月名 10 月到下午 10 月	TMH NF1/ 2:6	10 镭银一年期	其利息 2 镭银	20%	阿达卡拉＝阿达亚，商人	乌尔麦美和乌米希。证人：乌尔舒干、乌尔希、晒什达达和舒阿巴

借和还款期限	文件号	贷款	利息（免）	利率	放贷商人	债务人和证人
舒勒吉 45 年？12 月？	NRVN 17	0.1.3 钟 =9 斗大麦	?	?	乌尔奴斯库 (Ur-ᵈNusku)	埃穆勒埃 (E-mul-e)。无证人
舒勒吉 47 年 6 月 2 日，到？	NATN 922	2 钟 =60 斗有息贷款大麦	每钟 10 斗利息	33.33%	普塔穆 (Pú-ta-mu)	楠哈尼。证人：乌尔辛、鲁吾勒马古端 (Lugal-má-gur₈-re) 和磨房主 (àr-àr) 乌尔辛
舒勒吉 47 年 2 月 1 日到 2 月 13 日 13 天	NATN 297 = 292	2.25 镙银	未标明	0 ?	乌尔苏卡勒 (Ur-sukkal)	Ta-x 之子阿巴巴。证人：拉拉斯之子卡兰达古，吉尔尼之子鲁哈吾普，布尔妈妈之子阿孜达和漂洗工舒埃腊
舒勒吉 48 年 1 月 24 日到 (3 月？)	NATN 178	1 钟 =30 斗有息贷款大麦	利息：每钟 10 斗麦	33.33%	阿达亚 (Ad-da-a)	x-da 之子鲁辛 (Lú-ᵈSin)。无证人 (乌尔月名)
[？]	NATN 183	4 镙银	未标明		阿达亚 (Ad-da-a)	乌尔鲁吾勒。证人：哈巴鲁姆 (Ha-ba-lum)，乌尔埃 (Ur-è)，达吾亚 (Da-ga-a)，鲁吾勒安尼 (Lugal-an-ni)
舒勒吉 48 ？年 6 月 3-kamaš Kimaš bahula	TMH NF 1/2:8	10 镙银有息贷款	每 5 镙银付 1 镙	20%	吉瑞尼 (Giri-ni)	乌尔吾尼阿。证人：鲁吾勒巴腊，阿孜达和卢乌图。印文：某某之子 [乌尔？] 辛，Gir-nita/du

借和还款期限	文件号	贷款	利息（免）	利率	放贷商人	债务人和证人
舒勒吉 47 年 12 月 25 日到?	NATN 6	3 锱银，有息贷款	利息 每 5 锱 付 1 锱	20%	伊吉萨格萨格	巴巴之子乌尔宁乌尔塔。证人：南那鲁吉勒、乌尔宁乌尔塔、乌尔辛和宁扎瑞（Nin-za-re）
舒勒吉 47 年 12 月到（3 月）?	NRVN 126	10 钟大麦，有息贷款	利息 每 钟 10 斗	33.33%	乌尔奴斯库（Ur-dNusku）	乌尔舒勒帕埃（Ur-dŠul-pa-è）。无证人
舒勒吉 48 年 6 月到（48 年 1 月）?	NATN 826	8 王家量钟 =240 斗大麦	利息 每钟大麦 10 斗	33.33%	南那亚（dNamma-a）	普末尔恩里勒（Puzur₄-dEn-líl）。无证人
舒勒吉 48 年 11 月到 3 月；4 个月	NATN 363	1 斤铜，其银为 1 锱：偿还 30 斗大麦	利息包括在 30 斗大麦		乌尔奴斯库	恩里勒神的司酒：鲁鲁（Lu-lu₅）之子乌尔鲁勒马古瑞。无证人
舒勒吉 48 年 12 月到? 月	NATN 818	2 钟大麦，有息贷款	利息 每钟 10 斗	33.33%	南那亚	鲁舒勒马/达卜（Lugal-ma/dab），理发师（šu-i），某某（x-x-x）之子。无证人
阿马尔辛 2 年 11 月到（3 月）?	NRVN 13	2 斤铜，和它等值的银是 1 锱	?	?	乌尔奴斯库（Ur-dNusku）	鲁舒勒马古尔瑞（Lugal-má-gur-re）。无证人
阿马尔辛 2 年（12 月?）到 4 月	NRVN 186	0.2 ? .2=14 斗大麦等于 72 捆新鲜芦苇	未标明	?	乌尔奴斯库（Ur-dNusku）	卡阿穆（Ka₅-a-mu）和鲁舒勒沙达（Lugal-sà-da）。证人：鲁舒勒尼德巴埃（Lugal-nidba-e）和乌尔腊（Ur-ra-a）
阿马尔辛 3 年（7 月?）到 12 月 30	NRVN 116	14½ 锱银；如果不还，加倍	如果逾期偿还双倍	逾：100%	乌尔奴斯库（Ur-dNusku）	乌尔舒勒帕埃（Ur-dŠul-pa-è）。以国王的名义宣誓。无证人

借和还款期限	文件号	贷款	利息（免）	利率	放贷商人	债务人和证人
阿马尔辛 3 年 7 月 20 日到下一年 7 月	NATN 168	10 锚银	利息 每 5 锚 付 1 锚	20%	阿达亚 (Ad-da)	Èr-ra-ur-x 之子，宁乌尔塔的羊牧乌尔吉 (Ur-gá)。证人：达穆，普未尔阿舒尔 (A-šùr (ŠIR)^{ki})，拉拉书吏
[阿马尔辛？]	NRVN 14	6（！5）锚银（=）10 斤铜	?	?	乌尔奴斯库 (Ur-dNusku)	阿巴伊达埃 (A-ba-i-da-è)。无证人
阿马尔辛 5 年（1 月）到 5 月，共 5 个月	NATN 791	4 锚 24 厘银（1 锚 = 180 厘），以王名誓	利息 每 5 锚 付 1 锚	20%	鲁伊南那（高利商见 343）	乌尔鲁旮勒 (Ur-Lugal) 之子乌尔伊什库尔 (Ur-dIškur)。证人：鲁伊南那，鲁宁舒布尔 (Lù-dNin-šubur)，鲁达穆
阿马尔辛 6 年（1—2 月 ）到 5 月	NATN 791	4 锚银	利息 每 5 锚 付 1 锚	20%	鲁伊南那	乌尔鲁旮勒 (Ur-Lugal) 之子乌尔伊什库尔 (Ur-dIškur)。证人：鲁伊南那，鲁宁舒布尔 (Lù-dNin-šubur)，鲁达穆
阿马尔辛 6 年 9 月 [？日] 到（3 月？）半年	NATN 31	16 锚银：以服务为它利息	máš-bi-šè gub-ba-dè	服务	乌尔达穆 (Ur-dDa-mu)	乌尔杜库格以王名起誓。（证人：）乌尔宁图，阿德达卡拉 (Á-lul)，库德达，乌尔达穆二
阿马尔辛 6 年（或舒勒吉 42 年）8 月 到（3 月？）共 7 个月	NATN 431	1 钟大麦有息贷款：它的利息 每 钟 10 斗；1 钟大麦贷无息	1. 利息 2. 免利息	33.3%；2. 无	乌尔尼旮尔 Ur-ni$_3$-gar	阿维伦 (A-wi-lum) 之子洗染工阿勒埃阿 (Awil-è-a)。证人：恩里勒达 (dEn-líl-da)

借和还款期限	文件号	贷款	利息（免）	利率	放贷商人	债务人和证人
阿马尔辛6年／舒勒吉42年8月	NRVN 10	1斤银，在图马勒（šà Tum-al）庙区	?	?	乌尔奴斯库（Ur-dNusku）	阿德达卡勒拉（Ad-da-kal-la）。无证人
阿马尔辛6年／舒勒吉48年8月18日	NRVN 16	0.1.4钟（=10斗）大麦	?	?	乌尔奴斯库（Ur-dNusku）	恩里勒神的仆人伊里伊伦（Ì-lí-DINGIRⁿᵘᵐ）。无证人
阿马尔辛6/舒勒吉42年，10月至（3月？）	NRVN 170	2钟大麦，每钟的本金（? udu-bi）为一	免利息	0	乌尔奴斯库（Ur-dNusku）	Lugal-x之子Ur-dNin-x。无证人
阿马尔辛6年11月17	NATN 377	2½镏缺5厘天青石	其银为2⅔厘镏缺5厘	?	乌尔奴斯库（Ur-dNusku）	乌尔伊达腊（Ur-dIn-da-rá）。无证人
阿马尔辛6年12月到（3月？）	NATN 650	1钟大麦为伊南那女神的贷款	?	(33.33%？)	乌尔恩里拉	萨格恩里勒（Saĝ-dEn-lil），印文：比卡桑（Bi-ka/sag）之子吉尔尼（Gir-ni）是（伊南那的）奴埃斯祭司
阿马尔辛7年1月，关于为期7年的360镏银的一次贷款的法庭记录	NAVN 2=CBS 978901	6斤银共7年，付利息2次1.5斤：1）50镏，2）40镏，现在鲁辛（Lú-dSin）应付（余下）本金和利息108钟大麦（=4.5斤银？）	3）90镏/7年=12.8镏/年，全金：108钟大麦，总计：1.5+3.5?=53.5?=5	每年12.8%？	乌尔奴斯库（Ur-dNusku）	鲁辛。10个（法庭）长老：本年长老（ab-ba mu）布尔马马，扎吉之子阿德达卡拉，Lugal-x[...]a[...]），乌尔恩里拉之子卡塔尔，Giri-ni-[...]-x-NE，乌尔米之子Ur-d[...]。尼塔（Nita）之子鲁吉那，其弟温达达者卡库（Un-da-ga-ka-kù），舒伊什塔尔之子阿勒拉，阿马尔什舒巴（Amar-šubá）之子鲁丁吉尔腊：他们是在场的长老

续表

借和还款期限	文件号	贷款	利息（免）	利率	放贷商人	债务人和证人
舒辛 1 年 9 月 27 日的法庭记录	NRVN 4=CBS 9779	鲁辛（Lú-ᵈSin 已死）奴斯库发誓说："我已经付给你 10 斤银钱，我仅剩下 1 斤大银。"			乌尔奴斯库（Ur-ᵈNusku）	鲁辛的妻子。证人 4：巴普腊（Ba-gará）之子乌尔恩里勒拉，林业夷乌尔美斯（lu-ᵍᵘˢtir），吉瑞尼（Giri-ni）之子乌尔舒勒帕埃，筛什卡拉之子鲁普勒埃载姆（Lugal-ezem）
舒辛 4 年乌尔 11 月至收获	TMH NF 1/2:18	3 锱银有息贷款	（每钟）填人 1 斗大麦	（利息？）	鲁普勒库杜格	阿卜某之子阿图，牧羊人收获时还给
舒辛 7 年 9 月至 3 月	TMH NF 1/2:22	4 锱银有息贷款，以王发誓 3 月还	利息 每 5 锱银付 1 锱	20%	鲁 萨 昔（Lu-ša ga）	埃卢。证人们：乌尔阿皮卢戶。
舒辛 8 年 11 月 11 日	TMH NF 1/2:98	45 斗大麦有息贷款	利息 每钟付 10 斗大麦	33.33%	阿达卡拉	乌尔杜穆孜达，印文：鲁如穆孜之子乌尔杜穆孜。证人们：鲁恩里里和阿拉穆
舒辛 9 年 10 月	TMH NF 1/2:101	13 斗大麦有息贷款	利息 每钟付 10 斗大麦		鲁 恩 里 拉（Lú-ᵈEn-líl-lá）	阿达卡拉，印文：穆尼马赫之子阿达卡拉。证人：杜杜和阿巴吉纳
舒辛 9 年 11 月 15 日	TMH NF 1/2:100	24 斗大麦有息贷款	免利息	0	鲁 普 勒 希 吉（Lugal-hégal）	鲁普勒埃金，印文：AN-E-x 之子鲁普勒埃金。证人：乌尔舒勒帕埃，鲁普勒希勒和乌尔宁木
阿马尔辛 3 年 5 月	BE 3-1 35	145.6 斗大麦贷	未标明	?	阿拉拉	穆尼马希。无证人。
阿马尔辛 6 年 7 月	TMH NF 1/2:71	1 钟 2 斗 =32 斗大麦有息贷款	利息 每钟付 10 斗大麦	33.33%	那巴萨格（Na-ba-sag_5）	乌尔图马勒 Ur-Tum-al。证人：鲁普勒提达筛勒。

借和还款期限	文件号	贷款	利息（亳）	利率（亳）	放贷商人	债务人和证人
阿马尔辛7年6月6日	ONTARIO II 415	5锡银其利1锡；10斗大麦	其利3.3斗	20%；33.33%	乌尔伊什库尔	乌尔古乃牛姆。证人们: 楠哈尼商人和库达
阿尔辛7年7月（到印? 其8个月?）	NATN 343	1斤银	其利息是每斤（60锡）付8锡	(‰)13.3%	拉古勒库格米	埃基普拉（É-ki-gal-la）之子鲁普伊南那商人（Lú-ᵈInanna）。证人: 无
[阿尔辛7年10月?] 到2月30日（到收获）	NATN 319	1锡银，如果在2月不偿还银	免利息，逾期利息每5锡付1锡银	0%；逾期20%	鲁普勒库格米（Lugal-kug-zu）	鲁恩里拉（Lú-ᵈEn-líl-lá）。证人: [x-x-x], [x-x-x]
阿尔辛7年9月16日到3月16日	NRVN 104	2锡银贷款；以国王名誓如果不还款，则加倍	免利息	逾期100%	鲁伊南那（Lú-ᵈInanna）	乌尔杜穆孜达（Ur-ᵈdumu-zi-da）。证人: 古古那（Gu-ga-na）、塔蓝（Lugal-ᵈIšaran）和鲁普勒尼塔（Lugal-nita）、官员阿古乌担保（A-gu-ú-ke₄ ib-gi-né）
阿马尔辛7年10月11日，3月还共5月	NATN 88	1锡银	利息每5锡银付1锡银	20%	乌尔尼伽尔（Ur-niₐ-gar）	那巴达姆（Na-ba-dam）之子鲁普勒卡基那（Lugal-ka-gi-na）
阿马尔辛8年3月	TMH NF 1/2:23	1锡锡有息贷款	利息每5锡银付1锡	20%	阿达卡拉（Ad-da-kal-la）	商人乌尔提拉，印文: 商人奴尔阿达德之子乌尔提拉。无证人。
阿马尔辛8年4月	TMH NF 1/2:10	1锡银	加有（法定?）利息	?	卢巴拉萨普（Lú-bala-saga）	阿达卡拉[x]之子阿达卡拉，印文: 鲁普勒埃金、舒伊阿达卡拉。证人: 鲁普勒埃金、什借尔和乌尔古尔。

续表

借和还款期限	文件号	贷款，欠数	利息（免）	利率	放贷商人	债务人和证人
阿马尔辛 8 年 4 月 10 日到?	NRVN 125	2½ 锱银	利息 每 5 锱银付 1 锱	20%	乌尔奴斯库	恩阿卜朱（En-abzu）。证人：基瑞尼之子乌尔舒勒帕埃和卫兵乌尔萨格音（Ur-sag$_3$-ga）、巴拉基（Ba-la-gi$_4$）
阿马尔辛 8 年 12 月 21 日，2 月还 共 2 月	NATN 190	7 锱银，期 2 月	未标明	?	阿达亚（A（d）-da-a）	商人 Bu-x-x 之子卡拉姆达音（Kalam-da-ga）。无证人。以国王的名义宣誓
阿马尔辛 9 年 [？] 月]10 日	NRVN 102	2 锱银	免利息。	0	乌尔尼音尔（Ur-ni$_9$-gar）	拉拉穆（La-la-mu）以王名誓
舒辛 1 年 3 月 1 日到 4 月，以国王的名义宣誓	NRVN 120	1 斤银，如不能还银钱，	每锱银转换为每钟加 10 斗大麦的利息	逾期 33%	乌尔奴斯库（Ur-^{d}Nusku）	乌尔舒基阿（Ur-gá-gi$_4$-[a]）、乌尔-^{d}Nin-[...]、卡兰萨音（Kalam-sag-[ga]）、乌尔杜穆改达、鲁卡穆勒拉、乌尔杜库音（Ur-du$_6$-ku-[gú]）和鲁普勒帕埃等 7 人。无证人
舒辛 1 月 1 月 1 日	TMH NF 1/2:13	2/3 斤 =40 锱 银，以房子作抵押	免利息 é-da-ab-da-gub	0	乌尔宁乌尔塔	鲁普勒埃金。证人：乌尔达穆、乌尔舒勒帕埃、乌尔里和文达音
舒 1 年（1 月？），4 月 30 日还	NATN 784	2 锱银，以国王的名义宣誓	?	?	鲁普勒马古瑞	鲁伊南那军尉，乌尔恩里拉（Ur-^{d}En-líl-la）军尉，乌尔阿什南（Ur-^{d}SE.TIR）、卡阿（Ka$_5$-a）军尉，鲁卡拉（Lú-kal-la）军尉和丁吉尔萨格音（Dingir-sag$_3$-ga）。无证人

借和还款期限	文件号	贷款	利息（免）	利率	放贷商人	债务人和证人
舒辛 1 年 7 月 5 日	NATN 894	½ 斤 6 锚银（36 锚银）	利息 每 5 锚银付 1 锚银	20%	伊鲁巴尼（Ilum^{lu}-ba-ni）	祭司（nu-ès）乌尔奴斯库（乌鲁布姆之子），其子鲁普恩里拉和其妻楠乌萨尔（Nam-usar）。证人：牛房队长奴尔伊林、楠提舒美杜塔、乌尔达穆、鲁普勒乌德苏德德筛、乌尔萨音、鲁普勒马古瑞、埃基斯苏
舒辛 1 年 11 月 8 日	NATN 706+711	x 锚银	利息 每 5 锚银 1 锚银	20%	阿达亚（Ad-da-a）	乌尔舒勒（Ur-^{d}Šul）。[.....]
舒辛 1 年 12 月 7 日到 3 月	NRVN 41	10 斗 26 捆大麦	?	?	乌尔奴斯库（Ur-^{d}Nusku）	筛什达达（Šeš-Da-da）。无证人
舒辛 2 年 7 月到（3 月？）	NATN 683	10 锚银	利息 每 5 锚银付 1 锚银	20%	阿达亚（Ad-da-a）	阿瑞尼穆特那舒？（A-ri-ni-mu-ut-na-su？）。证人：古杜杜（Gu-du-du）
[?]	NATN 712	x 锚银	"每份银中 10"	10% ？	阿达亚（A-da-a）	鲁普勒帕埃（Lugal-pa-è）。[.....]
[?]	NATN 716	⅔ 斤银	利息 每 5 锚银付 1 锚银	20%	阿达亚（Ad-da-a）	卡兰达普（Kalam-da-ga）（见 NATN111, 190, 297, 310, 344）。[.....]
舒辛 3 年 4 月到 8 月，共 4 个月	NATN 379	2 斤银，偿还大麦 144 钟	利息包括在偿还大麦中	(33%？)	乌尔奴斯库	鲁杜格音（Lú-dùg-ga）。无证人

借和还款期限	文件号	贷款	利息（免）	利率	放贷商人	债务人和证人
舒辛 3 年 11 月 28 日到（3 月？）	NATN 552	1⅙ 镏银	利息 每 5 镏银付 1 镏银	20%	鲁丁吉尔腊	鲁吉勒赫吉勒。证人：鲁吉勒扎穆什（Lugal-za-muš）、乌尔苏克卡勒沙比穆（Ur-sukkal-ša-bi-mu）
舒辛 4 年（ùs-sa）（1 月）到 7 月	NRVN 192	1 镏银	8 天的木匠活作为它的利息	（20%？）服务	阿达亚（Á-da-a）	A-[...]之子皮尔沙希伦（Pi$_5$-ša-hi-LUM）。证人：鲁恩里拉和鲁吉勒安那安达（Lugal-an-na-an-da）
舒辛 5 年 9 月 28 到（3 月？）	NRVN 187	8 斗优质芝麻油	0	0	阿达亚（DU$_6$-GIŠ）	印文（kišib）：宁舒布尔安杜勒和鲁普朱尔阿舒尔。证人：伊尔尼尼，鲁吉勒楠塔和因塔埃阿（In-ta-[e-a]）
舒辛 5 年 8 月 3 日	NRVN 43	1 镏铜，它的重量是½斤	0	0	乌尔奴斯库（Ur-^{d}Nusku）	林业吏马古端。证人：舒官员舒阿比，金属匠古戴亚（Gù-dé）、鲁吉勒鲁尔马（Lugal-HAR-ma）和阿巴舒鲁赫伊南那（A-ba-šu-luh-^{d}Inanna）
舒辛 5 年 3 月 7 日到 3 月 30 日	NRVN 53	24 斗大麦，以王名名誓	如果不还，则加倍	逾期：100%	乌尔奴斯库（Ur-^{d}Nusku）	安埃巴阿卜杜（An-[e-ba]-[ab-du]。证人：乌尔舒勒帕埃，鲁恩里拉（Lú-^{d}En-líl-lá）、乌尔埃（Ur-e$_{11}$）、舒妈妈
舒辛 5 年 4 月 30 日到 5 月 30 日，共一个月	NATN 102	1 镏银；如在五月 30 日晚没还，以王名名誓	每 钟（30 斗）大麦付 6 斗大麦的利息	逾期：20%	卡兰萨音（NATN 4 的证人）	Ri-x-x 之子阿阿卡拉（A-a-kal-la）。2 个证人：拉拉阿（La-la-a）、鲁达穆（Lú-^{d}Da-mu）

借和还款期限	文件号	贷款	利息（免）	利率	放贷商人	债务人和证人
舒辛 5 年 5 月：用租用 1 垧土地（eše）为 2 锚本银的利息	NATN 836[1]	2 锚银	耕种 1 垧土地的佣金	用服务顶替钱	伊瑞卜库格比（Iri-ib），作为服务预付银	Ba-al-xx 之子图申伊里 *Tu-ra-am-ì-lí*，他的耕田的服务工资为其贷款的利息（a-šà-bímáši-tuku-tuku）。证人：筛什卡拉（Šeš-kal-la），伊巴沙（Ib-ba-ša），鲁乌图
舒辛 5 年 6 月	NATN 861	2 锚银	利息每 5 锚银付 1 锚银	20%	宁阿禾（Nin-e-zu）	恩奴姆米（*En-nu-um-mi-ì-lí*）。证人：伊姆提塔（Im-ti-ta），筛什卡勒拉（Šeš-kal-la），尼塔（Nita），乌尔辛（Ur-^{d}Sin）
舒辛 5 年乌尔 11 月	NATN 760	6 斗大麦为有息贷款	它的利息是 2 斗	33.33%	乌尔美美（Ur-me-me）	鲁吉勒帕埃（Lugal-pa-è）。无证人
舒辛 5 年无月份	NATN 39	⅔ 锚银	未标明	？	鲁吉勒马古瑞	乌尔兰马之子南那马巴（^{d}Namna-ma-ba）书吏
舒辛 6 年 1 月到（3 月？），已还了一部分	NATN 270	3 钟大麦	利息每钟大麦付 10 斗	33.33%	阿巴恩里勒邓	库库（Ku-ku）之子普朱尔辛（*Puzur₄-^{d}Sin*）。无证人
舒辛 6 年 4 月到第二年 4 月	TMH NF 1/2:19	100 ⅔ 锚银，一年期			卡塔尔（Ka-tar）	埃基。

[1] Piotr Steinkellerm. "The Vr III Period " in Raymond Westbrook and Richard Jasnow ed, *Security for Debt in Ancient Near Eaustern*, Leiden: Brill, 2001, p.57.

借和还款期限	文件号	贷款	利息（免）	利率	放贷商人	债务人和证人
舒辛 6 年（1 月？）至明年 6 月	TMH NF 1/2:21	15 锱银，以王名誓还款	利息 每 5 锱银付 1 锱	20%	基端尼（Giri-ni）	恩里勒达。证人们：乌尔尼舒布尔、鲁孜舍马、鲁舍勒恩舍尔、其弟鲁舍勒阿格端格和商人乌尔沙腊
舒辛 6 年 [9 月]20 日到 1 月，以国王的名义宣誓	NRVN 49	40 锱银	"若我没按时称还给你，我会称出 1⅔ 斤称 =100 锱银钱（给你）"	（20%）；逾 期：120%	乌尔奴斯库（Ur-ᵈNusku）	沙库格（Sà-ku-ge）对乌尔奴斯库说："在一月，我将偿还你的银钱 ⅔ 斤和它的利息。" 证人：宁亥布尔神的 bar-šu-gal 官员乌尔苏克卡勒、乌尔亥和其子、阿马乌尔南那之子鲁丁吉尔腊、阿巴乌尔萨格神城门守古乌古
舒辛 6 年（1 月？）到 12 月 15 日	NATN 403	1 斤银	逾期：2 斤	逾 期：100%	阿达亚（Ad-da-a）	舒尼丁吉尔楠（Šu-ni-dingir-nam），印文：给 x-x-x 尼普尔总督：Ur-x-x 之子舒尼丁吉尔楠队长是你的仆人
舒辛 6 年 12 月	TMH NF 1/2:91	38 斗大麦贷款，⅔ 锱银	免利息；利息 每 5 锱银付 1 锱	0；20%	鲁伊南那（Lú-ᵈInanna）	[某某]。印文：伊基之子 [某某]。无证人
舒辛 6 年 12 月	TMH NF 1/2:92	6 斗大麦	利息 每钟 4 斗大麦	13.3%	晒什达达（Šeš-da-da）	布尔萨奋。证人：马巴和乌尔尼萨巴
舒辛 7 年 7 月	TMH NF 1/2:93	1 钟大麦有息贷款	利息 每钟付 10 斗大麦	33.33%	乌尔尼伊卡尔（Ur-ni₉-gar）	鲁南那。印文：鲁舍勒伊恬那之子鲁南那。证人：吉美杜尔阿和宁阿达。

借和还款期限	文件号	贷款	利息（免）	利率	放贷商人	债务人和证人
舒辛7年12月，到8月，共8个月	NATN 539	4 1/6 锚银（Akkadian）	它的利息是 1/5	20%	乌尔尼古伽尔（Ur-niₓ-gar）	席席（Si-si）。证人：Nap-al-x，鲁伊南那（Lú-dInanna）和阿腊德穆伊阿穆（Arad-mu）
舒辛8年[12月?]到3月	NRVN 103	4 锚银，以王名誓	免利息	0	恩里拉阿勒萨格	普塔 Pú-ta 之子筛什卡勒拉（见 NATN 922）。证人：阿马尔舒巴（Amar-šubá），南那穆（Na-an-na-mu）
舒辛8年6月到（3月?）	NRVN 15	1 锚银	?	?	阿达亚（A-da-<a>）	（Nig-dEN-x[...]）之子乌尔伊南那（Ur-dInanna）。无证人
舒辛8年3月（7日）到"播种月""4月7日还	BE 3-1: 013	1斤10锚银为账目欠款，以王誓：1个月	如果到期不还，加倍	逾期：200%	乌尔苏卡勒（Ur-sukkal）	卢乌图，印：神舒辛是强主、乌尔达王：阿达卜总督乌尔阿什吉之子卢乌图是其仆。证人们：鲁吾勒库格木、鲁吾勒伊提达、阿勒胡沙河乌尔马米
舒辛8年10月到（3月?）	NATN 215	1锚银为有息贷款	附加利息	20%	鲁马赫（Lú-mah）	代表舒勒基那达（dŠul-gi-na-da），舒库布乌姆（Šu-ku-bu-um）。无证人
舒辛8年11月11日到(3月?)	NATN 549	6 1/2 锚银	它的利息是1锚银	16.66%	马巴（Ma-ba）	巴吉那图姆（Ba-gi-na-tum）（印：Ba-ki-na-tum）和妻子阿达拉勒（A-da-lal）。证人：庙主持的卫士鲁吾勒勒恩吾尔（A-da-lal），鲁吾勒丁吉腊书吏、鲁比比（Lú-bi-bi），乌尔舒勒吉腊

借和还款期限	文件号	贷款	利息（免）	利率	放贷商人	债务人和证人
舒辛 8 年 12 月 9 日到 3 月，以王名誓	NRVN 50	$7^1/_6$ 锱银	如果到期不还，还 $14^1/_3$ 锱银	逾　期：200%	乌尔奴斯库（Ur-^{d}Nusku）	乌尔舒勒帕埃和鲁恩里拉。证人：乌尔舒勒帕埃 I，乌尔舒勒帕埃 II，达达苷之子乌尔辛，文达苷（Un-da-ga）商人
舒辛 9 年 9 月	TMH NF 1/2:27	1 锱银有息贷，宁库未说：以王誓，我丈夫能还!	利息 每 5 锱银付 1 锱	20%	鲁［某］（Lú-x）	鲁苷勒帕埃和宁库格末。印文:［某］之子鲁苷勒帕埃。证人:乌尔埃巴杜，乌尔尼苷尔和图古。
舒辛 9 年 12 月到 6 月	NATN 528	½ 锱银	免利息	0	乌尔伊斯库尔	旦尼马赫之子阿德达卡拉（Ad-da-kal-la）；以王名誓。证人：鲁苷勒美斯（Lugal-mes），乌尔辛（Ur-^{d}Sin）
舒辛 9 年［？］月至 8 月	TMH NF 1/2:26	1 锱银	加有（法定）利息	20%	乌尔尼苷尔（Ur-ni$_x$-gar）	伊拉拉以王誓。证人：奴希丁苷尔、舒宁舒布尔和鲁伊南那
［？ ］5 月 到?，以王名誓	NRVN 193	5 锱银，以王誓	每月送利息 12 升大麦		乌尔奴斯库（Ur-^{d}Nusku）	乌尔达穆（Ur-^{d}Da-mu），鲁苷勒马古瑞（Lugal-má-gur$_8$-re）。鲁苷勒伊什搭蓝、杜格苷尼（Dug$_8$-ga-ni）
［？ ］	NRVN 109	²/₃ 斤银	0	0	乌尔奴斯库（Ur-^{d}Nusku）	卡萨格古（KA-sag$_5$-gu$_{10}$）。证人：尼普尔达鲁（Nibru^{ki}-da-lú）和安杜乌（An-du-ù ku-dim）银匠
［？ ］	NRVN 64	90 钟 =2700 斗大麦	?	?	乌尔奴斯库	鲁杜者的债务，他以 a-ŠE-SUHUR 田为抵押（sum-mu-dam）

借和还款期限	文件号	贷款	利息（免）	利率	放贷商人	债务人和证人
伊比辛1年4月20日到12月还	TMH NF 1/2:34	1锚银有息贷款，8个月，以王誓	利息每5锚银付1锚	20%	马什乌如杜古拉（Maš-urudu-gu-la）	乌舒勒埃和其妻吉美吾舒勒勒的仆人乌尔辛勒帕埃。证人：阿腊德日，乌尔辛和鲁辛
伊比辛1年4月1日至3月还	TMH NF 1/2:31	12.5锚银，以王誓（一年期）	免利息	0	鲁辛（Lú-dSuen）	印文：阿腊德日。证人：书更鲁萨吾，马什（乌如杜）古拉和鲁辛
伊比辛1年6月	TMH NF 1/2:32	7锚银为（欠）利息，如她不工作	每天工资麦5升被扣除		筛什达达（Šeš-da-da）	他[某]之子舒那。以王发誓：让女[那]为乌巴亚在那（债主）服务。证人们：鲁萨吾，乌尔图马勒和鲁辛
伊比辛1年10月	TMH NF 1/2:103	23斗大麦有息贷款	利息每钟付10斗大麦	33.33%	普禾尔恩里勒	乌尔图里勒之子埃基埃基苏。证人：鲁萨吾勒卡斯埃。鲁恩里拉
伊比辛1年12月15	Ontario II 423	10锚银	利息每5锚银付1锚	20%	乌尔埃金	印文：鲁恩里勒之子埃基穆达穆。阿达里苏。证人，以王誓。无证人
伊比辛1年12月到3月	TMH NF 1/2:106	10钟大麦贷款	免利息	0	乌尔桑古勒（Ur-sag-gul）	巴吾提阿。印文：安雨拉之子巴吾提阿。证人：乌达里，埃基比，筛什卡拉和鲁吾勒希阿勒
伊比辛1年[？]月3月	TMH NF 1/2:33	3锚银，（每锚）等于大麦54斗	（在本金中）		鲁巴拉萨吾（Lú-bala-sag）	鲁巴巴。印文：[某]之子鲁巴巴是鲁巴巴[…]. 以王誓。无证人
伊比辛1年12月	TMH NF 1/2:30	1½锚银为（欠）利息	?	?	鲁巴拉萨吾（Lú-bala-sag）	鲁[某]，女[儿或奴为债务服务]付利。证人：楠马赫，乌尔尼吾斯利和乌尔宁吉斯孜达

借和还款期限	文件号	贷款	利息（免）	利率	放贷商人	债务人和证人
伊比辛1年[？]月，收货后还	TMH NF 1/2:102	20斗红小麦和108斗大麦	免利息	0	舒马赫（Šu-mah）	埃腊库腊德。证人们：鲁巴巴、舒尼腊赫和马什孜
伊比辛1年[5]月至[3]月	TMH NF 1/2:116	24王斗大麦贷款	免利息	0	鲁普勒哈马提	楠达尔伊卜古勒、印文：卫王阿图图之子楠达尔伊卜古勒。证人：[某某……]
伊比辛2年[？]月	TMH NF 1/2:39	1镭银	利息每5镭银付1镭	20%	鲁普勒恩舍尔	乌尔舒勒帕埃。证人：鲁舒普尔告鲁、阿腊德杜拉格乌尔宁尼姆杜告
伊比辛3年4月（到6月），共两个月	NATN 612	[1？]½镭银	未标明	？	乌尔杜库苦（书吏，乌尔美美子642）	那比恩里勒、印：德尔（Bàd-an^{ki}）将军贝里勒伊勒伊勒（Bēl-i-li）之子那比恩里勒（Na-bi-^dEn-li）。以王名誓。无证人
伊比辛3年4月到（3月？共一年？）	NATN 531	1½镭银	免利息	0	乌尔萨普（Ur-sa6-ga）	乌尔杜穆埃（Ur-dumu-e）。无证人
伊比辛3年6月乌尔月	BE 3-117	1[斤]=60-x镭银	未标明	？	阿达卡拉	[某某]。丹提什帕克的收据，以王誓。无证人
伊比辛3年8月到（3月？）	NRVN 177b	2钟大麦、乌尔奴斯库在地中的麦	未标明	？	乌尔尼努尔（Ur-ni9-gar）	拉齐普乌姆（La-qi-pu-um）之子拉维尼伊什（La-wi-ni-iš-e）、巴巴提维尼伊什（Ba-ba-ti）的仆人（埃什嫩那总督Ba-ba-ti）
伊比辛3年（10月？）月到（4年）4月	NATN 112	10镭银	利息每5镭银付1镭银	20%	鲁卡勒拉（Lù-kal-la）	乌尔舒勒之子鲁萨格告（Lù-sag3-ga）（见NATN 114）

借和还款期限	文件号	贷款	利息（免）	利率	放贷商人	债务人和证人
伊比辛 3 年 12 月 19 日到［3 月？）	NATN 719	15 锱银	未标明	?	乌尔尼努尔（Ur-niₙ-gar）	乌尔宁乌尔塔（Ur-dNin-urta）
伊比辛 5 年 10 月	BE 3-1 42	20 斗大麦有利息	未标明	?	鲁楠塔瑞	乌尔［某］。无证人
［？］，4 年之内归还［？］	BE 3-1 19	［？］锱银	工作偿银	?	乌尔努斯库	阿阿那吞，以王誓。4 年工资偿。无证人，印文：卡塔尔伊里工作之子阿阿卡
	TMH NF 1/2:43	3 锱银	利息每 5 锱银付 1 锱	20%	基瑞尼（Giri-ni）	阿阿卡拉，印文：卡塔尔之子阿阿卡拉。证人：乌尔埃和文达昔

档案 2：乌尔舒勒帕埃（Ur-Šulpae）的档案（舒勒吉 47 年至伊比辛 4 年：共 24 年）

借和还日期	文件	贷款	利息	利率	放贷人	借贷人和证人们
舒勒吉 47 年 12 月到［3 月？）	NRVN 126	10 钟大麦为有息贷款	其利息是每钟 10 斗	33.33%	乌尔奴斯库（Ur-dNusku）	乌尔舒勒帕埃（Ur-dŠul-pa-è）。无证人
阿马尔辛 3 年（7 月），12 月 30 日还	NRVN 116	14 ½ 锱银	如逾期不还，加倍	逾 期：100%	乌尔奴斯库（Ur-dNusku）	乌尔舒勒帕埃（Ur-dŠul-pa-è），以王名誓。无证人
舒辛 1 年（12 月？），3 月量还	NRVN 173	3 钟大麦	免利息	0	乌尔舒勒帕埃（Ur-dŠul-pa-è）	Giri/Ka_5-[xx]之子乌尔美斯（Ur-mes）书吏。无证人
舒辛 2 年 10 月 13 日到 3 月	NRVN 175	2-[x-x]钟大麦	免利息	0	乌尔舒勒帕埃（Ur-dŠul-pa-è）	乌尔杜穆孜达和鲁昔勒卡端，印：鲁阿查勒卡端，证人马巴（Ma-ba），阿德达卡拉，吉瑞尼和乌尔萨昔

借和还日期	文件	贷款	利息	利率	放贷人	借贷人和证人们
舒辛2年12月到(3月?)	NRVN 127	1钟大麦为有息贷款	其利息10斗大麦	33.33%	乌尔舒勒帕埃(Ur-^{d}Šul-pa-è)	舒达腊安(Ga-da-ra-an),印文:乌尔尼普尔之子卡塔尔'无证人
舒辛5年(11月?),2月还款	NATN 163	1锱银	(每5锱付1锱)	(20%?)	乌尔舒勒帕埃(Ur-^{d}Šul-pa-è)	那尔杜(Nar-du),以王名誓,鲁吉勒马古端的收据(kišib),印文:鲁吉勒阿马如书吏。无证人
舒辛6年9月到(3月?)	NRVN 128	1钟大麦为有息贷款	利息是6斗大麦	20%	乌尔舒勒帕埃(Ur-^{d}Šul-pa-è)	乌尔舒乌姆(Ur-^{d}-ga?-um)之子阿德达古(A-ad-da-gu$_{10}$)。无证人
舒辛6年10月到(3月?)	NRVN 89	6锱银	利息每锱5锱银	20%	乌尔舒勒帕埃(Ur-^{d}Šul-pa-è)	普末尔恩利勒。证人:恩里勒马斯苏(^{d}En-líl-mas-sú),乌尔美斯,鲁萨吉(Lú-sag$_5$-ga)
舒辛6年11月	TMH NF 1/2:90	3钟大麦有息贷款	利息每钟付10斗大麦	33.33%	乌尔舒勒帕埃(Ur-^{d}Šul-pa-è)	埃腊奴伊德。证人:鲁吉勒勒恩吉尔、巴卡和乌尔阿斯南。
舒辛7年(9月?)到8月,12个月	NATN 251	10锱银	利息每5锱1锱银	20%	乌尔舒勒帕埃(Ur-^{d}Šul-pa-è)	恩里勒拉安末(^{d}En-líl-lá-an-zu)。证人:乌尔恩基、乌尔辛(Ur-^{d}Sin)、Nu-di?-x,尼拉拉(Ni-lá-lá)金属匠
舒辛7年10月,10月还12个月	NATN 267	4⅓锱银为有息贷款	利息每5锱1锱银	20%	乌尔舒勒帕埃(Ur-^{d}Šul-pa-è)	尼巴乌尔(Ni-ba-ur$_4$)。证人:乌尔辛、哈巴鲁吉(Ha-ba-lu$_5$-gi)、Qa、A/An-ni-e-x,南那基阿格
舒辛7年11月到(3月?)	NRVN 129	1钟大麦	利息每钟10斗大麦	33.33%	乌尔舒勒帕埃(Ur-^{d}Šul-pa-è)	伊伦鲁巴尼(Ilum-lu-ba-ni)。无证人

借和还日期	文件	贷款	利息	利率	放货人	借贷人和证人们
舒辛 8 年 11 月到（3 月？）	NRVN 130	2.1.4 钟（70 斗）大麦	利息 每 钟 10 斗大麦	33.33%	乌尔舒勒帕埃 (Ur-^{d}Šul-pa-è)	Lù-[x] 的仆人普朱尔伊尔什塔尔 (Puzur$_4$-Iš$_7$-tár)。无证人
舒辛 8 年 12 月到 3 月	NRVN 159	0.2.0 钟 =12 斗大麦为有息贷	利息 每 钟 10 斗大麦	33.33%	乌尔舒勒帕埃 (Ur-^{d}Šul-pa-è)	胡瓦瓦 (Hu-wa-wa)。无证人
舒辛 8 年五月份	NATN 339~345	2 锱银为有息贷款	利息 每 5 锱 1 锱银	20%	乌尔舒勒帕埃 (Ur-^{d}Šul-pa-è)	乌尔萨刊 (Ur-^{d}Sakán)。证人：鲁尔萨布尔、鲁宁舒布尔、勒鲁埃金、乌德那穆之子鲁宁舒布尔、鲁萨布 (Lù-sa$_6$-ga)
舒辛 9 年（3 月？）到 9 月，以王名誓	NATN 217	6 锱银为有息贷款	利息 每 5 锱 1 锱银	20%	乌尔舒勒帕埃 (Ur-^{d}Šul-pa-è)	奴乌尔伊里 (Nu-ur-i-li) 之子那比辛 (Na-bi-^{d}Sín) 王室卫兵 (agà-ùs-lugala)。无证人
舒辛 9 年 8 月到（3 月？）	NRVN 132	5 钟大麦	利息 每 钟 10 斗大麦	33.33%	乌尔舒勒帕埃 (Ur-^{d}Šul-pa-è)	乌尔辛 (Ur-^{d}Sín) 和吉美勒伊里 (<gi>-mil-ì-lí)。无证人
舒辛 9 年 9 月到 12 月 3 日	NRVN 131	1+ 钟大麦	利息 每 钟 10 斗大麦	33.33%	乌尔舒勒帕埃 (Ur-^{d}Šul-pa-è)	x-x-bi？之子达阿普 (Da-a-ga)。无证人
舒辛 9 年 11 月 30 日到（下 10 月）	NATN 203	½ 斤银 =30 锱银	利息 每 5 锱 1 锱银	20%	乌尔舒勒帕埃 (Ur-^{d}Šul-pa-è)	伊德那那 (Id-na-na)。无证人
伊比辛 1 年（？）1 月到 3 月	NRVN 201	[x 锱银]，定为 1 钟大麦	?	?	乌尔舒勒帕埃 (Ur-^{d}Šul-pa-è)	Kal-[xx] 之子乌尔尼旮尔 (Ur-ni$_9$-gar)。证人：乌尔杜穆孜达 (Ur-^{d}Dumu-zi-da)、Ur-x-x-[xx]、和 Ri-[xx]

借和还日期	文件	贷款	利息	利率	放贷人	借贷人和证人们
伊比辛1年7月	NATN 514	0.0.3 钟=3 斗大麦	未标明	?	乌尔舒勒帕帕埃（Ur-dŠul-pa-è）	鲁宁乌尔塔（Lú-dNin-urta）之子乌尔恩基（Ur-dEn-ki）
伊比辛1年8月10日到（3月？）	NRVN 133	1 钟大麦为有息贷款	利息每钟10斗大麦	33.33%	乌尔舒勒帕帕埃（Ur-dŠul-pa-è）	乌尔宁乌尔塔（Ur-dNin-urta）之子尹塔埃阿（In-ta-è-a）。无证人
伊比辛1年9月1日到（3月1日？）	NATN 206	4 钟大麦	利息每钟10斗大麦	33.33%	乌尔舒勒帕帕埃（Ur-dŠul-pa-è）	伊卜尼伊里（Ib-ni-Ili）之子伊提那布姆（I-ti-Na-bu-um）。无证人
伊比辛2年2月8日	NRVN 79	8 锱银为有息贷款	利息每5锱1锱银	20%	乌尔舒勒帕帕埃（Ur-dŠul-pa-è）	舒伊里（Šu-i-li）之子伊提伊鲁姆（I-ti-ilim）。无证人
伊比辛2年5月到?	NRVN 80	⅓ 锱 12 厘银	利息每5锱1锱银	20%	乌尔舒勒帕帕埃（Ur-dŠul-pa-è）	鲁旮勒美兰（Lugal-me-lám）之子乌尔阿什南（Ur-dAšnan）。无证人
伊比辛2年8月到	NRVN 100	1 锱银	免利息	0	乌尔舒勒帕帕埃（Ur-dŠul-pa-è）	卡勒拉（Kal-la）。无证人
伊比辛2年11月起	NRVN 134	0.3.0 钟（15 斗）大麦	利息每钟10斗大麦	33.33%	乌尔舒勒帕帕埃（Ur-dŠul-pa-è）	吉端尼（Giri3-ni）之子鲁杜旮（Lú-dùg-ga）。无证人
伊比辛2年9月15日到	NATN 253	1 斤 2½ 锱银	利息每5锱1锱银	20%	乌尔舒勒帕帕埃（Ur-dŠul-pa-è）	乌尔杜穆孜达（Ur-dDumu-zi-da）。无证人
伊比辛2年9月到	BE 3-1 22	30 锱银	利息每5锱银付1锱	20%	乌尔舒勒帕帕埃（Ur-dŠul-pa-è）	吉端尼沙格。无证人，

借和还日期	文件	贷款	利息	利率	放贷人	借贷人和证人们
伊比辛2年10月6日到（3月6日？）	NATN 210	10钟大麦为有息贷款	利息每钟10斗大麦	33.33%	乌尔舒勒帕埃（Ur-ᵈŠul-pa-è）	伊簇阿瑞伊克（I-ṣú-a-ri-ik）之子阿古阿（A-gu-a）卫士（qurda）。无证人
伊比辛2年11月3日,（3年3月？）还欠额	NATN 204	5½锱银：账目欠额	利息每5锱1锱银	20%	乌尔舒勒帕埃（Ur-ᵈŠul-pa-è）	Ur-du-x之子筛什卡拉（Šeš-kal-la）。证人：乌尔宁乌尔塔孒之子鲁吉斯肯孜（Lugal-giskim-zi）、鲁萨昔（宁乌尔塔神庙总管šabra？）
伊比辛2年11月30日到（3月？）	NRVN 135	2钟大麦为有息贷款	利息每钟10斗大麦	33.33%	乌尔舒勒帕埃（Ur-ᵈŠul-pa-è）	恩奴（En-nu）之子埃尔恩里拉（E-er-ᵈEn-líl-lá）王室卫士（agà-ús-lugal）。无证人
伊比辛3年4月6日起	NRVN 137	13斗大麦为有息贷款	利息每钟10斗大麦	33.33%	乌尔舒勒帕埃（Ur-ᵈŠul-pa-è）	普苏尔恩里勒（Puzur4-ᵈEn-líl）王室卫士（agà-ús-lugal）。无证人
伊比辛3年4月20日到?	NRVN 138	4钟大麦为有息贷款	利息每钟10斗大麦	33.33%	乌尔舒勒帕埃（Ur-ᵈŠul-pa-è）	舒恩思里勒（Šu-ᵈEn-líl）。无证人
伊比辛3年4月到?	NRVN 139	6钟大麦	利息每钟10斗大麦	33.33%	乌尔舒勒帕埃（Ur-ᵈŠul-pa-è）	鲁辛（Lú-ᵈSin）。无证人
伊比辛3年4月到（3月？12个月）	NATN 212	4钟大麦为有息贷款	利息每钟10斗大麦	33.33%	乌尔舒勒帕埃（Ur-ᵈŠul-pa-è）	伊提奴斯库（I-ti-ᵈNusku）之子恩乌姆伊里（En-um-ì-lí）。无证人

借和还日期	文件	贷款	利息	利率	放贷人	借贷人和证人们
伊比辛 3 年 5 月 4 日	NRVN 81	3 锱银为有息贷款	利息每 5 锱 1 锱银	20%	乌尔舒勒帕埃（Ur-ᵈŠul-pa-è）	鲁舍勒埃金（Lugal-ezem）。无证人
伊比辛 3 年 6 月 30 日，4 年 3 月还	NATN 250	18 锱锱为有息贷款	利息每 5 锱 1 锱银	20%	乌尔舒勒帕埃（Ur-ᵈŠul-pa-è）	（略提里 Qá-ti-li 之子书吏）鲁伊南那（Lú-ᵈInanna）
伊比辛 3 年 8 月 14 日到（3 月 14）	NATN 211	22 钟大麦为有息贷款	利息每钟 10 斗大麦	33.33%	乌尔舒勒帕埃（Ur-ᵈŠul-pa-è）	布采那（Bu-sí-na）之子鲁鲁勒乌（Lugal-ᵍⁱˢu₅）。无证人
伊比辛 3 年 8 月 17 日到（3 月 17？）	NATN 208	10 钟大麦为有息贷款	利息每钟 10 斗大麦	33.33%	乌尔舒勒帕埃（Ur-ᵈŠul-pa-è）	比比（Bi-bi）之子巴舍阿阿（Ba-ga-A-a）。无证人
伊比辛 3 年 8 月 19 日到（3 月 19？）	NRVN 140	17 钟大麦为有息贷款	利息每钟 10 斗大麦	33.33%	乌尔舒勒帕埃（Ur-ᵈŠul-pa-è）	伊里亚（Ì-li-a）。无证人
伊比辛 3 年 8 月 19 日到（3 月 19？）	NRVN 141	2 钟大麦为有息贷款	利息每钟 10 斗大麦	33.33%	乌尔舒勒帕埃（Ur-ᵈŠul-pa-è）	Ur-[xx] 之子马什达（Maš-da₅）。无证人
伊比辛 3 年 8 月 19 日	BE 3-1 23	3 钟大麦有息贷款	利息每钟付 10 斗大麦	33.33%	乌尔舒勒帕埃（Ur-ᵈŠul-pa-è）	伊什美伊里。无证人

借和还日期	文件	贷款	利息	利率	放货人	借贷人和证人们
伊比辛 3 年 9 月到 [3 月]（6 个月？）	NATN 202	15 锱银银，以王誓	利息 每 5 锱 1 锱银	20%	乌尔舒勒帕埃（Ur-ᵈŠul-pa-è）	鲁古勒美拉姆（Lugal-me-lám）之子楠哈尼（Nam-ha-ni）。无证人
伊比辛 3 年 10 月到（3 月？）	NRVN 142	1 钟大麦	利息 每 钟 10 斗大麦	33.33%	乌尔舒勒帕埃（Ur-ᵈŠul-pa-è）	鲁埃席基勒（Lú-é-sikil），印文：斯帕达瑞（Sipa-da？-ri？）之子鲁埃什斯基勒。无证人
伊比辛 3 年 10 月 7 日到（3 月 7 日？）	NRVN 143	0，2，3 钟 = 13 斗大麦	利息 每 钟 10 斗大麦	33.33%	乌尔舒勒帕埃（Ur-ᵈŠul-pa-è）	阿巴（A-ba）之子伊拉拉（Ì-la-la）。无证人
伊比辛 3 年 11 月 5 日到（3 月？）	NRVN 136	0.23 钟=15斗大麦	利息 每 钟 10 斗大麦	33.33%	乌尔舒勒帕埃（Ur-ᵈŠul-pa-è）	Sag-ᵈ[xx]之子乌尔辛（Ur-ᵈSin）。无证人
伊比辛 3 年 11 月 6 日到（3 月？）	NATN 216	9 钟大麦为有息贷款	利息 每 钟 10 斗大麦	33.33%	乌尔舒勒帕埃（Ur-ᵈŠul-pa-è）	古扎扎（Gu-za-[za]）之子沙润伊里（Šar-um-ì-li）。无证人
伊比辛 3 年 11 月 6 日	NATN 248	13 钟大麦有息贷款	利息 每 钟 10 斗大麦	33.33%	乌尔舒勒帕埃（Ur-ᵈŠul-pa-è）	阿皮勒拉（A-pil-la），印文：比达（Bi-da）之子阿皮拉（A-pil-la）。无证人
伊比辛 3 年 11 月 6 日到（3 月 6 日？）	NRVN 144	9 钟大麦	利息 每 钟 10 斗大麦	33.33%	乌尔舒勒帕埃（Ur-ᵈŠul-pa-è）	伊坡库沙（Ip-qú-ša）。无证人
伊比辛 3 年 11 月 6 日到（3 月 6 日？）	NRVN 145	3 钟大麦为有息贷款	利息 每 钟 10 斗大麦	33.33%	乌尔舒勒帕埃（Ur-ᵈŠul-pa-è）	哈勒里亚阿（Hal-li-a）（印文：Ha-al-li-a）。无证人

借和还日期	文件	贷款	利息	利率	放贷人	借贷人和证人们
伊比辛 3 年 11 月 6 日到（3 月 6 日？）	NRVN 146	3 钟大麦为有息贷款	利息每钟 10 斗大麦	33.33%	乌尔舒勒帕埃（Ur-ᵈŠul-pa-è）	库勒比（Ku-ul-bi），用他儿子的印文：库乌勒比（Ku-ul-bi）之子 Šu-za-ba-x。无证人
伊比辛 3 年 11 月 6 日到（3 月 6 日？）	NRVN 147	9 钟大麦为有息贷款	利息每钟 10 斗大麦	33.33%	乌尔舒勒帕埃（Ur-ᵈŠul-pa-è）	[xx] 之子迪尼里（Di-ni-li）。无证人
伊比辛 3 年 11 月 6 日到（3 月 6 日？）	NRVN 148	4 钟大麦为有息贷款	利息每钟 10 斗大麦	33.33%	乌尔舒勒帕埃（Ur-ᵈŠul-pa-è）	埃阿沙尔（É-a-šar）。无证人
伊比辛 3 年 11 月 7 日起	NATN 256	4 钟大麦为有息贷款	利息每钟 10 斗大麦	33.33%	乌尔舒勒帕埃（Ur-ᵈŠul-pa-è）	鲁苦勒卡勒（Lugal-ka[l ?]）之子布斯那（Bu-si-na）。无证人
伊比辛 3 年 11 月 8 日到（3 月 8 日？）	NRVN 149	2 钟大麦为有息贷款	利息每钟 10 斗大麦	33.33%	乌尔舒勒帕埃（Ur-ᵈŠul-pa-è）	AN-[xx]之子埃尔腊古阿德（Èr-ra-gú-ad）。无证人
伊比辛 3 年 11 月 8 日到（3 月 8 日？）	NRVN 150	1.1.0 钟（36 斗）大麦为有息贷款	利息每钟 10 斗大麦	33.33%	乌尔舒勒帕埃（Ur-ᵈŠul-pa-è）	乌尔库（Ur-KU）之子阿胡尼（A-hu-ni）。无证人
伊比辛 3 年 11 月 8 日到（3 月 8 日？）	NRVN 151	3 钟大麦为有息贷款	利息每钟 10 斗大麦	33.33%	乌尔舒勒帕埃（Ur-ᵈŠul-pa-è）	Za-za-x[xx] 之子奴尔辛（Nu-ur-ᵈSin）。无证人

借和还日期	文件	贷款	利息	利率	放贷人	借贷人和证人们
伊比辛 3 年 11 月 8 日到（3 月？ 4 月）	NATN 214	6 钟大麦为有息贷款	利息 每 钟 10 斗大麦	33.33%	乌尔舒勒帕埃（Ur-ᵈŠul-pa-è）	Lugal-x-x 之子萨格萨格埃（Sag₅ ? -sag₅ ? ）。无证人
伊比辛 3 年 11 月 10 日到（3 月？）	NATN 246	10 钟大麦	利息 每 钟 10 斗大麦	33.33%	乌尔舒勒帕埃（Ur-ᵈŠul-pa-è）	舒阿孜（Šu-A-zi）。无证人
伊比辛 3 年 11 月到 3 月	NRVN 177a	12 钟小麦，置于地中的力小麦	未标明	?	乌尔舒勒帕埃（Ur-ᵈŠul-pa-è）	乌尔舒马赫（[Ur]-ᵈŠu-mah）。无证人
伊比辛 4 年 1 月到 4 月，共 4 个月	NATN 205	1 斤 14 锱银	未标明	20%	乌尔舒勒帕埃的妻子宁扎吉	鲁昏勒阿孜达（Lugal-á-zi-da），印文：之子鲁昏勒阿孜达商人。无证人
伊比辛 4 年 1 月到 4 月，共 4 个月	NATN 349	[x]+ 14 斗大麦；1 锱银：等 40 斗大麦	利息 每 钟 10 斗大麦	33.33%	乌尔舒勒帕埃（Ur-ᵈŠul-pa-è）	鲁昏勒穆（[Lú-mu]），印文：乌尔苏克卡勒之子鲁昏勒穆（Lú-mu）。证人：乌尔恩里力拉（Ur-ᵈEn-líl-la），斯什卡勒拉（Šeš-kal-la），Lú-x-x，x-ib-gal
伊比辛 4 年 1 月到 3 月，以王名誓	NRVN 95	12⅓ 锱银	利息 每 5 锱 1 锱银	20%	乌尔舒勒帕埃（Ur-ᵈŠul-pa-è）	鲁基瑞扎勒（Lú-kiri₃-zal）；印文：拉阿拉（La-a-la）之子鲁伊米（Lú-i-zu）。无证人
伊比辛 4 年 12 月到 3 月，共 3 个月	NRVN 101	1 锱银	免利息	0	乌尔舒勒帕埃（Ur-ᵈŠul-pa-è）	鲁昏勒沙达（Lugal-šà-da）之子乌尔萨格萨格（Ur-sag₅-sag₅）。无证人

借和还日期	文件	贷款	利息	利率	放贷人	借贷人和证人们
（伊比辛? 年）5 月 25 日	NATN 655	1 镏银	未标明	?	乌尔舒勒帕埃（Ur-ᵈŠul-pa-è）	那迪（Na-di）（乌尔马米 Ur-mami 的印文，胡瓦瓦（Hu-wa-[wa？]）之子）。无证人
（伊比辛?）7 月 12 日	NATN 643	0.2.3 钟（15 斗）红小麦	未标明	?	乌尔舒勒帕埃（Ur-ᵈŠul-pa-è）	乌尔马米（Ur-Ma-mi），印文：胡瓦瓦（Hu-wa-[wa？]）之子乌尔马米（Ur-Ma-mi）
[？] 收获后还	BE 3-1 27	3 王钟大麦	利每钟 10(9) 斗！	33.33%	乌尔舒勒帕埃（Ur-ᵈŠul-pa-è）	伊什美伊里。无证人
[？]12 月 19 日	BE 3-1 28	[...] 钟大麦有息贷款	利每钟 10(9) 斗！	33.33%	乌尔舒勒帕埃（Ur-ᵈŠul-pa-è）	伊里巴尼。无证人
[...]	TMH NF 1/2:9	2 镏银	利息 每 5 镏银付 1 镏	20%	乌尔舒勒帕埃（Ur-ᵈŠul-pa-è）	乌尔顿。证人：乌尔来、鲁某

档案 3：鲁旮勒阿孜达档案（Lugal-azida）：阿马尔辛 4 年至伊比辛 3 年（共 18 年，贷款和发放）

借、还日期	文件	贷款	利息	利率	放贷人	借贷人和证人们
阿马尔辛 3 年 11 月，2 月还	TMH NF1/2:20	2.5 镏银	免利息	0	鲁旮勒阿孜达	鲁旮勒伊什塔篮。证人：鲁旮勒马古瑞、乌尔嫩旮勒和书吏乌尔宁乌尔塔

借、还日期	文件	贷款	利息	利率	放贷人	借贷人和证人们
阿马尔辛 4 年 10 月 2 日到 3 月	NATN 435	1 钟大麦为有息贷款	利息 每 钟 10 斗大麦	33.3%	鲁吉勒阿孜达（Lugal-azida）	Ur-x 之子鲁伊南那（Lú-ᵈInanna）；2 个证人：载尼（Ze-ni）和鲁吉勒马古瑞（Lugal-má-gur₈-re，使官 sukkal？）
阿马尔辛 8 年 12 月	TMH NF 1/2:11	5 锱锱有息贷款	利息 每 5 锱银付 1 锱	20%	鲁吉勒阿孜达	乌尔巴巴，印文：乌尔辛之子乌尔巴巴。证人：乌尔格，商人那萨那和乌尔辛
阿尔辛 9 年 12 月，到 3 月还	TMH NF 1/2:73	6 钟大麦有息贷款，以王誓	利每一钟付 10 斗大麦	33.33%	鲁吉勒阿孜达	乌尔扎埃，印文：卡萨吾之子吾麦乌尔扎埃。证人：乌尔辛、乌尔尼吉尔、乌尔苏卡拉、鲁恩里拉和皮匠伊里亚
舒辛 1 年 12 月贷款（3 月？）	NATN 443	3¼锱银有息贷款	利息 每 5 锱银付 1 锱	20%	鲁吉勒阿孜达	鲁宁舒布尔。无证人
舒辛 1 年 12 月到（3 月？）	NATN 443	3 ¼ 锱银为有息贷款	利息 每 5 锱 1 锱银	20%	鲁吉勒阿孜达（Lugal-azida）	鲁宁舒布尔（Lú-ᵈNin-šubur）。无证人
舒辛 2 年 11 月到 5 月：共 6 个月	NATN 4	1 锱银	利息每 5 锱 1 锱银	20%	鲁吉勒阿孜达（Lugal-azida）	乌尔吾乌沙（Ur-ga-u-ša）和尹恩达（Inim-da）之子筛什卡拉。证人：卡兰萨吾（Kalam-sag₅-ga）、筛什卡拉（Šeš-kal-la）、伊吉萨格萨吾（Igi-sag₅-sag₅-ga）、伊塔（I-ta）
舒辛 4 年 [？]	NRVN 172	1.4.0 钟 =54 斗大麦	免利息	0	鲁吉勒阿孜达（Lugal-azida）	An-né-[xx] 之子 Ur-ᵈNin-[xx]，高利贷商人。

借、还日期	文件	贷款	利息	利率	放贷人	借贷人和证人们
舒辛6年5月发放的面粉和大麦，王的书吏收	NATN 195	1斗面粉，5升优质麦片，5升粗面粉，465斗大麦	食物发放		鲁古勒[阿]孜达（Lugal-azida）	乌尔古吉阿（Ur-gá-gú₄-a）收到，印文：神舒辛是强健之王，乌尔之王，西方之王，楠哈尼（Nam-ha-ni）之子书吏乌尔古吉阿（Ur-gá-gú₄-a，dub-sar）是你的奴仆（arád-zu）
舒辛6年6月发放扁豆（gú-tur）	NATN 194	2.4.1钟=85斗又5升小扁豆	食品发放		鲁古勒阿孜达（Lugal-azida）	恩阿品（En-apin）书吏收到
舒辛6年13月=闰月	NATN 176	0.2.0钟（12斗）大麦粉	食品发放		鲁古勒阿孜达（Lugal-azida）	恩里拉（ᵈEn-líl-lá）之子伊苏阿（I-su-a）
舒辛7年4月10日，发放	NATN 193	4.2.4钟=136大麦粉，68斗大麦	食品发放		鲁古勒阿孜达（Lugal-azida）	收据印文：达达（Da-da）是[x]，Ur-x-x[是你的奴仆 arád-zu]
舒辛7年6月30日	NATN 188	7.2.0钟（222斗）大麦粉	食品发放		鲁古勒阿孜达（Lugal-azida）	收据印文：达达Da-da是[x]，Ur-x-x[是你的奴仆 arád-zu]
舒辛7年11月	TMH NF 1/2:94	6钟大麦有息贷款	利息一钟付10斗大麦	33.33%	鲁古勒阿孜达	鲁古尔吉鲁，印文：乌尔[某某]之子鲁古尔鲁
舒辛8年2月22日	NATN 122	½升奶油，½升芝麻油	食品发放		鲁古勒阿孜达（Lugal-azida）	[织布工队长（ugula ús-bar）之子鲁古勒卡吉那]筛什卡拉[书吏]。
舒辛8年5月10日到（3月？）	NRVN 77	4½锚银，用商人的称器称出	利息每锚5锚银1锚银	20%	鲁古勒阿孜达（Lugal-azida）	金属匠巴扎穆（Ba-za-mu）之子鲁古勒阿达（Lugal-ad-[da]）和巴扎穆（Ba-za-mu）之子鲁古鲁宁舒布尔尔书吏。无证人

借、还日期	文件	贷款	利息	利率	放贷人	借贷人和证人们
舒辛9年5月，至（3月）	NATN 115	1钟红小麦	食品发放		鲁旮勒阿孜达（Lugal-azida）	贝里沓卜（Be-li-òàb）之子鲁旮勒卡瑞书吏。无证人
舒辛8年5月到下年5月	TMH NF 1/2:97	5钟大麦	未标明	?	鲁旮勒阿孜达（Lugal-azida）	旮勒卡瑞，印文：贝里杜之子书吏旮勒卡瑞。那马赫和巴萨冇
舒辛8年12月	TMH NF 1/2:99	1锱银等值于45斗大麦	未标明	?	鲁旮勒阿孜达（Lugal-azida）	乌马尼，印文：伊尔腊帕之子乌马尼
舒辛8年12月	TMH NF 1/2:24	1锱银是乌尔伊什库尔的工资，以王誓	如他不工作，每（天）扣除大麦6升	做工抵债	鲁旮勒阿孜达（Lugal-azida）	吉美弄旮勒和其子舒古基卜，印：舒古基卜，吉美弄旮勒之子。证人：乌尔伊什库尔，乌尔辛之子鲁伊什库尔和鲁旮勒希布之子图勒塔。
舒辛8年12月到下年3月	TMH NF 1/2:25	12/3锱银有息贷款；67斗大麦有息贷款	利每5锱银付1锱；利每钟10斗大麦	20%；33.33%	鲁旮勒阿孜达（Lugal-azida）	巴萨冇，印文：[某某]之子巴萨冇，以王誓。证人：台门达和鲁伊什库尔
舒辛9年2月，3月还	TMH NF 1/2:28	5锱银	利每5锱银付1锱	20%	鲁旮勒阿孜达（Lugal-azida）	鲁旮勒马古瑞，印文：[某某]之子鲁旮勒马古瑞。证人：那[某某]之子[某某]和[某某]之子[某某]

借、还日期	文件	贷款	利息	利率	放贷人	借贷人和证人们
舒辛9年9月到3月，共7个月	NATN 82	3锚银为有息贷款	利息每5锚银1锚银	20%	鲁甘勒阿孜达（Lugal-azida）	伊提伊腊（I-ti-i-ra）之子达金属匠。证人：筛什达之子鲁辛（Lu-^{d}Sin）、楠马赫、米米（Mi-mi）之子鲁辛
舒辛9年10月10日发放	NATN 124	15锚奶油	食物发放		鲁甘勒阿孜达（Lugal-azida）	书吏筛什卡拉收到，印文：鲁甘勒卡吉那（Lugal-ka-gi-na）织布工监工（ugula ús-bar）之子筛什卡拉
伊比辛1年1月到4月，共3月	NATN 101	2钟红小麦	无	无	鲁甘勒阿孜达（Lugal-azida）	鲁甘勒卡瑞收到，印文：书吏鲁甘勒卡瑞是贝里瑞卜（Be-li-tàb）之子。无证人
伊比辛1年，7月到（3月？）贷给德尔总督的官员鲁甘勒卡瑞	NATN 133	6锚银加有利息；2.2.0钟＝72斗大麦免利息	有利息	银（20%），大麦0	鲁甘勒阿孜达（Lugal-azida）	鲁甘勒卡瑞（Lugal-kar-re），印文：布舒伊林（Bu-šu-ilim）是德尔城（Bàd-an^{ki}）的将军（šaggina），骑使（rá-gaba）贝里瑞卜（Be-li-tàb）之子鲁甘勒卡瑞书吏是你的奴仆（见NATN 101, 108, NRVN 168）。证人：乌尔尼音尔、鲁甘勒阿达（Lugal-ad-da）、巴萨音（Ba-sag$_5$-ga）
伊比辛1年12月5日	NATN 127	2锚银为房租	房租交给房主		鲁甘勒阿孜达（Lugal-azida）	鲁甘勒乌德乌甘勒（Lugal-ud-gal）之子乌尔宁乌尔塔收到

借、还日期	文件	贷款	利息	利率	放贷人	借贷人和证人们
伊比辛1年12月12日起，芝麻油	NATN 111	½升芝麻油，其大麦值定为1斗	食品发放		鲁曾勒阿孜达 (Lugal-azida)	阿图 (A-tu) 之子卡兰达普 (Kalam-da-ga) 皮匠 (ašgab) 收到
伊比辛1年12月20日到3月共3个月	NATN 135	75厘银为有息贷款；4斗大麦无利息	利息每5锱1锱银；	银 20%	鲁曾勒阿孜达 (Lugal-azida)	Šu-x-x之子乌尔古卜 (Ur-li/gub)。证人：乌尔舒勒帕挨 (Ur-ᵈŠul-pa-è)、乌尔美美 (Ur-Me-me)
伊比辛1年13月，发给德尔总督的官员鲁曾勒卡端	NATN 108	2升芝麻油，1升芝麻油、3升猪油	食品发放		鲁曾勒阿孜达 (Lugal-azida)	鲁曾勒卡尔端 (Lugal-kar-re) 收到，印文：布舒伊林 (Bu-šu-ilim) 是德尔城 (Bàd-anki) 的将军 (šaggina)，骑使 (ra-gaba) 贝里答卜 (Be-li-tàb) 之子鲁曾勒卡端书吏是你的奴仆（见 NATN 101, 133, NRVN 168）
伊比辛2年1月，3月还	TMH NF 1/2:108	13斗大麦有息贷款	利每钟10斗大麦	33.33%	鲁曾勒阿孜达 (Lugal-azida)	伊簇尔伊里，印：[某某]是[某]神的 lukur 女祭司，酿酒师伊簇尔伊里是你的仆人。证人：鲁伊什年尔和马什古拉
伊比辛2年1月，3月还	TMH NF 1/2:107	1钟大麦有息贷款，由6钟大麦的欠数转成	利每钟10斗大麦	33.33%	鲁曾勒阿孜达 (Lugal-azida)	乌尔图马里，印文：鲁曾勒阿某之子乌尔图马里
伊比辛2年1月3日到（？月）	NATN 428	14斗大麦有息贷款	利息每钟10斗大麦	33.33%	鲁曾勒阿孜达 (Lugal-azida)	[x-x]之子乌尔巴巴 (Ur-ᵈBa$_6$)

借、还日期	文件	贷款	利息	利率	放贷人	借贷人和证人们
伊比辛 1 年 6 月到到（3月）	NRVN 165	7.2.0 钟＝222 斗大麦为有息贷	利息 每钟 10 斗大麦	33.33%	鲁杳勒阿孜达（Lugal-azida）	伊隆腊比（Ilum-ra-bi）之子舒马米吞书吏。证人：阿皮勒奴阿（A-pil-nu-a）、伊端卜（I-re-eb）之子阿穆尔伊隆
伊比辛 1 年 13 月到3月，共3个月，以王名誓	NRVN 168	12 王钟大麦；10.0.4 钟大麦，其大麦（利）定为10 钟	利息每钟10 斗；	33.33% 100%	鲁杳勒阿孜达（Lugal-azida）	鲁杳勒卡端、楠马赫、阿达亚（Ad-da-a）、鲁伊什库尔，印文：布舒伊林是德尔城（Bàd-an^ki）的将军，骑使贝里昔卜之子鲁杳勒卡端书是你的奴仆
伊比辛 2 年 4 月	TMH NF 1/2:35	10 锚银有息贷款	利 每 5 锚银付 1 锚	20%	鲁杳勒阿孜达（Lugal-azida）	巴萨萨、其子乌尔美美和其妻吉美阿图阿。证人：普塔、鲁伊什库尔和鲁杳勒阿达
伊比辛 [2？] 年 7 月	TMH NF 1/2:41	3 锚银有息贷款	利 每 5 锚银付 1 锚	20%	鲁杳勒阿孜达（Lugal-azida）	巴萨萨和乌尔美美，印文：巴萨萨之子乌尔美美商人
伊比辛 2 年 4 月 23 日	TMH NF 1/2:36	14 锚银有息贷款	利 每 5 锚银付 1 锚	20%	鲁杳勒阿孜达（Lugal-azida）	鲁吉尔吉普和其妻宁古德古德。证人们：鲁南那、鲁杳勒阿达达、普塔、鲁杳勒希古杳勒之子普塔，阿达穆阿达和阿达卡拉

借、还日期	文件	贷款	利息	利率	放贷人	借贷人和证人们
伊比辛 2 年 6 月，男孩 12 个月的劳役。如不劳，付利	NATN 98	3 锱银为舒图蓝一年的工资。若他停止劳动一天，	他将付（一天）利息	（20%？）	鲁旮勒 阿孜达（Lugal-azida）	吉美嫩旮勒（Gemé-ᵈNun-gal, Šu-Turan 的母亲？）收到了。她以王名誓。印文: Ba-si-na 之女胡巴吞（Hu-ba-tum）。证人:拉合尼伊什（La-te-ni-šš）、鲁辛（Lu-ᵈSin）、阿达卡拉
伊比辛 2 年 11 月到（3 月）	NATN 440	35 钟大麦为有息贷款	利息每钟 10 斗大麦	33.3%	鲁旮勒 阿孜达（Lugal-azida）	阿亚孜穆（A-a-zi-mu）和伊里米提（Ili-mi-ti）证人:阿图达卡拉（A-tu-da-kal-la）、鲁伊什库尔、楠马赫、鲁辛、鲁南那和舒图蓝是测量大麦（在场）人（lú-ág-gá-me）
伊比辛 2 年 11 月到 3 月共 4 个月	NRVN 160	10 钟大麦为有息贷款	利息每钟 10 斗大麦	33.33%	鲁旮勒 阿孜达（Lugal-azida）	阿亚孜穆（A-a-zi-mu）；他是公主的官员，见 NRVN 166。无证人
伊比辛 2 年 12 月 9 日到 3 月，3 个月	NATN 65	1+⅙ 锱银无利，和 48 斗大麦无利	全免利息	0%	鲁旮勒 阿孜达（Lugal-azida）	伊里亚（I-li-a）。无证人
伊比辛 2 年 12 月到（3 月？）	NATN 118	1 钟大麦为有息贷款	利息每钟 10 斗大麦	33.33%	鲁旮勒 阿孜达（Lugal-azida）	恩里拉。印: 伊什塔尔乌特之子恩里拉（ᵈEn-lil-lá）。无证人
伊比辛 2 年 12 月到（3 月，3 个月？）	NATN 125	4 钟大麦为有息贷款	利息每钟 10 斗大麦	33.33%	鲁旮勒 阿孜达（Lugal-azida）	鲁旮勒乌德苏德筛，印文: 埃库腊腊希里比（é-kúr-ra-hi-bi）之子鲁旮勒乌德苏德筛（Lugal-ud-sud-sè）。无证人

借、还日期	文件	贷款	利息	利率	放贷人	借贷人和证人们
伊比辛 2 年（12 月？），3 月还	NRVN 174	0.1.4 钟 =10 斗大麦	免利息	0%	鲁旮勒阿孜达（Lugal-azida）	Lugal-x-[x] 之子阿杜杜（Á-du-du）书吏（dub-sar）;
伊比辛 2 年 4 月 21 日晚上	NRVN 84	10 锱银为有息贷款	利息每 5 锱 1 锱银	20%	鲁旮勒阿孜达（Lugal-azida）	拉尼之子鲁阿达卡拉。鲁旮勒阿孜达之子鲁巴拉萨格苔（Lú-bala-sag5-ga），筛什卡勒拉和宁达达（Nim-ezem）。证人：舒达达（Su-Da-da），乌尔吞阿勒，阿达卡拉和鲁辛
伊比辛 2 年 11 月	TMH NF 1/2:109	[···] 钟大麦有息贷	利每钟 10 斗大麦	33.33%	鲁旮勒阿孜达（Lugal-azida）	伊鲁巴尼。鲁旮勒马古端和鲁旮勒埃金。证人：阿达卡拉，鲁伊什库尔，南马赫、鲁辛、鲁南那，和舒图蓝是量麦人
伊比辛 2 年 11 月，3 月还	TMH NF 1/2:110	1 觚或 60 钟大麦有息贷	利每钟 10 斗大麦	33.33%	鲁旮勒阿孜达（Lugal-azida）	伊鲁巴尼和鲁旮勒马古端。无证人
伊比辛 3 年 1 月 3 月，共两个月	NATN 121	1 锱银。其大麦值定为 45 斗	1 锱银。其大麦值 45 斗	33%？	鲁旮勒阿孜达（Lugal-azida）	鲁旮勒达苔（Lugal-da-ga）之子乌尔吞阿勒（Ur-Tum-al）。无证人
伊比辛 3 年 1 月到（3 月？）共两个月（？）	NATN 128	3 斗芝麻油、3 斗猪油、1 锱银	它们大麦值定为 250 斗	？	鲁旮勒阿孜达（Lugal-azida）	鲁旮勒达苔（Lugal-da-ga）之子乌尔吞阿勒（Ur-Tum-al）。无证人

借、还日期	文件	贷款	利息	利率	放贷人	借贷人和证人们
伊比辛 3 年 3 月 30 日到? 月	NATN 99	10 锱银为有息贷款	利息每 5 锱 1 锱银	20%	鲁古勒阿孜达（Lugal-azida）	I-ri-x 之子乌尔库格苔（Ur-kug-ga）；3 个证人：那巴萨格（Na-ba-sag）、阿达（Ad-da）、乌尔宁舒布尔（Ur-ᵈNin-subur?）
伊比辛 3 年 3 月 3 月	TMH NF 1/2:111	9 钟 24 斗 =294 斗大麦	利每钟 10 斗大麦	33.33%	鲁古勒阿孜达（Lugal-azida）	阿孜达，印文：鲁古勒库之子阿孜达 土地官
伊比辛 3 年? 月到 3 月	NRVN 78	2/3 锱银为有息贷款	利息每 5 锱 1 锱银	20%	鲁古勒阿孜达（Lugal-azida）	Lugal-x[xx] 之子阿孜达（Á-zi-da）土地登记吏（sag-sug₅）
伊比辛 3 年 5 月 8 日，6 月 15 日还，一个月 7 天	NATN 114	4 锱银，（利息）加大麦每钟 10 斗	未提及	0%	鲁古勒阿孜达（Lugal-azida）	乌尔舒勒（Ur-sul）之子鲁萨苔（Lú-sag₅-ga）
伊比辛 3 年 11 月 14 日，3 月还	TMH NF 1/2:1	4 锱银	免利息	0%	鲁古勒阿孜达（Lugal-azida）	拉拉亚，印文：阿胡尼之子拉拉亚商人
伊比辛 3 年 11 月 30 日，5 月还	TMH NF 1/2:2	10.5 锱银有息贷款	利每 5 锱付 1 锱	20%	鲁古勒阿孜达（Lugal-azida）	乌尔舒，印文：乌尔辛之子乌尔舒
伊比辛 3 年 12 月 12 日，3 月还	TMH NF 1/2:62	20 斗大麦有息贷款	利每钟 10 斗大麦	33.33%	鲁古勒阿孜达（Lugal-azida）	鲁达穆，印：鲁古勒[某]之子鲁达穆
伊比辛 3 年 12 月，（3 月？）量出	NRVN 157	23.0.0 钟大麦为有息贷款	利息每钟 10 斗大麦	33.33%	鲁古勒阿孜达（Lugal-azida）	阿亚孜穆（A-a-zi-mu/gu₁₀）和伊里米提。印文：沙特辛（Ša-[at]-ᵈEN.ZU）是王之女：阿亚孜穆洗染工是你的仆人

借、还日期	文件	贷款	利息	利率	放贷人	借贷人和证人们
（伊比辛10年? ? 月，9月30日还贷）	NRVN 166	5 钟 =150 斗 大麦，其中将加 5 斗（利息）	每 钟（? ） 30 斗) 5 斗	1/6 ? = 16.66 %?	鲁吉勒阿孜达（Lugal-azida）	Mu-ni-[xx]之子阿达卡拉（职业 BU-ZA-NIN）。证人：鲁宁舒布尔（Lù-^{d}Nin-šubur）、鲁伊什库尔（Lù-^{d}Iškur）、楠马赫（Nam-mah）
[?]	TMH NF 1/2:46	12/3 锱银	利每 5 锱银付 1 锱	20%	鲁吉勒阿孜达（Lugal-azida）	阿卡拉之子那迪，印文：阿卡拉之子那迪。
[?]年 4月，第二年 4月还	TMH NF 1/2:48	5 锱银；75 斗大麦有息贷	利每 5 锱银付 1 锱；每钟付 10（9！）斗大麦	2 0 % ；33.33%	鲁吉勒阿孜达（Lugal-azida）	普塔。证人：乌尔舒马赫、乌尔巴巴之子阿马乌尔舒巴、筛什卡拉达穆恩里拉和阿达穆

档案 4：阿孜达（Azida）档案：舒辛 5 年至伊比辛 1 年共 6 年（借贷者多为阿卡德人）

日期	文件	贷款	利息	利率	放贷人	借贷人和证人们
舒辛 5 年埃什嫩那和西帕尔城的 2 月，8月在尼普尔将还本银	NATN 266	25 锱 银，6 个月无利。如果到（8月）不还银，在收获后（3 月）	他将称出 60 斗大麦（为本银的利）	?	阿孜达（Azida）	沙如姆巴尼（Šar-ru-um-ba-ni）之子舒阿什里（Šu-Aš-li）银匠（kug-simug）。证人:图腊孜伊里（Tu-ra-am-i-li）商人（dam-gàr）、丁吉尔达音（Dingir-da-ga）、鲁吉勒埃金（Lugal-ezem）

日期	文件	贷款	利息	利率	放贷人	借贷人和证人们
舒辛 5 年 9 月 27 日到（3 月？）	NATN 314	59 锱银	利息每 5 锱 1 锱银	20%	阿孜达（Azida）	鲁古勒卡瑞（商人，见 NATN 312）证和他的妻子苏兀苏克（Suk-suk）。证人：乌尔舒马赫，阿阿卜布穆（A-(ab)-bu-mu）乌尔尼昔尔、舒库布温（Š[u-k]u-bu-um）尼格恩里勒达（Nig-ᵈEn-lil-da）、吉尔尼（Gir-ni）
[舒辛 5 年－伊比辛 2 年同]	NATN 330	46⅓ 锱银	利息每 5 锱 1 锱银	[20%？]	阿孜达（Azida）	布尔马马（Bur-Ma-ma）。[无证人？]
阿马尔辛 5 年? 乌尔 1 月起	NATN 359	1⅓ 锱 6 厘银	利息是每锱银付 1/6 厘银	[%？]	阿孜达（Azida）	马奴温沙姆？（Ma-nu-um-ša-šum？-ni？）之子布尔马马（Bur-Ma-ma）。证人：[xx]x 书吏（dub-sar）
舒辛 8 年普苏尔达干大麦同历 4 月，收获后季（3 月）偿还	NATN 336	14.0.3 钟 = 450 斗大麦，共 6 个月，以王名誓	免利息	0	阿孜达（Azida）	阿布塔卜（A-bu-táb），其母阿马卡拉，其妻沙林米（Ša-lim-mi）。证人：书吏鲁巴巴，商人图申伊里（Tu-ra-am-i-li）、理发师奴尔伊里（Nu-úr-i-li），埃尔腊塔尔（Èr-ra-qar）之子舒伊什塔尔（Šu-ᵈIš₈-tár），伊里特苏丹（Ilit-su-dan）之子阿达德瑞乌（ᵈAdad-rē'u）

日期	文件	贷款	利息	利率	放贷人	借贷人和证人们
舒辛9年乌尔10月，3月偿还	NATN 326	1钟大麦	免利息	0	阿孜达（Azida）	舒达干（Šu-dDa-gan）。证人：县长（ha-za-num）普苏尔马马（Puzur₄-Ma-ma）、舒阿达德（Šu-dAdad）、乌尔舒勒帕埃（Ur-dŠul-pa-è）
伊比辛1年2月	BE 3-1 16	1斤=60锱银，为合伙资本			阿孜达（Azida）	舒杜穆孜。证人：阿卜［某］穆、乌尔舒勒帕埃、鲁恩里拉、宁尼［某］埃茌和筛什达达
伊比辛1年2月	T M H NF1/2:3	2锱银和3斗大麦	未标明		阿孜达	乌尔宁阿末，印文：王轿乌尔宁库格末之子乌尔阿末
伊比辛1年普苏尔达干司历8月，（3月？量还）	NATN 335	1锱银（=1钟大麦？）	利息每钟10斗大麦	33.3%？	阿孜达（Azida）	鲁昔勒埃茌（Lugal-énim）之子书吏乌尔萨普（Ur-sa₆-ga）。证人：图冉如巴（Ha-ru-ba）、伊里（Tu-ra-am-i-li）、哈如巴（Ha-ru-ba）、乌尔舒马赫（Ur-dŠu-mah）
伊比辛1年普苏尔达干司历9月，收获后季3月还	NATN 342	3钟大麦	利息每钟10斗大麦	33.33%	阿孜达（Azida）	普苏尔埃腊（Puzur₄-Èr-ra）之子乌巴尔（ù-ba-ar 外来者）。证人：乌尔舒马赫、胡耐旦（Ha-ne-dam 见 NATN 318）、阿维勒沙林（Awīl-ša-lim 见 NATN 308, ŠS5）

日期	文件	贷款	利息	利率	放贷人	借贷人和证人们
伊比辛 2 年 6 月，3 月偿还，共 9 个月，以王名誓	NATN 940	1 钟大麦，以王大麦，以王名誓	利每钟 10 斗大麦	33.33%	瑞巴旮达（Re-ba-ga-da）	乌尔古卜（Ur-gúb/li 见 135 文）。证人：阿孜达（á-zi-da）、理发师鲁苦普勒马古瑞（Lugal-má-gurₛ-re）、歌手（nar）伊瑞卜（I-re-eb）
伊比辛 2 年 7 月，3 月量还，8 个月	NATN 312	1 锱银，它的大麦价 2 钟 =60 斗	本金和利息在大麦数中	?	阿孜达（Azida）	商人（dam-gar）鲁苦勒卡瑞（Lugal-kar-re）。证人：阿阿卜布穆（A-ab-bu-mu）、乌尔舒勒珀埃 筛莱埃卜（Še-le-eb）
伊比辛 2 年 7 月，3 月量还，共 8 个月	NATN 344	10 ⅔ 锱银 12 厘（1 锱=180 厘），账目欠额	利息每 5 锱 1 锱银	20%	阿孜达（Azida）	卡蓝达鲁（Kalam-da-ga）。证人：鲁埃吉吉尔阿（Lú-é-gigir -a）、乌尔宁悉安那（Ur-ᵈNin-<si₄>-an-na）、阿库孜（A-ku-zi）、巴赫沙安（Ba-ah-sa-an）、阿孜卡拉、阿布穆、乌尔舒马赫、鲁乌图、拉齐卜（La-qì（gì）-ib）、那冉伊里（Na-ram-i-li）
伊比辛 2 年（2 月）	NATN 311	2 斤银 =120 锱	其利息为 ⅓ 斤 =20 锱	16.66%	阿孜达（Azida）	巴腊特伊里舒（Ba-ra-at-i-li-šu）；4 个证人：乌尔舒马赫、图冉伊里（Tu-ra-am-i-li）、乌嗦尼（ú-sa-ni）、阿维拉衣（A-wi-la-núm）
伊比辛 3 年普苏尔达干司历 10 月	JCS 54, 38	3 钟大麦	其利息是 1 钟大麦	33.33%	阿孜达（Azida）	乌尔筛伊拉（Ur-še-il-la）之子书吏鲁苦勒乌新埃（Lugal-ú-sim-e）。证人：xx、图冉伊里、哈如巴（Ha-ra-ba）

日期	文件	贷款	利息	利率	放贷人	借贷人和证人们
伊比辛 2 年或 4 年（10 月？），收获季量后量还	NATN 315	68（或 18）钟大麦	zi-im-tum 贷款 lu-ta，在乌皮城中	（?）	阿孜达（Azida）	巴腊特伊里舒（Ba-ra-at-i-li-šu）以王名誓；3 个证人:乌尔舒马赫（Ur-^{d}Su-mah），图冉伊里（Tu-ra-am-i-li），阿维拉农（A-wi-la-núm）
伊比辛 2 年（10 月？），3 月（收获后）偿还	NATN 346	1 钟大麦	它的利息为每钟大麦付 6 斗	20%	阿孜达（Azida）	乌尔马马（Ur-Ma-ma）之子吉尔尼（Gir-ni）。证人:巴阿赫沙安（Ba-ah-ša-<an>）（见 NATN 344），乌尔恩里拉（见 NATN 319, 321）
伊比辛 3 年 4 月买了一女奴隶	NATN 265	一个苏尔巴尔图女奴隶，其名为埃里沙沙润（E-li-ša-šar-ru-um, da）从胡尔比沙（Hu-ur₅-bi-ša），筛什达达（Šeš-Da-da）代理沙如巴尼（Šar-ru-ba-ni），吉尔尼（Gir-ni）	免利息	无	阿孜达（Azida）	其价钱为 3 ½ 锚银，阿孜达（Á-zi-da）买了她。证人:阿维勒埃阿（Awil-）
伊比辛 3 年 10 月，3 月（收获季后）偿还	NATN 341	26 钟大麦	无	[?]	阿孜达（Azida）	吉美阿图阿（Gemé-a-tu₅-a）；印文:普苏尔伊什塔尔（Puzur₄-^{d}Iš₈-tár）之子乌尔舒勒帕埃（Ur-^{d}Šul-pa-è）商人（其丈夫?）。无证人
[?]	NATN 330	⅔ 斤 6⅙ 锚银	[?]	[?]	阿孜达（Azida）	布尔马马（Bur-Ma-ma）；[xx]
[?] 5 月 16 日到（下年?）5 月 20 日	NRVN 56	21 钟大麦	如果不还则量出 42 钟大麦	逾期 100%	筛什卡拉（Šeš-kal-la）	阿孜马马（Á-zi-da）和筛什达达（Šeš-da-da）；以王名誓。证人:乌尔辛（Ur-^{d}Sin），扎巴尔达卜（Zabar-dab₅）和鲁旮勒阿孜达（Lugal-á-zi-da）

日期	文件	贷款	利息	利率	放贷人	借贷人和证人们
伊比辛6年12月10日，1月10日偿还，共1个月	NATN 201	2锱银	[？]	无？	阿孜达（Azida）	[xxx]之子筛什卡拉（Šeš-kal-la），书吏。无证人
伊比辛1年4月，8月将称还款，以王名誓	NRVN 61	3斤银是5斤银的利息。当乌尔图马勒（8月）收到本金5斤银时，就把3斤银的泥板借据打碎（表示无利息）	4个月无利息，逾期付3斤利息银	逾期罚款60%	乌尔图马勒（Ur-Tum-al）	鲁昔勒马古尔端（Lugal-má-gur$_8$-re）和他的妻子布鲁鲁（Bu-lu$_5$-lu$_5$）是借贷资本的零售商人。证人：乌尔达穆（Ur-^{d}Da-mu）、筛什卡勒拉（Šeš-kal-la）、阿德达卡勒拉（Ad-da-kal-la）、阿孜达（Á-zi-da）和乌尔舒马赫（Ur-^{d}Šu-mah）

档案5：乌尔舒马赫（Ur-Šumah）档案：舒辛5年至伊比辛3年共8年

借和还款期限	文件	贷款	利息	利率	放贷人	借贷人和证人们
舒辛5年4月，7月偿还	NATN 308, 308A	88斗大麦，和1⅔锱银	（利息每钟每10斗大麦），利息每5锱1锱银	（33.33%?）和20%	乌尔舒马赫（Ur-Šumah）	乌尔达穆之子尼格恩里勒达（Nig-^{d}En-líl-da）。证人：王使官年腊特尼，[xxx]之子乌尔萨昔、Ur-xxx之子巴萨昔（Ba-sag$_5$-ga）、乌尔舒勒帕埃、乌尔萨昔之子阿维勒勒沙林（Awil-ša-lim）

借和还款期限	文件	贷款	利息	利率	放贷人	借贷人和证人们
舒辛 9 年普末尔达干司历 10 月到 2 月	NATN 257	1 钟大麦为有息贷款	利息 每钟 10 斗大麦	33.3%	乌尔舒马赫 (Ur-Šumah)	(A-da-x) 之子达达 Da-da
伊比辛 1 年 (10 月?), 到埃什嫩那年历 3 月: 共 6 个月?	NATN 316	22.2.0 钟 (=672 斗) 大麦为有息贷款	利息 每钟 10 斗大麦	33.3%	乌尔舒马赫 (Ur-Šumah)	阿腊德埃腊。证人: [xx], 丁吉尔萨昔和 (他的妻子 dam-ni 见 NATN 264) 舒布吞? (Šu-[bu-t]um?)。证人: 舒杜穆孜 (Šu-dDumu-zi)/ 伊提伊林 (It-ti-il[im])
伊比辛 1 年 12 月, 3 月偿还, 共 3 个月	NATN 321	4 钟大麦	免利息	0%	乌尔舒马赫 (Ur-Šumah)	鲁古拉 (Lú-gu-la) 之子鲁恩里拉。证人: 乌尔宁悉安那, 乌尔阿坡末 (Ur-Ap-zu) 之子乌尔舒马赫, 乌尔舒勒帕埃
伊比辛 1 年 <9 月? >, 3 月偿还	NATN 348	4.3.0 钟 =138 斗大麦	本金	(33.3%?)	乌尔舒马赫 (Ur-Šumah)	dBa-[ba₆-x] 之子乌尔宁苏 (Ur-dNin-sún) 和 [xxx]。证人: 阿达德巴尼 (dAdad-ba-ni)、[xx]
<伊比辛 1 年? 12 月? >, 2 月偿还; 共两个月?	NATN 324	1 钟大麦	免利息	0%	乌尔舒马赫 (Ur-Šumah)	拉马阿赫 (La-ma-ah)。证人: Ur-[du₆]-kug) d[x-x], 乌尔杜库格 (Ur-[du₆]-kug)

借和还款期限	文件	贷款	利息	利率	放货人	借货人和证人们
[伊比辛 1 年？]12 月	NATN 331	1 锱银	免利息，如逾期将还 5 钟=150 大麦	逾期 200%？	乌尔舒马赫（Ur-Šumah）	Lugal-[x-x？]。证人：无
伊比辛 2 年（10 月？），收获季后（3 月）偿还	NATN 264	19.2.0 钟大麦为有息贷款	利息每钟 10 斗大麦	33.3%	乌尔舒马赫（Ur-Šumah）	丁吉尔萨音（Dimgir-sag-ga）和他的妻子（dam-ni）舒布吞（Šu-bu-tum）；3 个证人：舒柱穆孜，乌尔舒勒帕埃（Ur-dŠul-pa-è）、舒图蓝（Šu-dTuran）
伊比辛 2 年 [12 月？]，[2 月？ 还]	NATN 333	4 锱铜	未标明	？ %	乌尔舒马赫（Ur-Šumah）	伊顺晋（I-šum-ki-in）。……
伊比辛 2 年普米尔达干司历 10 月，收获季后（3 月）偿还	NATN 261'	1 钟大麦为有息贷款	利息：每 1 钟大麦付 6 斗大麦	20%	乌尔舒马赫（Ur-Šumah）	（阿腊德朱尼 Arad-zu-ni 之子）舒那伊乌如（Šu-na-i-uru4，神恩利勒的仆人），砑布工（lú-túg-du8-a）塞格特里（Sig5-te-li）代理他，以王名誓。证人：鲁萨格苦（Lú-sag5-ga）、阿巴恩里勒邓（A-ba-dEn-líl-dím）
伊比辛 2 年 [10 月？]	NATN 320	20 钟大麦为有息贷款，收获季后（3 月）偿还	利息每钟 10 斗大麦	33.3%	乌尔舒马赫（Ur-Šumah）	伊巴穆/图（I-ba-mú/tu？ ）之子，南那的仆人鲁辛（Lú-dSîn）在达班河岸的阿末扎札的房中。证人：乌尔舒勒帕埃（Ur-dŠul-pa-è）、x-x-šum、鲁古拉（Lú-gJu-la）

借和还款期限	文件	贷款	利息	利率	放贷人	借贷人和证人们
伊比辛 2 年（10 月?，收获季后还款	NATN 318	⅓斤=20锱银	免利息	0	乌尔舒马赫（Ur-Šumah）	伊提伊林（I-ti-ilim）。证人：胡耐旦（Hu-ne-dam），楠图尔（Nam-tur）
伊比辛 2 年 12 月普朱尔达干司历	NATN 328	6.3.2 钟大麦为有息贷款	利息每钟大麦付 10 斗大麦	33.3%	乌尔舒马赫（Ur-Šumah）	普朱尔伊里（Puzur₄-i-li）。证人：乌尔舒勒帕埃（Ur-dŠul-pa-è），悉比图基拉巴（dSibittu-ki-la-ba）
伊比辛 3 年 2 月到?	NATN 561	0.1.3 钟＝9 斗大麦	利息每钟付 10 斗大麦	33.33%	乌尔舒马赫（Ur-Šumah）	乌尔舒勒帕埃之子舒德阿达德（Šu-d[Adad]），Bi-za-x 的仆人。证人：乌尔宁乌尔塔，鲁苷勒库木（Lugal-ku-zu）
伊比辛 3 年 10 月	TMH NF 1/2:64	10 钟大麦，（收获时）从场院里还	免利息	0	乌尔舒马赫（Ur-Šumah）	鲁卡拉，以王誓。证人：王辕官乌尔辛，库苷达之子乌德萨苷和阿维勒埃阿
伊比辛 4 年＜12 月?，＞，4 月 30 日将称还款；共 4 个月	NATN 310	10 锱银	未标明		乌尔舒马赫（Ur-Šumah）	乌尔达穆（Ur-dDa-mu）之子乌尔里悉那（Ur-dLi₉-si₄-na）以王名起誓。证人：乌尔伊提埃（Ur-iti-é）市长（ha-za-núm），阿德达卡拉，鲁德南那，鲁苷那，卡兰达（Kalam-da-ga）

借和还款期限	文件	贷款	利息	利率	放贷人	借贷人和证人们
伊比辛6年12月	NATN 872	5锚银为有息贷款	利息每5锚银1锚银	20%	舒勒吉伊里 dŠul-gi-i-li	卡阿穆（Ka5-a-mu）之子达亚（Da-a-a）。证人：阿腊德杜格（Arad-dūg）、丁苦尔兰马（Dingir-dLamma）、乌尔舒马赫（Ur-dŠu-mah）

档案6：乌尔辛（Ur-Sin）档案：阿马尔辛3年到伊比辛3年共19年

借和还款期限	文件	贷款	利息	利率	放贷人	借贷人和证人们
舒勒吉37年2月	TMH NF 1/2:4	1/3锚银有息贷	利每5锚银付1锚	20%	乌尔辛（Ur-Sin）	乌尔埃巴卜杜。印文：王轿官乌尔埃巴卜杜。无证人
舒勒吉41年从12月到8月	TMH NF 1/2:5	30锚银他告诉他贷款，给丁银	他将付给3锚银	10%	乌尔辛（Ur-Sin）	总管扎巴拉隆之子伊坡苦萨。证人：书吏扎勒和商人伊约尔沙拉埃
阿马尔辛3年12月，3月量还	NATN 537	10钟大麦	未标明	0%？	乌尔辛（Ur-Sin）	阿什南乌尔萨格（dAšnan-ur-sag）。无证人
阿马尔辛6年6月到（3月？）	NATN 422	2锚银为有息贷款	未标明	0%？	乌尔辛（Ur-Sin）	乌尔杜库格音（Ur-du6-kug-ga）。无证人
阿马尔辛8年3月20日	NRVN 75	10锚银	利息每5锚银1锚银	20%	乌尔辛（Ur-Sin）	乌尔萨格音（Ur-sag5-ga）。无证人

续表

借和还款期限	文件	贷款	利息	利率	放贷人	借贷人和证人们
阿马舒辛9年9月	TMH NF 1/2:12	2锱银	未标明	?	乌尔辛（Ur-Sin）	乌尔舒勒，印文：阿图之子书吏乌尔舒勒。无证人
舒勒吉1年9月26日，3月（26日）还	NRVN 97	17锱银	利息每5锱1锱银	20%	乌尔辛（Ur-Sin）	鲁恩里拉（Lu-ᵈEn-líl-lá）以王名誓。证人：乌尔奴斯库，卡阿（Ka₅-a）。鲁吉勒舒巴（Lugal-šubá）和鲁吉勒阿孜达
舒勒吉37年2月	TMH NF 1/2:130	10钟大麦有息贷	利每钟6斗	20%	乌尔辛（Ur-Sin）	[某某]
舒勒吉41年从12月到8月	TMH NF 1/2:15	1锱银	未标明	?	乌尔辛（Ur-Sin）	乌尔舒勒军尉，印文：阿卡拉之子乌尔舒勒军尉
舒辛2年6月	Ontario II 413	6锱银送来了	非贷款约		乌尔辛（Ur-Sin）	（某某收到）印文：[某某]国王的仆人，筛什阿尼之子。
舒辛2年7月	Ontario II 412	1锱银	利每5锱银付1锱	20%	乌尔辛（Ur-Sin）	鲁巴拉萨普。无证人
舒辛2年8月，到卩?	NRVN 190	[x]钟大麦为有息贷；10锱银为有息贷	利息每钟10斗麦；利息每5锱1锱银	33.33%；20%	乌尔辛（Ur-Sin）	乌尔鲁姆马（Ur-lum-ma）和鲁吉勒古巴尼（Lugal-gub-ba-ni）。证人：鲁辛、[xx]，乌尔杜库吉（Ur-du₆-kù-ga）
舒辛2年11月	TMH NF 1/2:38	108厘银约0.63锱银	未标明	?	乌尔辛（Ur-Sin）	埃基普拉，印文：恩里拉的仆人阿朗普卜之子埃基普拉

借和还款期限	文件	贷款	利息	利率	放贷人	借贷人和证人们
舒辛 2 年 13 月	Ontario II 316	7 王钟大麦带一份利 =4 锱银	利每 5 锱银付 1 锱	20%	乌尔辛（Ur-Sin）	筛什之子乌尔辛卫士。无证人。
舒辛 3 年 12 月，到（3 月？）	NATN 27	3 锱银	利息 每 5 锱银 锱银	20%	乌尔辛（Ur-Sin）	普塔穆（Pú-ta-mu）。证人：鲁昔穆哈瑞（Lugal-ha-ri）、布乌拉（Bu-ù-la）、阿孜达（A-zi-da）
舒辛 3 年 12 月，到（3 月？）	NATN 554	1½ 锱银 定为 2 钟大麦的价钱	?	0 ?	商人乌尔辛（Ur-Sin）	乌尔乌库格音（Ur-ù-kug-ga）之子乌尔辛（Ur-ᵈSin）。无证人。
舒辛 5 年 6 月 13 日到（3 月？）	NATN 420	2 锱银	利息 每 5 锱银 锱银	20%	乌尔辛（Ur-Sin）	乌尔舒勒帕埃（Ur-ᵈSul-pa-è）。证人：鲁昔勒乌尔腊尼（Lugal-úr-ra-ni）、布采尼（Bu-și-ni）
舒辛 5 年 12 月 3 日，场院还	TMH NF 1/2:85	2 钟大麦贷款	利息 每 钟付 10 斗麦	33.33%	乌尔辛（Ur-Sin）	尼格杜，以王誓（收获时）从场院重还。印文：乌尔卡之子尼格杜
舒辛 6 年 4 月	Ontario II 421	13 锱银	利每 5 锱银付 1 锱	20%	乌尔辛（Ur-Sin）	乌尔杜库。证人们：鲁萨昔、伊怠萨萨和乌图希术
舒辛 6 年 9 月	Ontario II 419	1 斤银	利每 5 锱银付 1 锱	20%	乌尔辛（Ur-Sin）	军尉乌尔辛

借和还款期限	文件	贷款	利息	利率	放贷人	借贷人和证人们
舒辛 6 年? 11 月 4 日，到（3 月？）	NRVN 152	[x.x.x] 钟大麦	利息每 1 钟大麦付 10 斗大麦	33.33%	乌尔辛（Ur-Sin）	乌尔里穆（Ur-Li-mu）、鲁伊南那、卡拉、埃基比（É-ki-bi）、乌尔鲁巴鲁吉 Ha-ba-lu₅-ge 之子乌尔美斯（Ur-mes）。无证人
舒辛 7 年 3 月 8 日，到?	NRVN 162	6.0.0 钟大麦为有息贷款	利息每钟付 10 斗大麦;	33.33%	乌尔辛（Ur-Sin）	Ur-[xx] 之子乌尔辛园丁（nu-ᵍⁱˢkiri₆）。证人：舒埃什塔尔（Šu-Eš₄-tár）和鲁恩里勒拉书吏
舒辛 7 年 11 月	Ontario II 317	12 斗大麦贷	其利利息 4 斗大麦	33.33%	乌尔辛（Ur-Sin）	阿什什，印文：[某某之子]巴萨[…]。证人们：鲁吾勒希吾勒达和乌尔席安那。
舒辛 8 年 9 月	Ontario II 418	1 镏银	利每 5 镏银付 1 镏	20%	乌尔辛（Ur-Sin）	[乌尔]达穆，印文：乌尔[某]之子[乌尔达穆]。证人们：阿达吾达和鲁吾勒阿阿格端格孜。
舒辛 11 月	TMH NF 1/2:14	3 镏银	利每 5 镏银付 1 镏	20%	乌尔辛（Ur-Sin）	乌尔舒勒（军尉），印文：阿拉之子乌尔舒勒军尉。无证人
伊比辛 1 年 1 月，3 月还款，共两个月	NATN 442	⁵/₆ 镏银	免利息	0	乌尔辛（Ur-Sin）	穆尼马赫（Mu-ni-mah）之子阿德达卡拉（Ad-da-kal-la）。证人：阿腊德杜格（Arad-dùg）、鲁吾勒库格苏（Lugal-kug-zu）

借和还款期限	文件	贷款	利息	利率	放贷人	借贷人和证人们
伊比辛1年5月15日起	NATN 637	1镏银为有息贷款	利息每5镏1镏银	20%	乌尔辛 (Ur-Sin)	阿腊德穆 (Arád-mu) 之子乌尔辛 (Ur-dSin)；证人：筛什德卡勒拉 (Šeš-dkal-la？), Lu？ -ša-x-x
伊比辛2年12月 (到下一年12月？)	NATN 602	⅓斤银2镏银=22镏	(利息)定为(每钟付)40斗大麦	33.3%	乌尔辛 (Ur-Sin)	鲁昔勒美斯 (Lugal-mes)；证人：鲁萨昔 (Lú-sag₅-ga)、古卜巴尼 (Gub-ba-ni)
伊比辛2年4月，3月偿还	NRVN 124	3镏银为账目的余额	免利息	0	乌尔辛 (Ur-Sin)	伊鲁姆舒古腊阿德 (Ilum-šu-gú-ra-ad) 以王名誓；证人：乌尔马马、鲁萨昔、卡阿 (Ka₅-a) 和卡勒拉穆 (Kal-la-mu)
伊比辛3年1月？日到(3月？)	NRVN191	2钟大麦和1²⁄₃镏银	利息每钟付0.4=10斗；利息每5镏付1镏	33.33%；和20%	乌尔辛 (Ur-Sin)	鲁萨昔 (Lú？ -sag-[ga])；证人：筛什卡拉 (Šeš-[kal-la]) 和 [xx]
伊比辛3年4月到？	NRVN 164	12钟大麦	利息每钟付10斗大麦	33.33%	乌尔辛 (Ur-Sin)	乌尔辛 (Ur-dSin) 监管 (ugula)。证人：乌尔里 (Ur-LI) 之子鲁辛 (Lú-dSin)、鲁昔勒乌尔腊尼 (Lugal-ur-ra-ni)、筛什卡拉 (Šeš-kal-la) 和鲁昔勒阿孜达 (Lugal-á-zi-da)

借和还款期限	文件	贷款	利息	利率	放贷人	借贷人和证人们
伊比辛 3 年 4 月 1 日	Ontario II 411	5 锱银	利每 5 锱银付 1 锱	20%	乌尔辛（Ur-Sin）	乌尔辛。无证人
伊比辛 3 年 4 月	Ontario II 414	2 钟大麦	利每钟 10 斗	33.33%	乌尔辛（Ur-Sin）	乌尔舒勒帕埃。无证人
伊比辛 3 年 7 月 17 日过去	Ontario II 315	15 钟大麦有息贷	利每钟 10 斗	33.33%	乌尔辛（Ur-Sin）	吉美埃孜达，印文：[某某之子] 巴萨[…]。无证人（吉美埃孜达是个女商人）
[伊比辛？年]4 月到？	NRVN 93	⅓ 锱银	利息每 5 锱银 1 锱银	20%	乌尔辛（Ur-Sin）	舒马马（Šu-Ma-ma），印文：Arad-[xx]之子乌尔马马（Ur！-Ma-[ma]）商人（dam-gàr）；证人：鲁旮勒埃金（Lugal-ezem），沙丁吉尔腊（Ša-dingir-ra），恩基乌尔（ᵈEn-[ki]-ur）银匠（kù-dím），乌尔舒马赫（[Ur]-Šu-mah）
[伊比辛？年]	NRVN 153	1 钟大麦	利息每钟付 10 斗	33.33%	乌尔辛（Ur-Sin）	乌尔舒勒帕埃（Ur-ᵈŠul-pa-è），印文：阿卡拉是监管（ugula），乌尔舒勒帕埃（Ur-ᵈŠul-pa-è）书吏（dub-sar）是其儿子。[无证人]

巴比伦天文学的黄道十二宫和中华天文学的十二辰之各自起源 *

早在亚述学建立初期，学者们通过对出土两河流域遗址的星象学和天文学泥板文书研究，发现了天文学最早起源于古巴比伦晚期（公元前 1700 年），而兴盛于中、新和晚期巴比伦时期（公元前 1000—前 100 年）。从新巴比伦时期（公元前 626—前 539 年）开始，两河流域出土文献中的天象占星术的泥板开始增多。被亚述学者称为《当天神和恩利勒神……》（为该系列文献的首句）系列泥板是由 70 多块泥板组成的一部重要的天象经典。这是一部记录天象预兆国家祸福的天人感应的占星术书。它最后编纂的经典本是由塞琉古王朝时的巴比伦尼亚天象书吏们完成的。前 50 块泥板记录了日、月、气象等变化的预兆内容；后 20 多块泥板记载了由行星和恒星运行变化而预示的国家兴亡。早在 1900 年，美国亚述学者品克斯就在一些有关《当天神和恩利勒神……》和天象占卜的泥板文书中发现记录 12 个星座和 12 个月份的排列组合，他把这些每月之星的文件整理后命名为《星盘》（*Astrolabes*）文件[1]。1907—1915 年，一些德国亚述学家发表了一系列巴比伦天文学的研究

---

* 《巴比伦天文学黄道十二宫和中华天文学的十二辰之各自起源》，《世界历史》2009 年第 3 期。

[1] 品克斯：《书评：布朗的〈希腊、腓尼基和巴比伦早期星座起源研究〉》，《皇家亚洲学会杂志》1900 年第 2 期。（T. Pinches, *Review of R. Brown, Researches into the Origin of the Primitive Constellations of Greeks, Phoenicians and Babylonians*, London, in JRAS, pp. 571-577）。

成果[1]。此后，对巴比伦天文学的研究一直在进行，特别是近年来，一批欧美学者取得了很大的一批成果[2]。年代学者用现代天文学所提供的天体运行历史年表来筛选巴比伦泥板中所记载的各个时期的天体相位周期，从而可以推算出当时的公元年。《当天神和恩利勒神……》这部晚期的古代占星术著作对近东年代学的贡献是它的第 63 块泥板——"金星泥板"被发现实际是古巴比伦时期所记载的金星运行观测表的传世本。这一泥板文献共记有 59 个天象及其预兆。其中预兆 1—21 和 34—37 被整理为 21 年中金星出没的记载。前 21 个天象又被分两个系列：其中预兆 1—10 记载了金星运行的一个八年周期，而预兆 11—21 是另一个八年金星周期。据天文学家平格瑞分析，第二个八年周期不是第一个八年周期的继续，而且数据错误较多，整个泥板是抄自不同时期的有关金星的记载。然而，预兆 1—10 所记载的金星八年周期除了一个基本数据错误外，和现代天文计算完全吻合。幸运的是传抄的"预兆 10"并不是一个兆文，而是古巴比伦王朝第 10 王阿米嚓杜喀的第八年的年名。该预兆如下："在 12 月 25 日，宁西安那女神（金星）从东方天空消失，年名：'银金座椅'。""金星泥板"首先被牛津大学亚

[1]　例如：库格勒尔:《巴比伦的星学和占星人们，第 1—2 和补充卷》(F. X. Kugler, *Sternkunde und Sterndienst in Babel, I-II, und Erganzungen I-II*, Munster, 1907-14)。贝左德和考夫:《巴比伦星空的顶点和赤道》(C. Bezold, and A. Kopff, *Zenit- und Aquatorialgestirne am babylonischen Fixsternhimmel*, Heidelberg, 1913)。韦德尔:《巴比伦天文学手册》(Weidner, E. *Handbuch der babylonischen Astronomie*, vol. I, 1915, Leipzig)。

[2]　莱那尔和平格瑞:《巴比伦行星预兆第一部:"当天神和恩利勒神"系列泥板第 63 块：阿米嚓杜喀的金星泥板》(E. Reiner with D. Pingree, *Babylonian Planetary Omens, Part 1: Enuma Anu Enlil Tablet 63: The Venus Tablet of Ammizaduqa*, Bibliotheca Mesopotamica,2/1. Malibu: Undean Publications, 1975)；《巴比伦行星预兆第二部:"当天神和恩利勒神"系列泥板第 50—51 块》(*Babylonian Planetary Omens, Part 2, Enuma Anu Enlil Tablet 50-51*, Bibliotheca Mesopotamica, 2/1. Malibu: Undean Publications, 1981)；《巴比伦行星预兆第三部》(*Babylonian Planetary Omens, Part III*, Styx, Groningen, 1998)；布朗:《两河流域行星天文占星学》(D. Brown, *Mesopotamian Planetary Astronomy-Astrology*, Styx, Groningen, 2000)。

述学者 S. 郎敦（Langdon）和天文史学者 J . 珐得壬翰（Fotheringham）
在 1928 年研究发表 [1]。此后，多位古代近东天文学者利用这一泥板中
的金星的相位重新推算古巴比伦王朝的公元年。本文作者曾对巴比伦
的《金星泥板》的研究做过中文介绍 [2]。中华文明方面，在与新亚述及
新、晚期巴比伦同期的春秋战国时期（公元前 779—前 221 年），人们
已经掌握了五大行星的运行周期和星座的位置。《淮南子·天文训》《史
记·天官书》《汉书·天文志、律历志》等世传天文学经典总结和发展
了中国古代天文学和占星学。近年来出土的文物也提供了同类的材料，
《马王堆汉墓帛书·五星占》记录了从秦始皇元年（公元前 246 年）到
汉文帝三年（公元前 177 年）共 70 年的岁星（木星）、土星和金星的
运行位置和周期，都十分准确，如书中总结的金星周期为："（太白）凡
出入东西各五（次），复与营室晨出东方，为八岁。"

一、中华文明黄道十二辰、二十八宿的起源和木星 12 年黄道周天观测

国内对巴比伦天文学和中华天文学对比研究首创为郭沫若先生。
他于 1931 年发表了他留日期间写作的《甲骨文字研究》一书，其中的
最后论文《释干支》（第 196 页以下）长达 190 页（完成于 1929 年），
可谓全书的重点 [3]。文章中他创造性地对古代中国从商代开始用于 60
循环计日的干支（词源"母子、幹枝"）体系中的 12 支即黄道 12 辰区

---

［1］ 郎敦、珐得壬翰、绍克，《阿米嚓杜喀金星板》，伦敦 1928 年版。（S. Langdon, J.
　　 K. Fotheringham and C. Schoch, *The Venus Tablets of Ammizaduga.* Oxford, 1928）.

［2］ 吴宇虹：《古代两河流域文明史年代学研究的历史和现状》，《历史研究》2002 年
　　 第 4 期。

［3］ 郭沫若：《甲骨文字研究》，《郭沫若全集·考古篇第 1 卷》，科学出版社，1982。

（子丑寅卯辰巳午未申酉戌亥）、黄道 28 标志星宿与巴比伦（他所用的巴比伦文明的年代为过时的早期年代学说法）和西方天文学中的黄道 12 宫星宿和其他天文学知识进行对比研究。他否定了日本学者提出的殷商人用 12 辰的符号记 12 月的假说，指出以 12 辰配 12 月的用法始于汉代。他认为在汉之前，古人已开始用 12 辰（可能起源 12 星座）为标志将天球黄道（太阳和行星轨道）分成 12 分区："12 辰文字本黄道上十二恒星之符号，与巴比伦 12 宫颇相一致，初似专为观察岁星而设，后乃用为日月合朔之标准点。"《楚辞·天问》有"天何所沓？十二焉分？"他将中文"辰"的字源释为"耕具"，用为星名，指出西方称北斗为"犁"。很巧的是巴比伦星座表以"犁星"（北天三角星座）开首。

在古代中国，12 年的木星周期在定制太阳年的四季和节气为标志的农时历法上起到了决定作用。《史记·天官书》写道："察日、月之行以揆岁星顺逆"，正义，天官【占】云："夫岁星欲春不动，动则农废。岁星农官，主五谷。"《天文志》云："人主仁亏，貌失，逆时令，伤木气，则罚见岁星。"由于木星为农业时令之神，郭老解"辰"的词源为"神圣农具、星体"之说也有根据。《马王堆五星占·五星凌犯》一次称辰星为"耕星"，可见两字同义："太白、荧惑、耕星（＝辰星 / 水星）赤而角，利以伐人。"郭老在文中列出了《尔雅》《史记·天官书》《汉书·天文志、律历志》和《淮南子·天文训》等书中记载的从寅卯到子丑的 12 辰次序、它们的标志 28 星宿和木星（岁星）12 年巡游 12 辰一周天的 12 个名称（岁名）。提到木星的岁名的最早文献是战国时期的屈原（约公元前 343—约前 281 年）的著名作品《离骚》："摄提贞于孟陬兮，惟庚寅吾以降。"白话是："在太岁在寅辰（木星在丑）而称为摄提格的那年的正月（《尔雅·释天》：'正月为陬，月名。'）的庚寅日，我降生了。"

与巴比伦和西方的 12 星座为黄道之 12 区段不同，中国古代是以

28 宿星为日月五行星在黄道 12 辰上的行宿的标志，所以每一辰区内有两个或 3 个星宿而不是一个。《淮南子·天文训》："太阴在四仲（第 2、5、8、11 年？），则岁星行三宿，太阴在四钩（1、3—4，6—7，9—10，12 年）则岁星行二宿，二八十六，三四十二，故十二岁而行二十八宿。（岁星每）日行十二分度之一，岁行三十度十六分度之七，十二岁而周（天）。"（《史记正义》，晋灼云："太岁在四仲，则岁行三宿；太岁在四孟四季，则岁行二宿。"）。

　　早在夏商时期（约公元前 2000 至前 1000 年），12 辰的标志 28 星宿已经全部产生了。《尚书·尧典》有："日中（分 = 昼夜等长），（七）星鸟（在天），以殷仲春。日永（最长），星火（心）（在天），以正仲夏。宵中（分），星虚（在天），以殷仲秋。日（最）短，星昴（在天），以正仲冬。"这表明在夏商时期，中国人就分别以 28 宿中的星、心、虚、昴四个星座在黄昏时见于南中天之日确定春分、夏至、秋分和冬至日，从而准确地划分了一年四季。七星是南宫朱鸟黄道 7 宿的正中宿（第四宿），因此被称为星鸟，据《吕氏春秋·月纪》《淮南子·时则训》和《礼记·月令》，在秦汉历中，它于 3 月季春黄昏出现南天中；星火又称心星是东宫苍龙中的黄道 7 宿之第五宿，在秦汉历中，它于 6 月季夏黄昏出现南天中；星虚是北宫玄武中的黄道 7 宿之中间宿，在秦汉历中，它于 9 月季秋黄昏出现南天；星昴是西宫咸池（后为白虎）的黄道 7 宿之中间宿，在秦汉历中，它被其后的西宫第二宿娄替代，于 12 月季冬黄昏出现南天。我们知道春分点在阳历中出现在 3 月 21 日前后，夏至点在 6 月 22 日前后，秋分在 9 月 23 日前后和冬至点在 12 月 22 日前后，农历应在 2 月、5 月、8 月和 11 月中。然而，根据这些秦汉天文书中的记载，夏商时期的一年四季的仲春、仲夏、仲秋和仲冬等 4 个仲月的校正星宿都晚了一个月，在 4 个季月中见于中天了，尧典因此可能被认为有误。其实，这个误差的原因是两个时期相隔 2000 年，地球和恒星的位置发生了位移，造成岁差。据现代天文学，春分点在公元前 4400 至公元前 2200 年在金牛宫，公元前 2200 至公元 1 年在白羊宫，公元 1 年至现代在双鱼宫（营室、东壁）。由于夏商时的春分点在白羊宫，在当时的农历 2 月、5 月、8 月和 11 月等 4 个仲月的春分、夏至、秋分和冬至四点出现的星宿到了秦汉变成了 3 月、6 月、9 月和 12 月等 4 个季月出现的星宿了。对于这一地球自转轴对背景恒星发生偏移的岁差现象在公元前 2 世纪被古希腊天文学家喜帕恰斯首次发现。中国晋代天文学家虞喜，根据对冬至日恒星的中天观测，独立地发现了岁差。据《宋史·律历志》记载："虞喜云：'尧时，冬至日短星昴，今二千七百余年，乃东壁中，则知每岁渐差之所至。'"岁差这个名词即由此而来。

中华天文学和巴比伦天文学最大的不同是西方 12 宫的排序是向右行（顺时针，东南西北）法和日月五星的视觉轨道是一致的，而中国的黄道 12 辰区"子丑寅卯辰巳午未申酉戌亥"（商代甲骨文中已定次序）的起始次序是从到以左行（逆时针，东北西南）形式排列，和日月五星的运行相逆。12 辰独特的左旋排列的起源应该和左行的恒星北斗七星有关。由于地球在宇宙中逆时针绕太阳和相对于不动的星座移动，根据视运动的原理，我们从地球上看北斗七星（大熊星座）和其他的恒星星座同样是左行旋转的[1]，《淮南子·天文训》写道："紫宫执斗而左旋，日行一度，以周于天，日冬至峻狼之山，日移一度，凡行百八十二度八分度之五，而夏至牛首之山，反覆三百六十五度四分度之一而成一岁。""而升（！斗）日行一度，十五日为一节，以生

---

[1] 地球上观测星空视运动的原理是：动点地球绕定点太阳做圆周运动，一年周天。在定点太阳上看，地球的轨迹是一个圆形，其运动方向是逆时针的。同时，我们从动点地球上看到了太阳和恒星的完全相同运动现象：定点太阳或其他宇宙中的定点恒星的运动轨迹也是圆形的，运动方向也是逆时针的。但是，地球绕太阳的运动是一种真运动，而地球上看到的所谓的太阳和恒星的绕地球的运动则是一种视运动，它是地绕日运动的一种直观反映。

二十四时之变。斗指子，则冬至，音比黄钟。加十五日指癸，则小寒，音比应钟。加十五日指丑，则大寒……加十五日指亥，则小雪，音比无射。加十五日指壬，则大雪，音比应钟。加十五日指子。""斗杓为小岁，正月建寅，月从左行十二辰。咸池为太岁，二月建卯，月从右行四仲，终而复始。……大时者，咸池也。小时者，月建也。天维建元，常以寅始起，右徙一岁而移，十二岁而大周天，终而复始。"和"帝张四维，运之以斗，月徙一辰，复反其所。正月指寅，十二月指丑，一岁而匝，终而复始。"这样看来，中国最早的12辰天区的逆时针排次应该是商代的古代占星学和天文学家按照北斗星的左行轨道确定的[1]。然而，木星、日月及其他行星的运行轨道却是从东、南到西、北的右行（顺时针）方式。因此，它们的轨道在12辰天区中是逆行的：亥戌酉申未午巳辰卯寅丑子。为了使木星轨道和12辰同方向相配合，春秋以来的中国天象学家发明了对应木星（"岁阳"）的假设星体"太岁、岁阴、太阴"：在木星于12辰区中逆行的同时，对应假星太岁在12辰中顺行。由此，古代天文书中一般记录的是太岁假星（不是木星）每年所在的辰位。

　　郭老大胆地推测汉代出现的与12辰的对应木星轨道的"摄提格"等12个岁名为外来词，其发音源于巴比伦文明的苏美尔（文作"酥美"）语或阿卡德语（"亚加德"）的12个星座的发音。然而，从公元

---

[1]　郭沫若当时认为12辰左行和斗建左行并无关系，"斗柄逐十二辰以建十二月，则每辰必为30度之等份。是则12等分制盖创始于淮南术士矣。""在古代历法初步之时，曾以北斗为观象授时之利器……然此与月建之说应当区分……余以为此乃十二辰之真义灭却后，即为黄道周天十二恒星之真义灭却后，后人对于十二辰逆转现象之一说明。此一说明于逆转现象虽巧得解释，然固非十二辰制定时之本意也。"由于目前没有证据支持12辰是12个星座的看法，笔者认为，十二辰和北斗运行方向相同和行星运行相逆是十二辰逆时针排序唯一比较合理的解释。

前 1800 年起，苏美尔语已成为死亡语言，所有的苏美尔词符都被读成阿卡德语（如日文中的汉字被读成日语而不是汉语），他使用的苏美尔星名符号（一些符号读音有多个）可能已经被当地人读成阿卡德语星名。因此，他用的苏美尔星名对应中国的摄提格等 12 个岁名的方法很不可靠。实际上，他在文中（第 254—282 页）给出的中文 12 岁名和楔文（多为苏美尔语）12 星名对照读音，以及《尔雅》中 12 月名对应苏美尔 12 个月名的对照读音（第 303 页）十分勉强或相差甚远，这些读音很难成为他所谓的这些中文岁名和月名术语来自两河流域文明的证据。

　　中国古代世传和出土文献表明中国古代天文学特别注意观测木星的 12 年一周天的现象。郭老在他的文章中大量地引用和讨论了文献中记载的木星 12 年所位于的黄道 12 辰天区和 28 星宿观测标志。这些文献详细地记录了在 12 年的周期中，每年木星第一次在东方升起时所在的月分和同见的星宿（见下表）。由于巴比伦和希腊人使用 12 星宫标志每年的 12 个月以确定太阳（实际是地球）的运行周期年，他们对木星的 12 周期中每年位移的记录很少。因此，我们可以认为用木星 12 年在 12 辰中的运行以校正太阳年和以 28 宿配 12 辰为黄道标志是中国古代天文学的特殊发明；中国的子丑寅卯等 12 辰和摄提格、单阏等 12 岁名起源于国人对木星的 12 年一周期的绕日运行轨道的观测和运用，不可能起源于西方传来的对应每年 12 个月的黄道 12 宫。中国古代天文学在春秋战国时期（公元前 771—前 221 年）与巴比伦天文学和希腊天文学同时进入成熟期。这期间成书的《周礼·春官·宗伯第三》就提到天象师和星占师的第一任务是观测木星 12 岁、12 月和天宫 12 辰："冯相氏掌十有二岁，十有二月，十有二辰，十日，二十有八星之位，辨其叙事，以会天位。冬、夏致日，春、秋致月，以辨四时之叙。保章氏掌天星，以志星辰、日月之变动，以观天下之迁，辨其吉凶。以星土辨九州之地，所封封域，皆有分星，以观妖祥。以十有二岁之相，观天下之妖祥。"《秋官·司寇第五》提到 12 辰、12 岁星等星相符号驱去害鸟的用处："硩蔟氏，掌覆夭鸟之巢。以方书十日之号，十有二辰之号，十有二月之号，十有二岁之号，二十有八星之号，县其巢上，则去之。"

由于木星实际周期是 11.8565 年，它不到 12 年完成周期后，继续前行约 55 天后，到第 13 年正月即另一周期开始时，木星的位置就比它第一年的位置前移 0.15 年。因此，每隔 82.5 年，其周期初始位置就向前移动一个辰区。这一木星前移辰区现象被称为岁星超辰。《史记》《汉书》和《淮南子》都记录了战国时期的天文家石氏观测到木星周期第一年正月时的摄提格岁星的位置是在斗和牛宿间的丑位；而马王堆《五星占》记录了秦始皇元年正月到汉文帝三年（公元前 246—前 176年）共 70 年的木星轨道，这时的摄提格岁星已经前进到下一辰区的（虚、危和）营室宿间的子位。而《汉书》记录了汉武帝的太初历（公元前 104 年）的第一年摄提格岁正月，木星在营室和东壁的亥位，比（战国时）石氏看到的木星初始相位超前了两个辰区（斗、牛 = 丑 = 摩羯宫 ⇒ 女、虚、危 = 子 = 水瓶宫 ⇒ 室、壁 = 亥 = 双鱼宫）。根据木星运行超辰两位需要 165 年计算，石氏记录的木星周期大约出现在战国时期（公元前 104 年 +165= 公元前 269 年）。

刘歆（约公元前 53—公元 23 年）是西汉末古文经学派的开创者、目录学家和最有成就的天文学家。成帝时他为黄门郎，受诏与其父刘向总校群书，哀帝时，曾建议为《左传》《毛诗》《古文尚书》等古文经设立学官，王莽新政，累官至国师，考定了律历。他写的《三统历谱》在中国天文学史上，首次提出了岁星超一辰所需年数的计算方法（他把超辰期误算为 144 年）。《汉书·律历志》主要采自他的著作。据郭老考证：为了摆脱 12 辰左转和木星右行 12 年的互逆性，应该是刘歆发明了纪录木星 12 年周期的 12 次，并把它的使用窜入他所表章的《左传》和《国语》等后出古文书籍。岁星 12 次和 12 辰的配合为：1. 星纪

丑; 2. 玄枵 子; 3. 诹訾 亥; 4. 降娄 戌; 5. 大梁 酉; 6. 实沈 申; 7. 鹑首 未;
8. 鹑火 午; 9. 鹑尾 巳; 10. 寿星 辰; 11. 大火 卯; 12. 析木 寅。

巴比伦、希腊黄道 12 宫（右排序）的黄经度和
中国 12 辰 28 宿（左行）对应表

12. 双鱼座：黄经 330—360/0 度（今春分点）= 1、亥辰：室宿星二，
即飞马座 α，β。东壁宿星二，即飞马座 γ 和仙女座 α。

1. 白羊座 0—30 度，古春分点 = 2、戌辰：奎宿有星 16,9 属仙女座，
7 属双鱼座，娄宿有星三，即白羊座 β、γ、α，胃宿有星三，属白羊座。

2. 金牛座 30—60 度 = 酉辰：昴宿有星七，六属金牛座，毕宿有星八，
七属金牛座，觜宿有星三，属金牛座。

3. 双子座 60—90 度 = 申辰：参宿有星七，均属猎户座，井宿有星
八属双子座。

4. 巨蟹座 90—120 度 = 未辰：鬼宿有星四，属巨蟹座。

5. 狮子座 120—150 度 = 午辰：柳宿有星八，均属长蛇座；星宿有
星七,六属长蛇座，张宿有星六，属长蛇座。

6. 室女座 150—180 度 秋分点 = 巳辰：翼宿有星二十二，第 1 至第
11 属巨爵座，12—14 属长蛇座，轸宿星四，即乌鸦座 γ、ε、δ、β。
角宿有星二，属室女座 α，ζ。

7. 天秤座 180—210 度 = 辰辰：亢宿有星四，为室女座中三等星 κ，
ι，φ，λ，氐宿有星四，均属天秤座 α，η，γ，β。

8. 天蝎座 210—240 度 = 卯辰：房宿（蝎螯）星四，即天蝎座之 π，
ρ，δ，β，心宿（蝎心）星三，即天蝎座 σ α τ。

9. 人马座（射手）240—270 度 = 寅辰：尾宿有星九，均属天蝎座。
箕宿有星四，均属人马座。

10. 摩羯座 270—300 度 = 丑辰：斗宿有星六，均属人马座。牛宿有

星六，均属摩羯座。

11. 宝瓶座 300—3330 度 = 子辰：危宿有星三，第一星即宝瓶座 α，虚宿星二，虚一即宝瓶座 β，虚宿二即小马座 α，女宿有星四，三属宝瓶座。

《淮南子》天文训 / 《吕氏春秋》月纪 = 《礼记》月令记载的木星或太阳 12 月右行黄道 28 宿 12 辰。

星，正月建营室、（东壁）= 16+9 = 25 度，= 亥。孟春之月，日（出）在营室。

二月建奎、娄 =16+12=28 度 = 戌。仲春之月，日在奎。

三月建胃、（昴）=14+11=25 度 = 酉。季春之月，日在胃。

四月建毕、（觜觿和参）：16+2+9=27 度 = 申。孟夏之月，日在毕。

五月建东井、（舆鬼）：33+4=37 度 = 未。仲夏之月，日在东井。

六月建柳、七星、张：15+7+18= 40 度 = 午。季夏之月，日在柳。

七月建翼、（轸）：18+17=35 度 = 巳。孟秋之月，月在翼。

八月建（角）、亢：12+9=21 度，= 辰。仲秋之月，日在角。

九月建（氐）、房、（心）：15+5+5=25 度 = 卯。季秋之月，日在房。

十月建尾、（箕）：11¼+18 = 29¼ 度 = 寅。孟冬之月，日在尾。

十一月建（斗）、牛：26+8 = 34 度 = 丑。仲冬之月，日在斗。

十二月建（婺女）、虚、（危）：12+10+17=39 度 = 子。季冬之月，日在婺女。

《淮南子》天文训：12 辰对 28 宿、北斗左行指 12 辰 24 节；《淮南子》时则训：北斗 12 月指 12 辰。

1. 北方玄武：东壁、营室（春分点）——亥。小雪、大雪。孟冬之月（10 月），招摇（北斗）指亥，其位北方。

12. 西方白虎：娄、奎——戌。霜降、立冬。季秋之月（9 月），招摇（北斗）指戌。其位西方。

11. 西方：毕、昴、胃——酉。秋分、寒露。仲秋之月（8 月），招摇指酉。其位西方。

10. 西方：参、觜觿——申。处暑、白露。孟秋之月（7 月），招摇（北斗）指申。其位西方。

9. 南方朱雀：舆鬼、东井（夏至点）——未。大暑、立秋。季夏之月（6 月），招摇（北斗）指未，其位中央。

8. 南方：张、七星、柳（＝注）——午。夏至、小暑。仲夏之月（5 月），招摇指午。其位南方。

7. 南方朱雀：轸、翼——巳。小满、芒种。孟夏之月（4 月），招摇（北斗）指巳，其位南方。

6. 东方青龙：亢、角——辰。谷雨、立夏。季春之月（3 月），招摇（北斗）指辰，其位东方。

5. 东方青龙：心、房、氐星（底抗＝天秤）——卯。春分、清明。仲春之月（2 月），招摇指卯。其位东方。

4. 东方青龙：箕、尾（＝蝎尾）——寅。雨水、惊蛰。孟春之月（1 月），招摇（北斗）指寅。其位东方。

3. 北方玄武：牵牛（河鼓星）、斗（建星）——丑。大寒、立春。季冬之月（12 月），招摇指丑。其位北方。

2. 北方玄武：危、虚、婺女——子。北斗之神有雌雄，十一月始建于子，月从一辰。雄左行，雌右行。冬至、小寒。仲冬之月（11 月），招摇指子，其位北方。

《史记》律书：8 风，右行 12 辰对 28 宿；
《汉书》律历志：音律左行 12 辰。

1. 西北风（起）10 月：东行（右行顺时针）至东壁、营室、危——亥。音律：应钟位于亥，在十月。

12. 西风起 9 月：北至于胃、娄、奎——戌。汉书音律：亡射位于戌，在九月。

11. 西南风起 8 月北至于留（昴）；起 7 月：北至于浊（毕）——酉；音律：南吕位于酉，在八月。

9. 西南风起 6 月：北至于罚（觜觿）和参——申。汉书音律：夷则位于申，在七月。

8. 南风起 5 月：西至于弧星（舆鬼）、（天）狼——未。汉书音律：林钟位于未，在六月。

7.（东南风）七星、张、注（柳）——午。汉书音律：蕤宾位于午，在五月。

东南风起 4 月：西至于轸、翼、——巳。汉书音律：中吕位于巳，在四月。

6. 东风起 3 月：南至于亢、角——辰。汉书音律：姑洗位于辰，在三月。

5. 东风起 2 月：南至于（心、房、）氐——卯。汉书音律：夹钟位于卯，在二月。

4. 东北风起正月：南至于箕、尾、心、房——寅。汉书音律：太族位于寅，在正月。

3. 北风起 12 月：东至牵牛、建星（＝斗）——丑。汉书音律：大吕位于丑，在 12 月。

2. 北风起 11 月：东至于虚、须女——子。汉书音律：黄钟始于子，在 11 月。

汉代文献中木星 12 岁位置和 12 辰、28 宿对应表

（北斗、12 辰和木星对应假星太岁左行，岁星和 28 宿右行）

汉书天文志：太初元年即公元前 104 年，超石氏时代两辰	马王堆帛书五星占：秦始皇到汉文三年（公元前 246—前 176 年）超石氏时一辰	史记·天官书、历书：= 石氏星相，约公元前 328—411 年	汉书：石氏和甘氏星相（= 史记·天官书）（可能甘氏年代略早）	淮南子·天文训=石氏，正月 = 史记三月，可能将春分点的三月改为正月
1. 太岁在寅曰摄提格。岁星正月晨出东方。"太初历"在营室、东壁。（亥）	2. 其明岁以二月与东壁晨出东方，其名为单阏（秦始皇 2 年）。（亥）。	3. 执徐岁：星居亥。以三月与营室、东壁晨出，曰青章。太初三年闰 13 月。	在辰曰执徐。三月出。"石氏"曰名青章，在营室、东壁（亥）。"甘氏"同。	3. 太阴在辰，岁名曰执除，岁星（在亥）舍营室、东壁，以正月与之晨出东方。
2. 在卯曰单阏。二月出，"太初"在奎、娄（戌）。	3. 其明岁以三月与（奎、娄）胃晨出东方，其名为执徐（戌）（秦始皇三年）。	4. 大荒骆岁：星居戌。以四月与奎、娄（戌）出，曰跰踵。太初四年,12月。	在巳曰大荒落，四月出，"石氏"曰名路踵，在奎、娄。"甘氏"同。	4. 太阴在巳，岁名曰大荒落，岁星（在戌）舍奎、娄，以二月与之晨出东方。
3. 在辰曰执徐。三月出，"太初"在胃、昴、（毕）。（酉）。	4. 其明岁以四月与（昴）、毕晨出东方，其名为大荒落（酉）（秦始皇四年）。	5. 敦牂岁：星居酉。以五月与胃、昴、毕晨出，曰开明。天汉元年，十二月。	在午曰敦牂，五月出。"石氏"曰名启明，在胃、昴、毕。"甘氏"同。	5. 太阴在午，岁名曰敦＜牂＞，岁星（在酉）舍胃、昴、毕，以三月与之晨出东方。
4. 在巳曰大荒落。四月出，"太初"在（觜）、参、罚（申）。	5. 其明岁以五月与（觜觽、参）、东井晨出东方，其名为敦牂。（申）（秦始皇五年）。	6. 叶洽岁：星居申。以六月与觜觽、参晨出，曰长列。协洽。天汉二年闰 13 月。	在未曰协洽，六月出，"石氏"曰名长烈，在觜觽、参。"甘氏"在参、罚（觜觽）	太阴在未，岁名曰协洽，岁星（在申）舍觜、参，以四月与之晨出东方。
5. 在午曰敦牂。五月出，"太初"在东井、舆鬼。（未）。	6. 其明岁以六月与（舆鬼）、柳晨出东方，其名为协洽。（未）（秦始皇六年）。	7. 涒滩岁：星居未。以七月与东井、舆鬼晨出，曰大音。天汉三年，十二月。	在申曰涒滩。七月出。"石氏"曰名天晋，在东井、舆鬼。"甘氏"在弧（井）。	太阴在申，岁名曰涒滩，岁星（在未）舍东井、舆鬼，以五月与之晨出东方。

汉书天文志：太初元年即公元前104年，超石氏时代两辰	马王堆帛书五星占：秦始皇到汉文三年（公元前246—前176年）超石氏时一辰	史记·天官书、历书：=石氏星相，约公元前328—411年	汉书：石氏和甘氏星相（=史记·天官书）（可能甘氏年代略早）	淮南子·天文训=石氏，正月=史记三月，可能将春分点的三月改为正月
6. 在未曰协洽。六月出、"太初"在注、张、七星。（午）。	7. 其明岁以七月与（七星）、张晨出东方，其名为涒滩。（午）（秦始皇七年。吕氏春秋·序意："维秦八年，岁在涒滩"有一年误）。	8. 作鄂岁：星居午。以八月与柳、七星、张晨出，曰长王。天汉四年，十二月。	在酉曰作詻八月出。"石氏"曰名长壬，在柳、七星、张。"甘氏"在注（即柳）、张。	太阴在酉，岁名作鄂，岁星（在午）舍柳、七星、张，以六月与之晨出东方。
7. 在申曰涒滩。七月出。"太初"在翼、轸。（巳）。	8. 其明岁〔以〕八月与（翼）、轸晨出东方，其〔名为作鄂〕。（巳）（秦始皇八年）。	9. 阉茂岁：星居巳。以九月与翼、轸晨出，曰天睢。太始元年闰，13月。	在戌曰掩茂。九月出，"石氏"曰名天睢，在翼、轸（巳）。"甘氏"在七星、（张）、翼。	太阴在戌，岁名曰阉茂，岁星（在巳）舍翼、轸，以七月与之晨出东方。
8. 在酉曰作詻八月出。"太初"在角、亢。（辰）。	9. 其明岁以九月与（角）、亢晨出东方，其名为阉茂。（辰）（秦始皇九年）。	10. 大渊献岁：星居辰。以十月与角、亢晨出。太始二年，十二月。	在亥曰大渊献十月出，"石氏"曰名天皇，在角、亢始。"甘氏"在轸、角、亢（辰）。	太阴在亥，岁名大渊献，岁星（在辰）舍角、亢，以八月与之晨出东方。
在戌曰掩茂。九月出。"太初"在氐、房、心。（卯）。	其明岁以十月与（氐、房、）心晨出〔东方〕，其名为大渊献。（卯）（秦始皇十年）。	11. 困敦岁：星居卯。以十一月与氐、房、心晨出，曰天泉。太始三年闰13月。	在子曰困敦。十一月出，"石氏"曰名天宗，在氐、房始（卯）"甘氏"同。	太阴在子，岁名困敦，岁星舍氐、房、心（卯），以九月与之晨出东方。
在亥曰大渊献。十月出。"太初"在尾、箕。（寅）。	11. 其明岁以十一月与（尾、箕）、斗晨出东方，其名为困敦。（寅）（秦始皇十一年）。	12 赤奋若岁：星居寅。以十二月与尾、箕晨出，曰天皓。太始四年，十二月。	在丑曰赤奋若。十二月出，"石氏"曰名天昊，在尾、箕（寅）。甘氏在心、尾。	12. 太阴在丑，岁名曰赤奋若，岁星（在寅）舍尾、箕，以十月与之晨出东方。

续表

汉书天文志:太初元年即公元前104年,超石氏时代两辰	马王堆帛书五星占:秦始皇到汉文三年(公元前246—前176年)超石氏时一辰	史记·天官书、历书:=石氏星相,约公元前328—411年	汉书:石氏和甘氏星相(=史记·天官书)(可能甘氏年代略早)	淮南子·天文训=石氏,正月=史记三月,可能将春分点的三月改为正月
11. 在子曰困敦。十一月出、"太初"在建星(斗)、牵牛。(丑)。	12. 其明岁以十二月与与(牛)、婺女晨出东方,其名为赤奋若。(丑)(秦始皇十二年)。	1. 摄提格岁:岁星右转居丑。正月,与斗、牵牛晨出东方,名曰监德。太初元年(十一月甲子冬至点)十二月。	太岁在寅曰摄提。岁星正月晨出东方,"石氏"曰名监德,在斗、牵牛。甘氏在建星、婺女。	1. 太阴(左转)在寅,岁名曰摄提格,其雄为岁星(在丑),舍斗、牵牛,以十一月与之晨出东方。
12. 在丑曰赤奋若。十二月出。"太初"在婺女、虚、危。(子)。	1. 岁星以正月与(虚、危、)营室晨出东方,其名为摄提格。(子)。	2. 单阏岁:星居子。以二月与婺女、虚、危晨出,曰降入。太初二年十二月。	在卯曰单阏。二月出,"石氏"曰名降人,在婺女、虚、危(子)。甘氏在虚、危。	2. 太阴在卯,岁名单阏,岁星(在子)舍须女、虚、危,以十二月与之晨东方。

二、两河流域文明天文学和黄道12宫的起源

　　与中华文明一样,两河流域天文学对太阳和月亮运行观察的成果是制定了协调太阳年和月本位阴历年(太阴历)的阴阳历合用的农业历法。这种农业历法(阴阳合历)解决了因为12个月共354.3672天的阴历年比365.2422天的阳历年短11天而农业节气无法固定的太阴历的缺欠。通过观察太阳运行周期,古人发现12个月周期大约等于一个太阳周期"年",因此将12个月定为1年,我们称为阴历年。由于每个月相周期实际为29.5306天(29天半),因此在阴历年中,12个月必须分为6个30天的大月和6个29天的小月。由于阴历年12个月

为 354.3672 天，比太阳周期年少了 11 天，两河流域天文学者根据经验和对每年季节的计算，每 3 年或两年就要设置一个 13 个月的闰年，闰年中增加的一个 29 或 30 天的闰月一般放在年末（第 13 个月）或年中（第 6 月），以补足 3 个阴历年比 3 个太阳年减少了的 33 ³/4 天数。这种带有闰月的历法被称为阴阳合历或农历。两河流域文明在制定阴阳合历时一定尝试过多种闰月添加法。根据古代中国、古希腊和犹太国家的阴阳合历的实践和两河流域的文献，我们认为两河流域文明也发现了在古代世界得到广泛应用的在 19 年中加 7 个闰月的做法 [1]。根据出土的乌尔第三王朝（公元前 2010—前 2003 年）的行政管理文件，我们对乌尔第三王朝时期的闰月应用进行了调查 [2]。我们的统计表明从舒勒吉 24 年到 48 年共 25 年中，乌尔城和国家贡牲中心的年历中共加了 10 个闰月。这表明在前 19 年中加了 7 个闰月，另外 6 年中加了 3 个闰月（或是 10 年加 4 个闰月法）。我们还发现从阿马尔辛元年到伊比辛 4 年共 22 年期间，拉旮什城的天文历法学家共添加了 8 个闰月，这表明前 19 年加了 7 个闰月，后 3 年加了一个闰月。两河流域国家制定的阴阳

---

[1]　由于每满 3 年后，阴历比阳历少 33 ¾ 天，每隔 2 年或隔 1 年要加一个 29 或 30 天的闰月。古代中国、希腊和犹太等文明古国的阴阳合历都使用了较精确的 19 年周期加 7 闰月的方法。《淮南子·天文训》："月日行十三度七十六分度之二十六，二十九日九百四十分日之四百九十九而为月，而以十二月为岁。岁有余十日九百四十分日之八百二十七，故十九岁而七闰。"其现代计算如下：一个天文朔望月平均是 29.5306 日，12 个月为 354.3672 日。一个太阳回归年是 365.2422 日，可分为 12.368 个朔望月，0.368 小数部分的渐进分数是 1/2、1/3、3/8、4/11、7/19、46/125，即每两年加一个闰月，或每 3 年加一个闰月，或每 8 年加三个闰月，或 11 年 4 个闰月，19 年 7 个闰月等等，分母越大，越接近这个小数。实际应用上，19 年加 7 个闰月比较合适。因为 19 个太阳回归年 = 6939.6018 日，而 19 个农历年（加 7 个闰月后）共有 235 个朔望月（228+7）共 6939.691 日，这样农历年基本上和太阳年同步了。由于每个朔望月为 29.5306 日，7 个闰月中，应该有 4 或 3 个月是 30 天，另外 3 个或 4 个月为 29 天。

[2]　Wu Yuhong, *The Calendars Synchronization and Intercalary Months in Umma, Puzriš-Dagan, Nippur, Lagash and Ur During Ur III Period*, Journal of Ancient Civilizations, vol. 17（2002），pp. 113-134, see p. 124.

合历法既保留了以月相位为时间单位的古老传统，又使一年中的日数基本上对应于太阳的运行轨道，从而固定了春夏秋冬四季和农业节气在历法中的位置，为全国人民提供了生产不可缺少的、以准确的节气为核心的农业历法。按季节进行农业生产的实践使农作物获得最好的光和热，能够茂盛成长，保证了农业丰收。可以说精确的天文历法知识是两河流域文明农业生产快速发展的必要条件之一。

从苏美尔人开始，两河流域各城邦的历法都给每个月命以与宗教和农业生产有关的名称，以名称而不以序号定义每个月。开始于宗教中心尼普尔、后被巴比伦全国使用的尼普尔—巴比伦历法的第一个月的阿卡德语名字叫尼萨奴月（arah Nisanu "首祭之月" = 苏美尔月名 iti-bará-zag-ĝar "神座椅被置于圣殿之月"），大体相当于公历的 3—4 月。虽然巴比伦人的阿卡德语月份的名称来源于塞姆语，但它们的书写却一直借用了古老的尼普尔城邦的苏美尔语月名符号，可见苏美尔文明对巴比伦文明的深刻影响。两河流域古老的巴比伦历法的 12 个月名直到楔形文字死亡后仍然在近东地区延续使用：从公元前 700 年开始，巴比伦历的 12 个月名就被长久保持古塞姆语传统的犹太民族一直使用到现在，从没间断过。

古代的天文学和古人用天体变化预测未来的占星术是孪生兄弟。占星术和其他占卜术是古人用来作为决定重大国事的依据。两河流域的天文学正是在巴比伦和亚述的占星祭司观察和记录天体运行过程中发展起来的。两河流域的天文观测作为世界最早的天文记录达到了很高水平。成文于公元前 1000—前 686 年之间的巴比伦天象文献《犁星》（MUL-APIN 见下表）把天空划分成三个天道或区域，分别命名为"水神埃阿天道""天神安努天道"和"神王恩利勒天道"。巴比伦人和亚述人的天文祭司按三个天道区记载了他们所能看到的星座。恩利勒天道区有 33 个星座，包括大熊座、小熊座等；安努的天道区包括 23 个星座，有天马（两河流域"田地"）、双鱼、白羊（"雇工"）、仙后等；埃阿天道区有 15 个星座。全文共有 71 个星座和星体。安努天道的诸星接近于天球赤道或中分道，恩利勒天道诸星位于其北方的天空而埃阿天道的诸星位于其南方的天空 [1]。

从古巴比伦时期（约公元前 1800—前 1500 年）就开始有天文占卜的文献出现。一件命名为《对夜空诸神祈祷文》列举了一些星名，目前只有两个古巴比伦版本和一个赫梯人翻译的版本为今人所知。其中的赫梯泥板中的第 43—46 行记录了 17 颗星。其中的后 12 颗星属于公元前一千纪中的巴比伦《星盘》天文泥板中"埃阿天道"中的星座（见下表）。可见在古巴比伦时期，两河流域的天文学已经获得了初步的成就。郭沫若首次对此表中的 17 颗星与西方和中华传统中星宿进行了比较研究。

公元前一千纪初，巴比伦学者已经对星空有了比较科学的掌握和研究。他们把天空划分三个天道，把每个天道中的 12 标志星和 12 个月搭配以校正每年 12 个月的开始日、5 日、10 日、15 日或 25 日的准确时间。1900 年，亚述学者品克斯（Pinches）首次发现这种 12 个星座和 12 个月份的组合方式被记录在几块注释天象学系列泥板《当天神和恩利勒神……》和天象占卜的泥板文书中，他把整理后的每月之星文件命名为《星盘》（Astrolabes）。后来又发现了早于《品克斯的星盘》（Pinches Astrolabe，写于公元前 720 年左右）的把星体和 12 个月关联的天文学文件《星盘乙本》（Astrolabe B，写于巴比伦王 Ninurta-apil-Ekur 统治期：公元前 1190—前 1178 年）。这些星盘文献把天空划分为三个天道，每个天道在每个月都有一个标志星在空中升起。星盘文献按 1—12 月的次序，以"三星于一月"的分组，给出了每月的三个天道的星，形成 12 个三星一组，共 36 个星的组合（见下表）。这样太阳的周期被设

---

[1] 本文的天文学知识源自航格尔和平格瑞：《两河流域星相科学》（H. Hunger and D. Pingree, *Astral Sciences in Mesopotamia*, Leiden, 1999）。巴比伦的各星名是作者由楔形文字原名翻译成中文。

定为 360 度圆周，每月的星座被理想地定为占 30 度（实际上各有差别），代表 30 天，形成天道 12 星座代表一年 12 个月的占星和天文理论。由于星盘中各星时空位置可能是部分根据神话、部分根据天文学知识，每月的标志星的出现并不完全准确，而且一些星座所属天道和它们在天文学文献《犁星》中的天道不一致。但是，这种把天空划为分区、以 12 个月时间标志、以 12 个星座为空间（天区）标志的观察方法被希腊人所继承和发展，成为现代还在使用的星象学和天文学的黄道 12 宫（到现代都产生了位移）。类似的方法在古代中国被称为 12 辰。把黄道（太阳道）分成长度相等的 12 个区域（即黄道 12 宫）并以 12 星座为标志对应太阳运行周期 12 个月的理论实践还证实在公元前 7 世纪亚述占星学者向国王提出占卜建议的一批信件中（SAA 8）[1]。这表明用 12 星座标记日月五星运行轨道周期的概念同样流行于两河流域北部的亚述地区。其中一些预言是占星术学者们提示国王注意当黄道标志星座和月（或月光晕）或五大行星在黄道上相遇时将预兆的各类吉凶事件。

《巴比伦星盘》：一年 12 个月各月和对应的三个天道升起的 12 颗星

月	2 千纪赫梯泥板（无月）	埃阿天道中每月升起的星（希腊星名）：南天空		安努天道每月升起的星：中天空		恩利勒天道中每月升起星：北天空	
		星盘乙	品克斯星盘	星盘乙	品克斯星盘	星盘乙	品克斯星盘
i	5. 田地	天神宫田地（＝天马座）	同	Dilbat 金星	同	犁（三角座）	同
ii	6. 诸七星（昴）	诸七星（金牛座）	同	蝎子	老人	阿努尼图女神	同

[1] 航格尔:《写给亚述王们的占星报告》(H. Hunger, *Astrological Reports to Assyrian Kings*, *SAA* 8, Helsinki University Press, 1992), 赫尔辛基 1992 年版。

月	2千纪赫梯泥板（无月）	埃阿天道中每月升起的星（希腊星名）：南天空		安努天道每月升起的星：中天空		恩利勒天道中每月升起星：北天空	
iii	7.牛颚（毕）	天神王冠牛颚	天宠牧户	天秤	狮子	神蛇	同
iv	8.天宠牧户（参）	天宠牧户宁舒布尔	箭	张口狮	(小)双子	车乘	舒勒帕埃神木星
v	9.箭（天狼）	宁乌尔塔的箭	弓	老人	大双子	【手棍】	车乘
vi	10.弓（弧或张，长蛇座）	埃兰的伊南那的弓	肾=埃瑞杜	燕子（双鱼）	乌鸦(乌鸦座=轸,近室女)	母山羊	手棍
vii	11.蝎子（房心尾）	（埃阿）埃瑞杜=肾星或恩利勒车轭	大母神	【狮子】	天秤	狼（=三角座α）	冬季毛皮鼠
viii	12.天鹰（=河鼓，近宝瓶）	大母神	狂犬	【小双子】	蝎子	天鹰	王
ix	13.鱼（南鱼座，近摩羯座）	狂犬（天狼座）	*Sāl-bât-ānu* 火星	大双子	张口狮	达穆神	母山羊
x	gašam mah 大母神	*Sāl-bât-ānu* 火星=狼星	大星	天蟹	天蟹	舒勒帕埃神=木星	天鹰（河鼓，近宝瓶座）
xi	15.张口<狮><ud>ka-duh-ha	冬季毛皮鼠（或扎巴巴的天鹰）	努穆什达神	乌鸦（乌鸦座=轸,近室女）	燕子（双鱼）	狐狸	达穆神
xii	16.(鱼身)山羊(摩羯=牛宿) 17.马尔图神	鱼（=南鱼座，近摩羯座）	同	渡口=木星	马尔杜克木星	南方车轭	狐狸

公元前 10 世纪至前 7 世纪间的巴比伦天文文献《犁星》（MUL-APIN，公元前 7 世纪的抄本）详细记载了三个天道中各星座或星（各天道的星都超出 12 个）的位置，共记录了 70 个星座和星。800 年后，罗马帝国所属埃及的希腊天文学家托勒密（Claudius Ptolemaeus，约公元90—168 年）对巴比伦星座和它们名称进行修订、补充和重新划分，完成了 48 星座命名和编定。托勒密的 48 星座成为现代天文学星座命名法的基础和起点。

《犁星》泥板一第 6 表格记录的白道（月亮轨道）上的 17 星座都基本上符合现代天文学的观察（见下表），而且黄道 12 宫的全部星座都在其中，是历史上最早的关于 12 宫的记载。这证实了希腊天文学家总结的黄道十二宫理论起源于巴比伦。巴比伦人提出了黄道十二星座基本上互相隔离 30 度角度（天秤座例外），把明亮的红巨星毕宿五和心大星（Aldebaran and Antares）作为金牛座和天蝎座的中心。郭沫若对巴比伦白道（"月躔"）和中国古代星宿进行了精到的研究，并提到西方研究观点认为：希腊十二宫开始于白羊座是因为于公元前 800 年左右巴比伦天文学传入希腊的时间而其时春分点已在白羊座；巴比伦白道12 星开始于金牛座（昂、毕）可能是因为在它建立时，春分点在这一星座中，其时为公元前 2000 年之前。

《犁星》泥板一表 6 中的白道（月亮轨道）17 星与黄道 12 宫和中华 28 宿对应表

巴比伦月亮白道 17 星	亚述和巴比伦占星学者写给亚述王星占信件中的黄道 12 宫（SAA 8 的文献编号）	对应希腊黄道 12 宫和附近星座（序号为 12 宫）	对应中国黄道 28 星宿
1. 诸（七）星（安努天道）Pleiades,	月近诸星 50, 72, 273, 296, 351, 443, 455, 529, 531, 548；金星在诸星 no 282, 536；木星与诸星晨出 236, 水星在诸星 454, 486	黄道 2. 金牛座 η + M45 = 诸星, 古巴比伦春分点	昂

巴比伦月亮白道 17 星	亚述和巴比伦占星学者写给亚述王星占信件中的黄道 12 宫（SAA 8 的文献编号）	对应希腊黄道 12 宫和附近星座（序号为 12 宫）	对应中国黄道 28 星宿
2. 天牛星	月在天牛 no 68,459，金星在天牛 no 461，水星昏出天牛 no 503	2. 金牛座	昴、毕、觜觿
3. 天之真牧户（= 宁舒布尔 = 帕坡苏卡勒）	金星在天之真牧户 no 255,302，月在天之真牧户 no 451	猎户星座（Ori 近金牛双子）	参
4. 老人星（转恩利勒天道）	月在老人，SAA 8, 30 112, 408，火星在老人 no 216, 400	英仙座（Per. 近金牛和白羊）	（天船）
5. 羊勾星 GÀM		御夫座（Aur 近金牛双子）	（天五潢）
6. 大双子星（神那布和马尔杜克）	木星在双子 no 84，月在双子 no 112, 124，火星与双子星晨出 no 341	黄道 3. 双子座	东井星
7. 蟹星	月在蟹 no 6, 20, 55, 124, 178, 299, 301, 317, 428-29, 460, 482, 494, 543；土星在蟹 no 39, no 144 火星在蟹 no 80, 101, 113, 380, 452, 462；金星在蟹 no 175, 247，水星与蟹晨出东 no 4771	黄道 4. 巨蟹座	舆鬼星（= 弧）、柳（注）
8. 狮子星 8' 王星 =Regulus, 狮子座 α	王星 no 40，木星在王星 no 489；月在王星 no 41，no 181, 205, 278, 283, 299, 301-02, 363, 494，火星在狮子 no 45, 81，木星在狮子 no 54，木星与狮子晨出 no 144, 228, 289，水星在狮子 no 146, 337, 427，土星在狮子 no 180, 324，金星与狮子晨出东 no 246	黄道 5. 狮子座	柳、七星、张
9. 垄沟（或女阴）星（回安努天道）	月在垄沟星，no 82, 378，水星与垄沟晨出 no 325，金星在垄沟星，no 327	黄道 6. 处女座 α	翼、轸、角、亢
10. 天秤星 zibanitu：	土星进天秤 no 386	黄道 7. 天秤座	氐星

巴比伦月亮白道 17 星	亚述和巴比伦占星学者写给亚述王星占信件中的黄道 12 宫（SAA 8 的文献编号）	对应希腊黄道 12 宫和附近星座（序号为 12 宫）	对应中国黄道 28 星宿
11. 蝎子星（转南到埃阿天道）	火星在蝎子星 SAA 8, 53，85，219，387，金星进蝎子星或蝎子胸（房）no 55, no 185，月在蝎子星 no 66, 147, 307，377，430，水星在蝎子 no 371，504，545；土星在蝎子 no 386，	黄道 8. 巨蟹座 α 星，心宿大星 Antares	房、心、尾（＝蝎胸、心和尾）
12. 帕比勒桑神	金星在帕比勒桑 SAA 8, 51，火星在帕比勒桑 no 52，木星与帕比勒桑晨出 no 356, 369，水星在帕比勒桑 no 381	黄道 9. 人马座（射手）	箕、斗星
13. 鱼身公山羊星	水星在鱼身山羊（水神埃阿的宠物）no 73	黄道 10. 摩羯座	牵牛宿
14. 古拉女神（医神水瓶）		黄道 11. 宝瓶座 α 星	婺女、虚、危
15. 燕子星的双尾	（安努天道）今春分点	黄道 12. 双鱼座 λ 星：	营室、东壁（今春分）、奎
16. 阿努尼图女神	金星在阿努尼图女神 no 357, 538	双鱼座之东鱼 ζ 星	
17. 雇工星 lú-huĝ-ĝa	月在雇工 no 412；水星在雇工 no 505	黄道 1. 白羊座 古春分点	娄、胃

《犁星》MUL-APIN 天文泥板中的三个天道中的星和星座名及现代识别（D. Pingree, *Enuma Anu Enlil Tablets 50-51*）

1. 恩利勒天道（北天空）33 星对应希腊星

1. 犁星 MUL-APIN＝希腊三角座，2. 狼星＝三角座 α 星，3. 老人星＝英仙座，4. 羊勾棍星 GÀM＝御夫座，5. 大双子星，6. 小双子星＝双子座，7. 蟹星＝天蟹座，8. 狮子星＝狮子座，9. 王星狮子 α 星 Regulus

正在黄道上，10. 狮尾闪星群 = 狮子 21 星，11. 椰枣叶星 = 后发 γ，12.（驱羊）手棍星 = 牧夫座，13. 丰富星 = 后发的部分，14. 尊严星 = 北王冠。以下 15—32 均为环绕北极星的星，不属于窄天道，在北方天空：15. 车乘 = 大熊座，16. 狐狸星，17. 大车之轴 = 小熊座 80—86，18. 母绵羊星 = 牧夫的北部，19.（恩利勒的）天车之车辋 = 小熊座，20. 母神庙之世子 = 北极星，（21—22）. 站侍诸神和坐着诸神（不是星？），23. 母山羊 = 天琴座，24. 狗 = 武仙座，25. 巴巴女神的天使：母山羊的亮星 = 天琴 α，26. 宁萨尔和大埃拉 = 天琴 ζ 和 ξ 星，27. 张口狮 = 天鹅加仙王一部分，28. 达穆神的猪 = 天龙座，29. 马 = 天龙座，30. 鹿 = 仙女座，31. 虹神的田鼠 harriru：鹿胸前闪星 = 仙女座，32. 蛇口吞食：鹿肾处红星 = 仙女 β 星，33. 马尔杜克神王 = 宙斯 = 朱皮特神王 = 木星（仿宋字表示行星）。

2. 天神安努天道（中天）22 星对应希腊星

1. 埃阿王座田地 = 天马座 + 仙女 α，2. 燕子 = 双鱼的西鱼 + 天马西部，3. 阿努尼图女神 = 双鱼座之东鱼，4. 雇工 = 白羊座，5. 诸七星（大神们）= 金牛座 η + = 七星（中国昴宿），6. 天牛 = 金牛座，7. 牛颚（天神王冠）= 金牛 α + 五仙女 Hyades = 毕宿五，8. 天牧户（天神和伊南那的使节宁舒布尔）= 猎户星座，9. 蜜户和拉塔尔拉克神 = 双子座 α 和 ξ 星，10. 王雉鸟 = 小犬星座，11.（宁乌尔塔之）箭 = 大犬星座 α 星，12.（埃兰伊南那女神的）弓 = 大犬 τ、δ、σ 和 ε，13. 神蛇 = 长蛇座，14. 乌鸦 = 乌鸦座，15. 垄沟 / 女阴 = 处女座 α，16. 天秤：蝎子双角 = 天秤座，17. 扎巴巴战神的鹰 = 天鹰座，18. 呆人或狂人 = 海豚座？，以下是行星：19. 迪勒巴特女神 = 爱女神 = 金星，20. *Sāl- b/mât-ānu* "斗" 星 =Ares 战神 = 火星，21. 追随者 = 提坦父神 = 土星，22. 跳跃者 = 速行者 = 水星。

3. 水神埃阿天道（南天）15 星对应希腊星

1. 鱼＝南鱼星座，2. 古拉（女神）＝水瓶座，3. 埃瑞杜（埃阿庙城）＝肾＝船尾座，4. 大母神＝船帆座，5. 冬季毛皮或大鼠（阿卡德语）＝半人马座，6. 田耙＝船帆座东部，7. 舒拉特和哈尼什神＝半人马座 μ 和 ε 星，8. 努穆什达神＝半人马 η 星或 κ 星，狂犬＝天狼座，10. 蝎子＝天蝎座，11. 里悉神：在蝎胸＝天蝎座 α 星，12. 沙尔乌尔和沙尔峇兹神：在蝎尾＝天蝎座 γ 和 υ 星，13. 帕比勒桑神＝人马座，14. 仪式船＝人马座 ε 星，15. 鱼身公山羊（埃阿的宠物）＝摩羯座。

罗马帝国埃及希腊人天文学家托勒密确定的 48 星座

仙女座 | 宝瓶座 | 天鹰座 | 天坛座 | 南船座 | 白羊座 | 御夫座 | 牧夫座 | 巨蟹座 | 大犬座 | 小犬座 | 摩羯座 | 仙后座 | 半人马座 | 仙王座 | 鲸鱼座 | 南冕座 | 北冕座 | 乌鸦座 | 巨爵座 | 天鹅座 | 海豚座 | 天龙座 | 小马座 | 波江座 | 双子座 | 武仙座 | 长蛇座 | 狮子座 | 天兔座 | 天秤座 | 豺狼座 | 天琴座 | 蛇夫座 | 猎户座 | 飞马座 | 英仙座 | 双鱼座 | 南鱼座 | 天箭座 | 人马 / 射手座 | 天蝎座 | 巨蛇座 | 金牛座 | 三角座 | 大熊座 | 小熊座 | 室女座

三、结论

两河流域文明早在公元前三千纪就通过 12 个月加闰月的方法将月亮的运行周期和太阳运行周期完美结合起来，形成了阴阳合用的农历，后来，学者们在计算模式中又提出了每个理想月为 30 天，一个理想年有 360 天的理论，从而在理论上提出了脱离月亮周期而和太阳运行周期关联的新的"月"的概念，为后世的古典世界中太阳历的建立打下了基础，成为希腊人优克泰蒙（Euctemon）的太阳历的前驱模式[1]。同时，12 个月 360 天的理想年又使巴比伦的天文占星学家将太阳的黄道划为对应 12 个月的 360 度圆周，每个月的天空有一个特定星宿作为标志，从而形成了每宫 30 度的黄道 12 宫概念。公元前 10 世纪起源于巴比伦的黄道十二宫在天文学史上的伟大意义是它开启了数学天文学殿堂的大门。巴比伦数学天文学在公元前 3—前 2 世纪的希腊化塞琉古王朝统治下的两河流域发展到顶峰。

　　巴比伦人在公元前 10—前 5 世纪逐渐形成了以《犁星》和天文占星学文献为代表的天文学理论和方法。他们用假象的线条将星座内的主要亮星连起来，把它们想象成动物或人物的形象的星座关联观察方法和命名体系，以及用 12 个标志星座校定太阳年的 12 个理想月的天文理论和实践后被传播到希腊、希腊化埃及、罗马和印度。巴比伦天文学理论传到古希腊以后，推动了古希腊天文学的发展。古希腊天文学家们对巴比伦星座进行了补充和发展，编制出了古希腊语的星座表。公元 2 世纪，罗马埃及的希腊人天文学家托勒密借鉴了巴比伦的天文成就，编定了 48 个星座。其中许多保留了原来的巴比伦星座的译名，另一些则结合希腊神话给它们起了新的希腊名字，这些星座名称一直使用到近代，成为现代天文学的基础。和巴比伦星座一样，希腊神话故事中的 48 个星座大都居于北方天空和天琴赤道的南北侧。因此，我们认为天文学最早起源于两河流域文明的说法是比较科学和可靠的。

　　在论及西方黄道 12 宫的起源时，郭沫若正确地指出这一周天分区

---

[1]　感谢东北师范大学数学系史宁中教授向本文作者指出两河流域文明所发明和使用的 6 进位和 60 进位数字的起源应该是阴历年一年 12 个月（6 为 12 的一半）；60 为 10 和 12 的最小公倍数，可以被 1-6、10、12、15、20、30 等数字整除。见史宁中：《数学思想概论》，东北师范大学出版社 2008 年版，第 13—17 页。本文作者为了论证一年 12 个月进一年是两河流域和古典世界的天球黄道 12 宫以及中国文明中的地支 12 辰的源由而写成了这一论文。

体系起源于巴比伦。然而，他试图证明在殷商时期，黄道 12 宫天文体系从两河流域传入中华文明并且变为中国的 12 辰是不成功的。他认为："（中国的）巴比伦星历系殷之先人由西方携来，抑系西人于殷代时之输入，此时殊难断论。……12 岁名与巴比伦之星名相符，此当与十二辰之制定同时输入。盖以十二辰本为观察岁星而设，故乃以岁星所在之星即为该岁之岁名。"然而，根据目前的证据，我们知道两河流域将周天分成 12 区并对应一年 12 个月的实践不会早于公元前 1200 年，而中国的使用 10 干和 12 支（辰）的 60 记日系统的殷商甲骨文写于公元前 1500—前 1100 年期间；而且两河流域文明和中华文明两地之间的空间跨度甚大且语言很难沟通。因此从时间、空间和语言来看，这种可能性是不大的。考虑到中华 12 辰和西方 12 宫的旋转方向不同，巴比伦白道 17 星宿和对应 12 理想月的黄道 12 星宿和中国的黄道 28 星宿的不同，巴比伦天文学没有用木星 12 年周期纪年而中华天文学将木星运行当作五星之核心和太阳年之校正标志，12 星宫在西方只对应月不记日和使用 29—30 数记日法而中华人文初始时 12 辰（地支）和 10 干搭配形成独有的 60 数系统不记月只记日，中华天文学利用北斗星的转动来校正太阳年而目前尚没发现两河流域有这方面的记载，等等，总之考虑到上述这些两大文明天文学具有的不同特点，我们认为中华文明的殷商人由观测木星轨道而独立发明了 12 辰划分周天法、28 宿标志黄道法和 10 干 12 支配合 60 计日法是完全可能的和非常合理的。虽然，晚到汉代，东西方的交通打开了，两河流域和希腊文明的天文学和占星术思想及方法通过波斯、印度和中亚传入了中国，从而大大地推动了中华文明本土产生的天文占星学的发展，但中国古代天文学和占星学的独立产生的结论应该是不能动摇的。

从《贝希斯敦铭文》《历史》与巴比伦文档日期辨析大流士夺位真相 *

贝希斯敦铭文 [1] 是现在所知的古波斯阿黑门尼德王朝时期所有官方铭刻中最重要的一个，它刻在贝希斯敦小镇（古米底地区）附近的高岩上。原文用古波斯帝国官方使用的波斯语、埃兰语和阿卡德语三种楔形文字分别刻写，形成互相对照的三个文本。铭文记述了冈比西斯（公元前 528—前 522 年）末年，王弟巴尔迪亚（公元前 522 年）被杀导致宫廷政变，大流士（前 521—前 486 年）的起兵再政变，由此导致了波斯帝国境内的巴比伦、埃兰、米底、波斯等 9 个属国和地区多次起义反抗大流士统治和争取独立，大流士成功地镇压起义，一统天下之史事。西方历史之父希罗多德在其《历史》（也可以译成《希腊波斯战争史》）中对波斯帝国历史做了栩栩如生的叙述，但由于其不懂波斯帝国的三种官方楔形语文和民用的阿拉美亚字母文字，只能不加核对地广泛采用在希腊人中间流传的民间稗史，因此，只有把其中的史料和亚洲的岩刻铭文以及巴比伦及埃兰出土的泥板文献对证后，我们才能剔出口头传闻的讹误和他主观添加的内容而获取历史的真相。

---

* 《史学史研究》2009 年第 4 期，与周洪祥合作。

[1] *The Bisitun Inscriptions of Darius the Great, Old Persian Text,* School of Oriental and African Studies, London 1991。中文见林志纯主编：《世界通史资料选辑·上古》，商务印书馆，1962，第 186 页。

　　由于古代波斯史的研究一直是国内世界古代史领域内比较薄弱的环节，主要是对原始史料研究不够。虽然有很多相关文章对大流士政变和改革这段历史进行了讨论[1]，但是波斯帝国最重要的文献贝希斯敦铭文中的内容和历史真相却一直没有得到重视和深入研究。自1846年《铭文》古波斯文本问世以来，它一直受到各国学者重视。但国内本人所见只有李铁匠先生曾对铭文做过介绍。本文主要探讨了大流士上台前后波斯帝国时期的历史，尤其对希罗多德和贝希斯敦铭文所记载史料的不实和不同之处进行了分析，希望能有助于我们更好地认识这一时期的历史。

一、大流士的政治谎言和阿斯帕提奈之父自杀及本人提升之谜

　　贝希斯敦铭文和希罗多德都提到了以大流士为首的发动政变的七个波斯贵族名字，但是希罗多德的记载和贝希斯敦铭文记载却有所偏差。大流士在文中要求未来的国王要保护其余六人的后裔。希罗多德则详细地记载了七个贵族推翻假巴尔迪亚——高马塔（Gaumata）的过程。在政变搏斗中，阿斯帕提奈被刺伤大腿，因塔弗雷奈则失去了眼睛。高巴如瓦（Gaubaruva/Gobryas）和大流士最终杀死了假巴尔迪亚，七人帮取得了最后的胜利[2]。《剑桥古代史》指出希罗多德不知道七人

---

[1]　关于古代波斯历史相关文章可见：李铁匠：《〈贝希斯敦铭文〉介绍》，《南昌大学学报》，1987年第3期；李忠存：《大流士世界中心观探析》，《零陵师专学报》，1997年第3期；《略论大流士一世》，《零陵师专学报》，1993第2期；于卫青：《从历史交往看大流士的历史地位》，《聊城师范学院学报》，2001年第3期；周启迪：《试论波斯帝国的行省总督》，《北京师范大学学报》，1995年第3期；谢玉珊、徐虎：《大流士改革与波斯帝国的全盛》，《天中学刊》，1996年第5期。

[2]　希罗多德：《历史》，王以铸译，商务印书馆1985重印本，2.34—35。

集团中的阿尔杜马尼什（Ardumaniš），而在《历史》中错误地用阿斯帕提奈（Aspathines）代替了他[1]。下面是希罗多德和大流士各自所给出的七人名字对照：

Behistun 68–69	希罗多德 3.68–70	中译名
Vidafarnah, son of Vāyaspāra	Intaphrenes	因塔弗雷奈
Utāna, son of Thukhra	Otanes, son of Pharnaspes	欧塔奈
Gaubaruva, son of Marduniya	Gobryas	高巴如瓦
Vidarna, son of Bagābigna	Hydarnes	胡达尔奈
Bagabuxša, son of Dātuvahya	Megabyzos	美伽布朱
Ardumaniš, son of Vahauka	Aspathines	阿斯帕提奈
Darius	Darius	大流士

贝希斯敦铭文中记载的政变贵族之六是凡浩卡（Vahauka）之子阿尔杜马尼什（Ardumaniš），而没有希罗多德提到的阿斯帕提奈（其他文献证实是普雷克萨斯培 Prexsaspes 之子）。布里昂特认为这是两个不同的人物，大流士的阿尔杜马尼什可能在政变中就已经被杀死了：原因是如果他还活着，一定显赫，然而，我们没有关于他的任何记载。阿斯帕提奈则一直是大流士的近臣，还曾经作为法尔那西斯（Pharnaces）（大流士的堂兄弟）的继任者担任了波斯帝国最重要的经济官员。从波斯坡利斯挖掘的楔形文字泥板证明阿斯帕提奈（As-ba-za-na）一直活到公元前 483 年，比大流士活得还长[2]。在大流士的墓地铭文中，他被称为 Aspacānā，是大流士的贴身侍卫[3]。希罗多德

---

[1] John Boardman, N. G. L. Hammond, D. M. Lewis, M. Ostwald, eds. *The Cambridge Ancient History* Vol.4, 1998, p.54

[2] 大流士死于公元前 486 年的秋天。

[3] Pierre Briant, *From Cyrus to Alexander, a History of the Persian Empire*, Eisenbraun, 2002, p.163.

仅仅在七人政变中提到阿斯帕提奈而不知道阿尔杜马尼什在波斯的显赫地位。希罗多德记载的"阿斯帕提奈"在政变中受伤并从此退出政治舞台，很可能已经因伤重死去，其经历明显地和大流士铭文中早死的阿尔杜马尼什相符合。因此，此为其笔误应不错。希罗多德不知道阿斯帕提奈的父名，但知道其子普雷克萨斯培（Prexsaspes）是公元前480年薛西斯远征希腊的海军指挥官[1]。他的埃兰字是 Pa-er-rak-as-pi/Parrakaspi 普雷喀斯培。由于波斯贵族的儿子经常获得和祖父一样的名字（6.44: Mardonius, son of Gobryas who is son of Mardunius），我们可以推测阿斯帕提奈的父亲叫普雷克萨斯培（Prexaspes）。波斯首都波斯坡里斯出土的一件黏土封泥上的印文肯定了阿斯帕提奈是普雷克萨斯培的儿子。虽然鲍瑟（Balcer）认为希罗多德记载的冈比西斯朝廷重臣普雷克萨斯培与阿斯帕提奈无关，是希罗多德在其半文学作品《历史》中编造的文学人物[2]。但我们认为虽然希罗多德在细节描叙中多用稗史，但其书中的人物基本可信并都在其他史料中获得了印证。他可能搞错和混淆历史人物，但不会完全自己杜撰一个历史人物。被希罗多德误认为参加大流士七人帮的阿斯帕提奈虽然不是阴谋政变七巨头之一，但同样是大流士极其信任的和非常重要的大臣。尤其是在大流士发动政变的七大家族中的因塔弗雷奈因为闯宫杀卫而被大流士处死后，阿斯帕提奈就成为大流士最信任的两个波斯贵族之一。在大流士的墓地岩刻像中，他手持弓和战斧与手持长矛的政变七人帮中的高巴如瓦（Gaubaruva）一起站在大流士的背后，铭文称其为"（国王的）执弓官（vaçabara），手执大流士王的战斧"；称高巴如瓦（Gaubaruva）为"帕提绍尔人、大流士王的执矛官"。这两个执弓、执矛高官的形象（比国王形象要小许多）和国王一起出现在贝希斯敦

---

[1]　希罗多德:《历史》，7.97。

[2]　J. Balcer, *A Prosopographical Study of Ancient Persian Royal and Noble*, Mellen Press, Lewiston, 1993, no 62，no 119.

岩刻中。有荣誉与大流士国王一同出现在岩刻图像中并被墓地铭文提及的大臣只有阿斯帕提奈和高巴如瓦，由此可见其在大流士时期的重要性。正是由于阿斯帕提奈和七人帮中的高巴如瓦（Gaubaruva）在波斯帝国中仅次于国王大流士和太子，希罗多德才把他和早死的阿尔杜马尼什混淆了。不属于大流士政变七人帮的阿斯帕提奈和其子居然先后获得了和高巴如瓦（Gaubaruva）与其子马尔多尼乌同样显赫的地位，其中必然有特殊的原因。我们认为这和"执弓"阿斯帕提奈的父亲普雷克萨斯培在政变中所起的重要作用以及他的离奇死亡有很大的关系。

现在留下来的资料都是大流士自己的说法和希腊编撰历史学家希罗多德的第二手稗史材料。希罗多德根据道听途说的一些民间流传的口头材料，对大流士的简单官方说法补充了许多细节，使这段历史栩栩如生，流传至今成为千古冤案。虽然无法了解核心秘密的希罗多德相信了大流士的真假巴尔迪亚的谎言，但《历史》所补充的一些情节却无意中流露出许多证据揭示了大流士说法的荒诞性。希罗多德说普雷克萨斯培是冈比西斯国王最信任的、也是最重要的官员之一，其子也是重要官员——掌管酒礼的"执爵官"（执弓官之误？）。冈比西斯在埃及时因为普雷克萨斯培说其嗜酒，他就用箭射死了普雷克萨斯培的儿子[1]。如果希罗多德的话是事实，由于普雷克萨斯培之子、阿斯帕提奈的一个兄弟被国王冈比西斯无故射杀，父子二人应该仇恨居鲁士王族，转而投靠大流士阴谋集团才对。根据希罗多德的记载，冈比西斯王派普雷克萨斯培（Prexapes）杀死了王弟巴尔迪亚（Bardiya误为Smerdis）。杀死普雷克萨斯培的儿子的冈比西斯会信任仇恨他的被害者的父亲去做这样一件绝密的大事实在出乎正常人的思维，因此这一叙述应该是大流士集团编撰的谎

---

[1]　希罗多德:《历史》，3. 34-35。

言。《历史》说在假巴尔迪亚窃取王位之后，为了使人们相信他是真王子，让普雷克萨斯培登上城堡作证他是王子巴尔迪亚。然而，普雷克萨斯培却做出了有利于大流士集团的证词：承认自己早已杀死真巴尔迪亚，目前的国王是与王子巴尔迪亚同名、长得一模一样的一个拜火教祭司（magus）。他揭露出事实真相后，就从城楼上跳下自杀。而（他的儿子）阿斯帕提奈则参加了大流士七个波斯贵族发动的政变行动。如希罗多德的故事不假，假巴尔迪亚的此地无银三百两的做法令人感到疑惑。因为，一、如果国王巴尔迪亚是假的，他只要杀死唯一的知情者普雷克萨斯培，任何人都不会知道真王子已死了。为什么他会违反任何一个篡位者都具有的杀人灭口的常识，而冒险让一个知道自己致命弱点的证人在公众面前作证。合理的解释是正因为国王是真的，所以他不会想到有人会污蔑他是假的，所以他不怕证人作证。二、普雷克萨斯培的自杀很能令人想到篡位集团必不可少的杀人灭口手段。巴尔迪亚已经得到全国的承认，地位巩固，无人起义反对他，如果有一个人指责或诬陷他是假的，他绝不会杀死诬陷者灭口，而是要追查幕后指使的篡位者。只有没有继位资格而夺取王位并遇到各地反叛的大流士做贼心虚，才会希望编造其政变合法性的作假证人立刻死去从而人们无法调查事实真相。历史真相很可能是公元前521年9月29日，大流士等七人发动政变后，以重用普雷克萨斯培和其子阿斯帕提奈为诱饵，使前者在公众面前承认自己是杀死王子巴尔迪亚的凶手，从而使公众相信大流士杀死的国王巴尔迪亚是假的。为了使普雷克萨斯培对合法的国王巴尔迪亚的诬陷永远不会真相大白，大流士集团害死了这个唯一指控国王是假巴尔迪亚的证人（将其推下城堡？），或令其自杀。阿斯帕提奈则因为其父为大流士政变立下大功并牺牲自己而得到了大流士的感激和信任，从而获得了极高的地位。

二、冈比西斯远征引起危机、巴尔迪亚和大流士争位及巴比伦等国的起义和失败

现在，绝大多数学者都认为大流士为了使自己篡位合法化，编造了真王子被王兄杀害和假巴尔迪亚篡权的故事，大流士所推翻的国王就是冈比西斯的兄弟巴尔迪亚。李铁匠认为巴尔迪亚问题是大流士一伙为其弑君自立、篡夺王权的行为进行辩护而故意捏造的谎言，也是他们这个集团的行动纲领[1]。巴尔迪亚曾任米底的亚美尼亚总督，如被暗杀，不可能不为人知[2]。希腊悲剧作家埃斯库罗斯在其作品《波斯人》中也反对伪巴尔迪亚一说[3]。由于大流士非法夺权，他编造了真巴尔迪亚为冈比西斯所杀，他们杀死的国王是冒巴尔迪亚名的篡位者高马塔的谎言。为了加强其继位的合法性和防止真相外漏，他娶了冈比西斯和巴尔迪亚的遗孀阿托萨（Atossa）等三女为妻。《剑桥古代史》则认为希罗多德和大流士本人讲的政变故事只有四种可能：1. 大流士告诉的是真实的，真正的巴尔迪亚已经死了，高马塔造反，冈比西斯去世，大流士和他的朋友杀死了高马塔。2. 真正的巴尔迪亚造反，冈比西斯去世，大流士发动了一场反政变。他告诉的仅部分是真实的。3. 冈比西斯去世，高马塔起义反对冈比西斯的兄弟巴尔迪亚，大流士恢复了王权。大流士告诉我们部分真实。4. 冈比西斯去世，他的兄弟巴尔迪亚登上王位，大流士造反杀死了巴尔迪亚，大流士编造高马塔来掩盖他的篡位行为[4]。多数学者认为第二种情况最有可能，即冈比西斯在回国途中病死，大流士趁机发动

---

[1] 李铁匠：《巴尔迪亚政变辨析》，《世界史研究动态》1987 第 12 期。

[2] 龚方震、晏可佳：《祆教史》，上海社会科学院出版社，1998，第 100 页，注释 2。

[3] 埃斯库罗斯：《波斯人》，《罗念生全集》第 2 卷，上海人民出版社，2004，第 43 页。

[4] John Boardman, N. G. L. Hammond, D. M. Lewis, M. Ostwald, eds., *The Cambridge Ancient History* Vol.4, 1998, p.54–55.

反对巴尔迪亚的宫廷政变，夺取了政权。为了证实其是波斯正统继承人，才编造了高马塔冒充巴尔迪亚叛乱的故事[1]。而历史的真相实际上是由于冈比西斯在埃及的滞留和埃塞俄比亚战役中遭遇重大失利，非王族的大流士集团阴谋发动政变，企图杀死国王冈比西斯和其弟王位继承人巴尔迪亚，推翻居鲁士家族而取而代之。然而，王子巴尔迪亚看到冈比西斯失去人心，率先在首都夺取王权，稳定了局势。但大流士等贵族集团趁机而起，击败和杀死巴尔迪亚，推翻了居鲁士王朝。除了大流士的官方谎言和希罗多德的稗史故事，历史没有为我们留下任何关于高马塔的记载，然而却有巴尔迪亚在巴比伦和叙利亚行省被确认为王的记载。历史证明，一个外表和国王一样的臣子依靠以假冒真的骗术手段夺得王位只是民间的幻想和文学的编造，在等级制度完善、戒备森严和智者与强人群集的真实的政治体系中绝不可能成为事实。所以不难判断，在真实历史中，只有巴尔迪亚的政变和合法继位而无编造的祭司高马塔（Gaumata）的以假冒真的夺权。

　　通过对这一时期已经确知事件的分析，当时真实情况是，由于冈比西斯远征埃及，连续 3 年（公元前 525 年 5 月—前 522 年 6 月）在外作战，远离了帝国的中心，使各地总督坐大，王权下降。尤其是冈比西斯从埃及出发远征埃塞俄比亚，粮草不足，以至于士兵相食，大败而归，损失惨重。同时出征安蒙部落的五万军队遭遇沙漠风暴，全军覆没。军事失败使国王的威信一落千丈，野心家们看到了夺权的时机。明显的来源于大流士方面的政治宣传的希罗多德的转述把冈比西斯描绘成一个疯狂的暴君，可见以大流士和普雷克萨斯培为首在埃及跟随国王征战的贵族们已相当不满冈比西斯的统治。普雷克萨斯培之子被射杀和活埋 12 位波斯将领的故事可能反映了国王对一些不满贵族

---

[1]　Martin West, Darius' ascent to paradise, *Indo-Iranian Journal* 45: 2002, pp. 51–57.

的严厉警告和惩罚。希罗多德重复了许多大流士集团和埃及反对波斯
的贵族和祭司集团对冈比西斯的妖魔化故事。例如，国王回到孟菲斯
时，埃及神牛（Apis）出世，举城狂欢，但冈比西斯用剑刺伤它的大
腿，导致死亡，并命令处死任何继续庆祝神牛出世的埃及人。他还挖
开埃及的古王墓，侮辱木乃伊，闯入神庙，嘲弄神像，烧毁神物。因
其顾问、吕迪亚废王克罗苏斯忠告他不要过度严罚而引起将领们的反
叛，他又追杀忠臣。后他虽然又后悔而赦免了克罗苏斯，但处死藏匿
后者的他的部下。

　　希罗多德的描述很明显是带有希腊人和埃及人丑化他们的政敌
波斯王的编造痕迹。他在第三卷 31 节提到冈比西斯娶了他的同父母
的两个妹妹作为妻子，他害怕弟弟巴尔迪亚篡夺了王位，派人回国去
杀他。因妹妹兼妻子同情巴尔迪亚，又杀死了她，并根据希腊人和埃
及人的两种稗史说法，叙述了他在埃及杀死其中的妹妹（不提名字）
的细节[1]。在 86 节，他提到大流士娶了冈比西斯的妹妹妻子阿托萨
（Atossa）和另一处女妹妹阿尔图斯托奈（Artystone）[2]。据其他古典作
家，和冈比西斯去埃及的是他的两个妹妹妻子阿尔图斯托奈和罗克萨
奈（Rhoxsane），后来她们也都续嫁给了巴尔迪亚和大流士，可见三个
妹妹无一被杀害[3]。希腊人和埃及人的稗史可能将冈比西斯软禁或冷落
他的妻子罗克萨奈的惩罚夸大为杀害。

　　根据埃及文献，冈比西斯开始在埃及重建一些战争中破坏的庙宇。
希罗多德说他刺神牛之死显然来自不可靠的传说，因为埃及文献记载
神牛阿皮斯生于公元前 525 年 5 月 29 日，死于公元前 518 年 8 月 31

---

[1]　希罗多德 .《历史》，3. 31。
[2]　希罗多德 .《历史》，3. 86。
[3]　J. Balcer, *A Prosopographical Study of Ancient Persian Royal and Noble*, Mellen
　　 Press, Lewiston, 1993, no. 60，no. 75.

日[1]。由于阿斯帕提奈在大流士王廷官至"执弓"，他很可能就是希罗多德所说的普雷克萨斯培的那位被冈比西斯"射死"的官至"执爵"的儿子。然而，这可能又是希罗多德听到的一个夸大的或有意诬蔑冈比西斯"疯狂"的传言：真相可能是由于贵族们对冈比西斯不满，国王发箭或拔刀挥剑威胁和警告了阿斯帕提奈，但并未有杀死他，以至于他后来有机会参加了推翻巴尔迪亚的政变。

当冈比西斯的弟弟巴尔迪亚看到贵族们对国王的不满日益增加，决定夺取王位，实行改革以挽救居鲁士王朝。据贝希斯敦铭文，他于冈比西斯七年 12 月 14 日（农历 = 公元前 522 年 3 月 11 日）宣布自己接替哥哥为波斯王。因为巴尔迪亚给人民减轻了税收，得到了众多行省的支持，其中包括萨尔迪斯的总督欧洛台。冈比西斯可能死于 4 月初，希罗多德说他是被自己的剑误伤而死。可能在他死后的几天，巴尔迪亚在冈比西斯第八年农历 4 月 9 日（公元前 522 年 7 月 1 日），正式就任王位。7 月 10 日（公元前 522 年 9 月 29 日），大流士和他的同谋的军队在米底的一城堡战胜并杀死了巴尔迪亚，大流士成为国王。

对照巴比伦尼亚出土的泥板文书中日期的王年[2]和大流士所说的"高马塔"即巴尔迪亚登上王位的 6 个月零 26 天的统治时间，我们发现巴尔迪亚（波斯语 Bardiya 巴比伦语 Barziya）废黜冈比西斯的命令在两河流域被立即承认是合法的。冈比西斯八年 1—4 月中，该年被改称为巴尔迪亚继位年。目前知道的巴比伦泥板契约所用的日期中，冈比西斯在位的最后一天在乌鲁克是第八年 1 月 12 日[3]，在巴比伦郊区 *Šahrinu* 是 1 月 23 日（Camb. 409），在 2 月（无日）和 3 月 6 日的巴

---

[1]　J. Balcer, *A Prosopographical Study of Ancient Persian Royal and Noble*, p. 15, note 23.

[2]　S. Graziani, *Testi Editi ed Inediti Datati al Regno di Bardiya* (*522 a. C.*), Instituto Universitario Orientale, Napoli, 1991, pp. XV-XVI.

[3]　Dougherty, R.P, *Archives from Erech, Neo-Babylonian and Persian periods (GCCI 2)*, American Journal of Archaeology, vol.40, no. 4, p.558.

比伦城的文件中，行政当局把这年改称为巴比伦王、各国之王巴尔迪亚的继位年。在西帕尔和波尔西帕，冈比西斯在位最后日是 2 月 15 日（Bertin 1898，*VS* 6, 115）[1]，巴尔迪亚继位年最晚从 3 月 3 日（*AIUO* 67, 2, Borsippa）和 3 月 19 日（称元年，Dar. 14，Sippar）开始。巴尔迪亚于前一年 12 月 14 日继位并废黜冈比西斯，因为已是年底，他可能第二年 1 月 1 日发出新王的改元命令。这一命令到达巴比伦的重要城市时，已是 2 月了。或许各城当局在 1 月还在观望，直到 2—3 月才承认巴尔迪亚的王权。

4 月 9 日，可能听到冈比西斯死于叙利亚的消息，巴尔迪亚从苏萨发出正式就任国王的命令。根据现存的文件，这一命令到达巴比伦城在 4 月 27 日之前，因为这天的年序已经从继位年改为巴尔迪亚第一年了，可见 4 月 9 日发自苏萨的改元命令经 18 天就到达了两河流域。西帕尔的书吏可能知道巴尔迪亚是在前一年 12 月（冈比西斯七年）夺权的，因此在当年的 3 月 19 日—23 日，已提前把这年（冈比西斯八年）定为巴尔迪亚第一年。在乌鲁克，4 月 15 日至 25 日当局称当年为巴尔迪亚的继位年，他的元年证实在 5 月 21 日的文件中（Goetze *JNES* 3 45:*YBC* 3984）。

居鲁士征服巴比伦后，立即"任命高巴如瓦（Gubaru）为巴比伦的（高于）诸总督的总督"[2]。从乌鲁克出土的文件证实了大流士七人帮中最重要的贵族高巴如瓦（Gaubaruva/Gubaru）从四年 12 月 9 日到冈比西斯五年 6 月 22 日曾任巴比伦尼亚和河外地区（叙利亚）总督。他的儿子纳内布古（Na-bu-gu）出现在冈比西斯七年 3 月 30 日的文件中可能表明到这年他仍是总督[3]。在冈比西斯八年初，高巴如瓦作为

［1］ Bertin, G., *Corpus of Babylonian Terra-Cotta Tablets*, Principally Contracts, I-VI, London 1883.

［2］ Grayson, A. K. *Assyrian and Babylonian Chronicles*, Locust Valley, N. Y., 1975, p.110.

［3］ Tremayne, A. *Records from Erech, Time of Cyrus and Cambuses*, YOS 7, Yale, 1925.

巴比伦总督听到巴尔迪亚以王子的身份登上号称巴比伦王和各国之王的波斯王位后，他把新王的继位和元年的年号通知各城的书吏，可见他承认继位是合法的，根本没有什么"高马塔"和其弟假巴尔迪亚。他与大流士结成政治同盟，离开巴比伦去攻打巴尔迪亚。大流士于这年的 7 月 10 日击败、杀死国王巴尔迪亚，即王位。在巴比伦，巴尔迪亚王年在 7 月 1 日还被使用；在西帕尔直到 8 月 11 日书吏还称此年为巴尔迪亚的第一年，可见大流士从苏萨发出的改元命令并不被两河流域的当局所承认。在大流士和巴尔迪亚进行夺权战争时，巴比伦就立即宣布独立，推举本地贵族尼丁图拜勒为王，号称尼布甲尼撒（第三）。在基什，6 月 12 日已开始改用的尼布甲尼撒第三的继位年（Zadok *ASJ* 19, p 268）。可能他首先在基什举起义旗。当大流士于 7 月 10 日杀死巴尔迪亚篡位后，7 月 14 日在西帕尔、17 日在巴比伦、7 月某日在乌鲁克（*YOS* 17, 113）都开始用尼布甲尼撒第三继位年纪年[1]。大流士率大军于 9 月 25 日和 10 月 2 日两次战败尼丁图拜勒，几天后攻入巴比伦，活捉了他。在现有的文献中，后者的继位年在巴比伦城最后证实的是 9 月 21 日（*Nbk.* 10）；在乌鲁克：9 月 27 日—29 日（*YOS* 17[2]，126）；波尔西帕：9 月 7 日（*TuM* 2/3.6），在位约 4 个月（6 月 12 日至 10 月 5 日）。大流士进入巴比伦后，他的继位年从 10 月 6 日开始用于巴比伦（*WVDOG* 4, pl.15 n 3）。

大流士在巴比伦的统治延续到元年 2 月时，巴比伦尼亚再次发生起义。一个自称"尼布甲尼撒"第四的人首先在西帕尔起义反抗大流士：大流士元年结束于 2 月（Bertin 1928），而他的新元年（无继位年，

---

[1]　本文两河流域出土文件中的日期和文献见 Janos Everling, *Chronological List of Texts from the First Millennium B. C. Babylonia*, Created on 5.7.2000,（c）1995—2000（www.nexus.hu/enkidu/enkidu.html），和 R. Parker/W. Dubberstein, *Babylonian Chronology 626 B.C-A.D. 75*, Brown Univ, 1956。

[2]　Weisberg, D.J., *Texts from the Time of Nebuchadnezzar*（*YOS* 17）, New Haven, 1980.

可能和尼布甲尼撒第三同一了）从 2 月 5 日至 27 日取代大流士元年用于该城（*NABU* 1995/3, 49, *Nbk*. 11）。他可能 4 月进入巴比伦：那里的大流士元年最后用于 4 月 16 日（*JNES* 3，45; *NBC* 6134），在库塔，用于 4 月 15 日（*OECT* 10, 132），而他的元年从 4 月始开使用，直到 7 月 16 日（*Nbk*. 17）。在乌鲁克和附近的城镇，大流士的元年最后用于 2 月（Owen Mesopotamia 10, n33），而尼布甲尼撒第四的元年始于 5 月 16 日至 7 月 16 日（*YOS* 17, 286-302, 35; *AMI* 27, 140）。大流士的军队可能一度夺回西帕尔或者某些人始终忠于大流士：在尼布甲尼撒第四的元年于 2 月在西帕尔出现后，大流士元年于 3 月 14 日、5 月 13 日—17 日及 6 月 1 日（Dar. 13，16，17，18,19）又开始在西帕尔使用。尼布甲尼撒第四在 6 月又夺回西帕尔，他的元年出现于 6 月 23 日至 7 月 26 日（*Nbk*. 14-16，18）。在波尔西帕，大流士元年在 1—5 月中的使用没有证据，尼布甲尼撒第四控制此城至少从 6 月 11 日到 21 日（*BRM* 1, 43，TuM 2/3, 150，Joannes，Archives，L 1667，L 1657）。8 月 22 日，大流士派出的七人帮的因塔弗雷奈攻下了巴比伦城，尼布甲尼撒第四被悬挂在城中示众。大流士恢复了对巴比伦尼亚的全面控制，他的元年从 9 月 1 日又用于波尔西帕（*VS* 6,118；注意：波尔西帕一书吏于 11 月 17 日还用反王元年，*VS* 4, 9），9 月初至 27 日又用于西帕尔（*CT* 55, 74，Dar. 21），10 月 22 日又用于巴比伦（*VS* 4, 89），同月可能也用于乌鲁克（*TCL* 13,180）。根据以上的年月，我们可以判定尼布甲尼撒第四在位约 6 个半月（2 月 5 日至 8 月 22 日）。在大流士元年 12 月 18 日，波斯新任巴比伦和河外行省总督乌什塔尼（Uštani/Hystanes，Dar. 27）已经上任，他于大流士三年 7 月 16 日和六年 3 月仍是巴比伦总督（*Dar*. 82，*BRM* 1,101）。

希罗多德说：巴比伦人起义后，被围了 20 个月（！）。七人帮的美伽布朱（Megabyzos）的儿子左普鲁（Zopyrus）自劓和刵（对奴隶的肉刑），假为逃奴入城，诈称自己因劝说大流士放弃围城而被惩罚，因而被巴比伦人任命为将军，里应外合破城[1]。从巴比伦文件中的王年中我们很明显地发现了希罗多德的围城 20 个月是一个稗史错误。巴比伦第一次起义始于大流士继位年 6 月中旬，终于 10 月 5 日，共 4 个月。第二次起义始于约元年 2 月 5 日，终于 8 月 22 日，共 6 个半月，加上间隔时间，总历时是 14 个月的时间（大流士继位年 6 月 12 日至元年 8 月 22 日），而起义的时间仅有 10 个半月。

希罗多德说篡位者"巴尔迪亚"的哥哥、冈比西斯宫廷的总管、祭司帕提西斯（Patizeithes）帮他篡夺了冈比西斯的王位。根据大流士的铭文，我们知道当"祭司巴尔迪亚（高马塔）"篡位时，根本没有一个同谋兄弟。但是，在巴尔迪亚死后，一个在波斯起义自称波斯王首领的瓦亚兹达塔（Vahyazdata）宣布自己是"居鲁士之子巴尔迪亚"。希罗多德的错误可能是因为他模模糊糊听说过第二个"巴尔迪亚"的真实名字瓦亚兹达塔和他自任波斯王的故事，但不清楚他的真实事迹，于是误把第二个巴尔迪亚瓦亚兹达塔当作篡位者"巴尔迪亚"的哥哥和共同政变的同谋，并误读其名为帕提西斯。大流士在与反抗他的统治的各地称王者的战斗中，发现这些起义总是自称自己是前国王（巴比伦、米底王等）的儿子以获得人民的支持，尤其是波斯起义者瓦亚兹达塔在巴尔迪亚被大流士杀死后，冒充居鲁士之子巴尔迪亚为波斯王。这些假王子称王的做法一定给了他诬陷巴尔迪亚也是假王子的启迪，他认为将巴尔迪亚与其他冒充王子的起义者一起列为 9 个假王子之一，可以起到鱼目混珠的作用，人们一定难辨真假。的确是这样，伟大的希罗多德就相信了他的说法。

---

[1]　希罗多德:《历史》, 3. 152。

大流士铭文、巴比伦行政文档和希罗多德的稗史中历史大事

日期	大流士政敌的活动	大流士和盟友的活动	希罗多德稗史
冈比西斯七年 12 月 14 日及之后	王弟巴尔迪亚在苏萨废黜了冈比西斯。	大流士与冈比西斯在埃及，贵族对国王滞留埃及三年和扩大战争失利不满。	冈比西斯在埃塞俄比亚惨败，变疯狂，亵渎神灵，乱杀将士、妹妹，派普雷克萨斯培杀死巴尔迪亚。
冈八年/巴尔迪亚年 1 月至 8 月 17 日	巴比伦承认新王。	冈比西斯和大流士率军赶回东方进行夺位战争。	祭司假巴尔迪亚代表米底和祭司贵族的利益。
冈八年/巴尔迪亚王年 4 月 9 日	冈比西斯死亡于叙利亚，巴尔迪亚正式为王，可能得到首都苏萨祭司阶级的支持。	大流士与 6 贵族结成同盟，可能谋杀了冈比西斯，成为巴尔迪亚的竞争对手，在米底进攻巴尔迪亚。	祭司 Patizeithes 让其弟巴尔迪亚为波斯王，对各国恩惠，免赋税和徭役三年。
冈八年/巴尔迪亚年 7 月 10 日	巴尔迪亚（大流士的"假王子 1"）被杀，统治仅 6 个月 26 天。	大流士等人在米底的一城击败并杀死巴尔迪亚，就任王位。他重建了巴尔迪亚拆毁的诸神庙，把巴尔迪亚夺走的牲畜、土地、奴隶和家产还给（波斯）人民。	普雷克萨斯培宣布巴尔迪亚是冒充的祭司后自杀。大流士等七人攻入王宫杀死篡位两兄弟，巴尔迪亚在位 7 个月（3.66）。
冈八年/大流士继位年 8 月	阿西那（"假王子 2"）自称埃兰王。	派人去埃兰，活捉埃兰王，押到波斯王前，处死。	不知道。
冈八年/大流士继位年 6 月 12 日至 10 月 2 日	巴比伦立本地人尼丁图拜勒（"假王子 3"）为王，号称巴比伦末王那布那伊德之子尼布甲尼撒（第三），在位 4 个月。	大流士 9 月 26 日和 10 月 2 日在底格里斯河和幼发拉底河两次战败尼丁图拜勒，追入巴比伦，活捉反王，处死。大流士进入巴比伦。	只知道巴比伦叛乱。

续表

日期	大流士政敌的活动	大流士和盟友的活动	希罗多德稗史
冈八年／大流士继位年9月—10月	埃兰再次起义，波斯人马尔提亚（"假王子5"）自称："埃兰王伊马尼。"	埃兰人捉住他并处死。	不知道。
大流士继位年8月至9月23日	马尔吉亚那起义，弗腊达（"假王子9"）自称为王。	大流士在巴比伦，他派巴克特瑞亚总督达达尔西第一对抗弗腊达，于9月23日战败弗腊达，平定马尔吉亚那和巴克特瑞亚。	不知道。
冈八年／大流士继位年10月15日	亚美尼亚起义。	波斯将军Vaumisa撤出收复的巴比伦，去亚美尼亚平叛，10月15日在亚述的Izala战败敌军。	不知道。
冈八年／大流士继位年9月至10月27日	米底人弗腊瓦尔提什（Fravartiš/ Phraortes）（"假王子4"）起义，自称为米底王Khušathrita，属于米底Uvaxšatra/ Cyaxares王族。	七人帮中的波斯将领乌达尔那（Vidarna/ Hydarnes，后为亚美尼亚总督）10月27日第一次战败米底王后，在Kampand地区等待10月2日平定巴比伦的大流士来增援。	不知道。
大流士继位年9月	波斯人瓦亚兹达塔Vahyazdata（"假王子7"）在虞提亚冒充被大流士杀的波斯王居鲁士之子巴尔迪亚，称波斯王。	大流士本人在巴比伦作战，他派将领Artavardiya前往波斯对抗"巴尔迪亚"第二。	将后起的波斯王瓦亚兹达塔"巴尔迪亚"第二误当作波斯王祭司巴尔迪亚的哥哥Patizeithes。
大流士继位年10月至12月22日	米底王在帕提亚和胡尔卡尼亚获得支持。	大流士之父、帕提亚总督乌斯塔斯培（Vištaspa/ Hystaspes）12月22日在帕提亚的Višpauzati第一次对米底军作战。	不知道。

日期	大流士政敌的活动	大流士和盟友的活动	希罗多德稗史
大流士元年1月25日	米底王败于 Kunduru 后，逃往首都埃克巴塔那。在 Riga 被活捉，处以劓、刵、割舌、挖目等肉刑，在首都悬挂示众。	1月大流士离开巴比伦，前往米底与乌达尔那合军。25日大流士的波斯军与米底王第二次会战，大获全胜。	不知道。
大流士继位年10月初至13日	瓦亚兹达塔派一支军队攻打维瓦那，夺取阿腊霍西亚行省。	支持大流士的阿腊霍西亚总督维瓦那10月13日第一次战败波斯叛军。	不知道。
大流士继位年12月7日	瓦亚兹达塔派第二支军队攻打维瓦那。	支持大流士的阿腊霍西亚总督维瓦那12月7日第二次战败波斯叛军；追杀叛军首脑。	不知道。
大流士元年2月12日	波斯王瓦亚兹达塔"巴尔迪亚"与大流士的将军作战。	1—2月大流士本人与乌达尔那在米底。他的将领 Artavardiya 于2月12日在波斯的 Rakha 战败波斯王"巴尔迪亚"。	将波斯王瓦亚兹达塔"巴尔迪亚"误当作波斯王假巴尔迪亚的哥哥 Patizeithes。
大流士元年2月8日至18日	除了与 Vaumisa 对抗起义军外，亚美尼亚的另一地区又有多次起义。	大流士派亚美尼亚人达达尔西第二平定亚美尼亚。2月8日他在 Zuzahya 战败一支亚美尼亚起义军队，18日在 Tigra 战败另一支军队。	不知道。
大流士元年2月30日至3月9日	2月30日 Vaumisa 在 Autiyara 第二次战败亚美尼亚的起义军，面见在米底大胜的大流士。	3月9日，达达尔西第二在 Uyava 第三次平定亚美尼亚的起义。他面见在米底大胜的大流士。	不知道。

续表

日期	大流士政敌的活动	大流士和盟友的活动	希罗多德稗史
大流士元年1月至3月	萨咠尔提亚人Tritantachmes("假王子6")自称"萨咠尔提亚王,属于Uvaxšatra /Cyaxares(米底王族)"。	大流士派臣服的米底将军Takhmaspada活捉了他。大流士在亚述的阿尔拜拉城对其处以劓、刵和挖目,悬挂示众。	不知道。
大流士元年4月5日	波斯王瓦亚兹达塔重整军队再战,大败,被俘。	将军Artavardiya于4月5日战败并活捉瓦亚兹达塔。大流士在波斯坡里斯附近悬挂叛乱者示众。	巴比伦人起义,被围20个月。七人帮的Megabyzos之子Zopyrus假为逃奴入城,里应外合破城(3.152)。希罗多德是错误和夸大的。巴比伦二次起义总历时是11个月。
大流士元年2月5日至8月22日	当大流士在米底作战时,巴比伦再次起义。亚美尼亚人阿腊哈Arakha("假王子8")自称巴比伦末王那布那伊德之子尼布甲尼撒(第四),在位6个月半。	大流士派七人帮的因塔弗雷奈带兵于8月22日攻下巴比伦,将叛王悬挂于巴比伦示众。	
大流士元年12月18日之前至六年3月		大流士任命Uštani/Hystanes[1]为新任巴比伦和河外总督。	
大流士元年2月12日		刻写贝希斯敦岩壁铭文,编造真巴尔迪亚被冈比西斯杀死,假巴尔迪亚为祭司高马塔假扮的故事,叙述自己战败9个谎称为国王后代的王经历,优待七人帮的其他6成员。	不知道高马塔,误将波斯王瓦亚兹达塔"巴尔迪亚"第二误当作波斯王祭司巴尔迪亚的哥哥、同谋Patizeithes。

---

[1] J. Balcer, *A Prosopographical Study of Ancient Persian Royal and Noble*, Mellen Press, Lewiston, 1993, no. 129.

三、吕底亚总督欧洛台与大流士

维持中央与地方或征服者与被征服者之间的平衡关系问题，是所有已知帝国所面临的永恒话题。大流士对于如何维持中央和地方关系做的很好。他维持中央集权的关键就是选择那些拥护中央统治的人来做地方总督（satraps）。因为在一个靠征服起家的地域庞大、民族众多的帝国，地方长官一旦扩大自己的势力就会威胁到中央政府的权威。在公元前323年马其顿国王亚历山大在高加美拉打败波斯之前，波斯王统治着爱琴海到印度河流域广大地区达两个世纪之久。波斯帝国的地方总督基本上保持了对中央政府的忠诚，帝国的最后灭亡不是由于内部叛乱，而是来自于外部的挑战。在大流士的夺位斗争中，驻扎萨尔迪斯的弗如吉亚、吕底亚和爱奥尼亚行省总督、著名的欧洛台（Oroetes）被认为是大流士的反对者，是背叛波斯帝国的地方总督的代表。大流士的铭文并没有提到他，但是希罗多德记载了他与大流士之间的故事[1]。贝希斯敦铭文中，大流士没有将他和其他镇压各地起义的忠于大流士的各位高级官员一起表彰一定有原因。

根据希罗多德的记载，欧洛台是被居鲁士任命为萨尔迪斯总督的。在冈比西斯于叙利亚疯狂期间，欧洛台用计杀害了企图称霸爱奥尼亚和各岛的萨摩斯僭主波吕克腊台（Polycrates）。在冈比西斯死后，代表米底利益的巴尔迪亚取得王权之时，欧洛台没有支持大流士推翻巴尔迪亚，反而杀害了达斯库莱昂（Dascyleium）的波斯总督米特洛巴台（Mitrobates）和其子。大流士上台后，他还暗中杀害了大流士派来的使者。最后大流士派人将其杀死，其财产全部被没收并被送往苏萨。因为没有其他相关材料佐证，我们无从证实希罗多德给我们讲述的这一故事。阿布拉门克（Abramenko）认为作为同一时代人的希罗

---

[1]　希罗多德:《历史》，3.120—129。

多德记载波斯史事是真实可靠的 [1]，然而大流士政变是在公元前522—
前521年，对于生于约公元前480年的希罗多德来说已是40年前的
事了。而且，希罗多德无法阅读波斯文件，对于一些关键问题，希罗
多德无法知道。希罗多德说欧洛台要杀害波吕克腊台（Polycrates）的
动机是他的同事米特洛巴台讥笑他不能为帝国夺取萨摩斯岛。欧洛台
与米特洛巴台（Mitrobates）之间的冲突是波斯总督之间记载最早的冲
突 [2]。他也是第一个试图建立自己公国的地方总督 [3]，希望能像波吕克
腊台（Polycrates）一样，开始统治爱奥尼亚附近的各岛屿 [4]，他也是
第一个不服从大流士调动的总督。希罗多德转述了两种关于波吕克腊
台（Polycrates）的死法，但是他既没有告诉我们欧洛台与大流士之间
冲突的根本原因是什么，也没有说明为什么大流士的信件会使欧洛台
的随从杀死了他。希罗多德主要关心的是波吕克腊台，对于欧洛台的
反叛记述是含糊不清的。因此阿布拉门克认为这次反叛的具体时间还
难以确定 [5]。鲍瑟（Balcer）认为欧洛台反叛的时间是在大流士夺取权
力之时，其被处死发生在大流士为王的第四年 [6]。其根据是由于欧洛台
反叛大流士，所以他并没有在贝希斯敦铭文中出现。在其继位年，四
处镇压起义的大流士还没有能力去处罚欧洛台。然而鲍瑟的解释很难
令人信服，因为希罗多德明确地说：大流士考虑到国家仍然处于不安

［1］ Abramenko, A. *Polycrates Außenpolitik und Ende,* Eine Revision.' *Klio* 1995（77），
　　　pp. 35-54.

［2］ T. Cuyler. *The Consolidation of the Empire and its Limits of Growth under Darius and
　　　Xerxes,* In Boardman et al.（eds.）1988, pp. 53-111.

［3］ Abramenko, A., *Polycrates' Außenpolitik und Ende. Eine Revision, Klio*1995（77），
　　　pp. 39-40.

［4］ Balcer, J.M. *Herodotus and Behistun. Problems in Ancient Persian Historiography.*
　　　Stuttgart, 1987. p.147.

［5］ Abramenko, A. , *Polycrates' Außenpolitik und Ende. Eine Revision, Klio* 1995（77），
　　　p.35.

［6］ Balcer, J.M. *Herodotus and Behistun. Problems in Ancient Persian Historiography.* ,
　　　pp.146-148.

定中，他本人刚即王位，不宜派军队攻打拥有一千波斯近卫军的欧洛台。欧洛台曾派人送信给波吕克腊台（Polycrates）说，冈比西斯要处死他，如果他能帮他逃走，就把自己的全部财产都赠给波吕克腊台[1]。然而，除非欧洛台在冈比西斯在埃及的时候就已经加入到巴尔迪亚阵营，否则冈比西斯无理由要杀死他。另外，欧洛台反叛的时间持续长达四年也很难解释：大流士不可能容忍帝国最重要的西部省份萨尔迪斯一直在反叛者手中。布里昂特（Briant）认为欧洛台统治萨尔迪斯是在公元前 525—前 520 年之间[2]。他开始反叛是在冈比西斯统治的末年（公元前 522 年），被杀是在公元前 521 年或公元前 520 年[3]。公元前 521 年，他拒绝派兵支援大流士而开始反叛；然而，欧洛台的波斯部下认为，只有一个强大的波斯中央政府才能保护他们这些驻扎在行省的波斯人，因此他们拒绝支持欧洛台反叛，反而杀死了他[4]。罗林格（Rollinger）认为欧洛台与大流士之间的对抗可能开始于第一次巴比伦起义之前[5]。和大流士时期的其他反叛者相比，欧洛台是波斯人，如果他独立，将不可能得到本地吕底亚人的支持。而且，他杀死像米特洛巴台（Mitrobates）和其子以及大流士的信使这些重要的波斯人，必定有一个强有力的集团支持他。否则，他的行为和希罗多德丑化的冈比西斯一样失去了理性。作为居鲁士任命的总督，他完全知道，脱离波斯帝国而建立一个自己的独立王国是不可能的，因为他既得不到统治地区的人民支持，也得不到波斯人的认可。因此，他诛杀总督，不服从大流士的命令并暗杀信使们的政治行动非常有可能得到巴尔迪亚王的支持或命令。

---

[1] 希罗多德:《历史》，3. 122。

[2] Pierre Briant, *From Cyrus to Alexander, a History of the Persian Empire*, 2002. p.362.

[3] Pierre Briant, *From Cyrus to Alexander, a History of the Persian Empire*, 2002. p.151.

[4] Pierre Briant, *From Cyrus to Alexander, a History of the Persian Empire*, 2002. pp.134-135.

[5] Petit.Vargyas, Darius and Oroites, *The Ancient History Bulletin*, 2000（14.4），pp. 155-161.

　　如果这一推断成立，那么希罗多德所叙述的历史就可以重建如下：公元前 522 年 3 月 11 日，巴尔迪亚开始废黜正在埃及的哥哥冈比西斯。在很短的时间内，巴尔迪亚就统治了包括欧洛台管辖的吕迪亚在内的大部分波斯领土。然而，当冈比西斯回兵反击巴尔迪亚的时候，他的军队威胁到了支持巴尔迪亚的欧洛台。欧洛台在面对冈比西斯诛杀他的命令时，是真的想要逃到萨摩斯还是仅仅为了引诱波吕克腊台（Polycrates）而故意设的圈套无法确定。后者可能更可信一些。为了取悦于巴尔迪亚，更是为了扩大自己的实力，欧洛台杀死了支持冈比西斯的萨摩斯统治者。波斯后来远征萨摩斯的行动证明欧洛台的行动是所有波斯王也想要做的。冈比西斯还没有回国就死在了叙利亚的路上，时间不迟于公元前 522 年 7 月底，很可能冈比西斯之死是大流士夺权计划中的第一步。实际上，在冈比西斯滞留埃及并遭到失败时，大流士就看到了由他接管帝国的机会了。他宣布巴尔迪亚是背叛国王的乱贼，并因此而赢得了反对居鲁士家族的波斯贵族们的支持。他的军队开始占据帝国的中心，并且切断了小亚细亚与巴尔迪亚的联系。当大流士派出使节劝说各行省的总督承认他的王权，派兵攻打巴尔迪亚或镇压各国的起义时，总督米特洛巴台（Mitrobates）加入了大流士阵营。小亚细亚最强大的总督欧洛台仍然保持对巴尔迪亚的支持并因而杀死了米特洛巴台和他的儿子以及大流士的信使们。欧洛台敢于这样做的原因是他使他的部下相信，大流士是篡位者，而居鲁士唯一的儿子巴尔迪亚才是合法国王。希罗多德所描述的欧洛台骗杀波吕克腊台应该发生在大约公元前 522 年 4 月到年末之间[1]。在巴尔迪亚夺位之前，欧洛台不可能用计策除掉波吕克腊台，因为波吕克腊台是支持波斯国王冈比西斯远征埃及的同盟者。同样，如果不是动乱时期或巴尔迪亚的

---

[1] A. Abramenko, "'Polycrates' Außenpolitik und Ende. Eine Revision", *Klio* 1995（77）, pp. 39-40.

命令，他也不可能杀死忠于波斯国王的另一个行省的总督。另一方面，在巴尔迪亚死去以及各地起义被平定后，欧洛台失去了自己的政治地位的保障，他应该没有能力去谋杀强大的波吕克腊台了。

随着公元前 522 年 9 月 29 日大流士杀死了巴尔迪亚，取得夺位胜利，全国形势突然发生了逆转：从这一天起，大流士取代巴尔迪亚代表波斯的中央政府。作为居鲁士儿子巴尔迪亚的支持者的欧洛台现在已经成为新国王大流士要除掉的政敌。欧洛台的部下们承认了大流士作为新国王的权威，按照他的命令杀死了支持巴尔迪亚的反叛总督欧洛台，从而保全了他们自己的生命和地位。欧洛台从政治舞台上消失后，小亚细亚最重要的波斯根据地——萨尔迪斯就一直处于大流士的牢牢掌握之下。这一事件最可能就发生在巴尔迪亚死后不久，大流士正在埃兰和巴比伦尼亚进行军事镇压的日子里。这样，我们就可以解释大流士在贝希斯敦铭文中不提及居鲁士的共事者、出身波斯名门的欧洛台的原因。另外，以篡位的方法获得王权的大流士在铭文中以此地无银三百两的心理强调自己是波斯王权的合法继承者，并以贼喊捉贼的方法声称他击败了巴尔迪亚、埃兰、巴比伦、米底、波斯等国的 9 个自称国王的篡位者。由于欧洛台始终是波斯的总督，虽然不服从中央调度，但不属于称王的篡位者，因此，大流士不屑在铭文中提到他的不忠。

另外，我们还可以从经济的角度探讨大流士处死欧洛台的原因。在欧洛台死后，他的财产被没收并被送往苏萨。这是否意味着萨摩斯僭主为之命丧黄泉的萨尔迪斯总督的巨额财富也是大流士要除掉欧洛台的原因之一呢？欧洛台作为萨尔迪斯总督监督着波斯帝国的货币生产，因此，他实际上控制着争位双方都急需的大量的国家财富，这虽然极大地提高了欧洛台的地位和重要性，也为他之死埋下了种子。大流士非常看重萨尔迪斯在经济上和宣传上对其政权的重要性。如果上述推论正确的话，那么我们对大流士在冈比西斯死后争取欧洛台的支持以及发现他的不忠后必欲除之就不会感到意外了。

大流士统治时期发行的新货币在公元前 521 年开始使用。这些新的货币不仅是他支付给军官和士兵的赏金，而且它还具有宣传大流士合法王权的作用：大流士的头像出现在新货币上。这些货币应该是大流士控制了萨尔迪斯之后，在那里生产的第一批证明他的合法王权的货币。

综上所述，希罗多德所记载的欧洛台被大流士处死一事应该发生在公元前 522 年内战期间。欧洛台的死因是他曾经支持巴尔迪亚，反对大流士，在他的主人死后，他的死已经注定了。然而，我们也不能因此而说他是一个叛乱的地方总督，只不过在大流士夺取政权的斗争中，站错了队。他的一生可能忠于居鲁士一脉而反对任何篡位者。大流士处死欧洛台后，将他的个人财富和萨尔迪斯的财富作为自己夺取政权的财源。虽然，贝希斯敦铭文中并没有关于欧洛台的记载，希罗多德所记载的事实，除去他在细节上发挥他的想象力和采用稗史故事外，基本上是可信的。

通过对贝希斯敦铭文和希罗多德的记载以及巴比伦地区出土的经济文档中的王年分析，我们可以辨析国王大流士和讲故事人希罗多德提供的史料中哪些是历史的真实，哪些是伪造和夸大的历史，哪些是具有可靠性和史学价值，哪些是为了某种政治目的而编造的谎言，哪些是为了吸引读者而对真实历史所进行的想象和夸大。研究历史必然要采用历史文献、铭文等史料，但是，在使用人为叙述的史料时，我们应该认真用逻辑推理和各种史料相互对照比较的方法谨慎地考虑，判断所用的史料有没有作者为了政治宣传和吸引读者而编造的虚假成分。郭小凌先生在《古代的史料和世界古代史》一文中说："鉴于世界上古史的史料状况，这个领域的研究者特别需要一种小心谨慎、如履薄冰的态度，说话要留有余地。"[1]科学的历史研究方法应该是尽可能

[1]　郭小凌:《古代的史料和世界古代史》,《史学理论研究》2001 年第 2 期。

完全地利用各种来源的史料，不轻信甚至质疑人为叙述的历史的可靠性和真实性，用各种方法辨析人为叙述的历史中是否存在人为的谎言和编造或错误，去伪存真，恢复历史的真相。

两河流域楔形文字文献中的狂犬和狂犬病 *

  美国亚述学者维勒德惠（Niek Veldhuis）释读过一篇公元前 2100 年乌尔第三王朝时的祛除有毒动物叮咬伤人的咒语（*VS* 10, 193），它是对抗所有古代人类所惧怕的自然界三种臭名昭著的有毒动物——蛇、蝎子和（疯）狗——的楔形文字咒语。[1] 他根据薛博格（Å.Sjöberg）教授的观点，[2] 将 ur-mú-da 狗译为"恶狗"，没有认识到其意为"疯狗"。本文作者认为：被毒蛇或蝎子咬过的人会很快死去，但狗一般是不咬熟人，而且咬伤不致死。所以和毒蛇、毒蝎咬伤同样恐怖的狗咬伤只能来自狂犬症疯狗。由于维勒德惠教授没有认识到 ur-mú-da 狗有"疯狗"之意，所以他将苏美尔词 uš（=uš₁₁/*imtu*）"（蛇或狂犬的）毒、毒液"译为广义的"唾液"（uš = KAxLI），并且没有接受阿卡德语"狗咬祛除咒语"就是特指疯狗咬伤的观点。[3] 我们知道古代祛除病魔咒语通常是用于染病后无法自愈的和不能用药物治好的那些最危险的人体疾病，比如说狂犬病。一篇古巴比伦羊羔内脏占卜的文献（*YOS* 10, 18；见下文）将预兆疯狗（*kalbu šegû*，）、毒蛇和毒蝎这 3 种动物的致命攻

---

* 吴宇虹:《两河流域楔形文字文献中的狂犬和狂犬病》,《古代文明》2009 年第 4 期。

[1] Niek Veldhuis, *An Ur III lncantation against the Bite of a Snake, a Scorpion,or a Dog* (*VS* 10,193), *ZA*, Vol. 83, 1993, pp.161-169.

[2] A. Sjöberg, *Der Vater und sein missratener Sohn*, *JCS* 25（1973）:136, and *PSD* B, 109 b.

[3] B.R. Foster, *Before the Muses I*.Bethesda, Md.: CDL Press,1993, p. 124.

击的内脏预兆依次列出，作为同一类灾害。两河流域出土的羊羔肝脏占卜和其他预言的文献中，在三类有毒动物之中，只有疯狗出现在城市中的现象才被认为是国家将遭受灾难的征兆，其原因是它对人类社会的危险明显比其他两种更大。所以，在许多阿卡德语的"祛除狗、蝎子和蛇的咒语"中的"狗"和"蛇"应该被理解为引起狂犬病和蛇毒病的疯狗和毒蛇。[1]这类咒语的苏美尔语术语一般称为"（从）狗（或蛇）复活之咒语"（ka-inim-ma ur-gi₇ /muš ti-la-kam, VS 17, 4、8）。

狂犬病又称恐水症，是一种很危险的疾病，它可以让患者在几天之内死去。第十四版《不列颠百科全书》（ Encyclopaedia Britannica ）卷18（1966年）是这样描述狂犬病的：

在开始时，这种疾病的症状表现为易怒和执拗等中枢神经系统亢奋的状态……病毒经常存在于患有狂犬病的动物的唾液腺中，并被分泌到唾液中。因此，被感染过病毒的动物咬过以后，病毒会侵入新的伤口中，在适当的条件下，沿着神经组织从伤口传播到大脑，在中枢神经系统中稳定下来。当感染发生时，该病最经常是在发病后4—6周期间发展，但潜伏期可能从10天到至少8个月不等。动物狂犬病一般分为狂怒型狂犬病和沉默型狂犬病，这取决于染病的动物的表现。对前一种来说，疯狂的阶段持续很长，对后一种来说，瘫痪出现在一开始发展于早期，大多数被感染的狗会出现两种类型的症状：一个特征为躁动、紧张、易怒和疯狂的短期亢奋期，接下来的是抑郁和瘫痪。发展成以狂怒为主特征的狂犬病类型的狗总要死于感染，通常在症状发作后3天或5天死去；而发展为无亢奋和侵略性为特征的瘫痪型狂犬病的狗有少数可以从感染中康复。恐水症的症状不会出现在狂犬身上，但它

---

[1]　W.Farber, *Zu älterer akkadischen Beschwörungsliteratur, ZA* 71, 1981, pp.51-71.

们普遍有吞咽困难的症状，声带肌肉的瘫痪经常要使狗的吠声发生改变。狂犬病的发作没有季节特征……恐水症的症状表现为在患者试图吞咽时出现咽喉肌肉的周期性痛苦症挛。由于水与吞咽行为的联想，这种症状可以在看到水时引发，因此患者就害怕水，出现恐水症、在出现神经系统亢奋和恐水症的症状后，人类的狂犬病一律是致命的。通常是在症状发作后的 3—5 天内出现死亡。

一、阿卡德语楔形文字文献中的狂犬和狂犬病

1. 古巴比伦时期（前 2000—前 1500 年）祛除人身狂犬病毒的 5 篇咒语

根据本文作者的研究，至少有 5 篇古巴比伦时期关于狗的出土文献属于祛除狂犬病的阿卡德文咒语。其中三篇为怀廷（R.Whiting）教授编辑或引用（*LB* 2001；*VS* 17, 8；引用 A 704），[1] 第四篇由西格瑞斯特（M. Sigrist）发表，[2] 最后一篇是格内（O.R.Gurney）的临摹本（*OECT* 11, 4，无拉丁化译和翻译）。所有这些文献的共同之处是描述一种由狗嘴里的"精液"（即现代的"病毒"）引起的危险疾病。被狗咬过之后，"精液"将变成患者身体中的"（狂犬）子孙"或"狗崽"而发作。现代医学知道存于被感染狗的唾液中的狂犬病毒经由伤口进入人体，并在人的中枢神经系统中繁殖肆虐；而医学知识粗浅的两河流

---

[1] R whiune, *An Old Babylonian Incaniation From Tell Asmar*, ZA 75, 1985, pp.179-187.
文中还编译了另外三篇对"生气"（病）的诅咒，如果这里"生气"做"疯狂"理解，它们指的可能也是狂犬病。

[2] M. Sigrist, *On the Bite of a Dog, in Love and Death in the Ancient Near East*, J. Marks and R. Good, Guilford（eds）, Conn :Four Quarers.1987, pp.85-88 . Sigrist also edits *VS* 17, 8,and quotes LB 2001.

域古人初步认识到被狂犬咬伤而致死的原因是狂犬唾液中有可以传染和繁殖病魔的"精液"（病毒）和这些"精液"能够在人身体中发育成"狂犬子孙"或"疯狗崽"而置人于死地。在 *OECT* 11，4 号文中，患者有"脸部的疯态和双唇的恐惧"，这完全符合狂犬病的症状。在医学文献《标准巴比伦疾病目录》（*MSL* 9, 96, 165-66）中，我们发现了一种"避【水】"的"恐惧症"（[a?]-gi₄,[X]-šà=*pu-ul-hi-tu*），这可能是指狂犬病。苏美尔神话《神威王者涅旮勒神》第 171—172 行也提到疯狗的精液或唾液造成死亡，（魔鬼 *asakku*）像一只疯狗……将"精液"滴满了他的身边（Ur-idim-……ge-en（gin₇）a da-bi-a mu-un-sur-sur-re）。

5 篇咒语中的狂犬病征兆和内容对照表

文献 内容	LB 2001	VS 17, 8	A 704 Chicago), r.3–13²	AUAM 73– 2416	OECT 11, 4
病魔传染和发展迅速	1-2:*ur-ru-uk bi-ir-ka-šu/a-ru-uh la-sa-ma-am*[1]"它（魔）步伐（'膝'）修长，奔跑迅疾。"	*[a-r]u-ùh bi-ir-ki-in / da-an la-sà-ma-am*"（它）双膝迅疾，奔跑有力。"	*r.3:ar-hu še-eh-tù-šu* "它的袭击迅疾。"	*...x-ri-itba/ma-di-im-ši-imùPa-ra-ah-ši-im*"...*Madimšum* 和 *Parahšum* "外国的[病魔]。"	*1-2:ú-ug-gu-ur ši-pi-in / a-ru-ùh la-sà-ma-am* "它双脚交叉，奔跑迅疾。"
人因狗咬而被传染			*r.4:ga-še-er ni-ši-ik-šu* "它的咬伤是可怕的。"	*ka-al-bu-um a-wi-lam-iš-šu-uk* "（疯）狗咬了人。"	

[1]　绝对态及物动词原形或形容词和宾格名词连用的特殊用法是宾格形容词和属格名词搭配用法的一种变化，见 W. von Soden, "*Status Rectus-Formenb vor dem Genitiv im Akkadischen und die sogenannte uneigentliche Annexion im Arabischen*"，*JNES* 19(1960):pp.163-171. 然而，他文中仅给出一个例子: *a-tar ha-si-sa*。我们引用这些文献中，有 8 个这样的用法。

两河流域楔形文字文献中的狂犬和狂犬病　　569

续表

文献 内容	LB 2001	VS 17, 8	A 704 Chicago), r.3–13²	AUAM 73– 2416	OECT 11, 4
症状：不能进食和饮水	*3-4:i-is bu-bu-tam / et-nu-uš a-ka-lam* "他感觉不到饿，他太虚弱而不能进食"。	*[x-g]i-il ka-ab-ba-ar-ti-in ma -li i-ir-[ti]* "它…双踝疼痛，胸部充满（毒液）。"			*3-4:bu-bu-ta-am ma-ad et-ni-iš a-ka-la-am* "它感到很饿，却太虚弱而不能进食。"
狂犬或病魔隐藏伏为突然袭击		*[ṣe]-el-li du-ri-im mu-uz-za-zu-ú-šu/as-ku-pa-tum na-ar-ba-ṣú-šu* "城墙阴影是它站处，门槛是它蹲伏地。"			*5-6:i-na as-ku-pa-tim ir-ta-na-bi-iṣ* "它一直蹲伏在门槛上（准备咬人）。"
"精液"（病毒）存在于狗唾液	*5-6:i-na ši-ni-šu/eh-hi-il ni-il-šu* "它的精液凝结在它的牙齿上。"	*i-na pi-i-šu na-ši-i ni-il-šu* "它的精液被携带在口中。"	*r.7:i-na pi-i-šu na-ši-i ni-il-šu* "它的精液在口中含着。"	*a-nu-um-ma a-na ša-ri-im a-li-ki-im qi-bi-a-ma* "现在，你，对吹过的风说：*ni-ši-ik ka-al-bi-im me-ra-né-e a-i ib-ni* "但愿这狗的咬伤不会生出小狗！"	
狗咬伤人后，"孩子"或"狗崽"病毒繁殖	*7-9:a-šar iš-šu-ku/ma-ra-šu i-zi-ib* "在它咬伤之处，它留下了它的子孙。"	*a-šar iš-šu-ku ma-ra-šu i-zi-ib* "在它咬伤之处，它留下了它的子孙。"	*r.8:a-šur iš-šu-ku ma-ra-šu i-zi-ib* "被它咬伤之处，它留下了它的子孙。"		*7:e-ma iš-šu-ku me-ra-nam i-zi-ib* "在它咬伤之处，它留下了小狗。"

文献内容	LB 2001	VS 17, 8	A 704 Chicago), r.3–13[2]	AUAM 73–2416	OECT 11, 4
疯狗控制和狂犬病人的症状				*šu-ri-ma ka-al-ba-am a-na ṣí-bi-it-ti-im* "把这只狗送去监管！"	8-11:*ú-su-uh ša-ar-[b]a-am ša pa-ni-šu ù pu-ul-hi-ta-am*（*puluhtu*）*ša ša-ap-ti-šu* "请祛除他脸部疯态和他双唇的恐惧！"
祛病和活人命令语			r.5-6:*i-na ši-in-na-ti-šu i-za-a-ab mu-tum* "死亡从它的牙齿分泌出来。"	*ka-al-bu-um li-mu-ut-ma a-wi-lum li-ib-lu-uṭ-ma* "让这狗死掉！让人活下来！"	12-13:*ka-al-bu-um li-m[u-ut-ma] a-wi-lum-li-ib-l[u-uṭ-ma]* "让这狗死掉！让人活下来。"
咒语的题目	10:*tu-en-ì-nu-ri (=tu₆-én-é-nu-u =šiptu ana marṣa nadû)* **祛病之咒语。**	*ka-inim-ma ur-gi₇ ti-la/ ka-inim-ma É-a-kam/ ka-inim-ma ur-gi₂ ti-la-kam*（从）**狗（毒）复活之咒语：巫医神埃阿的咒语。**	r.13:*tu-en-ì-nu-ri* 祛病之咒语（*é-nu-ru* 或许是埃阿施巫术之房：*PBS 1/2,21*。这里 *nu-ru/nu-ri* 可能为 *nūrum*（*null*）"光。"）	（**祛病之咒语。tu₆-en₂** "咒语"）	14-17:*ši-ú-tum[...]*"[让]邻居[不要遭受这病]！"18-19:*in-ba/zu tu₆-e[n₂ ?/du₁₁ ?] inim-inim-ma ur-g[i₇]t[i ? -la ?]* **祛病之咒语，（从）狗（毒）复活之咒语。**

2. 古巴比伦《埃什嫩那法典》对狂犬的控制和致死赔偿、马瑞和中国古籍中提及的狂犬危险性

当Goetze发表著名的是《埃什嫩那法典》时，[1]他不知道第56—57条中的 *kalbum šegûm* 指的狂犬病，而将它翻译成 "（如果）一条狗是邪恶的"（不知何故，这条关于狂犬控制和咬人染病致死赔偿的法律不见于著名的《汉穆腊比法典》）。[2]《埃什嫩那法典》第56—57条是这样说的：

> *šum-ma* ur-gi₇ *še-gi-ma b[a-a]b-tum a-na be-li-šu / ú-še-de-ma* ur-gi₇-*šu la iṣ-ṣu-ur-ma* / lu₂ *iš-šu-uk-ma uš-ta-mi-it / be-el* ur-gi₇ ²/₃ ma-na kù-babbar i-lá-e, *šum-ma* sag-arad / *iš-šu-uk*（！文中误写：*ik-ki-im*）-*ma uš-ta-mi-it* 15 gín kù-babbar i-lá-e
>
> "如果一条狗疯了，城区当局通知了狗的主人，但主人没有看好他的狗，以致狗咬了人并造成了该人死亡，狗的主人要赔偿40锱银钱（给家属）；如果狗咬了一个奴隶并造成了其死亡，他要赔偿 15 锱银钱（给主人）。"

一封古巴比伦时期的马瑞王室书信（*ARM* 3,18:15）用疯狗比喻反复无常的敌人：*ki-ma* ur-gi₇ *ša-ge-e-[e]m a-ša-ša-ku ú-ul i-de* "像疯狗一样，他不知道该咬哪里（下一个）。" 该信的作者一定知道："一只患有狂犬病的动物在患病初期是最危险的，因为它看上去很健康，也许还很友

---

[1]　A. Goerze, *The Laws af Ešnunna. AASOR* 31, New Haven, American Schools of Oriental Research，1956.

[2]　这一译法被 *CAD* Š/II（1992），*šegû*, and M. Roth, *Law Collections fom Mesopotamia and Asia Minor*（Atlanta:Scholars Press.1995）所用；但是 *CAD* N/2（1980），54 正确地将这个词译为 "狂犬的"。

好，但只要受到最轻微的冒犯它就要咬人。"

我国古籍中也有类似用法，如《左传》哀公十二年秋:吴征会于卫。初，卫人杀吴行人且姚而惧，谋于行人子羽。子羽曰:"吴方无道，无乃辱吾君，不如止也。"子木曰:"吴方无道，国无道，必大国乎？"[1]故事是公元前 483 年，吴王夫差要与卫国君会盟（还有鲁国）。卫国不知该不该去。行人子羽认为不应该去，子木说:"吴国无道，一定要报复人，其力量足以危害卫国。一定要去（以免被攻击）。（谚语说）大树倒毙时，一定要乱砸人或物，国内的狗疯狂时，一定要乱咬人，何况吴国这样的大国呢？！"

3. 两河流域羊羔肝脏占卜中的狂犬病

由于两河流域时常发生狂犬病在狗中传染流行的灾难，人们要求占卜术能够预报这一灾难。最常用的羊羔内脏占卜和占星术都预言过狂犬病的流行，虽然 *Šumma ālu* 系列行为预言没有预言狂犬病的发生，但是它用狂犬病的暴发来预告城市或国家即将发生更大的灾难。

3 条古巴比伦羊羔肝脏占卜预言记录了在占卜用肝脏的"增长"部位中发现的洞预示了人或狗将得狂犬病，以及男祭司和女祭司的死亡:[2]

　　　1. "如果在'增长'的右侧出现个洞，人将得狂犬病。"

　　　2. "如果在'增长'的中间出现个洞，女祭司【或】男祭司

---

[1] 不能确定卫国的子羽和子木是否是孔子的两个著名弟子澹台灭明字子羽和商瞿字子木。孔子常在卫国，仲由子路和高柴子羔都在卫国为官，公元前 483 年，子羽和子木在卫国做事也有可能。其他的同字而不同名的春秋人都太早而无可能。

[2] U. Jeyes, *Old Babylonian Extispicy*, Istanbul: Nederlands Historisch-Archaeologisch Institut,1989,no.10:1-7.

将死去。”

　　3."如果在‘增长’的左侧出现个洞,【狗】将得狂犬病。"

　　根据另一篇羊肝卜文（*YOS* 10，35:27），[1]肝的"增长"部位上的洞预言狗将得狂犬病的确是两河流域文明占卜术的传统:"（如果）在‘增长’顶部出现两三个洞，狗将得狂犬病。"第三篇肝占卜文（*YOS* 10,18:64-66）提到肝脏的另一部位"路"上的1—3个洞预示着三种有毒的动物——蛇、蝎子和疯狗的攻击:

　　64.*[šumma (diš) i-na pa-da]-nim ši-lum na-di* muš *i-na* kaskal lú *i-na-aš-ša-a-ak*

　　"【如果在‘路’位上】出现一个洞，在旅途中，蛇要咬人。"

　　65.*[šumma i-na pa-da]-nim ši-lu* 2 *na-du-ú ti-bu-ut* gír-tab

　　"【如果在‘路’位上】出现两个洞，蝎子进攻（人）。"

　　66.*[šumma i-nd pa-da]-nim ši-lu* 3 *na-du-ú ka-al-bu iš-ši-gu-ú*

　　"【如果】在‘路’位上出现三个洞，狗要变疯狂。"

　　在晚期的标准巴比伦文的内脏占卜文献中，苏美尔词 idim "迟钝的、呆滞的"被用来表示阿卡德词"疯狂的"*šegû*。根据古代楔文字典文献（*Hh* XIV 94-96. *MSL* 8/2、14），我们得知 ur-idim 也译为"疯狗":ur-idim=*kal-bu še-gu-ú*，且"恶狗"不是疯狗，另作 ur-hul =*lemnu*。在晚期的一肝卜文（*CT* 20，33:89-89）中，我们又发现了有关狂犬病流行的预兆:

---

[1]　Cf. J. Nougarlyrol, *Textes hépatoscopigues d'époque ancienne, RA* 40,1940, p. 85. *AO* 7033:1.

šumma（be）*naṣrapta*（nig₂-tab）*kīma*（gim）zú *šaššari*（šum-gam-me）*puṭṭurat*（du₈-meš-at）*ana* giš-tukul *migitti (*šub-*ti) ummāni (*eren₂-*ni) /ina* ud-sud *kalbaū šegû*（ur-gi₇-meš idim-meš）*ú-lu a-ki-lu še-am akkalū*（gu₇）

如果羊肝"坩埚"部位松散为锯齿状，军队要在战争中失败，然后，狗会变疯狂，或害虫会吃光大麦。

另一晚期亚述肝卜占文（K 7000 rev. 23）也提道："如果肝的'力量'部位满是裂缝，而且裂缝染成绿色，狗将变疯狂。"[1]

4. 占星术中对狂犬病的预言

根据拉巴（R. Labat）释读的楔文占星书 *Calendrier*（69:13, 33-34 和 BE 36410:29', *Iqqur īpuš*），巴比伦人和亚述人相信发生在 12 月的月食会使狗变疯。但是，在 *Enūma Anu Enlil* 占星书中，发生在 9 月的月食和金星的位置也预示着狂犬病的流行。这些预言也许反映了狂犬病可能经常于秋冬在两河流域流行。在更晚时期的中国民间信仰中，月食被解释成"天狗（或疯狗）吃月亮"，这种信仰的起源也许来自巴比伦的月食预示着狂犬病流行的观念。两河流域许多遗产观念随着佛教、摩尼教以及其他近东宗教传入中国。[2]

占星书 *lqqur īpuš* 泥板 69，13 就多次提到月食预兆狂犬病的流行：

diš ina Addari（ᵈ*Sîn* an-ge₆ gar-*un*）lugal Elam^ki úš-*ma* ur-gi₇-meš idim-meš-*ma* nam-lú-u₁₈-lu ka-kud-meš, guruš munus nu-t[i-l]a-meš

---

[1] A.Boissier. *Documents assyriens relatifs aux presages,* vol. 1, Paris, 1894, no. 9.

[2] 有关波斯和印度对中国的影响，见 S.Dalley, *Babylonian Influence in the Far East through the Buddha and Mani, Journal of Ancient Civilizarions* 12,1997，pp.25-35。

"如果在十二月（出现月食），埃兰国王会死，狗会疯狂并会咬伤人，（被咬过的）男人或女人不会活下来。"

Iqqur īpuš 泥板 74：31-34:

diš *ina Addari*（ud-14-kám^d*Sîn* an-ge₆ gar^-un）lu[gal Elam^kiú] š₂-*ma* su-gu₇ ga₁₂-ma un^meš du[mu-meš-*ši-na a-na* kù]-babbar búr-meš-*ma* x x úš-*ma* ur-[gi₇-meš idim-meš-*ma* n]am-lú-u₁₈-lu k[a-kud]-meš guruš-[meš *u* munus]-meš nu-ti-la-meš

"如果在十二月，（在第十四天出现月食），[埃兰]王会死，将发生饥荒，人们将出卖[他们的孩子们]……将死去，狗[将变疯]，并会咬伤人。（被咬的）男人[或女人]不会活下来。"

BE 36410 rev.iv 29:

[diš min（*ina* iti-še-gur₁₀-kud ta ud-1-kám en ud-30-kám）^d*Sîn* an-ge₆ gar-*un*] lugal Elam-ma^ki úš ur-gi₇-meš *iš-še-eg-gu-ú-ma*[…]

"[如果（从十二月一日至三十日）出现了月食]，埃兰王会死，狗将变疯，[并咬伤人。（被咬的）男人或女人不会活下来]。"

在占星术系列书 *Enūma Anu Enil* 中有两段关于月食和金星错位预兆狂犬病流行的卜文，[1]月占 sin 第 35 泥板（第 33—34 行）有：

diš *ina* iti-gan ta ud-l-kám en ud-30-kám an-ta-lù us *iti-tab-ši* ur-gi₇-me idim-me^d Nergal *ni-ši* gu₇，"如果从九月一日至三十日出现（月）食，狗将变疯，涅旮勒死神将要吃人民。"

金星占 Ištar 第 37 泥板（Sm.781; *Ach* Supplement I, 45.iii 1—8行）有：

---

[1]　Ch. Virolleaud. *L'Astrologie Chaldèenne.* Paris, 1908—1912.

[diš mul-Dil-bat *ina Addari* min ina ^{d}*Šamaš* šú-a *it-bal*]/an-[úr-ra...] / è un-meš [···]/*e-šá-tum* nu-dùg-ga-meš *ina* kur$^{!}$（copy:BI）gál-meš-[ma]/ un-meš dumu-meš-*ši-na ana* kù.-babbar búr-meš-[ma···]/ *illak*（du^{-ak}）lugal Elam^{ki}*ina* é-gal-*šú ú-ta-sar-ma* /š[eš]-*šú* záh Elam^{ki} *u* un-meš-*šú* ug$_5$-meš/su-gn$_7$ še *u* in nu-gál ur-gi$_7$-meš idim-meš *-ma* n[am-lú-ul$_8$-lu]/gud udu-níta anše *ú-na-šá-ku šá-ku šá ú-na-áš-sà-ku* nu-[ti-la-meš]

[如果在十二月，金星如同上条，在日落时出现于地平线……]，人们的避难……；混乱和灾难将在国中出现，人们将出卖他们的孩子，[保护神] 将离去，埃兰国王将被困在他的宫中，他的兄弟将失踪，埃兰国和它的人民将要死去，将发生饥荒；没有大麦和稻草；狗将疯狂并咬伤 [人]、牛、羊和驴，被它们咬过的不会活下来。

5. 奇特现象预兆系列《如果一城位于高处……》（*ŠUMMA ĀLU*）中的狂犬病和中国先秦时的狂犬病

起源中巴比伦时期、在公元前 7 世纪被尼尼微的亚述学者整理和编写成占卜术经典之一的两河流域奇特现象预兆系列《如果一城位于高处……》出土于尼尼微和阿舒尔等地，共 107 块泥板（有些是残篇）。这一经典版本的前 20 篇和系列目录已被美国学者整理翻译发表了。[1] 该系列的第 46、47 和 48 块泥板列举关于狗的奇特现象预兆，第 46 块泥板的第一预兆是"如果群狗发疯……"，这也是该泥板的篇名。其中提到了狂犬病在一座城中流行预示着它的人民将要被驱散和有其他灾

[1]   S. Freedman, *If a City is Set on a Height. the Akkadian Omen Series šumma ālu ina mele šakin,Tablet 1-21*, University of Pennsylvania Museum Publication, 1999.

难。根据它的一残篇（*CT* 38, pl. 49: K 236+3548, K 236:rev. in *CT* 39, 2），除第 1 条外，第 14—16 和 21 行的预兆：

1.diš ur-gi₇-meš *it-te-neš-gu-ú na-às-pu-uh* [uru]

"如果群狗发疯了【城市的人民】将被驱散。"

14.diš ur-gi₇-meš *iš-še-gu-ma ina sūqt ir-ta-na-pu-d[u na-às-pu-uh*⁇ uru⁇ *]*

"如果群狗发疯了并在街上乱跑，【一座城市的（人民）将被……】。"

15.diš ur-gi₇-meš *iš-še-gu-ma ina sūqi it-ta-na-p*[u-x···uru⁇]

"如果群狗发疯了并在街上……【城市人民将被……】。"

16.diš ur-gi₇-meš *iš-še-gu-ma ina sūqi x*[······]

"【如果】群狗发疯了并且【……】在街上【……】"

21.[diš ur-gi₇-meš *i]t-te-né-e[š-gu-ú-ma] it-ta-nam-da-ru naspuh*（bir⁻ᵘʰ）uru（Cf. also *KAR* 394 ii 14. ）

"【如果群狗】长期发疯并到处扑人（*nadāru* Ctn. 词干），城市人民将被驱散。"

该系列的第 48 块泥板是专门关于母狗的奇特现象预兆，在一个残片（no. 106, K 217+K 4046,10-12）中，我们发现母狗传染的狂犬病作为具有不同意义的预兆居然被分类记载：

šumma（diš）*kalbātu*（nig）*iš-še-gu-ma amīla ú-n[a-aš-ša-ak...]*

"如果群母狗发疯并咬伤了人，【……】。"

šumma kalbātu iš-še-gu-ma māra ša [auīli ú-na-aš-ša-ak...]

"如果群母狗发疯【并咬伤了】【人的】孩子……。"

šumma kalbātu iš-še-gu-ma uš-[mi-it...]

"如果母狗变疯并【咬死……】，……。"

我国古籍中确有狂犬病流行造成政治动乱的记载:《左传》襄公17冬:"十一月甲午，国人逐瘈狗，瘈狗入于华臣氏，国人従之，华臣惧，遂奔陈。"背景是公元前556年，宋国权臣华臣使人杀了其侄子华皋比的管家华吴，宋平公要驱逐他，但没有实行。仲冬月甲午日，宋国人驱逐狂犬，狂犬闯入华臣的居第，国人跟在狗后面追赶，华臣以为国人要驱逐自己，吓得自己跑到陈国去了。《吕氏春秋》卷14第三首胥时篇提到郑国的狂犬动乱:"郑子阳之难，猵（猘）狗溃之；齐高国之难，失牛溃之，众因之以杀子阳、高国。"《淮南子·氾论训》对此给了更细的描述:"郑子阳刚毅而好罚，其于罚也，执而无赦。舍人有折弓者，畏罪而恐诛，则因猘狗之惊，以杀子阳，此刚猛之所致也。"《史记·六国年表》给了此事的国际政治背景"楚悼王四年，楚败郑师，围郑，郑人杀子阳"和"韩烈侯二年，郑杀其相驷子阳，四年，郑驷子阳之党弑繻公，而立其弟乙，是为康公"（《资治通鉴》·周记一，周安王六年）。这段狂犬病历史是:公元前398年，楚悼王围攻郑国，郑国首相驷子阳可能与主和的郑繻公意见不同。子阳的舍人中有损害武器者害怕被子阳重罚处死，便和郑繻公一派密谋刺杀子阳，恰逢其时，城内发生狂犬病，该舍人以追杀狂犬的名义持械冲入子阳府，刺杀了子阳。楚国可能因此退了兵。两年后的公元前396年，子阳一派杀了郑繻公，立新君夺回政权。

6. 狂犬病作为马尔杜克离弃巴比伦启示录中的灾难之一

一篇警告巴比伦人关于他们的保护神马尔杜克将放弃巴比伦而去埃兰国的启示录描述了在大神放弃其子民后，巴比伦尼亚将出现种种灾难。[1] 这些灾难中的最后也是最可怕的一个就是狂犬病的流行。因为马尔杜克的一个化身是巫医术之种阿萨尔鲁希，所以他的离开将会带来瘟疫的流行。

i 22'-ii 11':*a-na māt* Elam-ma^{ki} gen-*ma* / du-meš *ilānu*^{-meš} dù-a-bi a-na-*ku-ma* dug₄-ga, nidba-meš é-há-meš *a-na-ku* tar-*us*/^dŠahhan *u* ^dAšnan *ana šamê-e* e₁₁-li / ^dSiris šà kur gig-*iṣ* / adda-meš un-há ká-meš *ipehhā*（idim-meš-a）/ šeš šeš-šú gu₇/*ru-u₈-a-šú ina*^{giš} *kakki i-ra-si-ib* / dumu-meš dù-meš *a-na* dumn-meš maš-kak-meš　/ *qāt-su-nu i-ma-ak-ka-ku* / giš-gidri lúgud-da gib kur gib-*ik* / lugal-meš [ki-en[?]]-gi kur tur-meš / ur-a-meš *a-lak-tam* tar-meš/ur-gi₇-meš [idim-meš]-*ma* un-há *ú-na-ša-ku* / *ma-la ú-na-šá-ku* nu-ti-meš úš-meš

我将去埃兰国并命令所有的神去那里。我将断绝神庙的供应，我将把牲畜和谷物之神召到天界。酒神将在国中腐败。人民尸体将阻塞大门，兄弟将吃掉兄弟；朋友将用武器杀死朋友。自由民将伸开他们的双手向奴隶乞讨，王杖将变得短小，国家将被封锁。苏美尔的诸王的领土将给缩减。狮子将截断道路。家狗【将变得疯狂】并咬伤人们。所有被它们咬过的人不会活下来，将会死去。

7. 巴比伦、亚述神话史诗《创世纪》中叛神提阿马特军中疯狗魔演变为驱邪守门神兽

在公元前 1000 年产生的巴比伦神话史诗《创世纪》（*Enūma Eliš*,

---

[1]　R. Borger, *Gott Marduk und Gott-König Šulgi als Propheten: zwei prophetische Texte*, BiOr 28, 1971, pp. 3-24.

i 141-42）中，疯狗妖魔（ur-idim-*mu/me* 或 ur-idim-meš）、角毒蛇精（muš-šà-ùr=*bašmu*）、蛇龙（muš-huš）、毒蝎精（gír-tab-lú-ùlu）、多毛怪（*lahamu*）、巨狮魔（u₄-gal-la）、猛狮魔（u₄-*mi/mu da-ab/p-ru-ti*）、鱼精（ku₆-lú-ù^{lu}）和野牛魔（*kusarikku*=gud-alim）——共 9 类魔怪构成了攻打众神和他们的英雄马尔杜克 / 阿萨尔鲁希的恶神之女王、咸海之神提阿马特的邪恶军队。

　　根据尼尼微王家图书馆出土的"祛除咒语（K 2096；4-7）"的叙述，[1] 提阿马特死后，这些魔怪被置于埃利都的医疗之神家族埃阿（及恩基）、其妻旦基那和其子阿萨尔鲁希（后成为马尔杜克的化身）和那布、其使节乌斯穆的控制之下：

　　　　[^{d}]É-a u ^{d}*Dam-ki-na* ^{d}En-ki ^{d}Asar-lú-hi, [⋯] / [^{d}A]ra（ŠA）ù ^{d}*Ha-si-su*/u₄-gal ur-idim / gír-tab-[lú-ùlu muš-šà-tùr$^?$ Muš-huš$^?$] / anzu^{mušen} gud-alim ku₆-lú-lú suhur-máš-ku₆[⋯]/x x u ab:zu [*lip (ṭurūnikku) lip (šurūnikku)*]

　　　　让埃阿神、旦基那、恩基、阿萨尔鲁希神、【⋯】、乌斯穆神（A=Ara，埃阿的双面孔天使）、和"智者"神（*Hāsisu*= 文字神那布）以及巨狮、疯狗、蝎精、【角毒蛇精、蛇龙】、安祖巨鸟、野牛魔、鱼人精、摩羯 / 鱼身山羊怪、【⋯】和阿坡苏神池这些神明【祛除你身上的邪恶】！！

　　一篇马尔杜克赞美诗（*ABRT* 29:15=P. Jensen. *KB* VI/2, no.19, lines 1-3,15）也提到了马尔杜克征服疯狗和其他的提阿马特军队魔怪：

　　　　a-dal-lal zi-kir-ka ^{d}*Marduk gaš-ri* diĝir-meš gu₂-gal *šame-e u*

---

[1]　J.Craig. *ABRT* 56; see E. Reiner, *Lipšur Litanies*, *JNES* 15.1956:p.144.

erṣetim-tim [š]a ṭa-biš ib-ba-nu-u ša-qu-u e-diš-ši-šú na-šá-ta-ma ^d*A-nu-ut/tu₄* ^d*En-líl-lá-ut* ^d*Nin-[igi-kug]-u-tu₄ bēl-u-ut šàr-u-tu₄.../[gaš]-ri ma-hi-iṣ muh-hi An-ze-e ra-hi-i[ṣ..ba-aš-me muš-huš u₄-gal-la] ur-idim* ^d*gud-alim*^d*ku₆-lú-lú* ! （IN）[*suhur-máš-ku₆ ù gír-tab-lú-ul] ù ú-sà-gis-su-nu-t[i]* （*šagāšu* D）

　　我赞扬你的名字，哦，马尔杜克，众神中之最强，天地间之至大，被完美创造的唯一最高贵者。你是天上众神之特权、恩利勒神之王权、埃阿神之智慧（Ninigikud=Ea in *CT* 25, 33:23.）、君权和王权的执掌者……打败安祖大鹏鸟的最强者……毁灭者，他杀死了【角毒蛇精、蛇龙、巨狮】、疯狗、野牛魔、鱼精、【鱼羊摩羯和蝎精】。

　　被神王控制了的疯狗和其他怪物被用于驱邪。新亚述王辛纳赫里布在建筑铭文上说太阳神之子四头青铜铸造巨牛（gud-alim 野牛魔？）支撑着阿舒尔城中的"各国之山房"庙（E-hur-saĝ-kur-kur-ra）拱门（？ *šuhūru*）的屋顶。四牛的两个基座则由四个鱼精像（ku₆-lú-ùlu^{lu}）和四个青铜鱼羊怪像（suhur-máš₂-ku₆）支撑着。在门的两侧，一只疯狗（ur-idim）和一只蝎精（gír-tab-lú-ùlu^{lu}）把守着入口门闩（*KAH* II, 124=*OIP* 2, 144:18-21）。

　　一件早期迦喜特王阿鲧卡克瑞美（Agum-kakrime）的晚期王铭复制品提到，[1] 他从哈那（Hana？）地区带回马尔杜克，重建了他的埃萨吉拉（Esaĝ-illa）庙，并同时建造了神和其妻的神殿的大门两扇。用蓝色、绿色和红色等珍贵石料制成的疯狗和其他怪物形象被镶嵌在这些门上，用以镇压外面的邪怪。

---

[1] 5 R 33; for its most recent edition, see P. Jensen, *KB* III/1, 134ff., iv 36-v 13.

^{giš}ig-meš gal-gal-meš ^{giš}ig-meš giš-eren *tu* ! *-'a-a-ma-ti lu-ú-še-pí-šu-ma ina pa-pa-ha-at* ^d*Marduk ù* ^d*Zar-pa-ni-tum lu-ú-ú-ki-in ina a-šá-at* zabar *kalbāti*（niĝ）ku-ri *lu-ú áš-pu-ši-na-ti ša-gam-mi-ši-n[a] ina ku-ru-us-si ša* uruda *mi-si-i lu-ú ṣab-bit ba-aš-me làh-me ku-sa-rik-kum* u₄-gal-la ur-idim [k]u₆-lú-ùlu^{lu} [suhur]-máš-ku₆ *ina* na₄-za-gìn na₄-du₈-ši-a na₄-gug na₄-giš-nu₁₁-gal *lu-ú-šá-am-lu-ši-na-a-ti te-lil-ta-šu-nu lu-ú-ša-áš-ki-in-ma* ^{ĝeš}ig^{meš} *el-le-tim ina pa-pa-ha-at* ^d*Marduk ù* ^d*Zar-pa-ni-tum lu-ú-kin-ši-na-a-ti*

当宏伟的门框和两扇雪松木门扇被建造后，我将它们装在马尔杜克和（其妻）扎尔帕尼吞的神殿。我用青铜链（"reins" in *CAD* A/Il, *ašâtu*）和厚金属带（kuš-niĝ=*kalbatum*=*kurussu*,*CAD* K）加固它们。我用纯铜带将它们绑在它们的枢轴上。我将蓝色（天青石）、绿色（绿松石）、红色（红玉髓）和发光的多彩（大理石）石料制成的角毒蛇、多毛怪、野牛魔、巨狮、狂犬、鱼人精和鱼身山羊怪镶嵌在它们之中。我使它们的神威彰显。我在马尔杜克和扎尔帕尼吞神殿中安装了这些神圣的门。

一篇尼尼微出土的符咒仪式文献向我们透露了疯狗怪的雕像和其同类共 12 个[1]被用于驱邪仪式。它们是多毛怪、角毒蛇和蛇龙（muš-šà-tur/tùr, muš-huš）、巨狮、狂犬、野牛魔、蝎子精、狮精（ur-mah-lú-ùlu^{lu}）、蜜蜂精（lú-làl）、"*latarak* 怪"、鱼精和鱼身山羊摩羯。

新巴比伦文献《Ninurta-*pāqidāt* 装狗咬的故事》提及了一个尼普

---

[1] F. A. M. Wiggermann, *Mesopotamian Protective Spirits*, Groningen: Styx Publications,1992, Text 1. 在第 143 页，他列举了 15 个提及这些魔怪的文书。在第 172—173 页他把 ur-idim 译为 "mad dog"，并指认其为出土图画中的 "人头狮精"（188 页）。由于，狮与狗的相像，他认为是狂犬的怪物很可能是 "人头狗精"。注意这怪物的武器是新月，这使我们想到占星术中提到的月食预兆狂犬病的说法。

尔的男人被一只狗咬后去女医神古拉的祭祀城伊辛求医，被她的司仪（sanga）用咒语（én šun）治好。[1]古拉女神的著名宠物和象征是一只神犬，在乌尔第三王朝时期古拉庙养了大批的狗，这时的账目记录，每天至少有一头死驴或羊送往古拉的狗圈喂狗。这神犬或许是狂犬病和疯狗的象征，只有古拉女神可以控制它，不让它降下传染疾病。总之，狂犬病一定是古代两河流域最危险的疾病之一，疯狗被视为众神用于惩罚人类的量恐怖的魔怪。

二、苏美尔语文献中的狂犬和狂犬病

1.MÚ‑（DA）="燃烧：发怒，攻击性，疯的"和其他表示狂犬病的词汇

对于意义不清楚的苏美尔单词，我们只能依靠两河流域中晚期的阿卡德语来解释。薛博格（Å. Sjöberg）指出 lú-mú-da 等同 šarābu "疯（人）"，和 *mah-hu-ú-um*（OB Lu C$_3$ 13/D 239）"神志迷乱者，疯人"，意为"野或狂怒的狗"；这种 ur-mú-da 狗出现在《苏美尔谚语集》第五集和一篇驱邪符咒中。šarābu 常用于恶魔，意为"无目标地游荡，疯癫地跑"。在修饰人（lú）时，mú-da 描述人的疯态，同理，当修饰狗（ur-gi$_7$）时，mú-da 也一定意为"疯的"即"狂犬病的"。

《古巴比伦疾病表》把蝎蜇、蛇咬和狗咬伤列为同类病（*MSL* 9, 77, 97-99）。在表中狂犬病被苏美尔人定义为 zú=gag mú "致疯之咬伤"，即阿卡德语 *ni-ši-ik kalbim*（ur-gi$_7$），"（疯）狗的咬伤"。mú 基本意为

---

[1]　A. George, *Ninurta-pāqidāt's Dog Bite, and Notes on Other Comic Tales, Iraq* 55（1993）:63-75.

"生长"，也有 *napāhu*（lgituh short, 48-49）"生火、发脾气"之意，扩展为"生气、失控、疯的"，在其他楔文词汇表中，我们见到 ""mú=min（*napāhu*）*šá lìb-bi*（*Nabnitu* XXIII b 5），"发脾气，指心情。"和汉语用"生气"和"发火"表达"怒"感情是同样的思维。复合词 du₁₄-mú（*sâlu, mussālu*），"争吵，攻击，发作"或"愤怒者"直译为"人体内的火（du₁₄=lú x izi= 人中火）生起"。我还发现 mú 意为 *habātu*"抢劫，攻击"。我们认为对应 lú mú-da（/mú-ed-a/）"疯人"的 ur mú-da 无疑意为"疯狗、狂犬症狗"。因为 mú 有"疯的，混乱的"扩展意义，ma-mú-da（mu.a.mú.ed.a）"梦"的词源可以解释为"我（睡眠）疯时即思维混乱中看到的或做的事"。

苏美尔语词 è"出去"扩展为"意识出窍"时，也有"疯的，狂犬病的"之意。[1] 第三个含"疯的"之义的苏美尔词是 idim（*Idu* II 174 读音 e-dím），这个词的意思可能由 idim 的动词意"关闭（*pehu*）"衍生而来："在理智上被关"即"愚蠢的、疯的"。idim 用于狗表示"狂犬病的，疯的"（*šegû*）；idim 修饰的人或狗是 *ulālu*"精神病人、疯狗"（也写作，idim-dìm-ma）。它还表达 *ekdu*"狂怒者"，*kabtu*"严重的、危急的"，*sakku* 或 *saklu*，"愚蠢者、傻子"等类似义。苏美尔语 šu zi，"抬起脚爪攻击"对译为阿卡德语 *šegû*"疯的"（*TCL* 6,17 r.31）；*kadahhû*（=ka-du₈）"张口（咬）"则同义为 *šegû*（*Malku* 1 75ff）。

阿卡德语中意指"疯人"的单词另有 *zabbû*，该词在古巴比伦版的《关于人的词汇表》甲、乙两种（Lú A-B）中与苏美尔语的 lú-ur-e（=è），"（像）疯（è）狗者"对译。该词在词汇表中被解释疯人和"敌对者"可能来自疯狗的这两个明显特征。《古巴比伦人词汇》甲的苏美尔语疯人词汇被阿卡德语解释如下（Lu A 23-32，276=B i 26-35; *MSL* 9, 158ff）：

---

[1]　e[₃/₁₁]=*še-gu-u*, Diri I 206; lú-al-è/e₁₁-dè=*mahhú*, Lu IV 118, OB Lu A 32.

23.lú-gub-ba "站立（失眠）的人" =*mu-úh-hu-um* "疯人"；

29.lú-ní-su-ub-ba "用污物弄脏自己的人" =*za-ab-bu-ú* "疯人"；

31.lú-ur-e（for è？）"（像）一只疯狗的人" =*za-ab-bu-ú* "疯人"；

32.lú-al-e$_{11}$-dè "魂出体的人" =*ma-hu-ú* "疯人"；

276.1[ú u]r-e "像疯狗的人" =*na-ak-ru* "敌对的人"。

2. 两篇新苏美尔符咒："像疯狗麻痹的腿脚"和魔水治狂犬病（公元前 2100 年）

W.Heimpel 追随 E.I.Gordon（Sumerian Animal Proverbs: Col.5, *JCS* 12:57）把 ur-mú-da（狂犬）猜测为 "猎狗（saluki）"[1]，并改进了 Lutz 对提到 ur-mú-da 乌尔第三王朝治疗腿风湿病的古老咒语（*PSB* 1/2，107，4）的释读。但是，我们认为该咒语是用狂犬病狗的病腿症状而不是 "猎狗" 的好腿去比喻人类风湿病腿的麻痹和疼痛：ur-mú-da-gim gìri gilim-ma-bi，"如同疯狗（的腿），（病人）腿脚麻痹"（gìr al-gil[im]=*itteniggir*, see *MSL* 9, 95:145）。疯狗的四肢在狂犬病毒的吞噬下变得麻痹，其特征如同患风湿病的人腿。

现代医学发展以前，狂犬病患者和蛇毒感染者一样生存的希望很小。古代两河流域人一定尽他们所知的一切方法挽救这类病人。除了植物和其他药剂制成的药物，咒语是他们治疗狂犬病患者的主要方法。第二篇对抗狂犬病魔的乌尔第三王朝时的驱魔咒语（*VS* 10, 193）提到病人要喝被净化并念咒了的水，可能是希望水能减弱体内的毒素和迫使它随尿液出来。然而，喝水对狂犬病患者是不行的，因为他的喉咙挛缩致使畏惧进食或进水。这一巫术治疗法潜在的道理可能是，当一

---

[1] *Tierbilder in der sumerischen Literatur*, Rome:Pontifical Biblical Institute, 1968, p.368.

个人被一只怀疑是狂犬的狗咬伤后，如果他不怕治疗神水，他一定没有被狂犬病毒感染（狗不是狂犬），这个人会自然康愈。反之，如果患了狂犬病的人拒绝喝水，两河流域的巫医们会说他死于拒绝进行神水治疗。

巫医用咒语治病和咒语的公式传统可以追溯到法腊和埃卜拉城出土的公元前 2600—前 2500 年的早期楔形文献："阿萨尔鲁希神把这个人带到父亲恩利神处 a-bá ᵈEn-líl--šè lú mu-da-ra-gi₄。"[1]这种治病咒语公式一直使用到乌尔第三王朝的新苏美尔时期（公元前 2100 年），但是，这时治病的父亲神不是神王恩利勒而是智慧神恩基了：Asarluhi a-<a>-ni ᵈEn-ki--šè lú mu-ši-<in>-gi₄-gi₄。[2]

新苏美尔对抗蛇蝎和狂犬毒魔的祛除死语（VS 10，193 号文）

1.én-é-nu-ru

（光明神府之）治病咒语：

2.lú--ra muš mu-ra gír-tab mu-ra ur-mú-da mu-ra

蛇或蝎或疯狗攻击了一个人，

3.uš-bi mu-na-ab-sum-ma（sum in *NABU* 1994/63）

并对他注入了毒液，

4-5.ᵈAsar-lú-hi-e a-<a>-ni ᵈEn-ki--šè lú mu-ši-gi₄-gi₄ a-<a>-mu lú--ra muš mu-ra gír-<tab> mu-ra ur-mú-da mu-ra

阿萨尔鲁希把这（病）人送回其父亲恩基处，（说：）"我的父亲，蛇或蝎或疯狗攻击了这人，

---

[1] M.Krebernik, *Die Beschwörungen aus Fara und Ebla*. Hildesheim: G. Olms. 1984. Texts 7, 8（SF 54），11（SF 46）from Fara, text 9 from Ebla.

[2] H. de Genouilliac, TrDr, Paris, 1911, 1:5-6, *VS* 10, 189:4, *NATN* 8 ii 11-13, and *ArOr* 17, 1949, pp. 226-27:16-18.

7-8.uš-bi mu-na-ab-sum-ma a-[n]a íb-ak na-bi nu-zu

并向他注入了毒液，我不知如何处置这人。"

9-10.dumu-mu a-na nu-<e>-zu a-na <a>-na-ab-tah-e-<en>

（恩基说）"哦，我的儿子，你不知如何做，我教你如何做！

11.[a] a-lá kug-ga-na ba-ni-zalag

他的圣洁水杯中【水】应该净化澄清！

12.a-bé nam-šub ù-mu（=me-ì？）-sum[1]

你，把咒语施入水中！

13.a-bi lú-kúr--ra ù-mu-ì-nag

把这种水喂给病人（直译："非常人，有敌意者）！

14.uš-bi ní-ba ha-mu-ta-è-dé（for dè）

让毒液自己流出来！

15.lú muš zú ba-gag/gug6！（Proto-Diri 552 zú-gag =gu-ug）a-bi lú-kúr/pap--ra nag-nag-da-kam

（如果）人被蛇咬了，那么喂病人喝这种水。

　　除了所治疗的疾病的不同，晚期的新亚述时期（公元前 800—前 600 年）尼尼微出土的用巫术进行疾病治疗咒语和新苏美尔咒语一样，[2]内容是阿萨尔鲁希 / 马尔杜克（Asarluhi/Marduk）和其父恩基 / 埃阿（Enki/Ea）关于疾病的讨论，尤其是其中的公式化开始是完全一样的。这表明像 *VS* 10,193 文这样的早到公元前 2100 年的苏美

---

[1] 苏美尔语礼貌请求式 ù-na-dug4 "如果你告诉他，（我很感激）"在阿卡德语中用命令式对译: *qibi-ma*, "你，对他说！"。*PBS* 1/2, 122:35（OB），ù-ma-e-ì-si=*mu-ul-li-ma*.

[2] R.C. Thompson, *Devils and Evil Spirits of Babylonia*, I-II（London, 1903-4），I, 118:17（*Uttukki lemnūti*, Tablet A）；II,16:42, 28:22，40:49（*Ašakki*, *marṣūti*. Tablets N，11 and 12）；46:16-28；56ff:18-19，37-38，66:31, 74:117-28（*Ti'i*, Tablets 3,8-9, p）；100:29, 106:29，138:5-29（Tablets R and T；Luh-ka.Tablet AA）.

尔咒语是所有后来的两河流域传统巫术治病咒语的前驱。关于咒语中的主要神明恩基和阿萨尔鲁希之间的公式化对话，见 A. Falkenstein, *Die haupttypen der sumerischen Beschwörung literarisch untersuchr*（Leipzig,1931），54ff。净化神水治疗在 *PBS* 1/2, 122:35-36,127:44-45, rev.24-26 中也提到。下面是一篇新亚述时期（公元前 900—前 600 年）的苏美尔语和阿卡德语双语的治病咒语的节译，从中我们可以看到巴比伦和亚述人对苏美尔语文献和巫医学的忠实继承。

新亚述苏美尔和阿卡德双文对照治病咒语 [1]

48.^{d}Asar-lú-hi igi im-ma-an-sum =^{d}*Marduk ip-pa-lis-su-ma*

神阿萨尔鲁希（阿卡德语：马尔杜克）观察了（病人），

49-50.a-a-ni ^{d}En-ki--ra é-a ba-ši-in-ku$_4$ gù mu-un-na-an-dé-e（var.-da-a）=*a-na a-bi-šu* ^{d}*É-a a-na bītim i-ru-um-ma i-šes-si*

就进入他父亲神恩基的庙宇并对他说道：

51-52.a-a-mu saĝ-gig é-kur--ta nam-ta-è=*a-bi ṭi-i ul-tu* é-kur *it-ta-ṣa-a*

"啊，我的父亲，头痛魔从埃库尔庙中逃出来了！"

53.a-rá-2-kam-aš ù-ub-da/du$_{11}$ =*a-di ši-na iq-bi-šum-ma*

然后，他对他重复地说：

54-55.a-na íb-ak-a na-bi nu-un-zu a-na ì-íb-gi$_4$-=*mi-na-a e-pu-uš a-me-lu šú-a-tù ul i-de ina mi-ni-i i-pa-aš-šah*

"我不知如何处置这人？他如何才能康复？"

56-57.^{d}En-ki dumu-ni ^{d}Asar-lú-hi mu-un-na-ni-íb-gi$_4$-gi$_4$ =^{d}*É-a marā-šú* ^{d}*Marduk ippal*

---

[1] *CT* 17, 25-26:48ff, K 2869+/4840/9303/=46301 ; Thompson, Devils 2:86ff Ti'i , Ṭablets P.

恩基回答他的儿子阿萨尔鲁希：

58.dumu-mu a-na nu-ì-zu=*ma-a-ri mi-na-a la ti-de*

"哦，我的儿子，你不知道如何做！？

59.a-na<na>-ra-ab-tah-e/a=*mi-na-a lu-rad-di-ka*

让我来教你如何！

60.^dAsar-lú-hi a-na nu-ì-zu=^d*Marduk mi-na-a la ti-de*

哦，阿萨尔鲁希 / 马尔杜克，你不知道如何做！？

61.a-na<na>-ra-ab-tah-e/a=*mi-na-a lu-rad-di-ka*

让我来教你如何做！

62.níg gá-e ì-zu-a-mu（ù）za-e in-gá-e-zu=*šá ana-ku i-du-u/ú at-ta ti-i-de*

你能够知道我知道的知识！

63.gen-na dumu-mu ^dAsar-lú-hi =*a-lik ma-ri* ^d*Marduk*

来吧，我的儿，阿萨尔鲁希 / 马尔杜克！

64. giš-ba-an-du$_8$-du$_8$ lál-e/á-lá-e giš-gam-ma šu~u-me-ti =min-*e* (^{giš}*bandudê*) ^{giš}*kip-pa-ti li-qé-ma (a-lál-le-e iṣ-ṣi kip-pa-tu$_4$)*

取来一只桶、吊杆和木转轮！

65-66.íd ka-min[!] (A)-na--ta a šu~ba-e-re-ti=*ina pi-i na-ra-a-ti ki-lal-le-e me-e li-qé-e-ma*

从两条神河的汇合处取来水！

67.a-bé tu$_6$-kù-za｛na｝u-me-ì-sum=*ana me-e šú-nu-ti ši-pat-ka elletiti i-di-ma*

将你神圣的咒语这水中！

68.tu$_6$-kù-za na~u-me-ì-deg$_x$ (RI) =*ina te-e-ka el-li ul-lil-ma*

用你的神圣的咒语将水净化！

69-70.[a-bi lú]-ùlu ^{lú}dumu-digir-ra-na u-me-ì-sud =*me-e šu-nu-ti a-me-lu mār ili-šú su-lu-uh-ma*

将水洒在诸神之子那人身上！"

3.《苏美尔谚语集》第五集和中国古代格言：防范和消灭狂犬

《苏美尔谚语集》中第五集的 5 个谚语中提到了 ur-mú-da。[1] 我们解释的"疯狗"符合文意。谚语 5—80 叙述了因为十分危险，疯狗必须被控制。谚语 5—98 告诫当一只狗的吠声变得奇怪时，它就是狂犬，应该被杀掉。

谚语 5-80: ur-mú-da bar-hu[l-la] hul a-ab-gig

"一只无脖锁链的疯狗是十分危险的疾病。"

谚语 5-98: ur-mú-da-gim gù bí-in（W:ba-an）-dé kug kuš-dù-ù-bi ba-ni-in（W:ib）-gi$_4$-gi$_4$

"（如果一只狗）像疯狗那样叫，人（主人）应负责（gi$_4$=*apālum*）剥皮杀它的工钱。"

古人知道声带肌肉的瘫痪使狗的吠声发生改变是狂犬病症状。

谚语 5-99: ur-mú-da-gim iti$_6$-a šu-pel bí-a[g$^{? !}$]-ge

"就像一只疯狗，他居然要污染月光。"

动词可能是 šu-pe-el ak/g，"污染、传染"，污染月光只能徒劳无益，

---

[1]　B.Alster.*Proverhs of Ancient Sumer*（Bethesdda, Ma.:CDL Press.1997）.136,139. Collection 5, nos, 80, 98-101. 作者校对了宾大博物馆中的泥板 CBS 14104（text A v），有少数字符读法不同于 Alster 的读法。

这句谚语的意义可能是讽刺疯人要玷污神圣事物的愚蠢尝试。相当于中国的"猴子水中捞月"。

谚语 5-100: ur-mú-da-gim <lú>-a-ra-zu-ni gir₅-ra-bi

"他像一只疯狗一样扑向为它祈祷者。"等于中国的"狗咬吕洞宾，不识好人"。

谚语 5-101 : ur-mú-da-gim íd-da gíd-da-bi a šu al-ak-en e-še

"（恶人）就像一只被拖到河里（溺杀）的疯狗，还叫道：'我要传染河水。'"

其意义似乎是讽刺一个顽固的恶人，甚至面临死亡都拒绝改变他的行为。这一寓言证实了两河流域人将疯狗扔进河中溺死的习俗。和两河流域同样，古代中国也实行溺杀狂犬的实践，证据可在《淮南子》卷16"说林训"中发现："狂纣醢梅伯，文王与诸侯构之；桀辜谏者，汤使人哭之。狂马不触木，猘狗不自投于河，虽聋虫而不自陷，又况人乎！"其意义是：商纣王和夏桀王这类暴君只有在周文王和商汤王等明君的反对下才能走向灭亡，正如同疯马不会自己乱撞于树干而死，狂犬不会自投于河中溺亡。这些愚钝的（害人）动物都不会自投罗网，更何况（恶）人呢！？

4. 苏美尔书信文学比喻敌人为危险的疯狗

在一封伊辛总督伊什比埃腊（Išbi-Erra）给乌尔国王伊比辛（Ibbi-Sin）的信中，[1]这位苏美尔的总督将灭亡乌尔的埃兰蛮族比喻成一只疯狗：

---

[1]　*OECT* 5, nos. 28-29: 11-12.

Elam^{ki} ur-idim lú-níg-ha-lam-ma-ke₄ šu pe-el nu-ma-ag-e ^dLamma-bi nu-si-il（si-il=sil₇=*dippuru*）

"埃兰，一只疯狗，毁坏文明者，既不能感染我，也不能赶走（我的）保护神。"

在苏美尔神话《神威王者涅旮勒神》（Lugal 171-72）中我们再次发现以狂犬比病魔的明喻：

ur-idim lú-éren--šè kun~sud dìm-ma~ug₅-ge a da-bi-a mu-un-sur-sur-re（sur-sur=*sarāru* A）

"他（*asakku* 恶魔）是一只疯狗，向敌人伸展（他的）尾巴（像蝎子袭击），他是致死的疯物；他向人身上喷射（毒）水或唾液。"

三、结语

综上所述，我们发现，两河流域古人明确知道狂犬病是威胁人类健康的一个严重危险。他们知道狂犬病是由狂犬口中的病毒传染到被咬的人身上而引起的，其危险是致命的。狗类动物的大量驯养使古苏美尔人和阿卡德人经常面临这种致命疾病。我国古代同样知道狂犬病的致命危害：汉代的马王堆帛书《五十二病方》把"狂犬啮人"与"犬噬人"分开记述。4000年前的两河流域古人不可能知道现代人治疗狗和人类狂犬病及免疫狂犬病的科学方法，和中国古代同样，传统的药草和其他方法在治疗狂犬病中几乎无效。因此，古代两河流域人只能寄希望于巫医的咒语和施咒的神水。这是为什么对抗毒蛇、蝎和狗咬伤咒语成为两河流域巫术文献中的一个重要内容的原因。同理，预报狂犬病流行也成为两河流域占卜术文献，特别是羊羔内脏卜和占星预兆的重要工作之一。狂犬病的突发也被认为是神对人国发怒和国家政治动乱的征兆，因此这种病在行为预言系列《如果一城位于高处……》中成为预警灾祸的不祥之兆。中国的春秋和战国时文献也记载了宋国大臣因狂犬病发生而被驱逐，郑国首相因狂犬病发生而被刺杀。狂犬的疯狂和狂犬病的致命危害给两河流域人民造成如此强烈的影响，以至于他们认为它是众神的破坏力之一。乌尔王朝的古拉神庙中饲养了大批犬类表明了两河流域人民对巫医女神古拉的宠物魔犬的崇拜。女神的神犬可能与狂犬病狗有关，而它的力量或许来自狂犬病对两河流域人民造成的恐怖。疯狗被当作一种疾病恶魔崇拜并被相信处于医神父子埃阿和阿萨尔鲁希（马尔杜克）的控制之下。根据《创世纪史诗》，疯狗魔是马尔杜克所收服的提阿马特邪神手下的魔怪部队之重要一员。作为狂犬病神的疯狗魔的凶狠和恐怖被古人相信可以被用来打败和驱走其他病魔及国王的敌人们。因此，巴比伦和亚述的国王们在宫殿的各种入口或门上雕刻了疯狗和其他怪物的图像，使狂犬魔变成了门神之一。早在公元前 1800 年，古巴比伦《埃什嫩那法典》规定了对狂犬的控制和狂犬病致死赔偿金，而几百年前的中国明朝的《明史·律例》中明确规定"若狂犬不杀者，笞四十"。两河流域古人对狂犬病的恐惧和古代近东地区狂犬病的流行至今还影响到后人，伊斯兰教徒把狗视为"不洁的"并强烈厌恶人犬之间的过分友谊。

（附记: 2008 年起，联合国世界卫生组织将每年 9 月 28 日定为世界狂犬病日，强调人类和动物狂犬病的影响并宣传通过防治动物狂犬病来预防和制止该病。狂犬病控制联盟和美国疾病控制与预防中心报告，每年有 55000 人死于狂犬病，即平均每 10 分钟有 1 人死亡。中国是仅次于印度的全球第二大狂犬病国家，每年有 3000 多名中国人死于狂犬病。在 1980—2006 年的 27 年间，因狂犬病致死的人数有 14 年居各类传染病首位，有 6 年居第二位，是当前我国法定传染病中死亡人数最多的疾病。2008 年 1 月至 8 月，卫生部报告死亡人数最高的传染病种中，狂犬病均处前五位，且自 6 月起，成为继艾滋病之后的第二大死亡病种。）

乌尔第三王朝贡牲中心出土舒勒吉新提（*Šulgi-simtī*）王后贡牲机构苏美尔语档案文献研究 *

上个世纪在两河流域（现代伊拉克）出土了大量的乌尔第三王朝时期（公元前 2110—前 2003 年）的经济管理文献。它们绝大多数都是被盗挖出土。出土地主要是在王朝的首都乌尔城、宗教中心尼普尔城、[1] 温马和吉尔苏的遗址以及尼普尔城附近的一个现代伊拉克名叫德莱海姆（Drehem）的小村庄。[2] 通过对德莱海姆出土泥板的研究，国际亚述学界发现德莱海姆遗址是乌尔第三王朝第二王舒勒吉建立的专门管理牲畜的国家机构，我们称之为贡牲中心，其苏美尔语名字是"普兹瑞什达干司"（é-Puzriš-Dagan）或者"普兹瑞什达干"（Puzriš-Dagan）。[3] 根据国王舒勒吉 39 年的年名"普兹瑞什达干司被建立之年"（苏美尔人的纪年方法通常是把国家前一年的某些重大事件作为下一年

---

* 王俊娜、吴宇虹:《乌尔第三王朝贡牲中心出土舒勒吉新提王后贡牲机构苏美尔语档案文献研究》,《古代文明》2010 年第 2 期。

[1] 国内关于尼普尔泥板的研究见吴宇虹、吕冰:《乌尔第三王朝时期的尼普尔银贷业商人档案研究（上）（下）：档案重建》,《古代文明》, 2008 年第 2 期、第 13—23 页, 2008 年第 3 期、第 2—14 页。

[2] 本文的外文专有名词的汉字音译根据"古典所中西文专有名词音对译字表", 见吴宇虹编:《古代两河流域楔形文字经典举要》, 黑龙江人民出版社, 2006, 第 374 页。

[3] Jones.T.B , *Sumerian Economic Texts from the Third Ur Dynasty*, Minneapolis: University of Minnesota Press, 1961, pp. 212-238.

的年名内容），[1]这个大型贡牲中心建立于他统治的第38年。贡牲中心建于尼普尔城附近的原因，是为了更好地管理王室、贵族和其他人及机构向苏美尔的宗教中心尼普尔城的神王恩里勒、王配偶和其他有关大神献祭的牲畜。贡牲中心由一位中心总管统一管理牲畜的收入和支出，下设各类官员管理具体事务。中心总管和各级官员都有各自的收支凭证和账簿，我们统称为"经济档案"。这些经济档案的文件由日结、多日结、月结、年结甚至多年结的账目组成。总的来说，贡牲中心每月经手的动物数以千计。根据国际亚述学研究网统计，[2]目前发表的德莱海姆出土的泥板文献多达12215件。

德莱海姆出土的经济档案中有两个是开始于舒勒吉38年贡牲中心建立之前的档案，被称为"早期档案"。[3]其中一个是库房管理官员那冉伊里（Naram-ili）的档案，[4]时间是从舒勒吉26年8月到阿马尔辛3年4月；另一个是我们所研究的舒勒吉新提王后贡牲机构的档案，文件覆盖时间是从舒勒吉28年1月到舒勒吉48年10月，即公元前2066年1月到公元前2046年10月，历时20年10个月。

多年来，东北师范大学世界古典文明史研究所的师生们一直在进行德莱海姆（也即"乌尔第三王朝贡牲中心"）档案文献的研究和系统

---

[1] 此外，舒勒吉40年和41年的年名同样沿用了普兹瑞什达干司被建的内容，分别为：普兹瑞什达干司被建年之次年；普兹瑞什达干司被建年之次年之次年。

[2] CDLI（《楔形文字数字图书馆工程》，加利福尼亚大学洛杉矶分校，http://www.cdli.ucla.edu/index_html）和BDTNS（《新苏美尔原文数据库》，马德里：高等科学研究院语言研究所，http://bdts.filol.csic.es/）。

[3] 吴宇虹：《古代两河流域楔形文字经典举要》，黑龙江人民出版社，2006，第203—211页。

[4] 齐兵：《乌尔第三王朝贡牲中心运送官员那冉伊里的档案重建》，硕士学位论文，东北师范大学世界古典文明史研究所，2005年。

整理工作，目前已完成了数部档案的重建。[1]本文作者正在对舒勒吉新提王后贡牲机构的档案进行重建。该贡牲机构的建立主要是为了舒勒吉新提王后祭祀自己负责的贝拉特苏赫尼尔（*Bēlat-Suhnir*）和贝拉特达腊班（*Bēlat-Darra-ban*）两位女神及与之有关的女神和大神的节日以及朔月、上弦月、下弦月和望月的月相活动等。王后贡牲机构档案的一个常用术语是"舒勒吉新提的送入项"（mu-túm Šulgi-simtī），其意思是"为舒勒吉新提送入"。[2]除此之外，王后贡牲机构的档案主要由阿希马（Ahima）、贝里塔卜（Bēli-tab）、阿皮里亚（Apiliya）、阿皮拉吞（Apilatum）、舒勒吉伊里（Šulgi-ili）、卢旮勒埃邓卡（Lugal-eden-ka）和卡兰希吉那（Kalam-hegina）这八位贡牲机构负责官员的收支文件组成。

一、舒勒吉新提的身份研究及其生平

舒勒吉新提王后的名字 *Šulgi-simtī* 为阿卡德语，意思是"舒勒吉是我的骄傲"（有时也写成 *Šulgi-simtum*，"舒勒吉是骄傲"）。[3]根据目前

---

[1]　王颖杰：《乌尔第三王朝贡牲中心羊牲育肥官员那鲁的档案重建》，博士学位论文，东北师范大学世界古典文明史研究所，2009年；齐兵：《乌尔第三王朝贡牲中心早期库房管理官员那冉伊里的档案重建》，硕士学位论文，2005年；杨柳凌：《乌尔第三王朝贡牲中心厨房官员乌尔尼旮尔的档案重建》，硕士学位论文，2006年；谢胜杰：《乌尔第三王朝贡牲中心牛圈管理官员恩里拉的档案重建》，硕士学位论文，2006年；杨勇：《乌尔第三王朝贡牲中心牲畜管理官员阿胡尼的档案重建》，硕士论文，2007年；齐霄：《乌尔第三王朝贡牲中心羊圈管理官员乌尔库努那的档案重建》，硕士学位论文，2008年；付世强：《乌尔第三王朝厨房死牲官员舒勒吉乌如穆的档案重建》，硕士学位论文，2009年。

[2]　"舒勒吉新提的送入项"有两种解释：一种是送入为舒勒吉新提，另一种是由舒勒吉新提送入。本文采用前者。

[3]　舒勒吉新提的名字表明她有某种阿卡德背景。乌尔第三王朝时期许多贵族都是阿卡德语的名字，表明这时期苏美尔人和阿卡德人地位基本平等。

我们收集的舒勒吉新提王后贡牲机构的原始文献可知，舒勒吉新提被官员们称为 nin。苏美尔语 nin 对应的阿卡德语是 *šarratum* 或 *bēltum*，意思为"王后或女主人"，常用于女神、王后或其他高贵女子的称谓。舒勒吉新提的名字和"王后（nin）"的头衔同时出现于贡牲机构的一件档案中：

> ……，3 只育肥公绵羊到厨房：当国王离开尼普尔前往乌鲁克时，由乌尔杜穆孜督办（maškim），以上支出由王后舒勒吉新提经手（girì~nin ᵈ*Šul-gi-sí-im-ti*），于乌尔城，从阿希马（Ahima，王后贡牲机构的负责官员）处支出了（*MVN* 08 097，[1] 舒勒吉 32 年 5 月）。

王后贡牲机构档案的一个中心人物是记账官员们所称呼的"我的王后"（nìn-ĝá），有几次她以主持人身份出现在女神祭祀仪式和神庙祭祀的支出文件中，如：1+ 只优等育肥公绵羊为贝拉特苏赫尼尔和贝拉特达腊班庙，经由我的王后（ĝìr~nin-ĝá），从舒库布姆（王后的贡牲官员）处支出了（*PDT* 2 1314，舒勒吉 29 年 10 月）。更多的时候，她出现在档案的"为我的王后的食物"（níg-gui~nìn-ĝá--šè）支出羊或禽类的文件中。例如：

> 1）2 只野鸽为我的王后的食物，从舒勒吉伊里（王后的贡牲官员）支出了（*OIP* 115 120，舒勒吉 47 年 6 月 10 日）；
> 2）1 只育肥公绵羊为我的王后的食物的月供（sá-dug₄ níĝ-gu₇~nìn-ĝá）……从乌尔卢旮勒埃邓卡（王后的贡牲官员）支出了（*CST*

---

［1］　本文中苏美尔语文献的缩写名称、文件的楔形文字、发表的作者、书名、出版时间和出版地都可以在 http://cdli.ucla.edu 网的缩写对照表中找到。

170，舒勒吉47年4月14日）。

文献提到舒勒吉新提的另一个头衔是"神妻"（lukur）。苏美尔语
lukur 对应的阿卡德语为 *nadītum* 或 *qadištum*，意思是"女祭司"，被
认为是男神在人间的"妻子"，简称"神妻"。lukur"神妻"在乌尔第
三王朝和古巴比伦时期拥有很高的社会地位，[1]她们常是王室成员或贵
族。[2]大概在舒勒吉21年或更早，[3]舒勒吉开始称自己是神，将自己神
化，并在其名字前加上了神名的定义符（diĝir）。因此，舒勒吉的妻子
们也相应地成为了 lukur"神妻"。在舒勒吉称神后，神妻（lukur）头
衔也取代妻子（dam）头衔成为对国王配偶的称呼。[4]据文献记载，当
时他至少拥有六位 lukur"神妻"，[5]其中四位拥有阿卡德语名字。在
目前出土的经济管理文献中，仅发现了舒勒吉新提王后贡牲机构的档
案，这表明她在众妻中可能拥有较高的地位。德莱海姆出土的经济
档案文献中三个人的印文证明舒勒吉新提是舒勒吉的 lukur"神妻"，
见下表。

---

[1] 关于古巴比伦时期的 *nadītum* 女祭司可以结婚但不能生育的特点，在家庭中以及
经济方面的特权，中文译文见吴宇虹：《汉穆腊比法典》，载《古代两河流域楔形文
字经典举要》，黑龙江出版社，2006，第137条、第144—147条、第178—182条。

[2] Wu Yuhong, "*Naram-ili*, Šu-Kabta and *Nawir-ilum* in the Archives of Ǧaršana, Puzriš-
Dagan and Umma", *JAC* 23（2008），p. 8, p. 12，Ǧaršana 档案中提到公主 Me-Ištaran
和高官的夫人 A-na-a 的印章都自称为 lukur。

[3] P. Steinkeller, "More on the Ur III Royal Wives", *ASJ* 3（1981），p. 78.

[4] 目前只发现他的一位配偶吉美宁里勒被称为妻子（dam），但印章用于舒勒吉28
年和32年。

[5] 舒勒吉的六位 lukur 神妻是: *Ea-niša*, Geme-Ninlila, Nin-kala, *Simat-Ea*, *Šulgi-
simtī*, *Šūqurtum*，见 D. Frayne, *Ur III Period*, RIME 3/2, Toronto: University of Toronto
Press, 1997, Table 2: List of Members of the Ur III Royal Family。

印文中的舒勒吉新提和其头衔

（本文中的 i-xii 为月序，Š 加数字表示国王舒勒吉统治的年份）

日期	文献内容	官员	印文内容	出处
Š 32 vi	【1+】只公山羊崽和【1+】只羊羔为采鲁什达干之妹，由舒勒吉新提送入	从埃阿巴尼处支出了	舒勒吉是强大男子、乌尔之王和四方之王，舒勒吉新提是在旅途中陪伴他的 lukur 神妻，马什古拉使官是你的仆人。	*RT* 37 130
Š 35 viii	1 只鲶鱼（gú-su₆）、2 只带壳鱼（peš-murgú）和 4 只 zina 鱼，自巴尔巴尔亚，为庙总管	哈里里接收了	舒勒吉新提是国王喜爱的 lukur 神妻，舒伊里之子哈里里书吏是你的仆人。	*OIP* 115 460
Š 46 viii	1 头苇塘猪崽、19 只幼鸭、22 只家鸽和 4 只野鸽	乌尔卢沓勒埃邓卡补交	舒勒吉新提，国王喜爱的 lukur 神妻，库达某之子乌尔卢沓勒埃邓卡书吏是你的仆人。	*PDT* 1 530

　　目前发现最早的一件向死了的舒勒吉和其两位妻子吉美宁里勒和舒勒吉新提的"饮水地"（其苏美尔语是 ki-a-naĝ，它是苏美尔人祭祀祖先的地方）献祭的文件（*ZVO* 25 134 2）[1] 写于阿马尔辛 1 年 3 月 28 日，内容是：

　　　　1 只育肥公绵羊、1 只育肥雄绵羊羔、2 只育肥肥尾公绵羊、5 只肥尾公绵羊和 1 吃奶雄山羊崽到厨房，以上为舒勒吉的饮水地（ki-a-naĝ ᵈŠul-gi--ra）；1 只育肥公绵羊和 1 只肥尾公绵羊为吉美宁里勒的饮水地（ki-a-naĝ Gemé-ᵈNin-líl-lá）；1 只肥尾公绵羊为舒勒吉新提的饮水地（ki-a-naĝ ᵈŠul-gi-sí-im-ti）；那冉伊里督办，从那

---

[1]　T. Gomi, "*Šulgi-simtī* and her Libation Place（ki-a-naĝ）", *Orient* 12（1976）, pp. 1-14.

鲁处，被支出（ba-zi）于乌尔城。

文件中吉美宁里勒排在舒勒吉新提之前，且吉美宁里勒享用 2 只羊，后者仅享用 1 只羊，可以看出，舒勒吉新提的地位应该低于吉美宁里勒。该文件同时还表明舒勒吉新提死于阿马尔辛 1 年 3 月 28 日之前。根据我们的整理，舒勒吉新提王后贡牲机构的档案结束于舒勒吉 48 年 10 月（*Princeton* 1 037）。其原因很可能是由于王后舒勒吉新提的死亡。据此推测，舒勒吉新提死于舒勒吉 48 年 10 月到阿马尔辛 1 年 3 月 28 日之间的某一天。我们知道最早的一个祭祀国王舒勒吉"饮水地"的文件写于舒勒吉 48 年 11 月 2 日：+10 只公绵羊和 +10 只公山羊为舒勒吉的饮水地（ki-a-naĝ）……从那萨处支出了（zi-ga）（*Or. NS* 46 225）。[1] 这表明国王舒勒吉在其统治的 48 年 11 月 2 日的前几天去世。由于国王和王后同时死于舒勒吉 48 年 10 月中或底，我们推测：在国王舒勒吉去世时，其王后舒勒吉新提随之自杀陪葬，吉美宁里勒和国王的其他配偶也可能同时殉葬。

二、舒勒吉新提王后贡牲机构负责官员

王后贡牲机构中共有八位负责官员，除第一位负责官员阿希马和最后一位负责官员卡兰希那吉外，其余六位负责官员的任期时间具有连续性。八位负责官员的具体情况如下：

第一任负责官员阿希马（Ahima）的任期时间是从舒勒吉 28 年 1 月到舒勒吉 36 年 5 月，共 8 年 4 个月。从文献中分析，他的工作相对独立，任期较长，与贡牲机构负责官员舒库布姆和贝里塔卜的收支工

---

[1] P. Michalowski, *"The Death of Šulgi"*, *Or.NS* 46（1977）, pp. 220-225.

作重叠。阿希马的印章目前还没有被发现，但根据他在一个文件中的称呼，我们知道阿希马的身份是育肥师：

> 1 只育肥公绵羊为乌勒马席吞、3 只育肥公绵羊为安努尼吞的祭祀，于埃如巴吞（食）神牛时（ud~ E-ru-ba-tum diĝir gud-gud-ka），从育肥师阿希马处支出了，经由阿皮里亚（CST 41，舒勒吉 36 年 5 月）。

第二任负责官员舒库布姆（Šukubum）的任期时间是从舒勒吉 28 年 3 月到舒勒吉 32 年 10 月，共 4 年 7 个月，与阿希马同时。王后贡牲机构文献中发现了两个舒库布姆的印文，见下表：

日期	文献内容	官员	地点	印章内容	出处
Š 28 xii	1 只死母 Lú-bu 兽，它的角和皮毛都完整无缺	从那鲁处，舒库布姆收到了	乌尔	乌尔王舒勒吉之妻（dam）吉美辛，舒库布姆骑使（rá-gaba）是你的仆人。	JCS 31 133 01
Š 32 x	1 头 死 UDU.Ku₆-tenu 牛犊	舒库布姆接收	乌尔	乌尔王舒勒吉之妻吉美辛：舒库布姆骑使（rá-gaba）是你的仆人。	JCS 28 169

印文表明舒库布姆在舒勒吉 28 年到舒勒吉 32 年之间担任舒勒吉的一个妻子吉美辛的"骑使"。"骑使"是乌尔第三王朝专为贵夫人服务的官员。由于舒库布姆是舒勒吉新提王后贡牲机构的负责官员，我们推测吉美辛可能是舒勒吉新提的旧名。王后的名字是 Šulgi-simtī "舒勒吉是我的骄傲"，很明显这是她成为王后之后的新名。舒库布姆不再担任贡牲机构负责官员后，贡牲机构的第四任负责官员阿皮里亚的一个文件中提到了：一个名为舒库布姆的人担任了王后贡牲机构牧羊人长

官（ugula）的职务。文件内容是：……1 只公绵羊和 1 只羊羔来自牧羊
人拉腊布姆，1 只公绵羊和 1 只羊羔来自牧羊人伊米德伊里姆，监工为
舒库布姆驯牲师（ugula Šu-ku₈-bu-um kuš₇）……（AnOr 7 042，舒勒吉
38 年 8 月），但是我们很难确定该文件中的舒库布姆是否就是王后贡牲
机构中担任负责官员的那个舒库布姆。

第三任负责官员贝里塔卜（Bēli-tab）的任期时间是从舒勒吉 33 年
5 月到舒勒吉 37 年 6 月，共 4 年 1 个月。贝里塔卜和舒库布姆的接替
日期有 7 个月的空白，可能是这一时期内他们的文件没有被发现。我
们在王后贡牲机构文件中只发现一个表明贝里塔卜是育肥师的印文：1
头公牛和 48 只羊为育肥师贝里塔卜补交的欠账。（印章：）贝里塔卜是
舒勒吉新提的育肥师（AnOr 07 144，舒勒吉 43 年）。

第四任负责官员阿皮里亚（Apiliya）的任期时间是从舒勒吉 37 年
9 月到舒勒吉 41 年 10 月 11 日，共 4 年 2 个月。目前没有证据给出他
的头衔。

第五任负责官员阿皮拉吞（Apilatum）的任期时间是从舒勒吉 41
年 11 月 26 日到舒勒吉 45 年 6 月 15 日，共 3 年 7 个多月。目前没有发
现阿皮拉吞的印章。但从两件王后贡牲机构的文件中可以确定他是一
位育肥师：

　　1）档案箱：育肥师阿皮拉吞的账目平衡，（总计）14 个月，
17 天（ASJ 04 065 05，舒勒吉 43 年 10 月到舒勒吉 44 年 12 月）。2）
欠 1 头牛、欠 41 只家鸽和欠 53 只野鸽，以上从育肥师阿皮拉吞
的收据中摘要（tur-ra）出（CST 129，舒勒吉 46 年）。

第六任负责官员乌尔卢旮勒埃邓卡（Ur-Lugal-edenka）的任期时间
是从舒勒吉 45 年 7 月 12 日到舒勒吉 47 年 4 月 28 日，共 1 年 9 个多月。
虽然在一个文件中他被称为育肥师，而同一文件的印文表明他也是一

名书吏，这表明乌尔卢昔勒埃邓卡身兼育肥师和书吏的双重头衔：

> 1 头苇塘雄豚、19 只幼鸭、22 只家鸽和 4 只野鸽，乌尔卢昔勒埃邓卡育肥师（kurušda）补交了。（印章）：舒勒吉新提，国王喜爱的 lukur 神妻，库达某之子——乌尔卢昔勒埃邓卡书吏是你的仆人（*PDT* 1 530，舒勒吉 46 年 8 月）。

第七任负责官员舒勒吉伊里（Šulgi-ili）的任期时间是从舒勒吉 47 年 4 月 30 日到舒勒吉 48 年 10 月，共 1 年近 6 个月。目前尚未发现其印章，但一个文件表明舒勒吉伊里的身份和舒库布姆一样是"骑使"：70 只公绵羊和 10 只公山羊为国王的送入，从那冉伊里处，骑使舒勒吉伊里接管了，舒勒吉新提的印章（*Princeton* 1 037，舒勒吉 48 年 10 月）。此外，在其前任乌尔卢昔勒埃邓卡工作期间，出现了三个舒勒吉伊里收支羊毛和衣料的文献。[1] 它们是否属于王后贡牲机构有待考证。

第八任贡牲机构负责官员卡兰希那吉（Kalam-henagi）的任期时间较长，从舒勒吉 45 年 2 月 15 日到舒勒吉 48 年 2 月 10 日，历时近 3 年。其任期时间和阿皮拉吞、乌尔卢昔勒埃邓卡和舒勒吉伊里的任期时间重叠。在王后贡牲机构中，没有发现其印章，也无表明其身份的文件。

通过分析这八位贡牲机构负责官员的任期时间：阿希马的任期时间与舒库布姆和贝里塔卜的任期时间交叠，卡兰希那吉的任期时间与阿皮拉吞、乌尔卢昔勒埃邓卡及舒勒吉伊里的任期时间交叠，我们推测：王后贡牲机构在一位负责官员任期的同时存在第二位负责官员。

---

[1] 三个文献分别是 *Torino* 1 092（Š 45 viii）、*OIP* 115 492（Š 46 xi）和 *TCS* 145（Š 47 iv）。

三、贡牲中心文件类型及贡牲种类和为王后消费的支出

舒勒吉新提王后贡牲机构的档案都是由收据类账目文件组成，主要记录动物牲畜的收入和支出的情况。王后贡牲机构档案文件属于收入类型的共有两种：1）记录为"舒勒吉新提的贡入项"送入的活牲（包括少数没提名字的送入项）；2）新生幼畜的登记。

"舒勒吉新提的送入项"（mu-túm ^{d}Šul-gi-sí-im-ti）是王后贡牲机构收到活牲时文件常用术语。在贡牲机构的档案中，此类文件共有191个。其表述形式是："贡牲数量和种类，来自某人，为舒勒吉新提的送入项（mu-túm ^{d}Šul-gi-sí-im-ti），王后贡牲机构负责官员接管（ì-dab$_5$）"。如：1只羊羔自庙总管伊鲁姆巴尼，1只羊羔自台岑妈妈，为舒勒吉新提的送入项，贝里塔卜接管了（TCS 170，舒勒吉37年2月）。

贡牲机构中还有36个无王后名的"送入项—接管"（mu-túm ... ì-dab$_5$）文件，可能是省略了王后的名字。例如：

1）2只食草公绵羊和1只公山羊由伊坡胡尔之女送入，舒库布姆接管了（MVN 03 117，舒勒吉28年）；2）1只公山羊恩来自卡扎鲁公侯，育肥师贝里塔卜接管了，于图马勒（MCS 7 16 Liv 51 63 27，舒勒吉37年6月）。

"新出生"（ù-tu-da）文件记录了王后贡牲机构猪或羊的幼崽出生的情况，贡牲机构中的"新出生"文件有10个。如：2只新生羔于育肥房（é-kurušda），为送入项，乌尔卢旮勒埃邓卡接管了（OIP 115 088，舒勒吉46年11月）。

王后贡牲机构中的支出（zi-ga）文件共有289个，文件内容可以分为两类：一类是支出活牲为诸神祭祀或为王后的食物；一类是支出死牲送入宫殿。有时这两类支出写在同一个文件中。其支出的记账形

式为：动物牺牲的数量和种类，祭祀目的或王后的食物，督办官员名（maškim）和（或）经由（gìr）官员，日期，从负责官员处支出（zi-ga），有时还会提到支出的地点，一般是"在尼普尔"（šà~ Nippur[ki]）、"在乌鲁克"（šà~ Unug[ki]-ga）、"在乌尔"（šà~ Urim[ki]-ma）、"在图马勒"（šà~ Tum-ma-al）。

1）支出活牲有两个目的：一个目的是祭祀神明或与之有关的活动（见下节）；另一个目的是为王后的食物（偶尔国王、贵族等来访，也会为他们支出食物）。为王后支出的食物主要是羊、禽和猪三种。羊的种类和祭神的牺牲一样，但多用羊羔；禽和鸟的种类有：育肥鸭（uz-tur-niga）、鸭（uz-tur）、野鸽（ir₇/kaskal）、家鸽（tu-gur₄[mušen]）、白鸟（uz-babbar）、舵燕（u₅-sim[mušen]）；猪的种类有：苇塘雄豚（šáh[zah]-tur-níta-giš-gi）、苇塘雌豚（šáh[zah]-tur-munus- giš-gi）和驯养雌豚（šáh[zah]-tur-munus-uru）。总计王后的食物共 246 只动物，其中禽和鸟共 180 只。统计数字表明禽和鸟是王后的特殊喜好。王后和少数王室成员食用牲畜、禽类的支出统计表如下：

王后（偶尔王室成员）食用牲畜或禽的支出统计表
（公羊＝公绵羊）

时间	文献内容	时间	文献内容
Š 33 v	台岑妈妈（阿马尔辛女）1 肥牛、5 肥羊、5 羊	Š 42 xi/29	我的王后的食物 1 只苇塘雄豚
Š 34 x	瓦特腊特（舒勒吉之母）5 公羊和 5 公山羊	Š 43 ii/22	我的王后的食物 4 只鸟
Š 35 ix	我的王后的食物 1 只羔	Š 43 iii/26	我的王后的食物 1 只鸭和 5 只野鸽
Š 38 viii	埃阿尼沙（舒勒吉 lukur 神妻）食物 1 只肥公崽	Š 45 vii/12	我的王后的食物 1 只野鸽
Š 38 viii	我的王后食物 3 只肥鸭、4 只肥鸽和 10 肥野鸽	Š 45 vii/18	我的王后的食物 1 只苇塘雌豚

时间	文献内容	时间	文献内容
Š 38 xi	我的王后的食物 1 只肥公绵羊，2 只羊羔	Š 45 ix /30	我的王后的食物 2+x 只苇塘雄豚
Š 39 i	我的王后的食物 1 只肥鸭和 3 只肥野鸽	Š 45 x/10	国王食物 1 只肥公羊、1 肥羔、1 雌豚、1 鸭
Š 39 iii	我的王后的食物 1 只肥家鸽	Š 45 x 12, 15	国王食物 1 家鸽和 6 野鸽，王后食物 1 只雌豚
Š 39 iii	我的王后的食物 1 只肥羊羔	Š 45 xi/17	国王的食物 1 育肥雌崽
Š 39 iv	我的王后的食物 1 只白鸭	Š 46 ii/ 6	我的王后的食物 1 只幼鸭
Š 39 v	我的王后的食物 2 只肥鸭和 5 只肥野鸽	Š 46 v/20	我的王后的食物 2 只野鸽
Š 39 vi/2	我的王后的食物 1 只鸭和 6 只野鸽	Š 46 vi/22	我的王后的食物 1 只野鸽
Š 39 vi/14	我的王后的食物 1 只家鸽和 3 只野鸽	Š 46 viii/5	我的王后食物 2 只鸭、20 只野鸽和 1 驯养雌豚
Š 39 xi/26	我的王后的食物 2 只鸭	Š 46 viii/30	我的王后的食物 1 只雌豚、1 只鸭、5 只鸽
Š 39 xii 27	我的王后的食物 1 只鸭和 5 只野鸽	Š 46 ix/27	我的王后的食物 1 只鸭
Š 40 iii/8	我的王后的食物 1 只鸭和 5 只野鸽	Š 46 x/28	我的王后的食物 1 只苇塘雌豚和 2 只鸭
Š 40 iii/27	我的王后的食物 1 只幼鸭和 3 只野鸽	Š 47 i/19	我的王后的食物 2 只野鸽
Š 40 iv/14	我的王后的食物 1 只鸭	Š 47 iv/7	我的王后的食物 1 只鸭和 5 只野鸽
ž 40 ix/5	国王的食物 2 只肥羊羔	Š 47 iv/30	我的王后的食物 1 只雌豚和 1 只苇塘雄豚
Š 40 x/18	普朱尔伊什塔尔（舒勒吉之子）1 只肥公绵羊	Š 47 v/14	我的王后的食物 1 只苇塘雄豚和 2 只野鸽
Š 41 i/8	我的王后的食物 1 只鸭	Š 47 v/20	我的国王的食物 1 只育肥苇塘雄豚

时间	文献内容	时间	文献内容
Š 41viii/26	我的王后的食物 1 只家鸽和 5 只野鸽	Š 47 vi/7	我的王后的食物 2 只野鸽
Š 41 xii/5	我的王后的食物 1 只新生苇塘雌豚和 1 只鸭	Š 47 vi/10	我的王后的食物 2 只野鸽
Š 41 xii/15	我的王后的食物 1 只苇塘雄豚	Š 47 vi/15	我的王后的食物 2 只鸭
Š 41 xii/24	我的王后的食物 2 只苇塘雄豚和 5 只野鸽	Š 47 vi/22	国王 1 只肥公绵羊、1 只肥羔和 1 只肥雌崽
Š 41 xii/25	我的王后的食物 1 只肥雌山羊崽	Š 47 vii/22	我的王后的食物 10 只鸭和 2 只鸟
Š 42 v/21	我的王后的食物 1 只鸭和 5 只野鸽	Š 47 viii/8	我的王后食物 1 只雌豚、1 只鸭、21 只鸽
Š 42 viii/28	我的王后的食物 1 只雌豚	Š 48i/10	国王的食物 1 只肥公绵羊和 1 只肥羔
Š 42 x/14	国王（舒勒吉）的食物 1 只肥公绵羊	Š 48 ii/10	国王的食物 1 只吃奶羔
Š 42 xi/23	席马特伊什塔尔（舒勒吉的神妻）3 只豚		

2）王后贡牲机构中支出的死牲被送入宫殿（ba-úš ... é-gal-la ba-an-ku₄），一般不提食用对象。但是在贡牲机构负责官员阿皮里亚支出的五个文件中，提到了死牲为士兵、编织女工和漂染工，[1] 所以我们推测这些死牲被送入宫殿可能主要是为宫殿的工人提供食物。

---

[1] 见舒勒吉 38 年 11 月（*Ontario* 1 014）（Š 38 xi）、舒勒吉 39 年 3 月（*CST* 045）（Š 39 iii）、舒勒吉 40 年 2 月 22 日（*CST* 050）（Š 40 ii/22）、舒勒吉 41 年 2 月（*OIP* 115 064）（Š 41 ii）和舒勒吉 41 年 10 月（*OIP* 115 066）（Š 41 x）。

贡牲机构送入宫殿的死牲统计表

时间	死牲数量和种类	时间	死牲数量和种类
Š 38 viii	2 只野鸽、1 只鸭、4 只家鸽	Š 43 i	1 只牛后级公绵羊
Š 39 iii	1 只白鸭和 2 只野鸽	Š 43 ii	1 只白鸭，1 只家鸽
Š 39 iv	2 只家鸽和 4 只野鸽，2 白鸭和 1 只鸟	Š 43 iii	2 只幼鸭、1 只野鸽，1 只鸭
Š 39 v	2 只家鸽	Š 43 v	4 只公崽、【x】和 2 只母绵羊
Š 39 ix	1+x 只家鸽和 2 只野鸽	Š 45 v	1 只羔和 1 只公崽
Š 39 xi, xii	1 只白鸭，2 只鸭	Š 45 vii	1 只肥公羊、6 只羊、1 只鸭和 7 只野鸽
Š 39 xii	1 只鸭	Š 45 viii	1 头牛、3 只羊、5 只鸭和 1 只野鸽
Š 40 i	1 只幼鸭	Š 45 x	2 只鸭和 1 只家鸽，1 只野鸽
Š 40 iii	2 只鸭，1 只幼鸭	Š 45 xi	1 牛、1 肥羊、3 羊、2 鸭、1 鸽和 1 豚
Š 40 iv	1 只家鸽，1 只白鸭和 1 只野鸽	Š 45 xii	1 只公绵羊和 1 只鸭
Š 40 vi	1 只野鸽	Š 46 i	1 只鸭
Š 40 vii	1 只肥羊、10 只羊、【2+x】鸽	Š 46 v	3 只野鸽
Š 40 ix	5 只鸭、17 只家鸽和 1 只白鸟	Š 46 vi	1 只鸭、3 只家鸽和 2 只野鸽
Š 40 x	1 只食草公绵羊，1 只母绵羊	Š 46 viii	10 只鸭、43 只鸽、2 只鸭、9 只羊、2 只豚
Š 40 xi	2 只鸭、2 只鸟和 2 只家鸽	Š 46 x	1 头公牛、86 只羊、1 头肥公牛、2 只鸭
Š 40 xii	1 只公绵羊、1 只母绵羊和 1 只羔	Š 46 xi	1 只雌崽、1 只肥羊、4 只羊
Š 41 i	1 只野鸽、1 只舵燕	Š 46 xii	81 只羊、2 只豚、4 只鸭、3 家鸽和 1 燕
Š 41 ii	1 只羊羔	Š 47 i	2 只野鸽
Š 41 iii	2 只公山羊崽、1 只雌羔	Š 47 ii	2 头牛、2 只肥羊、21 只羊和 1 只瞪羚

时间	死牲数量和种类	时间	死牲数量和种类
Š 41 iv	1 只幼鸭	Š 47 iv	6 只鸭、1 只肥羊
Š 41 v	2 只食草公绵羊	Š 47 v	2 只鸭、20 只野鸽
Š 41 ix	2 只鸭和 1 只家鸽、3 只羊	Š 47 vi	7 只野鸽
Š 41 x	2 头公牛、39 只羊	Š 47 vii	13 只肥公羊、20 只羊、5 只鸭
Š 41 xii	4 只雌豚、3 只鸽和 1 只雄豚	Š 47 viii	1 只公猪、2 只鸭和 21 只野鸽
Š 42 iv	2 只家鸽、1 只肥公绵羊	Š 47 ix	2 只羊、1 只雌山羊崽
Š 42 viii	1 只鸭、1 只肥公羊、3 只羊	Š 47 x	2 只鸭和 1 只驯养的母猪
Š 42 x	4 只食草公绵羊	Š 47 xi	2 肥牛、4 羊、10 鸭、2 鸽、1 猪

四、王后祭祀的女神和相关神明

除了为王后食用支出禽、牲和为宫殿支出死禽、牲之外，王后贡牲机构的档案还揭示了贡牲机构的另一个主要功能是为王后祭祀诸神支出牲畜。贡牲机构中祭祀诸神的牲畜以育肥羊（偶尔育肥牛）、羊羔和山羊崽为主。全部牲畜类型有育肥公牛（gud-niga）、普通公牛（gud-ú、gud）和普通母牛（áb-ú、áb）；育肥公绵羊（udu-niga、udu-niga~gud-e-ús-sa）、育肥公山羊（máš-gal-niga）、育肥雄羔（sila₄-niga）、育肥雌山羊崽（ᶠašgar-niga）、公绵羊（udu、udu-ú）（偶尔母绵羊 u₈）、雄羔（sila₄）（偶尔雌羔 kir₁₁）、公山羊（máš-gal、máš-gal-ú）（偶尔母山羊 ud₅）、无崽母山羊（ud₅-máš-nú-a）、公山羊崽（máš）（偶尔雌山羊崽 ᶠašgar）等。

王后贡牲机构祭祀的最主要的神明是经常同时祭祀的两个阿卡德的姐妹女神——贝拉特苏赫尼尔和贝拉特达腊班，本文简称"两女神"。关于"两女神"的迪亚拉河地区的起源，我们有两个印文为证。第一个是舒辛王的舅舅——巴巴提的一个印文。该印文一次是盖在埃什嫩那城的总督（ensí Áš-nun^{ki}）为尼尼微城的来访者（lú Ni-nu-a^{ki}）和其随从（lú ús-sa-ni）支出面粉（zì）的文件（舒辛三年 10 月，*JCS* 28 179）中。印文是：

> 舒辛——强大之人、乌尔之王、四方之王赠予了（in-na-ba）他的奴仆巴巴提——账目总管（ĝá-dub-ba）、王室管理员（šà-tam lugal）、马什干沙润的将军（šakkan₆）、阿巴勒的总督（ensí），贝拉特苏赫尼尔和贝拉特台腊班（贝拉特达腊班）女神的【喜爱者】，他（舒辛）亲爱的母亲阿比新提的兄弟（该印章）。

根据印文，我们知道"两女神"是迪亚拉河中心地区埃什嫩那城的高官巴巴提的主神。第二个印文是盖在乌尔第三王朝独立后埃什嫩那城的第一位总督舒伊里亚（Šu-ì-lí-a）的一个铭文（*OIP* 043 143 6 630）上。他自称是女神贝拉特苏赫尼尔和贝拉特达腊班的喜爱者（na-ra-am、^d*Be-lat-at-Te-ra-ba-an*、^d*Be-la-at-[Suh-nir]*）。这两个人的印文表明"两女神"是埃什嫩那及底格里斯河和迪亚拉地区的最重要的两位女神。由此，我们推断：供奉这两位阿卡德女神且拥有阿卡德语名字的舒勒吉新提王后来自以埃什嫩那城为中心的迪亚拉地区。这可能是国王舒勒吉为了团结当地的阿卡德人，娶了一位当地的公主作为妻子。

王后贡牲机构记录为"两女神"的各种祭祀活动支出文件共 61 件，分别是：为"两女神"提供牺牲 33 件，为"两女神"的神庙提供牺牲 9 件，为"两女神"3 月、5—7 月和 10 月的吉腊努姆仪式（gi-ra-núm）6 件，为"两女神"7 月、9 月和 10 月的消失处（níĝ~ ki-zàh，即女神在冥界消失的地方）6 件，[1] 为"两女神"2 月的埃鲁努姆仪式（è-lu-

---

[1]　M. E. Cohen, *The Cultic Calendars of the Ancient Near East*, Bethesda: CDL Press, 1993, pp. 475-476.

núm）2 件，为"两女神"2 月和 3 月的塞尔塞润节（ezem-še-er-še-ru-um）2 件，为"两女神"9 月的那卜瑞乌姆仪式（ezem-na-bí-rí-um）1 件，为两女神 1 月和 10 月的倒啤酒仪式（kaš-dé-a）2 件。有时，也有单祭贝拉特苏赫尼尔女神的活动，共 15 个文件，包括：为贝拉特苏赫尼尔女神提供牺牲 3 件、为她的神庙提供牺牲 5 件、为她 1 月和 5 月的吉腊努姆仪式 2 件、为她 10 月的消失处 1 件、为她 1 月和 3 月的埃鲁努姆仪式 2 件、为她的神庙 9 月的那卜瑞乌姆节 1 件和为她 9 月的倒啤酒仪式 1 件。

在贡牲机构的档案文件中，安努尼吞（*An-nu-ni-tum*）女神和乌勒马席吞（^{d}*Ul-ma-ši-tum*）女神常与"两女神"同时出现。*Annunītum* 的词源可能是 *anantu* 和 *anuntu*，两者都是"战斗、战争"之意。古巴比伦时期阿卡德的国王那腊姆辛（Narām-sîn）的王铭中多次提到了 Inanna -*Annunītum*，[1] 说明安努尼吞是阿卡德国王非常重视的战争女神（金星）。同时，我们推测安努尼吞是苏美尔女神伊南那的战争神性的化身。乌勒马席吞女神是阿卡德帝国首都阿卡德城的乌勒马什庙区（Ulmaš）祭祀的掌管爱与战的金星女神。[2] 王后贡牲机构的档案记录为安努尼吞和乌勒马席吞两位女神支出牺牲共 8 个文件：为这两位女神提供牺牲 4 件、为她们 5—7 月的吉腊努姆仪式和倒啤酒仪式提供牺牲 3 件、为她们 8 月的那卜瑞乌姆节 1 件。单独记录为安努尼吞女神的各种祭祀提供牺牲 13 个文件：为安努尼吞女神提供牺牲 10 件、为她 8 月的那卜瑞乌姆节 2 件和为她 3 月的进入节（ezem-diĝir-ku₄-ku₄）1 件。贡牲机构档案中单独为乌勒马席吞女神提供牺牲共 5 个文件。

---

[1]　D. Frayne, *The Royal Inscription of Mesopotamia*, Toronto: University of Toronto Press, 1993, *RIME* 2, E2.1. 4.2; E2.1.4.3; E2.1.4.5.

[2]　吴宇虹：《古代两河流域楔形文字经典举要》，黑龙江人民出版社，2006，第 9 页；同见 Ã. W. Sjöberg & S. J. Bergmann, *The Collection of the Sumerian Temple Hymns*, Locust Valley, New York: J.J. Augustin, 1969, *TCS* 3, the 40th hymn。

伊南那女神（^dInanna，其阿卡德语名字是 *Ištar*）是古代美索不达米亚地区最重要的女神。[1] 她是乌鲁克城的主神，其神庙名为"天房"（é-anna）。伊南那女神有三种性格特质：爱、战斗和金星。王后贡牲机构档案为伊南那的各种祭祀活动提供牺牲共 43 个文件：为伊南那女神提供牺牲 15 件，为她的神庙 1 件，为她 1 月和 3—12 月（6、7、8 三个月居多）的吉腊努姆仪式 27 件。

那那亚女神（^dNanaya）是乌鲁克的主神伊南那的姐妹神。贡牲机构为那那亚的各种祭祀活动提供牺牲共 31 个文件，包括：为那那亚女神提供牺牲 17 件，为她 1 月和 5 月的消失处祭祀 5 件，为她 6 月的吉腊努姆仪式 2 件，为她 5 月和 9 月的倒啤酒仪式 3 件和为她的神庙 4 件。

从以上内容可以看出，贡牲机构档案中除了为神明和神庙支出牺牲的文件最多外，另一项大的支出文件内容是为吉腊努姆仪式（*gi-ra-núm*）提供牺牲。*gi-ra-núm* 的词源是 *girrānu*，相当于苏美尔语的 ér，意思是"哭泣、哀悼"。[2] 贡牲机构档案主要记录了伊南那的吉腊努姆仪式，这可能是为了祭祀金星伊南那的伏地阶段。由于金星特殊的天文现象，早晨出现在东方天空和傍晚出现在西方天空（中国的启明星和长庚星），我们怀疑贝拉特苏赫尼尔、贝拉特达腊班、安努尼吞和乌勒马席吞这四位女神都是金星女神的化身，哀悼她们的吉腊努姆仪式可能是金星在东西方天空转换期间的祭祀活动。

阿拉吞女神（^d*Al-la-tum*，其苏美尔语名字是 Ereškigal）是统治冥

---

[1] J. Black, A. Green, *Gods, Demons and Symbols of Ancient Mesopotamia: An Illustrated Dictionary*, Texas: University of Texas Press, 1992, pp. 108-109, 下文中的那那亚女神见 p. 134；阿拉吞女神见 p. 77；恩里勒神见 p. 76；恩基神见 p. 75；安神见 p. 30；宁里勒女神见 p. 140；南那神见 p. 135；阿达德神见 p. 110；伊什哈腊女神见 p. 110。

[2] M. E. Cohen, *The Cultic Calendars of the Ancient Near East*, Bethesda: CDL Press, 1993, p. 472.

界的女神，她是伊南那女神的姐姐。贡牲机构档案中记录为阿拉吞女神的各种祭祀提供牺牲共 16 个文件，包括为阿拉吞女神提供牺牲 13 件、为她的神庙 2 件和为她 9 月的倒啤酒仪式 1 件。

除此之外，舒勒吉新提王后贡牲机构还为苏美尔神系中的一些大神的祭祀活动提供牺牲。

恩里勒（ᵈEn-líl）是美索不达米亚神话体系中的众神之王。他是天神（An）之子、宁里勒的丈夫，是苏美尔的宗教中心尼普尔的保护神，其神庙名为"山房"（é-kur）。贡牲机构中共有 10 个文件记录了为恩里勒神的各种祭祀提供牺牲，包括：为恩里勒神提供牺牲 9 件，为他的神庙提供牺牲 1 件。

恩基（ᵈEn-ki）是水神、智慧神。他是埃瑞杜（Eridu）的保护神，其神庙名为"深渊房"（é-abzu）。贡牲机构记录为恩基神的祭祀提供牺牲有 1 个文件。

天神安（An）是众神之父，他跟伊南那一样同是乌鲁克的保护神。贡牲机构为安神的祭祀提供牺牲 1 件。

宁里勒女神（ᵈNin-líl）是神王恩里勒的妻子，其神庙在尼普尔城附近的图马勒庙区。贡牲机构中为宁里勒女神的各种祭祀提供牺牲共 11 次，分别是：为宁里勒女神提供牺牲 9 次和为她的神庙 2 次。

月神南那（ᵈNanna）是恩里勒和宁里勒之子，是太阳神乌图和伊南那女神的父亲。他是乌尔城的保护神，其标志是新月符号。南那神在贡牲机构中的支出文件共 13 个：为南那神的祭祀提供牺牲 11 个和为南那神 9 月的哀悼仪式提供牺牲（ér-sù-a-ᵈNanna）2 个。

阿达德（ᵈ*Adad*，其苏美尔语名字是 ᵈIškur）是雷雨神。贡牲机构为阿达德的祭祀活动提供牺牲共 17 个文件：为阿达德神提供牺牲 12 件，为阿达德神庙 2 件，为阿达德神 1 月，7 月和 9 月的消失处共 4 件。

伊什哈腊女神（ᵈIš-ha-ra）是爱之女神，是叙利亚地区的农神达干（Dagan）的妻子。贡牲机构中记录为伊什哈腊女神提供牺牲共 4 次，包括：为伊什哈腊女神提供牺牲 2 次和为她的神庙提供牺牲 2 次。

贡牲机构为四女神及其神庙或节日祭祀提供牺牲统计表

（四女神 = 贝拉特苏赫尼尔、贝拉特达腊班、安努尼吞和乌勒马席吞）

时间	文献内容	时间	文献内容
Š 28 i	贝拉特苏赫尼尔庙之埃鲁努姆仪式 4 只肥羊	Š 37 v	宁苏庙 1 肥羊、2 羊，阿达德庙同上，那那亚 1 只肥羊，安努尼吞的吉腊努姆仪式 1 只羊，乌勒马席吞庙的吉腊努姆仪式 1 羊，安努尼吞倒啤酒仪式 1 羊，那那亚 1 羊，乌勒马什庙 1 只羊
Š 29 vi	阿拉吞 1 头肥牛和 2 只肥羊，两女神庙 4 只肥羊		
Š 29 x	两女神庙 2 只肥羊		
Š 29 x	两女神庙 1+ 只肥羊		
Š 29 xi	贝拉特苏赫尼尔庙的吉腊努姆仪式和晨祭各 2 只肥羊，贝拉特苏赫尼尔庙 1+ 只羊、2 只肥羊，贝拉特苏赫尼尔庙 1+ 肥羊	Š 37 v	贝拉特苏赫尼尔庙的吉腊努姆仪式 2 只羊，贝拉特苏赫尼尔庙 2 只肥羊、4 只羊
		Š 40 iii/1	神的食物 1 只羊，两女神的塞尔塞闰仪式 2 只肥羊和 2 羊，乌勒马席吞 1 只肥羊，安努尼吞的进入节 1 头肥牛和 3 只肥羊
Š 30 vi, ix	两女神庙 4 只肥羊（每月各 2 只）		
Š 30 vii	两女神庙 2 只肥羊		
Š 30 viii	两女神庙【2 只肥羊】	Š 40 vii/5, 6, 7	消失处供奉 8 只羊，牺牲 2 只肥羊，以上为两女神庙，宁苏庙【1+ 肥羊】，阿达德庙 1 肥羊和 1 只羊，阿拉吞庙 1 只肥羊，安努尼吞和乌勒马席吞吉腊努姆节 2 只羊，1 只肥牛、4 只肥羊、3 羊为女神进入（她的神庙时），1 羊于女神进入她的神庙时，为安努尼吞的倒啤酒节
Š 30 x/4	两女神吉腊努姆仪式 2 只肥羊，阿拉吞 1 只肥羊，黄昏祭 1 只肥羊，消失处祭 1 只肥羊，晨祭 1 只		
Š 32 iv	安努尼吞和乌勒马席吞吉腊努姆仪式 2 只羊		
Š 32 ix	两女神的吉腊努姆仪式 2 只母羊		
Š 33 v	两女神吉腊努姆仪式【2+】肥羊，那那亚于宫殿的倒啤酒仪式【1+】头肥公牛	Š 41/30	两女神的埃鲁努姆仪式 3 只羊和 1 只肥羊，安努尼吞和乌勒马席吞庙的安神庆典 1 头牛、3 只肥羊和 1 只羊

时间	文献内容	时间	文献内容
Š 33 vi	两女神吉腊努姆仪式 2 只肥羊、2 只羊，两女神消失处 2 只崽，伊南那吉腊努姆仪式 1 只肥羊，安努尼吞和乌勒马席吞的吉腊努姆仪式 2 只羊	Š 41 ii/20	安努尼吞 2 只肥羊，乌勒马席吞 1 只羊，两女神埃鲁努姆仪式 2 只羊
Š 33 ix	两女神祭祀 2 肥羊，安努尼吞 2 肥羊，乌勒马席吞 1 肥羊，阿拉吞 1 肥羊，伊什哈腊 1 肥羊，两女神庙之耐耐旮尔月 2 只肥羊，两女神 2 只肥羊，伊南那吉腊努姆仪式 1 只肥羊，宁埃旮勒的倒啤酒仪式 1 只肥羊	Š 41 x/11	1 头肥牛、5 只肥羊、3 只羊为"鱼食"，1 羊为美斯兰塔埃阿的吃奶供奉；1 头肥牛、5 肥羊、为"鱼食和蔬菜"，2 羊为消失处供奉；1 肥羊、1 只羊，以上为两女神的倒啤酒仪式
Š 34 iii	天神安 1 只肥羊，两女神 2 只肥牛、6 只肥羊，南那神的祭祀 1 只肥羊，两女神的消失处供奉 2 只肥羊，两女神 2 只肥羊	Š 42 viii	安努尼吞 1 头肥牛和 2 只肥羊
		Š 42 viii/20	安努尼吞 1 头肥公牛和 2 只肥羊，宁廷努格 1 只羊，以上为安努尼吞于乌尔的那卜瑞乌姆节
Š 34 vii, iii	两女神 2 只肥羊、贝拉特苏赫尼尔 2 肥羊、阿拉吞 1 只肥羊（7月），贝拉特苏赫尼尔的埃鲁努姆仪式 4 只肥羊、贝拉特苏赫尼尔 2 只肥羊（3月）	Š 42 x /13, 14	伊南那牺牲 1 肥羊，贝拉特苏赫尼尔牺牲 1 肥 羊和 1 羊，贝拉特苏赫尼尔庙消失处供奉 2 羊
		Š 43 i/29	伊南那 1 只肥羊，两女神 2 只肥羊

时间	文献内容	时间	文献内容
Š 34 ix	贝拉特苏赫尼尔庙的那卜瑞乌姆节 1 头肥牛和 1 头牛，贝拉特苏赫尼尔倒啤酒仪式 2 头肥牛，安神食物的月供 1 只羊，以上为贝拉特苏赫尼尔庙；阿达德庙的消失处月供 1 只羊，X 倒啤酒仪式 1 头肥牛和 5 只育肥羊（3 次），贝拉特苏赫尼尔的【……】2 只羊，贝拉特苏赫尼尔 2 只羊，阿拉吞的倒啤酒仪式 1 头肥牛和 2 只肥羊	Š 45 vii/ 10, 15	伊南那 2 只羊，阿达德的消失处供奉 1 只羊，两女神消失处供奉 1 只肥羊和 1 只羊
		Š 45 viii/25	安努尼吞 1 牛和 3 肥羊，乌勒马席吞 1 羊，于她们的那卜瑞乌姆节时，两女神消失处祭 2 羊
		Š 46 i/18	两女神 1 只肥羊和 1 只母羊
		Š 46 v/21	阿达德 1 只羊，两女神 2 只肥羊、6 只羊
		Š 46 viii	2 只羊为安努尼吞于乌尔的那卜瑞乌姆节
Š 35 i	贝拉特苏赫尼尔庙的吉腊努姆节 2 只羊	Š 46 ix/5	安神 1 羊，消失处供奉 2 羊，2 牛、4 只肥羊和 2 羊为两女神的那卜瑞乌姆节，阿拉吞 1 肥羊和 1 只羊，伊什哈腊和贝拉特那奋尔 2 只羊，安努尼吞 1 羊，那那亚 1 羊
Š 35 iv	两女神庙的消失处 2 只肥羊		
Š 35 v	两女神 2 只羊		
Š 35 v	两女神 1+ 只【羊?】		
Š 35 vi	两女神的消失处 2 只羊	Š 46 x/30	两女神 4 只羊，伊南那的牺牲 1 只肥羊
Š 35 vi	两女神 2 只肥羊	Š 46 xi/15	两女神和阿达德的牺牲各 1 只羊，宁里勒 1 只肥羊和 1 只羔，恩里勒 1 只羊
Š 35 vi	祭品台 1 头牛，安努尼吞 1 头肥牛		
Š 35 vii	两女神 2 只肥羊（各 1 只），伊什哈腊 1 只肥羊，贝拉特那奋尔 1 只肥羊	Š 7 iv/14	两女神 1 只肥羊
		Š 47 v	两女神 2 只羊，阿达德 1 只羊
Š 35 x	那那亚 1 只公崽，两女神庙吉腊努姆仪式 2 只羊	Š 47 vi/16	两女神 2 只羊

续表

时间	文献内容	时间	文献内容
Š 36 v	乌勒马席吞 1 只肥羊、安努尼吞的祭祀 3 只肥羊	Š 47 vi/19, 21	两女神 4 只肥羊和 2 只羊，安努尼吞和乌勒马席吞的吉腊努姆仪式 2 只羊，乌勒马席吞走向他的庙时 1 只羊，乌勒马席吞和安努尼吞的倒啤酒仪式 1 只羊
Š 36 v	两女神庙 2 只肥羊，那那亚 1 只肥羊，阿达德 1 只肥羊		
Š 36 vi	安努尼吞和乌勒马席吞祭祀 2 只羊		
Š 37 ii 祭祀的月供 5 只肥羊，消失处供奉 2 只公羔，以上为两女神的庙之塞尔塞润节		Š 47 vi/22	两女神 2 只羊
		Š 47 / ix	两女神 2 只羊，阿达德 1 只羊
		Š 47 ix / 20	两女神 1 只肥羊和羊
		Š 47x /19	两女神的消失处供奉 2 只羊

贡牲机构为伊南那女神及其吉腊努姆仪式提供牺牲统计表

时间	文献内容	时间	文献内容
Š 32 i	伊南那 1 只肥羊	Š 40 xi / 25, 30	那那亚 1 只羊，伊南那的吉腊努姆仪式 1 只肥羊，两女神的祭祀 2 只肥羊，南那 1 只肥羊，阿达德的祭祀 1 只肥羊、1 只羊（2 次）
Š 33 v	安努尼吞 1 头肥公牛，伊南那吉腊努姆仪式 1 肥羊	Š 40 xii/ 25	伊南那的吉腊努姆仪式 1 只肥羊
Š 34 x	伊南那的牺牲 1 只羊	Š 41 i/15	伊南那吉腊努姆仪式 1 只肥羊，两女神的牺牲 1 只肥羊和 1 只羊，阿达德 1 只羊
Š 35 vi	伊南那吉腊努姆仪式 1 羊，那那亚吉腊努姆仪式 1 羊，两女神吉腊努姆仪式 2 羊，两女神 2 羊	Š 41 i/30	伊南那吉腊努姆仪式 1 只肥羊，两女神的祭祀

时间	文献内容	时间	文献内容
Š 36 i	伊南那吉腊努姆仪式的月供1肥羊，阿拉吞神庙1只肥羊，伊什哈腊和贝拉特那旮尔的神庙2肥羊		1只肥羊和1只羊，南那祭1只肥羊
		Š 41 vii/26	那那亚庙【1+】只肥羊，伊南那吉腊努姆仪式1只肥羊、1只羊（2次）
Š 36 ix	伊南那吉腊努姆仪式1只肥羊，阿拉吞2只肥羊、1只羔，伊什哈腊和贝拉特那旮尔庙2只羊，乌勒马席吞庙2只羊，安努尼吞3只肥羊、1只羔，阿达德庙的消失处月供1只肥羊，伊什哈腊1只羊，那那亚的倒啤酒仪式1只肥公羊和1只羊	Š 41 ix/28	伊南那吉腊努姆仪式1只肥羊
		Š 42 iii/13, 14	伊南那的吉腊努姆仪式1只肥羊，两女神吉腊努姆仪式1只肥羊和1只羊，宁里勒和恩里勒各2只肥羊和1只羊
Š 37 i	伊南那神的吉腊努姆仪式1只肥羊	Š 42 viii/28, 30	伊南那吉腊努姆仪式1只肥羊，两女神吉腊努姆仪式1只肥羊和1头牛，南那祭祀1只肥羊
Š 37 i	伊南那神庙1只肥羊，阿拉古拉神庙2只肥羊、2只羊，宁里勒神庙2头肥牛、2只肥羊和1只羔，恩里勒神庙2头肥羊和1只羔	Š 42 xii	伊南那吉腊努姆仪式1只肥羊，两女神2肥羊
Š 37 v	伊南那的吉腊努姆仪式1只肥羊，两女神的牺牲2只肥羊，那那亚消失处牺牲1只羊，那那亚庙1只肥羊和1只羊	Š 45 v/12-14	南那1只肥羊，伊南那的吉腊努姆仪式1只肥羊，伊南那1头肥牛、3只肥羊和1只羔，恩里勒1只羊，宁里勒1只羊
		Š 45 vii	伊南那的吉腊努姆仪式1只羊
Š 37 vi	那那亚庙1只肥羊，那那亚庙消失处1只羊，伊南那的吉腊努姆节的月供1只肥羊	Š 45 vii/25	伊南那吉腊努姆仪式1只羊
Š 37 vi	伊南那的吉腊努姆仪式1只羊	Š 45 viii/15, 17	伊南那吉腊努姆仪式1只肥羊，阿达德1只羊，两女神2只肥羊；伊南那吉腊努姆仪式2只羊

续表

时间	文献内容	时间	文献内容
Š 39 x/27	伊南那吉腊努姆仪式 1 肥羊，两女神祭祀 2 肥羊	Š 45 xii / 20-22	伊南那 1 只羔，恩里勒 1 只肥羊和 1 只羊，宁里勒 1 只肥羊，恩里勒 1 只羊
Š 40 viii/ 4, 5	伊南那的吉腊努姆仪式 1 只肥羊，宁里勒庙 1 头肥牛、4 肥公羊和 1 只羊	Š 46 ii/4, 6	伊南那 1 只羊、1 只肥羊，阿拉吞的供奉 1 只肥羊
Š 40 ix/ 30	伊南那的吉腊努姆仪式 1 只肥羊，两女神的祭祀 1 只肥羊和 1 只羊，南那的祭祀 1 只肥羊	Š 46 xii/ 30	伊南那、宁里勒、恩里勒各 1 只羊（1 次），伊南那和宁里勒各 1 只羊（2 次），伊南那的牺牲 1 只肥羊，两女神 4 只羊
Š 40 x/28	伊南那的吉腊努姆仪式 1 只肥羊，两女神祭祀 1 只肥羊和 1 只羊，南那祭祀 1 只肥羊，宫殿的消失处供奉 1 只羊	Š 47 v/30	伊南那的牺牲【1+】只肥羊，消失处供奉【1 只肥羊】，两女神【1+】只羊
		Š 47 ix	伊南那 3 只羊，那那亚 1 只羊

贡牲机构为那那亚女神和阿拉吞女神提供牺牲统计表

时间	文献内容	时间	文献内容
Š 35 vi	那那亚的吉腊努姆仪式 1 只羊	Š 46 v/20	那那亚的消失处供奉 1 只羊
Š 36 iv	阿拉吞祭祀 1 只公羔	Š 6 vi/25	那那亚 1 只羊
Š 36 x	那那亚庙 2 只羊	Š 46 viii	阿拉吞 1 只肥羊
Š 37 vi	那那亚祭祀 1 只羊，两女神庙消失处供奉 2 只羊	Š 46 xi/7	阿拉吞 1 只肥羊，南那 1 只羊
Š 37 vi	那那亚 2 只羊	Š 47 i/1	那那亚 1 只羊
Š 40 ix/5	南那神的哀悼祭 2 只肥羊，阿拉吞 1 只肥羊	Š 47 i/13	那那亚 1 只育羊
Š 41 i/4	阿拉吞的祭祀 1 只肥羊	Š 47 i/30	那那亚消失处牺牲 1 只羊，那那亚 1 只羊
Š 41 iii	阿拉吞 1 只肥羊	Š 47 x	那那亚 1 只羊

时间	文献内容	时间	文献内容
Š 41 vii/2	那那亚 1 只肥羊	Š 47 xi/7	阿达德【1+】羊，那那亚消失处 2 羊、1 肥羊
Š 45 xi/17	那那亚 1 肥公牛、5 只肥羊和 2 羊，那那亚啤酒仪式 2 只肥羊和 1 羊	Š 48 ii/1	那那亚 1 只羊

贡牲机构为其他重要神明提供牺牲统计表

时间	文献内容	时间	文献内容
Š 31 viii	恩基 1 只羊，古腊 1 只羊，宁基什凯什达 1 只羊	Š 41 ix/3	阿达德的祭祀 1 只肥羊
Š 33 vi	南那的牺牲 1 只肥羊	Š 41 ix 10	南那神的哀悼 2 只家鸽和 15 只鸭
Š 35 vi	宁里勒 1 只羊……两女神 2 只羊	Š 45 ii	宁里勒和恩里勒各 1 只羊
Š 40 x/18	宁苏庙 1 只肥羊和 1 只羊，阿达德神庙同上	Š 45 x/15	宁里勒 2 只肥羊和 1 只羊，恩里勒 2 只羊，阿达德的牺牲 1 只羊
Š 40 xi/18	宁里勒 2 只肥羊和 2 只羊，恩里勒 1 肥羊、3 只羊，阿拉古拉 1 只公羊，伊南那 1 只肥羊	Š 45 xii/16	南那和阿达德各 1 只肥羊
Š 41 i	阿达德消失处供奉 1 只羊，阿拉吞的祭祀 1 只羊	Š 46 x/20	阿达德的牺牲 1 只羊

　　王后贡牲机构的重要献祭对象还包括对特殊月相的祭祀。由于月神南那居住在乌鲁克，贡牲机构的档案文件中每次都提到祭祀是在乌鲁克举行。文件中只提到月亮的四个标志性月相中的三个：一般在 27 日—30 日中的一天祭祀的朔月（ud-sakar，共有 14 个祭祀文件）、在 4 日—7 日中的一天祭祀的初七上弦月（é-ud-7，共有 5 个祭祀文件）和在 14 日或 15 日祭祀的望月（é-ud-15，共 8 个文件）。目前，在我们的档案中尚未发现祭祀下弦月（é-ud-23）的文件。

贡牲中心祭祀月相统计表

时间	文献内容	时间	文献内容
Š 35 ix	新月初祭、满月祭和新月祭各 1 只公绵羊	Š 41 iv/ 5	神庙的初七上弦月祭 1 只幼鸭和 5 只野鸽
Š 36 i	新月祭 2 只育肥公绵羊	Š 42 /14	满月祭 1 只肥公羊、1 只肥公山羊和 1 母绵羊
Š 36 iv	新月祭 1 只公绵羊，满月祭 1 只公绵羊	Š 43 i/29	新月初祭 2 只育肥公绵羊和 1 只母绵羊
Š 36 x	新月祭 1 只食草公绵羊	Š 44 xi	满月庆典 1 只牛后级公绵羊为那那亚
Š 37 v	满月祭 2 只育肥公绵羊和 1 只食草公绵羊	Š 45 vii	宁里勒和恩里勒各 1 只牛后级公羊为满月庆典
Š 39 vi/30	新月祭祀 2 只育肥公绵羊和 1 只食草公绵羊	Š 45 vii/15	满月祭 2 只牛后级育肥公绵羊
Š 39 x/27	新月初祭 2 只育肥公绵羊和 1 只食草公绵羊	Š 45 viii/15	满月祭 2 只牛后级公绵羊和 1 只食草公绵羊
Š 40 ix/30	新月初 2 只育肥公绵羊和 1 只食草公绵羊	Š 46 x/7	南那的月供（7 天）1 只育肥公绵羊，圣殿月供 1 头育肥公牛和 2 只育肥公绵羊，为【初七上弦月】
Š 40 /28	新月祭 1 只育肥公绵羊、2 只公山羊	Š 46 x/30	新月祭 2 只公绵羊
Š 41 i/30	新月祭 3 只食草公绵羊和 3 头食草公牛	Š 46 xi/7	宁里勒 1 只育肥公绵羊，宁胡尔萨格 1 只牛后级育肥公绵羊，为初七上弦月祭
Š 41 ii/4	阿拉吞和阿拉古拉各 1 只育肥公绵羊，宁里勒和恩里勒各 1 只育肥公绵羊和 1 只羊羔，1 宁㪬吉阿只食草公绵羊，为初七上弦月	Š 46 xii/30	新月祭 1 母绵羊和 1 雌崽
		Š 47 v/30	新月祭 1 只牛后级育肥公绵羊和 1 只羔
Š 41 ii/[5]	初七上弦月祭【1+ 公绵羊】	Š 47 vii/15	满月祭 1 只公崽

结语

目前我们所掌握的舒勒吉的 lukur 神妻——舒勒吉新提王后贡牲机构的档案历时近 21 年，大约从舒勒吉 28 年 1 月开始，于舒勒吉 48 年10 月结束。贡牲机构中主要有阿希马、舒库布姆、贝里塔卜、阿皮里亚、阿皮拉吞、舒勒吉伊里、卢旮勒埃邓卡和卡兰希那吉等八位负责官员。贡牲机构中收入的牛、羊、猪和禽类称为"舒勒吉新提的贡入项"，另有数量不多的"新生"羔或山羊崽也是收入的一种。其活牲支出的主要目的是：1）为了祭祀来自迪亚拉地区的女神——贝拉特苏赫尼尔、贝拉特达腊班、安努尼吞和乌勒马席吞以及其他与之相关的神明；2）为舒勒吉新提（我的王后）的食物支出禽类、猪和羊等（偶尔为少数王室成员）；王后贡牲机构还把可能是死于运输过程中的不能献祭给神明或为王后食物的死牲、家禽支出到宫殿。死牲或死禽可能是作为宫殿奴仆的食物或加工成制成品。

与普兹瑞什达干贡牲中心相比，王后贡牲机构的档案除了时间早外，在内容和术语等方面也与贡牲中心的档案文件有所不同。首先，与普兹瑞什达干贡牲中心的一位羊牲育肥官员那鲁的档案相比，王后贡牲机构中除了羊牲外，还处理牛、家禽和猪等，而那鲁主要是管理羊牲。其次，在日期的术语表达方面，王后贡牲机构的档案文件表示日期时，采用 iti--ta ud-x ba-ra-zal（有时用 iti--ta ud-x ba-ta-zal）；而在那鲁的档案文件中，接收死牲的文件采用的日期术语是 ud-x-kam，接管活牲文件的日期表达术语有两种：在舒勒吉 47 年之前，其日期的表达术语采用 iti-ud-x ba-zal，舒勒吉 47 年之后，接管活牲文件的日期表达术语和接收死牲时一样，采用 ud-x-kam。第三，在王后贡牲机构的档案中，表达"支出"的词是 zi-ga，而在那鲁档案中，当那萨的名字在收入和支出的文件中出现时，普兹瑞什达干贡牲中心开始用 ba-zi（"被支出"）代替 zi-ga（支出）。第四，王后贡牲机构献祭的数量和规模较小，如新月和满月祭祀的牺牲数量：王后贡牲机构的一个文件（*SET* 041）提到祭祀新月和满月的牺牲数量是各 1 只公绵羊；而那鲁的一个文件（*MVN* 17，13）中新月和满月祭祀的数量分别是 112 只和 116 只羊。

此外，王后贡牲机构档案的一个显著特点是送入动物牲畜的人员多数是女性。如：阿皮里亚之妻（dam-Á-pi₅-lí<-a>）和采鲁什达干之妹（nin₉-Si-lu-uš-ᵈDa-gan）等。这说明乌尔第三王朝时期，有些女性在一定程度上拥有较高的地位和权力，她们可以积极地参与社会的经济或宗教事务。

总之，对于舒勒吉新提王后贡牲机构档案的重建和分析不仅完善了我们对普兹瑞什达干贡牲中心管理机制和机构的了解，同时还为我们理解乌尔第三王朝时期的经济和宗教事务提供了丰富的材料。由于舒勒吉新提王后在舒勒吉王去世时随之陪葬，其贡牲机构的档案也相应结束。到国王阿马尔辛统治时期，德莱海姆出土的经济档案中出现了与舒勒吉新提王后贡牲机构相类似的档案——阿比新提贡牲机构（mu-túm *Abi-simtī*）。

奴隶劳动在两河流域家庭农业中的重要作用

——以两件分家泥板文书为例*

一、一件出土于尼普尔的乌尔第三王朝时期的寡妇分家判决书

宾夕法尼亚大学博物馆于 19 世纪末从两河流域的尼普尔城遗址发掘出大量苏美尔泥板文献，其中有 2000 多个泥板属于乌尔第三王朝时期（公元前 2111—前 2004 年）。1910 年，米尔曼（D · Myhrman）编辑的文献集 "Babylonian Expedition"（简称 BE）第三卷第一集首先发表出版了在尼普尔出土的关于乌尔第三王朝的文献，其中包括费城收藏的171 个文献。书中宣称休伯（E. Huber）编辑的第二集待出版，其中包括一批土耳其君士坦丁堡博物馆收藏的乌尔第三王朝的泥板文献。然而，BE 第三卷第二集并未出版，在宾夕法尼亚大学博物馆档案文献中也没有找到 E. Huber 的手稿。美国学者欧文（D. I. Owen）于 1970 年在费城开始了对宾大博物馆收藏的主要来自尼普尔城的乌尔第三王朝泥板进行编目和研究。其中有 71 块泥板出土后用石膏复制成翻铸泥板，原件可能保存在君士坦丁堡。他于 1980 年发现翻铸件中的一件大泥板（编号 CBS 9729）具有特殊的内容，就提前单独发表在德国《亚述学杂志》

* 李学彦、吴宇虹：《奴隶劳动在两河流域家庭农业中的重要女作用—以两件分家泥板文书为例》，《古代文明》2011 年第 1 期。

（*ZA*）上^[1]。

这个文件记载了一个刚成为寡妇的女人吉美辛（Geme-Sin），为了夺回自己丈夫的遗产，起诉她亡夫的兄弟阿拉拉（Alala）的法律案件。文件的落款时间为舒辛王（*Šu-Sin*，公元前2035—前2027年）8年（公元前2028年）11月，达达（Dada）任尼普尔总督之时。泥板整体保存得比较完好，结尾盖有吉美辛的印章。以下为该法律判决的中文翻译和拉丁化原文。

表一：一件尼普尔法庭关于遗产诉讼的判决书
（CBS 9729，P121000，发表在 ZA 70/2，170-184）

诉讼双方	阿拉拉和乌尔顿是（两个）继承人，共同地分割了他们的父亲（楠哈尼？）的【家产】。（后来）乌尔顿去世了。乌尔顿之妻【吉美】辛和阿拉拉，为了【土地】、房屋和财产等乌尔顿继承的遗产部分，在尼普尔总督达达面前，提起了诉讼。	
	（i 1—11: Á-la-la, Ur-^{d}Dun a-ne~ bi<-da>, ibila-me, [é]~ ad-da--ba íb-ba, [U]r-^{d}Dun ba-úš. [Gém]e-^{d}Sîn dam-Ur-^{d}Dun--ke₄, [Á]-la-la<--da>, [mu~ gána] é-níg~ ha-l[a]~ [Ur]-^{d}Dun--šè, [igi D]a-da, [en]sí-Nibru^{ki}--ka, [di i]n-da-dug₄.）	
法庭判决双方最终获得的财产	阿拉拉的财产	寡妇吉美辛的财产
	城外的【x "亩"】红土地和白坡地	9 "亩" 红土地
	（i 12-14: [x (iku)] gána a-šà~si₄-si₄-a, [ù] a-šà~du₆-babbár, [u]ru~bar-ra）	（ii 21: 9 (iku) gána a-šà~ si₄-[si₄-a]）
	【全部城外的门？……】	城【外】的生产、生活用具和全部【城内的……】
	（i 15--16: [^{giš}ig uru~bar-ra dù-a-bi]？，[…]）	（ii 22--iii 2: [ní]g？　~ gú-ne u[ru？ ~bar-ra (…)], ù [uru~šag₄-ga], dù-a-[bi]）

[1]　D. I. Owen. *Widows' rights in Ur III Sumer*, Zeitschrift für Assyriologie und vorderasiatische Archäologie Vol. 70（1980），No. 2, pp. 170-184.

	乌尔顿份额中城内的生产和生活用具 （ ii 1--2: níg~ gú-na uru~šag$_4$-ga, ha-la-ba- Ur-^{d}Dun. ）	全部城外的门、阿拉拉份额中城外的生产和生活用具及城内的轿子 （ iii 3--5: ^{giš}[i]g uru~bar-[ra] dù-a-[bi], níg~ gú-na uru~bar-[ra] ha-la-ba- Á-la-la, ^{giš}gu-za~ gíd-da uru~šag$_4$-ga. ）
法庭判决双方最终获得的财产	（7个男奴的名字：）马古瑞、班孜格、伊隆帕利勒、伊隆帕利勒第二、丁弥尔牟达赫第一、安塔卢和乌图阿达赫是男奴隶们。 （ ii 3--10: Má-gur$_8$-re, Ba-an-zi-ge, Ilum-IGI.ŠÈ.DU (palil), Ilum-IGI.ŠÈ.DU (palil) min, Diĝir- mu-dah, An-ta-lú, ^{d}Utu-á-dah, saĝ-nita--me. ）	（10个男奴的名字：）阿巴阿达艮、因那亚、伊隆丹、丁弥尔牟达赫第二、杜腊腊、丁弥尔安杜勒、宁舒布尔安杜勒、辛安杜勒、舒尼萨巴和卢吉尔吉鲁是男奴隶们。 （ iii 6--16: A-ba-ad-da-gin$_7$, In-na-a, *Ilum-dan*, Diĝir-mu-dah, Du-ra-ra, Diĝir-an-dùl, ^{d}Nin-šubur-an-dùl, ^{d}Sîn-an-dùl, Šu-^{d}Nisaba, Lú-gir-gi$_4$-lu^{ki}, saĝ-nita--me. ）
	（6个女奴的名字：）阿尔比德、乌塔伊兰、宁穆班孜格、阿那尼亚、萨格丁弥尔朱[1]和吉美舒勒帕埃是女奴隶们。 （ ii 11--17: Ar-bí-id, Ù-da-ilam (diĝir), Nin-mu-ba-an-zi-ge, A-na-ni-a, Saĝ$_9$-diĝir-zu, Géme-^{d}Šul-pa-è, saĝ-munus-me. ）	（4个女奴的名字：）拍什图尔图尔、宁舒布尔阿马穆、宁穆班孜艮和宁埃金是女奴隶们。 （ iii 17--23: Péš-tur-tur, ^{d}Nin-šubur-ama-mu, Nin-mu-ba-an-zi-gin$_7$, Nin-ezem, saĝ-munus-me. ）
	和（父亲）楠哈尼的房子。阿拉拉分到以上财产。 （ ii 18--20: ù é-Nam-ha-ni. Á-la-la-a, in-ba. ）	吉美辛分到以上财产。 （ Géme-^{d}Sîn-ke$_4$, in-ba. ）

---

[1]　这是阿拉拉前几年用 12 锱银买到的女奴，买奴契约是 *NRVN* 1 no. 215 文，详见 P. Steinkeller, *Sale Documents of the Ur III period*, Stuttgart: Franz Steiner Verlag, 1989, p. 203。

双方宣誓 接受判决	（他们）将不能反悔，他们以【王的名义起誓】。【……】，【阿拉】拉的【证人某某】将起誓（证明上述事实）。 （ iii 24--iv 10: nu-gi₄-gi₄-ne, [mu lugal-bi ì-pàd-dè-e]š, [···]-ra, [Á? -la？]-la, [···]-ga？ , [···]-bi, [···], [···] [x] KUD MA？ , [··· a]n？ -dug₄? , [Á? -la?]-la, [nam-eri]m-bi [i]n-kud-e.)
本案王家 司法官和 日期（舒辛 8年11月）	王家司法官：阿达卡拉。【于尼普尔的 11 月 】，乌尔之王神舒辛为神恩利勒和神宁利勒建造大船之年。 （ iv 11--15: [maš]kim [A]d-da-kal-la. [iti-zíz]-a, m[u ᵈŠu]-ᵈSîn lugal-Urim₅^{ki}-ma-ke₄, má-[g]ur₈-mah, ᵈE[n-líl] ᵈNin-líl-ra mu-dím.)
文件上的 印章	吉美辛是乌尔顿的妻子。（ Géme-ᵈSîn dam-Ur-Dun. ）

　　这一分家诉讼的双方是阿拉拉和乌尔顿的妻子吉美辛。阿拉拉和吉美辛的丈夫乌尔顿同被称为"父亲的继承人们"，他们两人之间可能是兄弟关系。因为乌尔顿在阿拉拉之前去世，他的年纪可能比阿拉拉大，应该是阿拉拉的兄长。在阿拉拉最终分得的财产中，有"楠哈尼的房产"，所以，楠哈尼应该为他们两人的父亲。乌尔顿去世后，可能阿拉拉想侵占或多占其兄乌尔顿从他们父亲楠哈尼的遗产中分得的份额，所以寡妻吉美辛在法庭上对阿拉拉进行起诉，要求追回其亡夫留给她的应得遗产。

　　案件由尼普尔总督达达和王家司法官阿达卡拉共同裁决。法庭判决书重新确定了寡妇和小叔各自继承的遗产份额。在总督和司法官做出裁决后，双方接受裁决并起誓不再进行诉讼。泥板最后有一处破损，可能是记录了有关本案作证的证人们的名字。通过这一尼普尔法庭判决，我们发现尼普尔判决书的格式和大量出土于乌尔第三王朝时期的吉尔苏法律文件的格式略有不同。在吉尔苏出土的判决书（di-til-la）中，每个案件都有 1 名王家司法官。当天的一个或多个案件的裁决一般由 3—4 个法官审定，特殊情况下也和本案一样由总督本人判决案件。但是王家司法官的名字写在头衔 maškim 之前，而此案件中，则是人名在后，头衔在前。

法庭裁决的遗产分割结果是：阿拉拉获得了乌尔顿原来份额中的城外【×】"亩"红土地和白坡地以及城内的生产和生活用具（níg~ gú-na）以及泥板破损处的一小部分动产。除了这些，他还获得了7个男奴和6个女奴，总共13个奴隶，最后还有父亲楠哈尼的房产。寡妇吉美辛获得了阿拉拉原来份额中的9"亩"（9×3600 = 32400平方米 = 3.24公顷）红土地、城外的生产和生活用具、全部城外的门、城外的生产和生活用具和城内的轿子，其中也有一小部分由于泥板残缺，无法确定。和阿拉拉一样，寡妇吉美辛也得到了大量的奴隶：10个男奴和4个女奴，共14个奴隶。根据《汉穆腊比法典》第170条，[1]正妻的长子可以优先选择较好的份额。在尼普尔出土的一些遗产分割契约中，长子优先分得一份额外的财产，然后再和弟弟们平分父亲的家产[2]。因此，我们案件中的弟弟阿拉拉在哥哥乌尔顿去世后，和寡嫂互换了不动产份额，获得了原属于哥哥乌尔顿的质量和数量都略高一些的长子份额田地。由于各自的主人对自己的奴隶比较熟悉和喜爱，因此遗产中奴隶的部分并没有互换。

阿拉拉得到的不动产包括父亲的房宅、原先哥哥乌尔顿份额中的两块农田，他的动产主要是奴隶：13个奴隶（7个男奴和6个女奴）。寡妇吉美辛得到的不动产是原先弟弟阿拉拉份额中的一块田地，动产也主要是奴隶：14个奴隶（10个男奴和4个女奴）。法庭在财产分配上基本上达到平衡、公正。阿拉拉作为男性继承人，占有了较多的土地和父亲的房宅。在拥有奴隶方面，和寡妇吉美辛比较，他获得了较多的女

---

[1] 吴宇虹等：《古代两河流域楔形文字经典举要》，黑龙江人民出版社，2006，第131—132页。

[2] 术语为 šeš-gal-e síb-ta-na šu~ ba-ab-te-gá-àm "大哥收到他的额外份额后"，见 E. C. Stone and D. I. Owen, *"Adoption Texts from Nippur:Transliteration and Translation , Text 1-53"*, in E.C.Stone and D.I.Owen, *Adoption in Old Babylonian Nippur and the Archive of Mannum-mešu-liṣ ṣur*, MC 3, no. 16: 11, pp.51-52. no. 17: 23, Winona Lake, Indiana: Eisenbrauns, 1991。

奴（6 个，吉美辛有 4 个），其中一个女奴隶是他自己在几年前用 12 锴银（约 2 两）购买的（见上页注释）。由于女奴隶可能生产第二代奴隶，她们的价值要比男奴隶高，阿拉拉的女奴比吉美辛多 2 个。

寡妇吉美辛是女性，她获得了 9 "亩"（3.24 公顷）红土地，这是一块面积较大的农田。由于她本人劳作能力有限，可能孩子也还小，所以农田耕种和家居事务等全靠奴隶操作。男奴隶可以进行农田耕种和灌溉，女奴隶可以负责做饭和纺织等家庭劳动。农田耕作需要较多的男奴隶，因而她要了 10 个男奴，比阿拉拉多获得 3 个，并因此少获得 2 个女奴隶。而阿拉拉本人可能也从事农田劳动，所以他分到 7 个男奴。在总数上，阿拉拉分到的奴隶（13 个）比吉美辛（14 个）少 1 个。两人各取所需，和平达成协议。

此篇文献除了表明奴隶在当时的家庭生产劳动中的重要地位和在各类动产中的较高价值外，还凸显出乌尔第三王朝对寡妇这类弱势群体的保护和扶助，证明了《乌尔那穆法典》中所提倡的司法公正的精神在实际中得到了贯彻执行。

二、古巴比伦时期（公元前 2000—前 1550 年）出土于拉尔萨的一件分家契约

到了古巴比伦时期，奴隶们仍然是家庭生产和生活中的主要劳动力。一件拉尔萨王瑞穆辛统治下的分家契约（TLB 1 23，LB 1050，P389481）记录了四个儿子分割他们父亲的遗产所得的各自份额，其中也分为不动产和动产。不动产包括房宅、果园和场院地，动产就是奴隶们[1]。四个儿子的财产分配情况如下。

---

[1]　霍文勇：《古巴比伦时期两河流域地区奴隶买卖文献研究》，博士论文，东北师范大学，2006，第 83 页。

表二：古巴比伦时期拉尔萨王统治下一件分家契约（TLB 1 23，1“亩”= 100“分”）

	老大沙马什马吉尔（^{d}*Šamaš-ma-gir*）的份额	老二阿皮勒辛（*A-pil-^{d}Sîn*）的份额	老三阿皮勒伊里舒（*A-pil-ì-lí-šu*）的份额	老四里皮特伊什塔尔（*Li-pí-it-^{d}Ištar*）的份额
不动产：房宅、果园和场院地	【3½+“分”房宅，邻接卢某某的房子】 （1: [$3^{1}/_{2}$ + sar é-dù-a da é（？）-L]ú-d[x-x-]x-x）	$2\ ^{1}/_{2}$“分”房宅，邻接宁达尔塔亚尔的房子 （14: $2\ ^{1}/_{2}$ sar é-dù-a [da] é-^{d}*Nin-dar-ta-a-a-ar*）	$3^{1}/_{2}$“分”房宅，邻接沙马什马吉尔（老大）的房子 （23: $3\ ^{1}/_{2}$ sar é-dù-a da é-^{d}*Šamaš-[ma-gir]*）	$2\ ^{2}/_{3}$“分”房宅和【x】“分”地基邻接辛阿皮勒舒和南那【某某】的房子 （31--32: $2\ ^{2}/_{3}$(？)sar é-dù-[ax] sar é-ki- [gal$_6$], da é- ^{d}*Sîn-a-pil- š[u] ù ^{d}Nanna-[x-x-x]*）
	穆鲁镇的【36“分”】椰枣园和【10“分”场院地和腊比乌镇的$^{1}/_{2}$亩30“分”椰枣园】 （2--4: [36 sar] ^{giš}kiri$_6$, [10+ sar kankal uru^{ki}（？）] *Mu-l[u- ú*（？）, [$^{1}/_{2}$ iku 30 sar] $^{[giš}$kiri$_6^{]}$ uru^{ki} *R[a-bi (?)]-ú*）	穆鲁镇的36“分”椰枣园和10“分”场院地和腊比乌镇的$^{1}/2$亩30“分”椰枣园 （15--16: 36 sar ^{giš}kiri$_6$ 10（？）sar kankal u[ru^{ki} *Mu-l] u-ú*, $^{1}/2$ iku 30 sar ^{giš}[ki]ri$_6$ uru^{ki} *Ra-bi-ú*）	【穆鲁】镇的36“分”椰枣园和10“分”场院地和腊比乌镇的$^{1}/_{2}$亩30“分”椰枣园 （24--26: 36 sar ^{giš}[kiri$_6$], 10 sar kankal uru^{ki} [*Mu-lu-ú*], $^{1}/_{2}$ iku [30] $^{[}$sar$^{]}$ ^{giš}kiri$_6$ uru^{ki} *Ra!-[bi- ú]*）	穆鲁镇的36“分”椰枣园和10“分”【场院地】和【腊比乌】镇的$^{1}/_{2}$亩30“分”椰枣园 （33--34: 36 sar ^{giš}kiri$_6$ 10 sa[r kankal uru^{ki} *Mu-lu-ú*], $^{1}/_{2}$ iku 30 sar ^{giš}kiri$_6$ uru[^{ki} *Ra-bi-ú*]）
动产：奴隶和房屋补偿银： 老二比老三少了1“分”房宅，补偿白银$^{5}/_{6}$斤（50锱），老四比老三少$^{5}/_{6}$“分”房宅，补偿白银$^{1}/_{2}$斤（30锱）。	4个女奴：那那旮米拉特、阿哈吞、乌某伊什塔尔、库某吞 （5--7: [1 saĝ-gemé ^{d}*Na*]-*na-a-ga- mi-la-a*[*t* mu-n]i, [1 saĝ$^{]}$- gemé $^{[}$*A*$^{]}$-[*ha*(？)]-*tum* mu -ni, [1] saĝ-gemé *Ú-[x]-*^{d}*Ištar* mu-ni, 1 saĝ-gemé *Ku-[x]-tum* mu-ni）	2个女奴：顺曼拉伊什塔尔、比勒珲 （17--18: 1 saĝ-gemé *Šum-ma-an-la-* ^{d}*Ištar* mu-ni, 1 saĝ-gemé *Bi*（？）*-il-hu-um* mu-ni）	2个女奴：萨尔比吞、塔腊亚吞 （27--28: 1 saĝ-gemé *Sà-ar-bi-tum* m[u-ni], 1 saĝ-gemé *Ta-ra-a-tum* m[u-ni]）	1个女奴：伊什塔尔旦喀特 （35: 1 saĝ-gemé ^{d}*Ištar-dam-q[á-at]* mu-ni）

	老大沙马什马吉尔（ᵈŠamaš-ma-gir）的份额	老二阿皮勒辛（A-pil-ᵈSîn）的份额	老三阿皮勒伊里舒（A-pil-i-li-šu）的份额	老四里皮特伊什塔尔（Li-pi-it-ᵈIštar）的份额
动产：奴隶和房屋补偿银：老二比老三少了1"分"房宅，补偿白银⁵/₆斤（50镏），老四比老三少⁵/₆"分"房宅，补偿白银¹/₂斤（30镏）。	4个男奴：伊里文耐尼、伊里穆西孜比、沙马什哈孜尔、伊什库尔希吉勒（9--12: 1 saĝ- arad Ì-li-un-ne-ni mu-ni, 1 saĝ- arad Ì-li-mu-ši-zi-bi mu-ni, 1 saĝ-arad ᵈŠamaš-ha-zi-ir mu-ni, 1 saĝ-arad ᵈIškur-hé-gál mu-ni）	2个男奴：瓦腊德卡卜塔、阿比乌姆基马伊勒（19--20: 1 saĝ-arad Warad-ᵈKab-ta mu-ni, 1 saĝ- arad A-bi-um-ki-ma-il mu-ni）	1个男奴：沙马什图腊姆（29: 1 [saĝ-arad] ᵈŠamaš-tu-ra-am mu-ni）	3个男奴：伊坡库辛、沓卜某某、阿尼达亚（36--38: 1 saĝ-arad Ip-ku-ᵈ[Sîn (?) mu-ni], 1 saĝ-arad Ṭáb-x-[x-x mu-ni], 1 saĝ-arad A-ni-da-a [mu-ni]）
		⁵/₆斤补偿房屋的银子（21: ù ⁵/₆ ma-na kù-babbar ta-ap-pi-la-at bi-tim）		¹/₂斤[补偿房屋]的银子（39: ù ¹/₂ ma-na kù-babbar ta-[ap-pi-la- at bi-tim]）
继承人名字	（以上全部）为沙马什马吉尔的份额。（13: 1 hala-ᵈŠamaš -ma-gir.）	（以上全部）为阿皮勒辛的份额。（22: 1 hala-A-pil-ᵈSîn.）	（以上全部）为阿皮勒伊里舒的份额。（30: [1 hala]- A-pil-i-li-šu.）	（以上全部）为里皮特伊什塔尔的份额。（40: [1 h]ala-Li-pi-it-ᵈIštar.）
分割总结	他们公平地【分完】了他们父亲家中的所有财产：房宅、果园、女奴和男奴。（41-43: é ᵍⁱˢˣkiri₆ saĝ-geme saĝ-arad, [niĝ]-gur₁₁-ga ra é-ad-da-[e-ne] a-na ĝál-àm, [x-x]-x ur-sè-ga-bi [i-ba-e]-ne.）			
各方起誓保证不反悔	一兄弟不能转向另一兄弟（提出新要求）。他们已经以神南那、神沙马什以及瑞穆辛王的名义起了誓。（44--46: [šeš-še]š--ra nu-ub-[ta-ba]l--e. [mu ᵈNan]na ᵈŠamaš [ù Ri-i]m-ᵈSîn lugal, [in]-pà (?) -[dè]--meš.）			
证人和印章	约12个证人的名字（本文省略了），其中包括3个商人。（47--60: 证人名略）【证人们印章】被加盖了。（61: [kišib～ lú-inim-ma-bi-meš i]b-ra.）			

　　约 12 个证人作证并在泥板上盖章。4 个儿子每人分到的不动产份额都是 2—3 "分" 房宅，10 "分" 场院地和两处共 116 "分" 椰枣园。父亲的动产就是奴隶，没有其他物品，共留下 19 个奴隶。由此可见这个家庭拥有的农田和果园是由 10 个男奴和 4 个儿子共同操劳管理的。家中的家务和纺织是由 9 个女奴或女儿们负责。老大分得 8 个奴隶（4 个男奴和 4 个女奴），老二分得 4 个奴隶（2 个男奴和 2 个女奴），老三分得 3 个女奴（1 个男奴和 2 个女奴），老四分得 4 个奴隶（3 个男奴和 1 个女奴），四人分到的奴隶数依次递减。和乌尔第三王朝一样，大儿子作为长子，分到的奴隶最多。这一文件反映了在古巴比伦时期，奴隶仍然是家庭财产的动产中最有价值的部分。除了大儿子多了几个奴隶之外，遗产的份额分配是非常公平的。其中老二和老四的房宅比老三的分别小了 1 "分" 和 $\frac{5}{6}$ "分" 房宅，各自得到白银 $\frac{5}{6}$ 斤（50 锱）和 $\frac{1}{2}$ 斤（30 锱）的补偿。文件中没有提到女性，证明了《汉穆腊比法典》所记载的在两河流域奴隶制社会中，女性（贵族和女祭司除外）是没有继承权的。

三、结语

　　从以上两件分家文书来看，奴隶在两河流域的家庭生产和生活中占有重要的地位，奴隶是家庭财产的主要组成部分之一。在乌尔第三王朝时期，两个分割后的家庭各占有 13 个奴隶（7 个男奴和 6 个女奴）和 14 个奴隶（10 个男奴和 4 个女奴）。在古巴比伦时期分家的 4 个儿子中，他们各自获得了 3—8 个奴隶（共 19 个）。这两件泥板文书是古代两河流域出土的有关奴隶在家庭生产中重要作用的众多文件的代表。由此可见，古代两河流域在生产劳动中经常性地使用奴隶劳动力。因此，可以说古代两河流域文明是建立在奴隶制社会上的农业文明，古代两河流域的社会处于人类社会发展中的第二阶段——奴隶制社会。

古代苏美尔奴隶制社会的婚姻制度 *

——以苏美尔吉尔苏城民法判决文书和同时期及稍后的法典为根据

　　吉尔苏是乌尔第三王朝（公元前2111—前2004）重要的行省之一，其遗址在今天的伊拉克的泰罗（Tello）。从1877年开始，由法国人德萨尔泽克和杜·克罗先后主持对泰罗的考古发掘，断断续续到1909年[1]。在这里出土了数万块苏美尔语楔形文献泥板和大量苏美尔人创造的艺术品，将已经消失的苏美尔人的生活画面重新展现在人们面前。目前已经有24436块吉尔苏出土的楔形文献泥板的拉丁化被发表在BDTNS网站上[2]，这其中有216块楔形文献是吉尔苏城的法律判决文书（di til-la），德国学者Falkenstein曾对这些法律判决文书做了初步的整理分析[3]。在这些法律判决文书中，有23块是关于吉尔苏的婚姻判决案例，也是本文所研究的问题的原始材料。

　　乌尔第三王朝首王乌尔那穆（公元前2111—前2094）颁布的《乌尔那穆法典》[4]对乌尔第三王朝社会包括婚姻生活在内许多方面都做了

---

*　　陈艳丽、吴宇虹：《古代苏美尔奴隶制社会的婚姻制度—以苏美尔苏城民法判决文书和同时期及稍后的法典为根据》，《西南大学学报（社会科学版）》2013年第3期。

[1]　拱玉书：《西亚考古史》，文物出版社，2002，第92页。

[2]　Database of Neo-Sumerian Texts [DB]，网址：http://bdtns.filol.csic.es.

[3]　Falkenstein, A. *Die neusumerische Gerichtsurkunden* [M]. München,1956（I-II），1957（III）.

[4]　Martha T. Roth. *Law Collections from Mesopotamia and Asia Minor* , Georgia: Scholars Press Atlanta, 1997, pp. 13-22.

法律规范。吉尔苏出土的法律判决文书中的每个案例基本上都是符合这一法典的法律精神的实践。在乌尔第三王朝灭亡以后，取代它的是塞姆人的伊辛王朝（公元前 2020—前 1794 年），伊辛王朝第五位王李皮特伊什塔尔（公元前 1934—前 1924 年）在位时颁布了一部苏美尔语法典，我们称之为《李皮特伊什塔尔法典》[1]。几乎和伊辛王朝同时期的埃什嫩那王朝（公元前 2025—前 1758 年）颁布了最早的阿卡德语的《埃什嫩那法典》[2]。从这两部法典的内容上来看，它们是对《乌尔那穆法典》的法律精神的继承和发展。这三部法典关于婚姻生活方面法律精神的一致性是对吉尔苏法律文书判案精神的有力的补充，因而也是本文研究苏美尔奴隶制社会婚姻制度的重要依据。

目前，许多亚述学者都对这几部法典进行了文本整理和研究，但都是针对整个法典的内容进行综述，尚没有人将这几部法典的有关婚姻部分的条文与吉尔苏的法律实践相结合来阐述苏美尔奴隶制社会的婚姻。本文试图通过列举吉尔苏判决文书和与其相对应的法典条文，来综合研究苏美尔的婚姻生活。

一、苏美尔奴隶社会婚姻关系建立的门户观念和相关法律程序

苏美尔奴隶社会同中国古代奴隶社会一样，两个家庭之间建立婚姻关系要考虑双方的经济能力和社会地位是否匹配，也就是人们常说的门第观念。苏美尔社会婚姻关系建立的法律程序涉及两方面的内容，首先是两种订立婚约的形式和婚姻关系发生纠纷时法庭的审理程序，

---

[1]　Martha T. Roth. *Law Collections from Mesopotamia and Asia Minor*, pp. 23-35.

[2]　Martha T. Roth. *Law Collections from Mesopotamia and Asia Minor*, pp. 57-70.

法典尤其强调了婚约在婚姻关系建立过程中的重要性。其次是当婚姻关系由于当事人悔婚或是当事人死亡而失效时，法律对于结婚彩礼和嫁妆归属问题的规定。

1. 苏美尔婚姻遵守门第观念

中国古代社会的婚姻讲究的是"门当户对"的观念，即在同一阶层的家族中进行联姻，对其他阶级有明显的排外色彩。根据吉尔苏的法律文书，早在四千年前的古代两河流域，门第观念就已经是决定婚姻关系能否建立的主要条件。在吉尔苏的法律文书中，我们发现了 4 个苏美尔社会中相同行业间的人们相互通婚的案例。另外，还有 1 个案例是不同行业但相同社会阶级的人们之间相互通婚。吉尔苏案例 4 中的歌手和涂油祭司这两种职业都是王室服务人员，他们属于相同的社会阶级。这 5 个吉尔苏的关于婚姻的法律文书充分证明了两河流域的婚姻生活遵守门第观念。

　　（1）吉尔苏案例 12：涂油祭司埃拉之女拉拉古拉是寡妇，她被涂油祭司卢旮勒伊吉胡什之子乌尔伊格阿林娶了。

　　（2）吉尔苏案例 13：职业为驯鸟人的埃拉拉之子卢巴巴离弃了牧羊人卢旮勒提达之女宁穆奴斯孜。

　　（3）吉尔苏案例 14：洗染工乌尔巴巴之子卢宁舒布尔娶了洗染工卢那之女宁希里苏德。

　　（4）吉尔苏案例 15：涂油祭司那迪之子乌尔兰马离弃了涂油祭司卢尼那之女宁苔朱。

　　（5）吉尔苏案例 4：歌手卡萨萨之子卢巴拉萨旮娶了涂油祭司阿阿筛之女宁希里阿那。

2. 婚约订立的两种形式

根据对 9 个吉尔苏婚姻关系建立的泥板文书（其中共计 11 个案例）的整理分析，可以将苏美尔婚姻关系的建立划分为两种形式:（1）娶妻男子本人向女方父母提婚并订立婚约;（2）男方家长和女方家长订立婚约。

第一种订立婚约的形式是由娶妻男子本人向想娶的女方的父母请求婚约。男子在得到自己父母亲的同意后，带着见证人来到女方父亲的家，以国王的名义起誓，表达自己想娶对方女儿的诚挚意愿。如果女方父亲表示同意的话，由见证人起誓证明双方婚约确定。

> 吉尔苏案例 1.【最后的裁决】:【大园丁】阿【那那】之子筛什卡勒拉下定决心并说:"以国王名义，让我娶乌尔玛尔之女宁阿卜巴那。"马旮、宁埃伊朱、乌尔宁阿朱和卢旮吞杜格起誓证明以上事实。在他父亲阿那那的同意之下，筛什卡勒拉娶了宁阿卜巴那。【某某为】王家执法官[1]。
>
> 吉尔苏案例 2. 最后的裁决: 筛什卡拉之子杜旮尼孜下定决心说:"以国王的名义，让我娶卡阿之女宁杜卜萨尔作为妻子!"宁楠哈尼（和）乌尔兰马起誓证明以上事实。杜旮尼孜娶了宁杜卜萨尔。因为（另一求婚者）哈拉巴巴之父尼格巴巴在杜旮尼孜（第一求婚者）、他的父亲和他的母亲不知道的情况下，以国王的名义起誓，哈拉巴巴必须放弃了（他的要求）。乌尔基古拉是王家执法官，卢沙腊、卢伊卜旮勒、卢丁吉尔腊（和）【乌尔】伊什塔

---

[1]　Genouillac, H. *Textes de l'Époque d'Ur, inventaire des Tablettes de Tello conservées au Musée Impérial Ottoman 3,* Paris, 1912, no 6432.

蓝是（案件的）法官们。【某某】之年^[1]。

在吉尔苏案例 2 里，筛什卡拉之子杜吞尼孜向宁杜卜萨尔（女子）的父亲请求了婚约，并且在证人的见证下与宁杜卜萨尔订立了婚约。但是有另外一个欲娶亲的男方家在杜吞尼孜方不知情的情况下又向女方家提出婚姻要求，并且得到了女方家的同意。因为杜吞尼孜与宁杜卜萨尔订婚有证人起誓证明，两人有合法婚约，所以第二个求婚者和一女许两家的女方父母只能放弃无效婚约。这体现了证人作证在法庭审理婚姻纠纷过程中的重要性。下面案例 3 里的两个案子就是两起由证人来起誓证明婚姻关系存在的案例。

　　吉尔苏案例 3. 案件裁决:（案件三）"巴巴坎是宁吉什【孜达尼尔吞勒】之妻"。卢伊南那之子尼穆奴斯起誓证明上述事实。埃古德之子卢南筛是王家执法官。（案件四）"达达阿吞娶了卢吞勒乌尔腊尼之女【萨】格吞"。乌尔杜穆孜之子【某某】拉、【某某】和【某某】【起誓证明（上述事实）】。【某某是王家执法官。】乌尔兰马是总督。美名月，舒勒吉王毁灭【席】穆润之年（舒勒吉 25 年）^[2]。

证人们起誓做了证明之后，法官们将对婚姻纠纷做出裁决。吉尔苏案例 4、案例 5 和案例 6 就表示了这一法律程序。下面这三个案例可能是男子要弃悔婚约，另娶他人。岳父和证人在法庭起誓证明婚约的存在。这三个法庭判决案件里，除了法官之外还有站在现场的 mar-za 陪审员。

---

[1]　Genouillac, H. *Textes de l'Époque d' Ur, inventaire des Tablettes de Tello conservées au Musée Impérial Ottoman 3*, no 6444.

[2]　Falkenstein, A. *Die neusumerische Gerichtsurkunden*, no 200.

吉尔苏案例 4. 案件裁决：歌手卡萨萨之子卢巴拉萨旮娶了涂油祭司阿阿筛之女宁希里阿那，他以国王的名义向他（岳父）起誓（订婚）。马安苏姆之子乌尔兰马 、阿腊达之妻【某某】马和宁希里阿那之父阿阿筛【起誓证明上述事实】。【某某】是王家执法官 。舒伊里、乌尔伊什塔蓝、卢宁吉尔苏和【卢】丁吉尔腊是法官们。卢伊吉马筛之子乌尔南筛和法官乌尔萨旮之子乌尔巴巴是站在现场的 mar-za（陪审员）人们。神王舒辛毁灭扎巴沙利国之年（舒辛 7 年）[1]。

吉尔苏案例 5. 案件裁决：母牛牧阿巴之子乌尔埃宁努娶了乌尔筛伊拉之女吉美南筛，他以国王的名义（向岳父）起了誓（订婚）。苧牟之子乌尔伊什塔蓝是王家执法官，舒伊里和乌尔伊什塔蓝是法官们，牲畜官员【卢】杜旮之子卡【某】、【某】基之子卢【沙】乌沙和【埃旮莱】席之子【某某】是站在现场的 mar-za（陪审员）人们。乌尔王神舒辛为恩里勒和宁里勒建造了巨船之年（舒辛 8 年）[2]。

吉尔苏案例 6. 案件裁定：巴西沙腊吉之子乌尔南塞娶了母牛牧乌塞希根之女沙舒尼艮。（并且）他在法官面前以国王的名义起誓（订婚）。卢穆之子乌尔伊格阿林是王家执法官。卢沙拉、乌尔伊什塔蓝和卢丁吉尔腊是案件的法官们。【乌尔】王神舒辛为神恩利勒和神宁利勒建造丰碑之【年】（舒辛 6 年）[3]。

第二种订立婚约的形式是由男方的家长起誓向女方的家长请求婚

---

[1]　Genouillac, H. *Textes de l'Époque d'Agadé et de l'Époque d'Ur, Inventaire des Tablettes de Tello conservées au Musée Impérial Ottoman 2*, Paris, 1910. no 3523.

[2]　Genouillac, H. *Textes de l'Époque d'Ur, inventaire des Tablettes de Tello conservées au Musée Impérial Ottoman 3*, no 5263.

[3]　Falkenstein, A. *Die neusumerische Gerichtsurkunden*, no 1.

约，女方家长起誓回应，双方订立婚约。

在吉尔苏案例 7 中，名为乌尔巴巴的男子先娶了名为派什图尔图尔的女子，但是他的父亲楠马赫又为他与巴巴伊卜古拉的女儿宁库格朱订了亲。最后，乌尔巴巴按照父亲的意愿娶了宁库格朱，自然也就抛弃了派什图尔图尔。这体现了在奴隶社会里父亲作为家长的地位和权威，也体现了女子在婚姻里的被选择和从属地位。

> 吉尔苏案例 7. 案件裁决：乌尔巴巴娶了派什图尔图尔。楠马赫（父亲）第二次下定决心说："以国王的名义，【让】我的儿子乌尔巴巴【娶】巴巴伊卜古拉之女宁库格朱！"【约 5 行破损】库格咅尼和卢伽尔埃金起誓证明上述事实。乌尔巴巴娶了【库格朱】为妻。【王家执法官和年名破损】[1]。

在吉尔苏案例 8 中，一个名为宁马尔基卡的母亲一手包办了自己儿子和女儿的婚姻，她首先将自己的女儿嫁给了古扎尼的儿子，然后又要求对方父母把女儿嫁给自己的儿子席帕基尼。案件的起因可能是对方的儿子娶了她的女儿之后，她似乎又不愿意让自己的儿子娶对方的女儿了。于是对方家长提起诉讼，由于有证人证明宁马尔基卡和对方订立了婚约，所以她的儿子必须要娶对方的女儿。

> 吉尔苏案例 8. 案件裁决：筛什筛什之女宁马尔基卡（女方的母亲），下定决心并说："以国王的名义，让古扎尼之子卢迪弥尔腊娶我女儿，旦古拉！"乌尔兰马之子阿腊德和卢南那之子乌尔美斯起誓证明上述事实。卢迪弥尔腊娶了旦古拉。宁马尔基卡（亲

---

[1] Genouillac, H. *Textes de l'Époque d'Ur, inventaire des Tablettes de Tello conservées au Musée Impérial Ottoman 3*, no 6610.

家母），第二次下定决心并说："以国王名义，让我的儿子席帕基尼娶古扎之女宁库格朱！"由于宁马尔基卡起誓所说为实，牧羊人席帕基尼娶了宁库格朱。提埃马赫塔是王家执法官。卢沙腊和乌尔伊什塔蓝是它的法官们。席马农城被毁之次年（舒辛 4 年）[1]。

在吉尔苏案例 9 中，一个名字为卢提拉马的父亲生前为女儿马安吉与筛什卡拉之子丁吉尔牟订立了婚约。可能父亲去世后，哥哥伊恁萨格萨格想包办妹妹马安吉的婚姻。但是由于伊恁萨格萨格无权改变父亲生前已订立的婚约，所以他不得不放弃了安排妹妹马安吉的婚姻的权利。这个案例充分反映了古代两河流域女子在家庭里的从属地位，在家从父或从兄，出嫁以后从夫，夫死从子。

　　吉尔苏案例 9. 案件裁决："筛什卡拉之子丁吉尔牟娶了卢提拉之女马安吉，卢提拉马之子伊尼姆萨格萨格放弃（对女子）权利。（原意为'扯平布料'）马安吉得到加盖印章的文件。"筛什卡拉之妻达沓（婆婆）起誓证明上述事实。卢沓勒杜尔乌瑞之子阿图是王家执法官。阿马尔辛为王之年（阿马尔辛 1 年）[2]。

从以上 9 个吉尔苏法律判决文书中我们可以发现婚约在法庭裁决婚姻纠纷过程中的重要性，它是婚姻关系建立与解除的一个法律依据。另外，婚约也是对于女子的人妻身份的一个法律认同，只有婚约才可以保证女子在婚姻生活中的合法地位和权利。对于婚约的重要性，各法典也做了具体的规定，法典条文如下：

---

[1]　Falkenstein, A.. *Die neusumerische Gerichtsurkunden*, no 14.

[2]　Genouillac, H. *Textes de l'Époque d'Agadé et de l'Époque d'Ur, Inventaire des Tablettes de Tello conservées au Musée Impérial Ottoman 2*, no 3516.

《乌尔那穆法典》第 10 和第 11 条："如果某人想要离弃一个（离过婚或丧偶）寡妇，他应该将半斤银钱称出（作为离婚费）。如果在这个寡妇没有婚约泥板的情况下，他与之发生了关系（直译：躺在她大腿上），他可以不称给（她）银钱（作为离弃费）。"

《埃什嫩那法典》第 27 条："如果一个人未有询问她的父母而娶了一个人之女，而且没有为她父母订立啤酒（婚宴）和婚约（没给彩礼），即使她（如）在他的家居住了一年，她也不是（他的）妻子。"

我们从两种婚姻关系建立的方式中可以看出，娶妻男子、娶妻男子的家长和女方家长都是婚姻关系建立的直接参与者，而要嫁做人妇的女子对于自己的婚姻却没有任何的发言权。这表明苏美尔的女子在婚姻关系建立的过程中处于被动选择的地位，她只能服从父母对她的婚姻的选择和安排。

3. 法典对失效婚姻的结婚彩礼和嫁妆归属的规定

（1）失效婚姻的结婚彩礼的归属。

吉尔苏的法律文书没有提到男方家要向女方家赠送结婚彩礼这一程序，法庭在裁决婚姻纠纷时也没有涉及婚约失效时双方彩礼和嫁妆的归属问题。但是同时期及以后的法典里有对结婚彩礼的相关规定，主要是针对失效婚姻的结婚彩礼的归属做出规定。根据对各法典条文的分析，主要有两种情况可以导致已经订立了婚约的婚姻失效：第一种情况是已收到了男方家送来的结婚彩礼的女方家长悔婚将女儿另嫁他人；第二种情况是订立了婚约的男女双方中的某一方在婚前死亡。

第一种情况：当岳父已经接受男方送来的结婚彩礼却又悔婚将女儿另嫁他人时，法典对结婚彩礼归属的规定如下：

《乌尔那穆法典》第 15 条："如果一个女婿已经【进入了他】岳父的家，但是后来，【他】岳父【将其妻又许配给他的朋】友，他（岳父）应该加倍称还他（原女婿）【送来】的彩礼。"

《李皮特伊什塔尔法典》第 29 条："如果一个女婿进入了他岳父的家庭，并且给了（直译：'做了'）结婚聘礼，但是，后来（因朋友诋毁）他们将他从（家）中赶出并把他的（未婚）妻给予了他的朋友，他们应该把他带来的聘礼加倍偿还，他的那个朋友将不能娶该（未婚）妻。"

《埃什嫩那法典》第 27 条："如果一个人向他的岳父家请求（他的新娘），但是他的岳父从他那谋得钱财（后），他却把其女给予（另一人），这个女儿的父亲应该退回给（未婚夫）二倍他所得的彩礼。"

这三个法典的相关条文都表明，在一般情况下，如果一个男子想娶一个女子，他必须要送给女方家长一份结婚彩礼。关于结婚彩礼的具体数额在四个法典里都没有提到，这表明结婚彩礼的数量可能是不确定的。不同阶层的人可根据自己家产的不同情况给予女方家长不同数量的结婚彩礼。如果女方父亲已经接受了男方送来的结婚彩礼却又悔婚将女儿另嫁他人，根据法律规定，岳父要将男方送来的结婚彩礼加倍返回。《乌尔那穆法典》和《埃什嫩那法典》的法典条文没有提到女方父亲悔婚的具体原因，《李皮特伊什塔尔法典》则提到女方家长悔婚的原因是求婚男子的朋友诋毁了他，因而女方的父亲悔了婚。但该法典条文明确规定诋毁朋友的第三者不允许娶他朋友要娶的女子。这三部法典对于已收结婚彩礼的女方家长弃悔婚约惩罚的规定是一致的，都要求女方父亲加倍偿还已收到的结婚彩礼，这反映了两河流域法律精神的继承性和进步性。

第二种情况：订立了婚约的男女双方中的某一方在婚前死亡从而导

致婚姻关系无法成立时。法典对这种情况下结婚彩礼的归属规定如下：

> 《埃什嫩那法典》第 17 条、第 18 条："一个人之子将彩礼带到
> 他岳父的家中，如果双方之一走向命运的终点，他（岳父）该把
> 银子还归它的主人。""如果他娶了她，并且她进入了他的家，但
> 是娶妻者或新娘走向命运的终点，他（岳父）不用退还他（丈夫）
> 带来的全部彩礼，他（丈夫）可拿走他多交的彩礼。"

从法典条文可以看出，在结婚前如果男女双方有一个去世而导致
婚约失效时，岳父要将女婿送来的结婚彩礼返回给男方家。但如果求
婚男子和女子已经成亲并且共同生活了，婚后不久夫妻双方中的一个
去世了因而导致婚姻关系解除，男方家不可以取回送给女方家的结婚
彩礼，但是可以取回送给女方家的除了商定的结婚彩礼以外的财物。

（2）妻子嫁妆的归属。

在古代苏美尔，男方向女方家长送完结婚彩礼和签订婚约之后，
女子就可以从她的父亲家前往夫家生活。为了提升女儿在夫家的经济
地位和满足女儿个人生活的经济需求，女方的家长往往要送给女儿一
些带到夫家的嫁妆。在吉尔苏的法律判决文书中，提到这方面的文献
只有案例 16，名为卡牟的男子离弃了妻子巴巴伊朱，不仅要付给她一
斤银子的离婚费，而且要归还巴巴伊朱父亲的 9 $\frac{31}{36}$ 锱银子的"小礼物"
（niĝ-tur-tur）。这里，父亲送给女儿结婚的"小礼物"就应该是嫁妆。
美国宾夕法尼亚大学图书馆馆藏了一件巴比伦时期的结婚礼单[1]，这件
礼单详细罗列了父亲为出嫁的女儿准备的陪嫁物品：耳饰、脖饰、耳环、
戒指；衣袍、头巾、gu-za 衣服、束腰外衣；织布机架、梭子、羊毛；公牛、

---

[1]　王颖杰：《古巴比伦城马尔杜克女祭司的婚姻和财产》，《东北师大学报（哲学社
　　会科学版）》2006 年第 6 期。

母牛、公羊、母羊；水壶、磨石、篓、油坛、小汤勺、容器底架；床、各种桌子、椅子、梳子、篮子、皮箱；奴隶。从这件嫁妆清单中我们可以看出，该父亲为女儿准备的嫁妆包括了日常生活所需物品的各个方面，从而保证他的女儿在夫家可以过着安逸的生活。当然，根据所处的社会阶级和家境的不同，父亲为女儿准备的嫁妆也不尽相同。这件嫁妆清单的最后明确记载该妇女的儿子们将是她的这些嫁妆的继承人。这与法典对于妻子的嫁妆归属的规定是一致的。

> 《李皮特伊什塔尔法典》的第21条："【如果】【一个人】娶了一个妻，（她死后），她父亲家赠给她的嫁妆应该被她的男继承人拿走。如果一个父亲把女儿给了一个丈夫，（在她死后），她父亲家赠给她的嫁妆不应该由她的兄弟们分得，而【归其子】。"

从嫁妆清单的记载和法典的规定可以看出，在古代两河流域，妻子从父亲家所带来的嫁妆应该是属于妻子的个人财产，妻子对这些嫁妆拥有所有权。

二、苏美尔男子解除婚姻关系的权利

根据对吉尔苏的泥板文书中12个离婚案例和法典中离婚条文的分析可以看出，在苏美尔奴隶社会中，男子拥有解除婚姻关系的绝对权利，在绝大多数情况下都是男子休妻。男子解除婚姻关系分为两种情况：男子离弃有过错的妻子和男子离弃无过错的妻子。如果男子将没有过错的妻子离弃，要给予她一定的金钱赔偿，离婚费的金额通常是1斤银子。

1. 男子离弃有过错的妻子

"七出"是古代中国男子休妻的主要依据，七出的内容包括无子、淫逸、不事舅姑、口舌、盗窃、妒忌和恶疾，并且以法律条文的形式规定在《唐律》中。吉尔苏的解除婚姻关系的法律判决文书和各法典中也有类似于"七出"的男子休妻的案例和规定，包括无子、淫逸、恶疾和妻子所犯的其他一些导致被丈夫离弃的过错行为。

（1）丈夫离弃不能生育的妻子。

在任何制度的社会里，家庭都是社会的基本单位。而家庭作为社会的基本单位的首要职能就是通过生育子嗣来使人类社会不断地繁衍生存下去。所以在古代奴隶社会，一个已婚女子如果不能生子，通常会被夫家所不容而最终被离弃。在吉尔苏案例 10 中，有证人证明妻子吉美舒勒犯了不尊重丈夫的过错，但她在法庭否认了自己的这一过失。但是又有人证明吉美舒勒没有给夫家生育子嗣，因此她被丈夫合法地离弃了。同时因为她是过错方，所以她无法得到离婚的金钱赔偿。

> 吉尔苏案例 10. 案件裁决：吉美【舒勒】是驴牧【某】尼尔腊阿图【之女】，【吉美舒勒】曾下定决心对【乌尔兰马】说道："以国王的名义，愿你不要说话，愿你不要把我的头巾放到你的头上！"（要求离婚）。乌尔阿拉、卢海旮勒、尼格巴巴和宁库旮尼是此事的证人们。吉美舒勒否认证人（之词）。在吉美舒勒嫁给了乌尔兰马之后，她没有生子，乌尔兰马之子【某某】起誓证明上述事实。因此吉美【舒勒放弃了要求（离婚的金钱赔偿）。某某是王家执法官。某年】[1]。

---

[1]　Genouillac, H. *Textes de l'Époque d'Agadé et de l'Époque d'Ur, Inventaire des Tablettes de Tello conservées au Musée Impérial Ottoman 2*, no 93111.

《李皮特伊什塔尔法典》规定，如果正妻不能生子，丈夫可以娶一个轻浮女子（为妾）为他生儿子。但是该正妻的地位是受到法律保护的：无子的正妻的地位要高于生子的妾，只要正妻仍活着，该妾是不能与正妻一同住进家中的。从法典条文我们可以看出，法典认为不能生子的妇女并不是有意犯错的，所以她们受到的待遇比主观上犯过失的妻子要好很多。法典条文如下：

> 《李皮特伊什塔尔法典》第 27 条："如果一个人，他的妻子没能为他生孩子，但是，街上的一个轻浮女子（kar-kid）为他生了一个儿子，他应该把大麦口粮、食用份油供给和羊毛衣料供给给予那个轻浮女子，轻浮女子为他生的孩子可以作为他的继承人；但是，只要他的妻子在他面前生活那个轻浮女子就不能和正妻一起住在家中。"

（2）丈夫离弃犯了淫逸之罪的妻子。

相较于无子的过失，女子如果犯了淫逸之罪，惩罚是很严重的。在吉尔苏案例 11 中，一个尚未进入夫家的女子卡塔和外人发生了关系，因此丈夫离弃了她。因为她的不贞的过失，丈夫不需要付给她任何离婚赔偿。

> 吉尔苏案例 11. 最后的裁决……（案件二）卢巴巴之子乌尔兰马娶了园丁卢旮勒伊基胡斯之女卡塔。因为乌尔兰马没有了解（与睡觉）他的妻子，她与外人发生了关系，并且她拒绝起誓（否定此事）。因为卡塔承认了他（其夫）的话，卡塔被离弃了。城市长老古地亚是王家执法官（舒辛 4 年）[1]。

---

[1] Genouillac, H. *Textes de l'Époque d'Ur, inventaire des Tablettes de Tello conservées au Musée Impérial Ottoman 3*, no 5286.

法典对于犯了淫乱之罪的妻子的处罚一般是死刑。《乌尔那穆法典》和《埃什嫩那法典》都给了丈夫处死与外人发生关系的妻子的权利，但《埃什嫩那法典》的规定更严酷，特别强调与外人发生关系被抓住的妻子只能被处死，不可能被免除惩罚。从法典处罚淫乱的妻子原则来看，案例 11 中的女子卡塔和她的丈夫乌尔兰马应该只是订婚而没有结婚，所以卡塔只是受到被丈夫离弃的轻罚。各法典条文如下：

《乌尔那穆法典》第 7 条：“如果一个壮丁的妻子自己主动地去追求一个人，并与他发生了关系（直译‘躺在他的大腿上’），他人（丈夫）可以处死该女人，但他应该释放那个（被引诱的）男子。”

《埃什嫩那法典》第 28 条：“如果他（丈夫）为她父母订立了婚约和婚宴，且娶了她，这是一个（人的）妻子；当她在另一个人的怀抱中被抓住时，她应该（被处）死，她不可活。”

（3）丈夫离弃患恶疾的妻子。

在吉尔苏的案例 12 中，名字为拉拉古拉的寡妇再婚后被病魔（á-sàg）击中。因此她主动要求丈夫娶另一个女子为妻，并愿意接受丈夫提供的大麦和羊毛份额的供养，在法官们面前她没有反悔。而她的丈夫也起誓表示，只要前妻活着就为她提供衣食必需品。

吉尔苏案例 12. 案件裁决：涂油祭司埃拉之女拉拉古拉是寡妇，她被涂油祭司卢旮勒伊吉胡什之子乌尔伊格阿林娶了。拉拉古拉被病魔（á-sàg）击中了，因此，她下定决心对乌尔伊格阿林说：“娶涂油祭司卢吉瑞扎勒之女吉美巴巴吧！我愿意接受大麦和羊毛份额！”在【法官们】面前，她没有反悔。【乌尔伊格】阿林以【国王的名字起誓】，【1+ 钟大麦】和【1+】斤羊毛，在她（拉

拉古拉）活着时乌尔伊格阿林将给她。拉拉古拉将从【乌尔】伊
格阿林的【家中】获得它们。卡勒拉之子乌尔兰马是王家执法官。
卢沙腊、乌尔伊什塔蓝和卢丁吉尔腊是法官们。乌尔王神舒辛建
了名为穆瑞可提德怃的阿摩利城墙之年之次年（舒辛 5 年）[1]。

法典和吉尔苏法律文书对待生病的人妻的法律精神是一致的，即
丈夫可以离弃患病的妻子再娶，但是妻子可以选择继续住在前任丈夫
后组建的家里，由丈夫的后妻照顾。法典条文如下：

《李皮特伊什塔尔法典》的第 28 条："如果一个男人，他的正
妻改变了她的容貌（麻风），或者她得了瘫痪病（直译'下垂她的
手'），他不能从家中驱逐她，但是，他可以娶第二个妻子（F/J: 可
以另娶一个能干的妻子）作为他的妻子，这个后妻应该承担照顾
正妻（的责任）。"

（4）妻子所犯的导致被丈夫离弃的其他过错。

在下面三个吉尔苏解除婚姻关系的案例中，第一个案例中的妻子
一直拒绝与丈夫同房，第二个案例中的妻子一直住在父亲家而不入夫
家门，第三个案例是丈夫控诉妻子不守妇道。这三个案例中的妻子都
破坏了丈夫的权利因而都被离弃了，而且因为自己的过错没有获得离
婚费的赔偿。

吉尔苏案例 13. 案件裁决：驯鸟人埃拉拉之子卢巴巴离弃了牧
羊人卢旮勒提达之女宁穆奴斯孜。埃拉拉曾对卢旮勒提达（女方

---

[1] Genouillac, H. *Textes de l'Époque d'Ur, inventaire des Tablettes de Tello conservées au Musée Impérial Ottoman 3*, no 6550.

父）说："让我的儿子娶【你的】女儿。"【宁穆奴斯孜】一直没有以妻子身份【与卢】巴巴睡觉，卢巴巴（丈夫）起誓证明上述事实。乌尔巴巴是王家代表。乌尔兰马（是）公侯。基马什被毁灭之次年（舒勒吉 47 年）[1]。

　　吉尔苏案例 14.（案件二）洗染工乌尔巴巴之子卢宁舒布尔娶了洗染工卢那之女宁希里苏德，因为宁希里苏德一直住在她父亲的家，导致卢宁舒布尔的夫权被破坏，宁希里苏德放弃了（"扯平布"）她的妻子身份。卢古地亚是王家执法官（舒辛 5 年）[2]。

　　吉尔苏案例 15.案件裁决：涂油祭司那迪之子乌尔兰马离弃了涂油祭司卢尼那之女宁苧朱。她没有遵守妻子的责任。……【卢伊卜沓勒】、卢【丁吉尔腊】和乌尔【伊斯塔蓝】是法官们。阿坡朱的野山羊船被密封之年（舒辛 2 年）[3]。

2. 丈夫离弃无过错的妻子及离婚赔偿

在古代苏美尔奴隶社会中，即使妻子没有任何过错，丈夫也可以将她离弃。但是丈夫要给予无故被他离弃的妻子一定的金钱赔偿，关于赔偿的金额，《乌尔那穆法典》根据丈夫离弃妻子的不同情况做出了明确的规定，法典条文如下：

　　第 9 条："如果一个人想要离弃他的原配的妻子，他应该称出 1 斤白银（作为离婚费）。"

[1]　Genouillac, H. *Textes de l'Époque d'Agadé et de l'Époque d'Ur, Inventaire des Tablettes de Tello conservées au Musée Impérial Ottoman 2*, no 1948.

[2]　Genouillac, H. *Textes de l'Époque d'Ur, inventaire des Tablettes de Tello conservées au Musée Impérial Ottoman 3*, no 5276+6570.

[3]　Genouillac, H. *Textes de l'Époque d'Agadé et de l'Époque d'Ur, Inventaire des Tablettes de Tello conservées au Musée Impérial Ottoman 5* [M]. Paris, 1921, no 6832.

第 10 条："如果某人想要离弃一个（离过婚或丧偶）寡妇，他应该称出半斤银钱（作为离婚费）。"

第 11 条："如果在这个寡妇没有婚约泥板的情况下，他与之发生了关系（直译：躺在她大腿上），他可以不称给（她）银钱（做离弃费）。"

吉尔苏法律判决文书中的案例里，丈夫离弃无过错的妻子的赔偿金额与法典的规定是一致的。在下面的吉尔苏案例 16、17、18 和 19 中，丈夫都付给了被离弃的妻子标准金额的 1 斤银子的离婚费。但是吉尔苏法庭在关于婚姻纠纷裁决的案件中，也会有特殊的案例。如案例 20：妻子主动提出自愿接受 10（$\frac{1}{6}$ 斤）锱银子为离婚费然后离开丈夫的家。这可能是妻子与父亲所给她选择的丈夫没有感情，急于离开丈夫的控制，因而自愿接受较少的 10 锱银子的离婚赔偿。案例如下：

吉尔苏案例 16. 最后的裁决：乌尔比筛之子卡穆以国王的名义起誓，乌尔美斯之女巴巴伊朱作为（他的）妻子。后来，因为他离弃了巴巴伊朱，他应该将 1 斤银为巴巴伊朱称出。卡穆被要求还给乌尔美斯 9 $\frac{31}{36}$ 锱的"小礼物"。提埃马赫塔是王家代表。国务卿兼总督阿腊德南那的最后裁决，乌尔伊什塔蓝、卢舍勒巴腊埃之子卢丁吉尔腊、达达之子乌尔侬和档案管理员那尼是站在现场的 4 个 mar-za 人（陪审员）。席马农被毁年之次年（舒辛 4 年）[1]。

吉尔苏案例 17. 案件裁决：乌尔努穆什达之子尼格乌润曾下定决心说："以国王的名义，让我的长子乌尔伊格阿林娶卢舍勒基舍勒拉之女吉美伊格阿林！"军尉乌尔巴巴之子卢舍勒伊吉胡什和

---

[1]　Genouillae, H. *Textes de l'Époque d'Ur, inventaire des Tablettes de Tello conservées au Musée Impérial Ottoman* 3, no 5286.

歌手尼格乌润之子卢沙腊是（此事）证人们，并且尼格乌润承认上述话，因为乌尔伊格阿林【离弃了】【他的妻子】和儿子，因此尼格乌润将称出1斤银子给予吉美伊格阿林（儿媳做赔偿）。尼格穆之子乌尔伊什塔蓝是王家执法官，卢沙腊、卢伊卜叴勒、卢丁弥尔腊和乌尔伊什塔蓝是（指案件）法官们。阿卜朱池的野山羊船被密封之年[1]。（舒辛2年）

　　吉尔苏案例18.案件裁决：乌尔舒勒帕埃之子乌尔伊格阿林离弃了乌尔美什之女阿沙格，他要称出1斤银（作为离婚费）。……。乌【尔兰马总督】。乌尔之王和四方之王神舒勒吉建立普兹瑞什达干司的官府之年（舒勒吉39年）[2]。

　　吉尔苏案例19.案件裁决:【几年前，巴亚之子阿卡拉】离弃了阿巴迪弥尔之女【伊】姆提旦。【阿卡拉之妻伊姆提旦以国王的名义起誓】，他给了我【1斤银子的离婚费】。……。【某某】是王家执法官，【卢】沙腊和【卢迪弥尔】腊是【（案件的）法官们】（年名破损）[3]。

　　吉尔苏案例20.案件裁决：苛巴巴之子卢乌图离弃了（其妻）吉美恩里拉。吉美恩里拉下定决心说:"以国王名义，给我10锚银，于是我不会提起诉讼！"然后，以10锚银（赔偿），她离开了（他家）。农夫乌叴起誓证明上述事实。乌尔尼叴尔是王家执法官。乌尔兰马是总督。哈尔西和胡尔提被毁之年（舒勒吉48年）[4]。

在吉尔苏案例17里，丈夫离弃妻子的同时也离弃了他的儿子，他

---

［1］ Falkenstein A. *Die neusumerische Gerichtsurkunden*, no 17.

［2］ *Textes de l'Époque d'Ur, inventaire des Tablettes de Tello conservées au Musée Impérial Ottoman 3*, no 6579.

［3］ *Textes de l'Époque d'Ur, inventaire des Tablettes de Tello conservées au Musée Impérial Ottoman 3*, no 6603.

［4］ Thureau-Dangin, F. *Recueil de tablettes chaldéennes*. Paris 1903, no 289.

给妻子的离婚费仍然是 1 斤银子，没有提到儿子的抚养问题。对此问题，《埃什嫩那法典》做出了更加有利于孩子母亲的规定，如果男子抛弃为他生了儿子们的妻子，自己会被净身出户。法典条文如下：

> 《埃什嫩那法典》第 59 条："如果某人育有孩子们但抛弃了其妻子，而娶了另一女子，他应被驱逐出他的家，并放弃一切。"

三、妻子的私有财产问题

根据对法律文书和法典的分析，吉尔苏妻子的私有财产可以有几处来源：一是上文提到过的妻子从父亲家带来的嫁妆，属于妻子的私有财产，妻子对她的嫁妆有所有权；二是在婚姻生活期间丈夫赠与妻子的财产，如吉尔苏案例 21 和 22 中丈夫赠与妻子的家畜、奴隶和房产；三是在婚后妻子用自己的钱置的产，如吉尔苏案例 23 中伊那萨旮用自己的银钱购买的房产。

我们在上文已论述过，妻子对她的嫁妆拥有所有权，用于保证她在夫家地位和生活。礼品单和法典分别记录和规定了妻子死后嫁妆的归属问题：归属于她的儿子们。

在吉尔苏案例 21 里，丈夫将不确定数量的牛和男女奴隶赠送给了妻子，并且有证人证明这一事实。这表明丈夫在订立赠与妻子财产的契约时，需要有证人在场证明，契约才能合法有效，妻子才能合法拥有这些财产。在吉尔苏案例 22 里，妻子将丈夫赠与她的房产和地产在法官们面前转赠他人。这表明在吉尔苏，对于丈夫赠给妻子的这部分财产，妻子不仅有所有权，还有处置权，可以根据自己的意愿转赠他人。

吉尔苏案例 21. 最后裁决：某某之子某某将【他的 1+ 头牛和

男女奴隶】赠送给他的妻子吉美宁吉什孜达，马安孙、筛什卡拉和阿尔西阿赫起誓证明上述事实。牛和男女奴隶合法属于吉美宁吉什孜达。某某是王家执法官（年名破损）[1]。

吉尔苏案例 22. 案件裁决：涂油祭祀哈拉尼尼之子卢巴巴尔在他 20 岁时将 1 ⅚ 分房地产赠给妻子旮旮阿（作为）礼物。在法官们面前，卢巴巴之妻旮旮阿（将房产）【转赠给某某之女】吉美【某某。某某是王家执法官】。舒【伊里】、卢【沙腊、乌尔伊什塔蓝和卢丁吉尔腊是法官们。某某【之年】（年名破损）[2][5] 6533 号文献。

吉尔苏案例 23 涉及了妻子自己置产的归属和丈夫赠与妻子的财产的归属两个方面的问题。案件里，妻子伊那萨旮在和丈夫杜杜一起生活期间，用自己的银钱购买了一处房宅，并刻写了泥板契约。同时，丈夫杜杜还将一个名为宁阿那的奴隶赠送给了妻子伊那萨旮。但是，在杜杜去世以后，他的继承人们对房子和奴隶都提出了要求。由于有证人证明伊那萨旮用自己的银子购买了房宅，因此房宅是她的私人财产，她对房子拥有所有权。同时，在丈夫赠与妻子奴隶时也有证人在场见证，所以法庭将房子和奴隶都裁决给了伊那萨旮，杜杜的继承人们放弃了要求。另外，伊那萨旮在法官们的面前，为她的奴隶宁阿那的三个女儿建立了人身自由。这再一次证明了吉尔苏的妻子有权利处置丈夫赠与她们的财产。

吉尔苏案例 23. 最后的裁决："2 ⅚ 分'埃古穆杜尔'房，由提

---

[1]　*Textes de l'Époque d'Ur, inventaire des Tablettes de Tello conservées au Musée Impérial Ottoman 3*, no 6557.

[2]　*Textes de l'Époque d'Ur, inventaire des Tablettes de Tello conservées au Musée Impérial Ottoman 3*, no 6533.

提之子杜杜之妻伊那萨旮用她手里零碎的银钱购买了。(在)她和杜杜一起生活(时),杜杜之子乌尔埃尼奴测量了这个房子。因为伊那萨旮购买了它,他(儿子)把买房子的契约泥板在伊那萨旮的地方刻写了。(因此)是用她手里(自己)的钱买了这房子。她没从杜杜的财产中称出(银钱)。"以上是伊那萨旮发誓说的话。杜杜把银匠尼扎之子宁阿那向其妻伊那萨旮赠送了。在杜杜(死)后,经由公侯的国务卿阿腊德南那之手(诉讼)。杜杜的继承人们提出反悔。但是,"杜杜把这个奴隶赠给了伊那萨旮"。在法官们面前宁舒布尔神主持之子乌尔古拉、轿夫楠马赫吉孜和阿卢卢以证人的身份出(庭)。于是,杜杜的继承人们承认证人们的话是真实的。因为继承人们承认此事真实,证人们没有发誓。因此,尼扎之子宁阿那和"埃古穆杜腊"房被给予了杜杜之妻伊那萨旮。吉美提腊什、马吉那和萨格巴巴图库作为尼扎之子宁阿那的女儿们被杜杜之妻伊那萨旮在法官们的面前建立了自由。于是,杜杜的继承人们将不能改变他们母亲的决定。以王名起誓。乌尔奴穆孜之子乌尔巴比是王家代表。卢沙腊、卢丁吉尔腊和乌尔伊什塔蓝是它(案件)的法官们。席马农城被毁灭之年之次年(舒辛4年)[1]。

四、结语

　　通过对整理出的 23 块吉尔苏法律判决文书的分析和与各法典中有关婚姻部分的条文相参照,我们初步建立了乌尔第三王朝时期婚姻关

---

[1]　*Textes de l'Époque d'Ur, inventaire des Tablettes de Tello conservées au Musée Impérial Ottoman 3*, no 5279.

系方面的一些法律原则和理念。

苏美尔奴隶社会的婚姻遵守门当户对的门第观念，法律文书中的案例清楚表明了这一点。苏美尔人婚姻关系的建立也遵循父母之命的原则，由订立婚约的两种形式可以看出。无论是求婚男子自己还是他的父母和女方家长订立婚约，都要有证人在场，婚约才合法有效。婚约在吉尔苏的婚姻关系中是非常重要的，它是婚姻关系成立的法律依据，也是对女子人妻身份的法律认同。当婚姻关系发生纠纷时，法庭需根据证人的证词和婚约做出裁决。在选择婚姻时，男子还是拥有一定自主权的，因为他可以在父母的允许下，自己向想娶的女方家长提婚。但是，女子则没有任何的发言权，婚姻大事完全听凭父母安排决定。父母接受男方送来的结婚彩礼后，像贩卖商品一样将女儿嫁给一个她可能不喜欢甚至不知道的男子。

苏美尔奴隶社会婚姻关系的解除也有一定的法律程序，但是丈夫完全掌握了解除婚姻关系的主动权。无论妻子是否犯有过错，丈夫都可以休妻。如果妻子无子、不守妇道、患了恶疾或有其他的过失，丈夫就可以直接将妻子离弃而不用做出金钱上的赔偿。如果妻子没有犯任何过失，丈夫仍然可以将妻子离弃，只要付给妻子1斤（60锱）银子的离婚费，就可以得到法律的批准。而《乌尔那穆法典》的第24条规定一个女奴的身价是10锱银子，可见吉尔苏的女子在社会中的地位只是比女奴略好。值得强调的是，在古代苏美尔社会里，丈夫对患了恶疾的妻子有一定道义上的责任，要供给她们一定的生活必需品。而且法典对于给夫家生育了子嗣却无故被离弃的妻子给予了保护。

吉尔苏的妻子可以拥有部分自己的私有财产，父亲给她的嫁妆、丈夫赠与她的财产，还有她用自己的钱财置的产都是她的私有财产，她对这些财产拥有所有权和支配权。关于嫁妆，妻子在生前可以随意支配来满足自己生活的需要，但是死后则要归属于她的男性继承人，即她的儿子们。关于丈夫赠与她的财产，妻子可以任意处置，例如将房产转赠他人或是建立奴隶的自由。

　　通过分析 23 件吉尔苏城的法律判决文书和相关的法典条文，我们初步确立了古代两河流域苏美尔奴隶社会婚姻关系建立和解除的法律程序，以及与婚姻有关的问题所遵循的一些原则，这有助于我们更好地理解苏美尔奴隶制社会生活中女子在家庭生活中所处的半奴隶式的从属地位，她们在家庭生活中的特定角色是父亲的女儿和丈夫的妻子，而不能成为独立的个体。

古代两河流域苏美尔人的地下世界观[*]

苏美尔人是两河流域的外来民族，他们在公元前 3500 年左右创造了两河流域的城邦文明，在乌尔第三王朝时期（公元前 2111—前 2004 年）创建了庞大的帝国。在苏美尔人的文化中，有许多关于死亡和地下世界的文学作品流传下来，这些作品清晰地反映了苏美尔人对于死亡的认识和对人死后所生活的地下世界的想象。苏美尔人对于死亡的认识是很清晰的，他们认为人是必然要死亡的。在以乌鲁克城邦（Urug^{ki}）的英雄国王吉勒旮美什（Gilgameš）为主角的神话史诗《吉勒旮美什之死》中有这样的描述："吉勒旮美什倒在死亡的床上再也不能站起来"（第 13 行）[1]，"哦！吉勒旮美什，神恩里勒，巨大的山峰，众神之父，他使你的王权永恒，但是，却没有永恒的生命"（第 12—14 行）[2]。但对于苏美尔人来说，死亡并不是生命的终结。随着人在世间的最后一口呼吸，人的灵魂（gidim）离开身体，下到地下世界，生命就从一个二元体转化为一个一元体，从一种存在的形式转化为另一种。

---

* 　陈艳丽、吴宇虹：《古代两河流域苏美尔人的地下世界观》，《史学月刊》2015 年第 8 期。

[1] 《吉勒旮美什之死》(*The death of Gilgameš*)，拉丁化原文见"牛津大学苏美尔文学作品电子文本库（The Electronic Text Corpus of Sumerian Literature，网址：http://etcsl.orinst.ox.ac.uk）"，1.8.1.3，尼普尔版本 I，片段 A。以下将该数据库简称为 ETCSL。

[2] 《吉勒旮美什之死》，ETCSL 1.8.1.3，尼普尔版本 I，片段 E。

所有死去人的灵魂在地下世界里聚集，作为生命延续的存在形式，并且以他们活在人世的亲属所提供的食物和水维持生活。所以，苏美尔人非常注重对祖先的祭祀活动。

在与地下世界有关的苏美尔文学作品中，"地下世界"一词最常用的苏美尔语术语是"kur"，该词的基本意思有"山，地下世界，外国，陌生的国度"[1]。苏美尔人对地下世界的想象有两个互为矛盾的观点，一种观点认为地下世界与现实世界大为不同，是一个黑暗、贫瘠而荒凉的地方，人的灵魂像羽毛一样飘浮在那里；而另一种观点认为地下世界是一个平行于现实世界的地方，人的灵魂在地下世界的生活与他们生前在现实世界中的生活是相同的。

一、苏美尔人近似唯物主义的地下世界观：黑暗、荒凉、虚无的地下世界

在阿卡德语版描述金星女神伊南那（^{d}Inanna）下地府的神话《伊南那下地府》[2]中，对地下世界的称呼采用了苏美尔语拼写"kur~ nu-gi$_4$-a"，意为"无回之国"，并将其描述为一个不见光明、有去无回的地方，"她注视着冥王涅旮勒的住地，有其入而无其出的地方，有其去而无其回的道路，进入者不见光明之地（第5—7行）"。这部作品反复将

---

[1]　其他还使用过的术语有：uru-gal，意为"大的地方"，可能构成了地府冥王涅旮勒神（^{d}Ne-er-gal）的名字；ki-gal，意为"大的地方"，可能构成了地府冥后埃瑞什基旮勒（^{d}Ereš-ki-gal）的名字；arali，一个地理区域的名字，乌鲁克城和巴德提比腊之间的平原。关于这几个术语的使用和讨论见：迪那·卡兹：《苏美尔文学作品对地下世界的想象》（Dina Katz, *The image of the Netherworld in the Sumerian Sources*），贝塞斯达：马里兰大学出版社2003年版，第243—244页。

[2]　R. 伯格：《巴比伦和亚述学教科书》（Rykle. Borger, *Babylonische-Assyrische Lesestücke*），罗马：公教真理学会出版社2006年版，第95—104页。该书的泥板抄本来自尼尼微和阿舒尔。

地下世界称为"无回之国"表明人死后下到地下世界是不能复活的。在这种地下世界里，人的灵魂不仅生活在黑暗之中，而且没有生命力，"人们不见光明，居住在黑暗之中；他们像鸟一样穿着羽衣，泥土积满在门扇和门闩（第9—11行）"。人们在这里没有生前的食物和饮品，只能吃黄泥、饮浑水，即使地府里的诸神也是如此，"在那里，各种土壤是人们的充饥物，他们的主食是黄泥（第8行）"，"我（伊南那）本人要和地府众神一起饮用（地）水。我将食用黄泥而不是各种面馕，我将饮用浑水而不是各种啤酒（第32—33行）"。

在神话《神宁弥什孜达下地府的旅程》[1]中，对地府总的生活状况的描述如下："地府的河流没有水流动，从中不能饮水；地府的田地不生产谷物，没有面粉可以吃；地府的绵羊不产羊毛，不能编织衣物（第29—31行）。"在这部作品中，地府是一处没水喝、没食物吃、没衣物穿的地方。在另一神话《吉勒呰美什、恩基杜和地下世界》[2]中，当恩基杜要下地府为吉勒呰美什取回他的玩具时，吉勒呰美什对他说，"我的朋友，如果你要下地府，让我给你建议，你要遵循我的指示！让我对你讲，你一定要听我的话：你不要穿你干净的衣服！他们（地府里的灵魂们）会立即认出你是外来者；你不要用碗里的油涂自己的身体！他们会因为你的气味包围你；你不要在地府投掷你的矛！那些被矛击倒的灵魂会包围你；你手里不要持一根柳木棍！那些灵魂会觉得被你羞辱；你脚上不要穿鞋！在地府不要大声说话！不要亲吻你亲爱的妻子！当你和她生气时，你不能打她！不要亲吻你亲爱的儿子！当你和他生气时，你不能打他！否则，你引起的抗议将把你留在地府（第184—198行）"。由此可见，地府里的灵魂穿着褴褛、赤脚，不能洗澡涂油，没

---

[1]《神宁弥什孜达下地府的旅程》(*Niĝišzida's journey to the nether world*)，拉丁化原文见 ETCSL1.7.3。

[2]《吉勒呰美什、恩基杜和地下世界》(*Gilgameš, Enkidu and the nether world*)，拉丁化原文见 ETCSL 1.8.1.4，版本 A，泥板文书出自尼普尔、乌尔。

有人间喜怒哀乐的情感。

关于地府里灵魂的形象，从地府出来的恩基杜的灵魂[1]对吉勒旮美什描述说，"如果我告诉你地府中的法则（áĝ-ĝá），你会坐下哭泣，我也会坐下哭泣。这个你曾经喜欢触摸的【我的身体】，【...】，它像一件长满虱子的破衣服；它像一条藏污纳垢的阴沟（第247—253行）"[2]。可见地府里的灵魂的肉体是腐烂肮脏的形象。《吉勒旮美什之死》描绘了人刚到达地府中的忐忑不安的行为，"他（吉勒旮美什）不能站立，不能坐下，他为此恸哭；他不能吃，不能喝，他为此恸哭；很快（冥后的使者）楠塔尔把门关起来，他不能出来；像一条【离开水的？】鱼，像一只落入陷阱里的瞪羚（第15—19行）"[3]。

关于乌尔第三王朝首位国王乌尔那穆（Ur-Nammu）的神话史诗《乌尔那穆之死》[4]也将地下世界描述为荒凉之地。乌尔那穆在青壮年时期死于对外征服战争的战场上，他在士兵们的哀悼中前往地下世界，"通往地府（kur）的路是空荡无物的。战车和国王一起被掩埋了，道路消失了，他（乌尔那穆）不能前进了（第73—74行）"。然后，乌尔那穆到达了地府，他向地府的七个看门人奉献了礼物。乌尔那穆知道"地府的食物是苦的，地府的水是咸的（第83行）"，所以他向地府诸神献上了牛羊，实际上这些牛羊应该是乌尔那穆的葬礼祭品。

这几部文学作品中描绘的地府情景是一致的，黑暗、荒凉、虚无；

---

[1] 恩基杜被地府的恶魔们抓住了，所以他只能待在地府。吉勒旮美什去请求古老的智慧神和水神恩齐（ᵈEnki）搭救恩基杜，恩齐命令太阳神乌图在地府开一个洞，让恩基杜出来。所以恩基杜的灵魂才得以暂时离开地府。在他把取回的玩具交给他的主人，并向他汇报了地府里的生活之后，他最终还是回到地府了。

[2] 《吉勒旮美什、恩基杜和地下世界》（*Gilgameš, Enkidu and the netherworld*），ETCSL 1.8.1.4，版本 A。

[3] 《吉勒旮美什之死》（*The death of Gilgameš*），拉丁化原文见 ETCSL 1.8.1.3，尼普尔版本 I，片段 A。

[4] 《乌尔那穆之死》（*The death of Ur-Namma*），拉丁化原文见 ETCSL 2.4.1.1，乌尔版本。

河流无水，田不产粮，羊不长毛，毫无生机；地府里的灵魂像羽毛一样虚无，无衣、无食、无感情，是一种腐烂的尸身的形象。这种地下世界观反映出苏美尔人的一种近似唯物主义的死亡观，他们承认人必然死亡，而且认为人死是不能复生的。从天上的神，到地上世界的国王，死后的命运与普通人是一样的，归于尘土，与黄泥浑水为伴。

二、苏美尔人唯心主义的地下世界观：平行于现实世界的另一世界

在神话史诗《吉勒旮美什、恩基杜和地下世界》[1]中，吉勒旮美什向暂时从地府出来的恩基杜的灵魂询问了地府中的生活，恩基杜向他的主人描述了一个与现实世界相近似的地方。根据人们生前在现实世界中生活的方式和态度，他们死后的灵魂在地府里有着不同的生活遭遇并承受他们生前种种行为的后果。根据不同人的灵魂在地府的生活状况，我们可以判断出这个人生前所处的社会等级。这部作品特别强调公民养育后代的责任，同时指出后代对祖先的祭祀对祖先灵魂在地府中生活的重要影响。

首先，作品形象地描述了有子祭祀、多子祭祀和无子祭祀的灵魂在地府中的不同待遇，从而鼓励在世的人们努力工作并生养更多的后代。下面是吉勒旮美什和恩基杜关于生前有不同数量儿子的人和因各

---

[1]《吉勒旮美什、恩基杜和地下世界》，拉丁化原文见 ETCSL 1.8.1.4。本文采用了三个版本：版本 A（泥板出土于尼普尔、乌尔和其他地方）；乌尔版本 I（*UET* 6 58）；乌尔版本 III（*UET* 6 60）。英文译本见：本杰明·R. 弗斯特《吉勒旮美什史诗》（Benjamin R. Foster, *The Epic of Gilgameš*），纽约：诺顿出版公司 2001 年版，第 129—143 页。

种原因而没有继承人的人在地府中生活状况的问答对话[1]：

（版本 A）第 254—255 行：

吉勒旮美什："你看见有一个儿子的人了吗？"

恩基杜："我看见了他。"

吉勒旮美什："他过得怎么样？"

恩基杜："他因为被钉进他房墙上的木桩（上的卖房契约）而痛苦地哭泣。"[2]

第 256—257 行：有两个儿子的人："他坐在两面砖搭建的残垣上吃面饼。"

第 258—259 行：有三个儿子的人："他从一个驮驴鞍钩着的皮革水袋中喝水。"

第 260—261 行：有四个儿子的人："他的心高兴得像一个套用驷驴（驾车出行）的人。"

第 262—263 行：有五个儿子的人："他像一个不知疲倦的好书吏，他直接走进宫殿。"

第 264—265 行：有六个儿子的人："他的心高兴得像一个犁田的农夫。"

第 266—267 行：有七个儿子的人："他坐在王座上，和一些较次要的神在听法律诉讼。"

第 268—269 行：宫廷太监："他像一根磨秃了的 alala 棍杖，靠在一个议事的角落里。"

---

[1]《吉勒旮美什、恩基杜和地下世界》，版本 A，第 254—277 行。两人对话采用问答的方式，从第 256 行开始本文省略了吉勒旮美什的问题："你看见有……个儿子的人了吗？"和恩基杜的回答"我看见了他"。

[2] 在古代两河流域，人们将卖房的泥板或泥骨契约钉进所卖房的墙上，表示这一房屋已出售。有一个儿子的人在为被钉进他房墙上的木桩而痛苦地哭泣，因为他的房子已经被卖掉而不属于他了。

第 270—271 行：没有生育的妇女："她像一个被丢弃的破陶罐，没有男人喜欢她。"

第 272—273 行：从来没有脱下妻子衣服的年轻男人："他在不停地因编绳而哭泣（说）'我要编完绳子啊'。"

第 274—275 行：从来没有脱下丈夫衣服的年轻女子："她在不停地因编织芦苇制品而哭泣（说）'我要编完芦苇制品啊'。"

第 276—277 行：没有继承人的人："他吃着像窑烧砖那样硬的面包。"

　　这一段内容讨论了人的灵魂在地府中生活的差别。生前只养了一个儿子的灵魂在地府中没有安身之处，为生活贫困而哭泣。养两个儿子的灵魂住在有两面院墙的简陋住处并有面饼可食用。养三个儿子的灵魂除了面饼之外可以饮用子孙奠祭时供应的清甜的水。养四个儿子的灵魂出行有四驴驾驶的车。养五个儿子的灵魂成为地府的中级书吏。养六个儿子的灵魂享受地主级别的生活。养七个儿子的灵魂在地府成为裁决诉讼案件的高级官吏。与养育有儿子的人相比，生前没有子嗣的灵魂则过着悲惨痛苦的生活。宫廷太监蜷缩在服务房间的角落里，不能生育的妇女被人抛弃，无人喜欢。年轻男女因感情不和而不养育子嗣要在地府做苦工。有子祭祀、多子祭祀和无子祭祀的灵魂在地府中的生活境遇表明苏美尔人在现实生活中非常注重子孙繁衍和生命的传承。

　　在描述了有或无继承人的灵魂在地府的生活状况之后，恩基杜又向吉勒旮美什描述了一些意外死亡的人、品行有亏的人和早夭或是盛年死亡的王室贵族的灵魂在地府的生活[1]：

---

[1] 本段引文中关于被狮子吞食、在战斗中倒下、行船落水的人和死于人生青壮年时期的人原文引用的是《吉勒旮美什、恩基杜和地下世界》的版本 A；从屋顶跌落的人开始原文引用的是《吉勒旮美什、恩基杜和地下世界》的乌尔版本 I（=*UET* 6 58）的第 1—21 行。

（版本 A）第 287 行 A ～ B：被狮子吞食的人，他痛苦地哀嚎："啊！我的手！我的脚！"

第 290—291 行：在战斗中倒下的人，他的父母不能得到他的头颅，他的妻子在哭泣。

第 294—297 行：（行船时）被船桅杆打落水中的人，（他说）："现在，愿我的母亲叫人游水过来拽开船板，于是，他像捏碎面包一样将（压在我身上的）船梁毁坏打断。"

第 300—301 行：（这些为国家）死于【人生青壮年时期】的人，他躺在诸神的床上。

（乌尔版本 I）第 1—2 行：

吉勒旮美什："你看见从屋顶跌落的人了吗？"

恩基杜："我看见了他。"（＝版本 A 287 C-D）

吉勒旮美什："他过得怎么样？"

恩基杜："他粉碎的骨头不能接合。"

第 3—4 行：被暴风雨神淹死（或雷电击中）的人，他像被牛虻叮咬的公牛一样抽搐。

第 5—7 行：麻风病人，他的食物（与正常人）是分开的，他的水是分开的，他吃能抓住的草，饮用能得到的水，他住在隔离的城区[1]。

第 8—9 行：不敬父母的人，他永不停歇地大声哭叫："我的身体啊！我的四肢啊！"

第 10—11 行：诅咒父母的人，他的继承人逃跑了，他的灵魂四处游荡。

第 12—13 行：【直呼】他的神的名字的人，他的灵魂【...】。

---

[1] 版本 A 中的麻风病人在地府中的遭遇与这一版本不同。"麻风病人，他像被牛虻叮咬的公牛一样颤抖。"（版本 A：第 288—289 行）

第 14—15 行：没有人奉献葬礼祭品的灵魂，他吃收集来的别人碗中的残余物和被扔到街上的面包渣（＝版本 A 292-293）。

第 16—17 行：不知道自己名字的、我（吉勒旮美什）的生下来已死的婴儿（小王子），他们和金桌、银桌上的蜂蜜和黄油玩耍（＝版本 A 298-299）。

第 18—19 行：放火的人，他的烟升向天空，他的灵魂无法存在（＝版本 A 302-303）。

第 20—21 行：欺骗神、发假誓的人，在地府顶端的祭祀地（ki-a-naĝ~ saĝ~ kur-ra），他【被人打】。

这一段对话中描述的人群可以分为三组。第一组是意外死亡的人，共五类：被狮子吞食的人、在战斗中倒下的人、被桅杆撞落水中的人、从屋顶跌落的人和被暴风雨神击中的人。本文猜测这五组意外死亡的人为相应职业的从业人员，如牧人、士兵、船员或水手、建筑工人和修渠的水利工人。他们的灵魂在地府中痛苦地重复其死亡时的情景，告诫活着的从业人员要认真对待自己的工作。第二组是生前品行有亏的人，共七类：麻风病人、不敬父母之人、诅咒父母之人、直呼神的名字之人、没有人奉献葬礼祭品之人、放火之人和欺骗神、发假誓言之人。这一组七类人所遭受的惩罚和死后在地府的生活暗示了一种因果报应的宗教思想，教谕人们生前要敬父母，敬神明，和谐社会集体。第三组人只有两类。第一类中死后灵魂躺在地府诸神的床上的人可能是死于人生壮年时期的王室贵族们，如乌鲁克城的英雄国王吉勒旮美什、乌尔王朝的首王乌尔那穆[1]和基什王朝的埃塔那王等，他们在地府都享受了神级的待遇。第二类是尚未取名字就夭折的吉勒旮美什的

---

[1] "忠诚的牧羊人乌尔那穆的命运如何？神宁顺之子乌尔那穆，在他人生的青壮年时期被带到了地府那个恐怖的地方。"《乌尔那穆之死》，第 61—63 行。

孩子们，即乌鲁克王室早夭的小王子们，由于他们身份高贵，所以死后灵魂在地府也可以过着舒适安逸的生活。这一现象也反映出在古代两河流域可能存在着一种圣婴崇拜的宗教思想。

在描述了以上这些特殊死亡的人群在地府的生活状况之后，恩基杜又向吉勒咎美什介绍了吉尔苏人、阿卡德人、阿摩利人和乌鲁克人在地府的生活状况 [1]。因为吉勒咎美什死亡时两河流域并没有苏美尔人和阿卡德人的明显区分，所以这一内容反映出这一版本的作者是用古巴比伦时期两河流域的民族情况去想象地府中各民族的生活场景的。

第 22—24 行："你看到那些从事引水灌溉的吉尔苏公民的父亲和母亲了吗？""他们每一个人（吉尔苏人的祖先）面前都有一千个阿摩利公民，他的灵魂不能击退他们，他不能抵抗他们。这些阿摩利人在他前面占据了地下世界顶端的祭祀地。"

第 25—26 行："你看见苏美尔人和阿卡德人了吗？""他们正在饮用杀戮之水和浑浊之水。"

第 27—28 行："我（吉勒咎美什）的父亲和母亲生活的如何？""他们两个人（同苏美尔人和阿卡德人的祖先一样）正在饮用杀戮之水和浑浊之水。"

地府中吉尔苏公民的父母代表了苏美尔人光荣的祖先。两河流域历史发展到古巴比伦时期（公元前 2003—前 1595 年），苏美尔人被新迁入两河流域的阿摩利人所取代，逐渐地从两河流域的历史舞台上消失了。苏美尔人的乌尔第三王朝被阿摩利人的伊辛、拉尔萨王朝取代。同样，在地府中，苏美尔人的祖先也无法与人数众多的阿摩利人祖先

---

[1]《吉勒咎美什、恩基杜和地下世界》，乌尔版本 I，第 22—28 行。

抗争。在社会历史现实中，苏美尔人亡于伊朗高原上的埃兰人，阿卡德人亡于来自东北山区野蛮的库提人。因此，苏美尔人和阿卡德人在地府中只能饮用杀戮之水和浑浊之水。苏美尔人的英雄国王吉勒旮美什的父母也没能逃脱苏美尔人的普遍命运。

苏美尔人的这种以生的视角去想象死后生活的地府观念是一种唯心主义的来世观。他们承认人必然死亡，却又从宗教的角度去想象并相信在地府中有一种来世生活。在他们想象中的这种平行于现实世界的地下世界中，不同的人和阶级仍过着如同生前一样的生活，这是对人必须面对死亡、却又不愿正视死亡的一种精神安慰。这种思想的合理内核是人类的代代相承，繁衍不息。只有人世上的人丁兴旺、生活富足，地府中的祖先才能生活得安逸、富足。反之，如果人世上的人命途多舛，地府中祖先的灵魂也会受到牵连。

三、统治地下世界的诸神

无论是黑暗、荒凉又虚无的地下世界，还是近似于现实生活的地下世界，都是由地府诸神进行统治的。统治地府的神明们都有各自的头衔和职责，他们形成了一个完善的地下世界行政管理阶层。在《乌尔那穆之死》《吉勒旮美什之死》和古巴比伦时期的文学抄本《南那亚的悼歌》中都记录了统治地府的神明们。

在《乌尔那穆之死》中，乌尔那穆下到地府后除了为七位地府看门人奉献礼物外，还依次向涅旮勒（ᵈNergal）、吉勒旮美什（ᵈGilgameš）、埃瑞什基旮勒（ᵈEriškigal）、杜穆孜（ᵈDumuzi）、楠塔尔（ᵈNamtar）、胡什比沙格（ᵈHušbišag）、宁弥什孜达（ᵈNinĝišzida）、邓皮库格（ᵈDimpi？ kug）和宁阿孜穆亚（ᵈNin-azimua）等十位地府神的宫殿奉献了符合他们各自身份的礼物[1]。乌尔那穆的奉献顺序可能反映了乌尔第三王朝时期地府诸神的排位和职能。

神涅苷勒在这一作品中的头衔是"地下世界的恩里勒（ᵈEnlil~ kur-ra）"，恩里勒是众神之王，是两河流域的最高神，涅苷勒被称为"地下世界的恩里勒"表明他地下世界众神之首的地位。冥后埃瑞什基苷勒在此作品中的头衔是"神宁阿朱的母亲（ama~ᵈNin-a-zu）"，在本文引用的其他作品中，女神埃瑞什基苷勒的头衔是"地下世界的女主人（nin~ kur-ra）"。传统上认为埃瑞什基苷勒是冥王涅苷勒的配偶。乌鲁克的英雄国王吉勒苷美什排在冥王涅苷勒之后的特殊安排，表明乌尔第三王朝对这一传奇的、半人半神的英雄国王的崇拜。另一方面是因为乌尔第三王朝起源于乌鲁克第五王朝，因此吉勒苷美什也是乌尔王朝的祖先。排在第四位的牧人神杜穆孜在地府的头衔是"神伊南那喜爱的丈夫（dam~ki-áĝ ᵈInanna）"，因为伊南那女神与冥后埃瑞什基苷勒是姐妹，所以杜穆孜在地府中是与冥王和冥后同一辈分的地府神。

地府使者楠塔尔在这一作品中的头衔是"决定命运之人（lú~nam-tar-tar-ra）"，他是冥后埃瑞什基苷勒和神恩里勒的儿子。在阿卡德语版的《伊南那下地府》中，楠塔尔的头衔是冥后埃瑞什基苷勒的"使者（sukkal）"，他负责向下地府的伊南那女神传达和执行冥后的各项决定。女神胡什比沙格是楠塔尔的妻子（dam~ᵈNamtar）。宁弥什孜达的头衔是"年轻的勇士（šul-ur-sag）"，他是神宁阿朱和女神宁吉瑞达的儿子，所以他是第三代的地府神明。宁弥什孜达的妻子宁阿孜穆亚在地府的头衔是"地府的大书吏（dub-sar-mah~arali）"。在两河流域的神话体系中，牧人神杜穆孜的姐姐弥什廷安那（ᵈĜeštin-an-na）女神也享有"地

---

[1] 《乌尔那穆之死》，尼普尔版本，第88—128行。将这一作品定期为乌尔第三王朝时期是因为作品中描述了乌尔那穆的死亡和葬礼仪式。

府的大书吏"的头衔[1]。在一部文学作品中有这样的描述："没有地下世界的大书吏弥什廷安那，人不能进入通往地下世界的道路，人不能通过去往地下世界的路。"[2]由此可见，地府书吏的职责是登记将进入地下世界的死者的名单，并且授予死者进入地下世界的许可。宁弥什孜达的另一位妻子邓皮库格是一个属性尚不明确的女神。

在《吉勒杏美什之死》中提到的六位主要地府神明依次是：埃瑞什基咖勒、楠塔尔、邓皮库格、奈提（^{d}Neti）、宁弥什孜达和杜穆孜[3]。冥王涅咖勒和女神宁阿孜穆亚在该作品中被省略了，因而冥后埃瑞什基咖勒成了地府中的最高统治者。与《乌尔那穆之死》相比，这一作品中省略了六位主要地府神的头衔，而且吉勒杏美什献给各神的礼物也没有具体的描述，只是用"见面礼（igi-du$_8$-bi）""问候礼（kadra-bi）""惊喜（u$_6$-di）"和"普通礼物（níĝ-ba-bi）"这样一般性的词汇概括了。这一作品中出现了地府主要看门人奈提（Neti）的名字。因为苏美尔音节"Ne-ti"也可以拼写为"Pe$_5$-ti"，所以该词可能来源于阿卡德语动词"petû"，意为"打开"。这一职位表明地下世界是一个有城墙、有紧闭大门的区域。而看门人名字的阿卡德语来源表明这一时期的地府看门人可能是一个塞姆人，也反映了塞姆人文化对苏美尔人神学思想的影响。

《南那亚的悼歌》[4]是一个名为卢迪弥尔腊的人为他的父亲书吏南那亚在地府的生活进行祈祷的祈祷文，这一作品也提到了主要的地府

[1] 宁阿孜穆亚女神和弥什廷安那女神都享有"地府大书吏"的头衔，所以二者之间应该有一定的关系。关于这两个女神之间关系的讨论见：迪那·卡兹：《苏美尔文学作品对地下世界的想象》，第397—401页。

[2] 威利斯 B.E.A：《大英博物馆巴比伦出土泥板文书楔形文献集 16—17 卷》（Willis, B.E.A, *Cuneiform Texts From Babylonian Tablets In The British Museum, Part XVI-XVII*），伦敦：大英博物馆 1903 年版，第 284—286 页。

[3] 《吉勒杏美什之死》，尼普尔版本 II，第 8—28 行。

[4] 《南那亚的悼歌》（*An elegy on the death of Nannaya*），拉丁化原文见 ETCSL 5.5.2。

神明和他们的职能。与前两部作品相比，《南那亚的悼歌》中省略了传统的地府神楠塔尔、杜穆孜和邓皮库格。但是，它首先提到的是非地府神的太阳神乌图（^{d}Utu）和月神南那（^{d}Nanna），这可能与太阳和月亮朝夕落入地府的运动有关。根据作品中的描述，乌图和南那也是审判灵魂的法官，他们在光明和黑暗的日子里交替对死者进行来世审判。在该祈祷文中排在日月审判神之后的是六位传统的地府神，分别是冥王涅尕勒、冥后、宁弥什孜达、吉勒尕美什和地府看门人奈提。作品中省略了冥后埃瑞什基尕勒的名字，只用"地下世界的女主人"的头衔来代替。奇怪的是，基什第一王朝的一位神王埃塔那也出现在地府众神中，可能是和吉勒尕美什一样，用以表明神王在地府中的优越地位。

根据上述三部作品对地府神明的描述，我们可以得出苏美尔人崇拜的传统地府神明和他们的谱系。第一代地府神主要有四位，他们是冥王涅尕勒、冥后埃瑞什基尕勒、冥后的姻亲牧人神杜穆孜和他的姐姐弥什廷安那。第二代地府神为冥后之子楠塔尔和他的妻子胡什比萨格女神。第三代地府神为冥后之孙宁弥什孜达和他的两位妻子宁阿孜穆亚女神和邓皮库格女神。关于地府看门人奈提，因为不知道他的出身所以无法判断其辈分。此外，苏美人的英雄国王吉勒尕美什也经常和地府众神一起出现。

四、结语

公元前 2004 年，埃兰人攻陷了苏美尔人最后的王朝乌尔第三王朝的王城乌尔，苏美尔人从此退出了两河流域的历史舞台。但是，苏美尔人创造的丰富的文明被其后讲塞姆语的巴比伦人和亚述人继承了。在巴比伦时期的大量苏美尔文学作品抄本中，有许多作品描述了苏美

尔人想象中的地下世界、人死后在地府的生活和统治地府的众神，如
《吉勒旮美什之死》、苏美尔语版《伊南那下地府》、阿卡德语版《伊南
那下地府》、《乌尔那穆之死》、《吉勒旮美什之死》、《吉勒旮美什、恩
基杜和地下世界》和《神宁弥什孜达到地府的旅程》等。苏美尔人对
地下世界的想象有两种互为矛盾的观点，一种观点认为地下世界是黑
暗、荒凉和虚无的，另一种观点认为地下世界是近似于现实世界的另
一世界。这两种地下世界观反映出苏美尔人思想中朴素唯物主义的死
亡观和宗教唯心主义的来世观。人们死后的灵魂在地府中的不同生活
状况也十分清晰地反映出苏美尔人宗教思想中的因果报应的观念。苏
美尔人想象中的两种截然不同的地下世界都是由地府神明们进行统治
的，这些地府神将对亡者的灵魂进行审判和管理，并奖励那些辛勤劳
作、努力养育后代、孝敬父母、奉献国家和虔诚敬神的人，惩罚那些
不孝父母、不敬神明、不和谐社会集体的人。

附录: 英文论文目录

序号	论文题目	发表杂志 / 会议	期刊号 / 会议时间、地点
1	The Cuneiform Lines from the Cyrus Cylinder in a Bone in the Palace Museum, Beijing	Journal of Ancient Civilizations	1986, vol. 1
2	A History of Kazallu, Marada and Kish in the Early Old Babylonian Period	M. Phil thesis in Oxford	1986, St Cross College, Oxford University
3	Kings of Kazallu and Marad in the Early old Babylonian Period	read in 34th Rencontre Assyriologique Internatinale	1987, Istanbul, Turkey
4	The Localization of The Four Cities in Archive Royale de Mari I, No 131 and 138	Journal of Ancient Civilizations; read in 36th Rencontre Assyriologique Internationale	1989, vol. 4; Gent, Belgium, 1989
5	A Riddle in the Dream of Gudea	Nouvelles Assyriologiques Brèves et Utilitaires (简称 N.A.B.U, Paris)	1989/67
6	"LI = gúb	Nouvelles Assyriologiques Brèves et Utilitaires	1990/107
7	Eponym Erishum	Nouvelles Assyriologiques Brèves et Utilitaires	1990/108
8	*limu eribu ša egir* PN	Nouvelles Assyriologiques Brèves et Utilitaires	1990/109
9	The Note about the order of the eponyms	Nouvelles Assyriologiques Brèves et Utilitaires	1990/128

续表

序号	论文题目	发表杂志 / 会议	期刊号 / 会议 时间、地点
10	Origins of the Manana Dynasty at Kish, and the Assyrian King List	Iraq	1990, 52, pp159—165
11	Did the Assyrian King List Attempt to Prove the Legitimacy of Shamshi-Adad？	Journal of Ancient Civilizations	1990, vol. 5
12	Yasmah-Addu was not in Mari on VI of eponymy of Adad-bani and 28/III of Nimer-Sin	Nouvelles Assyriologiques Brèves et Utilitaires	1991/88
13	Yarkab-Addu, the king of Shubat-Shamash	Nouvelles Assyriologiques Brèves et Utilitaires	1992/50
14	Yakaltum = Ekalte = Tell Munbaqa on the east bank of the Euphrates	Nouvelles Assyriologiques Brèves et Utilitaires	1992/51
15	Shamshi-Adad died in V of the eponymy of Tab-silli-Ashur	Nouvelles Assyriologiques Brèves et Utilitaires	1992/91
16	The Deification of Shu-iliya while being a "Scribe"	Nouvelles Assyriologiques Brèves et Utilitaires	1992/102
17	The Turukkeans Raids on Amursakkum and Tilla during the Reign of Samsi-Adad I	Journal of Ancient Civilizations; read in 39th Rencontre Assyriologique International,	1993, vol. 8; 1992, Heidelberg, Germany
18	Two Old Babylonian Tablets and the Sale Document Formula sám-til-la-ni-šè	Nouvelles Assyriologiques Brèves et Utilitaires	1993/ 79
19	The Treaty between Shadlash and Neribtum	Journal of Ancient Civilizations	1994, vol. 9
20	The Localisation of Nurrugum and Ninet = Ninuwa	Nouvelles Assyriologiques Brèves et Utilitaires	1994/38
21	Mebbidum of Habbaum in the tablets of Yahdun-Lim and Habbaum of Menbida in ARM 1 37	Nouvelles Assyriologiques Brèves et Utilitaires	1994/67

序号	论文题目	发表杂志 / 会议	期刊号 / 会议时间、地点
22	Kill a Donkey or a Dog for Making an Alliance, an Explanation according to the Practices in Ancient China	Nouvelles Assyriologiques Brèves et Utilitaires	1995/17
23	The Deified Ibbi-Sin in the Tenth and Eleventh Month of Šu-Sin 9, based on the Accounts of Puzur-Enlil, Shulgi-ili and Ur-kununna of Drehem	Nouvelles Assyriologiques Brèves et Utilitaires	1995/95
24	Could Shu-Sin become the King in Amar-Sin 7 ?	Nouvelles Assyriologiques Brèves et Utilitaires	1995/96.
25	*Urruru* = "to frighten" in TCL 18 90"	Nouvelles Assyriologiques Brèves et Utilitaires	1995/97
26	High Ranking Scribes and Intellectual Governors during the Akkadian and Ur III Periods	Journal of Ancient Civilizations	1995, vol. 10
27	The Ewe without Lamb and the House of the é-uz-ga, the Private House of the Kings	Journal of Ancient Civilizations	1996, vol. 11
28	Ibbi-Sin became king before the fifth month of Shu-Sin 9 possibly at the beginning of Shu-Sin 9	Nouvelles Assyriologiques Brèves et Utilitaires	1996/112.
29	Two kings in Ur and Amar-Sin 8-9 were not Shu-Sin 1-2	Nouvelles Assyriologiques Brèves et Utilitaires	1996/113.
30	"udu " (the Common) Ram/Wether = "udu-u$_2$"the Grass-fed Ram/Wether	Nouvelles Assyriologiques Brèves et Utilitaires	1996/ 114
31	The "Caterpillar-and-herb" in Chinese Medicine and in Mesopotamian Medicine	Journal of Ancient Civilizations	1996, vol. 12
32	Dative-Locative, *-ish+um-ma*, in Naram-Sin's Inscription C 1	Nouvelles Assyriologiques Brèves et Utilitaires	1997/122

续表

序号	论文题目	发表杂志 / 会议	期刊号 / 会议时间、地点
33	Book review: Old Babylonian Cylinder Seals from the Hamrin	Journal of American Oriental Society（JAOS）	1998/4, pp.577-578.
34	Book Review: Old Babylonian Cuneiform Texts from the Hamrin Basin: the Tell Haddad,	Journal of American Oriental Society	1998/4, pp.578-580.
35	Lugalanda's Economic Reforms in Lagash	read in 45th Rencontre Assyriologique Internationale	1998, Harvard and Yale Universities
36	The Earliest War for Water: Gilgamesh and Agga	Nouvelles Assyriologiques Brèves et Utilitaires	1998/ 103
37	Un-íl = the released slaves, serfs	Nouvelles Assyriologiques Brèves et Utilitaires	1998/ 104
38	The Slave Hairstyle: Elamite and Other Foreign Hairstyles in the 3rd and 2nd Millennia	Journal of Ancient Civilizations	1998, vol. 13
39	Reading of the Ur III Names of Puzram and Šelebutum	Nouvelles Assyriologiques Brèves et Utilitaires	1999/98.
40	Book Review: Neo-Babylonian Ebabbar Temple at Sippar（Bongenaar）	Journal of Ancient Civilizations	1999, vol. 14
41	How did they change from Mashda Calendar to Akiti Calendar from Shulgi 45-48 in Puzrish-Dagan？	Journal of Ancient Civilizations	1999, vol. 15
42	Rabies and Rabid Dogs in Sumerian and Akkadian Literature	Journal of American Oriental Society	vol. 121, 2001/1, pp. 32-43
43	Lugalanda's Economic Reform in the House of Lady in Girsu	Journal of Ancient Civilizations	2001, vol.16
44	Calendar Synchronization and Intercalary Months in Umma, Puzriš-Dagan, Nippur, Lagash and Ur during the Ur III Period	Journal of Ancient Civilizations	2002, vol.17

序号	论文题目	发表杂志 / 会议	期刊号 / 会议时间、地点
45	The Nippur Bankers's Archives during the Ur Third Period	Journal of Ancient Civilizations	2003, vol.18
46	Donkey Fodder of the House of Lady and Decline of Vrukagina's Regime from his 5th Year	Journal of Ancient Civilizations	2004, vol.19
47	A Study of Sumerian Words for "Animal Hole" (habburud),	An Experenced Scribe Who Neglect Nothing, inhonor of J.Klein	CDL Press, Bethesda 2005, pp.374-395
48	Two Sumerian Names in the Mouths of the Akkadians: The Etymology of Nanna and Inanna: Lord of Heaven and Queen of Heaven,	read in 48th Rencontre Assyriologique Internati-onale:Ethnicity in Ancient Mesopotamia	1-4, July, 2002 Leiden,
49	Food and Drink for the King, Queen, Officials and Ancestors in the House of the Lady in Girsu	Journal of Ancient Civilizations	2005, vol.20
50	Book Review ： Mesopotamien, Die altbabylonishe Zei	Bibliotheca Orientalis	2006 , vol.63, pp. 314-317
51	Sheep, Goats, Pigs, Calves and Ducks in the House of the Lady in Girsu	Journal of Ancient Civilizations	2006, vol 21
52	Babylonian Civil Juridical system in the Eanna Temple District of Uruk under Cyrus and Cambyses of the Old Persian Empire	《东方研究 2006》古代东方文明专辑，北京大学东方文学研究中心	经济日报出版社。2007 年 1 月，第 150—157 页
53	Etymology of Akkadian Month of *Ayyaru* and Sumerian iti-gud-si~sá	Journal of Ancient Civilizations	2007, vol.22
54	The Sun the Lion: Earliest Hymn to the Sun from Ebla and Abu-Salabikh (2600 – 2500)	Journal of Ancient Civilizations	2007, vol.22

序号	论文题目	发表杂志 / 会议	期刊号 / 会议时间、地点
55	Naram-ili, Šu-Kabta and Nawir-ilum in the Archives of Ĝaršana, Puzriš-Dagan and Umma	Journal of Ancient Civilizations	2008, vol.23
56	The Earliest Slavery Documents from Mesopotamia	Journal of Ancient Civilizations	2009, vol.24
57	Differentiating Šulgi 43 and Amar-Suen	Cuneiform Digital Library Notes（CDLN）	2010:001
58	The Anonymous Nasa and Nasa of the Animal Center during Šulgi 44-48 and the Wild Camel（gú-gur$_5$）, Hunchbacked Ox（gur$_8$-gur$_8$）, ubi, habum and the Confusion of the Deer（lulim）with Donkey（anše）or šeg$_9$	Journal of Ancient Civilizations	2010, vol.25
59	19 Year' Finance of The Household of Geme-Lamma, The high Priestess of Baba in Girsu of UR III（Š 31 – AS 1=2065 – 2046 B. C.）	Journal of Ancient Civilizations	2011, vol. 26
60	A Research on the Incoming（mu-túm）Archive of Queen Šulgi-simti's Animal Institution Wang Junna &: Wu Yuhong:	Journal of Ancient Civilizations	2011, vol.26
61	The Identifications of Šulgi-Simti, Wife of Šulgi, with Abi-Simti, Mother of Amar-Sin and Šu-Sin, and of Ur-Sin, The Crown Prince, with Amar-Sin Wu Yuhong & Wang Junna:	Journal of Ancient Civilizations	2012, vol.27

续表

序号	论文题目	发表杂志 / 会议	期刊号 / 会议时间、地点
62	The Cooks in the Royal Dining Hall and The New Calendar During Šulgi-Simti 45-48 Wu Yuhong& Cheng Yanli:	Journal of Ancient Civilizations	2013, vol.28
63	The Regular Offerings of Lambs and Kids for Deities and the é -uz-ga During the Reign of Šulgi: A Study of the mu -TÚM and zi -ga/ba -zi Texts from the Animal Center Wu Yuhong and Li Xueyan:	in The Volume Of Sessions On Neo-Sumerian In Madrid, 2010, (From the 21st Century B. C. to the 21st Century A.D)	2014

编后记

　　每次读到吴老师的那篇《林志纯先生和我的亚述学研究》总是感触良多。林先生为祖国史学研究开创新学科的高远目光和倾尽心力培养专业人才的格局，让人钦佩不已；吴老师因对历史学科的热爱，在林先生的指引下，从一名工科生踏上了亚述学探索之路、踏上了漫长而艰辛的8年异国求学之路，在牛津和伯明翰学成之后，吴老师于1993年毅然回国，投入到中国亚述学专业的建设中，这种执着和情怀也让人感佩。

　　从2008年8月到2014年7月，我跟随吴老师学习亚述学专业六年整。从对这一专业所知寥寥，到可以独立阅读苏美尔语和阿卡德语文献，撰写和发表学术论文，再到成为一名致力于亚述学研究的高校教师，每一点进步与成长，都得益于恩师的指引和悉心栽培。吴老师的生活态度积极向上，他喜欢打排球、乒乓球，每天都要坚持一定时间的锻炼，他乐观而蓬勃的精神也感染着每一个学生，影响着我们对生活的态度。吴老师非常热爱他的学术事业，回忆和恩师学习的六年时光，他留给我和所有同门最深刻的记忆有二：一是他每天骑着自行车到史院为我们上专业课，或是为学生修改论文，无论阴晴雨雪，从不间断，深冬的晚上从史院门前走过，总是可以看见他办公室中透出的点点灯火；二是在早上打开邮箱后，经常会收到吴老师在凌晨之后发来的关于某一篇文献、某一个问题的专业阅读材料。吴老师治学严谨，始终强调原始文献对于学术研究的重要意义。我们所有人的硕士、博士论文，无不经吴老师一条一条地检查楔形文献、逐字逐句地反复修改，占用了他大量的休息时间。吴老师对于他所热爱的专业和学生们，倾注了所有的时间、精力和心血。这种对学生和专业的爱护与尊重，深深地影响了我们的求学和治学之路。

2011 年博士入学时，吴老师就和我谈到想要整理、出版论文集的想法。之后，论文集的整理工作就一直进行着。但未及将出版事宜正式提上日程，吴老师就生病了。《古代两河流域的历史与社会》得以出版，要特别感谢东北师大古典所的张强老师。2016 年 7 月，我回长春看望病中的老师时，和张强老师提起吴老师想要出版文集的愿望，张老师立即说没问题，让我负责把书稿整理好，出版社和经费事宜由他负责。回到云南后，我很快便接到张老师的电话，他说出版社已联系妥当，经费也已划拨好，你尽快把书稿整理好即可。在书稿整理过程中，张老师也给予了诸多有益的建议。吴老师生病后，尚有一届硕士生和一名博士生未毕业，他们最后都由张老师指导完成毕业论文写作；同时另有两项重要课题未最后结项，也是在张老师的指导下，由我一一提交结项成果和材料，现已收到了其中之一的国家社科基金项目的结项证书。借此论文集出版之际，谨向张强老师表达诚挚的谢意。

本文集有幸请到北京大学的拱玉书教授作序，拱老师与吴老师既有同门情谊，又都是亚述学研究的权威，对吴老师可谓了解甚深。在一次通话中，吴老师特意嘱托我代为转达对拱老师的谢意，和他内心的喜悦。

如今，吴老师尚在病后休养中，可能无法再继续他所热爱的亚述学研究工作。但是，在国内外许多高校和研究院所中，吴老师悉心培养的学生们，背负着恩师的期许，怀揣着对学生和亚述学专业的爱与尊重，仍在继续认真、执着地从事着亚述学的教学和科研工作。

陈艳丽

2020 年 12 月 12 日　记于鲁东大学

图书在版编目（CIP）数据

古代两河流域的历史与社会 / 吴宇虹著 . —贵阳：
贵州大学出版社，2022.5
ISBN 978-7-5691-0598-8

Ⅰ.①古… Ⅱ.①吴… Ⅲ.①两河流域文化–文化史
–文集 Ⅳ.① K124–53

中国版本图书馆 CIP 数据核字（2022）第 087265 号

古代两河流域的历史与社会
GUDAI LIANGHE LIUYU DE LISHI YU SHEHUI

著　　者　吴宇虹

出 版 人　闵　军
责任编辑　龚晓康　葛静萍

出版发行　贵州大学出版社有限责任公司
　　　　　地址：贵州市花溪区贵州大学北校区出版大楼
　　　　　邮编：550025　电话：0851–88291180
印　　刷　三河市天润建兴印务有限公司
开　　本　710mm×1000mm　1/16
印　　张　46
字　　数　623千字
版　　次　2022年5月第1版
印　　次　2023年3月第2次印刷

书　　号　ISBN 978-7-5691-0598-8
定　　价　148.00元
